suhrkamp taschenbuch
wissenschaft 1874

Georg Simmel hat sich zeit seines Lebens mit Fragen der Kunst und der Ästhetik auseinandergesetzt. Das dokumentieren die hier versammelten Texte,
die zugleich die theoretische Einheit der weitgestreuten Arbeiten Simmels
zu diesen Fragen sichtbar werden lassen. Simmels Interesse – so zeigt sich –
richtet sich einerseits auf die ästhetische Dimension von sozialen Interaktio-
nen und Gebrauchsgegenständen, andererseits auf konkrete Artefakte und
klassische ästhetische Positionen. Darüber hinaus geben ausgewählte Künst-
lerporträts und Briefe Kernpassagen der Lebensphilosophie wieder, die ver-
deutlichen, wie dem späten Simmel das Ästhetische zur Realisation des »individuellen Gesetzes« gerät, es nunmehr als existentielle *Lebensform* begriffen
wird.

Das Nachwort von Ingo Meyer ordnet Simmels Ästhetik zwischen klas-
sisch-idealistischen, nietzscheanischen und modernen Positionen zum »Nicht-
mehr-Schönen« ein.

Georg Simmel wurde 1858 in Berlin geboren. Er starb 1918 in Straßburg. Die
Georg Simmel-Gesamtausgabe (GSG) erscheint im Suhrkamp Verlag.

Ingo Meyer ist seit 2004 Mitglied der Bielefelder Simmel-Arbeitsgruppe und
arbeitet seit 2005 in der Redaktion der *Simmel Studies*.

Georg Simmel
Jenseits der Schönheit

Schriften zur Ästhetik und Kunstphilosophie

Ausgewählt und mit einem Nachwort
von Ingo Meyer

Suhrkamp

Bibliografische Information der Deutschen Nationalbibliothek
Die Deutsche Nationalbibliothek verzeichnet diese Publikation
in der Deutschen Nationalbibliografie;
detaillierte bibliografische Daten sind im Internet über
http://dnb.d-nb.de abrufbar.

suhrkamp taschenbuch wissenschaft 1874
Erste Auflage 2008
© Suhrkamp Verlag Frankfurt am Main 2008
Satz: Hümmer GmbH, Waldbüttelbrunn
Druck: Druckhaus Nomos, Sinzheim
Printed in Germany
Umschlag nach Entwürfen von
Willy Fleckhaus und Rolf Staudt
ISBN 978-3-518-29474-1

1 2 3 4 5 6 – 13 12 11 10 09 08

Inhalt

I. Ästhetik der Lebenswelt

II. Kritik, Programmatik, Einzelinterpretation: Auf dem Weg zur Werk- und Wirkungsästhetik

III. Lebensphilosophie – Artistik als Realisierung
des individuellen Gesetzes

IV. Anhang

I. Ästhetik der Lebenswelt

Ueber Kunstausstellungen

[1890]

Die große Menge, die im allgemeinen von ihrem Optimismus lebt, hat auch ihren eigenen Pessimismus. Es ist zwar alles gut und schön, was da ist, allein es ist doch schlecht und nichtig gegen das, was war. Der Pessimismus über die Gegenwart, der sich für den freiern Geist in den Optimismus über die Zukunft umsetzt, wird für sie ein Optimismus über die Vergangenheit, und die Sage vom Paradies, der Traum des goldenen Zeitalters, der Glaube an die gute alte Zeit sind nichts anderes als rosige Beleuchtungen eines Vergangenen, die von den Schatten der Gegenwart ausgespart sind, eine unbewußte Verurtheilung der unbefriedigenden Gegenwart. Als der Großvater die Großmutter nahm, da war die Welt nicht nur im ganzen besser, sondern sie war vor allem moralischer, und die Klage über die sittliche Verderbniß der Zeit ist wol beinahe so alt wie die Sitte und die Zeit selbst. Diese Verherrlichung des Vergangenen, die die größere Masse von dem Ideale der Sittlichkeit borgt, verengt sich in feinern Kreisen häufig zu einer ästhetischen Verherrlichung des Vergangenen. Nicht nur besser, sondern vor allem schöner scheint die Welt der Griechen, der Landsknechte, der Alongeperücken zu sein, und bezüglich der Verdichtung des Schönen im Kunstwerke kann man bei jeder Gelegenheit die Klage hören, daß die Kunst heruntergekommen sei. Daß jedenfalls der Charakter moderner Kunst anders geworden ist, daß wir noch unsicher sein müssen, ob innerhalb dieses Charakters sich die gleiche Höhe des Kunstwerks erreichen läßt, das steht fest. Und nach einer Seite hin sind die Kunstausstellungen Verkörperung und Sinnbild dieser Wandlung.

Wenn man klagt, daß der modernen Welt überhaupt jene scharf ausgeprägten Persönlichkeiten fehlen, die auf sich selbst gestellt, aus eigenster Kraft heraus die Welt zu bewegen wüßten, und wenn man dem gegenüber gesagt hat, in der modernen Welt geschehe das Große durch die Massen und nicht durch den Einzelnen, die Zusammenwirkung der Vielen sei an die Stelle der allein wirkenden individuellen That getreten, so könnte man angesichts einer modernen Kunstausstellung ein Abbild dieses Verhältnisses zu erblicken glauben. Jene allumfassende Kraft, jene Fähigkeit, auf jedem Gebiete künstlerischen Schaffens die Einzelpersönlichkeit zur Geltung zu bringen, wie wir sie bei den Meistern der Renaissance erblicken, ist vor der Arbeitstheilung auch der künstlerischen Thätigkeit untergegangen, und die Gesammtheit des künstlerischen Sichauslebens bietet sich nicht mehr beim Anblick einer Einzelpersönlichkeit, sondern im Zusammenfassen mannichfaltigster künstlerischer Leistungen. Es scheint, als ob jene Kräfte des künstlerischen Könnens sich auf eine Fülle verschiedener Einzelpersonen vertheilt haben, wie ein leuchtender Weltkörper zersprengt und in eine Anzahl irrender Sternkörperchen aufgelöst wird. Kein einzelnes Kunstwerk läßt sich angeben, das etwa die Summe des vorhandenen Könnens, den Höhepunkt aller bisher erreichten Entwickelung so darstellte, wie die Sixtinische Madonna oder die Mediceergräber es thaten; darum bedarf es des Zusammenführens des Verschiedenartigen, des Zusammenkommens aller möglichen Meister, um *die* Kunst der Gegenwart kennen zu lernen. So einseitig hat der moderne Trieb nach Specialisirung auch die künstlerische Thätigkeit gestaltet, daß es zur Ausgleichung dessen des gleichzeitigen Betrachtens eben alles jenes Entgegengesetzten bedarf. Wer weiß, ob es uns nicht unerträglich wäre, auch auf einen bessern Meister der Gegenwart allein oder fast allein angewiesen zu sein, wie wir wol mit Michel Angelo abschließen könnten; wer weiß, ob es nicht der eigenste Charakter des modernen Kunstempfindens ist, daß wir neben jeder schöpferischen Persönlichkeit so viele andere erblicken, die deren Einseitigkeit je eine andere entgegensetzen, sodaß erst im Zusammenschlusse des Mannichfaltigen die eigentliche und bezeichnende Empfindung für die Kunst unserer Zeit zu Stande kommt.

Die Kunstausstellung ist die nothwendige Ergänzung und Folge des modernen Specialistenthums in der Kunst.

Die Einseitigkeit des modernen Menschen, insoweit er schafft, wird ergänzt durch seine Vielseitigkeit, insofern er empfängt. Je kleiner das Gebiet ist, auf dem sich der Einzelne thätig bewegt, je enger die Grenzen, in denen tagsüber sein Denken und Wollen eingespannt ist, desto lebhafter wird das Bedürfniß, nun in den Stunden der Erholung und des aufnehmenden Interesses sich in der größten Fülle verschiedenartiger Gedanken und Empfindungen zu ergehen, wie unthätige Muskeln ihre widerwillig zurückgedrängte Kraft gern in gesteigerter Bewegung entladen. Gerade in der Beengung seines Studirzimmers ist Faust die Sehnsucht entstanden, den ganzen Reichthum der Gegensätze in der Welt von einem ihrer Enden bis zum andern zu durchmessen; gerade das Specialistenthum unserer Zeit erzeugt das Hasten von einem Eindrucke zum andern, die Ungeduld des Genießens, das problematische Trachten, in möglichst kurzer Zeit eine möglichst große Summe von Erregungen, Interessen, Genüssen zusammenzupressen. Die Buntheit des großstädtischen Lebens auf der Straße wie in den Salons ist von dieser durchgehenden Strebung sowol Ursache wie Folge, und die Kunstausstellungen fassen sie für ein engeres Gebiet symbolisch zusammen. Da hängt das inhaltlich Auseinanderstrebende nachbarlich auf engstem Raume zusammen, da kann der aufregungsbedürftige Geist sich die wohlthuende Bewegung machen, im Zeitraume von Minuten die Welt der künstlerischen Vorwürfe von einem Pole zum andern zu durchwandern und sich zwischen den entferntesten Punkten möglicher Empfindung auszudehnen. Die größte Kraft des heutigen Künstlerthums ist in einem kleinsten Punkte gesammelt und entfaltet im Beschauer nun in gleicher Verdichtung die ganze Fülle der Gefühle, die die Kunst überhaupt in ihm zu erwecken vermag. Wie die dargestellten Gegenstände selbst das Entgegengesetzteste uns räumlich nahe bringen, so entgegengesetzt sind die Beurtheilungen, die, an sie sich knüpfend, Billigung und Misbilligung, bewunderndes Staunen und verächtlichen Spott, Gleichgültigkeit und Ergriffenheit in rascher Folge in dem Geiste des Besuchers wechseln lassen, und so auch von dieser Seite die Bedingungen des modernen Genusses erfüllen, im kleinsten Umfange von Zeit und Raum das Mannichfaltigste durchempfinden zu lassen.

Man könnte sagen, daß die sachliche und ruhige Beurtheilung der Kunstwerke hierdurch gewinnen müßte; je mehr Verschiedenartiges angeschaut wird, desto freier steht der Geist dem Einzelnen gegenüber, desto weniger gelingt es der Einseitigkeit, ihn in ihre Bahnen zu ziehen und ihn kritiklos zu machen. Wir alle haben kein rechtes Urtheil mehr über dasjenige, was in immer gleicher Art unser Bewußtsein erfüllt und neben dem es nichts anderes gibt, woran man es messen, seinen Werth oder Unwerth feststellen könnte. Die Vielseitigkeit des Anschauens, die die übereilte Billigung oder Misbilligung des einen leicht durch den Blick auf zehnerlei anderes ausgleichen lehrt, erhebt uns zu einer wenn auch kühlen, so doch klaren Höhe, zu der Ruhe in der Beurtheilung des Einzelnen, die da fehlen muß, wo ein einzelner Eindruck uns ganz hinnimmt, ohne daß Nachbareindrücke ihn beeinflussen und richtig stellen können. Und nicht nur die Vorzüge des einen Bildes sind es, gegen die die Mängel des andern sich abheben; in der Kunst wie im Leben muß vielmehr häufig ein Fehler erst an irgendeinem Punkte übermäßig stark in die Erscheinung treten, damit man sich seiner an einem andern Punkte bewußt werde. Allein der Verlust bei diesem Gewinne dürfte bei weitem überwiegen; denn aus jenem Verhalten quellen zwei der größten Uebel des modernen Kunstempfindens: die Blasirtheit und die Oberflächlichkeit. Es ist leicht, ruhig und kühl den Dingen gegenüberzustehen, wenn das Gehirn so abgestumpft ist, daß es überhaupt keiner Wärme und keiner Begeisterung mehr zugänglich ist; es ist leicht, sich vor Ueberschätzung zu bewahren, wenn man überhaupt nichts mehr schätzt; es ist leicht, das Schlechte zu kritisiren, wenn man auch dem Guten nur noch kritisch gegenüberzustehen weiß. Eben diese Blasirtheit ist wieder Ursache wie Folge jenes Bedürfens nach mannichfaltigsten und entgegengesetztesten Eindrücken; denn wie die Erfüllung dieses Verlangens den Geist abstumpft, so dürstet der abgestumpfte nach immer gewaltigern, weiter schwingenden Erregungen. Ein wunderlicher Gegensatz im Geistesleben thut sich hier hervor. Immer feiner und nervöser wird die Empfänglichkeit des modernen Menschen, immer zarter sein Empfinden, sodaß er statt kräftiger Farben und ihrer Gegensätze nur noch blasse, halb verwelkte Tinten vertragen mag, daß die Lebhaftigkeit der Farbe ihn verletzt, wie moderne Aeltern nicht mehr den gesunden Lärm ihrer Kinder ertragen können. Immer spitzer gipfeln sich die Schattirungen der Gefühle und ihres Ausdrucks auf, sodaß sie nur noch auf der Nadelspitze zu schwanken scheinen, immer leichter verletzt uns das leiseste Herausfallen aus dem Stile, die geringste Taktlosigkeit, immer schärfer lernen wir unterscheiden, was ungeübtere Augen und rothbäckigere Empfindungsweisen noch als einheitlich und zusammenpassend ansahen. Und nun im Gegensatze dazu gerade das Bedürfniß der größten Aufregungen, die Unzufriedenheit mit den kleinen Anregungen und Freuden des Tages, das Ungenügen an der Idylle, das schließlich bewirkt, daß uns die Natur nur noch an der Nordsee und in den höchsten Höhen der Alpen zu befriedigen vermag. Raffinement ist stets in demselben Maße das Zeichen von Vergröberung wie von Verfeinerung des Empfindens, und die Strebungen des modernen Menschen gehen in gleicher Weise darauf, das Feine, Besondere, Zartsinnige seiner Empfindungen noch immer mehr zu verfeinern und abzuschleifen, wie sie darauf gehen, den Umfang seines Empfindungsgebiets zu vergrößern, und wie er schließlich das Gewaltigste und Erschütterndste braucht, um überhaupt noch bewegt zu werden; so führt auch im Körperlichen die Ueberreizung der Nerven einerseits zur Hyperästhesie, der krankhaft gesteigerten Einwirkung jedes Eindrucks, andererseits zur Anästhesie, der ebenso krankhaft herabgeminderten Empfänglichkeit.

Der noch nähere Erfolg aber dieses Nebeneinanderstehens mannichfaltigster Kunstwerke ist dieser. Unsere Seele ist doch keine Schiefertafel, von der man das soeben darauf Geschriebene völlig auslöschen kann, daß es, ohne Spuren zu hinterlassen, einem völlig Neuen Platz mache. Wo nur irgendeine Spur von Vertiefung und Beeindrukkung einem Kunstwerke gegenüber stattgefunden hat, da muß sie doch lange genug nachklingen, um den nächsten Eindruck kein ganz freies Feld finden zu lassen, da muß wenigstens im Unbewußten noch hinreichend viel von dem Alten übrig sein, daß das Neue nicht so viel von der Seele für sich gewinnen kann, wie es vielleicht beanspruchen darf; da wird vor allem eine Mischung der Eindrücke unvermeidlich eintreten, die der größte Feind des tiefern Verständnisses jedes Einzelnen ist. Schon die blos räumliche Gedrängtheit der Bilder wirkt nach dieser Richtung; kein Gemälde, das nicht viele Quadratmeter groß ist, füllt unsern Gesichtskreis selbst bei unbewegtem Blicke, und kein Bewußtsein kann sich so ausschließlich auf einen Theil des Gesichtsfeldes richten, daß nicht die Nachbarbilder wenigstens ein Theilchen Bewußtsein gewönnen und so den Eindruck des gerade betrachteten durchkreuzten und herabminderten. Und von diesem Durcheinander, dieser störenden Gleichzeitigkeit abgesehen – wie viele Bilder mag man wol auch hintereinander mit frischer Empfänglichkeit sehen können? Die Ansichten mögen auseinandergehen, der eine mag behaupten ein halbes Dutzend, der andere ein oder ein paar Dutzend; aber niemand wird behaupten wollen, daß nicht schon von dem zehnten Theile einer durchwanderten Kunstausstellung die Seele so voll ist, daß die Ueberladung durch die übrigen neun Zehntel ihr nothwendig ein geistiges Misbehagen bereiten müßte, wenn unser geistiger Magen nicht so trefflich angepaßt wäre, daß er diese übrigen neun Zehntel eben überhaupt nicht aufnimmt, sondern sie sozusagen an seiner Oberfläche hingleiten läßt, ohne sie einzusaugen. Auch von Museen freilich ist dieser Uebelstand unabtrennbar. Aber diese haben wenigstens den Vortheil, daß, wenn man nicht zu denjenigen Kunstkennern gehört, die durch Rom nur in der Nacht gekommen sind, man behaglicher und öfter dieselben Werke sieht, sodaß, was einmal nur die Oberfläche der Seele gestreift hat, ein anderes mal ihre tiefern Schichten berühren wird. Gerade die Dauer der Kunstwerke in den Museen gibt dem betrachtenden Geiste eine gewisse Ruhe gegenüber dem flüchtigen Charakter der Kunstausstellung, deren unruhiges Achtwochenleben, nach dem ihre Bestandtheile in alle Winde verstreut werden, dem Beschauer selbst seine Unstetheit und Erregtheit mittheilt.

Was aber dem Versuche entgegenzustehen scheint, daß man den psychologischen Reiz der modernen Kunstausstellung auf die Anregung und Aufregung zurückführe, die das unmittelbare Nebeneinanderbetrachten des Entgegengesetztesten auf den gegensatzbedürftigen modernen Geist ausübt – was diesem scheinbar entgegensteht, ist die oft hervorgehobene Armuth der malerischen Motive. Sie vor allem ist der Grundstoff jenes Pessimismus, der auch in der Kunst nur von verlorenen Paradiesen zu sprechen weiß. Mit Recht, insofern man damit den Mangel derjenigen künstlerischen Bildnerkraft meint, die eine Idee in ein sichtbares Gewand zu kleiden weiß, dessen sinnliche Schönheit sich dem Reize des Gedankens verhüllend und enthüllend anschmiegt, oder die einem Geschehen jenen dramatischen Augenblick abgewinnt, in dem eine Vielheit handelnder Personen sich für das Auge zu schöner Einheit zusammenfügt. Dem Reichthume und der Beweglichkeit der künstlerischen Phantasie, die sie auf solche Aufgaben lenken, mag man in der heutigen Kunst verhältnißmäßig seltener begegnen. Auch in der mittelmäßigsten Kunstausstellung findet man noch immer ein paar gute Landschaften und ein paar leidliche Porträts, aber sehr oft selbst in bessern Ausstellungen kein einziges componirtes Bild von einiger Erheblichkeit. Das Genrebild, das vom Humor des dargestellten Ereignisses oder seiner engen Berührung mit dem Lebens- und Interessenkreise des Beschauers seinen Reiz borgt, ist zwar nicht selten, aber gerade in ihm zeigt sich die auffallendste Armuth an Motiven, ein unermüdliches Versuchen, den tausendmal dargestellten Vorgängen und Personen ein letztes bischen Originalität abzulisten. Großen Aufgaben gegenüber ist diese immer erneute Abspiegelung nicht störend, wie die Griechen es ertrugen, immer dieselben Vorgänge ihrer Sage von ihren Trauerspieldichtern behandelt zu sehen. Die Madonna mit dem Kinde, das Jüngste Gericht, eine Vereinigung von Heiligen, deren jeder einen längst bekannten, aber bedeutsamen Charakter trägt, die Scenen aus dem Leben Jesu – dies sind so tiefe und umfassende Vorwürfe, so wenig durch eine einzelne Darstellung ganz zu lösen, daß sie ungezählte Ausgestaltungen tragen können; weil ihnen überhaupt kein sinnliches Bild völlig entspricht, weil ihr Gedankengehalt über jedes einzelne hinüberwächst, darum kann keins mit ihnen fertig werden, und jedes überliefert dem nächsten die Aufgabe so unerschöpft, wie es selbst sie vorgefunden hatte. Je näher liegend diese aber ist, je weniger ihre Darstellung über sich selbst hinauswächst, desto weniger kann man die häufige Wiederholung ertragen. Einen ernsten Gedanken mag man hundertfach wiederholen, ein Witz darf nur einmal gemacht werden. So verlangt das Genrebild seinem Wesen nach eine gewisse Originalität, und die häufige Wiederholung seines Inhalts wirkt peinlich und ärmlich.

So sehr man also in Bezug auf eigentliche Erfindung von der modernen Kunstausstellung den Eindruck der Armuth und sozusagen einer bunten Eintönigkeit haben mag, so fehlt es dennoch, von anderer Seite gesehen, nicht an einer anregenden Mannichfaltigkeit und entschiedenen Entgegengesetztheit. Der Einzelne mag nicht originell sein, mag sich in einem Bezirk von Inhalten und Formen halten, den man schon kennt; allein die moderne Kunst verfügt über einen solchen Reichthum von Vorbildern, eine solche Fülle verschiedenartiger Stile, daß dennoch der Eindruck des lebendigsten Wechsels erzeugt wird. Und hier wird eine Beziehung der Kunst zum öffentlichen Geiste sichtbar, die ich oben andeutete und die hier ihre Tiefe nach einer andern Richtung hin zeigt. An die Stelle der großen Individualitäten, sagt man, trete mehr und mehr die Wirksamkeit der Masse; die Aufgaben der modernen Cultur seien weniger durch die Kraft der Einzelpersönlichkeit als durch das Zusammenarbeiten der Vielen zu lösen, und es seien vielmehr Gesammtleistungen als originelle Leistungen der Einzelnen, die überall dem Schaffen unserer Zeit den Charakter verleihen. Die Originalität ist von dem Einzelnen an die Gruppe übergegangen, der er angehört und von der er die Art seines Wirkens zu Lehn trägt. Vielleicht gilt dies auch für die Kunst. Wenn der Einzelne an und für sich auch arm an Erfindung ist, im Zusammenhange mit Vorstrebenden und Mitstrebenden stellt er doch eine eigenartige, von andern Stilen sich unterscheidende Empfindungs- und Darstellungsart dar. Was er dazu beiträgt, daß ein bestimmter künstlerischer Charakterzug und solche Anschauungsart sich bilde, wird sich vielfach nicht feststellen lassen, und wie überall, wo der Einzelne einer Gruppe angehört, läßt sich das Maß dessen, was er empfängt, nicht scharf gegen das, was er gibt, abgrenzen. Und so ist es möglich, daß der Mangel an individueller, rein auf sich selbst gestellter Kraft doch dem Reichthume mannichfaltigster Stile, verschiedenartigster Problemstellungen nicht widerspricht. Und dieses Verhältniß des Einzelnen zum Ganzen einzusehen, hilft uns vor allem die moderne Kunstausstellung. Sie lehrt uns, wie die oft beklagte Armuth, die Geringfügigkeit an Erfindung, der Mangel an scharf ausgeprägten Individualitäten sich doch mit Mannichfaltigkeit des Gesammtbildes verträgt, indem an die Stelle der persönlichen Originalität die Fülle der Strebungen, Ideenkreise und Ausdrucksweisen tritt, die von ganzen Gruppen getragen und dem Einzelnen überliefert werden.

So gehört die Kunstausstellung zu denjenigen Einrichtungen und Vorgängen, die vielleicht an sich unerfreulich und wenig nutzbringend, die aber als Merkzeichen des modernen Geistes nicht mehr entbehrlich sind. Sie sind nicht sowol die Ursache der Oberflächlichkeit und Blasirtheit des Kunsturtheils, wie man sie angeschuldigt hat, als vielmehr die Folge von gewissen Zuständen des öffentlichen Geistes, die man beklagen mag, die aber doch so tiefe Zusammenhänge haben, daß man sie nicht herauslösen könnte, ohne den ganzen Ton des modernen Empfindungslebens zu ändern. An wenig andern Erscheinungen, die wie die Kunstausstellung doch etwas seitwärts hängende Früchte unserer Cultur sind, drängen sich so viele Charakterzüge dieser zusammen: die Specialisirung der Leistungen, das Zusammendrängen der mannichfaltigsten Kräfte auf engstem Raume, die fliegende Hast und aufregende Jagd der Eindrücke; der Mangel an scharfkantigen Persönlichkeiten, aber dafür ein großer Reichthum an Bestrebungen, Aufgaben, Stilgattungen, die von ganzen Gruppen getragen werden – all diese Züge, die die moderne Kunstausstellung uns zeigt, rein als solche und ohne daß man noch irgend auf ihren Inhalt einträte, bilden ein Miniaturbild unserer Geistesströmungen, das eben durch diesen großen Zusammenhang sich für den Tieferblickenden dem Lobe und Tadel entzieht, die sich an seine vereinzelte Betrachtung knüpfen mögen. Denn sie gehört zu den Symbolen unserer Uebergangszeit, von der erst die Zukunft entscheiden kann, ob all die unruhige, ungewisse, erregende Dämmerung, in der wir leben, die Dämmerung des Tages oder die der Nacht ist.

Exkurs über den Schmuck

In dem Wunsche des Menschen, seiner Umgebung zu gefallen, verschlingen sich die Gegentendenzen, in deren Wechselspiel sich überhaupt das Verhältnis zwischen den Individuen vollzieht: eine Güte ist darin, ein Wunsch, dem Andern eine Freude zu sein; aber auch der andere: daß diese Freude und »Gefälligkeit« als Anerkennung und Schätzung auf uns zurückströme, unsrer Persönlichkeit als ein Wert zugerechnet werde. Und so weit steigert sich dies Bedürfnis, daß es jener ersten Selbstlosigkeit des Gefallen-Wollens ganz widerspricht: durch eben dieses Gefallen will man sich vor andern *auszeichnen*, will der Gegenstand einer Aufmerksamkeit sein, die Andern nicht zuteil wird – bis zum Beneidetwerden hin. Hier wird das Gefallen zum Mittel des Willens zur Macht; es zeigt sich dabei an manchen Seelen der wunderliche Widerspruch, daß sie diejenigen Menschen, über die sie sich mit ihrem Sein und Tun erheben, doch gerade nötig haben, um auf deren Bewußtsein, ihnen untergeordnet zu sein, ihr Selbstgefühl aufzubauen.

Eigentümliche Gestaltungen dieser Motive, die Äußerlichkeit und die Innerlichkeit ihrer Formen ineinander webend, tragen den Sinn des Schmuckes. Denn dieser Sinn ist, die Persönlichkeit hervorzuheben, sie als eine irgendwie ausgezeichnete zu betonen, aber nicht durch eine unmittelbare Machtäußerung, durch etwas, was den Andern von außen her zwingt, sondern nur durch das Gefallen, das in ihm erregt wird und darum doch irgend ein Element von Freiwilligkeit enthält. Man schmückt sich für sich und kann das nur, indem man sich für Andre schmückt. Es ist eine der merkwürdigsten soziologischen Kombinationen, daß ein Tun, das ausschließlich der Pointierung und Bedeutungssteigerung seines Trägers dient, doch ausschließlich durch die Augenweide, die er Andern bietet, ausschließlich als eine Art Dankbarkeit dieser Andern sein Ziel erreicht. Denn auch der Neid auf den Schmuck bedeutet nur den Wunsch des Neidischen, die gleiche Anerkennung und Bewunderung für sich zu gewinnen, und sein Neid beweist gerade, wie sehr diese Werte für ihn an den Schmuck gebunden sind. Der Schmuck ist das schlechthin Egoistische, insofern er seinen Träger *heraushebt*, sein Selbstgefühl auf Kosten Andrer trägt und mehrt (denn der gleiche Schmuck Aller würde den Einzelnen nicht mehr schmücken); und zugleich das Altruistische, da seine Erfreulichkeit eben diesen Andern gilt – während der Besitzer selbst sie nur im Augenblicke des Sich-Spiegelns genießen kann – und erst mit dem Reflex dieses Gebens dem Schmuck seinen Wert gewinnt. Wie allenthalben in der ästhetischen Gestaltung die Lebensrichtungen, die die Wirklichkeit fremd neben einander, oder feindlich gegen einander stellt, sich als innig verwandte enthüllen – so zeigt in den soziologischen Wechselwirkungen, diesem Kampfplatz des Fürsichseins und des Fürandreseins der Menschen, das ästhetische Gebilde des Schmuckes einen Punkt an, an dem diese beiden Gegenrichtungen wechselseitig als Zweck und Mittel auf einander angewiesen sind.

Der Schmuck steigert oder erweitert den Eindruck der Persönlichkeit, indem er gleichsam als eine Ausstrahlung ihrer wirkt. Darum sind die glänzenden Metalle und die edeln Steine von jeher seine Substanz gewesen, sind im engeren Sinne »Schmuck«, als die Kleidung und die Haartracht, die doch auch »schmücken«. Man kann von einer Radioaktivität des Menschen sprechen, um jeden liegt gleichsam eine größere oder kleinere Sphäre von ihm ausstrahlender Bedeutung, in die jeder andre, der mit ihm zu tun hat, eintaucht – eine Sphäre, zu der körperliche und seelische Elemente sich unentwirrbar vermischen: die sinnlich merkbaren Einflüsse, die von einem Menschen auf seine Umgebung ausgehen, sind in irgend einer Weise die Träger einer geistigen Fulguration; und sie wirken als die Symbole einer solchen auch da, wo sie tatsächlich nur äußerlich sind, wo keinerlei Suggestionskraft oder Bedeutung der Persönlichkeit durch sie hindurchströmt. Die Strahlen des Schmuckes, die sinnliche Aufmerksamkeit, die er erregt, schaffen der Persönlichkeit eine solche Erweiterung oder auch ein Intensiverwerden ihrer Sphäre, sie ist sozusagen mehr, wenn sie geschmückt ist. Indem der Schmuck zugleich ein irgendwie erheblicher Wertgegenstand zu sein pflegt, ist er so eine Synthese des Habens und des Seins von Subjekten, mit ihm wird der bloße Besitz zu einer sinnlichen und nachdrücklichen Fühlbarkeit des Menschen selbst. Mit der gewöhnlichen Kleidung ist dies nicht der Fall, weil sie weder nach der Seite des Habens noch des Seins hin als individuelle Besonderung ins Bewußtsein tritt; erst die geschmückte Kleidung und zuhöchst die Pretiosen, die deren Wert und Ausstrahlungsbedeutung wie in einem kleinsten Punkte sammeln, lassen das Haben der Persönlichkeit zu einer sichtbaren Qualität ihres Seins werden. Und alles dies nicht, trotzdem der Schmuck etwas »Überflüssiges« ist, sondern gerade weil er es ist. Das unmittelbar Notwendige ist dem Menschen enger verbunden, es umgibt sein Sein mit einer schmaleren Peripherie. Das Überflüssige »fließt über«, d.h. es fließt weiter von seinem Ausgangspunkte fort; und indem es nun dennoch an diesem festgehalten wird, legt es um den Bezirk der bloßen Notdurft noch einen umfassenderen, der prinzipiell grenzenlos ist. Das Überflüssige hat, seinem Begriffe nach, kein Maß in sich, mit dem Grade der Überflüssigkeit dessen, was unser Haben uns angliedert, steigt die Freiheit und Fürstlichkeit unsres Seins, weil keine gegebene Struktur, wie sie das Notwendige als solches designiert, ihm irgend ein begrenzendes Gesetz auferlegt.

Diese Akzentuierung der Persönlichkeit aber verwirklicht sich grade vermittels eines Zuges von Unpersönlichkeit. Alles, was den Menschen überhaupt »schmückt«, ordnet sich in eine Skala, je nach der Enge, mit der es der physischen Persönlichkeit verbunden ist. Der unbedingt enge Schmuck ist für die Naturvölker typisch: die Tätowierung. Das entgegengesetzte Extrem ist der Metall- und Steinschmuck, der absolut unindividuell ist und den jeder anlegen kann. Zwischen beiden steht die Kleidung – immerhin nicht so unvertauschbar und personal wie die Tätowierung, aber auch nicht unindividuell und trennbar wie jener eigentliche »Schmuck«. Aber gerade in dessen Unpersönlichkeit liegt seine Eleganz. Daß dieses fest in sich Geschlossene, durchaus auf keine Individualität Hinweisende, hart Unmodifizierbare des Steins und des Metalls nun dennoch gezwungen wird, der Persönlichkeit zu dienen – gerade dies ist der feinste Reiz des Schmuckes. Das eigentlich Elegante vermeidet die Zuspitzung auf die besondere Individualität, es legt immer eine Sphäre von Allgemeinem, Stilisiertem, sozusagen Abstraktem um den Menschen – was selbstverständlich nicht die Raffinements verhindert, mit der dies Allgemeine der Persönlichkeit verbunden wird. Daß neue Kleider besonders elegant wirken, liegt daran, daß sie noch »steifer« sind, d.h. sich noch nicht allen Modifikationen des individuellen Körpers so unbedingt anschmiegen, wie längere Zeit getragene, die schon von den besonderen Bewegungen des Trägers gezogen und geknifft sind und damit dessen Sonderart vollkommener verraten. Diese »Neuheit«, diese Unmodifiziertheit nach der Individualität ist dem Metallschmuck im höchsten Maße eigen: er ist immer neu, er steht in kühler Unberührtheit über der Singularität und über dem Schicksale seines Trägers, was von der Kleidung keineswegs gilt. Ein lange getragenes Kleidungsstück ist wie mit dem Körper verwachsen, es hat eine Intimität, die dem Wesen der Eleganz durchaus widerstreitet. Denn die Eleganz ist etwas für die »Andern«, ist ein sozialer Begriff, der seinen Wert aus dem allgemeinen Anerkanntsein zieht.

Soll der Schmuck so das Individuum durch ein Überindividuelles erweitern, das zu Allen hinstrebt und von Allen aufgenommen und geschätzt wird, so muß er, jenseits seiner bloßen Materialwirkung, *Stil* haben. Stil ist immer ein Allgemeines, das die Inhalte des persönlichen Lebens und Schaffens in eine mit Vielen geteilte und für Viele zugängige Form bringt. An dem eigentlichen Kunstwerk interessiert uns sein Stil um so weniger, je größer die personale Einzigkeit und das subjektive Leben ist, das sich in ihm ausdrückt; denn mit diesem appelliert es auch an den Persönlichkeitspunkt im Beschauer, er ist sozusagen mit dem Kunstwerk auf der Welt allein. Für Alles dagegen, was wir Kunstgewerbe nennen, was sich wegen seines Gebrauchszweckes an eine Vielheit von Menschen wendet, fordern wir eine generellere, typischere Gestaltung, in ihm soll sich nicht nur eine auf ihre Einzigkeit gestellte Seele, sondern eine breite, historische oder gesellschaftliche Gesinnung und Stimmung aussprechen, die seine Einordnung in die Lebenssysteme sehr vieler Einzelner ermöglicht. Es ist der allergrößte Irrtum, zu meinen, daß der Schmuck ein individuelles Kunstwerk sein müsse, da er doch immer ein Individuum schmücken solle. Ganz im Gegenteil: weil er dem Individuum dienen soll, darf er nicht selbst individuellen Wesens sein, so wenig wie das Möbel, auf dem wir sitzen, oder das Eßgerät, mit dem wir hantieren, individuelle Kunstwerke sein dürfen. Alles dies vielmehr, was den weiteren Lebenskreis um den Menschen herum besetzt, – im Gegensatz zum Kunstwerk, das überhaupt nicht in ein andres Leben einbezogen, sondern eine selbstgenügsame Welt ist – muß wie in immer sich verbreiternden, konzentrischen Sphären das Individuum umgeben, zu diesem hinführend oder von ihm ausgehend. Dieses Auflösen der individuellen Zuspitzung, diese Verallgemeinerung jenseits des persönlichen Einzigseins, die nun aber doch als Basis oder als Strahlungskreis das Individuelle trägt oder es wie in einen breit hinfließenden Strom aufnimmt – das ist das Wesen der Stilisierung; aus dem Instinkt dafür ist der Schmuck stets in verhältnismäßig strenger Stilart gebildet worden.

Jenseits der formalen Stilisierung des Schmuckes ist das *materielle*

Mittel seines sozialen Zweckes jenes *Glänzen* des Schmuckes, durch das sein Träger als der Mittelpunkt eines Strahlenkreises erscheint, in den jeder Nahebefindliche, jedes erblickende Auge einbezogen ist. Indem der Strahl des Edelsteines zu dem Andern hinzugehen scheint, wie das Aufblitzen des Blickes, den das Auge auf ihn richtet, trägt er die soziale Bedeutung des Schmuckes – das Für-den-Andern-Sein, das als Erweiterung der Bedeutungssphäre des Subjekts zu diesem zurückkehrt. Die Radien dieses Kreises markieren einerseits die Distanz, die der Schmuck zwischen den Menschen stiftet: ich habe etwas, was du nicht hast – andrerseits aber lassen sie den andern nicht nur teilnehmen, sondern sie glänzen gerade zu ihm hin, sie bestehen überhaupt nur um seinetwillen. Durch seine Materie ist der Schmuck Distanzierung und Konnivenz in einem Akt. Darum ist er so besonders der Eitelkeit dienstbar, die die Andern braucht, um sie verachten zu können. Hier liegt der tiefe Unterschied zwischen Eitelkeit und hochmütigem Stolz: denn dieser, dessen Selbstbewußtsein wirklich nur in sich selbst ruht, pflegt den »Schmuck« in jedem Sinne zu verschmähen. Hierzu kommt, in gleicher Tendenz, die Bedeutung des »echten« Materials. Der Reiz des »Echten«, in jeder Beziehung, besteht darin, daß es mehr ist, als seine unmittelbare Erscheinung, die es mit dem Falsifikat teilt. So ist es nicht, wie dieses, etwas Isoliertes, sondern es hat Wurzeln in einem Boden jenseits seiner bloßen Erscheinung, während das Unechte nur das ist, was man ihm momentan ansieht. So ist der »echte« Mensch der, auf den man sich, auch wenn man ihn nicht unter Augen hat, verlassen kann. Dieses Mehr-als-Erscheinung ist für den Schmuck sein *Wert;* denn dieser ist ihm nicht anzusehen, ist etwas, was, der geschickten Fälschung gegenüber, zu seiner Erscheinung *hinzukommt.* Dadurch nun, daß dieser Wert immer realisierbar ist, von Allen anerkannt wird, eine relative Zeitlosigkeit besitzt – wird der Schmuck in einen überzufälligen, überpersonalen Wertungszusammenhang eingestellt. Der Talmischmuck, die Quincaillerie ist, was sie momentan ihrem Träger leistet; der echte Schmuck ist ein hierüber hinausgehender Wert, er wurzelt in den Wertgedanken des ganzen Gesellschaftskreises und verzweigt sich darin. Der Reiz und die Betonung, die er seinem individuellen Träger mitteilt, zieht deshalb eine Nahrung aus diesem überindividuellen Boden; sein ästhetischer Wert, der hier ja auch ein Wert »für die Andern« ist, wird durch die Echtheit zum Symbol allgemeiner Schätzung und Zugehörigkeit zu dem sozialen Wertsystem überhaupt.

Im mittelalterlichen Frankreich gab es einmal eine Verordnung, nach der das Tragen von Goldschmuck allen Personen unterhalb eines gewissen Ranges verboten war. Aufs Unverkennbarste lebt hierin die Kombination, die das ganze Wesen des Schmuckes trägt: daß mit ihm die soziologische und ästhetische Betonung der Persönlichkeit wie in einem Brennpunkt zusammengehen, das Für-sich-Sein und Für-andre-Sein wechselseitig Ursache und Wirkung wird. Denn die ästhetische Hervorhebung, das Recht des Reizes und Gefallens darf hier nur so weit gehen, wie es durch die soziale Bedeutungssphäre des Einzelnen umschrieben ist; und eben damit fügt dieser dem Reiz, den die Geschmücktheit für seine ganz individuelle Erscheinung gewinnt, den soziologischen hinzu, eben durch jene ein Repräsentant seiner Gruppe und mit deren ganzer Bedeutung »geschmückt« zu sein. Auf denselben Strahlen gleichsam, die, vom Individuum ausgehend, jene Erweiterung seiner Eindruckssphäre bewirken, wird die durch diesen Schmuck symbolisierte Bedeutung seines Standes zu ihm hingetragen; der Schmuck erscheint hier als das Mittel, die soziale Kraft oder Würde in die anschaulich-persönliche Hervorgehobenheit zu transformieren.

Endlich ziehen sich die zentripetale und die zentrifugale Tendenz im Schmuck noch zu einer besonderen Gestaltung zusammen, wenn berichtet wird, daß das Privateigentum der Frauen bei den Naturvölkern, im allgemeinen später als das der Männer entstehend, sich zuerst und oft ausschließlich auf den Schmuck bezieht. Wenn der persönliche Besitz der Männer mit dem der Waffen zu beginnen pflegt, so offenbart dies die aktivere, aggressivere Natur des Mannes, der seine Persönlichkeitssphäre erweitert, ohne auf den Willen Andrer zu warten. Für die passive weibliche Natur ist dieser – bei allem äußeren Unterschied formal gleiche – Effekt mehr von dem guten Willen Andrer abhängig. Jedes Eigentum ist Ausdehnung der Persönlichkeit, mein Eigentum ist das, was meinem Willen gehorcht, d. h. worin mein Ich sich ausdrückt und äußerlich realisiert; am ehesten und vollständigsten geschieht dies an unserm Körper und darum ist er unser erstes und unbedingtestes Eigentum. An dem geschmückten Körper besitzen wir mehr, wir sind sozusagen Herr über Weiteres und Vornehmeres, wenn wir über den *geschmückten* Körper verfügen. So hat es einen tiefen Sinn, wenn vor allem der Schmuck zum Sondereigentum wird, weil er jenes erweiterte Ich bewirkt, jene ausgedehntere Sphäre um uns herum, die wir mit unsrer Persönlichkeit erfüllen und die aus dem Gefallen und der Aufmerksamkeit unsrer Umgebung besteht – der Umgebung, die an der ungeschmückteren und darum gleichsam unausgedehnteren Erscheinung achtloser, in ihren Umfang nicht einbezogen, vorübergeht. Daß in jenen primitiven Zuständen gerade das zum vorzüglichsten Eigentum für die Frauen wird, was seinem Sinne nach für die Andern da ist und nur mit der auf den Träger zurückströmenden Anerkennung dieser Andern ihm zu einer Wert- und Bedeutungssteigerung seines Ich verhelfen kann – das offenbart so noch einmal das Fundamentalprinzip des Schmuckes. Für die großen, mit- und gegeneinander spielenden Strebungen der Seele und der Gesellschaft: die Erhöhung des Ich dadurch, daß man für die Andern da ist, und des Daseins für die Andern dadurch, daß man sich selbst akzentuiert und erweitert – hat der Schmuck eine ihm allein eigne Synthese in der Form des Ästhetischen geschaffen; indem diese Form an und für sich über dem Gegensatz der einzelnen menschlichen Bestrebungen steht, finden sie in ihr nicht nur ein ungestörtes Nebeneinander, sondern jenen wechselseitigen Aufbau, der als die Ahnung und das Pfand ihrer tieferen metaphysischen Einheit über den Widerstreit ihrer Erscheinungen hinauswächst.

Venedig

Jenseits alles Naturalismus, der der Kunst das Gesetz der ihr äußeren Dinge auferlegt, steht eine Wahrheitsforderung über ihr: ein Anspruch, den das Kunstwerk zu erfüllen hat, obgleich er nur aus ihm selbst quillt. Ruht ein mächtiges Gebälk auf Säulen, denen wir solche Leistung nicht zutrauen, geben uns die pathetischen Worte eines Gedichts Anweisung auf eine Leidenschaft und Tiefe, von denen uns dennoch das Ganze nicht überzeugt, so fühlen wir den Mangel einer *Wahrheit*, einer Übereinstimmung des Kunstwerkes mit seiner eigenen Idee. Noch einmal aber steht es vor der Entscheidung zwischen Wahrheit und Lüge, weil es einem Gesamtzusammenhang des Seins zugehört. Auf schwer enträtselbare Weise malt sich hinter jedes Kunstwerk das Wollen und Fühlen einer bestimmten Seele, eine bestimmte Auffassung von Welt und Leben – aber keineswegs immer so, daß das Werk der treue und angemessene Ausdruck jener tieferen, allgemeineren Wirklichkeit ist, die es uns dennoch ihm anzufühlen veranlaßt. Sondern, merkwürdig genug, manches Kunstwerk gibt uns unmittelbare Anweisung auf eine innere und metaphysische Welt, die sich in ihm ausdrücken *sollte*, tatsächlich aber nicht ausdrückt. Da mögen nun die Teile untereinander harmonisch und vollkommen sein: das *Ganze* treibt aus einer Wurzel, zu der es nicht gehört, und je vollendeter es in sich ist, desto radikaler ist die Lüge, wenn es sich in den Zusammenhang eines inneren Lebens, einer Weltanschauung, einer religiösen Überzeugung einstellt, die es in seinem tiefsten Sein dementiert.

An solchen Wahrheiten und solchen Lügen haben die verschiedenen Künste in verschiedenen Maßen teil. An die Baukunst, von der hier die Rede sein soll, kann kein Naturalismus die Wahrheitsforderung im Sinn der Formgleichheit mit einem äußerlich Gegebenen stellen; um so ersichtlicher beansprucht sie die innere Wahrheit: daß die tragenden Kräfte den Lasten genügen, daß die Ornamente den Platz finden, in dem sie ihre innere Bewegtheit ausleben können, daß nicht Einzelheiten dem Stile untreu werden, in dem das Ganze sich bietet. Geheimnisvoller aber ist die Harmonie oder der Widerspruch, in dem das Bauwerk mit der seelischen Bedeutung oder dem Lebenssinne steht, der mit ihm verbunden ist, aus ihm aufleuchtet – aber nur wie eine Forderung, die es zwar selbst stellt, aber doch nicht immer selbst erfüllt. Vielleicht liegt hier der tiefste Unterschied zwischen der Architektur von Venedig und der von Florenz. Bei den Palästen von Florenz, von ganz Toskana, empfinden wir die Außenseite als den genauen Ausdruck ihres inneren Sinnes: trotzig, burgmäßig, ernste oder prunkvolle Entfaltung einer wie in jedem Steine fühlbaren Macht, jeder die Darstellung einer selbstgewissen, selbstverantwortlichen Persönlichkeit. Die venezianischen Paläste dagegen sind ein preziöses Spiel, schon durch ihre Gleichmäßigkeit die individuellen Charaktere ihrer Menschen maskierend, ein Schleier, dessen Falten nur den Gesetzen seiner eignen Schönheit folgen und das Leben hinter ihm nur dadurch verraten, daß sie es verhüllen. Jedes innerlich wahre Kunstwerk, so phantastisch und subjektiv es sei, spricht irgend eine Art und Weise aus, auf die das Leben möglich ist. Fährt man aber den Canal Grande entlang, so weiß man: wie das Leben auch sei – so jedenfalls kann es nicht sein. Hier, am Markusplatz, auf der Piazzetta, empfindet man einen eisernen Machtwillen, eine finstre Leidenschaft, die wie das Ding an sich hinter dieser heitern Erscheinung stehn: aber die Erscheinung lebt wie in ostentativer Abtrennung vom Sein, die Außenseite erhält von ihrer Innenseite keinerlei Direktive und Nahrung, sie gehorcht nicht dem Gesetze einer übergreifenden seelischen Wirklichkeit, sondern dem einer Kunst, das jenes gerade zu dementieren bestimmt scheint. Indem aber hinter der Kunst, so vollendet sie in sich sei, der Lebenssinn verschwunden ist oder in entgegengesetzter Richtung läuft, wird sie zur Künstlichkeit. Florenz wirkt wie ein Werk der Kunst, weil sein Bildcharakter mit einem zwar historisch verschwundenen, aber ideell ihm getreu einwohnenden Leben verbunden ist. Venedig aber ist die künstliche Stadt. Florenz kann nie zur bloßen Maske werden, weil seine Erscheinung die unverstellte Sprache eines wirklichen Lebens war; hier aber, wo all das Heitere und Helle, das Leichte und Freie, nur einem finstern, gewalttätigen, unerbittlich zweckmäßigen Leben zur Fassade diente, da hat dessen Untergang nur ein entseeltes Bühnenbild, nur die lügenhafte Schönheit der Maske übriggelassen. Alle Menschen in Venedig gehen wie über die Bühne: in ihrer Geschäftigkeit, mit der nichts geschafft wird, oder mit ihrer leeren Träumerei tauchen sie fortwährend um eine Ecke herum auf und verschwinden sogleich hinter einer andern und haben dabei immer etwas wie Schauspieler, die rechts und links von der Szene nichts sind, das Spiel geht nur dort vor und ist ohne Ursache in der Realität des Vorher, ohne Wirkung in der Realität des Nachher. Mit der Einheit, durch die ein Kunstwerk jedes seiner Elemente seinem Gesamtsinn untertan macht, ergreift hier der Oberflächencharakter das Bild der Menschen. Wie sie gehn und stehn, kaufen und verkaufen, betrachten und reden – alles das erscheint uns, sobald uns das Sein dieser Stadt, das in der Ablösung des Scheins vom Sein besteht, einmal in seinem Bann hat, als etwas nur Zweidimensionales, wie aufgeklebt auf das Wirkliche und Definitive ihres Wesens. Aber als habe sich dieses Wesen darunter verzehrt, ist alles Tun ein Davor, das kein Dahinter hat, eine Seite einer Gleichung, deren andre ausgelöscht ist. Selbst die Brücke verliert hier ihre verlebendigende Kraft. Sie leistet sonst das Unvergleichliche, die Spannung und die Versöhnung zwischen den Raumpunkten wie mit einem Schlage zu bewirken, zwischen ihnen sich bewegend, ihre Getrenntheit und ihre Verbundenheit als eines und dasselbe fühlbar zu machen. Diese Doppelfunktion aber, die der bloß malerischen Erscheinung der Brücke eine tiefer bedeutsame Lebendigkeit unterlegt, ist hier verblaßt, die Gassen *gleiten* wie absatzlos über die unzähligen Brücken hinweg, so hoch sich der Brückenbogen spannt, er ist nur wie ein Aufatmen der Gasse, das ihren kontinuierlichen Gang nicht unterbricht. Und ganz ebenso gleiten die Jahreszeiten durch diese Stadt, ohne daß der Wandel vom Winter zum Frühling, vom Sommer zum Herbst ihr Bild merklich änderten. Sonst spüren wir doch an der blühenden und welkenden Vegetation eine Wurzel, die an den wechselnden Reaktionen auf den Wechsel der Zeiten ihre Lebendigkeit erweist. Venedig aber ist dem von innen her fremd, das Grün seiner spärlichen Gärten, das irgendwo in Stein oder in Luft zu wurzeln oder nicht zu wurzeln scheint, ist dem Wechsel wie entzogen. Als hätten alle Dinge alle Schönheit, die sie hergeben können, an ihre Oberfläche gesammelt und sich dann von ihr zurückgezogen, so daß sie nun wie erstarrt diese Schönheit hütet, die die Lebendigkeit und Entwicklung des wirklichen Seins nicht mehr mitmacht.

Es gibt wahrscheinlich keine Stadt, deren Leben sich so ganz und gar in *einem* Tempo vollzieht. Keinerlei Zugtiere oder Fahrzeuge reißen das verfolgende Auge in wechselnde Schnelligkeiten mit, die Gondeln haben durchaus das Tempo und den Rhythmus gehender Menschen. Und dies ist die eigentliche Ursache des »traumhaften« Charakters von Venedig, den man von je empfunden hat. Die Wirklichkeit schreckt uns immerzu auf; die Seele, sich selbst oder einem beharrenden Einfluß überlassen, würde in einem gewissen Gleichstand verbleiben, und erst der Wechsel ihrer Empfindungen weist sie auf ein äußeres Dasein, das diese Unterbrechungen ihrer Ruhelage verursacht. Deshalb werden wir von dauernd gleichmäßigen Eindrücken hypnotisiert, ein Rhythmus, dem wir unterbrechungslos ausgesetzt sind, bringt uns in den Dämmerzustand des Unwirklichen. Die Monotonie aller venezianischen Rhythmen versagt uns die Aufrüttlungen und Anstöße, deren es für das Gefühl der vollen Wirklichkeit bedarf, und nähert uns dem Traum, in dem uns der Schein der Dinge umgibt, ohne die Dinge selbst. Ihrer eignen Gesetzlichkeit nach erzeugt die Seele, in dem Rhythmus dieser Stadt befangen, in sich die gleiche Stimmung, die ihr ästhetisches Bild in der Form der Objektivität bietet: als atmeten nur noch die obersten, bloß spiegelnden, bloß genießenden Schichten der Seele, während ihre volle Wirklichkeit wie in einem lässigen Traum abseits steht. Aber indem nun diese, von den Substanzen und Bewegtheiten des wahren Lebens gelösten Inhalte hier dennoch unser Leben ausmachen, bekommt dieses von innen her teil an der Lüge von Venedig.

Denn dies ist das Tragische an Venedig, wodurch es zum Symbol einer ganz einzigen Ordnung unsrer Formen der Weltauffassung wird: daß die Oberfläche, die ihr Grund verlassen hat, der Schein, in dem kein Sein mehr lebt, sich dennoch als ein Vollständiges und Substantielles gibt, als der Inhalt eines wirklich zu erlebenden Lebens. Florenz gibt uns die Ahnung, daß dieselben Kräfte, die seinen Boden geformt und seine Blumen und Bäume emporgetrieben haben, auf dem Umwege über die Hand des Künstlers auch Orcagnas Paradies und Botticellis Frühling, die Fassade von S. Miniato und Giottos Kampanile erzeugt haben. Darum mag das seelische Leben, das zwischen jenem dunkeln Urgrund und diesen Kristallformen des Geistes vermittelte, längst verschwunden sein und mag nur einen ästhetischen Schein übriggelassen haben – er ist dennoch keine Lüge, weil in ihm das Sein mitschwebt, das ihm seinen richtigen Platz anweist. Nur wo ein Schein, dem niemals ein Sein entsprochen hat und dem selbst das ihm entgegengerichtete weggestorben ist – nur wo dieser ein Leben und eine Ganzheit zu bieten vorgibt, da ist er die Lüge schlechthin, und die Zweideutigkeit des Lebens ist zu ihm wie zu ihrem Körper zusammengeronnen. Zweideutig ist der Charakter dieser Plätze, die mit ihrer Wagenlosigkeit, ihrer engen, symmetrischen Umschlossenheit den Anschein von Zimmern annehmen, zweideutig in den engen Gassen das unausweichliche Sich-Zusammendrängen und Sich-Berühren der Menschen, das den Schein einer Vertrautheit und »Gemütlichkeit« diesem Leben gibt, dem jede Spur von Gemüt fehlt; zweideutig das Doppelleben der Stadt, einmal als der Zusammenhang der Gassen, das andre Mal als der Zusammenhang der Kanäle, so daß sie weder dem Lande noch dem Wasser angehört – sondern jedes erscheint als das proteische Gewand, hinter dem jedesmal das andre als der eigentliche Körper lockt; zweideutig sind die kleinen, dunkeln Kanäle, deren Wasser sich so unruhig regt und strömt – aber ohne daß eine Richtung erkennbar wäre, in der es fließt, das sich immerzu bewegt, aber sich nirgends hinbewegt. Daß unser Leben eigentlich nur ein Vordergrund ist, hinter dem als das einzig Sichere der Tod steht – dies ist der letzte Grund davon, daß das Leben, wie Schopenhauer sagt, »durchweg zweideutig« ist; denn wenn der Schein nicht aus einer Wurzel wächst, deren Säfte ihn in *einer* Richtung halten, so ist er der Deutung jeder Willkür preisgegeben. Nur der Kunst ist es in ihren glücklichsten Augenblikken verliehen, in den Schein ein Sein aufzunehmen und dieses zugleich mit sich selbst zu bieten. Und darum ist die Kunst erst vollendet und jenseits der Künstlichkeit, wenn sie mehr ist als Kunst. So ist Florenz, das der Seele die herrlich eindeutige Sicherheit einer Heimat gibt. Venedig aber hat die zweideutige Schönheit des Abenteuers, das wurzellos im Leben schwimmt, wie eine losgerissene Blüte im Meere, und daß es die klassische Stadt der Aventure war und blieb, ist nur die Versinnlichung vom letzten Schicksal seines Gesamtbildes, unsrer Seele keine Heimat, sondern nur ein Abenteuer sein zu dürfen.

Florenz

Seit das einheitliche Lebensgefühl des Altertums in die Pole Natur und Geist auseinandergebrochen ist; seit das unmittelbare, anschauliche Dasein seine Fremdheit und Gegensatz an einer Welt des Geistes und der Innerlichkeit gefunden hat – war das Problem gegeben, dessen Bewußtsein und Lösungsversuche die ganze Neuzeit erfüllen: das Problem, den beiden Parteien des Lebens die verlorene Einheit wiederzugewinnen. Doch scheint dies nur dem Kunstwerk ganz erreichbar; nur hier enthüllt die Form, die die Natur gegeben hat, sich als der anschaulich gewordene Geist, er steht hier nicht mehr hinter dem Sichtbar-Natürlichen, sondern die Elemente sind so unscheidbar eins geworden, wie sie es vor ihrer Trennung durch den Prozeß des geschichtlichen Lebens waren. Wenn man aber von der Höhe von S. Miniato auf Florenz hinuntersieht, wie es von seinen Bergen gerahmt und von seinem Arno wie von einer Lebensader durchflossen ist; wenn man, die Seele erfüllt von der Kunst seiner Galerien und Paläste und Kirchen, am Nachmittag durch seine Hügel streift, mit ihren Reben, Oliven, Zypressen, wo jeder Fußbreit der Wege, der Villen, der Felder gesättigt ist mit Kultur und großen Vergangenheiten, wo eine Schicht von Geist wie ein Astralleib dieser Erde um sie liegt – da erwächst ein Gefühl, als sei hier der Gegensatz von Natur und Geist nichtig geworden. Eine geheimnisvolle und doch wie mit Augen zu sehende, mit Händen zu greifende Einheit webt die Landschaft, den Duft ihres Bodens und das Leben ihrer Linien mit dem Geist, der ihre Frucht ist, zusammen mit der Geschichte des europäischen Menschen, der hier seine Form gewann, mit der Kunst, die hier wie ein Bodenprodukt wirkt. Man begreift, daß an dieser Stelle die Renaissance entstanden ist, das erste Gefühl, daß alle Schönheit und Bedeutsamkeit, die die Kunst sucht, sich als eine Herausbildung aus der natürlich gegebenen Erscheinung der Dinge einstellt, und daß die Renaissancekünstler, auch die der souveränsten Stilisierung, meinen durften, sie schrieben nur die Natur ab. Hier ist die Natur Geist geworden, ohne sich selbst aufzugeben. Jeder dieser Hügel symbolisiert die Einheit, in der die Gegensätze des Lebens zu Geschwistern werden: indem jeder sich zu einer Villa, einer Kirche erhebt, scheint die Natur überall auf die Krönung durch den Geist hinzuwachsen. Eine fruchtbare, der Kultur entgegenkommende Erde auf Schritt und Tritt; und doch kein üppig südlicher Überreichtum, der den Menschen vergewaltigt. Es gibt einen tropischen Reichtum des äußeren wie inneren Daseins, dem keine Kunst gewachsen ist; diesen hier aber konnte die menschliche Kraft von sich aus formen. Es geht auf diesen letzten Zug des Florentiner Lebens zurück, wenn Benozzo Gozzoli und andere die Landschaft hier als einen Garten darstellen: eingeteilt, mit Beeten, Hecken, wohlangeordneten Bäumen; die Natur ist ihnen gar nicht anders ideal vorstellbar als in der Formung durch den Geist. Indem so die Spannung zwischen Natur und Geist sich löst, entsteht die ästhetische Stimmung, das Gefühl, einem Kunstwerk gegenüberzustehen. Es gibt vielleicht keine zweite Stadt, deren Gesamteindruck, ihr Anschauliches und ihre Erinnerungen, ihre Natur und ihre Kultur zusammenwirkend, in dem Beschauer so stark den Eindruck des Kunstwerks erzeugte, bis in das äußerlichste hin: auch die kahlen Berge hinter Fiesole, die nicht wie alle näheren Hügel die Zeichen menschlicher Tätigkeit tragen, wirken gerade nur wie die Einfassung des durch den Geist und die Kultur charakterisierten Bildes und werden so in dessen Gesamtcharakter hineingezogen wie der Rahmen in das Gemälde, dessen Sinne er gerade durch sein Anderssein dient, weil er es damit als einen für sich bestehenden, sich selbst genügenden Organismus zusammenschließt.

Die Einheit des Bildes von Florenz gibt jeder seiner Einzelheiten eine tiefere und weitere Bedeutung, nur der vergleichbar, die die Einzelheit des Kunstwerks durch ihre Eingliederung in dieses gewinnt. Mohnblumen und Ginster, Villen, wie Geheimnisse verschlossen, und spielende Kinder, Bläue und Gewölk des Himmels – wie alles dies überall in der Welt zu finden ist und überall schön ist, wird es hier dennoch mit einem ganz anderen seelisch-ästhetischen Schwergewicht und Peripherie ausgestattet, weil nichts durch seine einzelne Schönheit allein entzückt, sondern ein jedes an einer übergreifenden Gesamtschönheit teilhat. Und nicht nur das Nebeneinander aller anschaulichen Elemente und das von Natur und Geist, sondern auch das Nacheinander von Vergangenheit und Gegenwart sammelt der Eindruck von Florenz und seiner Landschaft wie in einem Punkte. Die große Vergangenheit ist zwar mit dem Leben des gegenwärtigen Florenz schmerzlich wenig verbunden, aber sie lebt für sich zu stark, zu unmittelbar ergreifend, als daß das romantische Gefühl des Abgrunds zwischen einst und jetzt mächtig werden könnte. Die

Elemente der Romantik sind freilich allenthalben vorhanden: das alte Gemäuer, den Berg hinan gelegen, die Villa auf der Höhe mit den schwarzen Zypressen, die einsamen Burgtürme in der Umgebung – alles dies ist spezifisch romantisch, aber ganz ohne die Sehnsucht der deutschen Romantik, in der alles einem Verlorenen, vielleicht nie Gewesenen nachtrauert. Denn die Vergangenheit ist anschaulich geblieben und hat dadurch eine eigentümliche Gegenwart, die sich neben die andere, vom Tage getragene stellt, ohne sie doch zu berühren. Die Zeit stiftet hier nicht zerrüttende Spannung zwischen den Dingen, wie die reale, sondern gleicht der ideellen Zeit, in der das Kunstwerk lebt, die Vergangenheit ist hier unser eigen wie die Natur, die auch immer Gegenwart ist. Alle Romantik lebt von jener Spannung zwischen der Wirklichkeit und der Vergangenheit, der Zukunft, der Idealität, der Möglichkeit oder auch der Unmöglichkeit. Diese Landschaft aber ist wie ein italienisches Porträt, in dessen Zügen auch alles ausgebreitet ist, alles da ist, die schließlich alles sagen, was sie zu sagen haben – im wesentlichen Unterschied gegen die nordische Art der Menschen, die sich überhaupt mit andern Mittel gibt: durch Hindeutungen, Beleuchtungen, Symbolisierungen, Zusammengefaßtheiten, in denen eben die Wesensinhalte nicht nebeneinander daliegen, sondern die ein Nachleben des Nacheinanders des Lebens vom Beschauer verlangen. Der Landschaft von Florenz fehlt alles Symbolische, das die Alpen und die Heide, der Wald und das Meer besitzen. Sie bedeutet nichts, sie ist, was sie sein kann.

Um alles dieses willen wird das Leben dort so merkwürdig ganz, als schlössen sich hier die Lücken, die ihm sonst aus der Entzweiung seiner Elemente kommen. Es ist, als suchte diese Stadt aus allen Winkeln der Seele alles Reife, Heitere, Lebensvolle zusammen und bildete daraus ein Ganzes, indem sie plötzlich den inneren Zusammenhang und Einheit davon fühlbar macht. Was aber Florenz freilich versagen muß, weil es gerade dieses gibt, das ist – wie um doch so viel, wie es kann, davon gutzumachen – innerhalb seiner selbst symbolisiert: in der Mediceerkapelle. Sie ist viel mehr römisch als florentinisch. Das Schicksal, überhaupt eine so ungeheure Vergangenheit zu haben, gleichviel noch was ihr Inhalt gewesen ist – dieses Schicksal lastet auf Rom und gibt seinem Lebensrhythmus eine schwere Würde, eine tragische Spannung, die sich in Florenz löst, wo das Leben gleichsam die Arme öffnet, um jede Vergangenheit mit Liebe aufzunehmen. Die Figuren Michelangelos aber tragen jenes Verhängnis einer unerlösten Vergangenheit, sie sind alle wie von einer Erstarrung über die Unbegreiflichkeit des Lebens ergriffen, über das Unvermögen der Seele, alle die Zerrissenheiten der Schicksale in die Einheit eines Lebensgefühles zu sammeln. Und die florentinische Einheit von Natur und Geist hat Michelangelo nicht weniger ins Tragische gewendet. Gewiß ist das Innen und das Außen, die Seele und ihre Erscheinung gleichmäßig von seiner Kunstform zusammengehalten. Allein die Spannung zwischen beiden ist so gewaltig, ja gewaltsam, daß sie fortwährend auseinanderzubrechen drohen und nur wie durch ein fortwährendes Aufrufen der äußersten Kraftreserven ihre Einheit bewahren. Es ist, als hätte er jede Gestalt in dem Augenblick gefaßt, wo in ihr der Kampf zwischen der dunkeln Last der irdischen Schwere und der Sehnsucht des Geistes nach Licht und Freiheit zum Stehen gekommen ist. Daß die Einheit, in die die Kunst das Leben faßt, zwei unversöhnliche Parteien in sich begreift, lehrt jede Linie Michelangelos: das Bild von Florenz – seiner Landschaft, seiner Kultur, seiner Kunst – will uns überreden, daß die Parteien der Wirklichkeit in ein Daseinsgefühl zusammenwachsen. So sprechen beide dasselbe aus, aber je nachdem der Ton auf der Zweiheit in aller Einheit oder auf der Einheit in aller Zweiheit liegt, trennen sich zwei Welten, zwischen denen das innerste Leben sich entscheiden muß, auf die eine verzichten, wenn es die andere besitzen will.

Und nun ein letztes. Weil über der Natur hier überall die Form der Kultur liegt, weil jeder Schritt auf diesem Boden an die Geschichte des Geistes rührt, der sich mit ihm untrennbar vermählt hat – bleiben die Bedürfnisse unerfüllt, die nur die Natur in ihrem ursprünglichen Sein, jenseits aller Weiterführung durch den Geist befriedigen kann: die inneren Grenzen von Florenz sind die Grenzen der Kunst. Die Erde von Florenz ist keine, auf die man sich niederwirft, um das Herz des Daseins in seiner dunkeln Wärme, seiner ungeformten Stärke schlagen zu fühlen – wie wir es im deutschen Wald und am Meer und selbst in irgend einem Blumengärtchen einer namenlosen Kleinstadt spüren können. Darum ist Florenz kein Boden für uns in Epochen, in denen man noch einmal von vorn anfangen, sich noch einmal den Quellen des Lebens gegenüberstellen will, wo man aus den Wirrnissen der Seele sich an dem ganz ursprünglichen Dasein orientieren muß. Florenz ist das Glück der ganz reifen Menschen, die das Wesentliche des Lebens errungen oder darauf ver-

zichtet haben und für diesen Besitz oder diesen Verzicht nur noch
seine Form suchen wollen.

Die Ruine

Der große Kampf zwischen dem Willen des Geistes und der Notwendigkeit der Natur ist zu einem wirklichen Frieden, die Abrechnung zwischen der nach oben strebenden Seele und der nach unten strebenden Schwere zu einer genauen Gleichung nur in einer einzigen Kunst gekommen: in der Baukunst. Die *Eigengesetzlichkeit des Materials* in der Poesie, Malerei, Musik muß dem künstlerischen Gedanken stumm dienen, er hat in dem vollendeten Werk den Stoff in sich eingesogen, ihn wie unsichtbar gemacht. Selbst in der Plastik ist das tastbare Stück Marmor nicht das Kunstwerk; was zu diesem der Stein oder die Bronze an Eignem dazugeben, wirkt nur als ein Ausdrucksmittel der seelisch-schöpferischen Anschauung. Die Baukunst aber benutzt und verteilt zwar die Schwere und die Tragkraft der Materie nach einem nur in der Seele möglichen Plane, allein innerhalb dieses wirkt der Stoff mit seinem unmittelbaren Wesen, er führt gleichsam jenen Plan mit seinen eigenen Kräften aus. Es ist der sublimste Sieg des Geistes über die Natur – wie wenn man einen Menschen so zu leiten versteht, daß unser Wollen von ihm nicht unter Überwältigung seines eigenen Willens, sondern durch diesen selbst realisiert wird, daß die Richtung seiner Eigengesetzlichkeit unsern Plan trägt.

Diese einzigartige Balance zwischen der mechanischen, lastenden, dem Druck passiv widerstrebenden Materie und der formenden, aufwärts drängenden Geistigkeit zerbricht aber in dem Augenblick, in dem das Gebäude verfällt. Denn dies bedeutet nichts anderes, als daß die bloß natürlichen Kräfte über das Menschenwerk Herr zu werden beginnen: die Gleichung zwischen Natur und Geist, die das Bauwerk darstellte, verschiebt sich zugunsten der Natur. Diese Verschiebung schlägt in eine kosmische Tragik aus, die für unser Empfinden jede Ruine in den Schatten der Wehmut rückt; denn jetzt erscheint der Verfall als die Rache der Natur für die Vergewaltigung, die der Geist ihr durch die Formung nach seinem Bilde angetan hat. Der ganze geschichtliche Prozeß der Menschheit ist ein allmähliches Herrwerden des Geistes über die Natur, die er außer sich – aber in gewissem Sinne auch in sich – vorfindet. Hat er in den anderen Künsten die Formen und Ereignisse dieser Natur seinem Gebote gebeugt, so formt die Architektur deren Massen und unmittelbar eignen Kräfte, bis sie wie von sich aus die Sichtbarkeit der Idee hergeben. Aber nur solange das Werk in seiner Vollendung besteht, fügen sich die Notwendigkeiten der Materie in die Freiheit des Geistes, drückt die *Lebendigkeit* des Geistes sich in den bloß lastenden und tragenden Kräften jener restlos aus. In dem Augenblick aber, wo der Verfall des Gebäudes die Geschlossenheit der Form zerstört, treten die Parteien wieder auseinander und offenbaren ihre weltdurchziehende ursprüngliche Feindschaft: als sei die künstlerische Formung nur eine Gewalttat des Geistes gewesen, der sich der Stein widerwillig unterworfen hat, als schüttle er dieses Joch nun allmählich ab und kehre wieder in die selbständige Gesetzlichkeit seiner Kräfte zurück.

Aber damit wird dennoch die Ruine zu einer sinnvolleren, bedeutsameren Erscheinung, als es die Fragmente anderer zerstörter Kunstwerke sind. Ein Gemälde, von dem Farbenteilchen abgefallen sind, eine Statue mit verstümmelten Gliedern, ein antiker Dichtertext, aus dem Worte und Zeilen verloren sind – alle diese wirken nur nach dem, was noch an künstlerischer Formung an ihnen vorhanden ist oder was sich von ihr, auf diese Reste hin, die Phantasie konstruieren kann: ihr unmittelbarer Anblick ist keine ästhetische Einheit, er bietet nichts als ein um bestimmte Teile vermindertes Kunstwerk. Die Ruine des Bauwerks aber bedeutet, daß in das Verschwundene und Zerstörte des Kunstwerks andere Kräfte und Formen, die der Natur, nachgewachsen sind und so aus dem, was noch von Kunst in ihr lebt, und dem, was schon von Natur in ihr lebt, ein neues Ganzes, eine charakteristische Einheit geworden ist. Gewiß ist vom Standpunkt des Zweckes aus, den der Geist in dem Palast und der Kirche, der Burg und der Halle, dem Aquädukt und der Denksäule verkörpert hat, ihre Verfallsgestalt ein sinnloser Zufall; allein ein neuer Sinn nimmt diesen Zufall auf, ihn und die geistige Gestaltung in eins umfassend, nicht mehr in menschlicher Zweckmäßigkeit, sondern in der Tiefe gegründet, wo diese und das Weben der unbewußten Naturkräfte ihrer gemeinsamen Wurzel entwachsen. Darum fehlt manchen römischen Ruinen, so interessant sie im übrigen seien, der spezifische Reiz der Ruine: insoweit man nämlich an ihnen die Zerstörung *durch den Menschen* wahrnimmt; denn dies widerspricht dem Gegensatz zwischen Menschenwerk und *Natur*wirkung, auf dem die Bedeutung der Ruine als solcher beruht.

Solchen Widerspruch erzeugt nicht nur das positive Tun des Menschen, sondern auch seine Passivität, wenn und weil der passive

Mensch als bloße Natur wirkt. Dies charakterisiert manche Stadtruinen, die noch bewohnt sind, wie es in Italien abseits der großen Straße oft vorkommt. Hier ist das Eigentümliche des Eindrucks, daß die Menschen zwar nicht das Menschenwerk zerstören, daß vielmehr allerdings die Natur dies vollbringt – aber die Menschen *lassen es verfallen*. Dieses Geschehenlassen ist dennoch von der Idee des Menschen her gesehen sozusagen eine positive Passivität, er macht sich damit zum Mitschuldigen der Natur und einer Wirkungsrichtung ihrer, die der seines eigenen Wesens entgegengesetzt gerichtet ist. Dieser Widerspruch nimmt der bewohnten Ruine das sinnlich-übersinnliche Gleichgewicht, mit der die Gegentendenzen des Daseins in der verlassenen wirken, und gibt ihr das Problematische, Aufregende, oft Unerträgliche, mit dem diese dem Leben entsinkenden Stätten nun doch noch als Rahmen eines Lebens auf uns wirken. –

Anders ausgedrückt, ist es der Reiz der Ruine, daß hier ein Menschenwerk schließlich wie ein Naturprodukt empfunden wird. Dieselben Kräfte, die durch Verwitterung, Ausspülung, Zusammenstürzen, Ansetzen von Vegetation dem Berge seine Gestalt verschaffen, haben sich hier an dem Gemäuer wirksam erwiesen. Schon der Reiz der alpinen Formen, die doch meistens plump, zufällig, künstlerisch ungenießbar sind, beruht auf dem gefühlten Gegenspiel zweier kosmischer Richtungen: vulkanische Erhebung oder allmähliche Schichtung haben den Berg nach oben gebaut, Regen und Schnee, Verwitterung und Abfall, chemische Auflösung und die Wirkung allmählich sich eindrängender Vegetation haben den oberen Rand zersägt und ausgehöhlt, haben Teile des nach oben Gehobenen nach unten stürzen lassen und so dem Umriß seine Form gegeben. In ihr fühlen wir so die Lebendigkeit jener Richtungen verschiedener Energien und, über alles Formal-Ästhetische hinaus, diese Gegensätze in uns selbst instinktiv nachempfindend, die Bedeutsamkeit der Gestalt, zu deren ruhiger Einheit sie sich zusammengefunden haben. In der Ruine nun sind sie auf noch weiter distante Parteien des Daseins verteilt. Was den Bau nach oben geführt hat, ist der menschliche Wille, was ihm sein jetziges Aussehen gibt, ist die mechanische, nach unten ziehende, zernagende und zertrümmernde Naturgewalt. Aber sie läßt das Werk dennoch nicht, solange man überhaupt noch von einer Ruine und nicht von einem Steinhaufen spricht, in die Formlosigkeit bloßer Materie sinken, es entsteht eine neue Form, die vom Standpunkt der Natur aus durchaus sinnvoll, begreiflich, differenziert ist. Die Natur hat das Kunstwerk zum Material ihrer Formung gemacht, wie vorher die Kunst sich der Natur als ihres Stoffes bedient hatte.

In der Schichtung von Natur und Geist pflegt sich doch, ihrer kosmischen Ordnung folgend, die Natur gleichsam als der Unterbau, der Stoff oder das Halbprodukt, der Geist als das definitiv Formende, Krönende darzubieten. Die Ruine kehrt diese Ordnung um, indem das vom Geist Hochgeführte zum Gegenstand derselben Kräfte wird, die den Umriß des Berges und das Ufer des Flusses geformt haben. Wenn auf diesem Wege eine ästhetische Bedeutung entsteht, so verzweigt sie sich in derselben Weise in eine metaphysische, wie die Patina auf Metall und Holz, Elfenbein und Marmor eine solche offenbart. Auch mit ihr hat ein bloß natürlicher Prozeß die Oberfläche des Menschenwerks ergriffen und es von einer, die ursprüngliche völlig verdeckenden Haut überwachsen lassen. Die geheimnisvolle Harmonie: daß das Gebilde durch das Chemisch-Mechanische schöner wird, daß das Gewollte hier durch ein Ungewolltes und Unerzwingliches zu einem anschaulich Neuen, oft Schöneren und wieder Einheitlichen wird – das ist der phantastische und überanschauliche Reiz der Patina. Diesen bewahrend aber gewinnt die Ruine nun noch den zweiten der gleichen Ordnung: daß die Zerstörung der geistigen Form durch die Wirkung der natürlichen Kräfte, jene Umkehr der typischen Ordnung, als eine Rückkehr zu der »guten Mutter« – wie Goethe die Natur nennt – empfunden wird. Daß alles Menschliche »von Erde genommen ist und zu Erde werden soll«, erhebt sich hier über seinen tristen Nihilismus. Zwischen dem Nochnicht und dem Nichtmehr liegt ein Positives des Geistes, dessen Weg jetzt zwar nicht mehr seine Höhe zeigt, aber von dem Reichtum seiner Höhe gesättigt, zu seiner Heimat herabsteigt – gleichsam das Gegenstück des »fruchtbaren Momentes«, für den jener Reichtum ein Vorblick ist, den die Ruine im Rückblick hat. Daß die Vergewaltigung des menschlichen Willenswerkes durch die Naturgewalt aber überhaupt ästhetisch wirken kann, hat zur Voraussetzung, daß an dieses Werk, so sehr es vom Geiste geformt ist, ein Rechtsanspruch der bloßen Natur doch niemals ganz erloschen ist. Seinem Stoffe, seiner Gegebenheit nach ist es immer Natur geblieben, und wenn diese nun ganz wieder Herr darüber wird, so vollstreckt sie damit nur ein Recht, das bis dahin geruht hatte, auf das sie aber sozusagen niemals verzichtet. Darum wirkt die Ruine so häufig tragisch – aber nicht traurig – weil die Zerstörung hier nichts sinnlos von außen Kommendes ist, sondern die Realisierung einer in der tiefsten Existenzschicht des Zerstörten angelegten Richtung. Deshalb fehlt der an die Tragik oder die heimliche Gerechtigkeit der Zerstörung geknüpfte, ästhetisch befriedigende Eindruck so oft, wenn wir einen Menschen als eine »Ruine« bezeichnen. Denn wenn auch hier der Sinn ist, daß die seelischen Schichten, die man im engeren Sinne als naturhaft bezeichnet: die dem Leibe verhafteten Triebe oder Hemmungen, die Trägheiten, das Zufällige, das auf den Tod Hinweisende, über die spezifisch menschlichen, vernunftmäßig wertvollen, Herr werden, so vollzieht sich damit für unser Gefühl eben nicht ein latentes Recht jener Richtungen. Ein solches ist vielmehr überhaupt nicht vorhanden. Wir erachten – gleichviel ob richtig oder irrig –, daß dem Menschenwesen solche dem Geiste entgegengerichteten Herabziehungen gerade seinem tiefsten Sinne nach *nicht* einwohnen; an alles Äußere haben sie ein Recht, das mit ihm geboren ist, aber an den Menschen nicht. Darum ist der Mensch als Ruine, abgesehen von Betrachtungen aus anderen Reihen und Komplikationen her – so oft mehr traurig als tragisch und entbehrt jener metaphysischen Beruhigtheit, die an dem Verfall des materiellen Werkes wie von einem tiefen Apriori her haftet.

Jener Charakter der Heimkehr ist nur wie eine Deutung des Friedens, dessen Stimmung um die Ruine liegt – die neben der andern steht: daß jene beiden Weltpotenzen, das Aufwärtsstreben und das Abwärtssinken, in ihr zu einem ruhenden Bild rein naturhaften Daseins zusammenwirken. Diesen Frieden ausdrückend ordnet sich die Ruine der umgebenden Landschaft einheitlich, und wie Baum und Stein mit ihr verwachsen, ein, während der Palast, die Villa und selbst das Bauernhaus, noch wo sie sich am besten der Stimmung ihrer Landschaft fügen, immer einer andern Ordnung der Dinge entstammen und mit der der Natur nur wie nachträglich zusammengehen. An dem sehr alten Gebäude im freien Lande, ganz aber erst an der Ruine, bemerkt man oft eine eigentümliche koloristische Gleichheit mit den Tönen des Bodens um sie herum. Die Ursache muß irgendwie der analog sein, die auch den Reiz alter Stoffe ausmacht, so heterogen ihre Farben im frischen Zustande waren: die langen gemeinsamen Schicksale, Trockenheit und Feuchtigkeit, Hitze und Kälte, äußere Reibung und innere Zermürbung, Jahrhunderte hindurch sie alle treffend, haben eine Einheitlichkeit der Tönung, eine

Reduktion auf den gleichen koloristischen Generalnenner mit sich gebracht, die kein neuer Stoff imitieren kann. Ungefähr so müssen die Einflüsse von Regen und Sonnenschein, Vegetationsansatz, Hitze und Kälte das ihnen überlassene Gebäude dem Farbenton des denselben Schicksalen überlassenen Landes angeähnlicht haben: sie haben sein ehemaliges gegensätzliches Sich-Herausheben in die friedliche Einheit des Dazugehörens gesenkt.

Und noch von einer andern Seite her trägt die Ruine den Eindruck des Friedens. Auf der einen Seite jenes typischen Konfliktes stand ihre rein äußerliche Form oder Symbolik: der durch Aufbau und Einstürzen bestimmte Umriß des Berges. Nach dem andern Pole des Daseins aber hin gerichtet, lebt er ganz innerhalb der menschlichen Seele, diesem Kampfplatz zwischen der Natur, die sie selbst ist, und dem Geiste, der sie selbst ist. An unsrer Seele bauen fortwährend die Kräfte, die man nur mit dem räumlichen Gleichnis des Aufwärtsstrebens benennen kann, fortwährend durchbrochen, abgelenkt, niedergeworfen von den andern, die als unser Dumpfes und Gemeines und im schlechten Sinne »Nur-Natürliches« in uns wirken. Wie sich diese beiden nach Maß und Art wechselnd mischen, das ergibt in jedem Augenblick die Form unsrer Seele. Allein niemals gelangt sie, weder mit dem entschiedensten Sieg der einen Partei noch mit einem Kompromiß beider, zu einem endgültigen Zustand. Denn nicht nur die unruhige Rhythmik der Seele duldet keinen solchen; sondern vor allem: hinter jedem Einzelereignis, jedem Einzelimpulse aus der einen oder der andern Richtung steht etwas Weiterlebendes, stehen Forderungen, die die jetzige Entscheidung nicht zur Ruhe bringen. Dadurch bekommt der Antagonismus beider Prinzipien etwas Unabschließbares, Formloses, jeden Rahmen Sprengendes. In dieser Unbeendbarkeit des sittlichen Prozesses, in diesem tiefen Mangel abgerundeter, zu plastischer Ruhe gelangter Gestaltung, den die unendlichen Ansprüche beider Parteien der Seele auferlegen, besteht vielleicht der letzte formale Grund für die Feindschaft der ästhetischen Naturen gegen die ethischen. Wo wir ästhetisch anschauen, verlangen wir, daß die Gegensatzkräfte des Daseins zu irgend einem Gleichgewicht, der Kampf zwischen Oben und Unten zum Stehen gekommen sei; aber gegen diese, allein eine *Anschauung* gewährende Form wehrt sich der sittlich-seelische Prozeß mit seinem unaufhörlichen Auf und Nieder, seinen steten Grenzverschiebungen, mit der Unerschöpflichkeit der in ihm gegenspielenden Kräfte. Den tiefen Frieden aber, der wie ein heiliger Bannkreis die Ruine umgibt, trägt *diese* Konstellation: daß der dunkle Antagonismus, der die Form alles Daseins bedingt, – einmal innerhalb der bloßen Naturkräfte wirksam, ein anderes Mal innerhalb des seelischen Lebens für sich allein, ein drittes Mal, wie an unserm Gegenstand, zwischen Natur und Materie sich abspielend – daß dieser Antagonismus hier gleichfalls nicht zum Gleichgewicht versöhnt ist, sondern die eine Seite überwiegen, die andere in Vernichtung sinken läßt und dabei dennoch ein formsicheres, ruhig verharrendes Bild bietet. Der ästhetische Wert der Ruine vereint die Unausgeglichenheit, das ewige Werden der gegen sich selbst ringenden Seele mit der formalen Befriedigtheit, der festen Umgrenztheit des Kunstwerks. Deshalb fällt, wo von der Ruine nicht mehr genug übrig ist, um die aufwärts führende Tendenz fühlbar zu machen, ihr metaphysisch-ästhetischer Reiz fort. Die Säulenstümpfe des Forum Romanum sind einfach häßlich und weiter nichts, während eine etwa bis zur Hälfte abgebröckelte Säule ein Maximum von Reiz entwickeln mag.

Man wird freilich jene Friedlichkeit gern einem andern Motiv zuschreiben: dem Vergangenheitscharakter der Ruine. Sie ist die Stätte des Lebens, aus der das Leben geschieden ist – aber dies ist nichts bloß Negatives und Dazugedachtes, wie bei den unzähligen, ehemals im Leben schwimmenden Dingen, die zufällig an sein Ufer geworfen sind, aber ihrem Wesen nach ebenso wieder von seiner Strömung ergriffen werden können. Sondern daß das Leben mit seinem Reichtum und seinen Wechseln hier einmal gewohnt hat, das ist unmittelbar anschauliche Gegenwart. Die Ruine schafft die gegenwärtige Form eines vergangenen Lebens, nicht nach seinen Inhalten oder Resten, sondern nach seiner Vergangenheit als solcher. Dies ist auch der Reiz der Altertümer, von denen nur eine borniert Logik behaupten kann, daß eine absolut genaue Imitation ihnen an ästhetischem Wert gleichkäme. Gleichviel, ob wir im einzelnen Falle betrogen sind – mit diesem Stück, das wir in der Hand halten, beherrschen wir geistig die ganze Zeitspanne seit seiner Entstehung, die Vergangenheit mit ihren Schicksalen und Wandlungen ist in den Punkt ästhetisch anschaulicher Gegenwart gesammelt. Hier wie gegenüber der Ruine, dieser äußersten Steigerung und Erfüllung der Gegenwartsform der Vergangenheit, spielen so tiefe und zusammenfassende Energien unserer Seele, daß die scharfe Scheidung zwischen Anschauung und Gedanke völlig unzureichend wird. Hier wirkt eine seelische Ganzheit, und befaßt, wie ihr Objekt die Gegensätze von Vergangenheit und Gegenwart in eine Einheitsform verschmilzt, die ganze Spannweite des körperlichen und des geistigen Sehens in die Einheit ästhetischen Genießens, das ja immer in einer tieferen als der ästhetischen Einheit wurzelt.

So lösen Zweck und Zufall, Natur und Geist, Vergangenheit und Gegenwart an diesem Punkte die Spannung ihrer Gegensätze, oder vielmehr, diese Spannung bewahrend, führen sie dennoch zu einer Einheit des äußeren Bildes, der inneren Wirkung. Es ist, als müßte ein Stück des Daseins erst verfallen, um gegen alle, von allen Windrichtungen der Wirklichkeit herkommenden Strömungen und Mächte so widerstandslos zu werden. Vielleicht ist dies der Reiz des Verfalles, der Dekadenz überhaupt, der über ihr bloßes Negatives, ihre bloße Herabgesetztheit hinausreicht. Die reiche und vielseitige Kultur, die unbegrenzte *Beeindruckbarkeit* und das überallhin offene Verstehen, das dekadenten Epochen eigen ist, bedeutet eben doch jenes Sichzusammenfinden aller Gegenstrebungen. Eine ausgleichende Gerechtigkeit knüpft das hemmungslose Zusammen alles auseinander und gegeneinander Wachsenden an den Verfall jener Menschen und jenes Menschenwerkes, die jetzt nur noch nachgeben, aber sich nicht mehr aus ihrer eigenen Kraft heraus ihre eigenen Formen schaffen und erhalten können.

Philosophie der Landschaft

Unzählige Male gehen wir durch die freie Natur und nehmen, mit den verschiedensten Graden der Aufmerksamkeit, Bäume und Gewässer wahr, Wiesen und Getreidefelder, Hügel und Häuser und allen tausendfältigen Wechsel des Lichtes und Gewölkes – aber darum, daß wir auf dies einzelne achten oder auch dies und jenes zusammenschauen, sind wir uns noch nicht bewußt, eine »Landschaft« zu sehen. Vielmehr gerade solch einzelner Inhalt des Blickfeldes darf unsern Sinn nicht mehr fesseln. Unser Bewußtsein muß ein neues Ganzes, Einheitliches haben, über die Elemente hinweg, an ihre Sonderbedeutungen nicht gebunden und aus ihnen nicht mechanisch zusammengesetzt – das erst ist die Landschaft. Täusche ich mich nicht, so hat man sich selten klar gemacht, daß Landschaft noch nicht damit gegeben ist, daß allerhand Dinge nebeneinander auf einem Stück Erdboden ausgebreitet sind und unmittelbar angeschaut werden. Den eigentümlichen geistigen Prozeß, der aus alledem erst die Landschaft erzeugt, versuche ich von einigen seiner Voraussetzungen und Formen her zu deuten.

Zunächst: daß die Sichtbarkeiten auf einem Fleck Erde »Natur« sind –, allenfalls mit Menschenwerken, die sich ihr aber einordnen – und nicht Straßenzüge mit Warenhäusern und Automobilen, das macht diesen Fleck noch nicht zu einer Landschaft. Unter Natur verstehen wir den endlosen Zusammenhang der Dinge, das ununterbrochene Gebären und Vernichten von Formen, die flutende Einheit des Geschehens, die sich in der Kontinuität der zeitlichen und räumlichen Existenz ausdrückt. Bezeichnen wir ein Wirkliches als Natur, so meinen wir entweder eine innere Qualität, seinen Unterschied gegen Kunst und Künstliches, gegen Ideelles und Geschichtliches; oder daß es als Vertreter und Symbol jenes Gesamtseins gelten soll, daß wir dessen Strömung in ihm rauschen hören. »Ein Stück Natur« ist eigentlich ein innerer Widerspruch; die Natur hat keine Stücke, sie ist die Einheit eines Ganzen, und in dem Augenblick, wo irgend etwas aus ihr herausgestückt wird, ist es nicht mehr ganz und gar Natur, weil es eben nur innerhalb jener grenzstrichlosen Einheit, nur als Welle jenes Gesamtstromes »Natur« sein kann. Für die Landschaft aber ist gerade die Abgrenzung, das Befaßtsein in einem momentanen oder dauernden Gesichtskreis durchaus wesentlich;

ihre materielle Basis oder ihre einzelnen Stücke mögen schlechthin als Natur gelten – als »Landschaft« vorgestellt, fordert sie ein vielleicht optisches, vielleicht ästhetisches, vielleicht stimmungsmäßiges Für-sich-Sein, eine singuläre, charakterisierende Enthobenheit aus jener unzerteilbaren Einheit der Natur, in der jedes Stück nur ein Durchgangspunkt für die Allkräfte des Daseins sein kann. Ein Stück Boden mit dem, was darauf ist, als Landschaft ansehen, heißt einen Ausschnitt aus der Natur nun seinerseits als Einheit betrachten – was sich dem Begriff der Natur ganz entfremdet. Dies scheint mir die geistige Tat zu sein, mit der der Mensch einen Erscheinungskreis in die Kategorie »Landschaft« hineinformt: eine in sich geschlossene Anschauung als selbstgenugsame Einheit empfunden, dennoch verflochten in ein unendlich weiter Erstrecktes, weiter Flutendes, eingefaßt in Grenzen, die für das darunter, in anderer Schicht wohnende Gefühl des göttlich Einen, des Naturganzen, nicht bestehen. Fortwährend werden von diesem die selbstgesetzten Schranken der jeweiligen Landschaft umspielt und gelöst, wird sie, die losgerissene, verselbständigte, von dem dunkeln Wissen um diesen unendlichen Zusammenhang durchgeistet, – wie das Werk eines Menschen als ein objektives, selbstverantwortliches Gebilde dasteht und dennoch in einer schwer ausdrückbaren Verflochtenheit mit der ganzen Seele, mit der ganzen Lebendigkeit seines Schöpfers verbleibt, von ihr getragen und noch immer fühlbar durchflutet. Die Natur, die in ihrem tiefen Sein und Sinn nichts von Individualität weiß, wird durch den teilenden und das Geteilte zu Sondereinheiten bildenden Blick des Menschen zu der jeweiligen Individualität »Landschaft« umgebaut. Man hat oft festgestellt, daß das eigentliche »Naturgefühl« sich erst in der Neuzeit entwickelt habe, und hat dies von deren Lyrismus, Romantik usw. hergeleitet; wie ich glaube, einigermaßen oberflächlich. Die Religionen primitiverer Zeiten scheinen mir gerade ein besonders tiefes Gefühl für »Natur« zu offenbaren. Nur die Empfindung für das besondere Gebilde »Landschaft« ist spät gewachsen, und zwar gerade, weil dessen Schöpfung ein Losreißen von jenem einheitlichen Fühlen der Allnatur forderte. Die Individualisierung der inneren und äußeren Daseinsformen, die Auflösung der ursprünglichen Gebundenheiten und Verbundenheiten zu differenzierten Eigenbeständen – diese große Formel der nachmittelalterlichen Welt hat uns auch aus der Natur erst die Landschaft heraussehen lassen. Kein Wunder, daß die Antike und das Mittelalter kein *Gefühl* für die Landschaft hatten;

das Objekt selbst bestand eben noch nicht in jener seelischen Entschiedenheit und selbständigen Umformtheit, deren endlichen Gewinn dann die Entstehung der Landschaftsmalerei bestätigte und
sozusagen kapitalisierte. Daß der Teil eines Ganzen zu einem selbständigen Ganzen wird, jenem entwachsend und ein Eigenrecht ihm
gegenüber beanspruchend – das ist vielleicht die fundamentale Tragödie des Geistes überhaupt, die in der Neuzeit zu vollem Auswirken
gelangt ist und die Führung des Kulturprozesses an sich gerissen hat.
Aus der Vielfachheit der Beziehungen, in die sich die Menschen, die
Gruppen, die Gebilde verflechten, starrt uns allenthalben der Dualismus entgegen, daß das Einzelne ein Ganzes zu sein begehrt und
daß seine Zugehörigkeit zu größeren Ganzen ihm nur die Rolle des
Gliedes einräumen will. Wir wissen unser Zentrum zugleich außer
uns und in uns, denn wir selbst und unser Werk sind bloße Elemente
von Ganzheiten, die uns als arbeitsteilige Einseitigkeiten fordern –
und dabei wollen wir dennoch selber ein Abgerundetes und Auf-sich-
selbst-Stehendes sein und ein solches schaffen. Während sich hieraus
unzählige Kämpfe und Zerrissenheiten im Sozialen und im Technischen, im Geistigen und im Sittlichen ergeben, schafft die gleiche Form der Natur gegenüber den versöhnten Reichtum der Landschaft, die ein Individuelles, Geschlossenes, In-sich-Befriedigtes ist,
und dabei widerspruchslos dem Ganzen der Natur und seiner Einheit verhaftet bleibt. Zu leugnen aber ist nicht, daß »Landschaft« nur
entsteht, indem das in der Anschauung und im Gefühl pulsierende
Leben sich von der Einheitlichkeit der Natur überhaupt losreißt
und das damit geschaffene, in eine ganz neue Schicht transponierte
Sondergebilde sich sozusagen erst von sich aus jenem All-Leben wieder öffnet, in seine undurchbrochenen Grenzen das Unbegrenzte aufnehmend.

Welches Gesetz aber, so müssen wir weiter fragen, bestimmt diese
Auswahl und diese Zusammensetzung? Denn was wir etwa mit einem
Blick oder innerhalb unseres momentanen Horizontes überschauen,
ist noch nicht Landschaft, sondern höchstens der Stoff zu ihr – wie
eine Menge nebeneinandergestellter Bücher noch nicht »eine Biblio-
thek« sind, dies vielmehr, ohne daß eines dazu oder davon käme, erst
werden, wenn ein gewisser vereinheitlichender Begriff sie formend
umfaßt. Nur daß die unbewußt wirksame Formel, die die Landschaft
als solche erzeugt, nicht eben so einfach aufzuweisen ist, ja vielleicht
in prinzipieller Weise überhaupt nicht. Das Material der Landschaft,

wie die bloße Natur es liefert, ist so unendlich mannigfaltig und von Fall zu Fall wechselnd, daß auch die Gesichtspunkte und Formen, die diese Elemente zu je einer Eindruckseinheit zusammenschließen, sehr variable sein werden. Der Weg, um hier wenigstens Annäherungswerte zu erreichen, scheint mir über die Landschaft als malerisches Kunstwerk zu führen. Denn das Verständnis unseres ganzen Problems hängt an dem Motiv: das Kunstwerk Landschaft entsteht als die steigernde Fortsetzung und Reinigung des Prozesses, in dem uns allen aus dem bloßen Eindruck einzelner Naturdinge die Landschaft – im Sinne des gewöhnlichen Sprachgebrauchs – erwächst. Eben das, was der Künstler tut: daß er aus der chaotischen Strömung und Endlosigkeit der unmittelbar gegebenen Welt ein Stück herausgrenzt, es als eine Einheit faßt und formt, die nun ihren Sinn in sich selbst findet und die weltverbindenden Fäden abgeschnitten und in den eigenen Mittelpunkt zurückgeknüpft hat – eben dies tun wir in niederem, weniger prinzipiellem Maße, in fragmentarischer, grenzunsicherer Art, sobald wir statt einer Wiese und eines Hauses und eines Baches und eines Wolkenzuges nun eine »Landschaft« schauen. Eine der tiefsten Bestimmungen alles geistigen und produktiven Lebens wird hier offenbar. Alles, was wir Kultur nennen, enthält eine Reihe eigengesetzlicher Gebilde, die sich in selbstgenugsamer Reinheit jenseits des täglichen, vielverflochtenen, in Praxis und Subjektivität verlaufenden Lebens gestellt haben; ich nenne die Wissenschaft, die Religion, die Kunst. Gewiß können diese verlangen, nach ihren für sich bestehenden, von allen Getrübtheiten des zufälligen Lebens gelösten Ideen und Normen gepflegt und begriffen zu werden. Dennoch läuft noch ein anderer Weg zu ihrem Verständnis, oder richtiger, ein Weg zu einem noch anderen Verständnis ihrer. Das empirische, sozusagen unprinzipielle Leben enthält nämlich fortwährend Ansätze und Elemente jener Gebilde, die sich aus ihm zu ihrer sich selbst gehörigen, nur um die eigene Idee kristallisierenden Entwicklung aufringen. Nicht so, als bestünden all diese Schöpfungskomplexe des Geistes und unser, unter irgend welchen Trieben und Zielen ablaufendes Leben bemächtigte sich gewisser Abschnitte jener und fügte sie sich ein. Nicht dieses, natürlich dauernd Geschehende, ist hier gemeint, sondern das umgekehrt Gerichtete. Das Leben erzeugt in seinem kontinuierlichen Ablauf etwa Gefühle und Verhaltungsweisen, die man religiös nennen muß, obgleich sie keineswegs unter dem Begriff der Religion erlebt werden oder unter ihn gehören: Liebe und Natureindrücke, ideale Aufschwünge und Hingebung an die weiteren und engeren Gemeinschaften der Menschheit haben oft genug diese Färbung, die aber nicht von der selbständig fertigen »Religion« auf sie überstrahlt. Sondern Religion ihrerseits entsteht, indem dies eigenartige, mit all solchen Erlebnissen mitgewachsene, die Art ihres Erlebtwerdens mitbestimmende Element sich zu Eigenbestand erhebt, ihren Inhalt hinter sich läßt, sich selbstschöpferisch zu den reinen Gebilden verdichtet, die seine Ausdrücke sind: zu den Gottheiten – ganz unabhängig davon, welche Wahrheit und Bedeutung nun dies Gebilde in seinem Selbstleben und getrennt von all jenen Vorformen besitze. Die Religiosität, in deren Tonart wir unzählige Gefühle und Schicksale erleben, kommt nicht – oder sozusagen erst nachträglich – von der Religion als einem transzendenten Sondergebiet, sondern umgekehrt, die Religion wächst aus jener Religiosität, insofern diese nun aus sich selbst Inhalte schafft, statt nur die vom Leben gegebenen, in das Leben weiter verflochtenen, zu formen oder zu färben. Mit der Wissenschaft ist es nicht anders. Ihre Methoden und Normen in all ihrer unberührten Höhe und Selbstherrlichkeit sind doch die verselbständigten, zur Alleinherrschaft gelangten Formen des alltäglichen Erkennens. Diese freilich sind bloße Mittel der Praxis, dienende und irgendwie zufällige Elemente, mit soundsoviel anderen zu der empirischen Lebenstotalität verschlungen; in der Wissenschaft aber ist das Erkennen Selbstzweck geworden, ein nach eigener Legislatur verwaltetes Reich des Geistes – mit dieser ungeheuren Verlegung des Zentrums und Sinnes doch nur die Reinheit und Prinzipwerdung jenes, durch das Leben und die Welt des Alltags verstreuten Wissens. Statt der aufklärerischen Banalität, die die idealen Wertprovinzen aus den Niedrigkeiten des Lebens zusammenleimen will, die Religion aus Furcht und Hoffnung und Unwissenheit, die Erkenntnis aus den sinnlichen und nur dem Sinnlichen dienenden Zufälligkeiten – gilt es vielmehr einzusehen, daß zu den lebenbestimmenden Energien jene idealen von vornherein gehören; und nur indem sie, statt fremdem Stoff sich anzuschmiegen, zu Gesetzgebern eigener Reiche, Schöpfern eigener Inhalte werden, wachsen unsere Wertbezirke um die Reinheit je einer Idee auf. Und dies ist ebenso die Wesensformel der Kunst. Völlig töricht, sie aus dem Nachahmungstrieb, dem Spieltrieb oder anderen psychologischen Fremdquellen abzuleiten, die sich freilich ihrem echten Quell vermischen und ihre Äußerung mitbestimmen mögen: Kunst als Kunst aber kann nur aus künstlerischer Dynamik kommen. Nicht als ob sie mit dem fertigen Kunstwerk anfinge. Sie kommt aus dem Leben – aber nur weil und insofern das Leben, wie es täglich und überall gelebt wird, jene Formungskräfte enthält, deren reine, selbständig gewordene, für sich ihr Objekt bestimmende Auswirkung dann Kunst heißt. Gewiß wirkt kein Begriff von »Kunst« mit, wenn der Mensch alltäglich redet oder sich in Gesten ausdrückt oder wenn seine Anschauung ihre Elemente nach Sinn und Einheit formt. Aber es wirken in alledem Gestaltungsarten, die wir gleichsam nachträglich künstlerische nennen müssen; denn wenn sie in Eigengesetzlichkeit und gelöst von der dienenden Verwebung in das Leben ein Objekt für sich formen, das nur ihr Produkt ist, so ist dies eben ein »Kunstwerk«. Auf diesem weiten Wege erst rechtfertigt sich unsere Deutung der Landschaft aus den letzten Formungsgründen unseres Weltbildes heraus. Wo wir wirklich Landschaft und nicht mehr eine Summe einzelner Naturgegenstände sehen, haben wir ein Kunstwerk in statu nascendi. Wenn man so auffallend oft gerade landschaftlichen Eindrücken gegenüber von Laien die Äußerung hört: man wünsche ein Maler zu sein, um dieses Bild festzuhalten, so bedeutet dies sicher nicht nur den Wunsch nach fixierter Reminiszenz, der gegenüber vielen anderen Eindrücken anderer Art ebenso wahrscheinlich wäre, sondern mit jenem Anschauen selbst ist die künstlerische Form, wie embryonal auch immer, in uns lebend, wirksam geworden, und, unfähig zu eigenem Schöpfertum zu gelangen, schwingt sie wenigstens in den Wunsch, in die innerliche Vorwegnahme eines solchen. Daß das künstlerisch bildende Vermögen eines jeden gerade an der Landschaft zu höherer Verwirklichung gelangt, als etwa an der Anschauung menschlicher Individuen, hat mancherlei Gründe. Zunächst steht uns die Landschaft in einer Distanz der Objektivität gegenüber, die dem künstlerischen Verhalten zugute kommt und die für die Anschauung des anderen Menschen nicht leicht und nicht unmittelbar zu erreichen ist. Hier hindern uns an ihr die subjektiven Ablenkungen durch Sympathie und Antipathie, die praktischen Verflochtenheiten und vor allem jene noch wenig betrachteten Vorgefühle: was dieser Mensch uns wohl bedeuten würde, wenn er ein Faktor unseres Lebens wäre – offenbar sehr dunkle und komplexe Gefühle, die mir aber unsere ganze Betrachtung auch des fremdesten Individuums mit zu entscheiden scheinen. Zu dieser Schwierigkeit ruhiger Distanznahme zu dem Menschenbilde, verglichen mit dem Landschaftsbilde, kommt das, was man den Widerstand des ersteren gegen die künstlerische Formung nennen muß. Landschaftselemente kann unser Blick bald in dieser, bald in jener Gruppierung zusammenfassen, die Akzente unter ihnen vielfach verschieben, Zentrum und Grenzen variieren lassen. Das Menschengebilde aber bestimmt dies alles von sich aus, es hat durch seine eigenen Kräfte die Synthese um das eigene Zentrum vollzogen und grenzt sich damit selbst unzweideutig ab. Es nähert sich deshalb schon in seiner natürlichen Konfiguration irgendwie dem Kunstwerk, und dies mag die Ursache sein, weshalb für den minder geübten Blick die Photographie einer Person immerhin noch eher mit der ihres Porträts verwechselt werden mag, als eine Landschaftsphotographie mit der Reproduktion eines Landschaftsgemäldes. Die Neuformung der menschlichen Erscheinung im Kunstwerk ist ja nicht diskutabel; allein sie erfolgt sozusagen unmittelbar von der Gegebenheit dieser Erscheinung her, während vor dem Landschaftsgemälde noch eine Zwischenstufe steht: die Formung der Naturelemente zu der »Landschaft« im gewöhnlichen Sinne, zu der schon künstlerische Kategorien mitwirken mußten, die insoweit also auf dem Wege zum Kunstwerk liegt, seine Vorform darstellt. Die Normen ihres Zustandekommens können darum vom Kunstwerk her begriffen werden, welches dieser Normen reine, autonom gewordene Auswirkung ist.

Viel mehr als dies Prinzipielle festzustellen, wird freilich der augenblickliche Stand unserer Ästhetik kaum erlauben. Denn die Regeln, die die Landschaftsmalerei für Wahl des Objekts und des Augenpunktes, für Beleuchtung und Raumillusion, für Komposition und Farbenharmonie ausgebildet hat, wären zwar ohne weiteres angebbar, aber sie betreffen gleichsam diejenige Strecke der Entwicklung vom ersten singulären Dingeindruck zum Landschaftsbilde, die oberhalb des Stadiums der allgemeinen Landschaftsanschauung liegt. Was bis zu *diesem* hinführt, ist von jenen Regeln aufgenommen und unbefangen vorausgesetzt und ist deshalb, obleich es in der gleichen Richtung künstlerischer Gestaltung liegt, aus ihnen, die das im engeren Sinne Künstlerische normieren, nicht abzulesen. Einer dieser Formungsgründe freilich drängt die Tiefe seiner Problematik ganz unüberhörbar auf. Landschaft, sagen wir, entsteht, indem ein auf dem Erdboden ausgebreitetes Nebeneinander natürlicher Erscheinungen zu einer besonderen Art von Einheit zusammengefaßt wird, einer anderen als zu der der kausal denkende Gelehrte, der religiös empfindende Naturanbeter, der teleologisch gerichtete Ackerbauer oder Stratege eben dieses Blickfeld umgreift. Der erheblichste Träger dieser Einheit ist wohl das, was man die »Stimmung« der Landschaft nennt. Denn wie wir unter Stimmung eines Menschen das Einheitliche verstehen, das dauernd oder für jetzt die Gesamtheit seiner seelischen Einzelinhalte färbt, nicht selbst etwas Einzelnes, oft auch nicht an einem Einzelnen angebbar haftend, und doch das Allgemeine, worin all dies Einzelne jetzt sich trifft – so durchdringt die Stimmung der Landschaft alle ihre einzelnen Elemente, oft ohne daß man ein Einzelnes für sie haftbar machen könnte; in einer schwer bezeichenbaren Weise hat ein jedes an ihr teil – aber sie besteht weder außerhalb dieser Beiträge, noch ist sie aus ihnen zusammengesetzt. Diese eigentümliche Schwierigkeit, die Stimmung einer Landschaft zu lokalisieren, setzt sich in eine tiefere Schicht mit der Frage fort: inwieweit die Stimmung der Landschaft in ihr selbst, objektiv, begründet sei, da sie doch ein seelischer Zustand sei und deshalb nur in dem Gefühlsreflex des Beschauers, nicht aber in den bewußtlos äußeren Dingen wohnen könne? Und diese Probleme kreuzen sich in dem, das uns hier eigentlich angeht: wenn die Stimmung ein wesentliches oder vielleicht das wesentliche Moment ist, das die Teilstücke zu der Landschaft als einer empfundenen Einheit zusammenbringt – wie kann das sein, da doch die Landschaft gerade erst, wenn sie als Einheit erschaut ist, und nicht vorher, in der bloßen Summe disparater Stücke, eine »Stimmung« besitzt?

Dies sind nicht künstliche Schwierigkeiten, sondern sie sind, wie unzählige gleicher Art, unvermeidlich, sobald das einfache, in sich ungeschiedene Erlebnis vom Denken in Elemente zerlegt wird und nun durch die Beziehungen und Zusammenfügungen dieser Elemente begriffen werden soll. Aber vielleicht hilft uns gerade diese Einsicht weiter. Sollte nicht wirklich die *Stimmung* der Landschaft und die anschauliche *Einheit* der Landschaft eines und dasselbe sein, nur von zwei Seiten betrachtet? Beides das eine, nur doppelt ausdrückbare Mittel, durch das die betrachtende Seele aus jenem Nebeneinander von Stücken eben Landschaft, diese jeweils bestimmte Landschaft zustande bringt? Dies Verhalten wäre nicht ganz ohne Analogien. Wenn wir einen Menschen lieben, scheinen wir freilich zuerst sein irgendwie geschlossenes Bild zu haben, auf das dann das Gefühl sich richtet. In Wirklichkeit aber ist der zunächst objektiv Angeschaute ein ganz anderer als der, den wir lieben; das Bild *dieses* entsteht erst zugleich mit der Liebe, gerade der genau Hinfühlende wüßte nicht zu sagen, ob das sich umgestaltende Bild die Liebe hervorgerufen oder diese die Umgestaltung bewirkt habe. Nicht anders, wenn wir die Empfindung innerhalb eines lyrischen Gedichts in uns nachgestalten. Wäre nicht in den Worten, die wir aufnehmen, diese Empfindung für uns unmittelbar gegenwärtig, so würden sie für uns kein Gedicht, sondern eine bloße Mitteilung darstellen – andererseits, würden wir sie innerlich nicht als Gedicht empfangen, so könnten wir jene Empfindung nicht in uns rege machen. All solchem gegenüber ist ersichtlich die Frage falsch gestellt: ob unsere einheitliche Vorstellung der Sache oder das mit ihr auftretende Gefühl das erste oder das zweite ist. Zwischen ihnen besteht gar nicht das Verhältnis von Ursache und Wirkung und höchstens dürfte beides als Ursache und beides als Wirkung gelten. So sind die Einheit, die die Landschaft als solche zustande bringt, und die Stimmung, die uns aus ihr entgegenschlägt und mit der wir sie umgreifen, nur nachträgliche Zerlegungen eines und desselben seelischen Aktes.

Und damit fällt ein Licht in die Dunkelheit des vorhin angedeuteten Problems: mit welchem Rechte die Stimmung, ausschließlich ein menschlicher Gefühlsvorgang, als Qualität der Landschaft, das heißt eines Komplexes unbeseelter Naturdinge gilt? Dies Recht wäre illusorisch, bestünde die Landschaft wirklich nur aus solchem Nebeneinander von Bäumen und Hügeln, Gewässern und Steinen. Aber sie ist ja selbst schon ein geistiges Gebilde, man kann sie nirgends im bloß Äußeren tasten und betreten, sie lebt nur durch die Vereinheitlichungskraft der Seele, als eine durch kein mechanisches Gleichnis ausdrückbare Verschlingung des Gegebenen mit unserem Schöpfertum. Indem sie so ihre ganze Objektivität als Landschaft innerhalb des Machtgebietes unseres Gestaltens besitzt, hat die Stimmung, ein besonderer Ausdruck oder eine besondere Dynamik dieses Gestaltens, volle Objektivität an ihr. Ist denn innerhalb des lyrischen Gedichts nicht das Gefühl eine unbezweifelbare Wirklichkeit, von aller Willkür und subjektiven Laune so unabhängig wie Rhythmus und Reim selbst – obgleich es an den einzelnen Worten, die der Naturprozeß der Sprachbildung sozusagen ahnungslos erzeugt hat und aus deren Folge das Gedicht äußerlich besteht, keine Spur eben dieses Gefühles aufzufinden ist? Aber weil das Gedicht eben als dieses objektive Gebilde schon ein geisterzeugtes ist, darum ist das Gefühl ein sachlich wirkliches und so wenig von jener Realität zu trennen, wie von den Luftschwingungen, wenn sie einmal unser Ohr erreicht haben, der Ton zu trennen ist, mit dem sie in uns Wirklichkeit werden.

Nur darf unter Stimmung hier freilich keiner der abstrakten Begriffe verstanden werden, unter die wir um der Bezeichenbarkeit willen das Allgemeine sehr mannigfaltiger Stimmungen bringen: heiter oder ernst, heroisch oder monoton, erregt oder melancholisch nennen wir die Landschaft und lassen damit ihre unmittelbar eigene Stimmung in eine Schicht fließen, die auch seelisch eigentlich sekundär ist, und die von dem ursprünglichen Leben nur die unspezifischen Nachklänge bewahrt. Vielmehr, die hier gemeinte Stimmung einer Landschaft ist durchaus nur die Stimmung *eben dieser* Landschaft und kann niemals die einer anderen sein, obgleich man beide vielleicht unter den Allgemeinbegriff, zum Beispiel, des Melancholischen fassen kann. Solche begrifflich typischen Stimmungen freilich mag man von der zuvor fertig gewordenen Landschaft aussagen; aber die Stimmung, die ihr unmittelbar eigen ist, und die mit der Änderung jeder Linie eine andere würde, diese ist ihr eingeboren, ist mit dem Entstehen ihrer Formeinheit untrennbar verwachsen. Es gehört zu den durchgängigen Irrungen, die das Verständnis der bildenden Kunst, ja der Anschaulichkeit überhaupt hintanhalten, daß man die Stimmung der Landschaft nur in jenen allgemeinen literarisch-lyrischen Gefühlsbegriffen sucht. Die einer Landschaft wirklich und individuell eigene Stimmung ist mit derartigen Abstraktionen so wenig zu bezeichnen, wie ihre Anschaulichkeit selbst mit Begriffen beschrieben werden kann. Wäre selbst Stimmung nichts anderes als das Gefühl, das die Landschaft in dem Beschauer auslöst, so ist doch auch dies Gefühl in seiner wirklichen Bestimmtheit ausschließlich an gerade und genau diese Landschaft unvertauschbar gebunden, und erst, wenn ich das Unmittelbare und Reale seines Charakters verlösche, kann ich es auf den Allgemeinbegriff des Melancholischen oder des Frohen, des Ernsten oder des Erregten bringen. Indem Stimmung also zwar das Allgemeine, das heißt, das an keinem Einzelelement Haftende eben dieser Landschaft, aber nicht das Allgemeine vieler Landschaften bedeutet, darf man sie und das Werden dieser Landschaft überhaupt, das heißt die Einheitsformung all ihrer Einzelelemente, als einen und denselben Akt bezeichnen, als sprächen nur die mannigfaltigen Energien unserer Seele, die anschauenden und die fühlenden, eine jede in ihrem Tone unisono eines und dasselbe Wort aus. Gerade wo uns, wie der Landschaft gegenüber, die Einheit des natürlichen Daseins in sich einzuweben strebt, erweist sich die Zerreißung in ein schauendes und ein fühlendes Ich als doppelt irrig. Als ganze Menschen stehen wir vor der Landschaft, der natürlichen wie der kunstgewordenen, und der Akt, der sie für uns schafft, ist unmittelbar ein schauender *und* ein fühlender, erst in der nachträglichen Reflexion in diese Gesondertheiten zerspaltener. Der Künstler ist nur derjenige, der diesen formenden Akt des Anschauens und Fühlens mit solcher Reinheit und Kraft vollzieht, daß er den gegebenen Naturstoff völlig in sich einsaugt und diesen wie von sich aus neu schafft; während wir anderen an diesen Stoff mehr gebunden bleiben und deshalb noch immer dies und jenes Sonderelement wahrzunehmen pflegen, wo der Künstler wirklich nur »Landschaft« sieht und gestaltet.

Exkurs über die Soziologie der Sinne

Die Tatsache, daß wir überhaupt den Nebenmenschen sinnlich wahrnehmen, entwickelt sich nach zwei Seiten hin, deren Zusammenwirken von fundamentaler soziologischer Bedeutung ist. In das Subjekt
hineinwirkend, löst der Sinneseindruck eines Menschen Gefühle von
Lust und Unlust in uns aus, von eigner Gesteigertheit oder Herabgesetztheit, von Erregung oder Beruhigung durch seinen Anblick oder
den Ton seiner Stimme, durch seine bloße sinnliche Gegenwart in
demselben Raume. Dies alles dient nicht zum Erkennen oder Bestimmen des Andern; nur *mir* ist wohl oder das Gegenteil, wenn er
da ist und ich ihn sehe und höre. Ihn selbst läßt diese Reaktion des
Gefühles auf sein sinnliches Bild sozusagen draußen. Nach der entgegengesetzten Dimension streckt sich die Entwicklung des Sinnen-
eindrucks, sobald er zum Mittel der Erkenntnis des Andern wird:
was ich von ihm sehe, höre, fühle, ist jetzt nur die Brücke, über die
ich zu ihm als zu meinem Objekt gelange. Der Sprachlaut und seine
Bedeutung bilden vielleicht das deutlichste Beispiel. Wie das Organ
eines Menschen ganz unmittelbar anziehend oder abstoßend auf uns
wirkt, gleichviel, was er sagt; wie andrerseits das, was er sagt, uns
zur Kenntnis nicht nur seiner augenblicklichen Gedanken, sondern
seines seelischen Seins verhilft – so ist es doch wohl mit allen Sinneseindrücken; sie führen in das Subjekt hinein, als dessen Stimmung
und Gefühl, und zu dem Objekt hinaus, als Erkenntnis seiner. Gegenüber den nicht-menschlichen Objekten pflegt dies beides weit
auseinander zu liegen. An ihrer sinnlichen Gegenwärtigkeit betonen
wir entweder ihren subjektiven Gefühlswert: den Duft der Rose, die
Lieblichkeit eines Klanges, den Reiz der Zweige, die sich im Winde
biegen, empfinden wir als ein im Inneren der Seele sich abspielen-
des Glück. Oder wir wollen die Rose oder den Ton oder den Baum
erkennen – so setzen wir dafür völlig andre Energien ein, oft mit bewußter Abwendung von jenen. Was hier, ziemlich zusammenhangs-
los, miteinander abwechselt, ist dem Menschen gegenüber meistens
zu einer Einheit verwebt. Unsre Sinneseindrücke von ihm lassen ihren Gefühlswert auf der einen Seite, ihre Verwendung zu einer in-
stinktiven oder gesuchten Kenntnis seiner auf der andern – zusam-
menwirksam und praktisch eigentlich unentwirrbar zur Grundlage
unsrer Beziehung zu ihm werden. In sehr verschiedenem Maße na-

türlich baut beides, der Stimmklang und der Inhalt des Gesagten, das Aussehen und seine psychologische Deutung, das Anziehende oder Abstoßende seiner Atmosphäre und der instinktive Schluß aus ihr auf seine seelische Färbung und manchmal auch auf seinen Kulturgrad – in sehr verschiedenen Maßen und Mischungen bauen diese beiden Entwicklungen des Sinneseindrucks an unsrem Verhältnis zu ihm.

Unter den einzelnen Sinnesorganen ist das Auge auf eine völlig einzigartige soziologische Leistung angelegt: auf die Verknüpfung und Wechselwirkung der Individuen, die in dem gegenseitigen Sich-Anblicken liegt. Vielleicht ist dies die unmittelbarste und reinste Wechselbeziehung, die überhaupt besteht. Wo sich sonst soziologische Fäden spinnen, pflegen sie einen objektiven Inhalt zu besitzen, eine objektive Form zu erzeugen. Selbst das gesprochene und gehörte Wort hat doch eine Sachbedeutung, die allenfalls noch auf andre Weise überlieferbar wäre. Die höchst lebendige Wechselwirkung aber, in die der Blick von Auge in Auge die Menschen verwebt, kristallisiert zu keinerlei objektivem Gebilde, die Einheit, die er zwischen ihnen stiftet, bleibt unmittelbar in das Geschehen, in die Funktion aufgelöst. Und so stark und fein ist diese Verbindung, daß sie nur durch die kürzeste, die gerade Linie zwischen den Augen getragen wird, und daß die geringste Abweichung von dieser, das leiseste Zurseitesehn, das Einzigartige dieser Verbindung völlig zerstört. Es bleibt hier zwar keine objektive Spur zurück, wie doch sonst, mittelbar oder unmittelbar, von allen Beziehungsarten zwischen Menschen, selbst von den gewechselten Worten; die Wechselwirkung stirbt in dem Augenblick, in dem die Unmittelbarkeit der Funktion nachläßt; aber der ganze Verkehr der Menschen, ihr Sichverstehn und Sichzurückweisen, ihre Intimität und ihre Kühle, wäre in unausrechenbarer Weise geändert, wenn der Blick von Auge in Auge nicht bestünde – der, im Unterschiede gegen das einfache Sehen oder Beobachten des Andern eine völlig neue und unvergleichliche Beziehung zwischen ihnen bedeutet.

Die Enge dieser Beziehung wird durch die merkwürdige Tatsache getragen, daß der auf den Andern gerichtete, ihn wahrnehmende Blick selbst ausdrucksvoll ist, und zwar gerade durch die Art, wie man den Andern ansieht. In dem Blick, der den Andern in sich aufnimmt, offenbart man sich selbst; mit demselben Akt, in dem das Subjekt sein Objekt zu erkennen sucht, gibt es sich hier dem Objekte preis.

Man kann nicht durch das Auge nehmen, ohne zugleich zu geben. Das Auge entschleiert dem Andern die Seele, die ihn zu entschleiern sucht. Indem dies ersichtlich nur bei unmittelbarem Blick von Auge in Auge stattfindet, ist hier die vollkommenste Gegenseitigkeit im ganzen Bereich menschlicher Beziehungen hergestellt.

Hieraus wird erst ganz verständlich, weshalb die Beschämung uns zu Boden blicken, den Blick des Andern vermeiden läßt. Sicher nicht nur, weil uns so mindestens sinnlich festzustellen erspart bleibt, daß und wie uns der Andre in solch peinlicher und verwirrender Lage anblickt; sondern der tiefere Grund ist der, daß das Senken meines Blicks dem Andern etwas von der Möglichkeit raubt, mich festzustellen. Der Blick in das Auge des Andern dient nicht nur mir, um jenen zu erkennen, sondern auch ihm, um mich zu erkennen; auf der Linie, die beide Augen verbindet, trägt er die eigne Persönlichkeit, die eigne Stimmung, den eigenen Impuls zu dem Andern hin. Die »Vogel-Strauß-Politik« hat in dieser unmittelbar sinnlich-soziologischen Beziehung eine tatsächliche Zweckmäßigkeit; wer den Andern nicht ansieht, entzieht sich wirklich in gewissem Maße dem Gesehenwerden. Der Mensch ist für den Andern keineswegs schon ganz da, wenn dieser ihn ansieht, sondern erst, wenn er auch jenen ansieht.

Die soziologische Bedeutung des Auges hängt in allererster Reihe aber an der Ausdrucksbedeutung des *Antlitzes*, das sich zwischen Mensch und Mensch als das erste Objekt des Blickes bietet. Man macht sich selten klar, in welchem Umfang auch das Praktische unsrer Beziehungen von dem gegenseitigen Kennen abhängt – nicht nur in dem Sinne alles Äußerlichen, oder der augenblicklichen Absichten und Stimmung des Andern; sondern was wir von seinem Sein, von seinen inneren Fundamenten, von der Unabänderlichkeit seines Wesens bewußt oder instinktiv erkennen, das färbt unvermeidlich unsre momentane wie unsre dauernde Beziehung zu ihm. Das Gesicht aber ist der geometrische Ort aller dieser Erkenntnisse, es ist das Symbol all dessen, was das Individuum als die Voraussetzung seines Lebens mitgebracht hat, in ihm ist abgelagert, was von seiner Vergangenheit in den Grund seines Lebens hinabgestiegen und zu beharrenden Zügen in ihm geworden ist. Indem wir das Gesicht des Menschen in solcher Bedeutung wahrnehmen, kommt, so sehr sie den Zwecken der Praxis dient, in den Verkehr ein überpraktisches Element: das Gesicht bewirkt, daß der Mensch schon aus seinem Anblick, nicht erst aus seinem Handeln verstanden wird. Das Gesicht, als Ausdrucksorgan betrachtet, ist sozusagen ganz theoretischen Wesens, es *handelt* nicht, wie die Hand, wie der Fuß, wie der ganze Körper; es trägt nicht das innerliche oder praktische Verhalten des Menschen, sondern es *erzählt* nur von ihm. Die besondere, soziologisch folgenreiche Art des »Kennens«, die das Auge vermittelt, wird dadurch bestimmt, daß das Antlitz das wesentliche Objekt des interindividuellen Sehens ist. Dieses Kennen ist noch etwas andres als Erkennen. In irgend einem, freilich sehr schwankenden Maße wissen wir mit dem ersten Blick auf jemanden, mit wem wir zu tun haben. Daß wir uns dieser Tatsache und ihrer fundamentalen Bedeutung meistens nicht bewußt werden, liegt daran, daß wir über diese selbstverständliche Basis hinweg unsre Aufmerksamkeit sogleich auf die Erkennbarkeit besonderer Züge, singulärer Inhalte richten, die unser praktisches Verhalten zu jenem im einzelnen bestimmen. Sucht man aber zum Bewußtsein dieses Selbstverständlichen vorzudringen, so ist es erstaunlich, wieviel wir von einem Menschen bei dem ersten Blick auf ihn wissen. Nichts mit Begriffen Ausdrückbares, in einzelne Beschaffenheiten Zerlegbares; wir können vielleicht durchaus nicht sagen, ob er uns klug oder dumm, gutmütig oder bösartig, temperamentvoll oder schläfrig vorkommt. Alles dies, im gewöhnlichen Sinn Erkennbare, vielmehr sind *allgemeine* Eigenschaften, die er mit unzähligen andern teilt. Was aber jener erste Anblick seiner uns vermittelt, ist in solches Begriffliches und Ausdrückbares garnicht aufzulösen und auszumünzen – obgleich es immer die Tonart aller späteren Erkenntnisse seiner bleibt –, sondern es ist das unmittelbare Ergreifen seiner Individualität, wie seine Erscheinung, zuhöchst sein Gesicht es unserm Blick verrät; wofür es prinzipiell belanglos ist, daß auch hierbei genug Irrtümer und Korrigierbarkeiten vorkommen.

Indem das Gesicht nun dem Blick die anschaulich vollendetste Symbolik der beharrenden Innerlichkeit und alles dessen bietet, was unsre Erlebnisse in unsern dauernden Wesensgrund haben sinken lassen, gibt es doch zugleich den wechselreichen Situationen des Augenblicks nach. Es entsteht hier das im Bezirk des Menschlichen ganz Einzigartige: daß das allgemeine, übersinguläre Wesen des Individuums sich stets in der Sonderfärbung einer momentanen Stimmung, Erfülltheit, Impulsivität darstellt, daß das Einheitlich-Feste und das Fließend-Mannigfaltige unsrer Seele als absolutes Zugleich, sozusagen das eine immer in der Form des andern, sichtbar wird. Es ist der äußerste soziologische Gegensatz zwischen Auge und Ohr:

daß dieses uns nur die in die Zeitform gebannte Offenbarung des Menschen bietet, jenes aber auch das Dauernde seines Wesens, den Niederschlag seiner Vergangenheit in der substanziellen Form seiner Züge, so daß wir sozusagen das Nacheinander seines Lebens in einem Zugleich vor uns sehn. Denn die erwähnte Augenblicksstimmung, wie freilich auch das Gesicht sie dokumentiert, entnehmen wir so wesentlich dem Gesprochenen, daß in der tatsächlichen Wirkung des Gesichtssinnes der *Dauer*-Charakter der durch ihn erkannten Person weit überwiegt.

Daher ist die soziologische Stimmung des Blinden eine ganz andre als die des Tauben. Für den Blinden ist der Andre eigentlich nur im Nacheinander da, in der Zeitfolge seiner Äußerungen. Das unruhige, beunruhigende Zugleich aller Wesenszüge, der Spuren aller Vergangenheiten, wie es in dem Gesicht der Menschen ausgebreitet liegt, entgeht dem Blinden, und das mag der Grund der friedlichen und ruhigen, gegen die Umgebung gleichmäßig freundlichen Stimmung sein, die so oft an Blinden beobachtet wird. Gerade die Vielheit dessen, was das Gesicht offenbaren *kann*, macht es oft rätselhaft; im allgemeinen wird das, was wir von einem Menschen sehen, durch das interpretiert, was wir von ihm *hören*, während das Umgekehrte viel seltener ist. Deshalb ist der, der sieht, ohne zu hören, sehr viel verworrener, ratloser, beunruhigter, als der, der hört, ohne zu sehen. Hierin muß ein für die Soziologie der Großstadt bedeutsames Moment liegen. Der Verkehr in ihr, verglichen mit dem in der Kleinstadt, zeigt ein unermeßliches Übergewicht des Sehens über das Hören Andrer; und zwar nicht nur, weil die Begegnungen auf der Straße in der kleinen Stadt eine relativ große Quote von Bekannten betreffen, mit denen man ein Wort wechselt oder deren Anblick uns die ganze, nicht nur die sichtbare Persönlichkeit reproduziert – sondern vor allem durch die öffentlichen Beförderungsmittel. Vor der Ausbildung der Omnibusse, Eisenbahnen und Straßenbahnen im 19. Jahrhundert waren Menschen überhaupt nicht in der Lage, sich minuten- bis stundenlang gegenseitig anblicken zu können oder zu müssen, ohne mit einander zu sprechen. Der moderne Verkehr gibt, was den weit überwiegenden Teil aller sinnlichen Relationen zwischen Mensch und Mensch betrifft, diese in noch immer wachsendem Maße dem bloßen Gesichtssinne anheim und muß damit die generellen soziologischen Gefühle auf ganz veränderte Voraussetzungen stellen. Die eben erwähnte größere Rätselhaftigkeit des nur gesehenen gegenüber dem gehörten Menschen trägt, der erwähnten Verschiebung wegen, sicher zu der Problematik des modernen Lebensgefühles bei, zu dem Gefühl der Unorientiertheit in dem Gesamtleben, der Vereinsamung und daß man auf allen Seiten von verschlossenen Pforten umgeben ist.

Eine soziologisch höchst zweckmäßige Ausgleichung jener Leistungsdifferenz der Sinne liegt in der sehr viel stärkeren Erinnerungsfähigkeit für das Gehörte gegenüber der für das Gesehene – trotzdem das, was ein Mensch gesprochen hat, als solches unwiederbringlich dahin ist, während er dem Auge ein relativ stabiles Objekt ist. Schon darum kann man das Ohr eines Menschen viel eher belügen als sein Auge, und es liegt auf der Hand, daß von dieser Struktur unserer Sinne und ihrer Objekte, soweit der Mitmensch ihnen solche bietet, die ganze Art des menschlichen Verkehrs getragen wird: wenn unserm Ohr nicht die gehörten Worte unmittelbar entschwänden, die es aber dafür in der Form des Gedächtnisses festhält, wenn dem Gesichtssinn, dessen Inhalten diese Reproduktionsstärke fehlt, nicht das Beharren des Antlitzes und seiner Bedeutung sich darböte – so würde unser interindividuelles Leben auf einer absolut andern Basis stehn. Es wäre eine müßige Spekulation, sich dieses Anderssein auszudenken; aber daß seine prinzipielle Möglichkeit eingesehen wird, befreit uns von dem Dogma, daß die menschliche Vergesellschaftung, die wir kennen, die ganz selbstverständliche und sozusagen indiskutable sei, für deren Art es eben *besondere* Veranlassungen nicht gebe. In Bezug auf die einzelnen großen Sozialformen hat die Geschichtsforschung dieses Dogma beseitigt: wir wissen, daß unsre Familienverfassung wie unsre Wirtschaftsform, unser Recht wie unsre Sitte Ergebnisse aus Bedingungen sind, die anderswo andre waren und deshalb auch andre Ergebnisse hatten; daß wir mit diesen Tatsächlichkeiten keineswegs auf dem tiefsten Grunde stehn, auf dem das Gegebene auch das unbedingt Notwendige ist, das nicht mehr als Sondergestaltung aus Sonderursachen begriffen werden kann. In Bezug auf die ganz allgemeinen, zwischen Mensch und Mensch spielenden soziologischen Funktionen aber ist diese Frage noch nicht gestellt. Die primären, unmittelbaren Beziehungen, die dann auch alle höheren Gebilde bestimmen, erscheinen so solidarisch mit der Natur der Gesellschaft überhaupt, um übersehen zu lassen, daß sie nur mit der Natur des Menschen solidarisch sind; aus den besonderen Bedingungen dieser fordern sie daher ihre Erklärung.

Der eben angedeutete Gegensatz von Auge und Ohr in ihrer soziologischen Bedeutung ist ersichtlich die Weiterführung der Doppelrolle, zu der schon das Auge für sich allein designiert erschien. Wie aller Sinn der Wirklichkeit immer in die Kategorien des Seins und des Werdens auseinandergeht, so beherrschen diese auch das, was der Mensch vom Menschen überhaupt wahrnehmen will und kann. Wir wollen wissen: was ist dieser Mensch seinem Sein nach, was ist die dauernde Substanz seines Wesens? Und: wie ist er im Augenblick, was will er, denkt er, sagt er? Dies legt im großen und ganzen die Arbeitsteilung zwischen den Sinnen fest. Viele Modifikationen abgerechnet, ist das, was wir am Menschen sehen, das Dauernde an ihm; in seinem Gesicht ist, wie in einem Querschnitt durch geologische Schichten, die Geschichte seines Lebens und das, was ihr als die zeitlose Mitgift seiner Natur zugrunde liegt, gezeichnet. Die Schwankungen des Gesichtsausdrucks kommen an Mannigfaltigkeit der Differenzierung dem nicht nahe, was wir durch das Ohr feststellen. Was wir hören, ist sein Momentanes, ist der Fluß seines Wesens. Erst allerhand sekundäre Erkenntnisse und Schlüsse entschleiern uns auch in seinen Zügen die Stimmung des Momentes, in seinen Worten das Unveränderliche an ihm. In der ganzen Natur sonst, wie sie sich dem unmittelbaren Sinneneindruck darbietet, ist das Dauern und das Fließen in sehr viel einseitigerem Maße verteilt, als beim Menschen. Der dauernde Stein und der fließende Strom sind die polaren Symbole dieser Einseitigkeit. Der Mensch allein ist schon für unsre Sinne immer zu gleicher Zeit ein Beharrendes und ein Verfließendes, beides hat bei ihm eine Höhe erreicht, in der eines sich immer am andern mißt, am andern zum Ausdruck kommt. Die Ausbildung dieser Zweiheit steht in Wechselwirkung mit der von Auge und Ohr; denn wenn sich auch keines von beiden den Wahrnehmungen beider Kategorien gänzlich verschließt, so sind sie im Ganzen doch auf die gegenseitige Ergänzung angelegt, auf die Feststellung des bleibend-plastischen Wesens des Menschen durch das Auge, auf die seiner auftauchenden und versinkenden Äußerungen durch das Ohr.

In soziologischer Hinsicht scheidet sich weiterhin das Ohr vom Auge durch den Mangel jener Reziprozität, die der Blick zwischen Auge und Auge herstellt. Das Auge kann seinem Wesen nach nicht nehmen, ohne zugleich zu geben, während das Ohr das schlechthin egoistische Organ ist, das nur nimmt, aber nicht gibt; seine äußere

Formung scheint dies fast zu symbolisieren, indem es als ein etwas passives Anhängsel der menschlichen Erscheinung wirkt, das unbeweglichste aller Organe des Kopfes. Es büßt diesen Egoismus damit, daß es nicht wie das Auge sich wegwenden oder sich schließen kann, sondern, da es nun einmal bloß nimmt, auch dazu verurteilt ist, alles zu nehmen, was in seine Nähe kommt – wovon sich noch soziologische Folgen zeigen werden. Erst mit dem Munde, mit der Sprache, zusammen erzeugt das Ohr den innerlich einheitlichen Akt des Nehmens und Gebens – aber auch dies in der Alternierung, daß man nicht recht sprechen kann, wenn man hört, nicht recht hören, wenn man spricht, während das Auge beides in dem Wunder des »Blickes« verschmilzt. Andrerseits steht dem formalen Egoismus des Ohres sein eigentümliches Verhältnis zu den Gegenständen des Privatbesitzes gegenüber. Im allgemeinen kann man nur das Sichtbare »besitzen«, während das nur Hörbare mit dem Moment seiner Gegenwart auch schon vergangen ist und kein »Eigentum« gewährt. Es ist eine wunderliche Ausnahme, wenn im 17. und 18. Jahrhundert die großen Familien Musikstücke zu besitzen strebten, die nur für sie geschrieben waren und die nicht publiziert werden durften. Eine Anzahl von Bachschen Konzerten sind auf solchen Auftrag eines Prinzen hin entstanden. Es gehörte zur Vornehmheit eines Hauses, Musikstücke zu besitzen, die jedem andern vorenthalten waren. Für unser Gefühl liegt hierin etwas Perverses, weil das Hören seinem Wesen nach überindividualistisch ist: was in einem Raume vorgeht, müssen eben alle hören, die in ihm sind, und daß der Eine es aufnimmt, nimmt es dem Andern nicht fort. Daher stammt auch die besondere seelische Betonung, die ein Gesprochenes hat, wenn es dennoch ausschließlich für einen Einzigen bestimmt ist. Was der Eine dem Andern sagt, würden Unzählige sinnlich hören können, wenn sie nur dabei wären. Wenn der Inhalt irgend eines Gesagten diese formal-sinnliche Möglichkeit ausdrücklich ausschließt, verleiht dies einer solchen Mitteilung eine unvergleichliche soziologische Färbung. Es gibt fast kein Geheimnis, das nur durch die Augen übermittelt werden *könnte*. Die Übermittlung durch das Ohr aber schließt eigentlich einen Widerspruch ein. Sie zwingt eine Form, die sich an und für sich und sinnlich an eine unbegrenzte Zahl von Teilnehmern wendet, dazu, einem Inhalt zu dienen, der diese alle völlig ausschließt. Dies ist das merkwürdig Pointierte des mündlich mitgeteilten Geheimnisses, der Unterredung unter vier Augen; sie verneint ausdrücklich den sinnlichen Charakter des Sprachlautes, der die physische Möglichkeit unzählig vieler Hörer involviert. Unter gewöhnlichen Umständen können überhaupt nicht allzuviel Menschen einen und denselben Gesichtseindruck haben, dagegen außerordentlich viele denselben Gehörseindruck. Man vergleiche ein Museumspublikum mit einem Konzertpublikum; die Bestimmung des Gehörseindrucks, sich einheitlich und gleichmäßig einer Menschenmenge mitzuteilen, – eine keineswegs nur äußerlich-quantitative, sondern mit seinem innersten Wesen tief verbundene Bestimmung – schließt soziologisch ein Konzertpublikum in eine unvergleichlich engere Einheit und Stimmungsgemeinsamkeit zusammen, als die Besucher eines Museums. Wo ausnahmsweise auch das Auge für eine große Menschenzahl solche Gleichheit des Eindrucks gewährt, tritt auch die vergemeinsamende soziologische Wirkung ein. Daß alle Menschen gleichzeitig den Himmel sehen können und die Sonne, das ist, wie ich glaube, ein wesentliches Moment des Zusammenschlusses, den jede Religion bedeutet. Denn jede wendet sich irgendwie, ihrem Ursprung oder ihrer Ausgestaltung nach, an den Himmel oder die Sonne, hat irgend eine Art von Beziehung zu diesem Allumschließenden und Weltbeherrschenden. Daß ein Sinn, der in der Praxis des Lebens so exklusiv ist, wie das Auge, der selbst das gleichzeitig Erblickte durch die Verschiedenheit des Augenpunktes für jeden irgendwie modifiziert, nun doch einen Inhalt hat, der absolut nicht exklusiv ist, der sich jedem gleichmäßig darbietet, den Himmel, die Sonne, die Gestirne – das muß auf der einen Seite jenes Transszendieren aus der Enge und Besonderheit des Subjekts nahelegen, das jede Religion enthält, und trägt oder begünstigt auf der andern das Moment des Zusammenschlusses der Gläubigen, das gleichfalls jeder Religion eignet.

Die hervorgehobenen unterschiedlichen Verhältnisse von Auge und Ohr zu ihren Gegenständen stiften soziologisch sehr verschiedene Verhältnisse zwischen den Individuen, deren Vereinigungen auf dem einen oder auf dem andern ruhen. Die Arbeiter in einem Fabriksaal, die Studenten in einem Auditorium, die Soldaten einer Abteilung fühlen sich irgendwie als Einheit. Und wenn diese Einheit auch aus übersinnlichen Momenten quillt, so ist sie doch in ihrem Charakter dadurch mitbestimmt, daß der für sie wesentlich wirksame Sinn das Auge ist, daß die Individuen sich während der sie vergemeinsamenden Vorgänge zwar sehen, aber nicht sprechen können. In diesem Falle wird das Einheitsbewußtsein einen viel abstrakteren Charakter haben, als wenn das Zusammensein zugleich auch mündlicher Verkehr ist. Das Auge zeigt, neben dem Individuellen des Menschen, das in seiner Erscheinung investiert ist, in höherem Maße auch das *Gleiche* aller, als das Ohr es tut. Das Ohr gerade vermittelt die Fülle der divergenten Stimmungen des Einzelnen, den Fluß und die momentane Aufgipfelung der Gedanken und Impulse, die ganze Polarität des subjektiven wie des objektiven Lebens. Aus Menschen, die wir nur sehen, bilden wir unendlich viel leichter einen Allgemeinbegriff, als wenn wir mit jedem sprechen können. Die gewöhnliche Unvollkommenheit des Sehens begünstigt diesen Unterschied. Die wenigsten Menschen wissen mit Sicherheit zu sagen, auch nur welches die Augenfarbe ihrer Freunde ist, oder können sich die Mundbildung der ihnen nächsten Menschen in der Phantasie anschaulich vorstellen. Sie haben sie eigentlich garnicht gesehen, man *sieht* offenbar an einem Menschen in viel höherem Maße das, was ihm mit andern gemein ist, als man dies Allgemeine an ihm *hört*. Die unmittelbare Herstellung sehr abstrakter, unspezifischer Sozialgebilde wird deshalb, soweit die Technik der Sinne wirkt, durch die Sehnähe, bei mangelnder Gesprächsnähe, am meisten begünstigt. Diese Konstellation hat, nach dem oben Angedeuteten, die Entstehung des modernen Begriffs des »Arbeiters« sehr gefördert. Dieser unerhört wirkungsvolle Begriff, der das Allgemeine aller Lohnarbeiter, gleichviel, was sie arbeiten, zusammenschließt, war den früheren Jahrhunderten unzugänglich, deren Gesellenvereinigungen oft viel enger und intimer waren, weil sie wesentlich auf dem persönlichen und mündlichen Verkehr ruhten, denen aber der Fabriksaal und die Massenversammlung fehlte. Hier erst, wo man Unzählige sah, ohne sie zu hören, vollzog sich jene hohe Abstraktion dessen, was all diesen gemeinsam ist und was von all dem Individuellen, Konkreten, Variablen, wie das Ohr es uns vermittelt, in seiner Entwicklung oft gehemmt wird.

Gegenüber der soziologischen Bedeutung von Gesicht und Gehör tritt die der niederen Sinne zurück, wenngleich die des Geruchs nicht so weit, wie die eigentümliche Dumpfheit und Unentwickelbarkeit seiner Eindrücke anzunehmen verleitet. Es ist kein Zweifel, daß jeder Mensch die ihn umgebende Luftschicht in einer charakteristischen Weise parfümiert, und zwar ist es dem so entstehenden Geruchseindruck wesentlich, daß er von jenen beiden Entwicklungen der Sinnesempfindung: nach dem Subjekte hin, als dessen Lust oder

Unlust, und nach dem Objekte hin, als dessen Erkenntnis – die erstere bei weitem überwiegen läßt. Der Geruch bildet nicht von sich aus ein Objekt, wie Gesicht und Gehör es tun, sondern bleibt sozusagen im Subjekt befangen; was sich darin symbolisiert, daß es für seine Unterschiede keine selbständigen, objektiv bezeichnenden Ausdrücke gibt. Wenn wir sagen: es riecht sauer, so bedeutet das nur: es riecht so, wie etwas riecht, das sauer schmeckt. In ganz anderm Maße als die Empfindungen jener Sinne entziehen sich die des Geruches der Beschreibung mit Worten, sie sind nicht auf die Ebene der Abstraktion zu projizieren. Um so weniger Widerstände des Denkens und Wollens finden die instinktmäßigen Antipathien und Sympathien, die sich an jene, den Menschen umgebende Geruchssphäre heften und die z. B. für das soziologische Verhältnis zweier auf demselben Territorium lebenden Rassen sicher oft folgenreich werden. Die Rezeption der Neger in die höhere Gesellschaft Nordamerikas scheint schon wegen der Körperatmosphäre des Negers ausgeschlossen, und die vielfache dunkle Aversion von Juden und Germanen gegen einander hat man auf dieselbe Ursache geschoben. Die für die soziale Entwicklung der Gegenwart oft so lebhaft befürwortete persönliche Berührung zwischen Gebildeten und Arbeitern, jene auch von den Gebildeten als ethisches Ideal anerkannte Annäherung der beiden Welten, »von denen die eine nicht weiß, wie die andre lebt« – scheitert einfach an der Unüberwindlichkeit der Geruchseindrücke. Sicher würden viele Angehörige der oberen Stände, wenn es im sittlich-sozialen Interesse gefordert wird, erhebliche Opfer an persönlichem Komfort bringen, auf vielerlei Bevorzugungen und Genüsse zugunsten der Enterbten verzichten, und daß dies jetzt noch nicht in höherem Maße geschieht, liegt sicher daran, daß die recht geschickten Formen dafür noch nicht gefunden sind. Aber alle solche Verzichte und Hingaben würde man sich tausendfach eher zumuten, als die körperliche Berührung mit dem Volke, an dem »der ehrwürdige Schweiß der Arbeit« haftet. Die soziale Frage ist nicht nur eine ethische, sondern auch eine Nasenfrage. Aber freilich wirkt dies auch nach der positiven Seite hin: kein *Anblick* der Proletariermisere, noch weniger der realistischste Bericht über sie, wird uns, von allerkrassesten Fällen abgesehen, so sinnlich und unmittelbar überwältigen, wie die *Atmosphäre*, wenn wir in eine Kellerwohnung oder in eine Kaschemme treten.

Es ist von einer noch garnicht genug beachteten Bedeutung für die soziale Kultur, daß mit der sich verfeinernden Zivilisation offenbar die eigentliche Wahrnehmungsschärfe aller Sinne sinkt, dagegen ihre Lust- und Unlustbetonung steigt. Und zwar glaube ich, daß die nach dieser Seite hin gesteigerte Sensibilität im Ganzen sehr viel mehr Leiden und Repulsionen als Freuden und Attraktionen mit sich bringt. Der moderne Mensch wird von Unzähligem chokiert, Unzähliges erscheint ihm sinnlich unaushaltbar, was undifferenziertere, robustere Empfindungsweisen ohne irgend eine Reaktion dieser Art hinnehmen. Die Individualisierungstendenz des modernen Menschen, die größere Personalität und Wahlfreiheit seiner Bindungen muß damit zusammenhängen. Mit seiner teils unmittelbar sensuellen, teils ästhetischen Reaktionsweise kann er sich nicht mehr ohne weiteres in traditionelle Einungen, in enge Bindungen begeben, in denen nach seinem persönlichen Geschmack, nach seiner persönlichen Empfindlichkeit nicht gefragt wird. Und unvermeidlich bringt dies eine größere Isolierung, eine schärfere Umgrenzung der personalen Sphäre mit sich. Vielleicht ist diese Entwicklung am Geruchssinn die bemerklichste: die hygienischen und Reinlichkeitsbestrebungen der Gegenwart sind davon nicht weniger Folge als Ursache. Im allgemeinen wird mit steigender Kultur die Fernwirkung der Sinne schwächer, ihre Nahwirkung stärker, wir werden nicht nur kurzsichtig, sondern überhaupt kurzsinnig; aber auf diese kürzeren Distanzen hin werden wir um so sensibler. Der Geruchssinn ist nun von vornherein schon ein auf größere Nähe, dem Gesicht und Gehör gegenüber, angelegter Sinn, und wenn wir mit ihm nicht mehr so viel objektiv wahrnehmen können, wie manche Naturvölker, so reagieren wir subjektiv um so heftiger auf seine Eindrücke. Die Richtung, in der dies geschieht, ist auch bei ihm die vorhin angedeutete, aber auch dieses in höherem Maße als bei den andern Sinnen: ein Mensch mit besonders feiner Nase erfährt durch diese Verfeinerung sicher sehr viel mehr Unannehmlichkeiten als Freuden. Dazu kommt, jene isolierende Repulsion, die wir der Sinnesverfeinerung danken, verstärkend, hier noch folgendes. Indem wir etwas riechen, ziehen wir diesen Eindruck oder dieses ausstrahlende Objekt so tief in uns ein, in unser Zentrum, assimilieren es sozusagen durch den vitalen Prozeß des Atmens so eng mit uns, wie es durch keinen andern Sinn einem Objekt gegenüber möglich ist – es sei denn, daß wir es essen. Daß wir die Atmosphäre jemandes riechen, ist die intimste Wahrnehmung seiner, er dringt sozusagen in luftförmiger Gestalt in unser Sinnlich-Innerstes ein, und es liegt auf der Hand, daß bei gesteigerter Reizbarkeit gegen Geruchseindrücke überhaupt dies zu einer Auswahl und einem Distanznehmen führen muß, das gewissermaßen eine der sinnlichen Grundlagen für die soziologische Reserve des modernen Individuums bildet. Es ist bezeichnend, daß ein Mensch von so fanatisch exklusivem Individualismus, wie Nietzsche, von den ihm verhaßten Menschentypen auffallend oft sagt: »Sie riechen nicht gut.« Wenn die andern Sinne tausend Brücken zwischen den Menschen schlagen, wenn sie Abstoßungen, die sie bewirken, immer wieder durch Anziehungen versöhnen können, wenn die Verwebung ihrer positiven und ihrer negativen Gefühlswerte den konkreten Gesamtbeziehungen zwischen Menschen ihre Färbung gibt – so kann man im Gegensatz dazu den Geruchssinn als den dissoziierenden Sinn bezeichnen. Nicht nur weil er unendlich viel mehr Abstoßungen als Anziehungen vermittelt, nicht nur weil seine Entscheidungen etwas Radikales und Inappellables haben, das sich nur schwer durch die Entscheidungen andrer Sinnes- oder Geistesinstanzen überwinden läßt, sondern auch weil grade das Zusammensein Vieler ihm niemals irgend welche Attraktionen gewährt, wie diese Situation sie doch wenigstens unter gewissen Umständen für die andern Sinne entfalten kann: ja, im allgemeinen werden solche Chokierungen des Geruchssinnes im graden quantitativen Verhältnis der Masse steigen, in deren Mitte sie uns treffen. Schon durch diese Vermittlung weist, wie gesagt, kulturelle Verfeinerung auf individualisierende Isolierung hin, mindestens in kälteren Ländern; während die Chance, das Zusammensein wesentlich im Freien, also ohne jene Unzuträglichkeit zu bewerkstelligen, den sozialen Verkehr in südlichen Ländern sicher beeinflußt hat.

Endlich spielt das *künstliche* Parfüm eine soziologische Rolle, indem es eine eigenartige Synthese individuell-egoistischer und sozialer Teleologie auf dem Gebiet des Geruchssinnes vollzieht. Das Parfüm leistet ebendasselbe durch Vermittlung der Nase, was der sonstige Schmuck durch die des Auges. Es fügt der Persönlichkeit etwas völlig Unpersönliches, von außen Bezogenes hinzu, das nun aber doch so mit ihr zusammengeht, daß es von ihr auszugehen scheint. Es vergrößert die Sphäre der Person, wie die Strahlen des Goldes und des Diamanten, der in der Nähe Befindliche taucht darein ein und ist gewissermaßen so in der Sphäre der Persönlichkeit gefangen. Wie die Kleidung verdeckt es die Persönlichkeit mit etwas, was doch zugleich als deren eigne Ausstrahlung wirken soll. Insofern ist es eine typische Stilisierungserscheinung, eine Auflösung der Persönlichkeit in ein Allgemeines, das doch die Persönlichkeit ihrem Reize nach zu eindringlicherem, geformterem Ausdruck bringt, als ihre unmittelbare Wirklichkeit es könnte. Das Parfüm überdeckt die persönliche Atmosphäre, ersetzt sie durch eine objektive und macht doch zugleich auf sie aufmerksam; von dem Parfüm, das diese fiktive Atmosphäre schafft, setzt man voraus, daß es jedem andern angenehm sein werde, daß es ein sozialer Wert sei. Wie der Schmuck muß es unabhängig von der Person *gefallen*, deren Umgebung subjektiv erfreuen, und dies muß doch zugleich dem Träger als Person gutgeschrieben werden. –

Ich füge eine Bemerkung über den Geschlechtssinn in seiner Beziehung zum Raume an, obgleich die »Sinnlichkeit« hier eine etwas abweichende Bedeutung hat: nicht die der bloßen Passivität, wie wenn von Eindrücken des Wärmesinnes oder des Gesichtssinnes gesprochen wird; sondern hier setzen sich an die rezeptiven Eindrücke mit so großer Unmittelbarkeit Begehrungen und Aktivitäten an, daß diese selbst sprachgebräuchlich mit als Sinnlichkeit bezeichnet werden. Auf diesem Sinnesgebiet nun scheint mir die räumliche Nähe für eine wichtige soziale Norm von der größten, vielleicht entscheidenden Bedeutung zu sein: für das Verbot der Verwandtenehe. In die Kontroverse über den Grund dieses Verbotes trete ich um so weniger ein, als ihr Problem mir falsch gestellt scheint. Hier, wie gegenüber allen weiterstreckten und bedeutsamen sozialen Erscheinungen, kann man überhaupt nicht nach »dem Grund«, sondern nur nach den Gründen fragen. Die Menschheit ist zu mannigfaltig, zu reich an Formen und Motiven, als daß man mit einheitlichen Quellen, einreihigen Ableitungen gegenüber Erscheinungen auskommen könnte, die an den verschiedensten Punkten der Erde und als Resultate langer und offenbar sehr verschiedener Entwicklungen auftreten. Wie der Streit, ob der Mensch »von Natur« monogamisch ist oder nicht, sicher irrig ist, da es eben von Anfang an ebenso wie zu jeder späteren Zeit monogamische und polygamische, zölibatäre und aus all diesen Tendenzen gemischte Naturen gegeben hat – so scheinen mir all die Motive, die man für das Verbot der Verwandtenehe angeführt hat, tatsächlich gewirkt zu haben – nur daß keines *das* Motiv schlechthin zu sein beanspruchen darf. Die freundschaftlichen und Bündnisbeziehungen zu fremden Stämmen ebenso wie die feindseligen, die zum prinzipiellen Frauenraube geführt haben; der Instinkt der Rassenverbesserung ebenso wie der Wunsch des Mannes, sein Weib möglichst von ihrer Familie und dem Rückhalt an dieser zu trennen – alles dies wird in wechselnden Mischungen zu jenen Eheverboten beigetragen haben. Vielleicht aber das Wesentlichste ist dies: daß die Aufrechterhaltung von Zucht und Ordnung *innerhalb desselben Hauses* die Ausschließung des Geschlechtsverkehrs zwischen Geschwistern, Eltern und Kindern, und all den Verwandtenpaaren überhaupt fordert, die in früheren Zeiten eine räumlich eng geschlossene Einheit bildeten. Die *räumliche Nähe*, in der das Haus seine männlichen und weiblichen Mitglieder hält, würde die sexuellen Impulse in grenzenlose Debauchen ausarten lassen, wenn nicht die furchtbarsten Strafen darauf gesetzt wären, wenn nicht durch die unnachsichtlichste Strenge sozialer Verbote ein Instinkt gezüchtet würde, der jede Vermischung innerhalb der Hausgruppe von vornherein ausschließt. Es würde gegen diese Begründung des Verbotes sprechen, wenn es wirklich, wie behauptet ist, ursprünglich nur innerhalb der »Mutterfamilie« gälte, d. h. da, wo der Mann bei seiner Heirat in die Familie der Frau übertrat; und wenn es ferner wahr wäre, daß diese Mutterfamilie sich keineswegs mit dem Komplex der Zusammenwohnenden deckte. Allein mir scheint die Jugendperiode bis zur Ehe, in der der Mann doch jedenfalls in seinem mütterlichen Hause lebt, lang genug, um alle die Gefahren für die häusliche Ordnung heraufzubeschwören, denen jenes Verbot begegnen will; und wenn dies dann auch noch für den Ausgeschiedenen weiter gilt, so mag dies eine festgewordene Weiterwirkung der Zeit sein, in der er nicht nur Familiengenosse, sondern auch Hausgenosse der Seinigen war. Es begünstigt diese Auffassung, daß an manchen Stellen der Clanverfassungen die Ehe, innerhalb desselben Clans streng verboten, doch ohne weiteres echten Blutsverwandten erlaubt ist, sobald sie sich durch irgendwelche Zufälle in verschiedenen Clanen finden. Von den Pomtschas in Bogota wird berichtet, daß die Männer und Weiber einer und derselben Ansiedlung sich als Geschwister betrachten und deshalb keine Ehe mit einander eingingen; war aber die wirkliche Schwester zufällig in einem andern Ort geboren, als der Bruder, so durften sie einander heiraten. So lange in Rom die Strenge der häuslichen Zucht auf ihrer Höhe stand, war allen Personen, die unter derselben väterlichen Gewalt standen, d. h. den Verwandten bis zum sechsten Grade, die Ehe mit einander verboten; in dem Maße, in dem der enge Zusammenhalt, die strenge Einheitlichkeit des Hauses sich lockerte, wurde auch dies Gebot gemildert, bis in der Kaiserzeit sogar die Ehe zwischen Onkel und Nichte legitimiert wurde. Es bedarf eben der Prophylaxis nicht mehr, sobald die Enge des Zusammenlebens sich löst. Allenthalben zeigt sich diese vorsorgende Tendenz, die aus der sinnlich nahen Berührung kommende *Versuchung* da aus dem Wege zu räumen, wo ihr nachzugeben eine besonders heftige Störung der familiären Ordnung wäre – oft natürlich mit der radikalen Undifferenziertheit, die auch sonst auf primitiven Geistesstufen irgend eine partielle Norm nur so durchführen kann, daß sie weit über deren Grenze hinaus das ganze und allgemeine Gebiet ihres Inhaltes mitergreift. Auf den Fidschiinseln, bei den Braknas und sonst dürfen Bruder und Schwester, Vetter und Base, Schwager und Schwägerin mit einander weder sprechen noch essen. In Ceylon dürfen Vater und Tochter, Mutter und Sohn sich nicht gegenseitig betrachten. Dahin gehören namentlich die in der Urbevölkerung Amerikas wie in der Südsee, unter den Mongolen wie in Afrika und in Indien anzutreffenden Verbote jeglichen Verkehrs zwischen Schwiegermutter und Schwiegersohn und entsprechend zwischen Schwiegervater und Schwiegertochter. Bei den Kirgisen darf die junge Frau sich überhaupt keinem männlichen Mitglied der Familie ihres Mannes zeigen. Bei vielen Völkern, z. B. den Alfuren von Buru, den Dajaks, einigen Malayen, den Serben u. a. dürfen Braut und Bräutigam überhaupt nicht mit einander verkehren, und die Neger halten es für besonders ehrbar, wenn ein Mann ein Mädchen heiratet, das er nie zuvor gesehen hat. Und wiederum unter der scheinbar entgegengesetzten Tatsache zeigt sich dieselbe Vorsorge, nur um eine Stufe weiter sublimiert, wenn das islamitische Gesetz verbietet, das Gesicht andrer Frauen zu sehen als derer, die man *nicht* heiraten darf.

Es besteht also unter diesen psychischen Bedingungen die Norm: die Personen verschiedenen Geschlechts, die keine sexuelle Gemeinschaft pflegen dürfen, sollen sich überhaupt nicht räumlich nahe kommen. Den Zusammenhängen der Sinnlichkeit aber, die dies begründen, entspricht genau die andre Norm: den Personen verschiedenen Geschlechts, die nun einmal unvermeidlich den gleichen Raum teilen, muß die Ehe absolut verboten, äußerlich und innerlich unmöglich gemacht werden – sobald man eine, jede Regelung überflutende Promiskuität der sexuellen Verhältnisse vermeiden will. Darum betreffen viele dieser Verbote keineswegs nur die Blutsverwandten, sondern auch die Milchgeschwister, die Clan- und Gruppengenossen überhaupt, die in enger lokaler Verbindung leben. Die Jameos am Amazonenstrom, einige Stämme in Australien und auf Sumatra gestatten keine Ehe innerhalb desselben Dorfes. Je größer die Haushaltungen sind, desto strenger sind die Verbote der Ehen innerhalb einer und derselben, z. B. bei den Hindus, den Südslawen, in Nanusa, bei den Nairs. Es ist offenbar viel schwieriger, in einem sehr großen, als in einem kleinen Hause Anstand und Ordnung zu bewahren; darum genügte das Verbot der Ehe naher Verwandten nicht, sondern es mußten die umfassenden Gesetze eintreten, die bei jenen Völkern das gesamte Haus unter das Eheverbot stellten. Sobald die einzelnen Familien getrennter leben, verhindert selbst Blutsverwandtschaft unter ihnen die Ehe in nur geringem Grade. Bei den Thanea-Indianern Brasiliens, bei denen die Ehen zwischen Verwandten zweiten Grades sehr häufig sind, bewohnt jede Familie ihr eigenes Haus, und ebenso verhält es sich mit den Buschmännern und den Singhalesen; auch daß bei den Juden die Ehe zwischen Geschwistern streng verpönt, die zwischen Geschwisterkindern aber gestattet war, hat man damit erklärt, daß die letzteren nicht in einem Haushalte zusammen lebten. Im großen und ganzen sind die Eheverbote bei primitiven Völkern ausgedehntere und strengere, als bei den fortgeschritteneren, sie beschränken sich im Laufe der Entwicklung mehr und mehr auf den eigentlichen engeren Familienkreis – offenbar weil die Enge des Zusammenlebens immer mehr nur den letzteren einschließt. Je ausgedehnter und vielgestaltiger das soziale Ganze ist, das uns umgibt, desto kleiner werden die familiären Unterabteilungen, die sich als ein zusammengehöriges Ganzes fühlen, auf desto weniger Personen erstrecken sich also jene Gefahren des engen Beieinanderlebens, gegen die das Eheverbot eine Vorbeugungsmaßregel bildet.

Ganz entgegen diesem Motive hat man freilich behauptet, daß ein Beisammenleben, wie Hausgenossen es führen, grade den sinnlichen Reiz abstumpfe; was man von frühester Kindheit an täglich und stündlich vor Augen habe, begehre man nicht mit Leidenschaft; die Gewohnheit des Zusammenlebens dämpfe die Phantasie und Begierde, die vielmehr nur von dem Fernen und Neuen gereizt werde. Aus diesem psychologischen Grunde seien es nicht die Mitglieder der eigenen Familie, sondern immer Fremde, auf die sich der Wunsch des Heiratslustigen wende. Die psychologische Richtigkeit dieser Theorie ist indeß nur eine bedingte. Das intime Beisammenleben wirkt keineswegs nur abstumpfend, sondern in vielen Fällen grade anreizend, sonst würde die alte Erfahrung nicht gelten, daß die Liebe, wo sie beim Eingehen der Ehe fehlte, oft im Laufe derselben entsteht; sonst würde nicht in gewissen Jahren gerade die erste *intimere* Bekanntschaft mit einer Person des andern Geschlechts so sehr gefährlich sein. Auch dürfte den ganz primitiven Entwicklungsstufen, auf denen das fragliche Verbot entsteht, jener feinere Sinn für die Individualität fehlen, infolge dessen nicht die Frau als solche reizvoll ist, sondern ihre von allen andern unterschiedene Persönlichkeit. Dieser Sinn aber ist die Bedingung, unter der allein der Wunsch sich von den Wesen, die man schon genau kennt, die einem keinen neuen, individuellen Reiz zu bieten haben, zu fremden, von noch ungekannter Individualität wendet. Solange die Begierde in ihrer ursprünglichen Roheit den Mann beherrscht, ist ihm jede Frau gleich jeder Frau, insoweit sie nicht allzu alt oder seinen Begriffen nach häßlich ist; und jenes höhere psychologische Abwechslungsbedürfnis dürfte kaum die Kraft gehabt haben, die natürliche Trägheit, die ihn zunächst an die ihm nächsten weiblichen Wesen wies, zu überwinden. Eine anonyme Schrift vom Jahre 1740: »Bescheidene doch gründliche Gegenvorstellung von der Zulässigkeit der Ehe mit des verstorbenen Weibes Schwester« verwirft auch die Ehe mit des verstorbenen Mannes Bruder, und zwar genau aus dem hier betonten Gesichtspunkt, der in diesem Falle freilich einen wunderlichen Eindruck macht: damit der Mann nicht sein Recht, eventuell nach dem Tode des Gatten die Frau zu heiraten, noch bei Lebzeiten desselben mißbrauche, wozu das häufige familiäre Beisammensein besondere Gelegenheit gebe. Und schon der jüdische Philosoph Maimonides führte als Grund jener Verbote die Gefahr der Unsittlichkeit an, die bei den in einem Hause Zusammenlebenden allzu nahe läge. Infolge des Verbotes der Ehe aber wüßte nun jeder Mann, daß er seine Neigungen und Gedanken überhaupt nicht nach dieser Richtung wenden dürfte.

Alles in allem erscheint mir die räumliche Nähe für die Erregung des Geschlechtssinnes so wirksam, daß, wo Zucht und Sitte überhaupt aufrecht erhalten werden und nicht ein unübersehliches Chaos in allen rechtlichen und sittlichen Verhältnissen entstehen soll, die strengsten Trennungsmaßregeln gerade zwischen die räumlich Nächsten gestellt werden mußten. Wenn nur diejenigen Verbote des Anstandes und der Reserve, die auch zwischen Fernerstehenden gelten, die Mitglieder einer Familie trennten, so würden sie sich nicht nur so machtlos erweisen, wie sie es tatsächlich oft genug zwischen jenen tun, sondern angesichts der besonderen Situation derer, die in enger äußerlicher Verbundenheit leben, noch viel machtloser. Deshalb mußte eine Barriere zwischen diesen aufgerichtet werden, die für die Nichtverwandten nicht besteht. Die rasseverderbenden Folgen der Inzucht stehen weder unbedingt fest, noch ist ihre Kenntnis bei den primitivsten Völkern wahrscheinlich genug, um schon bei diesen die Verwandtenehe zu einem vorbehaltlos perhorreszierten Greuel zu machen. Dagegen ist der Bestand einer sexuellen Ordnung fast überall ein genau eingesehenes Erfordernis und um ihretwillen scheint mir das Inzuchtverbot im Wesentlichen eingeführt und bis zu instinktiver Selbstverständlichkeit eingeprägt zu sein, als eine Prophylaxis gegen die Verlockungen, die hier aus keinem andern generellen Umstand so überwältigend wie aus der lokalen Berührung hervorgehen mußten.

Die ästhetische Bedeutung des Gesichts

Die unvergleichliche Rolle, die dem menschlichen Gesicht in dem Interessenkreis der bildenden Kunst zukommt, wird doch nur sehr allgemein und wie aus der Ferne dadurch bezeichnet, daß in seiner Form die Seele sich am deutlichsten ausdrückt. Wir verlangen zu wissen, durch welche sinnlich wahrnehmbaren Bestimmtheiten ihm dieser Erfolg gelingt, und ob nicht, jenseits dieses Grundes, unmittelbare ästhetische Qualitäten des Gesichts seine Bedeutung für das Kunstwerk tragen.

Als die eigentliche Leistung des Geistes kann man bezeichnen, daß er die Vielheit der Weltelemente in sich zu Einheiten formt: das Nebeneinander der Dinge in Raum und Zeit führt er in die Einheit eines Bildes, eines Begriffes, eines Satzes zusammen. Je enger die Teile eines Zusammenhanges auf einander hinweisen, je mehr lebendige Wechselwirkung ihr Außereinander in gegenseitige Abhängigkeit überführt, desto geisterfüllter erscheint das Ganze. Deshalb ist der Organismus mit der innigen Beziehung seiner Teile zu einander und ihrem Verschlungensein in der Einheit des Lebensprozesses die nächste Vorstufe des Geistes. Innerhalb des menschlichen Körpers besitzt das Gesicht das äußerste Maß dieser inneren Einheit. Das erste Symptom und der Beweis dafür ist, daß eine Veränderung, die, wirklich oder scheinbar, nur ein Element des Gesichts angeht, sofort seinen ganzen Charakter und Ausdruck modifiziert: ein Zucken der Lippe, ein Rümpfen der Nase, die Art des Blickens, ein Runzeln der Stirn. Auch giebt es keinen irgendwie ästhetisch in sich geschlossenen Teil des Körpers, der durch eine Verunstaltung einer einzelnen Stelle so leicht als Ganzes ästhetisch ruiniert werden könnte. Das eben bedeutet doch die Einheit aus und über dem Vielen, daß keinen Teil dieses ein Schicksal treffen kann, das nicht, wie durch die zusammenhaltende Wurzel des Ganzen hindurch, auch jeden anderen Teil träfe. Die Hand, die von allen anderen Körperteilen noch am meisten Einheitlichkeit besitzt, kommt doch dem Gesicht nicht gleich: nicht nur weil der wunderbare Zusammenhang und die Zusammenwirksamkeit der Finger dennoch den einzelnen eine viel größere gegenseitige Unabhängigkeit im ästhetischen Eindruck läßt, sondern auch weil die Hand immer auf die andere hinweist, gleichsam erst mit der anderen zusammen die Idee der Hand erfüllt. Die

Einheit des Gesichts in sich wird durch das Aufsitzen des Kopfes auf dem Halse verstärkt, das ihm dem Körper gegenüber eine halbinselartige Stellung giebt und ihn gleichsam auf sich allein anweist; im gleichen Sinne wirkt ersichtlich die Verhüllung des Körpers bis zum Halse hinauf.

Nun hat eine Einheit immer erst in dem Maße Sinn und Bedeutung, in dem sie eine Vielheit sich gegenüber hat, in deren Zusammenfassung sie eben besteht. Es giebt aber innerhalb der anschaulichen Welt kein Gebilde, das eine so große Mannigfaltigkeit an Formen und Flächen in eine so unbedingte Einheit des Sinnes zusammenfließen ließe, wie das menschliche Gesicht. Das Ideal menschlichen Zusammenwirkens: daß die äußerste Individualisierung der Elemente in eine äußerste Einheit eingehe, die, aus den Elementen freilich bestehend, dennoch jenseits jedes einzelnen von ihnen und nur in ihrem Zusammenwirken liegt – diese fundamentalste Formel des Lebens hat im Menschenantlitz ihre vollendetste Wirklichkeit innerhalb des Anschaulichen gewonnen. Und wie man als den Geist einer Gesellschaft eben den Inhalt solcher Wechselwirkung bezeichnet, die über den Einzelnen, aber doch nicht über die Einzelnen hinausreicht, mehr als die Summe dieser, aber doch ihr Produkt – so ist die Seele, die hinter den Gesichtszügen und doch in ihnen anschaubar wohnt, eben die Wechselwirkung, das Aufeinanderhinweisen der einzelnen Züge. Rein formal angesehen, wäre das Gesicht mit jener Vielheit und Buntheit seiner Bestandteile, Formen und Farben eigentlich etwas ganz Abstruses und ästhetisch Unerträgliches, wenn diese Mannigfaltigkeit nicht zugleich jene vollkommene Einheit wäre.

Um diese nun ästhetisch wirksam und genießbar zu machen, ist wesentlich, daß der räumliche Zusammenhang der Elemente des Gesichts nur in sehr engen Grenzen verschiebbar ist. Jede Einzelgestaltung bedarf zum ästhetischen Effekt des Zusammennehmens, Zusammenhaltens ihrer Teile; alles Abspreizen und Auseinandersperren der Gliedmaßen ist häßlich, weil es die Verbindung mit dem Zentrum der Erscheinung, also die anschauliche Herrschaft des Geistes über den Umkreis unseres Wesens unterbricht oder abschwächt. Die weit ausladenden Gebärden der Barockfiguren, bei denen die Glieder in Gefahr des Abbrechens scheinen, sind deshalb so widrig, weil sie das eigentlich Menschliche: das unbedingte Befaßtsein jeder Einzelheit unter die Macht des zentralen Ich, desavouieren. Das Gefüge des Gesichts macht solche Zentrifugalität, d. h. Entgeistigung, von vornherein fast unmöglich. Wo sie einigermaßen stattfindet, beim Aufsperren des Mundes und dem Aufreißen der Augen, ist sie nicht nur ganz besonders unästhetisch, sondern gerade diese beiden Bewegungen sind, wie nun begreiflich ist, der Ausdruck des »Entgeistertseins«, der seelischen Lähmung, des momentanen Verlustes der geistigen Herrschaft über uns selbst. Ebenso verstärkt es den Eindruck der Geistigkeit, daß das Gesicht weniger als die übrigen Gliedmaßen den Einfluß der Schwere zeigt. Die menschliche Erscheinung ist der Schauplatz, auf dem seelisch-physiologische Impulse mit der physikalischen Schwere ringen, und die Arten, diesen Kampf zu führen und in jedem Augenblick neu zu entscheiden, ist für den Stil bestimmend, in dem der Einzelne und die Typen sich darstellen. Indem dieses bloß körperliche Lasten innerhalb des Gesichts überhaupt nicht bemerklich überwunden zu werden braucht, verstärkt sich die Geistigkeit seines Eindrucks. Auch hier sind die Andeutungen des Gegenteils: die geschlossenen Augen, der auf die Brust sinkende Kopf, die hängenden Lippen, die schlaffe, nur noch der Schwere folgende Muskulatur – zugleich die Symptome herabgesetzten geistigen Lebens.

Nun ist aber der Mensch nicht nur Träger des Geistes, wie ein Buch, in dem sich geistige Inhalte wie in einem an sich indifferenten Gefäß zusammenfinden: sondern seine Geistigkeit hat die Form der Individualität. Daß wir das Gesicht als das Symbol nicht nur des Geistes, sondern seiner als einer unverwechselbaren Persönlichkeit empfinden, das ist durch die Verhüllung des Leibes, und also besonders seit dem Christentum, außerordentlich begünstigt worden. Das Gesicht war der Erbe des Leibes, der in dem Maß, in dem Unbekleidetheit herrscht, sicher an dem Ausdruck der Individualität teil hat. Allein seine Fähigkeit in dieser Hinsicht weicht von der des Gesichts doch wohl in folgendem ab. Zunächst unterscheiden sich die Körper für das dafür geschärfte Auge zwar ebenso wie die Gesichter; allein sie *deuten* diese Verschiedenheit nicht, wie es das Antlitz thut. Freilich ist die bestimmte geistige Persönlichkeit mit dem bestimmten unverwechselbaren Leibe verbunden, an ihm jederzeit zu identifizieren; allein *was* es für eine Persönlichkeit ist, das kann unter keinen Umständen er, sondern nur ihr Antlitz erzählen. Und ferner: der Körper kann seelische Vorgänge allerdings durch seine Bewegungen ausdrücken, vielleicht ebenso gut wie das Gesicht.

Allein nur in diesem gerinnen sie zu festen, die Seele ein für allemal offenbarenden Gestaltungen. Die fließende Schönheit, die wir Anmut nennen, muß sich in der Bewegung der Hand, in der Neigung des Oberkörpers, in der Leichtigkeit des Schrittes jedesmal von neuem erzeugen, sie hinterläßt keine dauernde, die individuelle Bewegung in sich krystallisierende Form. Im Gesicht aber prägen die Erregungen, die für das Individuum typisch sind: Haß oder Ängstlichkeit, sanftmütiges Lächeln oder unruhiges Erspähen des Vorteils und unzählige andere – bleibende Züge aus, der Ausdruck in der Bewegung lagert sich nur hier als Ausdruck des bleibenden Charakters ab. Durch diese eigentümliche Bildsamkeit wird allein das Gesicht gleichsam zum geometrischen Ort der inneren Persönlichkeit, soweit sie anschaubar ist, und auch insofern ist das Christentum, dessen Verhüllungstendenzen die Erscheinung des Menschen durch sein Gesicht allein vertreten ließen, zur Schule des Individualitätsbewußtseins geworden.

Neben diesen formalen Mitteln, die Individualität ästhetisch darzustellen, besitzt das Gesicht andere, die ihm im Sinne des entgegengesetzten Prinzips dienen. Indem das Gesicht aus zwei untereinander gleichen Hälften besteht, kommt ein Moment innerer Ruhe und Ausgeglichenheit hinein, das die Erregtheit und Zuspitzung rein individueller Gestaltung mildert. Jede Hälfte ist für die andere – gerade weil sie durch die verschiedene Profilierung und Beleuchtung sich nicht *ganz* gleich darzustellen pflegen – Vorbereitung oder Abklingen, die Unvergleichbarkeit der individuellen Züge findet ihr Gegenstück, ihre Balancierung in der unbedingten Vergleichbarkeit jener Zweiheit. Wie alle Symmetrie, ist auch die der Gesichtszüge an sich eine anti-individualistische Form. Indem in dem symmetrischen Gebilde jeder Teil wechselseitig aus dem anderen erschließbar ist, weisen sie auf ein höheres, beide gemeinsam beherrschendes Prinzip hin: zu symmetrischer Gestaltung strebt der Rationalismus auf allen Gebieten, während die Individualität immer etwas Irrationales, jedem vorbestimmenden Prinzip sich Entziehendes hat. Deshalb ist die Plastik, die die Gesichtshälften symmetrisch bildet, auf einen mehr generellen, typischen, der letzten individuellen Differenzierung sich entziehenden Stil angewiesen, während die Malerei durch die Verschiedenheit in der unmittelbaren Erscheinung der Gesichtshälften – wie die Profilstellungen und die Licht- und Schattenverhältnisse sie gestatten – von vornherein ihr individualistischeres

Wesen zeigt. Das Gesicht ist die merkwürdigste ästhetische Synthese der formalen Prinzipien der Symmetrie und der Individualisierung: als Ganzes die letztere verwirklichend, thut es dies in der Form der ersteren, die die Beziehungen seiner Teile beherrscht.

Endlich giebt noch das folgende formale, schon oben berührte Verhältnis dem Gesichte seinen ästhetischen Rang. Bei allen Objekten, die entweder in sich wandelbar sind oder in vielen einander ähnlichen Exemplaren vorkommen, entscheidet es viel von ihrem ästhetischen Charakter, wie umfassend eine Änderung ihrer Teile sein muß, damit eine Änderung ihres Gesamteindrucks resultiere. Es giebt auch hier eine Art Ideal der Kraftersparnis: ein Gegenstand wird prinzipiell umsomehr ästhetisch wirksam oder verwendbar sein, je lebhafter er als Ganzer auf die Modifikation eines kleinsten Elementes reagiert. Denn dies zeigt die Feinheit und Stärke im Zusammenhang seiner Teile, seine innere Logik, die gleichsam aus jeder Verschiebung in einer Prämisse unausweichlich eine solche des Schlußsatzes folgen läßt. Wenn die ästhetische Betrachtung und Gestaltung die Gleichgültigkeit der Dinge aufhebt, die ihrem bloß theoretischen Existenzbild eigen ist, so werden solche Objekte ihr am weitesten entgegenkommen, in denen die gegenseitige Gleichgültigkeit ihrer Elemente ganz aufgehoben ist und jedes Schicksal jedes Einzelnen die Gesamtheit der Anderen bestimmt. Thatsächlich löst das Gesicht am vollständigsten die Aufgabe, mit einem Minimum von Veränderung im Einzelnen ein Maximum von Veränderung des Gesamtausdruckes zu erzeugen. Für das Problem aller Kunst: die Formelemente der Dinge durch einander verständlich zu machen, das Anschauliche durch seinen Zusammenhang mit dem Anschaulichen zu interpretieren – erscheint nichts prädestinierter als das Gesicht, in dem die Bestimmtheit jedes Zuges mit der Bestimmtheit jedes anderen, d.h. des Ganzen, solidarisch ist. Ursache und Folge hiervon ist die ungeheure Beweglichkeit des Gesichts, die ja, absolut genommen, nur über sehr geringfügige Lageverschiebungen verfügt, aber durch den Einfluß jeder einzelnen auf den Gesamthabitus des Gesichts gleichsam den Eindruck potenzierter Veränderungen erregt. Es ist, als wäre ein Maximum von Bewegungen auch in seinem Ruhezustand investiert, oder als wäre dieses der unausgedehnte Moment, auf den unzählige Bewegungen hinzielten, von dem unzählige ausgehen werden. Den Gipfel dieses äußersten Bewegungsaffektes bei geringster eigener Bewegung erreicht das Auge. Für das malerische Kunstwerk im besonderen wirkt das Auge nicht nur in der durch seine latente Beweglichkeit vermittelten Beziehung zu der Gesamtheit der Züge, sondern auch in der Bedeutung, die der Blick der dargestellten Personen für die Interpretation und Gliederung des Raumes innerhalb des Bildes hat. Es giebt nichts, was, so unbedingt an seinem Platz verweilend, sich so über ihn hinauszuerstrecken scheint, wie das Auge: es bohrt sich ein, es flieht zurück, es umkreist einen Raum, es irrt umher, es greift wie hinter den begehrten Gegenstand und zieht ihn an sich. Es bedürfte besonderer Untersuchung, wie die Künstler die Richtung, die Intensität, die ganze Formbestimmtheit des Blickes verwenden, um den Raum des Bildes einzuteilen und verständlich zu machen. Während sich im Auge die Leistung des Gesichts, die Seele zu spiegeln, aufgipfelt, vollbringt es so zugleich die feinste, rein formale Leistung in dem Deuten der bloßen Erscheinung, das von keinem Zurückgehen auf die unanschauliche Geistigkeit *hinter* der Erscheinung wissen darf. Aber eben damit giebt es, wie das Gesicht überhaupt, die Ahnung, ja das Pfand dafür, daß die vollendet gelösten künstlerischen Probleme der reinen Anschaulichkeit, des reinen sinnlichen Bildes der Dinge zugleich die Lösung der anderen bedeuten, die sich zwischen der Seele und der Erscheinung, als der Verhüllung und der Enthüllung jener, spannen.

Die Mode

Die Art, wie es uns gegeben ist, die Erscheinungen des Lebens auf-
zufassen, läßt uns an jedem Punkte des Daseins eine Mehrheit von
Kräften fühlen; und zwar so, daß eine jede von diesen eigentlich über
die wirkliche Erscheinung hinausstrebt, ihre Unendlichkeit an der
andern bricht und in bloße Spannkraft und Sehnsucht umsetzt. In
jedem Tun, auch dem erschöpfendsten und fruchtbarsten, fühlen
wir irgend etwas, was noch nicht ganz zum Ausdruck gekommen
ist. Indem dies durch die gegenseitige Einschränkung der aneinander
stoßenden Elemente geschieht, wird an ihrem Dualismus gerade die
Einheit des Gesamtlebens offenbar. Und erst insofern jede innere
Energie über das Maß ihrer sichtbaren Äußerung hinausdrängt, gewinnt das Leben jenen Reichtum unausgeschöpfter Möglichkeiten,
der seine fragmentarische Wirklichkeit ergänzt; erst damit lassen
seine Erscheinungen tiefere Kräfte, ungelöstere Spannungen, Kampf
und Frieden umfänglicherer Art ahnen, als ihre unmittelbare Gegebenheit verrät.

Dieser Dualismus kann nicht unmittelbar beschrieben, sondern
nur an den einzelnen Gegensätzen, die für unser Dasein typisch sind,
als ihre letzte, gestaltende Form gefühlt werden. Den ersten Finger-
zeig gibt die physiologische Grundlage unseres Wesens: dieses bedarf der Bewegung wie der Ruhe, der Produktivität wie der Rezeptivität. Dies in das Leben des Geistes fortsetzend, werden wir einerseits
von der Bestrebung nach dem Allgemeinen gelenkt, wie von dem Bedürfnis, das Einzelne zu erfassen; jenes gewährt unserm Geist Ruhe,
die Besonderung läßt ihn von Fall zu Fall sich *bewegen*. Und nicht anders im Gefühlsleben: wir suchen nicht weniger die ruhige Hingabe
an Menschen und Dinge, wie die energische Selbstbehauptung beiden gegenüber. Die ganze Geschichte der Gesellschaft läßt sich an
dem Kampf, dem Kompromiß, den langsam gewonnenen und schnell
verlorenen Versöhnungen abrollen, die zwischen der Verschmelzung
mit unserer sozialen Gruppe und der individuellen Heraushebung
aus ihr auftreten. Mag sich die Schwingung unserer Seele zwischen
diesen Polen philosophisch verkörpern im Gegensatz der All-Ein-
heits-Lehre und dem Dogma von der Unvergleichlichkeit, dem Für-
sich-Sein jedes Weltelementes, mögen sie sich praktisch bekämpfen
als die Parteigegensätze des Sozialismus und des Individualismus, im-

mer ist es eine und dieselbe Grundform der Zweiheit, die sich schließlich im biologischen Bilde als der Gegensatz von Vererbung und Variabilität offenbart – die erste der Träger des Allgemeinen, der Einheit, der beruhigten Gleichheit von Formen und Inhalten des Lebens, die andere die Bewegtheit, die Mannigfaltigkeit gesonderter Elemente, die unruhige Entwicklung eines individuellen Lebensinhaltes zu einem anderen erzeugend. Jede wesentliche Lebensform in der Geschichte unserer Gattung stellt auf ihrem Gebiete eine besondere Art dar, das Interesse an der Dauer, der Einheit, der Gleichheit mit dem an der Veränderung, dem Besonderen, dem Einzigartigen zu vereinen.

Innerhalb der sozialen Verkörperung dieser Gegensätze wird die eine Seite derselben meistens von der psychologischen Tendenz zur *Nachahmung* getragen. Die Nachahmung könnte man als eine psychologische Vererbung bezeichnen, als den Übergang des Gruppenlebens in das individuelle Leben. Ihr Reiz ist zunächst der, daß sie uns ein zweckmäßiges und sinnvolles Tun auch da ermöglicht, wo nichts Persönliches und Schöpferisches auf den Plan tritt. Man möchte sie das Kind des Gedankens mit der Gedankenlosigkeit nennen. Sie gibt dem Individuum die Sicherheit, bei seinem Handeln nicht allein zu stehen, sondern erhebt sich über den bisherigen Ausübungen derselben Tätigkeit wie auf einem festen Unterbau, der die jetzige von der Schwierigkeit, sich selbst zu tragen, entlastet. Sie gibt im Praktischen die eigenartige Beruhigung, die es uns im Theoretischen gewährt, wenn wir eine Einzelerscheinung einem Allgemeinbegriff eingeordnet haben. Wo wir nachahmen, schieben wir nicht nur die Forderung produktiver Energie von uns auf den andern, sondern zugleich auch die Verantwortung für dieses Tun; so befreit sie das Individuum von der Qual der Wahl und läßt es schlechthin als ein Geschöpf der Gruppe, als ein Gefäß sozialer Inhalte erscheinen. Der Nachahmungstrieb als Prinzip charakterisiert eine Entwicklungsstufe, auf der der Wunsch nach zweckmäßiger persönlicher Tätigkeit lebendig, aber die Fähigkeit, individuelle Inhalte für sie oder aus ihr zu gewinnen, nicht vorhanden ist. Der Fortschritt über diese Stufe hinaus ist der, daß außer dem Gegebenen, dem Vergangenen, dem Überlieferten die *Zukunft* das Denken, Handeln und Fühlen bestimmt: der teleologische Mensch ist der Gegenpol des Nachahmenden. So entspricht die Nachahmung in all den Erscheinungen, für die sie ein bildender Faktor ist, *einer* der Grundrichtungen unseres Wesens, derjenigen, die sich an der Einschmelzung des Einzelnen in die Allgemeinheit befriedigt, die das Bleibende im Wechsel betont. Wo aber umgekehrt der Wechsel im Bleibenden gesucht wird, die individuelle Differenzierung, das Sich-Abheben von der Allgemeinheit, da ist die Nachahmung das negierende und hemmende Prinzip. Und gerade weil die Sehnsucht, bei dem Gegebenen zu verharren und das gleiche zu tun und zu sein wie die anderen, der unversöhnliche Feind jener ist, die zu neuen und eigenen Lebensformen vorschreiten will, und weil jedes von beiden Prinzipien für sich ins Unendliche geht, darum wird das gesellschaftliche Leben als der Kampfplatz erscheinen, auf dem jeder Fußbreit von beiden umstritten wird, die gesellschaftlichen Institutionen als die – niemals dauernden – Versöhnungen, in denen der weiterwirkende Antagonismus beider die äußere Form einer Kooperation angenommen hat.

Die Lebensbedingungen der Mode als einer durchgängigen Erscheinung in der Geschichte unserer Gattung sind hiermit umschrieben. Sie ist Nachahmung eines gegebenen Musters und genügt damit dem Bedürfnis nach sozialer Anlehnung, sie führt den Einzelnen auf die Bahn, die Alle gehen, sie gibt ein Allgemeines, das das Verhalten jedes Einzelnen zu einem bloßen Beispiel macht. Nicht weniger aber befriedigt sie das Unterschiedsbedürfnis, die Tendenz auf Differenzierung, Abwechslung, Sich-Abheben. Und dies letztere gelingt ihr einerseits durch den Wechsel der Inhalte, der die Mode von heute individuell prägt gegenüber der von gestern und von morgen; es gelingt ihr noch energischer dadurch, daß Moden immer Klassenmoden sind, daß die Moden der höheren Schicht sich von der der tieferen unterscheiden und in dem Augenblick verlassen werden, in dem diese letztere sie sich anzueignen beginnt. So ist die Mode nichts anderes als eine besondere unter den vielen Lebensformen, durch die man die Tendenz nach sozialer Egalisierung mit der nach individueller Unterschiedenheit und Abwechslung in einem einheitlichen Tun zusammenführt. Fragt man die Geschichte der Moden, die bisher nur auf die Entwicklung ihrer *Inhalte* untersucht worden ist, nach ihrer Bedeutung für die Form des gesellschaftlichen Prozesses, so ist sie die Geschichte der Versuche, die Befriedigung dieser beiden Gegentendenzen immer vollkommener dem Stande der jeweiligen individuellen und gesellschaftlichen Kultur anzupassen. In dieses Grundwesen der Mode ordnen sich die einzelnen psychologischen Züge ein, die wir an ihr beobachten.

Sie ist, wie ich sagte, ein Produkt klassenmäßiger Scheidung und verhält sich so wie eine Anzahl anderer Gebilde, vor allem wie die Ehre, deren Doppelfunktion es ist, einen Kreis in sich zusammen- und ihn zugleich von anderen abzuschließen. Wie der Rahmen eines Bildes das Kunstwerk als ein einheitliches, in sich zusammengehöriges, als eine Welt für sich charakterisiert und zugleich, nach außen wirkend, alle Beziehungen zu der räumlichen Umgebung abschneidet; wie die einheitliche Energie solcher Gebilde für uns nicht anders ausdrückbar ist, als indem wir sie in die Doppelwirkung nach innen und nach außen zerlegen, – so zieht die Ehre ihren Charakter und vor allem ihre sittlichen Rechte – Rechte, die sehr häufig von dem Standpunkt der außerhalb der Klasse Stehenden als Unrecht empfunden werden – daraus, daß der Einzelne in seiner Ehre eben zugleich die seines sozialen Kreises, seines Standes, darstellt und bewahrt. So bedeutet die Mode einerseits den Anschluß an die Gleichgestellten, die Einheit eines durch sie charakterisierten Kreises, und eben damit den Abschluß dieser Gruppe gegen die tiefer Stehenden, die Charakterisierung dieser als nicht zu jener gehörig. Verbinden und Unterscheiden sind die beiden Grundfunktionen, die sich hier untrennbar vereinigen, von denen eines, obgleich oder weil es den logischen Gegensatz zu dem andern bildet, die Bedingung seiner Verwirklichung ist. Daß die Mode so ein bloßes Erzeugnis sozialer oder auch: formal psychologischer Bedürfnisse ist, wird vielleicht durch nichts stärker erwiesen als dadurch, daß in sachlicher, ästhetischer oder sonstiger Zweckmäßigkeitsbeziehung unzählige Male nicht der geringste Grund für ihre Gestaltungen auffindbar ist. Während im allgemeinen z. B. unsere Kleidung unsern Bedürfnissen sachlich angepaßt ist, waltet keine Spur von Zweckmäßigkeit in den Entscheidungen, durch die die Mode sie formt: ob weite oder enge Röcke, spitze oder breite Frisuren, bunte oder schwarze Krawatten getragen werden. So häßliche und widrige Dinge sind manchmal modern, als wollte die Mode ihre Macht gerade dadurch zeigen, daß wir ihretwegen das Abscheulichste auf uns nehmen; gerade die Zufälligkeit, mit der sie einmal das Zweckmäßige, ein andermal das Abstruse, ein drittes Mal das sachlich und ästhetisch ganz Indifferente anbefiehlt, zeigt ihre völlige Gleichgültigkeit gegen die sachlichen Normen des Lebens, womit sie eben auf andere Motivierungen, nämlich die typisch-sozialen als die einzig übrigbleibenden hinweist. Diese Abstraktheit der Mode, in ihrem tiefsten Wesen begründet und als »Realitätsfremdheit« ein gewisses *ästhetisches* Cachet dem Modernen selbst auf ganz außerästhetischen Gebieten verleihend, entwickelt sich auch in historischen Phänomenen. Aus früheren Zeiten wird vielfach berichtet, wie eine Laune oder das besondere Bedürfnis einzelner Persönlichkeiten eine Mode entstehen ließen – so die mittelalterlichen Schnabelschuhe aus dem Wunsch eines vornehmen Herrn, für einen Auswuchs an seinem Fuß eine entsprechende Schuhform zu finden, der Reifenrock aus dem Wunsch einer tonangebenden Frau, ihre Schwangerschaft zu verbergen usw. Im Gegensatz zu solchem personalen Ursprung wird auch die Erfindung der Mode in der Gegenwart mehr und mehr in die objektive Arbeitsverfassung der Wirtschaft eingegliedert. Es entsteht nicht nur irgendwo ein Artikel, der dann Mode wird, sondern es werden Artikel zu dem Zweck aufgebracht, Mode zu werden. In gewissen Zeitintervallen wird eine neue Mode a priori gefordert, und nun gibt es Erfinder und Industrien, die ausschließlich an der Ausfüllung dieses Rahmens arbeiten. Die Beziehung zwischen Abstraktheit überhaupt und objektiv-gesellschaftlicher Organisation offenbart sich in der Gleichgültigkeit der Mode als Form gegen jede Bedeutung ihrer besonderen Inhalte – und in ihrem immer entschiedeneren Übergang an sozial-produktive Wirtschaftsgebilde. Daß die Überindividualität ihres inneren Wesens auch ihre Inhalte ergreift, kann sich nicht entschiedener ausdrücken als darin, daß die Moden-Creation ein bezahlter Beruf ist, in den großen Betrieben eine »Stellung«, die sich von der Personalität so differenziert hat, wie überhaupt ein objektives Amt von seinem subjektiven Inhaber. Gewiß mag die Mode gelegentlich sachlich begründete Inhalte aufnehmen, aber als Mode wirkt sie erst, wenn die Unabhängigkeit gegen jede andere Motivierung positiv fühlbar wird, wie unser pflichtmäßiges Tun erst dann als ganz sittlich gilt, wenn nicht sein äußerer Inhalt und Zweck uns dazu bestimmt, sondern ausschließlich die Tatsache, daß es eben Pflicht ist. Darum ist die Herrschaft der Mode am unerträglichsten auf den Gebieten, auf denen nur sachliche Entscheidungen gelten sollen: Religiosität, wissenschaftliche Interessen, ja, Sozialismus und Individualismus sind freilich Modesachen gewesen; aber die Motive, aus denen diese Lebensinhalte allein angenommen werden sollten, stehen in absolutem Gegensatz zu der vollkommenen Unsachlichkeit in den Entwicklungen der Mode und ebenso zu jenem ästhetischen Reize, den ihr die Entfernung von den inhaltlichen Bedeutungen der Dinge gibt, und der, als Moment solcher letztinstanzlichen Entscheidungen ganz unangebracht, ihnen einen Zug von Frivolität aufprägt.

Wenn die gesellschaftlichen Formen, die Kleidung, die ästhetischen Beurteilungen, der ganze Stil, in dem der Mensch sich ausdrückt, in fortwährender Umbildung durch die Mode begriffen sind, so kommt die Mode, d.h. die neue Mode, in alledem nur den oberen Ständen zu. Sobald die unteren sich die Mode anzueignen beginnen und damit die von den oberen gesetzte Grenzmarkierung überschreiten, die Einheitlichkeit in dem so symbolisierten Zusammengehören jener durchbrechen, wenden sich die oberen Stände von dieser Mode ab und einer neuen zu, durch die sie sich wieder von den breiten Massen differenzieren und mit der das Spiel von neuem beginnt. Denn naturgemäß sehen und streben die unteren Stände nach oben und können dies noch am ehesten auf den Gebieten, die der Mode unterworfen sind, weil diese am meisten äußerlicher Nachahmung zugänglich sind. Derselbe Prozeß spielt – nicht immer so ersichtlich wie etwa zwischen Damen und Dienstmädchen – zwischen den verschiedenen Schichten der höheren Stände. Vielfach kann man gerade bemerken, daß, je näher die Kreise aneinandergerückt sind, desto toller unten die Jagd des Nachmachens und oben die Flucht zum Neuen ist; die durchdringende Geldwirtschaft muß diesen Prozeß erheblich beschleunigen und sichtbar machen, weil die Gegenstände der Mode, als die Äußerlichkeiten des Lebens, ganz besonders dem bloßen Geldbesitz zugänglich sind, und in ihnen deshalb die Gleichheit mit der oberen Schicht leichter herzustellen ist als auf allen Gebieten, die eine individuelle, nicht mit Geld abkaufbare Bewährung fordern.

Wie sehr dieses Abscheidungsmoment – neben dem Nachahmungsmoment – das Wesen der Mode bildet, zeigen ihre Erscheinungen da, wo die gesellschaftliche Struktur keine übereinander gelagerten Schichten besitzt; dann sind es oft die nebeneinander gelagerten, die sie ergreift. Es wird von einigen Naturvölkern berichtet, daß eng benachbarte und unter den genau gleichen Bedingungen lebende Gruppen manchmal scharf gesonderte Moden ausbilden, durch die jede Gruppe den Zusammenschluß nach innen ebenso wie die Differenz nach außen markiert. Andrerseits wird die Mode mit besonderer Vorliebe von außen importiert und innerhalb eines Kreises um so mehr geschätzt, wenn sie nicht innerhalb seiner selbst entstanden ist; schon der Prophet Zephanja spricht unwillig von den Vornehmen in ausländischer Kleidung. Tatsächlich scheint der exotische Ursprung der Mode den Zusammenschluß der Kreise, auf den sie angelegt ist, mit besonderer Stärke zu begünstigen; gerade dadurch, daß sie von außen kommt, schafft sie jene besondere und bedeutsame Form der Sozialisierung, die durch die gemeinsame Beziehung zu einem außerhalb gelegenen Punkte eintritt. Es scheint manchmal, als ob die sozialen Elemente wie die Augenachsen am besten auf einen nicht zu nahe gelegenen Punkt konvergierten. So besteht bei Naturvölkern das Geld, also gerade der Gegenstand des lebhaftesten allgemeinen Interesses, oft aus Zeichen, die von auswärts eingeführt werden; so daß es in manchen Gegenden (auf den Salomo-Inseln, in Ibo am Niger) eine Art Industrie ist, aus Muscheln oder sonst Geldzeichen herzustellen, die nicht am Herstellungsort selbst, sondern in benachbarten Gegenden, wohin sie exportiert werden, als Geld kursieren – gerade wie die Moden in Paris vielfach mit bloßer Rücksicht darauf, daß sie anderswo Mode werden, produziert werden. – In Paris selbst zeigt die Mode die weiteste Spannung und Versöhnung ihrer dualistischen Elemente. Der Individualismus, die Anpassung an das persönlich Kleidsame, ist viel tiefer als in Deutschland; aber dabei wird ein gewisser ganz weiter Rahmen des allgemeinen Stiles, der aktuellen Mode, streng festgehalten, so daß die einzelne Erscheinung nie aus dem Allgemeinen heraus*fällt*, aber sich immer aus ihm heraus*hebt*.

Wo von den beiden sozialen Tendenzen, die zur Bildung der Mode zusammenkommen müssen, nämlich dem Bedürfnis des Zusammenschlusses einerseits und dem Bedürfnis der Absonderung andrerseits, auch nur eines fehlt, wird die Bildung der Mode ausbleiben, wird ihr Reich enden. Darum haben die unteren Stände sehr wenige und seltene spezifische Moden, darum sind die Moden der Naturvölker so sehr viel stabiler als die unsrigen. Die Gefahr der Vermischung und Verwischung, die die Klassen der Kulturvölker zu den Differenzierungen von Kleidung, Benehmen, Geschmack usw. veranlaßt, fehlt häufig bei primitiven sozialen Strukturen, die einerseits kommunistischer sind, andrerseits aber die bestehenden Unterschiede starrer und definitiver festlegen. Eben durch jene Differenzierungen werden die an der Absonderung interessierten Gruppenabteilungen zusammengehalten: der Gang, das Tempo, der Rhythmus der Gesten wird zweifellos durch die Kleidung wesentlich bestimmt, gleich gekleidete Menschen benehmen sich relativ gleichartig. Hier besteht noch eine besondere Verknüpfung. Der Mensch, der der Mode folgen kann und will, trägt öfters *neue* Kleider. Das neue Kleid aber bestimmt unsere Haltung mehr als das alte, das schließlich ganz in der Richtung unserer individuellen Gesten ausgearbeitet ist, einer jeden widerstandslos nachgibt und oft in kleinsten Besonderheiten unsere Innervationen sich verraten läßt. Daß wir uns in einem alten Gewande »behaglicher« fühlen als in einem neuen, bedeutet nichts anderes, als daß dieses uns sein eignes Formgesetz auferlegt, das mit längerem Tragen allmählich in das unserer Bewegungen übergeht. Darum verleiht das neue Kleid seinen Trägern eine gewisse überindividuelle Gleichmäßigkeit der Haltung; die Prärogative, die das Kleid im Maße seiner Neuheit über die Individualität seines Trägers besitzt, läßt die streng modischen Menschen jeweils relativ uniformiert erscheinen. Für das neuzeitliche Leben mit seiner individualistischen Zersplitterung ist dieses Homogenitätsmoment der Mode besonders bedeutsam. Und auch darum wird die Mode bei den Naturvölkern geringer, d.h. stabiler sein, weil das Bedürfnis nach Neuheit der Eindrücke und Lebensformen, ganz abgesehen von ihrer sozialen Wirkung, bei ihnen ein sehr viel geringeres ist. Der Wechsel der Mode zeigt das Maß der Abstumpfbarkeit der Nervenreize an; je nervöser ein Zeitalter ist, desto rascher werden seine Moden wechseln, weil das Bedürfnis nach Unterschiedsreizen, einer der wesentlichen Träger aller Mode, mit der Erschlaffung der Nervenenergien Hand in Hand geht. Schon dies ist ein Grund, weshalb die höheren Stände den eigentlichen Sitz der Mode ausmachen. In bezug auf die rein sozialen Veranlassungen derselben geben zwei einander benachbarte primitive Völker sehr beweisende Beispiele für ihren Zweck der Zusammenschließung und Abschließung. Die Kaffern haben eine sehr reich gegliederte soziale Stufenordnung, und bei ihnen findet man, obgleich Kleider und Schmuck gewissen gesetzlichen Einschränkungen unterliegen, ein ziemlich rasches Wechseln der Mode; die Buschmänner dagegen, bei denen eine Klassenbildung überhaupt nicht stattgefunden hat, haben überhaupt keine Mode ausgebildet, d.h. es ist an ihnen kein Interesse für den Wechsel von Kleidung und Schmuck festgestellt. Eben diese negativen Gründe haben gelegentlich auf den Höhen der Kultur, nun aber mit vollem Bewußtsein, die Ausbildung einer Mode verhindert. In Florenz soll es um das Jahr 1390 deshalb keine herrschende Mode der männlichen

Kleidung gegeben haben, weil jeder sie auf besondere Weise zu tragen suchte. Hier fehlt also das eine Moment, das Bedürfnis des Zusammenschlusses, ohne das es zu keiner Mode kommen kann. Andrerseits: die venezianischen Nobili, so wird berichtet, hätten keine Mode gehabt, da sie sich alle infolge eines Gesetzes schwarz zu kleiden hatten, um nicht die Kleinheit ihrer Zahl den unteren Massen gar zu anschaulich zu machen. Hier gab es also keine Mode, weil das andere konstitutive Element für sie fehlte, weil die Unterscheidung gegen die Tieferstehenden absichtlich vermieden wurde. Und außer diesem nach außen gerichteten negativen Moment sollte die Gleichheit der Kleidung – die ersichtlich nur bei dem invariablen Schwarz zu gewährleisten war – die innere Demokratie dieser aristokratischen Körperschaft symbolisieren: auch *innerhalb* ihrer sollte es durchaus nicht zu einer Mode kommen, die das Korrelat für die Ausbildung irgendwie differenter Schichten unter den Nobili gewesen wäre. Die Trauerkleidung, besonders die weibliche, gehört gleichfalls zu diesen Negationserscheinungen der Mode. Abschluß oder Hervorhebung und Zusammenschluß oder Gleichheit sind zwar auch hier vorhanden. Die Symbolik der schwarzen Kleider stellt den Trauernden abseits der bunten Bewegtheit der anderen Menschen, als gehörte er durch sein Verbundenbleiben mit dem Toten in einem gewissen Maße dem Reich der Nicht-Lebendigen an. Indem dies nun für alle Trauernden der Idee nach das gleiche ist, bilden sie in solcher Scheidung von der Welt der sozusagen vollkommen Lebendigen eine ideelle Gemeinschaft. Aber da diese nicht sozialer Natur ist – nur Gleichheit, nicht Einheit – so fehlt die Möglichkeit einer Mode. Es bestätigt den *sozialen* Charakter der Mode, daß sie, wo das Gewand zwar ihre Momente der Trennung und der Verbindung darbietet, der Mangel der sozialen Absicht gerade zu ihrem äußersten Gegenteil, nämlich zu der prinzipiellen Unveränderlichkeit der Trauerkleidung geführt hat.

Das Wesen der Mode besteht darin, daß immer nur ein Teil der Gruppe sie übt, die Gesamtheit aber sich erst auf dem Wege zu ihr befindet. Sobald sie völlig durchgedrungen ist, d. h. sobald einmal dasjenige, was ursprünglich nur einige taten, wirklich von allen ausnahmslos geübt wird, wie es bei gewissen Elementen der Kleidung und der Umgangsformen der Fall ist, so bezeichnet man es nicht mehr als Mode. Jedes Wachstum ihrer treibt sie ihrem Ende zu, weil eben dies die Unterschiedlichkeit aufhebt. Sie gehört damit dem Typus von Erscheinungen an, deren Intention auf immer schrankenlosere Verbreitung, immer vollkommenere Realisierung geht – aber mit der Erreichung dieses absoluten Zieles in Selbstwiderspruch und Vernichtung fallen würde. So schwebt der sittlichen Bestrebung ein Ziel der Heiligkeit und Unverführbarkeit vor, während alles eigentliche Verdienst der Sittlichkeit vielleicht nur in der *Bemühung* um dieses Ziel und dem Ringen gegen eine immer noch fühlbare Versuchung wohnt; so geschieht die wirtschaftliche Arbeit oft, um den Genuß von Ruhe und Muße als Dauerzustand zu gewinnen – nach dessen völliger Erreichung aber das Leben oft durch Leerheit und Erstarrung die ganze Bewegung auf ihn hin dementiert; so hört man über die sozialisierenden Tendenzen der Gesellschaftsordnung behaupten: sie seien so lange wertvoll, wie sie sich in einer sonst noch individualistischen Verfassung ausbreiteten, würden dagegen als restlos durchgeführter Sozialismus in Unsinn und Ruin umschlagen. Der allgemeinsten Formulierung dieses Typus untersteht auch die Mode. Ihr wohnt von vornherein der Expansionstrieb inne, als sollte jede jeweilige die Gesamtheit einer Gruppe sich unterjochen; in dem Augenblicke aber, wo ihr dies gelänge, müßte sie als *Mode* an dem logischen Widerspruch gegen ihr eignes Wesen sterben, weil ihre durchgängige Verbreitung das Abscheidungsmoment in ihr aufhebt.

Daß in der gegenwärtigen Kultur die Mode ungeheuer überhand nimmt – in bisher fremde Provinzen einbrechend, in altbesessenen sich, d. h. das Tempo ihres Wechsels, unaufhörlich steigernd – ist nur die Verdichtung eines zeitpsychologischen Zuges. Unsere innere Rhythmik fordert immer kürzere Perioden im Wechsel von Eindrücken; oder, anders ausgedrückt: der Akzent der Reize rückt in steigendem Maß von ihrem substanziellen Zentrum auf ihren Anfang und ihr Ende. Dies beginnt mit den geringfügigsten Symptomen, etwa dem immer ausgedehnteren Ersatz der Zigarre durch die Zigarette, es offenbart sich an der Reisesucht, die das Leben des Jahres möglichst in mehreren kurzen Perioden, mit den starken Akzentuierungen des Abschieds und der Ankunft, schwingen läßt. Das spezifisch »ungeduldige« Tempo des modernen Lebens besagt nicht nur die Sehnsucht nach raschem Wechsel der qualitativen Inhalte des Lebens, sondern die Stärke des formalen Reizes der Grenze, des Anfangs und Endes, Kommens und Gehens. Im kompendiösesten Sinne solcher Form hat die Mode durch ihr Spiel zwischen der Tendenz auf allgemeine Verbreitung und der Vernichtung ihres Sinnes, die diese Verbreitung gerade herbeiführt, den eigentümlichen Reiz der Grenze, den Reiz gleichzeitigen Anfanges und Endes, den Reiz der Neuheit und gleichzeitig den der Vergänglichkeit. Ihre Frage ist nicht Sein oder Nichtsein, sondern sie ist zugleich Sein und Nichtsein, sie steht immer auf der Wasserscheide von Vergangenheit und Zukunft und gibt uns so, solange sie auf ihrer Höhe ist, ein so starkes Gegenwartsgefühl, wie wenige andre Erscheinungen. Wenn in der jeweiligen Aufgipfelung des sozialen Bewußtseins auf den Punkt, den sie bezeichnet, auch schon ihr Todeskeim liegt, ihre Bestimmung zum Abgelöst-Werden, so deklassiert diese Vergänglichkeit sie im ganzen nicht, sondern fügt ihren Reizen einen neuen hinzu. Wenigstens nur dann erfährt ein Gegenstand durch seine Bezeichnung als »Modesache« eine Abwürdigung, wenn man ihn aus anderen, sachlichen Gründen perhorresziert und herabzusetzen wünscht, so daß dann freilich die Mode zum Wertbegriff wird. Irgend etwas sonst in gleicher Weise Neues und plötzlich Verbreitetes in der Praxis des Lebens wird man nicht als Mode bezeichnen, wenn man an seinen Weiterbestand und seine *sachliche* Begründetheit glaubt; nur der wird es so nennen, der von einem ebenso schnellen Verschwinden jener Erscheinung, wie ihr Kommen war, überzeugt ist. Deshalb gehört zu den Gründen, aus denen die Mode heute so stark das Bewußtsein beherrscht, auch der, daß die großen, dauernden, unfraglichen Überzeugungen mehr und mehr an Kraft verlieren. Die flüchtigen und veränderlichen Elemente des Lebens gewinnen dadurch um so mehr Spielraum. Der Bruch mit der Vergangenheit, den zu vollziehen die Kulturmenschheit seit mehr als hundert Jahren sich unablässig bemüht, spitzt das Bewußtsein mehr und mehr auf die Gegenwart zu. Diese Betonung der Gegenwart ist ersichtlich zugleich Betonung des Wechsels, und in demselben Maße, in dem ein Stand Träger der bezeichneten Kulturtendenz ist, in demselben Maße wird er sich der Mode auf allen Gebieten, keineswegs etwa nur auf dem der Kleidung, zuwenden.

Aus jener Tatsache nun, daß die Mode als solche eben noch nicht allgemein verbreitet sein kann, quillt für den Einzelnen die Befriedigung, daß sie an ihm immerhin noch etwas Besonderes und Auffälliges darstellt, während er doch zugleich innerlich sich nicht nur von einer Gesamtheit getragen fühlt, die das Gleiche *tut*, sondern außerdem auch noch von einer, die nach dem Gleichen *strebt*. Deshalb ist die Gesinnung, der der Modische begegnet, eine offenbar wohltuende Mischung von Billigung und Neid. Man beneidet den Modischen als Individuum, man billigt ihn als Gattungswesen. Aber auch jener Neid selbst hat hier eine besondere Färbung. Es gibt eine Nuance des Neides, die eine Art ideellen Anteilhabens an den beneideten Gegenständen einschließt. Das Verhalten der Proletarier, wenn sie einen Blick in die Feste der Reichen tun können, ist hierfür ein lehrreiches Beispiel; die Basis solchen Verhaltens ist, daß hier ein angeschauter Inhalt rein als solcher lustvoll wirkt, gelöst von seiner, an das subjektive Haben gebundenen Wirklichkeit – irgendwie dem Kunstwerk vergleichbar, dessen Glücksertrag auch nicht davon abhängt, wer es besitzt. Daß solche Trennung des reinen Inhaltes der Dinge von der Besitzfrage überhaupt geschehen kann (entsprechend der Fähigkeit des Erkennens, den Inhalt der Dinge von ihrem Sein zu trennen), dadurch wird jenes Anteilhaben möglich, das der Neid verwirklicht. Und vielleicht ist dies nicht einmal eine besondere Nuance des Neides, sondern lebt als Element überall, wo er vorkommt. Indem man einen Gegenstand oder einen Menschen beneidet, ist man schon nicht mehr absolut von ihm ausgeschlossen, man hat irgendeine Beziehung zu jenem gewonnen, zwischen beiden besteht nun der gleiche seelische Inhalt, wenngleich in ganz verschiedenen Kategorien und Gefühlsformen. Zu dem, was man beneidet, ist man zugleich näher und ferner als zu demjenigen Gut, dessen Nicht-Besitz uns gleichgültig läßt. Durch den Neid wird gleichsam die Distanz meßbar, was immer zugleich Entferntheit und Nähe bedeutet – das Gleichgültige steht jenseits dieses Gegensatzes. Damit kann der Neid ein leises Sich-Bemächtigen des beneideten Gegenstandes enthalten (wie ein solches auch das Glück der unglücklichen Liebe ist) und damit eine Art Gegengift, das manchmal die schlimmsten Ausartungen des Neidgefühles verhindert. Und gerade die Inhalte der Mode bieten, weil sie nicht, wie viele andere Seeleninhalte, irgend jemandem *absolut* versagt sind, weil eine nie ganz ausgeschlossene Wendung der Geschicke sie auch dem gewähren kann, der vorläufig nur auf das Beneiden ihrer angewiesen ist, ganz besonders die Chance für diese versöhnlichere Färbung des Neides.

Aus dem gleichen Grundgefüge ergibt sich, daß die Mode der eigentliche Tummelplatz für Individuen ist, welche innerlich unselbständig und anlehnungsbedürftig sind, deren Selbstgefühl aber doch zugleich einer gewissen Auszeichnung, Aufmerksamkeit, Besonderung bedarf. Es ist schließlich dieselbe Konstellation, aus der diejenigen, von Allen nachgesprochenen Banalitäten das größte Glück machen, deren Nachsprechen jedem dennoch das Gefühl gibt, eine ganz besondere, ihn über die Masse erhebende Klugheit zu äußern – also die Banalitäten kritischer, pessimistischer, paradoxer Art. Die Mode erhebt den Unbedeutenden dadurch, daß sie ihn zum Repräsentanten einer Gesamtheit, zur besonderen Verkörperung eines Gesamtgeistes macht. Ihr ist es eigen – weil sie ihrem Begriffe nach nur eine niemals von Allen erfüllte Norm sein kann –, daß sie einen sozialen Gehorsam ermöglicht, der zugleich individuelle Differenzierung ist. In dem Modenarren erscheinen die gesellschaftlichen Forderungen der Mode auf eine Höhe gesteigert, auf der sie völlig den Anschein des Individualistischen und Besonderen annehmen. Ihn bezeichnet es, daß er die Tendenz der Mode über das sonst innegehaltene Maß hinaustreibt: wenn spitze Schuhe Mode sind, läßt er die seinigen in Lanzenspitzen münden, wenn hohe Kragen Mode sind, trägt er sie bis zu den Ohren, wenn es Mode ist, wissenschaftliche Vorträge zu hören, so ist er überhaupt nirgends anders mehr zu finden usw. So stellt er ein ganz Individuelles vor, das in der quantitativen Steigerung solcher Elemente besteht, die ihrer Qualität nach eben Gemeingut des betreffenden Kreises sind. Er geht den andern voran – aber genau auf ihrem Wege. Indem es die letzterreichten Spitzen des öffentlichen Geschmackes sind, die er darstellt, scheint er an der Tête der Gesamtheit zu marschieren. In Wirklichkeit aber gilt von ihm, was unzählige Male für das Verhältnis zwischen Einzelnen und Gruppen gilt: daß der Führende im Grunde der Geführte ist. Demokratische Zeiten begünstigen ersichtlich ganz besonders stark diese Konstellation, so daß sogar Bismarck und sonstige hervorragende Parteiführer konstitutioneller Staaten betont haben, daß sie, weil sie die Führer einer Gruppe sind, ihr folgen müssen. Die Aufgeblasenheit des Modenarren ist so die Karikatur einer durch die Demokratie begünstigten Konstellation des Verhältnisses zwischen dem Einzelnen und der Gesamtheit. Unleugbar aber repräsentiert der Modeheld durch die auf rein quantitativem Wege gewonnene und sich in eine Differenz der Qualität verkleidende Auszeichnung ein wirklich originelles Gleichgewichtsverhältnis zwischen dem sozialen und dem individualisierenden Triebe. Aus diesem Grunde verstehen wir die äußerlich so abstruse Modetorheit mancher sonst durchaus intelligenter und unkleinlicher Persönlichkeiten. Sie gibt ihnen eine

Kombination von Verhältnissen zu Dingen und Menschen, die sonst gesonderter aufzutreten pflegen. Es ist nicht nur die Mischung individueller Besonderheit und sozialer Gleichheit, sondern, sozusagen praktischer werdend, ist es die von Herrschergefühl und Unterworfenheit, die hier ihre Wirkungen übt, oder, etwas anders gewendet, eines männlichen und eines weiblichen Prinzips; und gerade daß dies auf den Gebieten der Mode nur wie in einer ideellen Verdünnung vor sich geht, daß gleichsam nur die Form von beiden an einem an sich gleichgültigen Inhalt sich verwirklicht, mag ihr besonders für sensible, mit der robusten Wirklichkeit sich nicht leicht befassende Naturen eine besondere Anziehungskraft verleihen. Die Lebensform gemäß der Mode gewinnt ihren Charakter in dem Vernichten je eines früheren Inhaltes und besitzt eine eigentümliche Einheitlichkeit, in der die Befriedigung des Zerstörungstriebes und des Triebes zu positiven Inhalten nicht mehr voneinander zu trennen sind.

Weil es sich hier nicht um die Bedeutsamkeit eines einzelnen Inhaltes oder einer Einzelbefriedigung, sondern gerade um das Spiel zwischen beiden und ihr gegenseitiges Sich-Abheben handelt, kann man ersichtlich die gleiche Kombination, die der extreme Gehorsam der Mode gegenüber erreicht, auch gerade durch Opposition ihr gegenüber gewinnen. Wer sich bewußt unmodern trägt oder benimmt, erreicht das damit verbundene Individualisierungsgefühl nicht eigentlich durch eigene individuelle Qualifikation, sondern durch bloße Negation des sozialen Beispiels: wenn Modernität Nachahmung dieses letzteren ist, so ist die absichtliche Unmodernität seine Nachahmung mit umgekehrtem Vorzeichen, die aber darum nicht weniger Zeugnis von der Macht der sozialen Tendenz ablegt, die uns in irgendeiner positiven oder negativen Weise von sich abhängig macht. Der absichtlich Unmoderne nimmt genau den Inhalt wie der Modenarr auf, nur daß er ihn in eine andere Kategorie formt, jener in die der Steigerung, dieser in die der Verneinung. Es kann sogar in ganzen Kreisen innerhalb einer ausgedehnten Gesellschaft Mode werden, sich unmodern zu tragen – eine der merkwürdigsten sozialpsychologischen Komplikationen, in der der Trieb nach individueller Auszeichnung sich erstens mit einer bloßen Umkehrung der sozialen Nachahmung begnügt und zweitens seinerseits wieder seine Stärke aus der Anlehnung an einen gleich charakterisierten engeren Kreis zieht; wenn sich ein Verein der Vereinsgegner konstituierte, würde er nicht logisch unmöglicher und psychologisch möglicher sein als diese Erscheinung. Wie man aus dem Atheismus eine Religion gemacht hat, mit ganz demselben Fanatismus, derselben Intoleranz, derselben Befriedigung der Gemütsbedürfnisse, wie die Religion sie enthielt, wie die Freiheit, durch die eine Tyrannei gebrochen wurde, oft nicht weniger tyrannisch und vergewaltigend auftrat als ihr überwundener Feind, so zeigt jene Erscheinung tendenziöser Unmodernität, wie bereit die Grundformen des menschlichen Wesens sind, die völlige Entgegengesetztheit von Inhalten in sich aufzunehmen und ihre Kraft und ihren Reiz an der Verneinung eben dessen zu zeigen, an dessen Bejahung sie soeben noch unwiderruflich geknüpft schienen. Für die Werte, die von den hier fraglichen Charakteren gesucht werden, kommt es ja nur darauf an, dasselbe zu sein und zu tun wie die Andern und zugleich etwas Anderes – eine Synthese, die sich am leichtesten durch eine der vielfach möglichen *formalen* Veränderungen des allgemein rezipierten Inhalts erreichen läßt. So ist es oft völlig unentwirrbar, ob die Momente persönlicher Stärke oder persönlicher Schwäche das Übergewicht in dem Ursachenkomplex solcher Unmodernität haben. Sie kann hervorgehen aus dem Bedürfnis, sich nicht mit der Menge gemein zu machen, ein Bedürfnis, das freilich nicht Unabhängigkeit von der Menge, aber immerhin eine innerlich souveräne Stellung ihr gegenüber zum Grunde hat; sie kann aber auch zu einer schwächlichen Sensibilität gehören, wenn das Individuum fürchtet, sein bißchen Individualität nicht bewahren zu können, falls es sich den Formen, dem Geschmacke, den Gesetzlichkeiten der Allgemeinheit fügt. Die Opposition gegen die letztere ist keineswegs immer ein Zeichen persönlicher Stärke, diese vielmehr wird sich ihres einzigartigen und durch keine äußere Konnivenz zerstörbaren Wertes so bewußt sein, daß sie sich nicht nur ohne Besorgnis den allgemeinen Formen bis zur Mode herunter fügt, sondern gerade an diesem Gehorsam sich der *Freiwilligkeit* ihres Gehorsams und dessen, was jenseits des Gehorsams steht, erst recht bewußt wird.

Wenn die Mode den Egalisierungs- und den Individualisierungstrieb, den Reiz der Nachahmung und den der Auszeichnung zugleich zum Ausdruck bringt und betont, so erklärt dies vielleicht, weshalb die Frauen im allgemeinen der Mode besonders stark anhängen. Aus der Schwäche der sozialen Position nämlich, zu der die Frauen den weit überwiegenden Teil der Geschichte hindurch verurteilt waren, ergibt sich ihre enge Beziehung zu allem, was »Sitte« ist, zu dem, »was sich ziemt«, zu der allgemein gültigen und gebilligten Daseinsform. Denn der Schwache vermeidet die Individualisierung, das praktische Auf-sich-Ruhen mit seinen Verantwortlichkeiten und seiner Notwendigkeit, sich ganz allein mit eigenen Kräften zu verteidigen. Ihm gewährt gerade nur die typische Lebensform Schutz, die den Starken an der Ausnutzung seiner überragenden Kräfte hindert. Auf diesem festgehaltenen Boden der Sitte aber, des Durchschnittlichen, des allgemeinen Niveaus streben die Frauen nun stark zu der auch so noch möglichen relativen Individualisierung und Auszeichnung der Einzelpersönlichkeit. Die Mode bietet ihnen gerade diese Kombination aufs glücklichste: einerseits ein Gebiet allgemeiner Nachahmung, ein Schwimmen im breitesten sozialen Fahrwasser, eine Entlastung des Individuums von der Verantwortlichkeit für seinen Geschmack und sein Tun – andererseits doch eine Auszeichnung, eine Betonung, eine individuelle Geschmücktheit der Persönlichkeit.

Es scheint, daß für jede Klasse von Menschen, ja wahrscheinlich für jedes Individuum ein bestimmtes quantitatives Verhältnis zwischen dem Triebe zur Individualisierung und dem zum Untertauchen in die Kollektivität bestünde, so daß, wenn auf einem bestimmten Lebensgebiete das Ausleben des einen Triebes behindert ist, er sich ein anderes sucht, auf dem er nun das Maß, dessen er bedarf, erfüllt. Auch geschichtliche Tatsachen legen es nahe, die Mode gleichsam als das Ventil anzusehen, auf dem das Bedürfnis der Frauen nach irgendeinem Maß von Auszeichnung und persönlicher Hervorgehobenheit ausbricht, wenn ihnen dessen Befriedigung auf anderen Gebieten mehr versagt ist. Im 14. und 15. Jahrhundert zeigt Deutschland eine außerordentlich starke Entwicklung der Individualität. Die kollektivistischen Ordnungen des Mittelalters wurden durch die Freiheit der Einzelpersönlichkeit in hohem Maße durchbrochen. Innerhalb dieser individualistischen Entwicklung aber fanden die Frauen noch keinen Platz, ihnen wurde noch die Freiheit persönlicher Bewegung und Entfaltung vorenthalten. Sie entschädigten sich dafür durch die denkbar extravagantesten und hypertrophischsten Kleidermoden. Umgekehrt sehen wir, daß in Italien die gleiche Epoche den Frauen den Spielraum für individuelle Entwicklung gewährt. Die Frauen der Renaissance hatten so viele Möglichkeiten der Bildung, der Betätigung nach außen hin, der persönlichen Differenzierung, wie sie ihnen dann wieder fast Jahrhunderte hindurch nicht gegönnt waren, die Erziehung und die Bewegungsfreiheit waren besonders in den höheren Schichten der Gesellschaft für beide Geschlechter fast die gleiche. Aber nun wird auch aus Italien von keinerlei besonderen Extravaganzen der weiblichen Mode aus dieser Zeit berichtet. Das Bedürfnis, sich auf diesem Gebiete individuell zu bewähren und eine Art von Ausgezeichnetheit zu gewinnen, bleibt aus, weil der hierin sich äußernde Trieb auf anderen Gebieten seine hinreichende Befriedigung gefunden hat. Im allgemeinen zeigt die Geschichte der Frauen in ihrem äußeren wie inneren Leben, in dem Individuum ebenso wie in ihrer Gesamtheit eine vergleichsweise so große Einheitlichkeit, Nivellement, Gleichmäßigkeit, daß sie wenigstens auf dem Gebiete der Moden, das das der Abwechslungen schlechthin ist, einer lebhafteren Betätigung bedürfen, um sich und ihrem Leben – sowohl für das eigene Gefühl wie für andere – einen Reiz hinzuzufügen. Wie zwischen Individualisierung und Kollektivierung, so besteht zwischen Gleichmäßigkeit und Abwechslung der Lebensinhalte eine bestimmte Proportion der Bedürfnisse, die auf den verschiedenen Gebieten hin- und hergeschoben wird, die die Versagtheit auf dem einen durch eine irgendwie erzwungene Gewährung auf dem andern auszugleichen sucht. Im ganzen wird man sagen können, daß die Frau, mit dem Manne verglichen, das treuere Wesen ist; eben die Treue, die die Gleichmäßigkeit und Einheitlichkeit des Wesens nach der Seite des Gemütes hin ausdrückt, verlangt doch eben um jener Balancierung der Lebenstendenzen willen irgendeine lebhaftere Abwechslung auf mehr abseits gelegenen Gebieten. Der Mann umgekehrt, der seiner Natur nach untreuer ist, der die Bindung an das einmal eingegangene Gemütsverhältnis typischerweise nicht mit derselben Unbedingtheit und Konzentrierung aller Lebensinteressen auf dieses eine zu bewahren pflegt, wird infolgedessen weniger jener äußeren Abwechslungsform bedürfen. Ja, das Abweisen der Veränderungen auf äußeren Gebieten, die Gleichgültigkeit gegen die Moden der äußeren Erscheinung ist spezifisch männlich – nicht weil er das einheitlichere, sondern gerade weil er im Grunde das vielfältigere Wesen ist und deshalb jener äußeren Abwechslungen eher entraten mag. Darum betont die emanzipierte Frau der Gegenwart, die sich dem männlichen Wesen, seiner Differenziertheit, Personalität, Bewegtheit anzunähern sucht, auch gerade ihre Gleichgültigkeit gegen die Mode. Auch bildete die Mode für die Frauen in gewissem Sinne einen Ersatz für die Stellung innerhalb eines Berufsstandes. Der Mann, der in einen solchen hineingewachsen ist, hat sich damit freilich in einen Kreis relativer Nivellements begeben, er ist innerhalb dieses Standes vielen anderen gleich, er ist vielfach nur ein Exemplar für den Begriff dieses Standes oder Berufes. Andrerseits und wie zur Entschädigung hierfür ist er doch nun auch mit der ganzen Bedeutung, mit der sachlichen wie sozialen Kraft dieses Standes geschmückt, seiner individuellen Bedeutung wird die seiner Standeszugehörigkeit hinzugefügt, die oft die Mängel und Unzulänglichkeiten des rein persönlichen Daseins decken kann.

Eben dies nun leistet an so ganz anderen Inhalten die Mode, auch sie ergänzt die Unbedeutendheit der Person, ihre Unfähigkeit, rein aus sich heraus die Existenz zu individualisieren, durch die Zugehörigkeit zu einem durch eben die Mode charakterisierten, herausgehobenen, für das öffentliche Bewußtsein irgendwie zusammengehörigen Kreis. Auch hier wird freilich die Persönlichkeit als solche in ein allgemeines Schema eingefügt, allein dieses Schema selbst hat in sozialer Hinsicht eine individuelle Färbung und ersetzt so auf dem sozialen Umwege gerade das, was der Persönlichkeit auf rein individuellem Wege zu erreichen versagt ist. Daß die Demi-Monde vielfach die Bahnbrecherin für die neue Mode ist, liegt an ihrer eigentümlich entwurzelten Lebensform; das Pariadasein, das die Gesellschaft ihr anweist, erzeugt in ihr einen offenen oder latenten Haß gegen alles bereits Legalisierte, gefestigt Bestehende, einen Haß, der in dem Drängen auf immer neue Erscheinungsformen seinen noch relativ unschuldigsten Ausdruck findet; in dem fortwährenden Streben nach neuen, bisher unerhörten Moden, in der Rücksichtslosigkeit, mit der gerade die der bisherigen entgegengesetzteste leidenschaftlich ergriffen wird, liegt eine ästhetische Form des Zerstörungstriebes, der allen Pariaexistenzen, soweit sie nicht innerlich völlig versklavt sind, eigen zu sein scheint. –

Versuchen wir nun die mit alledem markierten Direktiven der Seele in letzte und subtilste Bewegtheiten ihrer zu verfolgen, so zeigen auch diese jenes antagonistische Spiel vitaler Prinzipien, das deren stets verschobenes Gleichgewicht durch stets neue Proportionen wiederzugewinnen sucht. Es ist der Mode zwar wesentlich, daß sie alle Individualitäten über einen Kamm schert; allein doch immer so, daß sie nie den ganzen Menschen ergreift, sie bleibt ihm doch immer etwas Äußerliches, und zwar selbst auf den Gebieten jenseits bloßer Kleidermoden; denn die Form der Veränderlichkeit, in der sie sich ihm bietet, ist doch unter allen Umständen ein Gegensatz gegen die Beständigkeit des Ichgefühles, ja dieses letztere muß gerade an diesem Gegensatz sich seiner relativen Dauer bewußt werden; nur an diesem Dauernden kann die Veränderlichkeit jener Inhalte sich überhaupt als Veränderlichkeit zeigen und ihren Reiz entfalten. Aber eben deshalb steht sie, wie gesagt, doch immer an der Peripherie der Persönlichkeit, die sich selbst ihr gegenüber als *pièce de résistance* empfindet oder wenigstens im Notfall empfinden kann. Diese Bedeutung der Mode nun ist es, die gerade von feinen und eigenartigen Menschen aufgenommen wird, indem sie sie als eine Art Maske benutzen. Der blinde Gehorsam gegen die Normen der Allgemeinheit in allem Äußerlichen ist ihnen gerade das bewußte und gewollte Mittel, ihr persönliches Empfinden und ihren Geschmack zu reservieren, den sie eben wirklich ganz für sich haben wollen, so für sich, daß sie ihn nicht in die Erscheinung treten lassen wollen, die allen zugänglich wäre. So ist es gerade eine feine Scham und Scheu, durch die Besonderheit des äußeren Auftretens vielleicht eine Besonderheit des innerlichsten Wesens zu verraten, was manche Naturen in das verhüllende Nivellement der Mode flüchten läßt. Damit ist ein Triumph der Seele über die Gegebenheit des Daseins erreicht, der wenigstens der Form nach zu den höchsten und feinsten gehört: daß nämlich der Feind selbst in einen Diener verwandelt wird, daß gerade dasjenige, was die Persönlichkeit zu vergewaltigen schien, freiwillig ergriffen wird, weil die nivellierende Vergewaltigung hier derartig auf die äußeren Schichten des Lebens zu schieben ist, daß sie einen Schleier und Schutz für alles Innere und nun um so Befreitere abgibt. Der Kampf zwischen dem Sozialen und dem Individuellen schlichtet sich hier, indem die Schichten für beides sich trennen. Dies entspricht genau der Trivialität der Äußerung und Unterhaltung, durch die sehr sensible und schamhafte Menschen oft über die individuelle Seele hinter dieser Äußerung zu täuschen wissen.

Alles Schamgefühl beruht auf dem Sich-Abheben des Einzelnen. Es entsteht, wenn eine Betonung des Ich stattfindet, eine Zuspitzung des Bewußtseins eines Kreises auf diese Persönlichkeit, die doch zugleich als irgendwie unangemessen empfunden wird; darum neigen bescheidene und schwache Persönlichkeiten besonders stark zu Schamgefühlen, bei ihnen tritt, sobald sie irgendwie in das Zentrum einer allgemeinen Aufmerksamkeit, zu einer plötzlichen Akzentuiertheit gelangen, ein peinliches Oscillieren zwischen Betonung und Zurücktreten des Ichgefühles ein. (Die rein innere Scham über solches, was nie zu sozialer Dokumentierung gelangt, oder die überhaupt jenseits der eigentlich soziologischen Scham steht, verrät, durch nicht schwer einzusehende seelische Motivierungen und Symbolisierungen, die formal gleiche Grundstruktur.) Da im übrigen jenes Sich-Abheben von einer Allgemeinheit als die Quelle des Schamgefühls von dem besonderen Inhalte ganz unabhängig ist, auf Grund dessen es geschieht, so schämt man sich vielfach auch gerade des Besseren und Edleren. Wenn in der »Gesellschaft« im engeren Sinne des Wortes Banalität guter Ton ist, so ist dies nicht nur die Folge gegenseitiger Rücksicht, die es taktlos erscheinen läßt, wenn der eine sich mit irgendeiner individuellen, einzigartigen Äußerung hervortut, die ihm nicht jeder nachmachen kann; sondern es geschieht auch durch die Furcht vor jenem Schamgefühl, das gleichsam die von dem Individuum selbst vollzogene Strafe für sein Sich-Herausheben aus dem für alle gleichen, allen gleich zugänglichen Ton und Betätigung bildet. Die Mode nun bietet wegen ihrer eigentümlichen inneren Struktur ein Sich-Abheben, das immer als angemessen empfunden wird. Die noch so extravagante Erscheinungs- oder Äußerungsart ist, insoweit sie Mode ist, vor jenen peinlichen Reflexen geschützt, die das Individuum sonst fühlt, wenn es der Gegenstand der Aufmerksamkeit anderer ist. Alle Massenaktionen werden durch den Verlust des Schamgefühls charakterisiert. Als Element einer Masse macht das Individuum Unzähliges mit, was ihm, wenn es ihm in der Isolierung zugemutet würde, unüberwindliche Widerstände erwecken würde. Es ist eine der merkwürdigsten sozialpsychologischen Erscheinungen, in der sich eben dieser Charakter der Massenaktion zeigt, daß manche Moden Schamlosigkeiten begehen, die als individuelle Zumutung von dem Individuum entrüstet zurückgewiesen werden würden, aber als Gesetz der Mode bei ihm ohne weiteres Gehorsam finden. Das Schamgefühl ist bei ihr, weil sie eben Massenaktion ist, gerade so ausgelöscht wie das Verantwortlichkeitsgefühl bei den Teilnehmern von Massenverbrechen, vor denen der Einzelne oft genug, für sich allein vor die Tat gestellt, zurückschrecken würde. Sobald das Individuelle der Situation gegenüber ihrem Gesellschaftlich-Modemäßigen stärker hervortritt, beginnt sogleich das Schamgefühl zu wirken: viele Frauen würden sich genieren, in ihrem Wohnzimmer und vor einem einzelnen fremden Manne so dekolletiert zu erscheinen, wie sie es in der Gesellschaft, in der als solcher die Mode dominiert, vor dreißigen oder hundert tun.

Die Mode ist auch nur eine der Formen, durch die die Menschen, indem sie das Äußere der Versklavung durch die Allgemeinheit preisgeben, die innere Freiheit um so vollständiger retten wollen. Auch Freiheit und Bindung gehört zu jenen Gegensatzpaaren, deren immer erneuter Kampf, deren Hin- und Herschiebung auf den mannigfaltigsten Gebieten dem Leben einen viel frischeren Reiz, eine viel größere Weite und Entfaltung gestattet, als ein irgendwie gewonnenes dauerndes und nicht mehr verrückbares Gleichgewicht beider gewähren könnte. Wie nach Schopenhauer jedem Menschen ein gewisses Quantum von Lust und Leid zugemessen ist, das weder leer bleiben noch überfüllt werden kann und in aller Verschiedenheit und Schwankung innerer und äußerer Verhältnisse nur seine Form wechselt, so könnte man, viel weniger mystisch, entweder eine wirklich dauernde Proportion von Bindung und Freiheit oder wenigstens die Sehnsucht nach einer solchen in jeder Zeit, jeder Klasse, jedem Individuum bemerken, dem gegenüber uns nur die Möglichkeit gegeben ist, die Gebiete zu wechseln, auf die sie sich verteilen. Und die Aufgabe des höheren Lebens ist freilich, diese Verteilung so vorzunehmen, daß die sonstigen, inhaltlichen Werte des Daseins dabei die Möglichkeit günstigster Entfaltung gewinnen. Dasselbe Quantum von Bindung und Freiheit kann einmal die sittlichen, die intellektuellen, die ästhetischen Werte aufs höchste steigern helfen und ein andermal, quantitativ ungeändert und nur auf andere Gebiete verteilt, das genaue Gegenteil dieses Erfolges zeitigen. Im ganzen wird man sagen können, daß das günstigste Resultat für den Gesamtwert des Lebens sich dann ergeben wird, wenn die unvermeidliche Bindung mehr und mehr an die Peripherie des Lebens, auf seine Äußerlichkeiten geschoben wird. Vielleicht ist Goethe in seiner späteren Epoche das leuchtendste Beispiel eines ganz großen Lebens, das durch die Konnivenz in allem Äußeren, durch die strenge Einhaltung der Form, durch ein williges Sich-Beugen unter die Konventionen der Gesellschaft gerade ein Maximum von innerer Freiheit, eine völlige Unberührtheit der Zentren des Lebens durch das unvermeidliche Bindungsquantum erreicht hat. Insofern ist die Mode, weil sie eben nur, dem Rechte vergleichbar, das Äußerliche des Lebens ergreift, nur diejenigen Seiten, die der Gesellschaft zugewandt sind – eine Sozialform von bewunderungswürdiger Zweckmäßigkeit. Sie gibt dem Menschen ein Schema, durch das er seine Bindung an das Allgemeine, seinen Gehorsam gegen die Normen, die ihm von seiner Zeit, seinem Stande, seinem engeren Kreise kommen, aufs unzweideutigste dokumentieren kann, und mit dem er es sich so erkauft, die Freiheit, die das Leben überhaupt gewährt, mehr und mehr auf seine Innerlichkeiten und Wesentlichkeiten rückwärts konzentrieren zu dürfen.

Es finden sich nun innerhalb der Einzelseele jene Verhältnisse von egalisierender Vereinheitlichung und individuellem Sich-Abheben gewissermaßen wiederholt, der Antagonismus der Tendenzen, der die Mode erzeugt, überträgt sich in einer völlig formgleichen Art auch auf diejenigen inneren Verhältnisse mancher Individuen, die mit sozialen Bindungen gar nichts zu tun haben. Es zeigt sich an der Erscheinung, die ich hier meine, jener oft hervorgehobene Parallelismus, mit dem die Verhältnisse zwischen Individuen sich an den Beziehungen der seelischen Elemente des Individuums wiederholen. Mit mehr oder weniger Absicht schafft sich oft das Individuum für sich selbst ein Benehmen, einen Stil, der sich durch den Rhythmus seines Auftauchens, Sich-geltend-Machens und Abtretens als Mode charakterisiert. Namentlich junge Menschen zeigen oft eine plötzliche Wunderlichkeit in ihrer Art, sich zu geben, ein unvermutet, sachlich unbegründet, auftretendes Interesse, das ihren ganzen Bewußtseinskreis beherrscht und ebenso irrational wieder verschwindet. Man könnte dies als eine Personalmode bezeichnen, die einen Grenzfall der Sozialmode bildet. Sie wird einerseits durch das individuelle Unterscheidungsbedürfnis getragen und dokumentiert damit denselben Trieb, der auch an der Sozialmode wirksam wird. Das Bedürfnis aber der Nachahmung, der Gleichartigkeit, der Einschmelzung des Einzelnen in ein Allgemeines wird hier rein innerhalb des Individuums selbst befriedigt, nämlich durch die Konzentration des eigenen Bewußtseins auf diese eine Form oder Inhalt, durch die einheitliche Färbung, die das eigene Wesen dadurch erhält, durch *die Nachahmung seiner selbst* gleichsam, die hier an die Stelle der Nachahmung anderer tritt. Ein gewisses Zwischenstadium zwischen Individual- und Personalmode wird innerhalb mancher engerer Kreise verwirklicht. Banale Menschen adoptieren oft irgendeinen Ausdruck – und zwar meistens viele desselben Kreises eben denselben – den sie nun auf alle passenden und unpassenden Objekte bei jeder Gelegenheit anwenden. Dies ist einerseits Gruppenmode, ist andererseits aber doch auch Individualmode, weil der Sinn davon gerade ist, daß der *Einzelne* die *Gesamtheit* seines Vorstellungskreises dieser Formel untertänig macht. Es wird hiermit der Individualität der Dinge brutale Gewalt angetan, alle Nuancierungen werden verwischt durch die eigentümliche Übermacht dieser einen Bezeichnungskategorie; so, wenn man z. B. alle aus irgendeinem Motive gefallenen Dinge als »chic« oder als »schneidig« bezeichnet, Dinge, die von dem Gebiete, auf dem jene Ausdrücke ein Heimatrecht haben, aufs weiteste abstehen. Auf diese Weise wird die innere Welt des Individuums einer Mode unterworfen und wiederholt so die Form der von der Mode beherrschten Gruppe. Und dies gerade auch durch die sachliche Sinnlosigkeit solcher Individualmoden, die die Macht des formalen, unifizierenden Momentes über das sachlich-vernunftmäßige zeigen – gerade wie es für so viele Menschen und Kreise nur erforderlich ist, daß sie überhaupt einheitlich beherrscht werden, und die Frage, wie qualifiziert oder wertvoll die Herrschaft ist, erst eine sekundäre Rolle spielt. Es ist nicht zu leugnen: indem den Dingen durch jene Bezeichnungsmoden Gewalt angetan wird, indem sie alle gleichmäßig in eine von uns an sie herangebrachte Kategorie eingekleidet werden, übt das Individuum einen Machtspruch über sie, es gewinnt ein individuelles Kraftgefühl, eine Betonung des Ich ihnen gegenüber.

Die Erscheinung, die hier als Karikatur auftritt, ist in geringeren Maßen allenthalben in dem Verhältnis der Menschen zu den Objekten bemerkbar. Es sind nur die ganz hohen Menschen, die die größte Tiefe und Kraft ihres Ich gerade darin finden, daß sie die eigene Individualität der Dinge respektieren. Aus der Feindseligkeit, die die Seele gegenüber der Übermacht, Selbständigkeit, Gleichgültigkeit des Kosmos empfindet, quellen doch neben den erhabensten und wertvollsten Kraftaufwendungen der Menschheit immer wieder die Versuche gleichsam einer äußerlichen Vergewaltigung der Dinge; das Ich setzt sich ihnen gegenüber durch, nicht indem es ihre Kräfte aufnimmt und formt, nicht indem es ihre Individualität erst anerkennt, um sie dann sich dienstbar zu machen, sondern indem es sie äußerlich unter irgendein subjektives Schema beugt, wodurch es denn freilich im letzten Grunde keine Herrschaft über die Dinge, sondern nur über sein eigenes, gefälschtes Phantasiebild ihrer gewonnen hat. Aber das Machtgefühl, das daraus stammt, zeigt seine Unbegründetheit, seinen Illusionismus an der Schnelligkeit, mit der derartige Modeausdrücke vorübergehen.

Es hat sich uns ergeben, daß in der Mode sozusagen die verschiedenen Dimensionen des Lebens ein eigenartiges Zusammenfallen gewinnen, daß sie ein komplexes Gebilde ist, in dem alle gegensätzlichen Hauptrichtungen der Seele irgendwie vertreten sind. Dadurch wird ohne weiteres begreiflich, daß der Gesamtrhythmus, in dem die Individuen und die Gruppen sich bewegen, auch auf ihr Verhältnis zur Mode bestimmend einwirken wird, daß die verschiedenen Schichten einer Gruppe, ganz abgesehen von ihren verschiedenen Lebensinhalten und äußeren Möglichkeiten, schon rein dadurch eine verschiedene Beziehung zur Mode haben werden, daß ihre Lebensinhalte sich entweder in konservativer oder in rasch variierender Form abwickeln. Einerseits sind die unteren Massen schwerer beweglich und langsam entwickelbar. Andererseits sind gerade die höchsten Stände bekanntlich die konservativen, ja oft genug archaistisch; sie fürchten oft genug jede Bewegung und Veränderung, nicht weil der Inhalt derselben ihnen antipathisch oder schädlich wäre, sondern weil es überhaupt Veränderung ist, und weil für sie jede Modifikation des Ganzen, das ihnen in seiner augenblicklichen Verfassung eben die vorteilhafteste Stellung einräumt, verdächtig und gefährlich ist; ihnen kann keine Veränderung mehr einen Zuwachs von Macht bringen, sie haben von jeder höchstens etwas zu fürchten, aber von keiner mehr etwas zu hoffen. Die eigentliche Variabilität des geschichtlichen Lebens liegt deshalb im Mittelstand, und deshalb hat die Geschichte der sozialen und kulturellen Bewegungen ein ganz anderes Tempo angenommen, seit der *tiers état* die Führung übernommen hat. Deshalb ist die Mode, die Wechsel- und Gegensatzform des Lebens, seitdem viel breiter und erregter geworden; auch ist der häufige Wechsel der Mode eine ungeheure Knechtung des Individuums und insofern eines der erforderlichen Komplemente der gewachsenen gesellschaftlichen und politischen Freiheit. Gerade für eine Lebensform, für deren Inhalte der Augenblick der erreichten Höhe zugleich schon der des Herabsinkens ist, ist ein Stand der eigentlich angewiesene Ort, dessen ganzes Wesen so viel variabler, so viel unruhiger rhythmisiert ist als die untersten Stände mit ihrem dumpf-unbewußten und die höchsten Stände mit ihrem bewußt gewollten Konservativismus. Klassen und Individuen, die nach fortwährender Abwechslung drängen, weil eben die Raschheit ihrer Entwicklung ihnen den Vorsprung vor anderen gewährt, finden in der Mode das Tempo ihrer eigenen seelischen Bewegungen wieder. Und es bedarf in diesem Zusammenhang nur des Hinweises auf die Verknüpftheit unzähliger geschichtlicher und sozialpsychologischer Momente, durch die die Großstädte im Gegensatz zu allen engeren Milieus zum Nährboden der Mode werden: auf die treulose Schnelligkeit im Wechsel der Eindrücke und Beziehungen, auf die Nivellierung und gleichzeitige Pointierung der Individualitäten, auf die Zusammengedrängtheit und die eben dadurch aufgenötigte Reserve und Distanzierung. Vor allem muß die ökonomische Aufwärtsbewegung der unteren Schichten in dem Tempo, das sie in der Großstadt nimmt, den raschen Wechsel der Mode begünstigen, weil sie die Tieferstehenden soviel schneller zur Nachahmung der Höheren befähigt und damit jener oben charakterisierte Prozeß, in dem jede höhere Schicht die Mode in dem Augenblick verläßt, in dem die tiefere sich ihrer bemächtigt, eine früher ungeahnte Breite und Lebendigkeit gewonnen hat. Auf den Inhalt der Mode hat dies bedeutsame Einflüsse. Vor allen Dingen bewirkt es, daß die Moden nicht mehr so kostspielig und deshalb ersichtlich nicht mehr so extravagant sein können, wie sie in früheren Zeiten waren, wo die Kostbarkeit der erstmaligen Anschaffung oder die Mühseligkeit im Umbilden von Benehmen und Geschmack durch eine längere Dauer ihrer Herrschaft ausgeglichen wurde. Je mehr ein Artikel raschem Modewechsel unterliegt, desto stärker ist der Bedarf nach *billigen* Produkten seiner Art. Nicht nur weil die breiteren und also ärmeren Massen doch Kaufkraft genug haben, um die Industrie großenteils nach sich zu bestimmen, und durchaus Gegenstände fordern, die wenigstens den äußeren und unsoliden Schein des Modernen tragen, sondern auch weil selbst die höheren Schichten der Gesellschaft die Raschheit des Modewechsels, die ihnen durch das Nachdrängen der unteren Schichten oktroyiert wird, nicht leisten könnten, wenn dessen Objekte nicht relativ billig wären. Ein eigentümlicher Zirkel also entsteht hier: je rascher die Mode wechselt, desto billiger müssen die Dinge werden; und je billiger sie werden, zu desto rascherem Wechsel der Mode laden sie die Konsumenten ein und zwingen sie die Produzenten. Das Tempo der Entwicklung ist bei den eigentlichen Modeartikeln von solcher Bedeutsamkeit, daß es diese sogar gewissen Fortschritten der Wirtschaft entzieht, die auf anderen Gebieten allmählich erreicht sind. Namentlich bei den älteren Produktionszweigen der modernen Industrie hat man bemerkt, daß das spekulative Moment allmählich aufhört, eine maßgebende Rolle zu spielen. Die Bewegungen des Marktes werden genauer übersehen, die Bedürfnisse können besser vorausberechnet und die Produktion genauer reguliert werden als früher, so daß die Rationalisierung der Produktion immer mehr Boden gegenüber dem Zufall der Konjunkturen, dem planlosen Hin- und Herschwanken von Angebot und Nachfrage gewinnt. Nur die reinen Modeartikel scheinen davon ausgenommen zu sein. Die polaren Schwankungen, denen die moderne Wirtschaft sich vielfach schon zu entziehen weiß, und von denen fort sie ersichtlich zu ganz neuen wirtschaftlichen Ordnungen und Bildungen strebt, sind auf den der Mode unmittelbar unterworfenen Gebieten doch noch herrschend. Die Form eines fieberhaften Wechsels ist hier so wesentlich, daß sie wie in einem logischen Widerspruch gegen die Entwicklungstendenzen der modernen Wirtschaft steht.

Gegenüber diesem Charakter aber zeigt die Mode nun die höchst merkwürdige Eigenschaft, daß jede einzelne Mode doch gewissermaßen auftritt, als ob sie ewig leben wollte. Wer sich heute ein Mobiliar kauft, das ein Vierteljahrhundert halten soll, kauft es sich unzählige Male nach der neuesten Mode und zieht diejenige, die vor zwei Jahren galt, überhaupt nicht mehr in Betracht. Und doch wird offenbar nach ein paar Jahren der Reiz der Mode dieses jetzige genau so verlassen haben, wie er das frühere schon jetzt verlassen hat, und Gefallen oder Mißfallen an beiderlei Formen werden dann von andersartigen, sachlichen Kriterien entschieden. Eine Abwandlung dieses Motivs zeigt sich in besonderer Weise an den einzelnen Modeinhalten. Es kommt der Mode freilich nur auf den Wechsel an; allein sie hat wie jedes Gebilde die Tendenz auf Kraftersparnis, sie sucht ihre Zwecke so reichlich wie möglich, aber dennoch mit den relativ sparsamsten Mitteln zu erreichen. Eben deshalb schlägt sie – was besonders an der Kleidermode klar wird – immer wieder auf frühere Formen zurück, so daß man ihren Weg direkt mit einem Kreislauf verglichen hat. Sobald eine frühere Mode einigermaßen aus dem Gedächtnis geschwunden ist, liegt kein Grund vor, sie nicht wieder zu beleben und vielleicht den Reiz des Unterschiedes, von dem sie lebt, demjenigen Inhalt gegenüber fühlen zu lassen, der seinerseits bei seinem Auftreten eben diesen Reiz aus seinem Gegensatz gegen die frühere und jetzt wieder belebte gezogen hat. Übrigens geht die Macht der Bewegungsform, von der die Mode lebt, nicht so weit, jeden Inhalt ganz gleichmäßig ihr zu unterwerfen. Selbst auf den von der Mode beherrschten Gebieten sind nicht alle Gestaltungen gleichmäßig geeignet, Mode zu werden. Bei manchen leistet ihr eigentümliches Wesen dem einen gewissen Widerstand. Dies ist mit dem ungleichmäßigen Verhältnis zu vergleichen, das die Gegenstände der äußeren Anschauung zu der Möglichkeit haben, zu Kunstwerken geformt zu werden. Es ist eine sehr bestechende, aber keineswegs tiefgehende und haltbare Meinung, daß jedes Objekt der Wirklichkeit gleichmäßig geeignet wäre, das Objekt eines Kunstwerkes zu bilden. Die Formen der Kunst, wie sie sich historisch, von tausend Zufälligkeiten bestimmt, vielfach einseitig, an technische Vollkommenheiten und Unvollkommenheiten gebunden, herausgebildet haben, stehen keineswegs in unparteiischer Höhe über allen Inhalten der Wirklichkeit; sie haben vielmehr zu manchen dieser ein engeres Verhältnis als zu anderen, manche gehen leicht, wie von Natur für diese Kunstformen vorgebildet, in sie ein, andere entziehen sich wie eigensinnig und von Natur anders gerichtet, der Umbildung in die gegebenen Kunstformen. Die Souveränität der Kunst über die Wirklichkeit bedeutet keineswegs, wie der Naturalismus und viele Theorien des Idealismus meinen, die Fähigkeit, alle Inhalte des Daseins gleichmäßig in ihren Bereich zu ziehen. Keine der Formungen, mit denen der menschliche Geist den Stoff des Daseins bemeistert und zu seinen Zwecken bildet, ist so allgemein und neutral, daß alle jene Inhalte, gleichgültig gegen ihre eigene Struktur, sich ihr gleichmäßig fügten. So kann die Mode scheinbar und *in abstracto* freilich jeden beliebigen Inhalt in sich aufnehmen, jede beliebige gegebene Form der Kleidung, der Kunst, des Benehmens, der Meinungen kann Mode werden. Und doch liegt im inneren Wesen mancher Formen eine besondere Disposition dazu, sich gerade als Mode auszuleben, während manche ihr von innen her einen Widerstand leisten. So ist z. B. der Modeform alles das relativ fern und fremd, was man als »klassisch« bezeichnen kann, obgleich es sich natürlich gelegentlich auch ihr nicht entzieht. Denn das Wesen des Klassischen ist eine Konzentriertheit der Erscheinung um einen ruhenden Mittelpunkt; die Klassik hat etwas Gesammeltes, das gleichsam nicht so viele Angriffspunkte bietet, an denen Modifikation, Störung der Balance, Vernichtung ansetzen könnte. Für die klassische Plastik ist das Zusammennehmen der Glieder bezeichnend, das Ganze wird von innen her absolut beherrscht, der Geist und das Lebensgefühl des Ganzen ziehen durch die anschauliche Zusammengehaltenheit der Erscheinung jeden einzelnen Teil derselben gleichmäßig in sich ein. Das ist der Grund, weshalb man von der »klassischen Ruhe« der griechischen Kunst spricht; es ist ausschließlich die Konzentriertheit der Erscheinung, die keinem Teil ihrer eine Beziehung zu Kräften und Schicksalen außerhalb eben dieser Erscheinung gestattet und dadurch das Gefühl erregt, daß diese Gestaltung den wechselnden Einflüssen des allgemeinen Lebens entzogen ist – als Mode muß das Klassische zum Klassizistischen, das Archaische zum Archaistischen umgebildet werden. Im Gegensatz dazu wird alles Barocke, Maßlose, Extreme von innen her der Mode zugewandt sein, über so charakterisierte Dinge kommt die Mode nicht wie ein äußeres Schicksal, sondern gleichsam wie der geschichtliche Ausdruck ihrer sachlichen Beschaffenheiten. Die weit ausladenden Glieder der Barockstatue sind gleichsam immer in Gefahr, abgebrochen zu werden, das innere Leben der Figur beherrscht sie nicht vollständig, sondern gibt sie der Beziehung zu den Zufälligkeiten des äußeren Seins preis. Barocke Gestaltungen, mindestens viele von ihnen, haben in sich schon die Unruhe, den Charakter der Zufälligkeit, die Unterworfenheit unter den momentanen Impuls, die die Mode als Form des sozialen Lebens verwirklicht. Dazu kommt, daß ausschweifende, individuell sehr zugespitzte, launenhafte Formen sehr leicht ermüdend wirken und darum schon rein physiologisch zu der Abwechslung drängen, für die die Mode das Schema abgibt. Hier liegt auch eine der tiefen Beziehungen, die man zwischen den klassischen und den »natürlichen« Gestaltungen der Dinge aufzufinden meinte. So unsicher begrenzt und so irreführend oft der Begriff des Natürlichen überhaupt ist, so kann man doch wenigstens das Negative sagen, daß gewisse Formen, Neigungen, Anschauungen auf diesen Titel *keinen* Anspruch haben, und eben diese werden es auch sein, die dem modischen Wechsel ganz besonders schnell unterliegen, weil ihnen die Beziehung zu dem beharrenden Zentrum der Dinge und des Lebens fehlt, die den Anspruch dauernden Bestandes rechtfertigte. So kam durch eine Schwägerin Ludwigs des Vierzehnten, Elisabeth Charlotte von der Pfalz, die eine völlig maskuline Persönlichkeit war, an dem französischen Hofe die Mode auf, daß Frauen sich wie Männer benahmen und anreden ließen und Männer umgekehrt wie Frauen. Es liegt auf der Hand, wie sehr etwas Derartiges schlechthin nur Mode sein kann, weil es sich von derjenigen unverlierbaren Substanz der menschlichen

Verhältnisse entfernt, auf die schließlich die Form des Lebens immer wieder irgendwie zurückkommen muß. So wenig man sagen kann, daß alle Mode etwas Unnatürliches ist, – schon deshalb nicht, weil die Lebensform der Mode selbst dem Menschen als gesellschaftlichem Wesen natürlich ist – so wird man umgekehrt doch von dem schlechthin Unnatürlichen sagen können, daß es wenigstens in der Form der *Mode* bestehen kann. –

Es liegt aber, um das Ganze zusammenzufassen, der eigentümlich pikante, anregende Reiz der Mode in dem Kontraste zwischen ihrer ausgedehnten, alles ergreifenden Verbreitung und ihrer schnellen und gründlichen Vergänglichkeit, dem Rechte auf Treulosigkeit ihr gegenüber. Er liegt nicht weniger in der Enge, mit der sie einen bestimmten Kreis schließt und dessen Zusammengehörigkeit ebenso als ihre Ursache wie als ihre Wirkung zeigt – wie in der Entschiedenheit, mit der sie ihn gegen andre Kreise abschließt. Er liegt endlich ebenso in dem Getragen-Sein durch einen sozialen Kreis, der seinen Mitgliedern gegenseitige Nachahmung auferlegt und damit den Einzelnen von aller Verantwortlichkeit – der ethischen wie der ästhetischen – entlastet, wie in der Möglichkeit, nun doch innerhalb dieser Schranken originelle Nuancierung, sei es durch Steigerung, sei es sogar durch Ablehnung der Mode zu produzieren. So erweist sich die Mode nur als ein einzelnes, besonders charakterisiertes unter jenen mannigfachen Gebilden, in denen die soziale wie die individuelle Zweckmäßigkeit die entgegengesetzten Strömungen des Lebens zu gleichen Rechten objektiviert hat.

[Über die Tango-Manie in Berlin, Januar 1914]

[...] Jedenfalls wird das klar, wovon ich ausging, daß der Naturalismus auch in anderen Künsten als in denen, die einer Nachahmung zugänglich sind, dominieren kann, also in der Lyrik, Musik, Tanz, Architektur. Es kann z.B. ein Tanz, der äußerlich in rein konventionellen Formen verläuft, von einer erotischen Hingerissenheit durchglüht sein, die nicht künstlerisch geformt ist, sondern psychisch unmittelbar ist, die sich in lauter Imponderabilien ausdrückt. Das würde ich einen naturalistischen Tanz nennen, obgleich er sich in seinem Aussehen vielleicht gar nicht unterscheidet von einem rein nach künstlerischen Normen ausgeführten. Dies scheint mir das letzte Moment zu sein, aus dem der *Tango* heute eine solche Bedeutung erlangt hat. Wenn ich nicht irre, so ist das charakteristische des Tango, daß er in außerordentlich vielen Formen getanzt wird, daß er dadurch mehr als irgend ein Tanz die Möglichkeit eben dieses subjektiven Naturalismus gibt; daß sich hier eine innere Bewegung fesselloser als sonst in diese scheinbar oder auch wirklich künstlerische Äußerung fortsetzen kann. Und das Entscheidende ist dabei diese Freiheit, mit der sich die innere Bewegung oder Leidenschaft fortsetzt in das künstlerische Gebilde des Tanzes. So können denn solche Tänze äußerlich auch ziemlich harmlos aussehen, entscheidend ist nicht[,] wo es hingeht[,] sondern wo es herkommt. [...]

Georg Simmel an Paul Ernst

Brief vom 14. März 1908
Handschrift; DLA Marbach, Nachlaß Ernst

Westend 14 III 08

Lieber Freund,

Ich bin durchaus bereit, mein Interesse für ein Theaterunterneh-
men, das weder den naturalistischen noch den Ausstattungsstil pflegen will, sondern den spezifisch dramatischen Stil – öffentlich zu
dokumentieren. Nur finde ich das Programm, das Sie senden, offen
gestanden, nicht besonders glücklich. Die Behauptung, daß der Naturalismus an sich dem Drama feindlich ist, weil er »eisige« Empfindungen weckte – ist äußerst bestreitbar. U. wenn deduziert wird,
daß die Zeit für das »große Drama« als Ausdruck der Kräfte der
Gegenwart gekommen wäre, so sehe ich von da keine Verbindung,
die die Aufnahme von *Corneille* u. *Gozzi* rechtfertigte.

Übrigens kommt es allerdings auf die theoretische Begründung
nicht so sehr an. Viel bedenklicher ist mir das praktische Programm,
u. zwar grade in Hinsicht des aktuellen Zwecks der Finanzirung.
Nach meiner Kenntniß des Berliner Publikums ist es aussichtslos,
es mit Tell u. Mirra, mit Turandot u. Cid locken zu wollen. Diese
Dinge langweilen uns, u. wenn sie so vollendet wie überhaupt möglich gespielt werden. Die Geldleute werden doch bei Theaterprakti-
kern anfragen, was ein solches Programm für Aussichten hat, u. ich
glaube kaum, daß irgend einer, er mag so vorurteilslos wie möglich sein, es optimistischer ansehn wird als ich. Übrigens halte ich
diese Anführungen auch praktisch für überflüssig, dieses *Communi-
qué* könnte sich auf die allgemeinen Gesichtspunkte beschränken,
ohne sich für die Details jetzt schon festzulegen. Auch würde es auf
Leute, die Sie nicht kennen, keinen guten Eindruck machen, daß
Ihr Drama mit angeführt ist, sie würden sich leicht sagen: Aha, er
will ein Theater gründen, damit seine Stücke aufgeführt werden.

Vielleicht also lassen Sie diesen Passus fort, u. überlegen sich auch
noch einmal den 3. Absatz des Entwurfs, der mir wenig schlüssig
scheint. Ich weiß nicht recht, was es in diesem Zusammenhange
für einen Zweck hat, zu betonen, daß sich das große Drama hätte
entwickeln *können* – was es doch nun eben nicht getan hat. U. die
»Sehnsucht« nach ihm ist doch kein Faktor, der unter die Chancen

dieses Unternehmens zu rechnen ist. Ich würde vorschlagen, diese Mitteilung durchaus von dem Gesichtspunkt aus abzufassen, daß bestimmten Bedürfnissen des Publikums mit diesem Theater genügt werden soll: denjenigen, die weder durch *Brahm* noch durch *Reinhardt* befriedigt werden. Daß ein Bedürfniß solcher Art vorliegt: nach Aufführungen großen Stiles (wie sie in seiner Art *Bayreuth* bietet) – wird man mit gutem Gewissen behaupten können. Freilich weiß ich nicht, wie Sie in diesem Programm dann Shakespeare, Calderon u. Hebbel entbehren wollen.

Prinzipiell aber bin ich, wie gesagt, höchst bereit, Ihnen soweit behilflich zu sein, wie mein Name es imstande ist. Vielleicht lassen Sie mich hören, ob eine Modifikation des Schreibens in dem *praktischen* Sinne, auf den es doch wohl ankommt, vorgenommen werden soll.

Übrigens: Sie beteiligen sich doch hoffentlich *finanziell* nicht an dem Unternehmen? Das würde mein freundschaftliches Interesse in die höchste Unruhe versetzen.

Schönste Grüße allerseits! Ihr

Simmel

Theaterunternehmen] Erwähnung findet dieser (nicht realisierte) Plan in einem Brief von Wilhelm v. Scholz an Ernst vom 25. 4. 1908, in dem es u. a. heißt: »[...] ich komme eben von einer kleinen Italienfahrt [...] zurück. Sonst hättest Du natürlich eher einen Gruß und Glückwunsch zu dem neuen Unternehmen erhalten. Trotz aller meiner großen Skepsis, die ich dem heutigen Theater (der gesamten Lebensäußerung Theater!) gegenüber fortwährend wachsen fühle. Ich bin nur davon überzeugt, daß die Kunst zufällig auch ein Eckchen finden wird, in dem sie existieren kann. Mehr nicht! Mehr sicher nicht! Eine durchaus künstlerische Bühne, die der dramatischen Kunst etwa parallel ginge? Eher erfindet einer das perp. mobile. Wären wir beide nicht Dichter sondern mit unserem Wollen Praktiker – ja, dann wäre vielleicht ein Traum ähnlicher Art wenigstens so deutlich zu träumen, daß man sich beim Erwachen noch seiner Einzelheiten erinnern würde. Ich will aber natürlich nicht flau machen, sondern die Sache nach Kräften unterstützen, obschon ich nicht weiß, wie. ... Doch genug der Bedenken! Laß mich vor allem hören, was bereitet wird, und von jedem Fortschritt! Übertrage mir beliebige Aufgaben in der Sache, die ich leisten kann: Suchen von Kräften etc. etc. Und sei mir ob des hier gemachten ernsten und zweifelhaften Gesichts nicht böse! Wenn man aus den Bergen und dem selbstverständlichen südlichen Leben kommt, ist einem das Theater zunächst innerlich ganz fern.« (Paul Ernst – Wilhelm von Scholz. Zeugnisse einer Freundschaft. Als

Manuskript gedruckt für die Mitglieder der ›Paul-Ernst-Gesellschaft‹. In: Der Wille zur Form. Nr. 4 v. Dez. 1959, S. 136 f.).

Programm] nicht überliefert.

mit Tell u. Mirra, mit Turandot u. Cid locken] klassische Stücke von Friedrich Schiller, Vittorio Graf Alfieri, Carlo Graf Gozzi und Pierre Corneille.

Ihr Drama] nicht ermittelt.

weder durch *Brahm* noch durch *Reinhardt* befriedigt] Otto Brahm (1856-1912) – siehe Simmel an Ernst vom 13. 10. 1897 – leitete seit 1904 das Lessingtheater in Berlin, Max Reinhardt (1873-1943) seit 1905 das Deutsche Theater in Berlin.

Aufführungen großen Stiles (wie sie in seiner Art *Bayreuth* bietet)] In Bayreuth fanden seit 1876 die ›Richard-Wagner-Festspiele‹ statt.

lassen Sie mich hören] Antwort nicht überliefert.

Zur Philosophie des Schauspielers

Was allgemein als die künstlerische Beziehung von Stoff und Form gilt: die gegebene greifbare Wirklichkeit liefere den Stoff, den der Künstler in die artistische Form überführe, über alle Realität hinweg zum Kunstwerk bilde – diese Beziehung dreht der erste und populäre Eindruck der Schauspielkunst geradezu um. Während jede Kunst sonst die Lebensrealität in ein objektives lebensjenseitiges Gebilde überträgt, tut der Schauspieler das Umgekehrte. Denn den Stoff für die Leistung des Schauspielers bildet ja gerade schon ein Kunstwerk, und seine Leistung ist es nun, dies bloß Ideelle, bloß Geistige des Dramas zu verwirklichen, es wieder in einen Wirklichkeitsausdruck überzuführen. In der Tat: das Drama besteht als abgeschlossenes Kunstwerk. Hebt der Schauspieler dies nun in eine Kunst zweiter Potenz? Oder wenn dies sinnlos ist, führt er als leibhaftig lebende Erscheinung es nicht doch in die überzeugende Wirklichkeit zurück? Warum aber, wenn dies der Fall ist, fordern wir von seiner Leistung den Eindruck von Kunst und nicht den von bloß realer Natur? Aus dieser Verknotung müssen die kunstphilosophischen Probleme über den Schauspieler vorsichtig herausgelöst werden.

Die Bühnenfigur, wie sie im Buche steht, ist sozusagen kein ganzer Mensch, sie ist nicht ein Mensch im sinnlichen Sinne – sondern der Komplex des literarisch Erfaßbaren an einem Menschen. Weder die Stimmen noch den Tonfall, weder das ritardando noch das accelerando des Sprechens, weder die Gesten noch die besondere Atmosphäre der lebenswarmen Gestalt kann der Dichter vorzeichnen oder auch nur wirklich eindeutige Prämissen dafür geben. Er hat vielmehr Schicksal, Erscheinung, Seele dieser Gestalt in den nur eindimensionalen Verlauf des bloß Geistigen verlegt. Als Dichtung angesehen ist das Drama ein selbstgenugsames Ganzes; hinsichtlich der Totalität des Geschehens bleibt es Symbol, aus dem diese sich nicht logisch entwickeln läßt. Jenen eindimensionalen Ablauf nun überträgt der Schauspieler gleichsam in die Dreidimensionalität der Vollsinnlichkeit. Und hier liegt das erste Motiv jener naturalistischen Verbannung der Schauspielkunst in der Wirklichkeit: es ist die Verwechslung der Versinnlichung eines geistigen Gehalts mit seiner Verwirklichung. Schiller sagt vom Künstler überhaupt, es gehöre zu ihm zweierlei: »daß er sich über die Wirklichkeit erhebt und daß er innerhalb des

Sinnlichen bleibt«. Wirklichkeit ist etwas, was zur Sinneserscheinung *hinzukommt*, eine geheimnisvolle Verfestigung der Sinneseindrücke. Wirklichkeit ist etwas Metaphysisches, Unsinnliches, darum gehört sie nicht in die Kunst, die sich im Sinnlichen hält. In diese Schicht jenseits des Sinnlichen aber führt uns der Schauspieler so wenig wie irgendein anderer Künstler, und nur daß er als lebendiger Mensch vor uns steht, verursacht das plumpe Mißverständnis, daß das Drama, indem es vor uns versinnlicht wird, auch verwirklicht werde. So wenig die materielle Leinwand mit dem Farbenauftrag das malerische Kunstwerk ist, so wenig ist der Schauspieler als lebende Realität das schauspielerische Kunstwerk. In die besondere *Bildart* der Bühne soll der Inhalt übergeführt werden, nicht in die Wirklichkeit. Der Schauspieler als Wirklichkeit ist so wenig die *künstlerische* Bühnenfigur wie die Farbe das Bild ist. Der Schwindler und Heuchler im wirklichen Leben will eine Wirklichkeitsvorstellung hervorrufen; seine Wirklichkeit soll für irgend etwas, was sie nicht ist, gehalten werden. *Der* will in die Wirklichkeit hineinführen, denn der wirkliche Tartuffe will, daß man ihn für einen wirklich frommen Asketen halte. Der Schauspieler, der ihn spielt, will das absolut nicht; das Sinnenbild dessen, was bei Molière literarisch dasteht, soll erstehen, aber die Wirklichkeit des Menschen in oder hinter diesem Sinnenbild – die einzige Wirklichkeit, auf die der Zuschauer schließen könnte – wird nicht nach ihrer Frömmigkeit als Nichtfrömmigkeit gefragt. Wer *ist* denn eigentlich fromm oder ein Heuchler auf der Bühne? Niemand; denn nur der Schauspieler steht dort und ist ein Sein. Der aber ist keines von beiden. Das Sein hat auf der Bühne nichts zu suchen. Wenn heute manche sensible Menschen ihre Abneigung gegen das Theater damit begründen, daß ihnen dort zu viel vorgelogen werde, so liegt das nicht an dem Mangel, sondern an dem Zuviel von Realität, das von der Bühne her auf uns wirkt. Nicht daß der Schauspieler auf der Bühne ein König ist und im Privatleben ein armer Lump, macht jenes zu einer Lüge: denn in seiner aktuellen Funktion als Künstler *ist* er König, ein »wahrer« – aber deshalb kein wirklicher König. Das Gefühl von Unwahrheit entsteht nur bei dem schlechten Schauspieler, der entweder etwas von seiner Wirklichkeit als armer Lump innerhalb seiner Königsrolle anklingen läßt, oder der so extrem realistisch spielt, daß er uns in die Sphäre der Wirklichkeit trägt; da er aber in dieser allerdings ein armer Lump ist, so entsteht jetzt die peinliche Konkurrenz zweier einander Lügen strafender Vorstellungen des gleichen Niveaus, zu der es nicht kommen kann, wenn das schauspielerische Bild uns in der wirklichkeitsfremden Sphäre der Kunst festhält.

Indem wir die ganze Irrigkeit der Idee einsehen, daß der Schauspieler die dichterische Schöpfung »verwirkliche«, da er doch dieser Schöpfung gegenüber eine besondere und einheitliche *Kunst* übt, die der Wirklichkeit genau so fernsteht wie das Dichtwerk selbst – begreifen wir sogleich, warum der gute Imitator noch kein guter Schauspieler ist, daß das Talent, Menschen nachzuahmen, nichts mit der künstlerisch-schöpferischen Begabung des Schauspielers zu tun hat. Denn der Gegenstand des Nachahmers ist die Wirklichkeit, sein Ziel ist, als Wirklichkeit genommen zu werden. Der künstlerische Schauspieler aber ist so wenig wie der Porträtmaler der Nachahmer der wirklichen Welt, sondern der Schöpfer einer neuen, die freilich dem Phänomen der Wirklichkeit verwandt ist, da beide aus dem Vorrat der (ideellen) Inhalte alles Seins überhaupt gespeist werden. Darum ist es ein ganz irriger Ausdruck, dem freilich als Ausdruck auch unsere Klassiker verfallen sind, daß die Kunst überhaupt, und insbesondere die Schauspielkunst, ihre Substanz im *Schein* habe. Denn aller Schein setzt eine Wirklichkeit voraus, entweder als seine tiefere Schicht, deren Oberfläche er ist, oder als sein Gegenteil, das er heuchlerisch vertreten will. Kunst aber steht jenseits dieses Gegensatzes, ein für sich bestehendes Reich, in dem man die Wirklichkeit nicht suchen und deshalb auch nicht den Schein finden kann.

Zwischenerörterung über die Versinnlichung des Dramas

Daß die eigentümliche Leistung der Schauspielkunst: die völlige generelle Neubildung eines schon Gestalteten, seine Übertragung in eine neue Daseinsform in der Versinnlichung des nur geistig Gegebenen besteht, zeichnet sich wie mit umfassenderem Symbol an der Bedeutung der Zeit und des Raumes für das Drama. Die Zeitlosigkeit, die das Drama als rein geistiges Gebilde, als objektivierter Geist besitzt, hat zum Inhalt einen Zeitverlauf, ein Nacheinander von Geschehnissen. Aber diese zeitliche Bestimmtheit gilt eben nur für seine Teile untereinander, sie hat nur den Sinn der Reihenfolge und ist für keinen von ihnen etwas Äußerliches, sondern der Ausdruck ihrer sachlichen inneren Beziehungen und Konsequenzen. Darum ordnet sich die Zeit innerhalb des Dramas nicht dem allgemeinen Zeitverlauf ein, das Drama als Ganzes steht nicht an einem fixierten Punkt der Zeit, so wenig wie des Raumes, es geht nicht jetzt und hier vor sich, weil das Jetzt und Hier die Eingegrenztheit in einen, dem Kunstwerk als solchem, äußerlichen und gleichgültigen Zusammenhang bedeutet. Mit der Aufführung nun, deren jeweilige Einmaligkeit und Raumbestimmtheit schon den Unterschied gegen die objektiv-geistige Zeit- und Raumlosigkeit des Dramas bekundet, wird ein nach beiden Seiten hin fixiertes Gebilde geschaffen, das in die außerhalb seiner bestehenden, nach allen Dimensionen hin ins Unendliche erstreckten Ordnungen eingestellt ist. Und mit dieser Raum-Zeitlichkeit auf der Bühne ist die Sinnlichkeit der Realität gesetzt, die Ordnungen des Sinnenlebens haben das dichterische Gebilde ergriffen, das vorher jenseits ihrer unberührt stand.

Dennoch sagt ein deutliches Gefühl, daß diese Einordnung des Bühnenkunstwerks in Raum und Zeit nicht die gleiche ist, wie die irgendeines empirisch realen Ereignisses. Fingiert man, daß ein Drama, wie es im Buche steht, sich unverändert im wirklichen Leben zugetragen habe, so wird unverkennlich seine sinnliche Individualisiertheit, seine Einfügung in die endlos weiterwebenden Reihen des Räumlichen und Zeitlichen eine viel entschiedenere, für die Ereignisse selbst viel bedeutsamere sein als bei einer Theateraufführung. Diese, obgleich gebunden an diesen oder jenen Schauspieler, diese und jene Lokalität, diesen und jenen Tag, ist gewissermaßen ein Mittleres zwischen der abstrakten Zeitlosigkeit der Dichtung und der sinnlich-konkreten Fixiertheit des Vorgangs in der Erfahrungswelt. Man kann dieses Mittlere näher bestimmen: als die stilisierte Sinnlichkeit in der Bühnenerscheinung des Dramas. Daß aber so die sinnliche Erscheinung des Dramas selbst zum Kunstwerk wird, kann nicht einfach bedeuten, daß diese Erscheinung über die ästhetische Zufälligkeit natürlicher Äußerungen hinweg eine selbständige »Schönheit« erwerbe, daß es sich dem Auge und Ohr einschmeichle, von dem Dichtwerk selbst so unabhängig wie eine ästhetisch reizvolle Buchausstattung von dem Inhalt des Buches. Die ästhetische Gestaltung der bloßen Erscheinung, die doch ihre künstlerische Bedeutung zugleich als Träger eines bestimmten Inhalts besitzt, die auch in ihrer reinen Äußerlichkeit anders sein und wirken würde, wenn sie nicht eine bestimmte Innerlichkeit offenbarte – das ist eines der schwierigsten Probleme in der Kunstphilosophie. Wenn wir von der Versschönheit eines Gedichts sprechen, so besagt dies nicht die rein akustische Klangschönheit. Denn diese ist dieselbe an einem verstandenen wie an einem unverstandenen Gedicht (z. B. in einer uns fremden Sprache); aber ein jeder weiß, daß der Reiz, den wir den rein sinnlichen zu nennen pflegen, die Bezauberung durch die Harmonie, die Fülle, die Symbolik der Laute unvergleichlich herabgesetzt ist, wenn uns der Sinn unzugängig oder auch, wenn er uns unsympathisch ist.

Es muß doch wohl zwischen dem, was wir Sinneserscheinung nennen, und dem, was deren Bedeutung, Sinn, Inhalt heißt, eine Eindruckseinheit – und zwar durch ein verknüpfendes Glied – bestehen, die der Gedanke schwer nachzeichnen kann, weil er zu sehr an die Trennung jener beiden gewöhnt ist. Gewiß kann die sinnliche Seite eines Gedichts zu einem musikalischen Kunstwerk werden (wie entsprechend die Erscheinung, die Sprache, die Gesten eines Schauspielers); wenn aber sein Inhalt unverstanden oder jenem Eindruck widersprechend oder dünn und mangelhaft ist – so empfinden wir dies nicht als ein Manko innerhalb einer intellektuellen oder metaphysischen oder gefühlsmäßigen Schicht, die an sich mit der Kunst nicht verwandt und ihr nur durch Personalunion verbunden wäre. Sondern am Kunstwerk selbst, an dem, was die *Erscheinung* uns zu genießen gibt, mangelt etwas. Vielleicht hängt dies so zusammen. Was der Dichter in Verse bringt, ist doch nicht ein beliebiges, prosaisch-reales Geschehnis oder Gefühl; er steckt nicht etwas, das an sich mit poetischer Form nichts zu tun hat, tale quale in das Gedicht wie irgendeinen Gegenstand in einen geschmückten Kasten, der einen formverwandten oder heterogenen Inhalt ganz gleichmäßig umschließt. Vielmehr das innere Erlebnis, das sich in der sprachlichen Kunstform bietet – mag es, anderweitig ausgedrückt, sachlichen oder schicksalsmäßigen, anschaulichen oder gefühlshaften Inhalts sein – ist selbst schon nach seiner Binnenseite hin dichterisch geformt. In die Reihen des realen Lebens eingestellt mag es gestaltet sein wie es will; als Stoff der Dichtung – gleichviel ob er zeitlich vor der Gedichtwerdung oder zugleich mit ihr entstehe – ist es *dichterisch* erlebt. Wo das nicht der Fall ist, wo nur die nach außen gewandte Form, nicht aber das, was als innerlich erlebter Inhalt in ihr zum Ausdruck kommt, künstlerische Struktur (wie man diese auch bestimme) besitzt, liegt kein Kunstwerk, sondern eine bloße Versschmiederei, Prosa in Reimen, vor. Dieses Dritte, diese Brücke hat von der Realität den Inhalt und von der schließlichen sinnlichen Kunstgestaltung die Form. In einer nicht weiter beschreiblichen Weise vollzieht sich der Gedanken- oder Gefühlsvorgang im Dichter, in einer rhythmischen, gegliederten, nach Formgesetzen in sich geschlossenen Weise und schmilzt so in seine sinnlich-ästhetische Äußerung ein, während jeder anders verlaufende beziehungslos neben dieser läge; durch diese Vereinheitlichung der äußeren Form mit dem ebenso geformten Inhalt kann jene erst wirklich zum Träger des Gesamtgebildes werden. Nur dadurch kann das Gedicht *als Kunstwerk* seinen Inhalt vortragen, während es den bloß real erlebten nur seinem (d.h. des Gedichtes) logischen Sinn nach aussprechen könnte. Daß die äußere Erscheinung die Kunstform mit dem Inhalt teilt, gibt ihrer Schönheit eine Kraft und Bedeutung, die mehr ist als Äußeres und dennoch in diesem Äußeren völlig sichtbar wird. Dies ist die spezifisch künstlerische, wenn man will übersinnliche Wirkung des sinnlichen Reizes, den das Kunstwerk doch allein unmittelbar bietet, der die allein uns zugewandte Seite und Erscheinung seiner ist. Was diese sinnliche Erscheinung des wirklichen Kunstwerks reizvoll macht, ist die Gestaltung nach den Gesetzen, die – in einer Gleichheit von unmittelbarer oder symbolischer, äußerlicher oder metaphysisch deutbarer Art – auch schon das Erleben, das Wachsen, das Dasein seines *Inhalts* bestimmen. Die künstlerische Versinnlichung hat überall schon einen künstlerischen Inhalt.

Wenn ich also die Aufgabe des Schauspielers als Versinnlichung des Dramas bestimmte, und zwar im Unterschied gegen die gewöhnliche praktische, gegen ihre Form gleichgültige Versinnlichung eines Inhalts, als die *künstlerische* nach den Normen ästhetischer Gesetzlichkeit geformte, so konnte auch das nicht im Sinn der isolierten Schönheit des Ornaments zu verstehen sein. Eine solche liegt etwa vor, wenn ein individuell graziöser Mensch oder ein Angehöriger eines Volkes, in dem die Kultur der Geste allgemein verbreitet ist, seine Äußerungen in einer künstlerisch anmutenden Weise darbietet. Hier steht der ästhetische Reiz in gar keiner Beziehung zu dem inhaltlichen Wesen der Äußerung und bietet sich der prosaischsten, innerlich formlosesten in unveränderlicher Erscheinungsschönheit dar. Man kann bei den Italienern der unteren Klassen oft beobachten, wie sie die gemeinsten Schimpfereien oder die banalste Schacherei mit einem Pathos der Stimme, einer monumentalen Größe der Gebärde, einer charakteristischen Nachdrücklichkeit und einem repräsentativen Aplomb des ganzen Auftretens begleiten, daß man Schauspieler zu sehen meint und der Vorgang tatsächlich von den Zuschauern, ja auch von den Agierenden selbst, wie eine Theaterszene empfunden wird. Dennoch verhält sich dies zur Schauspielkunst wie irgendein in Reime gebrachter Realitätsinhalt zu einem wirklichen Gedicht, dessen Inhalt von innen her unter ebenso künstlerischen, formal analogen Gesetzen steht wie seine künstlerische Erscheinungsform. Das *Künstlerische* an der Versinnlichung des Dramas, die dem Schauspieler obliegt, liegt in der Einheit oder Analogie der Formgesetze, denen gehorchend er das von ihm unmittelbar allein gebotene Sinnliche zum Kunstwerk gestaltet, mit denen, die den inneren unsinnlichen Stoff dieser Erscheinung geformt haben. Das Künstlerisch-Sinnliche ist mehr als Sinnliches, mehr als Äußerliches, wenn und indem auch das, was von ihm ausgedrückt wird, selbst schon ein künstlerisch Gestaltetes ist und deshalb nicht *neben* jener sinnlichen Gesamtheit liegt, sondern wirklich in sie hineingeht und sie durch sich selbst bereichern kann. Es handelt sich für den Schauspieler – und dies stellt ihm sein künstlerisches Problem – nicht um die künstlerische Versinnlichung von irgend etwas Beliebigem – diese findet in jenem Fall des Italieners statt –, sondern um die eines von vornherein künstlerischen, als künstlerisch erlebten Inhalts. Liegt es hierbei nun so, daß das gegebene Drama bei ihm an der Stelle steht, die ich vorhin bei dem Gedicht, dem innerlich künstlerischen Erlebnis vindizierte? Sollte dies die Besonderheit der Schauspielkunst sein, daß das produktive Erleben, das den anderen Künsten den Stoff oder Inhalt ihrer Erscheinungsform adäquat beschafft, sich in ihr gewissermaßen passiv vollzieht als das Aufnehmen des Dramas, das schon fertige Kunst ist? Die Kunstform der Sinnenerscheinung wird dann den Inhalt, weil er einer analogen Gesetzlichkeit gemäß geformt ist, tragen und überliefern, aber eben diese letztere Formung würde nicht von demselben Subjekt wie die erstere vollbracht sein.

Diese einfache Formel ist aber deshalb nicht zulänglich, weil die Kunst des Schauspielers in ihrem ganzen Wesen und ihren fundamentalen Normierungen eine andere ist als die des Dichters, und trotz der Angewiesenheit auf diese eine ihr gegenüber selbständige. Darum kann das, was ich die Binnenseite des Kunstwerks nannte, das unanschauliche subjektive Erleben, das sich in dem sinnlichen Kunstphänomen nach außen hinlebt, beim Schauspieler nicht ohne weiteres mit dem objektiv vorliegenden Drama identifiziert werden – (obgleich es natürlich zu diesem ein engeres, die Substitution näherliegendes Verhältnis hat als der entsprechende Vorgang im Maler oder Dichter zu einer Wirklichkeit außerhalb seiner, was uns nachher noch wichtig werden wird). Es muß vielmehr noch eine Stufe dazwischen liegen: die innere Aktualisierung des Dramas durch den Schauspieler, die er dann versinnlicht, gleichsam das subjektive Lebendigmachen des objektiv-geistigen Inhalts, der im gedruckten Drama vorliegt. Das seelische Bild, das der Schauspieler als solcher von der Figur im Drama gewinnt, ist ein anderes als es der Dichter oder ein anderer Leser hat – wobei ich dahingestellt lasse, ob nicht vielleicht jeder Leser ein fragmentarischer oder in seiner Innerlichkeit verbleibender Schauspieler ist. Es ist auf die Ebene des besonderen schauspielerischen Kunstempfindens projiziert, das in seiner reinen Innerlichkeit noch von anderen Gesetzen bestimmt ist, als die sicht- und hörbare Darstellung, das aber in sie eingeht und dessen Wesen eben in dem besteht, worum diese mehr ist als ein artistisch vollendetes Sinnenspiel. Der Hamlet innerhalb der Seele des Schauspielers ist nicht der literarische Hamlet, der im Buche steht und gelesen wird; auch nicht das realistisch-psychologische Bild einer Hamletnatur, das vielleicht durch die Lektüre angeregt wird; sondern ein eigenes Gebilde, ein Erlebnis innerhalb der Sphäre eines besonderen Künstlertums, die sinnlich ausgestaltete Erscheinung noch nicht oder nur potentiell enthaltend.

Hiermit wird eigentlich nur die logische Stelle dessen bestimmt, was man die Auffassung seitens des einzelnen Künstlers nennt. Auffassung in diesem Sinne ist eine aus Objektivität und Subjektivität merkwürdig zusammengewachsene Tatsache und gewissermaßen ein Mittleres zwischen der dichterischen oder sachlich gegebenen Gestalt und der schließlichen, in sicht- und hörbaren Einzelheiten verlaufenden sinnlichen Darbietung. Dazu, wie der Schauspieler die Rolle auffaßt, ist weder das, was der Dichter dabei gedacht hat, noch das, was der Leser dabei sich vorstellt, eine genaue Parallele. Es ist das innere Kunst-Werden, d.h. Schauspielkunst-Werden der Rolle als eines Materiales, prinzipiell nicht unterschieden von jener inneren Gestaltung des Erlebens durch den Lyriker, d.h. derjenigen, die ihm als dem Künstler zugleich mit dem Erleben gegeben ist und sich von der sinnenfälligen rhythmisch melodischen Ausgestaltung noch so unterscheidet wie die Auffassung der Rolle von dem Komplex des Sicht- und Hörbaren, mit dem sich die Leistung des Schauspielers nach außen vollendet. Daß aber jenes Innere ebenso Kunstform hat wie jenes Äußere, und zwar *die* Form, die im einzelnen Falle von eben demselben individuellen Künstler geprägt ist, dies macht das Äußere für das Innere durchdringbar wie den Körper für die Seele, läßt die Versinnlichung einen Sinn tragen, durch den sie mehr wird als Sinneneindruck, und der doch nicht einfach der literarische Inhalt des Dramas ist, sondern gleichsam dessen Metempsychose in die selbständige artistische Seelenhaftigkeit des Schauspielers. Daß dieses Dritte, das das Drama als Dichtwerk mit seiner Versinnlichung durch eine schauspielerische Individualität verbindet, selten als eigen- und einzigartige Kategorie anerkannt ist, liegt an der außerordentlich engen Beziehung, dem absatzlosen Übergang, die zwischen der Auffassung und der schließlichen Darstellung besteht. Bei dem guten Schauspieler ist beides so ineinandergewachsen, die innere und die äußere Gestaltung so unter *einem* Gesetz individueller Kunst, daß die äußere Aktion selbständig und ohne Bewußtsein der inneren erfolgen und dennoch diese letztere vollgültig vertreten kann. Dies dürfte das Schema für die mehrfach beobachtete Erscheinung rätselhafter Genialität sein: daß Schauspieler, die den Sinn ihrer Rolle und des Stückes überhaupt gar nicht begriffen, sich gar nicht um ihn kümmerten, ihm dennoch auf das richtigste und tiefste genügten. Die Einheit der künstlerischen Wesenheit und Formungskraft ist hier so groß und wirksam, daß damit eo ipso auch die Forderungen des unanschaulichen Sinnes der Rolle erfüllt werden. Was man als das allgemeine Wesen des Genies bezeichnen kann: daß es weiß, was es nicht gelernt hat – hat hier eine Analogie und Bewährung an dem Verhältnis zweier singulärer Momente gefunden. Wie der große Dichter manchmal vielleicht nach der bloßen Klangschönheit verfahren mag und dabei doch ein inhaltlich Bedeutsames produziert; wie der Maler nur die *äußeren* Züge artistisch zu gestalten braucht, um den tiefsten *seelischen* Ausdruck zu geben.

Die künstlerische Selbständigkeit der Schauspielkunst stellt dem kunstphilosophischen Begreifen die schwerste Aufgabe. Denn nicht nur ist die Versklavung abzuweisen, in die der rohste Naturalismus sie bannen möchte: als sei es das Ideal des Schauspielers, sich als Hamlet so zu benehmen, wie sich ein realer Hamlet benommen hätte; sondern noch die viel verführerischere Vorstellung: als ob die ideale Art, eine Rolle zu spielen, mit dieser Rolle selbst eindeutig und notwendig gegeben wäre; als stiege für den, der nur hinlänglich scharf zu sehen und logisch zu folgern wüßte, aus den Buchseiten des Hamlet selbst seine ganze theatralische Versinnlichung heraus; so daß es, genau genommen, von jeder Rolle nur eine einzige »richtige« schauspielerische Darstellung gibt, der sich der empirische Schauspieler mehr oder weniger nähert. Allein dies wird durch die Tatsache widerlegt, daß drei große Schauspieler die Rolle in drei völlig verschiedenen Auffassungen spielen werden, jede der anderen gleichwertig und keine »richtiger« als die andere; ja so wenig sind sie *einer* höchsten, übersingulären Norm zugewandt, daß irgendein Passus, dem einen Schauspieler etwa besonders gelungen, dennoch nicht in die Auffassung des anderen eingefügt werden kann, ohne diese ganz widrig zu zerstören. So wenig man also den Hamlet einfach aus der Wirklichkeit heraus spielen kann (zudem eine ganz unrealisierbare, naturalistische Phrase), so wenig kann man ihn einfach aus der Dichtung heraus spielen; denn diese legitimiert die Auffassung von Moissi ebenso, wie sie die von Kainz oder Salvini legitimiert hatte. Die bestehende Theorie, daß sich aus der Rolle als Dichtwerk allein ergäbe, wie sie gespielt werden muß, bedeutet ein literarisches Ideal, aber kein schauspielerisches. Der Schauspieler ist nicht die Marionette der Rolle. Sondern zwischen der bloßen Wirklichkeitsanschauung und dem Versuch, aus der Literatur herauszupressen, was sie für sich allein nie hergeben kann – steht die schauspielerische Kunst als ein Drittes, aus eigener Wurzel wachsend, weder aus der Wirklichkeit noch aus dem Drama zu erschließen, oder als »Synthese« zu gewinnen. So wenig wie man einem Gemälde gegenüber sich die Wirklichkeit vorstellen soll, für die das Bild nur Reproduktionsmittel der Phantasie wäre (das ist die Photographie), sondern wie das Bild sein eigener Endzweck ist, in das die Wirklichkeit hineingeleitet ist, das aber nicht wieder in die Wirklichkeit hineinleitet – so ist auch die schauspielerische Darstellung Hamlets nicht ein Medium, durch das die Phantasie einen realen oder den literarischen Hamlet sieht. Die schauspielerische Kunstleistung ist selbst das Ziel des Weges und nicht eine Brücke, über die hin es zu einem weiterhin gelegenen Ziel ginge.

Es gibt eine ursprüngliche schauspielerische Attitüde, eine schöpferisch gestaltende Reaktion gewisser Naturen gegenüber den Eindrücken des Lebens – gerade wie es eine malerische und eine dichterische gibt. Nur ist all dieses nicht gleich eine für sich stehende Kunstleistung, sondern verwebt in die mannigfaltigen Äußerungen und Praktiken des Tages. Das »Spielen einer Rolle« – nicht als Heuchelei und Betrug, sondern als das Einströmen des persönlichen Lebens in eine Äußerungsform, die es als eine irgendwie vorbestehende, vorgezeichnete vorfindet – dies gehört zu den Funktionen, die unser tatsächliches Leben konstituieren. Eine solche Rolle mag unserer Individualität adäquat sein, aber sie ist doch noch etwas anderes als diese Individualität und ihr innerlicher und totaler Verlauf. Wer Geistlicher oder Offizier, Professor oder Bureauchef ist, benimmt sich nach einer Vorzeichnung, die jenseits seines individuellen Lebens gegeben ist. Wir *tun* nicht nur Dinge, zu denen die Kultur- und Schicksalsschläge uns äußerlich veranlassen, sondern wir stellen unvermeidlich etwas dar, was wir nicht eigentlich *sind*. Das ist freilich nicht, oder nicht immer, Darstellung nach außen um eines Effektes willen, nicht Vorstellung und Unehrlichkeit, sondern das Individuum geht wirklich in die vorgezeichnete Rolle hinein, es ist jetzt seine Wirklichkeit, nicht nur der und der, sondern das und das zu sein. Im großen und kleinen, chronisch und wechselnd finden wir ideelle Formen vor, in die unsere Existenz sich zu kleiden hat. Sehr selten bestimmt ein Mensch seine Verhaltungsart ganz rein von seiner eigensten Existenz her, meistens sehen wir eine präexistierende Form vor uns, die wir mit unserem individuellen Verhalten erfüllt haben. Dieses nun: daß der Mensch ein vorgezeichnetes Anderes als seine zentraleigene sich selbst überlassene Entwickelung darlebe oder darstelle, damit aber dennoch sein eigenes Sein nicht schlechthin verläßt, sondern das Andere mit diesem Sein selbst erfüllt und dessen Strömung in jene vielfach geteilten Adern leitet, deren jede, obgleich in einem vorbestehenden Flußbett verlaufend, das ganze innere Sein zu besonderer Gestaltung aufnimmt – das ist die Vorform der Schauspielkunst. Sie wird Kunst, indem sie aus der Lebensrealität heraus abstrahiert und aus einer bloßen, als Mittel in das Leben verwebten Form zu einem eigenen, jenseits der Realität stehenden Leben ausgestaltet wird. Damit soll natürlich kein historischer oder bewußter Prozeß beschrieben sein, sondern nur der Punkt aufgezeigt, wo die Schauspielkunst sich ihrem Sinn nach innerhalb des Lebens erhebt und an dem sich ihr völlig selbständiges Wesen zeigt. In eben dieser Bedeutung sind wir alle irgendwie Schauspieler, wie fragmentarisch auch immer – gerade wie wir alle in abgestuften Maßen

Dichter und Maler sind. Wir schauen die Welt um uns herum nie in dem kontinuierlichen Flusse und der Gleichberechtigtheit ihrer Elemente an, wie der wissenschaftliche Verstand uns ihre Objektivität zeigt; sondern unser Auge schneidet allenthalben Stücke heraus, die es gleichsam einrahmt und als geschlossene Ganzheiten behandelt, es gliedert sie nach Vorder- und Hintergründen, es umreißt die Formen und konstatiert die Verhältnisse von Farben – kurz es übt diejenigen Funktionen, die, aus der Praxis gelöst und zu eigener Vollständigkeit erhoben, die malerische Kunstleistung sind. Und so sind wir alle auch Dichter. Nicht nur, wo wir das sprachliche Gefüge über den Telegrammstil hinaus, durch den Reiz von Rhythmus und Ton bestimmen lassen; sondern auch an der inneren Vision, in der sich Existenzen, Schicksale, Gefühle unser selbst und anderer Menschen uns darstellen, wirken die Formen und Geschlossenheiten, die Stilisierungen, Vereinfachungen, die aus dem Leben herausgehoben und von sich allein aus die Lebensinhalte zu Bildern gestaltend eben damit das dichterische Kunstwerk zustande bringen. In diesem Sinne also, in dem wir Dichter und Maler sind, sind wir auch Schauspieler; d.h. das kulturelle Leben zeigt allenthalben die Form: daß das Individuum ohne Falschheit oder Heuchelei seine persönliche Existenz in eine vorbestehende Gestalt metamorphisiert, die zwar aus den Kräften des eigenen Lebens genährt, aber doch nicht die Erscheinung des eigenen Lebens ist. Eine solche – irgendwie fremde – Gestalt anzunehmen, kann durchaus in seiner eigenen Natur liegen, diese Paradoxie gehört nun einmal zu unserer Ausstattung. Und daß hier das Prototyp des Schauspielertums liegt, daß eben diese Funktion Kunst wird, wenn sie für sich, von sich aus die Betätigung bestimmt, statt ihrerseits von der Lebensbetätigung bestimmt zu werden – das ist deshalb so wichtig, weil sich die Schauspielkunst von diesem Wurzelboden her als etwas genau so Selbständiges zeigt wie Malerei und Dichtkunst. Schauspielen ist keine reproduktive Kunst, denn es ist gar nichts da, was sie als *Schauspielkunst* reproduzieren könnte, da der Dichter ja nur ein literarisches Werk gibt. Reproduktiv ist ein Schauspieler, der einen anderen kopiert. Soweit wir sie freilich in dieser Vorform, diesem bloß Lebensmäßigen verwirklichen, bleiben wir noch sozusagen mit halbem Leibe in unserer sonstigen personalen Wirklichkeit stehen, wir fühlen unser eigentliches individuelles und totales Leben noch immer in einer Spannung, wenn auch nicht in einer gegensätzlichen, gegen die Rolle, die uns aus Gründen der Sozialität oder der Religion, des Schicksals oder der Lebenstechnik vorgezeichnet ist, mögen wir sie auch aus tiefsten Trieben und Notwendigkeiten heraus ergriffen haben. Der Schauspieler aber, dem das formal Gleiche in völlig anderer Spezifikation obliegt, täglich wechselnd, in genauester Vorgeschriebenheit des einzelnen, behält nun während dieser Leistung gar keine davon abweichende Persönlichkeit zurück, sein autochthones Dasein geht ohne Rest in die vorgefundene Gestaltung auf. Gerade durch diese Absolutheit des Verhaltens aber läßt er seine »Wirklichkeit«, die ja eine ganz andere ist, die Interessen, Aktionen, Verflochtenheiten des sonstigen Lebens hinter sich, d.h. er übt Kunst – während eben das formal gleiche Verhalten als fragmentarisches zwar eine Vorform der Kunst, aber doch Seite oder Element der empirischen Realität bleibt.

Das Zentrum des kunstphilosophischen Problems dem Schauspiel gegenüber lag in der scheinbar ganz einzig dastehenden Tatsache: daß hier ein schon bestehendes Kunstprodukt zum Stoff einer nochmaligen künstlerischen Formung wurde. Dies trieb zu der Alternative: die schauspielerische Leistung sei entweder die Reduktion des Literaturdramas auf den Wirklichkeitseindruck oder die bloße Vermittlung und Sichtbarmachung des Dramas, seine Überführung in den anderen Aggregatzustand, wobei das Schauspielerische mit dem Drama selbst schon gegeben sei und nur herausgeholt zu werden brauche. Die erste Theorie vernichtet den *Kunst*charakter der Schauspielkunst, die andere ihre Selbständigkeit und Produktivität. Aber dieser verzweifelten Auswege bedarf es gar nicht, sobald man sich klarmacht, daß die schauspielerische Aufgabe gar kein solches künstlerisches Unikum ist, sondern sich genau wie alle andern Künste aus einer durch das Leben gebildeten Vorform erhebt, die genau so fundamental, nur etwas komplizierter ist wie die der Malerei und der Dichtung. Irgendwelche Gegebenheiten brauchen doch auch diese. Um einzusehen, daß die Kunstform des dramatischen Stoffes gar nicht das radikale Problem aufgibt, bedenke man jene früheren Formen des Theaters, in denen den Schauspielern ihre Rollen überhaupt nicht Wort für Wort, sondern nur in den allgemeinen Umrissen der Handlung vorgezeichnet waren. Indem der Schauspieler hier, was ihm sonst der Dichter vorzeichnet, selber schuf, indem also die Problematik der Kunst, die über eine schon fertige Kunst kommt, nicht bestand, war doch das Wesentliche und Spezifische des Schauspielertums genau dasselbe, was es in den späteren Fällen war: die Erzeugung eines Bildes von Persönlichkeit und Schicksal, die nicht Persönlichkeit und Schicksal des vorzeigenden Individuums sind. Indem dies aber nicht Verstellung und Lüge ist (da es nicht Realität vortäuschen will), indem dieses Ein-Anderer-Sein vielmehr aus der tiefsten, eigensten Wesens- und Triebschicht des Individuums hervorgeht, erzeugt sich in dieser Paradoxie das spezifisch künstlerische Phänomen. Daß dem Schauspieler die Rolle bis zu jedem einzelnen Wort vorgeschrieben ist, ist nur eine Zuspitzung und Kanalisierung dieser allgemeinen, auch bei einer Improvisation geltenden Aufgabe, prinzipiell schließlich nichts anderes, als wenn dem Porträtmaler sein Modell gegeben ist. So schön die Formel klingen mag, daß der Schauspieler nur dem Drama Leben einflößen soll, nur die Lebendigkeitsform des Dichters darstellen soll – sie läßt zwischen Drama und Wirklichkeit die eigentliche unvergleichliche *schauspielerische Kunst* als solche *verschwinden*. Daß jemand die Lebenselemente schauspielerisch gestaltet, ist ein Urphänomen, ebenso wie daß er sie malerisch oder dichterisch oder auch daß er sie erkenntnismäßig oder religiös neu schafft.

Diese Deutung der Schauspielkunst als einer ganz eignen, aus dem Schöpfungsgrund aller Kunst ursprünglich aufsteigenden artistischen Betätigung scheint nun doch über ein letztes Problem nicht zu beruhigen, das aus einem ganz einfachen Erlebnis entgegenkommt. Wer je eine und dieselbe Rolle von zwei bedeutenden Schauspielern in ganz verschiedenen Auffassungen gespielt sah, muß eigentlich von dem Rätsel erregt werden: hier ist eine Gestalt, die der Dichter als eine und nach einem Sinn bestimmte geschaut und geschaffen hat – und nun werden auf der Bühne daraus zwei unvereinbare, nach ganz verschiedenen Richtungen orientierte; und doch eine jede mit seelischer und künstlerischer Konsequenz, in sich geschlossen, keine falscher und keine richtiger als die andere, jede eine erschöpfende und voll befriedigende Ausgestaltung der dichterischen Figur und doch deren Einheit so dementierend, daß ein Zug, der in der einen Auffassung überzeugendste Wahrheit besitzt, gar nicht in die andere zu überpflanzen wäre, ohne deren Wahrheit gänzlich zu zerstören. Nicht um die Mehrdeutigkeit handelt es sich, die an manchen dramatischen Figuren schon als dichterischen haftet, wie am Hamlet. Vielmehr auch die dichterisch völlig eindeutige Gestalt, Coriolan oder Posa, Iphigenie oder Gregers Werle, ist schauspielerisch eine vieldeutige. Wie aber ist dies zulässig, ja möglich, wenn die schauspielerische Leistung, bei allem artistischen Eigenbestand, doch von der Intention des Dichters, die eine und nur eine ist, ideell bestimmt ist? Die Selbständigkeit der schauspielerischen Leistung hat sich hier zu der Selbständigkeit der schauspielerischen Individualität zugespitzt. Jetzt ist nicht die Frage nach der künstlerischen Selbständigkeit des Schauspielertums überhaupt, sondern der Individualität des einzelnen Schauspielers. Und auch diese kann weder bestehen, wenn der Schauspieler die eine dichterische Figur darstellt, noch wenn er naturalistisch diejenige Person spielt, die dieser Figur in der Realität entsprechen würde. Wie sehr seine Leistung jenseits *beider* steht, offenbart jetzt auch die empirische Tatsache, daß es schauspielerisch viele Hamlets gibt, während es sowohl dichterisch wie real nur einen gibt.

Hier entsteht eine subtilere Form des Naturalismus, die nicht auf Nachahmung einer Wirklichkeit geht, sondern auf die Darbietung der schauspielerischen Individualität. Es heißt: die Leistung des Schauspielers, soweit sie etwas anderes sei als Rezitation, Glied einer Reihe lebender Bilder, habe ihre Bedeutung als Offenbarung einer genialen, durch ihren Rhythmus, ihr Temperament, ihre körperlich-seelische Eigenart interessanten Persönlichkeit, und das schauspielerische Talent sei sozusagen nur ein äußeres Organ, um dieses Naturell für andere sichtbar und genießbar zu machen. Ist es für die literarische Deutung des Textes gleichgültig, wer die Rolle spielt, wenn sie nur ihrem eignen Sinne, bzw. dem des Dichters angemessen gespielt wird, so ist es für diese individualistisch-naturalistische gleichgültig, *welche* Rolle der Schauspieler spielt, wenn *er* sie nur spielt. So übertrieben der abstrakte Ausdruck beider Standpunkte erscheint, so ist sicher, daß die gewöhnliche Auffassung der Schauspielkunst zwischen beiden pendelt und sie oft unklar mischt. Es muß ein Drittes geben, eine organische Verbindung zwischen der Selbständigkeit des schauspielerischen Naturells und seines spezifischen Künstlertums auf der einen Seite, dem Rechte und der Bedeutung des Dramas auf der andern; es muß eine ideelle Vorzeichnung geben, wie die Rolle versinnlicht werden soll, in der der Reiz und der Anspruch der schauspielerischen Persönlichkeit und die objektive Forderung des Dramas zusammenwirken, ohne eine mechanische *Mischung* zu bieten, bei der man sich eigentlich nichts denken kann. Was ich meine, wird durch eine Analogie deutlich. Was wir Wahrheit über einen Gegenstand nennen, ist je nach dem Wesen, für das die Wahrheit gelten soll, etwas sehr Mannigfaltiges. Für ein Insekt mit seinen Facettenaugen, für einen Adler, der darauf angewiesen ist, seine Beute aus 100 und mehr Meter Höhe wahrzunehmen, für den Menschen sind offenbar drei ganz verschiedene Anschauungsbilder eines und desselben Objekts die »richtigen«; eines daraus in die Vorstellungswelt des anderen hineingesetzt, würde diesen zu höchst unzweckmäßigen Reaktionen veranlassen, würde für ihn »falsch« sein. So besteht also für jedes Wesen eine, durch seine Individualität verschiedene Wahrheit über jedes gegebene Objekt. Diese Wahrheit kann es erreichen oder verfehlen, sie bleibt darum als seine Wahrheit ideal bestehen. Diese Wahrheit ist also durchaus nichts Subjektives und Willkürliches, denn das Individuum kann gar nichts daran ändern, daß dies eben seine Wahrheit ist, aber sie ist auch nicht aus dem Gegenstand für sich allein abzulesen, da sie für jede Wesensgattung eine andre ist. Sie ist der Ausdruck für das angemessene *Verhältnis* zwischen Subjekt und Gegenstand, das aber aus keinem von beiden für sich allein stammt, sondern ein Neues, Drittes ist, über beide Gegebenheiten sich Erhebendes. So nun ist die ideale Forderung: wie eine bestimmte Rolle zu spielen sei, weder aus der Rolle selbst zu entnehmen – denn sonst könnte sie nicht in so und so vielen gänzlich verschiedenen Auffassungen gleichmäßig befriedigend gespielt werden – noch aus dem Naturell des Schauspielers für sich allein; denn dies würde jeder Zufälligkeit, Subjektivität, Vergewaltigung des Dramas Raum geben. Vielmehr ein Drittes besteht, als Ideelles, als Forderung: wie diese bestimmte schauspielerische Individualität, als sinnlich aktuelle, aktive diese bestimmte literarisch gegebene Rolle auszuformen hat. Es besteht eine ideelle Relation zwischen dem realen Dichtwerk und dem realen Ich; wie eine solche zwischen den realen Dingen und der realen, bestimmt konstruierten Intelligenz besteht. Für zwei in ihren ApriSFioritäten verschiedene Intelligenzen würden zwei verschiedene Erkenntnisbilder der Welt die »wahren« sein, für zwei in ihren Temperamenten und Begabungen verschiedene Schauspieler sind zwei verschiedene Darstellungen des Hamlet die »richtigen«. Hier ist keine Willkür und Subjektivität; sondern das Individuum ist selbst ein objektiver Faktor; für einen übermenschlichen Geist würde aus ihm und der gegebenen Rolle das Bild der vollkommenen Darstellung dieser Rolle durch diesen Schauspieler genau so unzweideutig dastehen, wie aus einer bestimmten geistigen Konstitution und einer bestimmten Welt für einen solchen unzweideutig folgt, was für eine solche Konstitution die Wahrheit über diese Welt ist. Daß jene Konstitution diese Wahrheit verfehlen kann, tut ihr in ihrer Gültigkeit so wenig Abbruch, wie daß der Schauspieler diejenige Auffassung der Rolle verfehlt, die für ihn die richtige ist. Wenn auch die vollkommenste Verwirklichung dieser ideellen Beziehung uns nicht befriedigt, so bedeutet das, daß der Schauspieler, seiner Begabung nach, überhaupt zu der *ganzen* Rolle kein Verhältnis gewinnen kann. Nicht von der Rolle selbst fehlt etwas, denn sie kann überhaupt nicht in ihn »überwandern«, sondern seinem Verhältnis zu ihr. Vielleicht wird man gegenüber der Abhängigkeit nicht nur der wirklichen, sondern auch der idealen Auffassung einer Rolle von der Individualität des Schauspielers das Selbstbestimmungsrecht des Dichters betonen und meinen, daß das Drama, dem der Schauspieler doch nur dienen sollte, dabei nicht zu seinem Recht käme. Diese Empfindung ist irrig. Sie übersieht, daß in keiner Rolle steht und stehen kann, wie sie *gespielt* werden soll. Darüber täuscht uns nur, daß alle, vielleicht äußerst individuellen schauspielerischen Reaktionen auf eine Rolle in gewissen ganz allgemeinen Punkten übereinstimmen werden; es wird schwerlich die Relation zwischen einem schauspielerischen Naturell und der Hamletrolle so laufen, daß Hamlet als ein Bonvivant herauskommt. Jenseits dieses Allerallgemeinsten aber ist jede Betonung und jede Geste bei dem einen Schauspieler anders als bei dem andern: nicht aus der abstrakten Tatsache des Schauspielens überhaupt, sondern nur aus der konkreten dieses jeweiligen Schauspielers kann sich ergeben, wie die Rolle jeweilig gespielt werden soll. Daß es unsinnige und verschobene Auffassungen einer Rolle gibt und daß sie sich nicht darauf berufen können, dies sei eben die Relation einer bestimmten schauspielerischen Individualität zu dieser Rolle – das erhellt einfach daraus, daß sich zwischen gewissen schauspielerischen Naturellen und gewissen Rollen überhaupt keine Relation herstellt. Ein Schauspieler, dessen Talentrichtung überhaupt nur einen Bonvivant hergibt, kann zu Hamlet überhaupt kein Verhältnis haben, für ihn gibt es gar keine »richtige« Auffassung des Hamlet. Was dem Zuschauer so erscheint, als habe der Schauspieler die mit der Rolle selbst unmittelbar gegebne Auffassung verfehlt, das bedeutet, vom Schauspieler her gesehn, daß zwischen der Rolle und der Beschaffenheit des Schauspielers eine Relation nicht recht zustandekommt –

grade wie nicht jede Organisation imstande ist, sich von einem bestimmten Objekt überhaupt eine Vorstellung zu bilden, und deshalb, mit diesem dennoch praktische Berührung suchend, sich in lauter Mißgriffen bewegen wird. Hamlet ist eben für manchen Schauspieler wie die Farbe für den Farbenblinden. In diesem Fall kann die künstlerische Logik den idealen Schluß aus jenen beiden realen Prämissen nicht ziehen. Da der dichterische Faktor eine Invariante ist, so muß bei Änderung des schauspielerischen Faktors auch das Resultat: die ideelle Notwendigkeit der bestimmten Auffassung, ein anderes werden. Hiervon überzeugt eben die Tatsache der außerordentlich verschiedenen und doch gleichmäßig befriedigenden, also doch einer jeweiligen idealen Vorzeichnung entsprechenden Darstellung einer und derselben Rolle. So überzeugt uns die radikale Verschiedenheit der dennoch gleichmäßig befriedigenden Porträts, die große Meister von demselben Modell nehmen – auch in bezug auf dieses Modell befriedigenden –, daß weder das Modell für sich, noch die Individualität des Künstlers für sich den gesuchten Wert realisieren. Es bleibt etwas tief Rätselhaftes: daß ein in sich einheitliches, sozusagen vor dem Auge Gottes eindeutiges Gebilde, der Mensch oder das dichterische Kunstwerk, innerhalb der künstlerischen Neuschöpfung zu einer Vielheit von Bildern werden kann, deren jedes ihm objektiv angemessen zu sein und sein Wesen zu erschöpfen scheint. Gewiß ist die malerische wie die schauspielerische Leistung und ihr Ideal die gleichsam zur Gestalt geronnene Relation zwischen der Individualität des Künstlers und seinen Gegenständen. Aber ein letztes Rätsel liegt darin, daß diese *Relationen*, je nach jenen Individualitäten wechselnd, den absoluten Sinn der Gegenstände selbst in seiner Reinheit und Unbezweifelbarkeit überzeugend auszudrücken und sie von Grund her zu offenbaren scheinen.

Mit diesem logisch vielleicht nicht auflösbaren Widerspruch zeigt das künstlerische Schöpfertum seine Wurzel in einer metaphysischen Seinstiefe, in der seine individuellen und gegensätzlichen Richtungen ihre Unvereinbarkeit mit der Einheit der in sich geschlossenen Gegebenheiten verlieren. Diese metaphysische Paradoxie liegt deutlicher oder versteckter in den Fundamenten unseres Weltverhältnisses. Wir wissen, daß wir nicht aus unserer Haut herauskönnen und daß die Bilder der Dinge, die unsere Aktivität gestaltet, von den individuellen Kräften innerhalb dieser Haut abhängen. Und dennoch überzeugen uns diese ganz gegensätzlichen Gebilde, insofern sie große

Kunst oder tiefe Spekulation sind, daß sich in ihnen der Gegenstand seinem wahrsten Wesen nach darstellt, unbekümmert um den Widerspruch zwischen seiner Einheit und der Vielheit seiner individuellen Gestaltungen. Wir sind hier in einer Schicht, in der diese begrifflichen Widersprüche ihre destruktive Bedeutung verlieren. Und hier wirft das artistische Problem der Schauspielkunst seinen metaphysischen Reflex. Hier wo die Vieldeutigkeit, die der Geist an aller bloßen Natur findet, sogar von vornherein verschwunden ist und das schon vom Geist geprägte poetische Gebilde den Gegenstand der künstlerischen Formung ausmacht, – hier grade ist die Divergenz der individuellen Darstellungen, deren jede »echt« ist, am weitesten und am legitimsten. Hier liegt das reinste Symbol dafür, daß das Schöpfertum, wenn es nur die *Relation* zu den Dingen, wie sie durch seine Individualität ideell präformiert ist, rein ausgestaltet, das Wesen dieser Dinge selbst rein und erschöpfend ausdrückt.

Dies führt noch einen Schritt weiter in die metaphysische Bedeutung der Kunst. Diese ganze Deutung der idealen schauspielerischen Aufgabe ruht auf der Verselbständigung der Schauspielkunst gegenüber den falsch laufenden Ansprüchen, die einerseits von der Wirklichkeit, der äußeren und der subjektiven, anderseits von dem Drama als Dichtwerk an sie gestellt werden. Es galt einzusehn, daß sie weder von der Natur in irgendeinem Sinn, noch von der Literatur ressortiert, sondern wie ihre Geschwister die autonome Kunstwendung eines ursprünglichen Verhaltens des menschlichen Lebens ist. Nur gleichsam die Verwirklichung, das konkrete Lebendigwerden dieser artistischen Selbständigkeit der Schauspielkunst als solcher war es, daß jeder einzelnen Rolle gegenüber die ideale Forderung sich als die Relation zwischen ihr und der Individualität des Schauspielers enthüllte. Und nun offenbart sich hier mit unerhört weiter Umfassung das Wunder der Kunst überhaut. Die Schauspielkunst, aus eignem Lebenspol, durchaus eignen Kunstnormen entwickelt, von ihrem Letzten her alle Untertänigkeit unter die Wirklichkeit, unter die Dichtung, unter das nackte Naturell ablehnend – erfüllt nun dennoch in ihrer Vollendung die Ansprüche, die von all diesen Seiten erhoben werden. Wie der Porträtist die Seele am tiefsten erlotet, wenn er ihre Erscheinung am reinsten nach den künstlerischen Gesetzen der Anschaulichkeit darstellt; wie der Dichter den Zauber von Klang und Rhythmus am stärksten in seine Verse bannt, wenn er nicht an ihr glitzerndes Spiel denkt, sondern unabgelenkt der

Kunstwerdung der seelischen Bewegtheit nachgeht, so gehört dies überhaupt zu dem unbegreiflich Höchsten aller Kunst, daß sie Wertreihen, die im Leben gleichgültig, fremd oder feindlich auseinanderliegen, wie in selbstverständlicher Einheit zusammenführt und deshalb nur die eine rein und vollkommen zu verfolgen braucht, damit ihr auch die Erträge der anderen wie durch eine Gnade zufallen. Der Schauspieler, der Eigengesetzlichkeit seiner Kunst ganz rein und unabgelenkt gehorsam, alle Ansprüche der Natur wie der Poesie nach eben *dieser* Gesetzlichkeit formend, wird dennoch genau in dem Maße, in dem seine selbständige Kunstleistung vollkommen ist, auch jenen Ansprüchen genügen; grade indem sie schauspielerisch vollendet ist, wird sie uns mit dem tiefsten Sinn auch des realen Weltlaufs, der schauspielerischen Persönlichkeit und des Dramas selbst erleuchten, und wie alle große Kunst uns damit eine Ahnung und ein Pfand geben, daß die Elemente des Lebens doch wohl in ihrem letzten Grunde nicht so heillos gleichgültig und beziehungslos nebeneinander liegen wie das Leben selbst es glauben machen will.

Auch hierüber führt vielleicht eine weitere Einstellung der Schauspielkunst in allgemein künstlerische und metaphysische Zusammenhänge noch hinaus. Es gilt in eine Tiefenschicht hinabzusteigen, von der aus allem bisher Erkannten noch eine letzte Bedeutung und Verwurzelung zuteil wird. Der Künstler fühlt eine Notwendigkeit, die jede Willkür eindämmt und jeden Zufall der Subjektivität ablehnt, und fühlt sie als das Gesetz der *Sache*, das Erfüllung fordert – wenn diese Sache auch nicht irgendwo steht und abgeschrieben zu werden verlangt, sondern auch dem Musiker und dem Lyriker als die innere Logik der Phantasie, als die von jedem launenhaften Belieben unabhängige Entwickelungsnotwendigkeit eines künstlerischen Motivs gegenübersteht. Von innen her entspricht dem das Gefühl der Nötigung des Getrieben- oder Gezogenwerdens, des unausweichlichen Müssens, das die Künstler so oft als die subjektive Färbung ihres Produzierens angeben. Nun aber ist das Merkwürdige, daß das künstlerische Schaffen nicht nur von diesem Gefühl, keine Wahl zu haben, einer Macht jenseits des Willens zu unterliegen, getragen wird, sondern zugleich von dem entgegengesetzten: einer Freiheit, so tief und unbedingt, wie sie in keiner anderen seelischen Aktivität lebt, eines souveränen Schaltens mit einem Stoff, demgegenüber jedes Material praktischer oder theoretischer Bewährung etwas Stumpfes, Widerstehendes, Unbewältigbares hat. Denn jene Bedeutung des Kunstwerks: die eigene Gesetzlichkeit seines Inhalts zu entwickeln, sich an der reinen Sachlichkeit seiner Idee zu messen – die jeder vollkommenen oder unvollkommenen Verwirklichung gegenüber gültig bleibt –, findet nun ihr Gegenstück darin, daß die Persönlichkeit des Künstlers, sein unverwechselbares Nur-einmal-Dasein – sich in seinem Werk so ausspricht, wie es menschlicher Wesenheit sonst in keiner Leistung beschieden ist. Man mache sich nur einmal klar, etwas wie Ungeheures dies ist: daß wenn wir irgendwo in der Welt einem bestimmten Stück Marmor begegnen, wir wissen: dieses ist von Michelangelo gestaltet, notwendig und absolut nur von diesem Einzigen aus all den Milliarden Menschen, die sonst gelebt haben. Das Werk liegt der Individualität des Künstlers an wie eine Haut, *ihr* inneres nur für sie geltendes Gesetz gibt dem Werk die Form, nur dieser Mensch findet seinen notwendigen Ausdruck in dem Werk, dem kein anderer Wurzel oder Seele sein kann. Die Kunst löst mit ihren geheimnisvollen Mitteln die für fast alle Lebensgebiete widerspruchsvolle Aufgabe: mit *einer* Formgestaltung das Gesetz der Sache und das Gesetz der Person zu erfüllen, dem objektiven Sinne eines Gebildes treu und selbstlos nachzuschaffen und damit die eigenste Sprache dieses Schaffens zu sprechen, als wäre es ausschließlich das Erzeugnis seiner Natur und seiner Triebe.

Wenn so unter den Betätigungsweisen des Menschen die Kunst diejenige ist, in der aus der souveränsten Freiheit des Subjekts heraus die objektive Notwendigkeit und ideale Präformiertheit eines Inhalts verwirklicht wird, so ist dessen die Schauspielkunst das radikalste Beispiel. Wie sie sich darbietet, wirkt sie als spontane, aus dem Wesensgrund und Temperament des Leistenden hervorbrechende Äußerung, als das Sich-Auswirken eines unmittelbaren, durch sich selbst und die vorgeführten Schicksale bestimmten Lebens. Die Worte und Taten des Schauspielers auf der Bühne bieten sich so dar, als seien sie völlig spontan aus seinen Impulsen und der Situation heraus entsprungen. Er liest nicht vor, er deklamiert oder agiert nicht einen Inhalt so, daß dieser als »objektiver Geist« das eigentlich allein vorliegende ist, und das Aufsagen seiner nur eine Form wäre, die dem Schreiben, dem Druck oder dem Phonographen koordiniert ist. Dies vielmehr ist das »Spielen« der Marionette, die nicht als etwas für sich, außerhalb dem gegebnen Inhalt auftritt, sondern nur eine besondere Art von Buchstaben ist, mit dem dieser Inhalt sich hinschreibt, um sich andern zu vermitteln. Der Schauspieler aber agiert für den Zuschauer rein aus sich heraus, der Inhalt, den er darbietet, stammt für die Erscheinung nicht aus einem Buch oder aus dem Bewußtsein und der Produktivität eines anderen, sondern unmittelbar aus seiner Seele. Er bietet *sich* dar, das Tun und Leiden, das man an ihm sieht, ist das seiner Person, die sich damit scheinbar wie in der Realität des Lebens entfaltet. Dies kann sich dazu steigern, daß der Schauspieler durch die bloße Darbietung seines Seins Eindruck macht, gleichviel was er tut oder sagt; so der Komiker, bei dessen bloßem Auftreten schon das Publikum zu lachen beginnt. (Sicher findet dies aber auch bei andern Darstellern statt, nur daß dabei die Konstatierbarkeit nicht so unmittelbar ist wie durch das Lachen.)

Und nun ist das Wunder, daß dieses sich unmittelbar darbietende, spontan ausströmende und wirkende Leben an einem von anderswoher gegebenen und geformten Inhalt Ausdruck gewinnt, an Worten und Handlungen, deren Sinn und Zusammenhänge als eine fremde und feste Notwendigkeit von jenem persönlichen eigengesetzlichen Gefühl und Verhalten vorgefunden werden.

Was für die gewöhnliche Vorstellungsweise das Rätsel des Schauspielers ist: wie jemand, der eine bestimmte, eigne Persönlichkeit ist, auf einmal zu einer ganz anderen, zu vielen anderen werden könnte – wird zu dem tieferen Problem: daß ein Tun, getragen von einer körperlich-seelischen Individualität, aus deren produktiver Genialität hervorbrechend und von ihr geformt, zugleich doch Wort für Wort, im ganzen wie im einzelnen, gegeben ist.

Alle Treue, mit der der Schauspieler der Gestalt des Dichters einerseits, der Wahrheit der gegebnen Welt anderseits folgt, ist nicht ein mechanistischer Abklatsch, sondern bedeutet, daß die schauspielerische Persönlichkeit, die *als solche* und nicht mit einer ideellen Beziehung auf geschriebene Dramen oder auf eine nachzuahmende Wirklichkeit geboren wird – dieses beides als organische Elemente in die Äußerungen *seines Lebens* verwebt.

Der Schauspieler taucht in den Wesensgrund hinab, aus dem heraus der Dichter die Persönlichkeit geschaffen und den er in den Worten und Taten ihrer Erscheinung auseinandergelegt hat. Ihm ist das

Drama nicht fertig wie für den Leser und Zuschauer, sondern er löst es in die Elemente auf, aus denen er es dann neu, durch ihre dichterische Formung hindurch zu seinem Kunstwerk gestaltet. Wie der schöpferische Künstler überhaupt führt er die Gesamterscheinung irgendwie in sich in einen Kernpunkt zurück, ein rein Intensives, aus dem es sich nun wachsend und selbstgestaltend zu einer neuen Erscheinung auswächst. Ihm ist der darzustellende Mensch ein noch jenseits aller Äußerung liegendes Sein. Nachdem die vom Dichter in äußeren Aktionen hingestellte Persönlichkeit ihn selbst in den charakterologischen Einheitspunkt, in das anschauliche Seinszentrum, das hinter diesen Aktionen steht, hat hineinwerden oder sich verwandeln lassen, entwickelt er in den allmählich eintretenden Situationen die latenten Kräfte dieses Zentrums – wenn der paradoxe Ausdruck erlaubt ist: als wäre es ein glücklicher Zufall oder eine prästabilierte Harmonie, daß die Entwickelung gerade in den Worten und Aktionen erfolgt, wie der Dichter sie vorgeschrieben hat. Die Freiheit des Schauspielers hat die Form, die man als die sittliche zu bezeichnen pflegt. Denn in diesem Sinn nennt man jemanden nicht frei, der jedem beliebigen Impuls und Willkür folgt, sondern dessen Wille in der Linie, die das Sollen von sich aus vorschreibt, verläuft. Im äußersten Maße muß der Schauspieler den Eindruck machen, daß er *will*, was er nach dem Imperativ der Rolle *soll*. Und zwar nicht so, wie wir auch im Sittlichen einem gleichsam fertigen, an uns von außen herantretenden Befehl gehorsamen, sondern aus der Spontaneität der Seele heraus den Imperativ uns selbst auferlegend, in ihm, der einer rein ideellen Ordnung zugehört, in seiner Befolgung unser eigenstes unabgelenktes Wesen entwickelnd.

In der Schauspielkunst rückt der Charakter des objektiven Inhalts oder erscheinenden Ergebnisses der Leistung am nächsten mit dem Charakter der Leistung als subjektivem Vornehmen zusammen. Die Darstellung eines leidenschaftlichen Menschen muß eine leidenschaftliche Darstellung sein, die eines melancholischen eine melancholische usw. Das liegt daran, daß in der Schauspielkunst der Leistende seiner Leistung nicht in derselben Distanz gegenübersteht wie in den anderen Künsten, daß seine Totalität undifferenzierbar in den Leistungsinhalt aufgeht.

– – – Schauspielerisches Talent bedeutet eben: auf eine dichterische Figur mit der ganzen eignen Persönlichkeit zu reagieren, nicht nur wie wir andern mit Gefühl und Verstand. In der reinen Betrachtung nehmen wir den ganzen Menschen wahr, in seiner noch nicht zerschnittenen Einheit. Ist diese in Körper und Seele auseinandergelegt, so wird sie von neuem gewonnen, indem die Praxis die Seele durch den Körper deutet, die Kunst aber den Körper durch die Seele. In der Schauspielkunst ist die Einheit die unmittelbarste.

Je vollkommener der Schauspieler ist, desto unmittelbarer quillt seine Leistung in jedem Augenblick aus seinem Sein und seinem fiktiven Schicksal, und je vollkommener er ist, um so vollkommener deckt sie sich mit der präformierten Gestaltung durch den Dichter.

Die Marxische Frage: ist das Bewußtsein vom Sein oder das Sein vom Bewußtsein abhängig – ist zunächst, vielleicht auch zuletzt, so abzuändern: ist das Bewußtsein vom Leben oder das Leben vom Bewußtsein abhängig? Denn das Leben ist dasjenige Sein, das zwischen dem Bewußtsein und dem Sein überhaupt steht. (Nur muß man die Frage nicht von vornherein idealistisch abschneiden, indem alles selbstverständlich in das Bewußtsein verlegt wird.) Das Leben ist der höhere Begriff und die höhere Tatsächlichkeit über dem Bewußtsein; dieses ist jedenfalls Leben. Man kann vielleicht nicht das Sein ebenso über das Bewußtsein setzen, beide könnten metaphysisch voneinander unabhängig gesetzt werden, das Bewußtsein könnte eine andere Existenz- oder Gegebenheitsform haben, die nicht die des Seins ist, das Sein könnte der bloße Gegenstand des Bewußtseins sein – durch den sprachlich notwendigen Ausdruck, daß das Bewußtsein *ist*, darf man sich nicht irre machen lassen. Aber daß das Bewußtsein *lebt*, ist nicht fraglich. Nur daß es Inhalte hat, die als solche nicht lebendig sind. Vielleicht ist es das Besondere der Kunst, daß sie auch Inhalte lebendig macht. Im höchsten Maße vollbringt dies der Schauspieler.

Unvergleichliche Weise, in der hier ein unmodifizierbar vorgeschriebener Inhalt so zum Vortrag gelangt, daß er, in den Lebensprozeß des Leistenden gelöst, als unmittelbare Äußerung, als reine Spontaneität erscheint.

Alles was Produkt des Geistes ist, alles objektiv Abgeschlossene, alles was der weitergehende Prozeß des Lebens als sein Resultat aus sich herausgesetzt hat, hat dieser unmittelbar lebendigen schöpferischen Realität gegenüber etwas Starres, vorzeitig Fertiges. Das Leben hat sich damit in eine Sackgasse verlaufen und nur ein fragmentarisches, mit seiner innerlich endlosen Fülle gar nicht vergleichbares Zeugnis hinterlassen. Nun aber ist das Merkwürdige, daß dieses eigentlich armselige Stück, das gar keinen Platz für die ganze Fülle des subjektiven Lebens hat, doch andrerseits das Vollkommene, Gerundete, vorbehaltlos Erfreuliche ist oder sein kann. Das Unabgeschlossene und Problematische des Lebens erlöst sich gerade an diesem Sichtbaren, Fertigen, Begrenzten. Das Leben und seine Ergebnisse sind wechselseitig mehr und weniger. Der Schauspieler vereint dies.

Unablösbarkeit des Werkes von der körperlich-seelischen Existenz des Schauspielers. Das Ergebnis des Lebens wird nur als Leben dieses Ergebnisses sichtbar.

Der schlechte Schauspieler spielt auf die »dankbaren« Momente hin, zwischen denen die wirkliche kontinuierliche Aktion gewissermaßen ausfällt, während der künstlerische diese zerstückelnden Pointierungen vermeidet und seine Darstellung in einer Stetigkeit hält, die eben in *jedem* Moment prinzipiell seine Ganzheit erblicken läßt.

Wichtigste *innere* Erscheinung der Transzendenz des Lebens: Daß das Leben in jedem Augenblick das ganze Leben und dabei in jedem Augenblick ein anderes ist. Schauspielkunst!

Die Schauspielkunst ist auf Schritt und Tritt ein Symbol der realen und der künstlerischen Begebenheiten und Verhältnisse.

II. Kritik, Programmatik, Einzelinterpretation: Auf dem Weg zur Werk- und Wirkungsästhetik

[Kunstproduktion und -rezeption als Negation der Arbeitsteilung, Auszug aus *Philosophie des Geldes*]

Wie uns die Einheit eines Objekts überhaupt so zustande kommt, daß wir die Art, wie wir unser »Ich« fühlen, in das Objekt hineintragen, es nach unserem Bilde formen, in welchem die Vielheit der Bestimmungen zu der Einheit des »Ich« zusammenwächst – so wirkt, im psychologisch-praktischen Sinne, die Einheit des Objekts, das wir schaffen, und ihr Mangel auf die entsprechende Formung unserer Persönlichkeit. Wo unsere Kraft nicht ein Ganzes hervorbringt, an dem sie sich nach der ihr eigentümlichen Einheit ausleben kann, da fehlt es an der eigentlichen Beziehung zwischen beiden, die inneren Tendenzen der Leistung ziehen sie zu den anderweitigen, mit ihr erst eine Totalität bildenden Leistungen Anderer, auf den Produzenten aber weist sie nicht zurück. Infolge solcher, bei großer Spezialisierung eintretenden Inadäquatheit zwischen der Existenzform des Arbeiters und der seines Produktes löst sich das letztere besonders leicht und gründlich von dem ersteren ab, sein Sinn strömt ihm nicht von dessen Seele zu, sondern von seinem Zusammenhang mit anderswoher stammenden Produkten, es fehlt ihm wegen seines fragmentarischen Charakters das Wesen der Seelenhaftigkeit, das sonst dem Arbeitsprodukt, sobald es ganz als Werk *eines* Menschen erscheint, so leicht angefühlt wird. So kann es seine Bedeutsamkeit weder als Spiegelung einer Subjektivität noch in dem Reflex suchen, den es als Ausdruck der schaffenden Seele in diese zurückwirft, sondern kann sie ausschließlich als objektive Leistung, in seiner Wendung vom Subjekt weg, finden. Dieser Zusammenhang zeigt sich nicht minder an seinem äußersten Gegensatz, dem Kunstwerk. Dessen Wesen widerstrebt völlig jener Aufteilung der Arbeit an eine Mehrzahl von Arbeitern, deren keiner für sich ein Ganzes leistet. Das Kunstwerk ist unter allem Menschenwerk die geschlossenste Einheit, die sich selbst genügendste Totalität – selbst den Staat nicht ausgenommen. Denn so sehr dieser, unter besonderen Umständen, mit sich selbst auskommen mag, so saugt er doch seine Elemente nicht so vollständig in sich ein, daß nicht ein jedes noch ein Sonderleben mit Sonderinteressen führte: immer nur mit einem Teile der Persönlichkeit, deren andere sich anderen Zentren zuwenden, sind wir dem Staate verwachsen. Die Kunst dagegen beläßt keinem aufgenommenen Element eine Bedeutung außerhalb des Rahmens, in den sie es einstellt, das einzelne Kunstwerk vernichtet den Vielsinn der Worte und der Töne, der Farben und und der Formen, um nur ihre ihm zugewandte Seite für das Bewußtsein bestehen zu lassen. Diese Geschlossenheit des Kunstwerks aber bedeutet, daß eine subjektive Seeleneinheit in ihm zum Ausdruck kommt; das Kunstwerk fordert nur *einen* Menschen, diesen aber ganz und seiner zentralsten Innerlichkeit nach: es vergilt dies dadurch, daß seine Form ihm der reinste Spiegel und Ausdruck des Subjekts zu sein gestattet. Die völlige Ablehnung der Arbeitsteilung ist so Ursache wie Symptom des Zusammenhanges, der zwischen der in sich fertigen Totalität des Werkes und der seelischen Einheit besteht. Umgekehrt, wo jene herrscht, bewirkt sie eine Inkommensurabilität der Leistung mit dem Leistenden, dieser erblickt sich nicht mehr in seinem Tun, das eine allem Persönlich-Seelischen so unähnliche Form darbietet und nur als eine ganz einseitig ausgebildete Partialität unseres Wesens erscheint, gleichgültig gegen die einheitliche Ganzheit desselben. Die stark arbeitsteilige, mit dem Bewußtsein dieses Charakters vollbrachte Leistung drängt also schon von sich aus in die Kategorie der Objektivität, die Betrachtung und Wirkung ihrer als einer rein sachlichen und anonymen wird für den Arbeitenden selbst immer plausibler, der sich nicht mehr in die Wurzel seines Gesamtlebenssystems hinabreichen fühlt.

Soziologische Aesthetik

Die Betrachtung des menschlichen Thuns verdankt ihren immer er-
neuten Reiz der unerschöpflich mannichfaltigen Mischung von gleich-
artiger, steter Wiederkehr weniger Grundtöne und wechselnder Fülle
ihrer individuellen Variirungen, deren keine ganz der anderen gleicht.
Auf eine erstaunlich geringe Zahl ursprünglicher Motive lassen sich
die Tendenzen, Entwickelungen, Gegensätze der Menschengeschich-
te zurückführen. Was man von der Dichtung behauptet hat: daß
sowohl Lyrik wie Dramatik nur in der wechselnden Ausgestaltung
einer eng begrenzten Zahl äußerer und innerer Schicksalsmöglich-
keiten bestünden, – Das gilt von jedem Gebiete menschlicher Be-
thätigung; und je weiter wir die Gebiete fassen, desto mehr schmilzt
die Zahl der Grundmotive zusammen, um schließlich bei der allgemeinsten Betrachtung des Lebens fast überall nur in eine Zweiheit
zu münden, als deren Kampf, Kompromiß, Kombination zu immer neuen Gestalten alles Leben erscheint. Auf solchen Dualismus
von Denk- und Lebensrichtungen, in dem die Grundströmungen
des Menschlichen zu ihrem einfachsten Ausdruck kämen, strebt jede
Epoche, die unübersehbare Fülle ihrer Erscheinungen zurückzuführen. Nur aber in Symbolen und Beispielen ist jener tiefe Lebens-
gegensatz alles Menschlichen zu begreifen und jeder großen historischen Periode erscheint eine andere Ausgestaltung dieses Gegensatzes
als sein Grundtypus und Urform.

So tauchte am Anfang der griechischen Philosophie der große Gegensatz zwischen Heraklit und den Eleaten auf: für Jenen war alles
Sein in ewigem Flusse; in der Mannichfaltigkeit unendlicher Kontraste, die sich unaufhörlich in einander umsetzen, vollzieht sich ihm
der Weltprozeß; für die Eleaten dagegen gab es jenseits des trüg-
lichen Sinnenscheines nur ein einziges ruhendes Sein, allumfassend,
ungespalten, die absolute, unterschiedlose Einheit der Dinge. Das
war die Grundform, die die große Parteiung alles menschlichen Wesens für das griechische Denken annahm und die das Thema für
seine gesammte Entwickelung gab. Mit dem Christenthum trat eine
andere Ausgestaltung auf: der Gegensatz des göttlichen und des irdischen Prinzips. Allem spezifisch christlichen Leben erschien Dies als
der letzte und absolute Gegensatz der Wesensrichtungen, auf den
alle Unterschiede des Wollens und Denkens zurückgeführt werden

mußten, der aber selbst auf keinen tieferen mehr hinwies. Die Lebensanschauungen der neueren Zeit haben Das zu dem fundamentalen Gegensatz von Natur und Geist weitergeführt. Die Gegenwart endlich hat für jenen Dualismus, der zwischen die Menschen, ja, durch die einzelne Seele seine Furche zieht, die Formel der sozialistischen und der individualistischen Tendenz gefunden. Hiermit scheint wiederum ein letzter typischer Unterschied der Charaktere von Menschen und Einrichtungen ausgesprochen, eine Wasserscheide gefunden, an der ihre Richtungen sich trennen, um dann, doch wieder zusammenfließend, die Wirklichkeit nach den verschiedenen Maßen ihrer Mitwirkung zu bestimmen. Durch alle Fragen des Lebens scheint sich die Linie zu verlängern, die diese Denkweisen trennt und auf den entferntesten Gebieten, an den mannichfaltigsten Materien zeigt sich die Form der Charakterbildung, die sich auf dem sozialpolitischen in dem Gegensatz sozialistischer und individualistischer Neigungen ausprägt. Sie bestimmt nicht weniger die Tiefen rein materieller Lebensinteressen als die Höhen der ästhetischen Weltanschauung.

Das Wesen der ästhetischen Betrachtung und Darstellung liegt für uns darin, daß in dem Einzelnen der Typus, in dem Zufälligen das Gesetz, in dem Aeußerlichen und Flüchtigen das Wesen und die Bedeutung der Dinge hervortreten. Dieser Reduktion auf Das, was an ihr bedeutsam und ewig ist, scheint keine Erscheinung sich entziehen zu können. Auch das Niedrigste, an sich Häßlichste, läßt sich in einen Zusammenhang der Farben und Formen, der Gefühle und Erlebnisse einstellen, der ihm reizvolle Bedeutsamkeit verleiht; in das Gleichgiltigste, das uns in seiner isolirten Erscheinung banal oder abstoßend ist, brauchen wir uns nur tief und liebevoll genug zu versenken, um auch Dies als Strahl und Wort der letzten Einheit aller Dinge zu empfinden, aus der ihnen Schönheit und Sinn quillt und für die jede Philosophie, jede Religion, jeder Augenblick unserer höchsten Gefühlserhebungen nach Symbolen ringen. Wenn wir diese Möglichkeit ästhetischer Vertiefung zu Ende denken, so giebt es in den Schönheitwerthen der Dinge keine Unterschiede mehr. Die Weltanschauung wird ästhetischer Pantheismus, jeder Punkt birgt die Möglichkeit der Erlösung zu absoluter ästhetischer Bedeutsamkeit, aus jedem leuchtet für den hinreichend geschärften Blick die *ganze* Schönheit, der *ganze* Sinn des Weltganzen hervor.

Damit aber hat das Einzelne die Bedeutung verloren, die es gerade als Einzelnes und im Unterschiede gegen alles Andere besitzt. Denn nicht so läßt diese sich bewahren, daß man etwa sagte, die überall gleich mögliche ästhetische Formung und Vertiefung der Dinge lasse der inhaltlichen, qualitativen Verschiedenheit ihrer Schönheiten vollen Raum, sie bedeute nur ästhetische Gleichwerthigkeit, nicht Gleichartigkeit, sie hebe nur die Unterschiede des Ranges auf diesem Gebiete auf, aber nicht die der Farben und Töne, der Sinne und Gedanken, des Allegro und des Adagio. Diese Vorstellung, die die Reize der ästhetischen Allgleichheit und Alleinheit mit denen des ästhetischen Individualismus versöhnen will, thut doch dessen Forderung nicht ganz Genüge. Denn gerade die Rangordnung der Werthe, der Aufbau des Bedeutsamen über das Gleichgiltigere, die organische Steigerung und Entwickelung, die aus dem Stumpfen das Beseelte, aus dem Rohen das Feine herauswachsen läßt, giebt den Gipfeln dieser Reihe einen Hintergrund, eine Höhe und Leuchtkraft, die bei ästhetischer Gleichwerthigkeit der Objekte von keinem unter ihnen erreicht wird. Für sie ergießt sich ein gleich heller Glanz über alle Dinge, der zwar das Niedrigste dem Höchsten gleichstellt, dafür aber auch das Höchste dem Niedrigsten. An Unterschiede sind unsere Empfindungen geknüpft, die Werthempfindung nicht weniger als die des Haut- oder Wärmesinnes. Wir können nicht immer auf gleicher Höhe wandeln, wenigstens nicht auf der höchsten, die uns in unseren besten Augenblicken zugänglich ist; und so müssen wir die Erhebung des Niedrigsten in die ästhetische Höhe mit dem Verzicht auf jene Aufschwünge bezahlen, die nur seltene, vereinzelte sein können und sich nur über den Untergrund einer tiefer gelegenen, dumpferen und dunkleren Welt erheben. Aber nicht nur diese Bedingtheit alles Empfindens durch den Unterschied, die wir als abzustreifende Fessel und Unvollkommenheit unseres Wesens empfinden mögen, knüpft den Werth der Dinge an ihren Abstand von einander: auf eben diesem Abstand an und für sich ruht ein Schönheitwerth. Daß die Welt nach Licht und Finsterniß geschieden ist, daß ihre Elemente nicht in Gleichwerthigkeit formlos in einander verschwimmen, sondern jedes in einem Stufenbau der Werthe seine Stelle habe zwischen einem höheren und einem tieferen, daß das Rohere und Niedere den Sinn seiner Existenz darin finde, Träger und Hintergrund des Feinen, Hellen, Hohen zu sein: Das ist an sich ein höchster ästhetischer Reiz und Werth des Weltbildes. So scheiden sich unversöhnliche Wege: Der, dem tausend Tiefen lohnen, um der einen

Höhe willen, und der den Werth der Dinge in ihrem Gipfel findet, von dem er zurückstrahlend allem Niederen seinen Sinn und sein Werthmaß zutheilt, – er wird nie den Anderen verstehen, der aus dem Wurm die Stimme Gottes reden hören will und den Anspruch jedes Dinges, so viel zu gelten wie das andere, als Gerechtigkeit empfindet. Und wer das Schauspiel der Gliederung und Abstufung, der Formung des Weltbildes nach dem Mehr oder Minder ihrer Schönheit nicht entbehren mag, – Der wird nie in einer inneren Welt leben mit dem Anderen, der die Harmonie der Dinge in ihrer Gleichheit sieht, so daß Reiz und Häßlichkeit des Anblickes, thörichtes Chaos und sinnvolle Form nur verhüllende Gewänder sind, hinter denen er überall die selbe Schönheit und Seele des Seins sieht, nach der sein Gemüth dürstet.

Hier nach einer Versöhnung zu suchen, nach einem Begriff und Theorie, die diese Gegenrichtungen der Werthgefühle als verträgliche und in einer höheren Strebung zusammenlaufende demonstrirt, weil in vielen Seelen thatsächlich beide mit getheilten Rechten herrschen: Das ist so viel wie: den Gegensatz von Tag und Nacht hinweg beweisen, weil es eine Dämmerung giebt. Hier stehen wir an den Quellen alles Menschlichen, die je nach den Gebieten, durch die sie fließen, die ungeheuren Gegensätze des politischen Sozialismus und Individualismus, der pantheistischen oder atomistischen Erkenntniß, der ästhetischen Ausgleichung oder Differenzirung aufblühen lassen. Diese Quellen selbst, diese letzten Wesensrichtungen, können wir nicht mit Worten bezeichnen; nur an jenen einzelnen Erscheinungen, die sie in ihrer Lenkung der empirischen Lebensinhalte, gleichsam in der Mischung mit diesen, ergeben, kann man sie erkennen oder wenigstens auf sie hinweisen als auf die unbekannten Kräfte, die die Materie unseres Daseins zu ihren Formen gestalten, ewig unversöhnt und eben dadurch jede der anderen den frischen Reiz erregend, der dem Leben unserer Gattung seine Rastlosigkeit, seinen Kampf, sein Schwingen zwischen Gegensätzen verbürgt, so daß die Befriedigung des Einen den kräftigsten Ansturm des Anderen lockt. Und hierin allein liegt, was man ihre Versöhnung nennen könnte: nicht in dem öden Nachweis, daß sie sich auf eine begriffliche Einheit reduziren lassen, sondern darin, daß sie sich in *einer* Gattung von Wesen, ja, in jeder einzelnen Seele fortwährend begegnen und bekämpfen. Denn Das eben ist die Höhe und Herrlichkeit der Menschenseele, daß ihr lebendiges Leben, ihre unbegriffene Einheit, in jedem Augenblick die Kräfte in sich wirken läßt, die an sich doch aus völlig unvereinbaren Quellen nach völlig unvereinbaren Mündungen fließen.

Am Anfang aller ästhetischen Motive steht die Symmetrie. Um in die Dinge Idee, Sinn, Harmonie zu bringen, muß man sie zunächst symmetrisch gestalten, die Theile des Ganzen unter einander ausgleichen, sie ebenmäßig um einen Mittelpunkt herum ordnen. Die formgebende Macht des Menschen gegenüber der Zufälligkeit und Wirrniß der blos natürlichen Gestaltung wird damit auf die schnellste, sichtbarste und unmittelbarste Art versinnlicht. So führt der erste ästhetische Schritt über das bloße Hinnehmen der Sinnlosigkeit der Dinge hinaus zur Symmetrie, bis später Verfeinerung und Vertiefung gerade wieder an das Unregelmäßige, an die Asymmetrie, die äußersten ästhetischen Reize knüpft. In symmetrischen Bildungen gewinnt der Rationalismus zuerst sichtbare Gestalt. So lange das Leben überhaupt noch triebhaft, gefühlsmäßig, irrationell ist, tritt die ästhetische Erlösung von ihm in so rationalistischer Form auf. Wenn Verstand, Berechnung, Ausgleichung es erst durchdrungen haben, flieht das ästhetische Bedürfniß wiederum in seinen Gegensatz und sucht das Irrationale und seine äußere Form, das Unsymmetrische.

Die niedrigere Stufe des ästhetischen Triebes spricht sich im Systembau aus, der die Objekte in ein symmetrisches Bild faßt. So brachten z. B. Bußbücher des sechsten Jahrhunderts die Sünden und Strafen in Systeme von mathematischer Präzision und ebenmäßigem Aufbau. Der erste Versuch, die sittlichen Irrungen in ihrer Gesammtheit geistig zu bewältigen, erfolgte so in der Form eines möglichst mechanischen, durchsichtigen, symmetrischen Schemas; wenn sie unter das Joch des Systems gebeugt waren, konnte der Verstand sie am Schnellsten und gleichsam mit dem geringsten Widerstande erfassen. Die Systemform zerbricht, sobald man der eigenen Bedeutsamkeit des Objektes innerlich gewachsen ist und sie nicht erst aus einem Zusammenhang mit anderen zu entlehnen braucht; in diesem Stadium verblaßt deshalb auch der ästhetische Reiz der Symmetrie, mit der man sich die Elemente zunächst zurechtlegte. Man kann nun an der Rolle, die die Symmetrie in sozialen Gestaltungen spielt, recht erkennen, wie scheinbar rein ästhetische Interessen durch materielle Zweckmäßigkeit hervorgerufen werden und umgekehrt ästhetische Motive in die Formungen hineinwirken, die scheinbar der reinen Zweckmäßigkeit folgen. Wir finden z. B. in den verschiedensten alten Kulturen die Zusammenschließung von je zehn Mitgliedern der Gruppe zu einer besonderen Einheit – in militärischer, steuerlicher, kriminalistischer und sonstigen Beziehungen –, oft so, daß zehn solcher Untergruppen wieder eine höhere Einheit, die Hundertschaft, bilden. Der Grund dieser symmetrischen Konstruktion der Gruppe war sicher die leichtere Uebersichtlichkeit, Bezeichenbarkeit, Lenksamkeit. Das eigenthümlich stilisierte Bild der Gesellschaft, das bei diesen Organisationen herauskam, ergab sich als Erfolg bloßer Nützlichkeiten. Wir wissen aber ferner, daß diese Bedeutung der »Hundert« schließlich oft nur noch zur Konservirung der bloßen Bezeichnung führte: jene Hundertschaften enthielten oft mehr, oft weniger als hundert Individuen. Im mittelalterlichen Barcelona z. B. hieß der Senat die Einhundert, obgleich er etwa zweihundert Mitglieder hatte. Diese Abweichung von der ursprünglichen Zweckmäßigkeit der Organisation, während doch zugleich deren Fiktion festgehalten wurden, zeigt den Uebergang des blos Nützlichen in das Aesthetische, den Reiz der Symmetrie, der architektonischen Neigungen im sozialen Wesen.

Die Tendenz zur Symmetrie, zu gleichförmiger Anordnung der Elemente nach durchgehenden Prinzipien, ist nun weiterhin allen despotischen Gesellschaftsformen eigen. Justus Möser schrieb 1772: »Die Herren vom General-Departement möchten gern Alles auf einfache Regeln zurückgeführt haben. Dadurch entfernen wir uns von dem wahren Plane der Natur, die ihren Reichthum in der Mannichfaltigkeit zeigt, und bahnen den Weg zum Despotismus, der Alles nach wenigen Regeln zwingen will.« Die symmetrische Anordnung macht die Beherrschung der Vielen von einem Punkt aus leichter. Die Anstöße setzen sich länger, widerstandsloser, berechenbarer durch ein symmetrisch angeordnetes Medium fort, als wenn die innere Struktur und die Grenzen der Theile unregelmäßig und fluktuirend sind. So wollte Karl V. alle ungleichmäßigen und eigenartigen politischen Gebilde und Rechte in den Niederlanden nivelliren und diese zu einer in allen Theilen gleichmäßigen Organisation umgestalten; »er haßte«, so schreibt ein Historiker dieser Epoche, »die alten Freibriefe und störrischen Privilegien, die seine Ideen von Symmetrie störten.« Und mit Recht hat man die egyptischen Pyramiden als Symbole des politischen Baues bezeichnet, den die großen orientalischen Despoten aufführten: eine völlig symmetrische Struktur der

Gesellschaft, deren Elemente nach oben hin an Umfang schnell abnehmen, an Höhe der Macht schnell zunehmen, bis sie in die eine Spitze münden, die gleichmäßig das Ganze beherrscht. Ist diese Form der Organisation auch aus ihrer bloßen Zweckmäßigkeit für die Bedürfnisse des Despotismus hervorgegangen, so wächst sie doch in eine formale, rein ästhetische Bedeutung hinein: der Reiz der Symmetrie, mit ihrer inneren Ausgeglichenheit, ihrer äußeren Geschlossenheit, ihrem harmonischen Verhältniß der Theile zu einem einheitlichen Centrum wirkt sicher in der ästhetischen Anziehungskraft mit, die die Autokratie, die Unbedingtheit des einen Staatswillens auf viele Geister, ausübt. Deshalb ist die liberale Staatsform umgekehrt der Asymmetrie zugeneigt. Ganz direkt hebt Macaulay, der begeisterte Liberale, Das als die eigentliche Stärke des englischen Verfassungslebens hervor. »Wir denken«, so sagt er, »gar nicht an die Symmetrie, aber sehr an die Zweckmäßigkeit; wir entfernen niemals eine Anomalie, blos weil es eine Anomalie ist; wir stellen keine Normen von weiterem Umfang auf, als es der besondere Fall, um den es sich gerade handelt, erfordert. Das sind die Regeln, die im Ganzen, vom König Johann bis zur Königin Viktoria, die Erwägungen unserer 250 Parlamente geleitet haben.« Hier wird also das Ideal der Symmetrie und logischen Abrundung, die allem Einzelnen von einem Punkte aus seinen Sinn giebt, zu Gunsten jenes anderen verworfen, das jedes Element sich nach seinen eigenen Bedingungen unabhängig ausleben und so natürlich das Ganze eine regellose und ungleichmäßige Erscheinung darbieten läßt. Dennoch liegt auch in dieser Asymmetrie, dieser Befreiung des individuellen Falles von der Präjudizirung durch sein Pendant, ein ästhetischer Reiz neben all ihren konkreten Motiven. Dieser Oberton klingt deutlich aus den Worten Macaulays heraus; er stammt aus dem Gefühl, daß diese Organisation das innere Leben des Staates zum typischsten Ausdruck und in die harmonischste Form bringe.

Am Entschiedensten wird der Einfluß ästhetischer Kräfte auf soziale Thatsachen in dem modernen Konflikt zwischen sozialistischer und individualistischer Tendenz sichtbar. Daß die Gesellschaft als Ganzes ein Kunstwerk werde, in dem jeder Theil einen erkennbaren Sinn vermöge seines Beitrages zum Ganzen erhält; daß an Stelle der rhapsodischen Zufälligkeit, mit der die Leistung des Einzelnen jetzt zum Nutzen oder zum Schaden der Gesammtheit gereicht, eine einheitliche Direktive alle Produktionen zweckmäßig bestimme, daß statt der kraftverschwendenden Konkurrenz und des Kampfes der Einzelnen gegen einander eine absolute Harmonie der Arbeiten eintrete –: diese Ideen des Sozialismus wenden sich zweifellos an ästhetische Interessen und – aus welchen sonstigen Gründen man auch seine Forderungen verwerfen mag – sie widerlegen jedenfalls die populäre Meinung, daß der Sozialismus, ausschließlich den Bedürfnissen des Magens entsprungen, auch ausschließlich in sie münde; und die soziale Frage ist nicht nur eine ethische, sondern auch eine ästhetische.* Die rationelle Organisation der Gesellschaft hat, ganz abgesehen von ihren fühlbaren Folgen für die Individuen, einen hohen ästhetischen Reiz; sie will das Leben des Ganzen zum Kunstwerk machen, wie es jetzt kaum das Leben des Einzelnen sein kann. Je zusammengesetztere Gebilde unsere Anschauung zu umfassen befähigt ist, desto entschiedener wird die Anwendung der ästhetischen Kategorien von den individuellen, sinnlich wahrnehmbaren zu den sozialen Gebilden aufwärts schreiten. Es handelt sich hier um den gleichen ästhetischen Reiz wie den, den die Maschine auszuüben vermag. Die absolute Zweckmäßigkeit und Zuverlässigkeit der Bewegungen, die äußerste Verminderung der Widerstände und Reibungen, das harmonische Ineinandergreifen der kleinsten und der größten Bestandtheile: Das verleiht der Maschine selbst bei oberflächlicher Betrachtung eine eigenartige Schönheit, die die Organisation einer Fabrik in erweitertem Maße wiederholt und die der sozialistische Staat im allerweitesten wiederholen soll. Dieses eigenthümliche, auf Harmonie und Symmetrie hingehende Interesse, in dem der Sozialismus seinen rationalistischen Charakter zeigt und mit dem er das soziale Leben gleichsam stilisiren will, tritt rein äußerlich darin hervor, daß sozialistische Utopien die lokalen Einzelheiten ihrer Idealstädte oder -staaten immer nach dem Prinzip der Symmetrie konstruiren: entweder in Kreisform oder in quadratischer Form werden die Ortschaften oder Gebäude angeordnet. In Campanellas Sonnenstaat ist der Plan der Reichshauptstadt mathematisch abgezirkelt, eben so wie die Tageseintheilung der Bürger und die Ab-

---

* Eine ästhetische übrigens auch in der Bedeutung der unmittelbaren Sinnesempfindung von Angenehmem und Unangenehmem, nicht nur in der der Formenschönheit. Die eigentlich ästhetischen Unannehmlichkeiten, wie sie der typische »Gebildete« bei körperlicher Berührung mit dem Volke empfindet, an dem »der ehrwürdige Schweiß der Arbeit« haftet, dürften schwerer überwindlich sein als die Abneigung, auf Hummern, Lawn-Tennis und Chaiselongues zu verzichten.

stufung ihrer Rechte und Pflichten. Dieser allgemeine Zug sozialistischer Pläne zeugt nur in roher Form für die tiefe Anziehungskraft, die der Gedanke der harmonischen, innerlich ausgeglichenen, allen Widerstand der irrationalen Individualität überwindenden Organisation des menschlichen Thuns ausübt, – ein Interesse, das, ganz jenseits von den materiell greifbaren Folgen solcher Organisation, sicher auch als ein rein formal ästhetisches einen nie ganz verschwindenden Faktor in den sozialen Gestaltungen bildet. Wenn man die Anziehungskraft des Schönen darein gesetzt hat, daß seine Vorstellung eine Kraftersparniß des Denkens bedeute, das Abrollen einer maximalen Anzahl von Vorstellungen mit einem Minimum von Anstrengung, so erfüllt die symmetrische, gegensatzfreie Konstruktion der Gruppe, wie der Sozialist sie erstrebt, diese Forderung vollkommen. Die individualistische Gesellschaft mit ihren heterogenen Interessen, mit ihren unversöhnten Tendenzen, ihren unzählige Male begonnenen und – weil nur von Einzelnen getragen – eben so oft unterbrochenen Entwickelungreihen: eine solche Gesellschaft bietet dem Geiste ein unruhiges, sozusagen unebenes Bild, ihre Wahrnehmung fordert fortwährend neue Innervationen, ihr Verständniß neue Anstrengung; während die sozialistische, ausgeglichene Gesellschaft mit ihrer organischen Einheitlichkeit, ihrer symmetrischen Anordnung, der gegenseitigen Berührung ihrer Bewegungen in gemeinsamen Centren dem beobachtenden Geist ein Maximum von Wahrnemungen, ein Umfassen des sozialen Bildes mit einem Minimum von geistigem Kraftaufwand ermöglicht, – eine Thatsache, deren ästhetische Bedeutung viel mehr, als diese abstrakte Formulirung verräth, die psychischen Verfassungen in einer sozialistischen Gesellschaft beeinflussen müßte. Symmetrie bedeutet im Aesthetischen Abhängigkeit des einzelnen Elementes von seiner Wechselwirkung mit allen anderen, zugleich aber Abgeschlossenheit des damit bezeichneten Kreises; während asymmetrische Gestaltungen mit dem individuelleren Rechte jedes Elementes mehr Raum für frei und weit ausgreifende Beziehungen gestatten. Dem entspricht die innere Organisation des Sozialismus und die Erfahrung, daß alle historischen Annäherungen an sozialistische Verfassung immer nur in streng geschlossenen Kreisen stattfanden, die alle Beziehungen zu außerhalb gelegenen Mächten ablehnten. Diese Geschlossenheit, die sowohl dem ästhetischen Charakter der Symmetrie wie dem politischen Charakter des sozialistischen Staates eignet, hat zur Folge, daß man angesichts des nicht aufzuhebenden internationalen Verkehrs allgemein betont, der Sozialismus könne nur einheitlich in der ganzen Kulturwelt, nicht aber in irgend einem einzelnen Lande zur Herrschaft kommen.

Nun aber zeigt sich die Geltungweite der ästhetischen Motive darin, daß sie sich mit mindestens der gleichen Kraft auch zu Gunsten des entgegengesetzten sozialen Ideals äußern. Die Schönheit, die heute thatsächlich empfunden wird, trägt noch fast ausschließlich individualistischen Charakter. Sie knüpft sich im Wesentlichen an einzelne Erscheinungen, sei es in ihrem Gegensatz zu den Eigenschaften und Lebensbedingungen der Masse, sei es in direkter Opposition gegen sie. In diesem Sich-Entgegensetzen und Isoliren des Individuums gegen das Allgemeine, gegen Das, was für Alle gilt, ruht großentheils die eigentlich romantische Schönheit, – selbst dann, wenn wir es zugleich ethisch verurtheilen. Gerade daß der Einzelne nicht nur das Glied eines größeren Ganzen, sondern selbst ein Ganzes sei, das nun als Solches nicht mehr in jene symmetrische Organisation sozialistischer Interessen hineinpaßt, – gerade Das ist ein ästhetisch reizvolles Bild. Selbst der vollkommenste soziale Mechanismus ist eben Mechanismus und entbehrt der Freiheit, die, wie man sie auch philosophisch ausdeuten möge, doch als Bedingung der Schönheit erscheint. So sind denn auch von den in letzter Zeit hervorgetretenen Weltanschauungen die am entschieden individualistischsten: die des Rembrandt und die Nietzsches, durchweg von ästhetischen Motiven getragen. Ja, so weit geht der Individualismus des modernen Schönheitempfindens, daß man Blumen, insbesondere die modernen Kulturblumen, nicht mehr zum Strauße binden mag: man läßt sie einzeln, bindet höchstens einzelne ganz lose zusammen. Jede ist zu sehr Etwas für sich, sie sind ästhetische Individualitäten, die sich nicht zu einer symmetrischen Einheit zusammenordnen; wogegen die unentwickelteren, gleichsam noch mehr im Gattungtypus verbliebenen Wiesen- und Waldblumen gerade entzückende Sträuße geben.

Diese Bindung der gleichartigen Reize an unversöhnliche Gegensätze weist auf den eigenthümlichen Ursprung der ästhetischen Gefühle hin. So wenig Sicheres wir über diesen wissen, so empfinden wir doch als wahrscheinlich, daß die materielle Nützlichkeit der Objekte, ihre Zweckmäßigkeit für Erhaltung und Steigerung des Gattunglebens, der Ausgangspunkt auch für ihren Schönheitwerth gewesen ist. Vielleicht ist für uns Das schön, was die Gattung als nützlich erprobt hat und was uns deshalb, insofern diese in uns lebt, Lust bereitet, ohne daß wir als Individuen jetzt noch die reale Nützlichkeit des Gegenstandes genössen. Diese ist längst durch die Länge der geschichtlichen Entwickelung und Vererbung hinweggeläutert; die materiellen Motive, aus denen unsere ästhetische Empfindung stammt, liegen in weiter Zeitenferne und lassen dem Schönen so den Charakter der »reinen Form«, einer gewissen Ueberirdischheit und Irrealität, wie sich der gleiche verklärende Hauch über die eigenen Erlebnisse vergangener Zeiten legt. Nun aber ist das Nützliche ein sehr Mannichfaltiges, in verschiedenen Anpassungperioden, ja, in verschiedenen Provinzen der selben Periode oft von entgegengesetztestem Inhalt. Insbesondere jene großen Gegensätze alles geschichtlichen Lebens: die Organisation der Gesellschaft, für die der Einzelne nur Glied und Element ist, und die Werthung des Individuums, für das die Gesellschaft nur Unterbau sei, gewinnen in Folge der Mannichfaltigkeit der historischen Bedingungen abwechselnd die Vorhand und mischen sich in jedem Augenblick in veränderlichsten Proportionen. Dadurch sind nun die Voraussetzungen gegeben, auf die hin sich die ästhetischen Interessen der einen sozialen Lebensform so stark wie der anderen zuwenden können. Der scheinbare Widerspruch: daß der gleiche ästhetische Reiz der Harmonie des Ganzen, in dem der Einzelne verschwindet, und dem Sich-Durchsetzen des Individuums zuwächst, erklärt sich ohne Weiteres, wenn alles Schönheitempfinden das Destillat, die Idealisirung, die abgeklärte Form ist, mit der die Anpassungen und Nützlichkeitempfindungen der Gattung in dem Einzelnen nachklingen, auf den jene reale Bedeutung nur als eine vergeistigte und formalistische vererbt worden ist. Dann spiegeln sich alle Mannichfaltigkeiten und alle Widersprüche der geschichtlichen Entwickelung in der Weite unseres ästhetischen Empfindens, das so an die entgegengesetzten Pole der sozialen Interessen die gleiche Stärke des Reizes zu knüpfen vermag.

Die innere Bedeutsamkeit der Kunststile läßt sich als eine Folge der verschiedenen Distanz auslegen, die sie zwischen uns und den Dingen herstellen. Alle Kunst verändert die Blickweite, in die wir uns ursprünglich und natürlich zu der Wirklichkeit stellen. Sie bringt sie uns einerseits näher, zu ihrem eigentlichen und innersten Sinn setzt sie uns in ein unmittelbareres Verhältniß, hinter der kühlen Fremdheit der Außenwelt verräth sie uns die Beseeltheit des Seins, durch die es uns verwandt und verständlich ist. Daneben aber stiftet jede Kunst eine Entfernung von der Unmittelbarkeit der Dinge, sie läßt die Konkretheit der Reize zurücktreten und spannt einen Schleier zwischen uns und sie, gleich jenem feinen bläulichen Duft, der sich um ferne Berge spinnt. An beide Seiten dieses Gegensatzes knüpfen sich gleich starke Reize; die Spannung zwischen ihnen, ihre Vertheilung auf die Mannichfaltigkeit der Ansprüche an das Kunstwerk, giebt jedem Kunststil sein eigenes Gepräge. Im Naturalismus, in seinem Gegensatz zu aller eigentlichen »Stilisirung«, scheint zunächst die Nähe der Objekte zu überwiegen. Die naturalistische Kunst will aus jedem Stückchen der Welt seine eigene Bedeutsamkeit herausholen, während die stilisirende eine vorgefaßte Forderung von Schönheit und Bedeutsamkeit zwischen uns und die Dinge stellt. Aus dem Boden der unmittelbaren Eindrücke von Wirklichkeit ist alle Kunst genährt, wenn sie auch zur Kunst erst da wird, wo sie über diesen Boden hinauswächst; sie setzt eben einen innerlichen, unbewußten Reduktionprozeß voraus, um uns von ihrer Wahrheit und Bedeutsamkeit zu überzeugen; bei der naturalistischen Kunst ist diese Reduktion kurz und bequem. Sie verlangt deshalb keine so entschiedene und weitreichende Selbstthätigkeit des Genießenden, sondern vollzieht seine Annäherung an die Dinge auf dem direktesten Wege. Daher nun auch der Zusammenhang, den die naturalistische Kunst vielfach – wenn auch natürlich nicht im Geringsten nothwendig – mit sinnlicher Lüsternheit aufweist. Denn das ist der Punkt, von dem aus am Schnellsten und Unmittelbarsten eine Aufrüttelung des gesammten inneren Systems stattfinden kann: das Objekt und die subjektive Reaktion darauf stehen hier am Nächsten zusammen.

Dennoch entbehrt auch der Naturalismus nicht eines sehr feinen Reizes der Fernwirkung der Dinge, sobald wir auf die Vorliebe achten, mit der er seine Gegenstände im alltäglichsten Leben, im Niedrigen und Banalen, sucht. Denn für sehr empfindliche Seelen tritt die eigenthümliche Entfernung des Kunstwerkes von der Unmittelbarkeit der Erfahrung gerade dann besonders hervor, wenn das Objekt uns ganz nahe steht. Für weniger zartes Empfinden bedarf es, um es diesen Reiz der Distanz kosten zu lassen, einer größeren Ferne des Objektes selbst: stilisirt-italienische Landschaften, historische Dramen; je unkultivirter und kindlicher das ästhetische Gefühl ist, desto phantastischer, der Wirklichkeit ferner, muß der Gegenstand sein, an dem das künstlerische Bilden zu seinem Effekt kommt. Feinere Nerven bedürfen dieser gleichsam materiellen Unterstützung nicht; für sie liegt in der künstlerischen Formung des Objektes der ganze geheimnißvolle Reiz der Distanz von den Dingen, die Befreiung von ihrem dumpfen Druck, der Schwung von der Natur zum Geist; und um so intensiver werden sie Das empfinden, an je näherem, niedrigerem, irdischerem Materiale es sich vollzieht.

Man kann vielleicht sagen, daß das Kunstgefühl der Gegenwart im Wesentlichen den Reiz der Distanz stark betont, gegenüber dem Reiz der Annäherung. Und es weiß sich diesen nicht nur auf dem angedeuteten Wege des Naturalismus zu verschaffen. Vielmehr bildet diese eigenartige Tendenz, die Dinge möglichst aus der Entfernung auf sich wirken zu lassen, ein vielen Gebieten gemeinsames Zeichen der modernen Zeit. Ihm gehört die Vorliebe für räumlich und zeitlich entfernte Kulturen und Stile an. Das Entfernte erregt sehr viele, lebhaft auf- und abschwankende Vorstellungen und genügt damit unserem vielseitigen Anregungbedürfniß; doch klingt jede dieser fremden und fernen Vorstellungen wegen ihrer Beziehunglosigkeit zu unsern persönlichsten und materiellen Interessen doch nur schwach an und muthet deshalb den geschwächten Nerven nur eine behagliche Anregung zu. Daher nun auch der jetzt so lebhaft empfundene Reiz des Fragmentes, der bloßen Andeutung, des Aphorismus, des Symbols, der unentwickelten Kunststile. Alle diese Formen, die in allen Künsten heimisch sind, stellen uns in eine Distanz von dem Ganzen und Vollen der Dinge, sie sprechen zu uns »wie aus der Ferne«, die Wirklichkeit giebt sich in ihnen nicht mit gerader Sicherheit, sondern mit gleich zurückgezogenen Fingerspitzen. Der literarische Stil des Jahrhunderts, dessen letzte Raffinements in Paris und Wien ausgebildet sind, vermeidet die direkte Bezeichnung der Dinge, faßt sie nur an einem Zipfel, streift mit dem Worte nur eine Ecke, der Ausdruck und die Sache decken sich nur mit irgend einem möglichst abgelegenen Stückchen. Es ist die pathologische Erscheinung der »Berührungangst«, von der hiermit ein niederer Grad endemisch geworden ist: die Furcht, in allzu nahe Berührung mit den Objekten zu kommen, ein Resultat der Hyperästhesie, der jede unmittelbare und energische Berührung ein Schmerz ist. Daher äußert sich auch die Feinsinnigkeit, Geistigkeit, differenzirte Empfindlichkeit so überwiegend vieler moderner Menschen im negativen Geschmack, Das heißt, in der leichten Verletzbarkeit durch Nicht-Zusagendes, in dem bestimmten Ausschließen des Unsympathischen, in der Repulsion durch Vieles, ja oft durch das Meiste des gebotenen Kreises von Reizen, während der positive Geschmack, das energische Ja-Sagen, das freudige und rückhaltlose Ergreifen des Gefallenden, kurz die aktiv aneignenden Energien große Fehlbeträge aufweisen. Der Naturalismus in seinen groben Formen war ein verzweifelter Versuch, über die Distanz hinwegzukommen, die Nähe und Unmittelbarkeit der Dinge zu ergreifen; kaum aber war man ihnen ganz nahe, so konnten die empfindlichen Nerven schon ihre Berührung nicht mehr vertragen und scheuten zurück, als hätten sie glühende Kohlen angefaßt. Das gilt nicht nur von der Reaktion in der Malerei, die durch die schottische Schule vermittelt wurde, und in der Literatur, die vom Zolaismus zum Symbolismus führte; es gilt auch von wissenschaftlichen Tendenzen: so, wenn der Materialismus, der die Wirklichkeit unmittelbar zu greifen glaubt, vor »neu-kantischen« oder subjektivistischen Weltanschauungen zurückweicht, die die Dinge erst durch das Medium der Seele brechen oder destilliren lassen, ehe sie zu Erkenntnissen werden; so, wenn sich über der spezialistischen Detailarbeit in allen Wissenschaften der Ruf nach Zusammenfassung und Verallgemeinerung erhebt, die sich in überschauende Distanz von aller konkreten Einzelnheit stelle; so, wenn in der Ethik die platte »Nützlichkeit« vor höher aufblickenden, oft religiösen, von der sinnlichen Unmittelbarkeit weit abstehenden Prinzipien zurücktreten muß.

An mehr als einem Punkte unserer Kultur macht sich diese Tendenz auf Distanzirung beherrschend fühlbar; dabei ist es selbstverständlich, daß ich damit ein bestimmt empfundenes, also qualitatives, inneres Verhältniß zu den Dingen meine, das ich nur, weil es keinen direkten Ausdruck dafür giebt, auf das quantitative der Distanzirung zurückführe, das nur als Symbol und Annäherung gelten kann. Die Auflösung der Familie hängt damit zusammen, die Abneigung gegen »Familiensimpelei«, das Gefühl unerträglicher Enge, das das Gebundensein an den nächsten Kreis so oft im modernen Menschen weckt und ihn so oft in tragische Konflikte verwickelt. Die Leichtigkeit des Verkehrs in die größeren Fernen hin verstärkt diese »Berührungsangst«. Der »historische Geist«, die Fülle der inneren Beziehungen zu räumlich und zeitlich ferneren Interessen, macht uns immer empfindlicher gegen die Chocs und die Wirrnisse, die uns aus der unmittelbaren Nähe und Berührung der Menschen und der Dinge kommen. Als eine Hauptursache jener Berührungsangst aber erscheint mir das immer tiefere Eindringen der Geldwirthschaft, das die naturalwirthschaftlichen Verhältnisse früherer Zeiten mehr und mehr zerstört, – wenn auch dieses Zerstörungwerk noch. nicht völlig gelungen ist. Das Geld schiebt sich zwischen Mensch und Mensch, zwischen Mensch und Waare, als eine vermittelnde Instanz, als ein Generalnenner, auf den erst jeder Werth gebracht werden muß, um sich weiterhin in andere Werthe umsetzen zu können. Seit der Geldwirthschaft stehen uns die Gegenstände des wirthschaftlichen Verkehres nicht mehr unmittelbar gegenüber, unser Interesse an ihnen bricht sich erst in dem Medium des Geldes, nicht ihre eigene sachliche Bedeutung, sondern wie viel sie, an diesem Zwischenwerth gemessen, werth sind, steht dem wirthschaftenden Menschen vor Augen; unzählige Male macht sein Zweckbewußtsein auf dieser Zwischenstufe Halt, als auf dem Interessencentrum und dem ruhenden Pole, während alle konkreten Dinge in rastloser Flucht vorübertreiben, belastet mit dem Widerspruch, daß doch eigentlich sie allein definitive Befriedigungen gewähren können und dennoch erst nach ihrer Abschätzung an diesem charakterlosen, qualitätlosen Maßstab ihren Grad von Werth und Interesse erlangen. So stellt uns das Geld mit der Vergrößerung seiner Rolle in eine immer gründlichere Distanz von den Objekten, die Unmittelbarkeit der Eindrücke, der Werthgefühle, der Interessirtheit wird abgeschwächt, unsere Berührung mit ihnen wird durchbrochen und wir empfinden sie gleichsam nur durch eine Vermittelung hindurch, die ihr volles, eigenes, unmittelbares Sein nicht mehr ganz zu Worte kommen läßt.

So scheinen sehr mannichfaltige Erscheinungen der modernen Kultur einen tiefen psychologischen Zug gemeinsam zu haben, den man in abstrakter Weise als die Tendenz zur Distanzvergrößerung zwischen den Menschen und seinen Objekten bezeichnen kann und der auf ästhetischem Gebiet nur seine deutlichsten Formen gewinnt. Und wenn damit wieder Phänomene und Epochen wie die naturalistischen und die sensualistischen abwechseln, in denen gerade ein festes Sich-Anpassen an die Dinge, ein Einschlürfen ihrer ungebrochenen Realität, herrschend wird, so darf Das nicht irre machen; denn gerade die Schwingungen zwischen beiden Extremen beweisen die gleiche Neurasthenie, der schon jedes für sich allein entstammte. Eine Zeit, die zugleich für Böcklin und den Impressionismus, für Naturalismus und Symbolistik, für Sozialismus und Nietzsche schwärmt, findet ihre höchsten Lebensreize offenbar in der Form der Schwankung zwischen den extremen Polen alles Menschlichen; ermatteten, zwischen Hypersensibilität und Unempfindlichkeit schwankenden Nerven können nur noch die abgeklärteste Form und die derbste Nähe, die allerzartesten und die allergröbsten Reize neue Anregungen bringen.

L'art pour l'art

In der kunstwissenschaftlichen Betrachtung der letzten Jahrzehnte ist eine mechanisierende, mathematisierende Tendenz unverkennbar. Alle Rekonstruktion dessen, was man die »Rechnung« des Künstlers nennt: die genaue Scheidung der »Pläne«, die Schematik der Horizontalen und Vertikalen, der Dreiecke und Vierecke in der Komposition, die Feststellung des Kontrapost, die Theorien vom goldenen Schnitt, von der bildenden Kunst als »Raumgestaltung«, bis zu denen der Komplementärfarben – alles dies zerlegt das Kunstwerk in einzelne Momente und Elemente und strebt dahin, es aus den partiellen Gesetzlichkeiten und Forderungen dieser wieder zusammenzusetzen, zu »erklären«. Genau angesehen handelt es sich um solche Bestimmungen, die diesen Einzelmomenten des Kunstwerks zukommen, insoweit sie für sich, das heißt außerhalb des jeweiligen Gesamtzusammenhanges des Kunstwerks, betrachtet werden – genau wie man den Organismus nach den physikalischen und chemischen Formeln konstruieren wollte, denen seine Elemente in Herausgelöstheit aus der Lebensform und -bewegtheit gehorchen. Zweifellos also befindet sich damit die Kunstwissenschaft in einem Stadium, das der mechanistischen Naturwissenschaft analog ist. Und wie diese den ungeheuren Fortschritt bedeutete: die Naturbetrachtung aus der mittelalterlichen Metaphysik und Theologie zu befreien, die die Natur von einer ihr ganz abgelegenen Richtung her deduzieren wollten – so war diese mechanistische Kunstbetrachtung die Erlösung aus der literarischen, tendenzhaften, anekdotischen Gerichtetheit, die sonst weithin herrschte. Wie es aber scheint, als wäre die mechanistische Epoche, mindestens für die Wissenschaft vom Organismus, vorüber und als begönne man diesen aus seiner Ganzheit und Einheit heraus zu betrachten und verstehen zu wollen – so wird wohl auch das Entsprechende in der Kunstwissenschaft eintreten. Die Feststellung geometrischer Verhältnisse betrifft nur Formen, die aus dem Kunstwerk *abstrahiert* sind; Eindruck und Bedeutung, die ihnen *innerhalb* des Kunstwerks, von dessen Zentrum oder Einheit her und in seinem kontinuierlichen, fließenden Leben gesehen, zukommen, sind von den provinziell abgeschlossenen Bildern und Regeln ihres abgelösten Fürsichseins her gar nicht zu präjudizieren. Nur was jene Entwicklung der Naturwissenschaft dauernd gewonnen hat: die Autonomie der Naturerklärung, daß die Erscheinungen der Natur auf natürliche Weise begriffen werden müssen – das kann entsprechend auch der Kunst nicht wieder verloren gehen.

Wenn nun aber die Kunst, ihrer Ausübung, ihrem Genossenwerden, ihrem Verständnis nach so auf ihren eigenen Wurzelboden beschränkt, von der eigenen Wesenslinie umschlossen bleibt, so bedeutet das keineswegs ihre definitive Abschnürung von den anderen Mächten und Provinzen des Daseins, von der Totalität des Lebens; sondern nun ist im Gegenteil erst die Basis da, von der aus die Kunst in das Leben sicher eingeordnet und in ihrem Bezogensein auf all das anerkannt werden kann, was sozusagen oberhalb und unterhalb ihrer ist. Die Kunst als Ganzes und das einzelne Kunstwerk stellen sich in ein typisches Verhältnis ein, das man wohl als ein Urphänomen der geistigen Welt bezeichnen kann: daß ein Glied, Element oder Teil eines einheitlichen Ganzen selbst ein einheitliches, in sich geschlossenes Ganzes ist oder zu sein beansprucht. In den sozialen Organisationen, deren Arbeitsteilung dem Individuum die Gerundetheit seiner persönlichen Entwicklung versagen will; in kirchlichen Bildungen, für die der Einzelne nur eine Welle des zu Gott aufrauschenden Gesamtlebens ist, während er doch für sich ganz allein ein unmittelbares Verhältnis zum Absoluten begehrt; innerhalb der Seele selbst, wo einzelne Interessen oder Begabungen alle Kräfte des Menschen für sich beanspruchen möchten, während die Totalströmung des Lebens alle Einzelheiten sich unterzuordnen strebt – in alledem lebt die Form, für die der Organismus das Bild ist: ein Ganzes aus Teilen, deren jeder eine gewisse Selbständigkeit der Funktion, ja der Existenz besitzt, so daß einerseits die Einheit des Ganzen sich aus den Funktionen und Wechselwirkungen der Glieder zusammenwebt, andererseits das Leben der Glieder aus dem des Ganzen gespeist und von ihm bestimmt wird. Für all jene Verhältnisse, die hieran ihre Analogie finden, ergibt sich daraus etwas, was man den Umweg über das Ganze nennen könnte: daß die Vollendung eines Gebildes, so sehr sie nur seine eigene, in sich geschlossene ist, nicht durch eine schlechthin auf dieses Gebilde beschränkte Entwicklung zu gewinnen ist; sondern erst eine bestimmte Steigerung und Intensivierung des Gesamtwesens und seines Wertes, alle die Teile jenseits jenes Sondergebildes einschließend, strömt in dieses ein und hebt es zu einer Vollkommenheit, zu der die Kräfte innerhalb seiner eigenen Peripherie, sich allein überlassen, es nicht gebracht hätten. So mag ein Mensch eine ganz spezialisierte Leistung, zu der er sich unter Gleichgültigkeit gegen sein sonstiges Menschentum und Atrophierung seiner sonstigen Interessen und Kräfte erzogen hat, zu einer gewissen Vollkommenheit bringen; allein, wo es sich nicht etwa nur um körperliche Geschicklichkeit handelt, wird er die allerhöchste Vollkommenheit so nicht erreichen, sondern nur dann, wenn der innere Bezirk der speziellen Leistung gleichsam nach allen Seiten hin offene Türen zu dem seelischen Gesamtbezirk hat, aus dem ihm Kräfte, Bewegungen, Bedeutsamkeiten zuströmen und ihn nähren. Die Vollkommenheit, zu der eine Partialleistung um den Preis der Verkümmerung des ganzen Menschen kommen kann, hat eine sehr bestimmte Grenze, die äußerste Höhe solcher Leistung wird immer nur auf dem Umwege über die Höhe der ganzen sie umschließenden Existenz erreichbar sein. Hier formuliert sich das Verhältnis zwischen der Ganzheit des Lebens und seiner Zuspitzung zu einzelnen Werten. Wer nur ethisch bestrebt ist, aber weder intellektuell noch religiös noch nach der Rhythmik der ganzen Persönlichkeit irgendwie wert- und kraftvoll, der bringt es vielleicht zu einem hohen, aber sicher nicht zum höchsten Grad des Ethischen. Sehr eingreifend tritt dies an der Intellektualität hervor: Die Leistungen der nur klugen Menschen, so erstaunlich sie sein mögen, bleiben doch auch als *intellektuelle* oft hinter denen zurück, die aus einer breiter angelegten Persönlichkeit kommen, auch wenn deren intellektuelle Fähigkeit, für sich betrachtet, hinter jenen zurücksteht. Wer *nur* klug ist, ist nicht einmal vollkommen *klug*.

Auf dem Gebiet der Kunst scheint es zunächst erweislich, daß – wo nicht etwa reine Reproduktion und reiner Mechanismus in Frage steht – auch die bloß technische Seite der Leistung nicht bei den bloßen, wenn auch noch so vollkommenen Technikern der Kunst ihre letzte Höhe gewinnt, sondern erst da, wo jene von andersartigen, weiter ausladenden Fähigkeiten umgriffen ist: wo die Technik Hauptsache und Endziel ist, da ist, selbst bei der größten Begabung für sie, nicht einmal *sie* vollkommen. Die geschichtlichen Tatsachen bestätigen die Formel noch viel prinzipieller: Die großen Künstler sind sozusagen immer noch mehr als große Künstler gewesen; selbst wo ihre ganze Lebensenergie so absolut auf die Kunstübung konzentriert ist und in ihr so aufgeht, daß der übrige Mensch, wenigstens für unseren Blick, dahinter unsichtbar wird, wie es bei Rembrandt der Fall ist, spüren wir dennoch eine ungeheure Schwingungsweite und Intensität des Gesamtlebens; so sehr dieses sich nur in der Form der bestimmten Kunst äußert, so fühlen wir es doch in eben jener Weite und Bewegtheit als von dieser Äußerungsform gewissermaßen unabhängig und als wäre es eigentlich zufällig, daß es gerade an diesem Talent seinen Kanal gefunden hat. Jene für alle lebendige Geisteswelt typische Grundform, daß das Teilgebilde eines Gesamtgebildes selber ein Ganzes wird und die Selbstgenugsamkeit seiner Existenz mit seiner Gliedstellung innerhalb des Ganzen in ein höchst variables Verhältnis tritt – sie findet hier eine sehr harmonische Lösung, indem die ganz selbständige Bedeutung des künstlerischen Leistens ihre sachliche Vollendung gerade daran bindet, daß sie von einem mehr als künstlerischen Ganzen der Persönlichkeit umgriffen ist. Wenn man vielfach in den großen Künstlern irgendein anderswo nicht findbares Maß menschlicher Perfektion zu erblicken meinte, so ist wohl die dafür entscheidende Formel: die Seite, Teil, Funktion der Persönlichkeit, die, um ein sachliches Zentrum bewegt, von einer eigenen Peripherie umschlossen wird, braucht ihre Selbständigkeit hier nicht in Konkurrenz mit dem Gesamtleben, dessen sie ein Teil ist, zu wahren, und die Einheit dieses Lebens leidet nicht unter der Einheit jener für sich seienden, dem eigenen Gesetz gehorsamen Betätigung. Mag solche Störung auf niederer Stufe des Künstlertums eintreten, mögen auch die höchsten nicht immer von ihr verschont sein – in den reinsten und sozusagen prinzipiellsten Fällen scheint die Vollkommenheit des Künstlers rein als Künstler daran gebunden, daß er mehr als Künstler ist, daß gerade die individuelle Stärke dieser zu völlig verselbständigten Werken sich erhebenden Wesensäußerung aus ihrer gliedmäßigen Verbundenheit mit dem Mikrokosmos der ganzen Persönlichkeit genährt wird.

Solche Bedeutung der Kunst und des einzelnen Kunstwerks: ein Ganzes und zugleich Element eines übergreifenden Ganzen, Wellenhöhe eines Gesamtlebens zu sein, ist auch für den Beschauer, den Genießenden wirksam. Das Erlösende in der Hingabe an ein Kunstwerk liegt darin, daß sie einem in sich ganz Geschlossenen, der Welt Unbedürftigen, auch dem Genießenden gegenüber Souveränen und Selbstgenugsamen gilt. Das Kunstwerk nimmt uns in einen Bezirk hinein, dessen Rahmen alle umgebende Weltwirklichkeit, und damit uns selbst, insoweit wir deren Teil sind, von sich ausschließt. In diese, um uns und alle Verflechtungen der Realität unbekümmerte Welt eintretend, sind wir gleichsam von uns selbst und unserem, in diesen

Verflechtungen ablaufenden Leben befreit. Zugleich aber ist das Erlebnis des Kunstwerks doch in unser Leben eingestellt und von ihm umfaßt; das Außerhalb unseres Lebens, zu dem uns das Kunstwerk erlöst, ist doch eine Form dieses Lebens selbst, das Genossenwerden dieses vom Leben Befreiten und Befreienden ist doch ein Stück Leben selbst, das mit seinem Vorher und Nachher zu dessen Ganzheit kontinuierlich verschmilzt.

So paradox oder widerspruchsvoll auch in ihrem logischen Ausdruck die Doppelstellung des Kunstwerks sei: tatsächlich ist es das gänzlich Insichgeschlossene, vom Leben eximierte Gebilde und zugleich gebettet in den vollen Strom des Lebens, ihn von seiten des Schöpfers her in sich aufnehmend, nach der Seite des Genießenden ihn von sich entlassend. Dies gleichzeitige Gelöstsein und Umfaßtsein, Außerhalbstehen und Innerhalbstehen, ein einheitliches Ganzes und der Pulsschlag eines viel weiter sich spannenden Ganzen – dies ist vielleicht ein in sich ganz einheitliches Verhalten, das wir nur gleichsam nachträglich, mit unseren Kategorien von Auffassung und Beziehung an die Kunst herantretend, in jene Zweiheit spalten. An der scheinbaren Unvereinbarkeit solcher Bestimmungen erwiese sich das Kunstwerk nur als eines jener Gebilde, die wir zwar, wenn sie einmal da sind, in eine Mehrheit von Elementen zerlegen können, aber sie aus diesen nicht wieder zusammensetzen; denn außerhalb ihrer ursprünglichen Einheit und zu Selbständigkeiten geworden, sind diese Elemente etwas ganz anderes als innerhalb ihrer ursprünglichen Ungetrenntheit, – gerade wie eben die chemischen Stoffe, die man aus einem lebendigen Körper herausanalysiert, in der Retorte etwas ganz anderes sind als in dem lebendigen Zusammenhange des Organismus, und sich deshalb dem Versuche, diesen wieder aus ihnen zusammenzubauen, gänzlich versagen. An jenem Widerspruch aber blieb die Theorie des *L'art pour l'art* hängen, die ich hier nicht in ihrem historisch ursprünglichen Sinne, sondern in jenem weiteren nehme, mit dem sie von jeglicher Bedeutung für Wesen und Wert des Kunstwerks alles das grundsätzlich ausschloß, was nicht selbst ganz und gar innerhalb der Kunstsphäre liegt. Daß dieser Ausschluß geschah, war von unersetzlichem und unverlierbarem Wert. Es übte für die Kunst überhaupt dieselbe reinigende Wirkung, die ich am Anfang dieser Zeilen den »rechnerischen« Bemühungen in der Deutung der Malerei zuschrieb. Es löste die trüben Verschmelzungen der Kunst mit literarischen und ethischen, religiösen und sensuellen

Werten. Dies im vollsten Maß anerkennend und bewahrend, dürfen wir nun doch aussprechen, daß die *L'art-pour-l'art*-Theorie in einen gewissen Rationalismus (ihrem französischen Ursprung entsprechend) gebannt ist; sie kommt nicht über jenen Gegensatz zwischen dem Ganzen und dem Teil, der selbst Ganzheitsrecht hat, fort – über die Schwierigkeit, die logisch vielleicht unüberwindlich, vom Leben aber fortwährend überwunden ist. Es ist ein ästhetischer Rigorismus, der genau dem ethischen Rigorismus Kants entspricht. Denn dieser entriß den sittlichen Wert dem Gesamtzusammenhange des Lebens und stellte ihn freilich auf eine reine Höhe, in der er allen Legierungen mit unechten Triebfedern enthoben und in seiner ganzen erhabenen Strenge sichtbar wurde. Aber diese nun unverlierbare Strenge des Moralbegriffs wurde zur Starrheit, weil Kant den Rückweg in das Leben nicht fand, nicht sehen wollte, daß eine Tat innerhalb der fließenden Einheit der Lebenstotalität noch eine andere Wertbedeutung hat, als in der Abschnürung und Isolierung durch die rein moralische Betrachtung. Wie Kunst mehr ist als Kunst, so ist auch Moral mehr als Moral, insofern sie von dem Ideal der Gesamtvollendung des Menschen umgriffen wird. Dies gehört zu der jetzt allenthalben durchbrechenden Erkenntnis, daß, innerhalb des ganzen Zusammenhanges des organischen Lebens wie der Welt überhaupt, die Elemente ein anderes Wesen, eine andere Bedeutung haben, als in ihrer Herausgetrenntheit durch die mechanistische, atomisierende Betrachtung; und daß ihre Bilder, auf dem letzteren Wege gewonnen, erst von dem umflutenden Gesamtstrom genährt werden müssen, gleichzeitig in ihn aufgehend und ihn in sich aufnehmend, um selbst in ihrem eigensten und reinsten Wesen ganz begriffen zu werden. Der neue Begriff vom Verhältnis des Lebens zu seinen Elementen und Inhalten wird uns lehren, was dem Rationalismus nicht gelang: die ganze Sauberkeit und Geschlossenheit des rein artistischen Standpunktes, die Befreiung der Kunst von allem, was ihr Wesen als Kunst verfälscht, zu bewahren – und sie mit alledem als Welle in dem Lebensstrom zu begreifen, der seine Ganzheit als historischer und als religiöser, als seelischer und als metaphysischer entwickelt. Von diesem Ganzen getragen und es tragend, bleibt die Kunst jene Welt für sich, wie das *L'art pour l'art* sie verkündet, obgleich und weil sich als dessen tiefere Deutung *la vie pour l'art* und *l'art pour la vie* offenbart.

Kant und die moderne Aesthetik

Unter den Geistern, in denen die Wendungen der Weltgeschichte begründet sind, ist vielleicht keiner, der sich gegen die Bezeichnung als Genie so energisch gewehrt hätte wie Kant. Seine bis zur Pedanterie exakte Wesensart, die ängstliche Strenge schulgerechten Denkens, läßt ihm die rasche Kühnheit und Freiheit des Genies als völlig unverträglich mit dem Geiste der Wissenschaft erscheinen, sodaß er jenen Titel einem Newton ausdrücklich abspricht – ersichtlich nicht obgleich, sondern weil er ihn für den größten aller Forscher hält. Und dies ist nicht nur eine Abweichung des sprachlichen Ausdruckes, die einer Verständigung in der Sache selbst weichen könnte, sondern es bezeichnet den tiefen Unterschied des Wertes, den Kant für uns besitzt, gegen den, den er sich selbst zuschrieb. Die eigentümliche Zusammengesetztheit seines Wesens, das den mutigsten Schwung eines völlig radikalen, ja revolutionären Denkens in eine philiströse Systematik verzopfte, gipfelt in der Tatsache, daß sein langatmigstes und verkünsteltstes Werk, das durch endlose Wiederholungen immer derselben Sätze und durch die Gewalttätigkeit seiner Konstruktionen den Leser fast zur Verzweiflung treiben kann, die Kritik der Urteilskraft, doch vielleicht die leuchtendsten Spuren seines Genies trägt. Denn es ist doch wohl das Wesen des Genies, zu wissen, was es nicht erfahren hat, und das auszusprechen, dessen Bedeutung es selbst nicht ermessen kann; und jenes Werk enthält Reflexionen über die letzten Fragen des ästhetischen Genusses, die das Beste des modernen ästhetischen Bewußtseins vorwegnehmen, und deren Erfahrungsgrundlage in seinem Leben fast nicht aufzufinden ist. Denn dieses Leben verfloß gänzlich in einer kleinen Stadt des 18. Jahrhunderts, in der aller anschauliche Schmuck des Daseins ein Minimum war, und die ihm niemals den Anblick eines großen Kunstwerkes gewährt haben kann; und in demselben Atem, in dem er die tiefsinnigsten Erleuchtungen über das Wesen des Schönen verkündet, preist er den bodenlosen Ungeschmack des Verses:

»Die Sonne quoll hervor, wie Ruh' aus Tugend quillt –«

als ein Muster poetischer Vollendung. In der Geschichte der Philosophie, in der doch mehr als irgendwo sonst in der Welt die Werte und die Unvollkommenheiten des Geistes sich verflechten, gibt es vielleicht keinen zweiten Punkt, an dem der unbeirrbare Instinkt des Genies sich durch ein gleiches Maß von Unkenntnis der Wirklichkeiten und von Verschnörkelungen einer eigensinnigen Konstruktionssucht hindurchgefunden hat.

Die unvergleichliche Schärfe seines Denkens, die mit jener schwer erträglichen Breite der Ausführung ein in seiner Art einziges Ganzes ergibt, leuchtet sogleich aus der einführenden Bestimmung hervor: Das Wohlgefallen an einem Gegenstande, das wir das ästhetische nennen, ist von der *Existenz* dieses Gegenstandes völlig unabhängig. Und dies mag folgendermaßen gedeutet werden. An jedem Dinge unterscheidet der zerlegende Verstand die Summe seiner Eigenschaften, durch die es eben dies Bestimmte ist, von der Tatsache, daß dieser so qualifizierte Gegenstand in der Wirklichkeit existiert; denn wir können von der letzteren Tatsache durchaus absehen und Unzähliges rein sachlich, rein seinem qualitativen Inhalt nach uns vorstellen, ohne im geringsten danach zu fragen, ob der Gegenstand dieser Vorstellungen denn außerdem auch wirklich ist. Wo diese Frage aber erhoben wird, wo Interesse und Genuß an einem Objekt von seiner Greifbarkeit und Erfahrbarkeit abhängt, sind wir außerhalb des ästhetischen Gebietes. Damit wir ein Haus bewohnen, einen Menschen umarmen, uns von einem Baume beschatten lassen und uns des Einen wie des Anderen erfreuen können, muß das Eine wie das Andere fühlbar da sein. Wenn aber die bloße Anschauung dieses Hauses, dieses Menschen, dieses Baumes uns beglückt, gleichviel, ob jene realen Beziehungen uns seiner Existenz vergewissern; wenn dies Glück ungeändert weiterbesteht, auch wenn die Erscheinungen sich als eine *Fata morgana* enthüllen, die nur das sinnliche Bild, nur jenen reinen Inhalt der Anschauung bewahrt, so hebt sich aus den vielerlei Möglichkeiten, die Welt zu genießen, erst damit die eigentlich ästhetische heraus. Denn erst damit ist die ganze Freiheit und Reinheit erklärt, die in dem Gebiet des Schönen leuchtet; erst so ist unsere genießende Beziehung zu den Dingen wirklich auf ihre Anschauung beschränkt und auf die Distanz, in der wir sie genießen, ohne sie zu berühren. Die Schönheit wohnt in dem, was an den Dingen bloße Erscheinung ist, gleichgültig gegen die Realität, die im übrigen in diesen Erscheinungen enthalten oder nicht enthalten sein mag. Darum ist etwa die poetische Bedeutung eines Gedichtes so ganz unabhängig davon, ob seinem Inhalt eine Wirklichkeit entspricht oder nicht, darum ist nach dieser Richtung hin die Musik das vollendetste ästhetische Gebilde, weil in ihr die Freiheit von jedem Interesse an der Existenz bis zur Unmöglichkeit auch nur der Frage nach einer solchen gesteigert ist. In der hiermit bezeichneten Tatsache erblickt Kant den grundlegenden Unterschied des Schönen gegen alles bloß sinnlich Angenehme; denn dieses letztere ist auf die fühlbare Wirklichkeit der Dinge angewiesen, sie müssen unmittelbar auf uns wirken, damit wir mit sinnlichen Lustgefühlen auf sie reagieren. Nur das, was wirklich und gegenwärtig ist, ist uns sinnlich genießbar; aber das längst Verschwundene, dessen Bild nur noch in unserem Bewußtsein lebt, kann uns noch schön sein – denn auch so lange es gegenwärtig war, bestand der ästhetische Genuß nicht in seinem unmittelbaren Eindruck auf unsere Empfindungsfähigkeit, sondern in der viel tiefer gelegenen – an späterer Stelle zu deutenden – Reaktion, die unsere Seele an das bloße Bild des Dinges in ihr heftet. Das sinnlich Reizvolle ist uns wertvoll, weil wir es genießen; das Schöne umgekehrt genießen wir, weil es wertvoll ist. Aber diese letztere Stufenfolge ist nur möglich, wenn der Genuß eben nicht von der Existenz abhängt, sondern von den Eigenschaften oder Formen des Dinges, die wir als wertvoll beurteilen müssen, gleichviel, ob sie uns momentan gegenwärtig sind oder nicht, gleichviel, ob ihnen eine Existenz zukommt oder nicht, die ihnen qualitativ nichts hinzufügte.

Diese Gleichgültigkeit unseres ästhetischen Verhaltens gegen das reale Sein der Dinge benutzt Kant zwar nur, um den Unterschied der Schönheit gegen den Sinnenreiz aufzuweisen; sie dient aber nicht weniger zu deren Abgrenzung nach einer entgegengesetzten Seite hin. Die künstlerische Anschauungsweise hat kein Interesse an der Realität der Dinge jenseits ihrer wahrnehmbaren Eigenschaften, weil diese Realität etwas Metaphysisches ist. Sie mag in dem von Kant hervorgehobenen Sinne das eigentlich Empfindbare sein; in einem anderen aber ist sie gerade das Nichtempfindbare. Denn wir empfinden unmittelbar nur die Farben oder die Töne, die Härte oder den Geschmack der Dinge; dies aber sind Vorstellungen in uns, die durch die Organisation unserer Sinnes- und Bewußtseinsorgane bestimmt sind und im Traum, in der Halluzination, in der Sinnestäuschung in derselben Weise auftreten wie in den Zusammenhängen zuverlässiger Erfahrung. Daß hinter ihnen das nicht Beschreibliche steht, was wir die Realität der Dinge nennen, ist nicht ebenso wahrnehmbar, es ist sozusagen eine Idee, durch die wir den gegebenen Inhalten der

Welt eine innere Festigkeit, Substanzialität, Bedeutung leihen. Sie ist schlechthin unanschaulich, niemals erfahrbar, das Sein ist das eigentlich Metaphysische der Welt, ein letzter oder erster Begriff, den wir nur wie durch ein Ueberspringen alles Unmittelbaren und Bestimmten greifen können. Damit aber hat die Kunst nichts zu tun, die vielmehr nur in den *Erscheinungen* des Wirklichen lebt. Nach dieser Seite ist der Impressionismus, so eng und einseitig seine vorliegenden Leistungen sind, doch das durchaus konsequente Kunstprinzip. Innerhalb des sinnlichen Bildes mag die Kunst tausend Zusammenhänge und Tiefen zeigen, von denen die gewöhnliche Erfahrung nichts weiß, sie mag mystische Unaussprechlichkeiten in der Seele lebendig machen; objektiv aber halten ihre Gebilde sich an das anschaulich Gegebene, durch dessen Ueberschreitung sie sich auf andere Gebiete als das der reinen Kunst begeben. Man könnte sagen, die Kunst wäre reiner empirisch als die Erfahrungswelt selbst, da diese immer metaphysischer Voraussetzungen, Begründungen, Zwischenglieder bedarf; so weiß sie nichts von dem Sein, das nie einem unserer Sinne, sondern nur einem unaussagbaren metaphysischen Fühlen zugänig ist. Und vielleicht kann man nun das, was so für die Kunst gilt, auf das Schöne überhaupt ausdehnen. Sobald dieses seine Bedeutung über mehr als gleichsam die uns zugewandte Seite der Dinge erstreckt – möge diese nun sinnlich sein oder nicht –, so entlehnt es damit Werte anderer Herkunft, religiöse oder ethische, intellektuelle oder mystische. Gewiß können auch die tiefsten und geistigsten Dinge der Bedeutsamkeit ihres Inhaltes eine Schönheit zufügen; allein diese haftet an dem, was auch an ihnen die relative Oberfläche ist, was ihre »Form« im weitesten Sinne des Wortes ist. In jedem Falle hat das Schönheitsinteresse zu dem *Sein* der Dinge, das jenseits ihrer Form und der Summe ihrer Qualitäten liegt, keine Beziehung. Denn dieses Sein ist ein schlechthin Allgemeines und Formloses, überall dasselbe und jeglicher Sondergestaltung entbehrend, die allein eine Schönheit offenbaren kann.

Fragt man indes die Kantsche Grundbestimmung des Schönheitsgefühls als eines Wohlgefallens ohne Realitätsinteresse nach ihrer psychologischen Begründung, so scheint sie mir bei ihm wie bei seinen Nachfolgern darauf zurückzugehen, daß die Schönheit traditionellerweise nur an Eindrücken von Auge und Ohr haftet und den Tastsinn ausschließt. Dieser nämlich ist psychologisch der eigentliche Realitätssinn; nur was wir greifen können oder könnten, scheint uns die volle Wirklichkeit zu besitzen. Gewiß sind die Leinwand und der Marmor greifbar; aber so wenig wie an der Buchseite, die das Gedicht trägt, ist an ihnen das, was getastet wird, das Kunstwerk – dieses vielmehr liegt ausschließlich in den Formen, die dem Gesicht und keinem anderen Sinn zugänglich sind. Durch diese Ablösung der Sichtbarkeit oder Hörbarkeit von der sonst mit ihr stets verbundenen Tastbarkeit, die uns allein die empirische Wirklichkeit zu garantieren pflegt, erhält das bloß ästhetisch Wirksame jene Distanz von der Wirklichkeit; nach dieser zu fragen, haben wir tatsächlich innerhalb des ästhetischen Gebietes kein Interesse, weil dieses Gebiet von vornherein den Sinn ausschließt, der uns als die einzige Brücke zur Realität gilt.

Weshalb es für das bloße Tastgefühl keine eigentlich ästhetischen Sensationen gibt, ist nicht ohne weiteres zu sagen. Ich vermute, weil seine Empfindungen sehr zugespitzter, momentaner, leicht verlöschter Art sind; es kommt deshalb innerhalb seiner nicht zu jener Bildung größerer Reihen von Eindruckselementen, die erst eine *Form* ergeben. Der einzelne Eindruck ist immer ungeformt, bloßes Material, erst indem mehrere sich nach Verhältnissen von Höhe und Tiefe, von Zeit und Raum, von Spannung und Lösung zusammenfinden und eine seelische Einheit bilden, entsteht aus ihnen eine Gestaltung irgend welcher Art, eine Form, ohne die es kein Schönes und keine Kunst, sondern nur den Stoff zu beiden gibt. Die Eigenheit des Tastsinnes, aus der Vielheit seiner Ingressionen keine rasch überblickte, unmittelbar wirkende Einheit zu stande zu bringen, scheint ihm die Entwickelung zu ästhetischen Werten abzuschneiden, aus denen damit zugleich die Realität, deren psychologischer Träger jener zu sein pflegt, ausgeschieden ist.

Die Gleichgültigkeit unserer ästhetischen Urteile gegen das empirisch fühlbare Sein oder Nichtsein ihres Gegenstandes ist zunächst eine bloß negative Bestimmung. Kant wendet sie ins Positive, indem er aus ihr folgert, daß nur die Form der Dinge ihre Schönheit trage. Der Reiz etwa der Farben wie der der einzelnen Töne knüpfe sich an *Inhalte* des Empfindens, sei also von der realen Existenz der Gegenstände abhängig und könne deshalb wohl angenehm, sinnlich beglückend sein, aber in das Geschmacksurteil dürfe er sich nicht mischen, ohne dessen Reinheit zu trüben. Darum sei in allen bildenden Künsten die Zeichnung das Entscheidende, während die Farben den Gegenstand wohl für die Empfindung reizvoll, aber nicht ästhetisch schön machen könnten. Und wie den Reiz der Sinne, so wehrt diese Beschränkung auf die Form auch die Bedeutsamkeit der *Gedanken* von dem ästhetischen Urteil ab. Es möge sein, daß manches anschaulich Schöne seinen ästhetischen Wert für uns verliert, wenn es in Zweckverbindungen, die seiner Form widersprechen, eingefügt wird: gewisse an sich schöne Ornamente etwa sind doch an einem sakralen Gegenstande höchst unpassend, eine Gesichtsform, die an einem Narzissus schön ist, lehnen wir an einem Mars entschieden ab, architektonische Elemente können die schönsten Formen zeigen, aber sie sind höchst widrig, wenn sie innerhalb des Baues ihre dynamische Bestimmung nicht erfüllen. Allein diese Art Urteile beträfe eben nicht die reine Form der Dinge, sondern hinge von dem Sinn und den Zwecken ab, in welche diese letzteren ihrer realen Existenz nach verflochten werden; sie gehen nicht unseren Geschmack an, sondern unsere Kenntnisse vom Wesen gewisser Zusammenhänge, unsere sittlichen Interessen, unser Nachdenken. Deshalb lehnt ein reines Geschmacksurteil alle solche Kriterien ab, die außerhalb des unmittelbaren Eindruckes der Dinge liegen; es *beurteilt* die Dinge zwar im Gegensatz zur Sinnlichkeit, die sie nur genießt, aber es beurteilt auch nur *sie* und nicht ihre Bedeutungen für Zwecke und Werte, mögen es auch die höchsten sein, zu denen sie nur durch Heraustreten aus ihrem reinen formalen Angeschautwerden eine Beziehung gewinnen.

Es ist höchst merkwürdig, hier festzustellen, wie ein wahres, tief und scharf erfaßtes Prinzip durch die Enge seiner Anwendung zu ganz mißverständlichen Folgen führt; man braucht ihm nur die von Kant selbst ihm vorenthaltene Weite zu geben, um es vollkommen zu legitimieren. Daß die einzelne Farbe niemals das Prädikat der Schönheit verdiene, widerruft er freilich schon selbst. Um aber das Prinzip der bloßen Form zu retten, betont er, daß die Farben, wie entsprechend die Töne, Schwingungen des Aethers sein möchten, und daß sie so ein uns zwar unbewußtes Spiel von Eindrücken gewährten, an dessen regelmäßigen Formen unser ästhetisches Gefühl sich befriedigte. Mag diese etwas gequälte Hypothese irgendwie im einzelnen plausibel gemacht werden – was sehr zu bezweifeln ist –, so ist es jedenfalls ein völliger Irrtum, daß der eigentlich ästhetische Wert der Malerei nur in der Zeichnung als dem einzigen Träger der »Form« beruht; vielmehr haben in ihr die Farben, ganz abgesehen von der durch ihre Grenzen angegebenen Zeichnung und bloß als koloristische Flecke angesehen, formale Verhältnisse zueinander, die ein rein ästhetisches Urteil provozieren. Wie sich die Farben nach Verwandtschaft, Ergänzung, Gegensatz auf der Fläche verteilen, wie sich die Lokalfarben dem Ton des Ganzen einordnen, wie die verstreuten Flecken der gleichen Farbe in gegenseitige Beziehung treten und damit eine der das Ganze zusammenhaltenden Kräfte bilden; wie durch das Dominieren der einen und die abgestuften Unterordnungen der anderen eine übersichtliche Organisierung der Fläche erreicht wird – dies alles sind höchst wesentliche Bestandteile des Kunstwerkes als solchen, ganz jenseits unserer unmittelbaren sinnlichen Sympathie oder Antipathie für den einzelnen Farbeneindruck stehend und deshalb in demselben Sinn der Form des Bildes zugehörig wie seine Zeichnung. Der durchaus richtige Sinn der Kantschen Behauptung ist, daß das Kunstwerk eine Einheit aus Mannigfaltigem ist und sein Wesen deshalb in der Wechselwirkung seiner Teile hat. Indem jeder einzelne auf jeden anderen hinweist, jedes Element durch das Ganze und das Ganze durch jedes Element bestimmt und verständlich wird, entsteht jene innere Einheit und Selbstgenügsamkeit des Kunstwerkes, die es zu einer Welt für sich macht. Das aber bedeutet allerdings, daß das Kunstwerk Form ist; denn Form ist die Art, auf die Elemente sich aufeinander beziehen und sich zu irgend einer Einheit zusammenfassen; das schlechthin Einfache und Undifferenzierte ist formlos, ebenso wie das schlechthin Zusammenhanglose. Ein Kunstwerk entsteht, indem die fragmentarischen Inhalte des Daseins zu einer gegenseitigen Beziehung gebracht werden, in der sie ihren Sinn und ihre Notwendigkeit aneinander finden, sodaß eine Einheit und innere Befriedigtheit an ihnen aufleuchtet, die die Wirklichkeit nie gewährt. So ist allerdings die Kunst die äußerste und allein restlose Darstellung dessen, was man als die Formung der Dinge bezeichnet, und das nichts anderes ist als die Einheit des Mannigfaltigen. Und vielleicht liegt auch hier die Rechtfertigung für eine prinzipielle Beziehung zwischen dem Schönen und der Kunst, die Kant und mit ihm die ganze populäre Aesthetik unbefangen voraussetzt, die aber bei genauerem Hinsehen keineswegs zweifellos ist. Jenes unmittelbare Gefallen, jene freudige Erregtheit unseres ganzen Wesens, womit Schönheit uns ergreift, wird keineswegs von jedem Kunstwerk, auch nicht von jedem vollendeten, bewirkt. Dessen Fähigkeit vielmehr, den Sinn der Erscheinungen zu deuten, die Wirrnis des unmittelbaren Lebens zu klären, die Anschauungs- und Gefühlswerte des Daseins auf ihren einfachsten und zugleich tiefsten Ausdruck zu bringen, – alles dies hat von vornherein mit »Schönheit« nichts zu tun, die ihm vielmehr nur eine unter den vielen möglichen Qualitäten und Bedeutsamkeiten seiner Gegenstände und seiner selbst ist. Nun aber stiftet der Gedanke der Form in dem oben angedeuteten Sinne doch vielleicht eine Gemeinsamkeit zwischen ihnen. Vielleicht ist es das Wesen der Schönheit nicht weniger als das der Kunst, uns die Einheit der zufälligen Vielheiten des Daseins zu gewähren. Die Lust am Schönen besteht vielleicht in jenem hemmungslosen, harmonischen Ablauf von Vorstellungen, der uns die Zusammenfassung einer größten Zahl derselben in den kürzesten Zeitraum gestattet, sie bedeutet für uns das konzentrierte Leben, in dem die Lücken und hindernden Widersprüche seiner sonstigen Augenblicke hinwegfallen: ihm gegenüber empfinden wir die inneren Bewegungen, sonst nach allen Richtungen auseinander strebend, als Einheit. Diese Form, in der der Anblick der Schönheit das subjektive Leben fließen läßt, wiederholt die Kunst an der objektiven Gestaltung der Dinge; sie organisiert das Dasein, bis es die Zusammengefaßtheit, die innere Notwendigkeit, die Enthobenheit von den Belastungen des Zufalls zeigt, die wir der Schönheit gegenüber bloß subjektiv erleben; soweit das Kunstwerk diese Form in das subjektive Gefühl weiterschwingen läßt, kommt auch ihm Schönheit zu. Man muß die gegenseitige Unabhängigkeit von Kunst und Schönheit so scharf begriffen haben, wie Kant es nicht versucht hat und bei seiner völlig unzureichenden Kenntnis der vorhandenen Kunst auch nicht konnte, – um zu erkennen, daß die Genialität seines Gedankens der Form beide auf höherer Stufe wieder zusammenzuführen vermag.

Noch leichter ist jene andere freiwillige Selbstbeschränkung zu heben, mit der Kant die fein empfundene Abgrenzung der Schönheit gegen alle Forderungen des Intellekts und der Moral in einer scheinbar konsequenten, in Wirklichkeit inkonsequenten Weise steigert. Die Schönheit dürfe nicht von dem Begriffe dessen abhängig sein, was von dem Gegenstand nach natürlichen, historischen oder moralischen Normen gefordert würde; sie sei ein freies Spiel unserer Seele und als solches völlig souverän, ein Gegenstand gefalle uns oder gefalle uns nicht, ganz gleichgültig gegen alles, was er außerhalb dieses bloßen Gefallens sei oder sein solle. Die Folge davon ist, daß Kant, genau genommen, nur Blumen, Ornamente, Musik ohne Text, kurz nur Formen, die nichts Bestimmtes bedeuten, als eigentliche Schönheiten anerkennt.

Denn sobald man von einem Gegenstand eine Leistung jenseits seines bloßen Anschauungsbildes verlange und davon das ästhetische Urteil über ihn abhängig mache, mische sich eben etwas dem bloß ästhetischen Fühlen Fremdes in dasselbe; das sei aber zum Beispiel meistens bei der Beurteilung der Menschengestalt der Fall, indem – analog den obigen Beispielen – was als Venus schön ist, es noch nicht als Athene ist, oder indem überhaupt gewisse Forderungen an Kraft, Charakter, Ausdruck sittlichen Wesens die Bedingungen bilden, unter denen wir eine menschliche Gestalt als schön anerkennen. Daran ist nun so viel richtig, daß alle allgemeinen und speziellen Qualitäten des Menschen, die nicht unmittelbar anschaulich sind, an sich und ihrem eigenen Werte nach nichts mit der ästhetischen Schätzung seiner Erscheinung zu tun haben. Das verhindert aber nicht im geringsten, daß sie, in das Gesamtbild der Person einbezogen, mit allen anderen Elementen derselben zusammen die Formen rein ästhetischer Schönheit oder Nichtschönheit ergeben. Nur ihre selbständige, innere Bedeutung kommt hier nicht in Frage, so wenig, wie bei der Schönheit einer Nase ihre Atmungsfunktion in Betracht kommt. Daß uns ein Zug, der uns an einer Venus entzückt, an einer Athene unpassend erscheint und abstößt, geschieht nicht, weil er dem Begriff der Athene widerspräche, sondern weil er mit all den anderen tatsächlichen Zügen, die eine Athene darbietet, keine Harmonie oder Einheit der angeschauten Form ergibt. Stimmten etwa alle Züge zu diesem einen, so würde eben eine Gestalt entstehen, mit der wir ästhetisch völlig einverstanden sind; wir würden sie dann freilich Venus benennen, aber die Behauptung, es solle eine Athene sein, würde etwa als eine Wunderlichkeit und ein historisches Mißverständnis erscheinen, aber *ästhetischen* Widerspruch würde es nicht mehr wecken, sondern in dieser Hinsicht so gleichgültig sein, wie auch die richtige Bezeichnung als Venus es ist.

Am deutlichsten wird diese Erhebung inhaltlicher Bedeutsamkeiten und Zweckmäßigkeiten in die ästhetische Sphäre wohl im Drama. Hier finden unzählige Prozesse rein sachlicher und psychologischer Art statt, die nach den Erfahrungen der realen Welt, also nach Kriterien, die mit dem Kunstwerk als solchem nichts zu tun haben, als richtig und passend beurteilt werden müssen, wenn wir ästhetisch befriedigt sein wollen. Dies ist durchaus kein Herausfallen aus der ästhetischen Sphäre, es sind nur Tatsachen und Zusammenhänge, die auf anderen Daseinsgebieten erwachsen sind, als Material in sie aufgenommen worden; und nun muß das Kunstwerk, wenn es in sich völlige Formeinheit haben soll, mit den inneren Normen dieses Materials so harmonisch sein, wie das plastische Werk in seiner Formgebung dem Charakter seines Marmors oder seiner Bronze entsprechen muß; wobei jene Forderungen der Realität oder der Begriffe nicht um ihrer Eigenbedeutung, sondern um der Einheit des Kunstwerkes willen, das sie verwertet, erfüllt werden müssen, gerade wie der Charakter des plastischen Stoffes nicht als mineralogische oder physikalische Tatsache, sondern ausschließlich um seiner ästhetischen Bedeutung willen Berücksichtigung fordert. Kant hat also auch hier den Begriff der Form zu eng gefaßt, indem er die Reinheit des Geschmacksurteiles verloren glaubte, wenn es von nicht unmittelbar ästhetischen, begrifflichen und sachlichen Voraussetzungen abhinge. Er hat nicht gesehen, daß eben diese zu ästhetischen Bedingungen erhoben werden, daß sie ihre Bedeutsamkeit in die ästhetische Tonart transponieren können, und daß sie dann die Formeinheit des Schönen und des Kunstwerkes als ebenso berechtigte Elemente mitbilden helfen wie die von vornherein nur ästhetischen.

So sehr Kant also mit jenen Beschränkungen seines Prinzips diesem selbst unrecht tut, so hat er mit ihm doch das Grundgefühl der modernen rein artistischen Auffassung vorweggenommen: daß das Kunstwerk als solches seine Bedeutung nie und zu keinem Teil von dem entlehnen darf, was nicht Kunst ist. Wie wichtig und ergreifend auch sein Inhalt nach seiner ethischen oder historischen, religiösen oder sinnlichen, patriotischen oder personalen Seite sei – der Kunst, soweit wir sie ästhetisch beurteilen sollen, darf dies nicht zu gute kommen, unser Urteil bezieht sich ausschließlich auf die Formung dieses Stoffes, das Kunstwerk spielt sich ausschließlich auf dem Gebiet seiner jeweiligen optischen, akustischen, dramatischen Erscheinung ab, ohne von dem, was irgendwie jenseits dieser steht, Unterstützung oder Nuancierung zu empfangen. Diese Selbstherrlichkeit der Kunst – und, nach Kants Meinung, des Schönen – ordnet er nun, ohne ihr im geringsten Abbruch zu tun, einem allgemeineren Typus menschlicher Wertungen ein. Das Lustgefühl dem Schönen gegenüber stammt, wie hervorgehoben, nicht aus einer Zweckmäßigkeit des Gegenstandes für unsere Willensziele, auch nicht aus einer solchen für irgend ein objektives Geschehen. Dennoch muß eine Zweckmäßigkeit dabei im Spiele sein; denn durch den ästhetischen Genuß fühlen wir uns gestärkt, in unserem Lebensprozeß gehoben, wir wünschen, ihn festzuhalten, bei seinem Gegenstande zu verweilen, indem wir uns doch zugleich als frei empfinden. Dieselbe Art der Befriedigung, die uns der Anblick des ganz Zweckmäßigen bietet, kommt angesichts des Schönen über uns: das Gefühl, daß die Zufälligkeiten der Erscheinung von *einem* Sinne beherrscht sind, daß die bloße Tatsächlichkeit des Einzelnen von der Bedeutsamkeit eines Ganzen durchdrungen ist, daß das Fragmentarische und Auseinanderfallende des Daseins wenigstens an diesem einen Punkte eine seelenhafte Einheit gewonnen hat. Da nun aber das Schöne alle Beziehung auf einen bestimmten Zweck ablehnt, die es sogleich aus der bloß ästhetischen Sphäre herabziehen würde, so bezeichnet Kant sein Wesen als »Zweckmäßigkeit ohne Zweck«, das heißt, es hat die Form des Zweckmäßigen, ohne doch von einem angebbaren Einzelzweck bestimmt zu sein; es setzt durch seine bloße Anschauung unsere mannigfaltigen seelischen Energien in dasjenige Verhältnis von Spannung und Lösung, von Harmonie und Organisiertheit, das sonst in uns nur dem Anblick und Genuß der zweckmäßigen Dinge, des zweckerfüllten Lebens antwortet. Man hat mit einem gewissen Recht als die spezifische Eigenschaft des Menschen gegenüber dem Tier hervorgehoben, er sei das zwecksetzende Wesen. Unser Leben gewinnt seinen Sinn und Zusammenhalt, seine Leistung und seine Befriedigung, indem seine Inhalte sich zu Zwecken und Mitteln gestalten und aneinanderschließen. Was wir schön nennen, ist dasjenige, was in uns den subjektiven Reflex der Zweckmäßigkeit erzeugt, ohne daß wir sagen könnten, wann oder wozu es diene. Es gewährt uns damit gleichsam die typische Genugtuung des menschlichen Daseins in ihrer völligen Reinheit und Gelöstheit. Wir empfinden das Schöne seiner Form und Wesensart nach als zweckmäßig, aber nicht um eines angebbaren Einzelzweckes willen – wie, soweit dies ganz Einzige einen teilweisen Vergleich zuläßt, eine gewisse Verinnerlichung und feierliche Erregtheit etwa durch eine Musik oder ein Schicksal in uns aufkommen kann, die wir als Frömmigkeit bezeichnen müssen, auch wenn sie sich durchaus an kein transcendentes Wesen wendet – als eben dieselbe Frömmigkeit, die sonst als der Reflex des konkreten Verhältnisses zu einem derartigen Wesen entsteht.

Wenn wir gegenüber der Realität des Daseins, die sich an konkreten Einzelheiten erschöpft, an dem Schönen und der Kunst die Leichtigkeit und Freiheit des *Spieles* empfinden, so ist dies nun erklärt. Denn Spielen bedeutet doch, daß man die Funktionen, die sonst den Wirklichkeitsinhalt des Lebens tragen und an ihm gebildet sind, nun ohne diese Füllung, rein formal, ausübt. Das Wetten und Jagen, das Ringen und Erlisten, das Bauen und Zerstören, das die realen Ziele des Lebens fordern, geschieht im Spiele an bloß ideellen Inhalten, um bloß ideeller Ziele willen – oder genauer nicht einmal um dieser willen, sondern nur aus Lust an der Funktion, an dem subjektiven Tun, das mit keinem über dieses Tun selbst hinausgreifenden Inhalt beschwert ist. Das ist der eigentliche Sinn des Satzes aus der Aesthetik Schillers: Der Mensch ist nur da ganz Mensch, wo er spielt. Nur im Spiel, das heißt, wenn unser Tun nur in sich selbst kreist, sich nur an sich selbst befriedigt, sind wir absolut wir selbst, sind wir ganz »Mensch«, das heißt seelische Funktion, die nicht über sich weg zu einem in irgend einem Sinne konkreten Inhalt greift. Und dies ist die Kantsche Zweckmäßigkeit ohne Zweck. Denn die Schönheit ist nichts, was in dem objektiven Sein der Dinge läge, sondern sie ist eine subjektive Reaktion, die dieses in uns anregt, oder, wie Kant sich ausdrückt: »eine Gunst, womit wir die Natur aufnehmen, nicht eine solche, die sie uns erzeigt.« Sie ist die Aktivität, das »Ziel« unserer seelischen Vermögen, sonst ausgeübt, um die Wirklichkeit praktisch und theoretisch zu bemeistern, jetzt aber nur um seiner selbst willen vorgehend, in sich selbst schwingend und darum in jener reinen Harmonie und Freiheit verlaufend, die die Belastung mit den konkreten Vorstellungen und Zwecken ihr nicht gestattet.

Was Kant so mit der Intuition des Genies als die Wirklichkeit des ästhetischen Gefühls beschreibt oder vielleicht richtiger: als dessen ideale Vollendung, die seine Wirklichkeit nur annähernd erreicht, – liegt zugleich in der Richtungslinie der modernen entwickelungsgeschichtlichen Deutung. Die Höhe, in der die ästhetischen Werte über den Nöten und Zwecken des äußeren Lebens stehen, verhindert durchaus nicht, daß sie sich geschichtlich aus diesen entwickelt haben, so wenig, wie der geistige Adel der Menschenseele darunter leidet, daß der Mensch einst aus einer niederen Tierart hervorgegangen ist. Man hat lange bemerkt, daß, was wir schön nennen, die Form der aus praktischen Gründen nützlichen Dinge ist. Schopenhauer führt aus, daß die Formen der weiblichen Gestalt uns in dem Maße ästhetisch vollendet erscheinen, in dem wir sie unbewußt als für die Zwecke der Gattungserhaltung geeignet beurteilen. Was wir an einem Gesicht schön nennen, sind vielleicht diejenigen Züge, die nach uralter Geltungserfahrung mit sittlichen, sozial zweckmäßigen

Eigenschaften verbunden sind – so oft auch zufällige Vererbungen das eine vom anderen trennen mögen. Ja der ästhetische Reiz jeder überhaupt sehr charakteristischen, das heißt ein Inneres unzweideutig verratenden Physiognomie mag daher stammen, daß die äußere Offenbarung der Wesensart eine zwar nicht immer für das Individuum, aber für seine soziale Umgebung höchst nützliche Qualität ist. Und ebenso mit untermenschlichen Formen: die architektonische Schönheit erscheint als die vollendete Proportion von Lasten und tragenden Kräften, von Druck und Spannung, kurz als die Struktur, die für den Bestand und die Zwecke des Werkes die zweckmäßigste ist. Alle räumlichen Gestaltungen erscheinen uns schön, die den Raum übersichtlich gliedern, also für die praktischen Zwecke die geeignetsten sind, alle physischen und seelischen Wirklichkeiten, die mit einem Minimum von Kraftaufwand ein Maximum von Zweckerfolg erreichen. Aber alle diese praktischen Zwecke sind vergessen, wo der ästhetische Wert sich erhebt; die Länge der Vererbungen, die Vielheit und Selbstverständlichkeit der Erfahrungen haben sie längst unbewußt gemacht, diese haben ihrer Form nur die allgemeine Bedeutung hinterlassen, die sie einst durch ihre konkreteren Inhalte erworben hat, und die jetzt nur gefühlsmäßig geworden ist. Es ist die Bedeutung der Zweckmäßigkeit, aus der der Zweck entschwunden ist, jenes bloß innerliche, von aller Materie gelöste Nachschwingen längst untergesunkener Freuden oder Nützlichkeiten – das Kant in die erschöpfende Formel der Zweckmäßigkeit ohne Zweck zusammenfaßt. Und dies scheint mir kein verächtlicher Ursprung der ästhetischen Tatsächlichkeit; er verwebt sie in die ganze Breite des Lebens, läßt sie aus dessen Unerläßlichkeiten und den Bedingungen seines Wachstums sich entwickeln. Und nur dann würden sie an seine Niederungen und Ungeistigkeiten gefesselt bleiben, wenn ihr Reiz noch durch die einzelnen greifbaren Zwecke bedingt wäre. So aber, wo die bloße Form dieser, nur ihr typischer Sinn und Geist geblieben ist, stellen sie den feinsten Extrakt des Lebens dar; die Zweckmäßigkeit, in der die Zwecke sich verzehrt haben, ist jener »farbige Abglanz«, an dem wir das Leben haben, weil er sich über das Leben – aber doch aus dem Leben – erhoben hat.

Es gehört zu den eigentümlichsten Erfahrungen in der Geistesgeschichte, daß die hiermit umschriebene ästhetische Grundüberzeugung Kants ersichtlich garnicht aus seinem positiven Verhältnis zu den ästhetischen Objekten gewonnen ist, sondern nur indirekt, durch das wissenschaftlich verstandesmäßige Bedürfnis, den Begriff des Schönen mit völliger Genauigkeit gegen die des sinnlich Angenehmen, des Wahren, des sittlich Guten abzugrenzen. Die Tendenz seines ganzen Denkens war, die Gebiete des Daseins unter die seelischen Energien aufzuteilen, die sie aufnehmen oder hervorbringen; die Schärfe und Gerechtigkeit, mit der er so die innere Vielheit des Subjektes und damit die der objektiven Welt gliederte und jedem Teile das Seine gab, war die große Geste, mit der er in die philosophische Entwickelung eintrat. Das Schöne, das ihm gewiß zunächst nur ganz im allgemeinen als ein Gebiet eigener Gesetzgebung vorschwebte, mußte nach seinen *Grenzen* bestimmt werden. Sie ergaben sich dem Sinnlichen wie dem Sittlichen gegenüber durch die Gleichgültigkeit gegen alle Realität. Alles sinnliche Interesse knüpft sich an das Empfindbare, das wirklich ist, oder dessen Wirklichkeit wir wünschen; alles sittliche Interesse an das, was wirklich sein *soll*, wenngleich es vielleicht sehr unvollkommen verwirklicht wird. Das ästhetische Urteil aber knüpft sich an das bloße Bild der Dinge, an ihre Erscheinung und Form, gleichviel, ob sie von greifbarer Realität getragen wird oder nicht. Die Grenze gegen alle Erkenntnisurteile aber liegt im Gefühlscharakter alles Aesthetischen; der höchste Punkt, auf den hier die seelischen Bewegungen hingehen, der die Elemente des schönen Gegenstandes oder des Kunstwerkes zu einer Einheit zusammenhält, ist nicht mit Begriffen zu bezeichnen, während alle Erkenntnis gerade auf der Zusammenfassung von Einzelheiten zu höheren, bewußten Begriffen ruht. Das Aeußerste, wozu das Denken sich erhebt, sind die metaphysischen Begriffe, denen keine Anschauung entspricht, – das ästhetische Gefühl aber bezieht sich auf Anschauungen, denen kein Begriff entspricht. Damit ist aber nicht behauptet, daß das ästhetische Urteil willkürlich oder grundlos sei; nur liegt sein Grund nicht in bestimmten Begriffen, die unsere Seele bildet, sondern in jener ganz allgemeinen, innerlich harmonischen Stimmung, jener organischen, für alle ihre Zwecke günstigen Spannung und Rangierung ihrer Energien, die jenseits aller Einzelbestimmtheit lebt, weil sie nur die reine, abgelöste Funktion aller inhaltlich bestimmten singulären Vorgänge ist. Aus dieser Konstellation erklärt Kant die Eigentümlichkeit des Geschmacksurteils: daß niemand einen anderen von der Richtigkeit des seinigen überzeugen kann, wie von der Richtigkeit einer theoretischen Behauptung, und daß doch jeder mit dem Urteil: dies und das ist *schön* – etwas Gültiges, eigentlich von allen anderen Anzuerkennendes auszusprechen meint, im Unterschied gegen rein sinnliches Gefallen, bei dem sich jeder mit der bloßen Subjektivität seines Gefühls zufrieden gibt. In der Tat: niemand kann im Ernst darüber streiten, ob Austern gut schmecken, ob Moschus ein angenehmer oder widriger Geruch ist; ob aber ein Kunstwerk schön ist oder nicht, hat die leidenschaftlichsten Kontroversen erregt, als gäbe es dafür einen Beweis und verstandesmäßige Ueberzeugung, die doch tausendfache Erfahrung als illusorisch zeigt. Was den modernen Menschen von neuem so stark zu den ästhetischen Werten zieht, ist dieses einzigartige Spiel zwischen dem objektiven und dem subjektiven Standpunkt, zwischen der Individualität des Geschmackes und dem Gefühle, daß er doch in einem Ueberindividuellen, Allgemeinen wurzele. Diesen Widerstreit löst allerdings die Kantsche Vorstellung: Das ästhetische Urteil beruhe zwar sozusagen auf Begriffen und Zweckmäßigkeiten, aber nicht auf *bestimmten*, sondern nur auf dem allgemeinen Zustand, gleichsam auf der Form der Seele, die sie bei der Bildung von Erkenntnissen und Zwecken annimmt, die aber hier nicht zu solchen vorschreitet, sondern in sich selbst beschlossen bleibt und sich nur als Gefühl kundgibt. Und dieses dunkle Bewußtsein, daß hier die grundlegenden Funktionen des Geistes für sich allein agieren, die allen Seelen gemeinsam sind, läßt uns glauben, daß wir in diesen Urteilen doch nicht alleinstehen *könnten*, daß doch eigentlich jeder andere das gleiche fällen müßte, wenn es nur gelänge, ihn das Objekt in der gleichen Weise sehen zu lassen. Wir haben hier einen ganz subjektiven Vorgang, ein Gefallen oder Mißfallen, das wegen seiner Erhebung über alle Zufälligkeit sinnlichen Vergnügens auf das allgemein Menschliche in uns zurückzugehen scheint; damit erhebt es den Anspruch auf Gültigkeit über das persönliche Subjekt hinaus, wie sie sonst nur innerhalb der Erkenntnis erreichbar ist. Alle Differenzen der ästhetischen Urteile auf gleicher geistiger Ausbildungsstufe könnten dann nur daher stammen, daß jenes reine Verhältnis und formale Spiel unserer seelischen Kräfte schon als vollendet empfunden wird, wo es dies tatsächlich noch nicht ist, daß es sich für den einen durch Eindrücke anregen läßt, die dem anderen dazu ganz unzureichend sind. – Man mag diese Kantsche Hypothese für befriedigend halten oder nicht: sie ist jedenfalls der erste und einer der tiefsten Versuche, die individuelle Subjektivität des modernen Menschen, auf die er nicht verzichten mag, mit der überindividuellen Gemeinsamkeit aller, deren er nicht weniger bedarf, innerhalb des ästhetischen Gebietes zu versöhnen. Die Anerkennung, daß es in so indiskutabeln Tatsachen, wie die des ästhetischen Geschmackes sind, dennoch etwas Allgemeingültiges gibt, weil sie auf die ganz überindividuelle Harmonie unserer seelischen Kräfte zurückgehen, die nur auf individuelle oder irrige Veranlassung hin ihr Spiel beginnt, – ist der erste Eingriff des modernen Geistes in das ästhetische Gebiet. Denn die Probleme dieses Geistes durften sich in der Hauptsache wohl um jenes Eine gruppieren: wie die Freiheit und Mannigfaltigkeit der Individuen bestehen könne, ohne in Gesetzlosigkeit und Isolierung zu verfallen. Indem Kant die ästhetischen Urteile als eine der Formen erkennt, in denen dieses Problem lebt, indem gerade seine Lösung der ästhetischen Grundfrage die Spannung zwischen dem Individuellen und dem Allgemeinen in uns aufs schärfste fühlbar macht, hat er vielleicht mehr als durch den sachlichen Wert dieser Lösung dem erst nach beinahe hundert Jahren bewußt gewordenen Bedürfnis gedient, die ästhetischen Probleme in die letzten Fragen des Lebens zu verflechten, und hat die Ueberzeugung wachsen lassen, daß gerade in den neuen Schwierigkeiten dieser Verflechtung das Recht liegt, sie auch als Träger neuer Lösungen anzusehen.

Schopenhauers Aesthetik und
die moderne Kunstauffassung

Der Kern der Schopenhauerschen Philosophie ist wie bekannt: daß wir an unserm *Willen* die deutlichste, bewußte Offenbarung dessen besitzen, was der ganzen Erscheinung der Welt als ihr wahrhaftes Wesen zu Grunde liegt. Das rastlose Fluten und Drängen, das in der ziehenden Wolke und den Lebensvorgängen der Organismen, den zu einander gravitierenden Körpern und der zuckenden Flamme lebt, ist nur die dumpfe, unbewußte Form desselben Willens, der jeden Augenblick unseres Daseins füllt – ob wir leiden oder handeln, genießen oder verzichten. Und dies verurteilt das Leben zu seiner dauernden Qual und Unbefriedigtheit, die der Pessimismus Schopenhauers formuliert: weil der Wille nichts außer sich hat, woran er sich dauernd befriedigen könnte, sondern immer nur sich selbst, in tausend Verkleidungen, greift; er kann, dem tiefsten metaphysischen Sinn unserer Existenz und der der Welt nach, immer nur an sich selbst zehren und seinen Durst nicht löschen, weil er selbst das Absolute und Definitive alles Daseins ist, jenseits dessen Nichts ist. Das Leben selbst ist nur eine seiner Manifestierungen; und darum muß innerhalb des empirischen Menschenlebens alles *Denken* und *Erkennen* der Willensfunktion, in der das eigentliche Wesen unserer Seele lebt, *untertan* sein. Gleichviel welchen idealen Wert die Wahrheit als selbständig gewordene Wissenschaft besitze – daß wir sie ergreifen, ist Sache der praktischen Impulse des Lebens und des Wollens, sie erst durchströmen die Inhalte des Verstandes mit Blut und Wärme; damit freilich verlieren diese ihre Selbstgenügsamkeit, ihren Eigenwert, und werden zu *Mitteln* des Willens; die Willensform unserer Existenz: das Hasten und Drängen, das Ergreifen um loszulassen, Loslassen um zu ergreifen, bemächtigt sich unseres Intellekts, um sich mittels seiner zu Einzelzwecken zu gestalten, um sich von ihm die einzelnen Wege ihres formlosen Dranges vorzeichnen zu lassen.

Neben diesem aber nun lehrt Schopenhauer, daß der Intellekt die Möglichkeit hätte, sich zeitweilig von dem Frondienst des Willens zu befreien; wobei er unter Intellekt keineswegs das logische verbindende Denken versteht, sondern die Bewußtseinssphäre, in der sich überhaupt das gegenständliche Anschauungsbild der Welt formt.

Als eine Tatsache, die er nicht weiter zu begründen versucht, schildert er, wie wir uns in die Anschauung, in die bloße Vorstellung eines Objekts so völlig zu versenken im Stande wären, daß alle Regungen, die sich sonst in uns geltend machen und die immer offene oder verhüllte Willensimpulse sind, völlig zum Schweigen kommen. Wir sind in solchen Augenblicken der absoluten Kontemplation ganz und gar von dem Bilde des Dinges ausgefüllt, so daß die Bedingung des Willens und seiner Qual: daß das Ich und sein Gegenstand sich gegenüberstehen, durch die eigentlich unüberbrückbaren Klüfte räumlicher und zeitlicher Art von einander getrennt sind – daß diese Bedingung verschwindet. Vielmehr, wir fühlen, der Betrachtung einer Erscheinung völlig hingegeben, kein Ich mehr, das von seinem Inhalt gesondert wäre, wir haben uns in diesen »*verloren*«. Damit ist aller Egoismus aufgehoben, denn das Ich, das ihn tragen könnte, ist versunken, und mit ihm alles Haben-Wollen, denn in solcher vollendeten Anschauung *haben* wir alles von dem Ding, was wir jetzt wollen und wollen können. Glück und Unglück, die Attribute des Willens, bleiben jenseits der Grenze, an der die reine Anschauung beginnt, wo die Dinge nur noch als *Vorstellungen*, nicht mehr als Reize unseres Begehrens für uns bestehen.

Dies ist der Kern der *ästhetischen* Verfassung: daß sich in uns, kurz gesagt, die Welt als Vorstellung gänzlich von der Welt als Wille ablöst, von der sie sonst getragen, durchflutet, getrieben ist; das Dasein der Dinge in unserem Intellekt, sonst den *Zwecken* des Lebens dienend, reißt sich von dieser Wurzel im Willen los und schwebt als reines Bild in eigenem Raum, ohne auch nur dem Ich eine Sonderexistenz zu lassen; auch dieses muß völlig in dem Bilde, in der Vorstellung aufgehen. Dies ist die radikale Wendung des inneren Menschen, die *Erlösung* durch den ästhetischen Zustand, der sich jedem beliebigen Objekt gegenüber einstellen kann, sobald dessen reiner, vorstellungsmäßiger Inhalt, keinem Willensinteresse mehr dienend, uns erfüllt: was wir schön nennen, sind nur solche Objekte, die uns die von dem Willensgrunde in uns gelöste Betrachtung erleichtern, das künstlerische Genie ist ein Mensch, dem diese vollständiger und umfassender gelingt als allen anderen, das Kunstwerk ist ein Gebilde, das uns gewissermaßen zu ihr zwingt; mit ihm ist der aus allen Verflechtungen mit dem Begehren und dem bloß Praktischen herausgewonnene Vorstellungsinhalt der Dinge und Geschicke zu einem eigenen Dasein gelangt – die Kunst, so drückt Schopenhauer es einmal wundervoll aus, »ist überall am Ziele«. Zwischen dem schöpferischen Genie und dem aufnehmenden Individuum stehend ist sie die Wirkung wie die Ursache jener Emanzipation des reinen Intellekts vom Willen, aus der sich nun ihre ganze Bedeutung innerhalb der Metaphysik Schopenhauers entfaltet.

Die Wandlung, die sie zunächst im Subjekt erzeugt, habe ich schon angedeutet: die Individualität, die qualitative und raum-zeitliche Besonderheit des Menschen sinkt vor ihr unter. Wie der ästhetische Zustand vor einem Sonnenuntergang der gleiche ist, ob man ihn aus dem Fenster eines Kerkers oder eines Palastes erblickt, so schwebt das Auge, das ein Bild genießt, das Ohr, das sich den Tönen der Musik ergibt, in einem Reiche, in dem es gleichgültig ist, ob dieses Auge, dieses Ohr einem Könige oder einem Bettler angehört. Ebendieselbe Erlösung aber aus der Individualität, der raum-zeitlichen Bestimmtheit, den kausalen und dem Fluß der Lebenselementen eigenen Relationen, die das Subjekt der ästhetischen Anschauung gewinnt, kommt auch ihrem *Objekt* zu; in ihr heben wir den Gegenstand aus seiner Verflechtung mit seinen Umgebungen, die nicht in eben diese ästhetische Anschauung mit eintreten, absolut heraus und wie er so seine Relativität verliert, so auch seine Individualität, die auch ihm nur vermöge der beziehenden Unterscheidung gegen anderes, und vermöge des Bestimmtwerdens durch Elemente außerhalb seiner zukommt. Was aber so übrig bleibt oder entsteht, das nennt Schopenhauer mit Berufung auf Plato die *Idee* des Dinges, die den eigentlichen Gegenstand der Kunst ausmacht.

Alle in Zeit und Raum wirklichen Einzeldinge besitzen außer ihren kausalen und sonstigen, ihre Realitäten verbindenden Relationen noch eine Beziehung völlig anderer Art: wir empfinden oft, daß Individualerscheinungen nur ein Beispiel eines *Allgemeinen* sind, das von dem Auftauchen und Verschwinden, dem Oft und Selten, dem Hier und Dort jener Wirklichkeiten nicht getroffen wird, sondern jenseits all dieses eine eigentümliche Bedeutung bewahrt, freilich aber von keiner einzelnen Wirklichkeit in voller, ungetrübter Reinheit dargestellt wird. Indem wir dieses mit einer besonderen Art von Anschauung in jedem einzelnen Dinge erblicken, erschöpft es doch in diesem einzelnen nicht, sondern bleibt in seiner überindividuellen Bedeutsamkeit davon ganz unberührt, in welcher Vollständigkeit oder Gebrochenheit es durch die zufällige Verwirklichung hindurchleuchtet. Es gibt also Vorstellungsobjekte, welche, sozusagen formal, genau dem

Subjekte der ästhetischen Vorstellung entsprechen. Indem wir den Gegenstand auf seine »*Idee*« hin ansehen, die zugleich sein innerstes Wesen und sein nie völlig realisiertes Ideal ist, entheben wir ihn ebenso seiner Einzelheit, der bloßen Relativität seiner zeit-räumlichen Stellung, der Verflochtenheit in das physische Sein, wie wir selbst, ästhetisch betrachtend, all diesem enthoben sind. Dies nun begründet für Schopenhauer den Schluß – freilich nur durch eine Art von Indizienbeweis –, daß der Gegenstand unserer ästhetischen Anschauung eben diese »Idee« ist, dieses durch sie hindurch schimmernde Allgemeine, das wir zwar in dem Einzelnen schauen, das aber seinem Wesen nach gegen diese einzelne Konfiguration ganz indifferent ist. Aesthetisch betrachtend *sehen* wir in dem individuellen Ding sein Allgemeines, während wir es in dem logischen Allgemeinbegriff nur *denken*. Das Kunstwerk bedeutet: daß der ideelle Kern, den die ästhetische Betrachtung in jedem Objekt erblickt, wie in reiner Kristallisierung dargestellt wird, sich gleichsam seinen eigenen, keinen fremden Bestandteil mehr tragenden Körper baut. Indem das Objekt durch das geniale Subjekt hindurch geht und nur seinem Ideenwerte nach aus ihm wieder heraustritt, wird dieser Wert für alle anderen Subjekte nur greifbarer, begreifbarer. Ein solcher als Anschauung lebender Typus, die Formstufe, in deren Umrisse die Wirklichkeit, den Gesetzen des raum-zeitlichen Geschehens gemäß, eine Unendlichkeit ihrer Geschöpfe gießt, ist schlechthin einzig, für sich bestehend, in ihrem Sinne gegen alles Vorher und Nachher und Daneben gleichgültig. Es mag eine endlose Zahl solcher Stufen geben, endlose Möglichkeiten, sie durch die Kunst zu deuten – aber *jede* kann es nur *einmal* geben, dieselbe zum zweiten Male würde mit dem ersten Male zusammenfallen; während die einzelnen realen Dinge, die gleichsam nach diesem Muster gebildet sind, in unermeßlicher Vielheit nebeneinander und nacheinander existieren. Die Forderung des ästhetischen Gebildes: selbstherrliche Einheit und Einzigkeit, verbunden mit überindividueller Gültigkeit und Normierungskraft für eine Unendlichkeit von Einzelnem – wird durch die metaphysische Konstruktion jener Ideen eingelöst, indem der ideale Sinn und Inhalt jeder Stufe nur einmal und in völliger Autonomie existiert, aber durch jedes der zahllosen Gebilde, durch die die Natur diese Stufe verwirklicht, als ihr nur unvollkommen erreichtes Urbild für den ästhetischen, genießenden oder schöpferischen Blick hindurchleuchtet.

Daß die Idee, der Gegenstand der ästhetischen Anschauung, nicht in Zeit und Raum ist, könnte angesichts des Zeitverlaufs in Drama und Erzählung, angesichts der Raumdarstellung in der bildenden Kunst ganz unbegreiflich erscheinen. Wenn *Schopenhauer* in Bezug auf die Unräumlichkeit des Aesthetischen sagt: »Nicht die mir vorschwebende räumliche Gestalt, sondern der Ausdruck, die reine Bedeutung derselben, ihr innerstes Wesen – ist die Idee und kann ganz dasselbe sein, bei großem Unterschied der räumlichen Verhältnisse der Gestalt« – so offenbart sich darin allerdings sein Abstand von der *modernen* Auffassung der Kunst, die er sonst vielfach antizipiert. Gewiß hat er für seine Kunstphilosophie ein intimeres Verhältnis zur Anschaulichkeit mitgebracht, als vielleicht irgend ein Philosoph vor ihm; allein der goethische Klassizismus auf der einen Seite, die – trotz aller prinzipiellen Klarheit über den Gegensatz von Begriff und Idee – noch bestehende abstrakt-intellektuelle Färbung der Idee auf der andern hinderten ihn an der rein artistischen Auffassung der Kunst, die zwar eine weitere und metaphysische Ausdeutung durchaus zuläßt, aber nicht das Eingreifen dieser in den immanenten Zusammenhang des Aesthetischen, so wenig wie in den der Naturwissenschaft. Dennoch handelt es sich zwischen ihm und uns nur noch um eine genauere Differenzierung, um eine sozusagen nur quantitative Entwicklung. Daß die Räumlichkeit ein absolut *wesentlicher* Inhalt des Bildwerkes ist, läßt sich mit seiner Erhebung aus der realen räumlichen Bestimmtheit durchaus vereinen. Denn wenn auch der Raum im Kunstwerk ist, so ist doch das Kunstwerk nicht im Raum. Die Leinwand mit ihrem Farbenauftrag oder das Stück Marmor steht zwar im Raume. Aber der Raum, den das Bild *darstellt*, die räumliche Konfiguration der Gestalt, die den Inhalt der Plastik bildet – diese sind durchaus nicht realer Raum, sind durchaus nicht von den Grenzen umfaßt, die die Leinwand und der Marmor als Materienstücke im realen Raum umfassen und bestimmen. Mit dem Zeitbegriff steht es ersichtlich ebenso: die Zeit, in der das Drama verläuft, ist eine rein ideelle, und völlig damit verträglich, daß es der Zeit als einer Form des realen Lebens gänzlich entrückt ist. Der Raum und die Zeit, in denen wir *leben*, umgeben jedes Ding und jedes Schicksal, machen es dadurch zu einer bloß individuellen Existenz, geben ihm Grenzen von außen her. Das Kunstwerk aber hebt nur den reinen Inhalt solcher heraus und stellt diesen ganz jenseits jeder Stelle, die ihm von einer Begrenzung durch anderes kommen könnte. *Der* Raum und *die* Zeit, die in einem Kunstwerk in die Erscheinung treten, werden also tatsächlich gar nicht von anderen Räumen und Zeiten begrenzt, sondern ein jedes von ihnen bildet seine Welt – die des betreffenden Kunstwerkes – für sich allein. Vom Standpunkt der Realität aus gesehen bleibt also das Kunstwerk völlig unräumlich und unzeitlich, auch wenn es selbst zeitliche und räumliche Bestimmungen einschließt, die aber nicht weniger als alle seine sonstigen in der Sphäre der Idee leben. Daß Schopenhauer diese beiden Räume nicht unterscheidet: den Raum *innerhalb* des Kunstwerks, der seiner Idee als Element zugehört, und den Raum *um* das Kunstwerk herum, von dem jener überhaupt nicht berührt wird –, läßt ihn zu dem ganz aussichtslosen Versuch greifen, den Raum aus dem Kunstwerk als etwas dafür Irrelevantes hinwegzudeuten.

Eine tiefere als diese, durch eine gewisse Verschärfung der Begriffe lösbare Diskrepanz zwischen der Schopenhauerschen und der modernen Kunstanschauung besteht in Hinsicht des allgemeinen *Gegenstandes* der Kunst. Mit großer Entschiedenheit lehnt Schopenhauer ab, was wir heute Naturalismus und Impressionismus nennen. Alle Nachahmung der Wirklichkeit hat mit Kunst nichts zu schaffen; man kann seine Argumente dafür so zusammenfassen, daß die bloße Nachahmung uns nur das gäbe, was wir ja sowieso schon haben, und daß ihr deshalb die Erlösung und der Uebergang zu einer anderen Welt, die uns die Kunst schafft, nicht gelingen kann. Ebensowenig aber wie ein herausgeschnittenes Stück Natur kann eine Zusammensetzung natürlicher Elemente – die in der Wirklichkeit an viele individuelle Erscheinungen verteilt sind – den eigentlichen Gegenstand der Kunst ausmachen. Denn ein solcher Empirismus der Kunst würde seine eigene Voraussetzung unerklärt lassen: das Kriterium nämlich, nach dem unter den einzelnen, von der Natur dargebotenen Erscheinungen, die Auswahl der Teile getroffen werde, aus denen das Kunstwerk erwachsen soll. Auf dem Wege des Naturalismus und des Empirismus ist also das Wesen der Kunst nicht zu finden, weil sie nicht ein Gegebenes aufzunehmen und weiterzugeben hat, sondern einerseits durch das Gegebene gleichsam hindurchgreifend von der *Idee* lebt, andererseits die tieferen Schichten unseres Seins jenseits der bloß rezeptiven, erfahrungbildenden in Tätigkeit setzt.

So sehr nun mit alledem abgelehnt ist, daß die Kunst die Schleppenträgerin der Wirklichkeit sei, so ist dennoch ihre Autonomie im Sinne der modernen Auffassung damit noch nicht erreicht; denn es stellt sich ihr Verhältnis zur »Idee« doch als eine vielleicht nicht geringere *Abhängigkeit* dar. Niemand wehrt sich so dagegen, daß die Kunst einen »Zweck« habe, als Schopenhauer. Und nun hat sie doch einen Zweck: Die Idee darzustellen, von der ihr Reiz und Bedeutung kommt. Denn solange wir im rein Aesthetischen bleiben, mag die Idee nur ein Name für den Gegenstand der Kunst sein; innerhalb des metaphysischen Weltbildes Schopenhauers aber ist sie eine selbständige Wirklichkeit und die Kunst nur ein Mittel, sie darzustellen. Hätte die Menschheit etwa Formen zur Verfügung, die Idee adäquater auszudrücken, als durch die Kunst, so müßte Schopenhauer diese konsequenterweise für überflüssig erklären. Mag Kunst nicht anders denkbar sein, als indem die Ideen ihren Inhalt bilden – die eigentümliche Art, in der gerade die Kunst ihn formt, besitzt für das moderne Gefühl einen Wert und einen Sinn, der von dem Wert und dem Sinn dieses Inhalts *unabhängig* ist; wie vielleicht der Reiz des menschlichen Körpers ein ganz anderer oder minderer wäre, wenn er nicht der Träger einer Seele wäre, aber nun doch als dieses eigentümliche Gebilde einen Wert für uns hat, der bestehen bliebe, auch wenn die Seele sich etwa in anderen Gestaltungen viel adäquater ausdrücken könnte. Es ist sehr schwierig, bei zwei in der Tatsächlichkeit unbedingt verbundenen Elementen das Sonderrecht des einen herauszustellen, das er freilich nur in der Verbindung mit dem anderen realisieren kann; aber es bleibt das Verdienst der Formel des *l'art pour l'art*, die Eigenbedeutung der Kunstform als solcher zu pointieren, gleichviel ob sie historisch, psychologisch, metaphysisch nur mit, vielleicht sogar aus andersartigen Bedeutsamkeiten besteht. Man mag mit Recht subjektiv ein *l'art pour le sentiment*, objektiv ein *l'art pour l'idée* fordern; jene erste Formel aber bezeichnet ein Drittes, das der Kunst erst ihr eigenes Reich zuweist, wie die Erkenntnis, wie die Religion, wie die Moral solche besitzen, so sehr jedes tatsächlich nur in der Verflechtung mit Werken außerhalb seiner spezifischen Domäne in die Erscheinung treten mag. Die Idee hat ihre metaphysische Wirklichkeit, ohne Rücksicht darauf, ob sie ästhetisch erscheint, künstlerisch verkörpert wird; ruht nun der Wert der Kunst ausschließlich auf der Idee, die in ihr zum Ausdruck gelangt, ist sie, wie Schopenhauer will, in eben dem Maße vollkommener, in dem sich die Idee in ihr reiner, vollständiger darstellt, so bleibt sie ein bloßes an sich indifferentes Mittel, und die Trennung ihrer Eigenbedeutung von allem, was nicht Kunst ist, ist trotz alledem nicht gelungen. Auch nicht dadurch, daß Schopenhauer ihr Wesen in die Form setzt, da alle Materie das schlechthin Einzelne, nur einmal Vorhandene sei, während die Form für eine Unendlichkeit von Wesen als die immer identische gelten kann. Denn nach dieser Ablösung der künstlerisch indifferenten Stofflichkeit der Dinge bleibt keineswegs die Form als der alleinige Bestand der Kunst übrig; sondern es gibt noch ein Drittes außer Materie und Form: das, was man den *Inhalt* nennen kann. An einer menschlichen Erscheinung z. B. fällt für den Sinn der Kunst zunächst die Materialität fort; was dann noch besteht, ist freilich ihre Form, aber noch nicht die Kunstform ihrer, sondern die Form ihrer bloßen Wirklichkeit, welche erst ihrerseits in die spezifischen Kunstformen der Malerei, der Plastik, bzw. der verschiedenen Stilisierungsarten zu gestalten ist. So liefert die Wirklichkeit nach Abzug ihrer Materialität dem Kunstwerk ihre Form, die für dieses und seine Gestaltungskräfte zum Inhalt wird. Und nun erst erhebt sich die eigentlich entscheidende Frage: ob die Darstellung dieses *Inhaltes* oder die *Darstellung* dieses Inhaltes den Sinn und Wert des Kunstwerkes ausmacht, ob die Umformung, die der Inhalt der Wirklichkeit erfährt, um Inhalt des Kunstwerkes zu sein, nur an der ihr gelingenden Verdeutlichung dieses an sich interessierenden Inhaltes ihren Zweck hat, oder ob sich an sie selbst ein Interesse heftet, das, obgleich nur an einen Inhalt anknüpfbar, doch von sich aus allein die Existenz der Kunst rechtfertigt. Diese Frage hat Schopenhauer nicht in solcher Schärfe aufgeworfen, aber er hat sie entschieden: so, daß das Kunstwerk um seines Inhaltes – nämlich der Idee willen besteht, daß alles, was man das Funktionelle der Kunst nennen könnte: die Stilgebung, die Anwendung der technischen Mittel, der Ausdruck der künstlerischen Individualität, die Lösung der spezifischen, nur der einen und keiner anderen Kunst zufallenden Aufgaben – daß alles dies sein Interesse nur von dem Interesse an der Idee zu Lehen trägt, die den jeweiligen Inhalt des Werkes bildet. Ich will eine Stelle anführen, die die ganze Unversöhnlichkeit seines Gesichtspunktes mit dem eigentlich artistischen kraß beleuchtet. Der »*eigentliche*« Zweck der Malerei, sagt er, wäre die Auffassung der Ideen, wobei wir zugleich in den Zustand des willensfreien Erkennens versetzt würden; *außerdem* aber komme ihr noch eine

»davon unabhängige und für sich gehende Schönheit zu, durch die bloße Harmonie der Farben, das Wohlgefällige der Gruppierung, die günstige Verteilung des Lichtes und Schattens und den Ton des ganzen Bildes. Diese untergeordnete Art der Schönheit befördert den

Zustand des reinen Erkennens und ist in der Malerei das, was in der Poesie die Diktion, das Metrum und der Reim ist: nämlich *nicht* das *Wesentliche*, aber das zuerst Wirkende.«

Es ist leider kein Zweifel: er hat damit einen erheblichen, vielleicht den erheblichsten Teil jener reinen, nur ihren inneren Gesetzen gehorsamen Kunstform als ein nur subjektiv wirksames Reizmittel denunziert; wogegen, wenn die Kunst wirklich als Kunst, als eine besondere Gestaltung der Daseinsinhalte, Selbstzweck ist, all diese »untergeordneten« Elemente gerade einen *objektiven* Wert haben und mit den nicht in gleichem Maße sinnlichen Elementen zu der absoluten Einheit der künstlerischen Formgestaltung zusammengehen, aber keineswegs als deren Schrittmacher »für sich gehen«. Nachdem Schopenhauer die Selbstherrlichkeit der Kunst siegreich aller Unmittelbarkeit des Erlebens und allem begrifflich ausdrückbaren Inhalt abgerungen hat, beugt er sie nun doch zur Dienerin, wenn auch nur eines metaphysisch bedeutsamen Inhaltes herab.

Es ist aber noch eine Auffassung dieser Lehre möglich, die die Degradierung der Kunst zum bloßen Vortragsmittel für die Idee, als für das allein Wertvolle und Interessierende, doch einigermaßen mildert. Man kann dies so formulieren: das Wesentliche und Beglückende an der Kunst sei nicht nur, daß sie die *Ideen* ausdrückt, sondern daß sie die Ideen *ausdrückt*. Diese beiden Motive gehen bei Schopenhauer neben einander her. In der Hauptsache klingt es so, als ob es nur auf dies Bewußtwerden der Ideen ankäme, gleichviel auf welche Weise wir dazu gelangen; dann aber hört man doch heraus, es komme eben darauf an, daß die Ideen sich an sinnlichem Stoff, an einer Einzelerscheinung offenbaren. Er müßte zugeben, daß die Idee an und für sich nicht »schön« ist; schön vielmehr ist das *Ding*, das die Idee in einer gewissen Deutlichkeit und Vollständigkeit sichtbar macht, und zwar mehr oder weniger schön in dem Maße, in dem es diese Funktion besser oder schlechter ausübt, und mehr oder weniger sicher zur Auffassung der Idee zwingt. Was wir häßlich oder unkünstlerisch nennen, wäre dann ein Wesen oder ein Werk, dessen sich darbietende Erscheinung uns keinen klaren Blick in ihre Idee gestattet, in die Seinsstufe, zu deren Darstellung diese Erscheinung bestimmt ist. Diese negative Instanz des Häßlichen interpretiert vielleicht die fragliche Auffassung des Aesthetischen am klarsten. Daß die Schönheit doch nicht an der Idee haftet und die sinnliche Form der an sich indifferente Träger für sie ist, zeigt sich daran, daß umgekehrt das bloße Nicht-Dasein der Idee doch nichts Häßliches sein kann – häßlich ist nur das *Sinnending*, insoweit es der Idee entbehrt oder vielmehr insoweit es nach seiner Struktur und der unserer Seele es uns erschwert, die in ihm so gut wie in dem »Schönen« lebendige Idee wahrzunehmen. An und für sich müßte jeder Gegenstand genau so »schön« sein wie jeder andere, da es keinen gibt, der *nicht* das Beispiel einer Idee wäre; für einen Intellekt, der sich dieser objektiven Beschaffenheit der Dinge genau anpaßte, wäre Kunst nicht nötig, ja nicht möglich. Da nun aber unser menschlicher Geist ein unvollkommenes, zufälliges, variables Verhältnis zu den Ideen hat, so entsteht für ihn die Erscheinung des Schönen durch die Verschiedenheit des Maßes, in dem die Erscheinungen gerade ihm ihre Ideen offenbaren; denn für jenen absoluten Geist, dem alles gleichmäßig schön ist, wäre ersichtlich nichts schön, weil Schönheit ihren Sinn verliert und unempfindbar wird, wenn sie an jedem Punkte des Daseins in absolut gleicher Höhe haftet. Wenn gewisse Tiere uns immer häßlich erscheinen, so beweist dies nicht den objektiven Mangel der Idee in ihrer Erscheinung, sondern meistens nur, daß sie durch unvermeidliche Gedankenassoziationen uns Aehnlichkeit mit anderen Gebilden aufdrängen, z. B. der Affe mit dem Menschen, die Kröte mit Kot und Schlamm – die uns an der reinen Auffassung des an sich auch ihnen zukommenden ideellen Wesens hindern. Es ist also ein eigentlich unvollständiger, äußerst leicht mißzuverstehender Ausdruck Schopenhauers, daß die Kunst nur der Offenbarung der Idee diene. Denn wäre das genau richtig, würde das erreichte Ziel sich selbst illusorisch machen: wären uns alle Ideen der Dinge gleichmäßig und restlos zugängig gemacht, und bedeutete *dies* die Schönheit, so würde es keine ästhetischen Wertunterschiede und also überhaupt keine ästhetischen Werte mehr geben. Was die Kunst leistet, ist konsequenterweise dies, daß sie die Idee an einer Materialität, in einer Sondergestalt ausdrückt, die ihr noch einen gewissen Widerstand entgegensetzen, an denen das, was nicht Idee ist, nicht ganz verschwunden ist. Die Idee würde dann für die Kunst in demselben Sinn und derselben Bedingtheit bedeutsam sein, wie die seelische Beschaffenheit eines Menschen es für die geschlechtliche *Liebe* ist, die auf Grund jener entstanden ist. Diese Liebe mag ihre Wärme, ihren Sinn, ihre ganze Substanz von der Sympathie für jene Seele zu Lehen tragen, von der geheimnisvollen, erlösenden, beglückenden Reaktion auf ihr Dasein – dennoch würde sie als Liebe nicht oder nicht so bestehen, wenn die Seele nicht mit dem Körper verbunden wäre. Dieser Körper mag für sich allein durchaus keine erotische Anregung gegeben haben, ja er mag dem tiefsten seelischen Bedürfnis als ein Hemmnis, als ein eigentlich zu Ueberwindendes erscheinen, das den reinen Strahl der Seele bricht und beschattet – so scheint die Seele doch nur, indem sie sich in dieser trübenden Herabsetzung offenbart und die Durchseelung ihrer Hülle nie völlig erreicht, die spezifische Energie des Geliebtwerdens zu entfalten. Auf diese Weise wäre es allerdings durchaus kein Widerspruch, daß die Kunst ihren Wert und Sinn nur von der Idee entlehnt, die sie an den Erscheinungen sichtbar macht, und dennoch dieser Wert nicht an den Ideen haftet, sondern nur daran, daß eine Einzelerscheinung, deren greifbarer Materialität an sich die Idee völlig fremd ist, von ihr durchdrungen ist. Dadurch erst wird die Kategorie des Schönen und der Kunst eine völlig originäre, auf keine Komponenten zurückführbare: denn sobald die Idee und die Einzelerscheinung auseinandertreten, ist an keiner von ihnen der ästhetische Wert auffindbar, den die erstere der andern mitteilt und den sie nur geben, aber nicht haben kann.

Gerade aber gegenüber dem Glanz und Glück der Idee, in und von der die Kunst lebt, gegenüber also der ganzen Schopenhauerschen Aesthetik erhebt sich die Frage, wie weit sie sich mit dem *Pessimismus* seiner allgemeinen Weltanschauung verträgt. Wie kann die reine und tiefe Erkenntnis der Dinge, die das Wesen der Kunst ist, uns beglücken, wenn das Erkannte selbst nichts als Qual ist? Denn ihr Objekt ist doch nicht das Seelenlose der bloß räumlichen Anschauung, von dessen Verselbständigung und Herauslösung aus allen Verflechtungen des bewegten Lebens allerdings die Befreiung von allem Willen und Leiden am entschiedensten zu erwarten wäre; so daß die moderne Deutung aller bildenden Kunst als Darstellung und Klärung der Raumgebilde uns tatsächlich vor allem Hineingezogenwerden in das Dunkle und Fragwürdige der Innerlichkeit der Dinge am entschiedensten sichert und der ästhetisch gestalteten Seele die größte Freiheit ihren Objekten gegenüber, weil keine eigne Seelenhaftigkeit dieser unser Walten mit ihnen präjudiziert. Allein die Künste haben doch jenseits der bloß optischen Anschauung auch noch das Ganze und Innere des Lebens zu ihrem Gegenstande, und Schopenhauer zieht daraus so vorbehaltlos den für ihn konsequenten Schluß, daß er aus der *Tragödie* das optimistische Moment der »poetischen Gerechtigkeit« völlig streicht und in ihr ausschließlich den

Schmerz und den Jammer der Menschheit, den Triumph der Bosheit und den Fall der Großen und Gerechten dargestellt sieht. Tatsächlich klafft bei dieser Auffassung zwischen dem Charakter des Inhaltes und dem Genuß an seiner Darstellung ein Spalt, den Schopenhauer nicht überbrücken kann und der ihn bewegt, diesen Genuß zu streichen und die Wirkung der Tragödie ausschließlich ins Moralische zu setzen, in die Resignation und innere Befreiung von einer Welt und einem Lebenswillen, die derartige Früchte tragen. Wo nun aber die Darstellung der Szenen und der Empfindungen des Lebens tatsächlich zu ästhetischem Genuß wird, bleibt der psychologische Widerspruch bestehen, daß jene Inhalte für uns um so furchtbarer sind, je tiefer und wahrer sie erkannt sind, und daß diese Erkenntnis gerade in demselben Maße ästhetisch genußreicher ist. Man kann diese Schwierigkeit in Schopenhauers Sinne wirklich nur so lösen, daß die reinen Inhalte der Dinge, als solche vorgestellt, nichts von der Qual enthalten, die von eben denselben, wenn sie *sind* und als seiend vorgestellt werden, unabtrennbar ist. Es wäre ein plumpes Mißverständnis dieser Lehre, wollte man sie für etwas ganz Selbstverständliches erklären, da wir ja freilich nur das Seiende *fühlen* können, also ein Leiden natürlich nur aus einer Wirklichkeit stattfinden kann, nicht aber aus dem bloßen Bild der Dinge, das sozusagen nicht an uns rühren kann. Denn dies letztere ist nicht richtig. Auch die erdichtete Geschichte »rührt« uns, mit einer Gefühlsreaktion, in der auch das Leiden anklingt, antworten wir auch auf die Vorstellung des bloßen Inhaltes der Dinge. Nur daß dieser Reaktion der Ton von – sozusagen – Unversöhnlichkeit fehlt, der eigentlich über aller Wirklichkeit liegt, das schmerzhaft Unwiderrufliche des Seins. Die Kunstform mag aus dem rein vorgestellten Inhalt der Dinge das hinwegläutern, was auch ihm noch an Leidensreaktionen zukommt, und so kann die *logische* Bedeutungslosigkeit der bloßen Seinsform es Schopenhauer nicht verwehren, in der Kunst die Befreiung von den Leiden zu erblicken, die ihrem Inhalt, sobald er *ist*, unvermeidlich sind. Nur darüber wird Streit sein können, ob diese reine Negativität, dieses Nicht-Fühlen des Leidens am Sein wirklich den psychologisch unbestreitbaren positiven Genuß an der Kunst ausmachen kann – selbst auf dem Boden der Schopenhauerschen Auffassung vom Glück als dem bloßen Aufhören eines Leidens, dem bloßen Ausfüllen einer Lücke, dem bloßen Nicht-Mehr-Sein eines Begehrens.

Es gibt eine einzige Zeile bei Schopenhauer, die die empirisch unleugbare Positivität des ästhetischen Glücksgefühles allerdings aus der bloßen Negativität der verschwundenen Qual herzuleiten gestattete. Er sagt einmal, im Reiche der Kunst wären wir nicht nur dem wirklichen Leiden, sondern sogar der »Möglichkeit« eines solchen enthoben. Denn dies Reich freilich *kann* seinem Grundgesetz nach, keinem wirklichen Leiden, höchstens dem bildartigen Reflex desselben Raum geben, weil es den Willen, den Sitz jeglicher Qual, mit logischer Notwendigkeit ausschließt. Und solche Unmöglichkeit des Leidens ist allerdings etwas anderes, ist von qualitativ anderer Gefühlsbedeutung, als seine bloße Unwirklichkeit. Wenn das Leben in der Realität uns auch Ruhepausen seiner Schmerzen gewährt, so steht hinter ihnen immer die Gefahr, daß die Qual von neuem hervorbricht, wir empfinden in dem dunklen Fundamente dieser momentanen Erlösungen ihre Zufälligkeit und daß dieselbe gleichgültige Gesetzlichkeit, die sie herbeiführt, im nächsten Augenblick, ohne sozusagen einer prinzipiellen Wendung zu bedürfen, uns wieder mit dem vollen Maß der Schmerzen überschütten kann. Daß keinerlei Verkettung innerhalb der ästhetischen Welt ein solches Glied enthalten *kann*, daß wir jener Zufälligkeit *prinzipiell* in ihr nicht preisgegeben sind, mag allerdings ein Gefühl von Ruhe und Erlöstheit geben, das, obgleich es inhaltlich sich doch auch nur in der Negativität des Leidens hält, der Seele eine viel tiefere, überhaupt anders gerichtete Reaktion entlockt, wie das rein tatsächliche Freisein von Schmerzen.

Allein Schopenhauer scheint das Neue und fruchtbar Tiefsinnige seines eigenen Gedankens hier garnicht bemerkt zu haben. Er verflicht das Glück der Kunst gerade wieder in die Reihe der gelebten Wirklichkeit, der er es mit jener Bemerkung enthoben hatte, indem er es mit dem Glück des Schlafes vergleicht. Dabei aber bleibt die unableugbare qualitative Differenz dieser beiden Glücksformen völlig dunkel und ist aus dem Prinzip selbst nicht zu erklären. Alles Glück mag seinem inneren Wesen nach etwas nur Negatives sein: die Unterschiede innerhalb seiner, die nicht nur quantitative sind, nicht nur als Mischungsformen mit dem Leiden entstehen, bedürfen positiver Ursachen – für die das pessimistische System keinen Raum gibt. Und wie typischer Weise die Versagung einer relativen Konzession zur Folge hat, daß diese in viel höherem, ja in absolutem Maße gemacht wird, so enthält jene Leugnung einer spezifischen und positiven Beglückung durch die Kunst eigentlich einen nach zwei Seiten hin höchst gesteigerten *Optimismus*. Zunächst diesen: daß es schon genügt, nicht unglücklich zu sein, um glücklich zu sein. Es ist oft das Verhängnis radikaler Deduktionen, daß sie das positive wie das negative Vorzeichen gleichmäßig vertragen. Daß das Glück nichts anderes ist, als das Aufhören des Leidens, ist der tiefste Pessimismus; daß das Aufhören des Leidens schon Glück ist, ist der höchste Optimismus. Welche dieser Stimmungen man mit jenen Behauptungen also beweisen will, hängt ersichtlich nicht von der Behauptung selbst, sondern von der von vornherein mitgebrachten Stimmung ab. Und zweitens: daß die Welt ihrem Inhalt, ihrer reinen Vorstellungsseite nach absolut befriedigend, beglückend, ästhetisch vollkommen ist – das scheint mir ein Optimismus zu sein, der dem Pessimismus über ihr Sein die Waage hält. Wenn die als unwirklich gedachte Welt nicht mehr die Sinnlosigkeit, den Widerspruch, die Verzweiflung der wirklichen in sich trüge, sondern völlig freudlos und leidlos wäre, für unser Gefühlsschicksal so gleichgültig, wie für den Lauf eines Stromes die Bilder der Wolken, die durch seinen Spiegel ziehen – so wäre dies mit dem radikalen Pessimismus verträglich; daß aber die Weltinhalte über die Indifferenz hinaus uns beseligen und umso tiefer, je wahrer der Spiegel der Kunst sie zeigt – das ist eine schlechthin beglückende Struktur der Welt, und zwar ein Reichtum an Glück, gegen den der Pessimismus des Daseins, selbst in seinem ganzen Radikalismus zuzugeben, als etwas Armes und sozusagen Dimensionsloses erscheint.

Ja, nicht nur einem Optimismus, sondern auch dem von ihm verpönten *Realismus*, der die Kunst der bloßen Wirklichkeit untertan sein läßt, gibt Schopenhauers Prinzip Raum. Denn indem die ganze subjektive eudämonistische Bedeutsamkeit der Kunst in das Freisein von der Wirklichkeit gesetzt wird, wird sie von dieser dennoch abhängig, wenn auch mit negativem Vorzeichen. Sie wird hier wie beim Realismus von der Wirklichkeit aus gesehen. Die Kunst lebt hier sozusagen auf dem Verschwindepunkt der Wirklichkeit, aber nicht jenseits ihrer, sie ist in unsern ästhetischen Zustand hineingegangen, wie unsere Feinde und diejenigen, denen wir zu begegnen vermeiden, in unser Leben hineingegangen sind. Solange Schopenhauer die Kunst nur von ihr selbst aus betrachtet, gibt er ihr die Reinheit und Selbstgenügsamkeit einer in sich geschlossenen Welt, die ihre Werte und Bedeutsamkeit ausschließlich in ihrem eigenen positiven Sinne und ihrer Normiertheit findet, sobald nun aber sein Pessimismus die

Kunst zwingt, ihre Reize ausschließlich aus der Abkehr aus der Wirklichkeit zu schöpfen, verliert sie jene Souveränität, verdankt sie sich nicht mehr sich selbst. Die bloße Nicht-Wirklichkeit im negativen Sinne, in der sie lebt, und die ein Jenseits der ganzen Frage von Sein und Nichtsein bedeutet, wird durch eine typische Denkirrung zu einer Nichtwirklichkeit, als einem positiven Verhältnis der Abkehr, einem wissenden Nicht-Wissen-Wollen, wird zu dem Verhältnis der Befreiung von einer Welt, zu der sie doch ursprünglich jedes Verhältnis überhaupt abgelehnt hatte.

Es bleibt immer dieselbe Schwierigkeit auf dem Grunde Schopenhauerschen Denkzusammenhanges: daß er das Prinzip des Pessimismus um jeden Preis mit anderen Denkmotiven verschmilzt, die einer anders gerichteten Einsicht, oder einem anderen Instinkte an ihm entstammen. Aus dem wesentlich stimmungsmäßigen Element des Pessimismus steigen in seine mehr intellektuellen Ideengänge Motive auf, die jene verhindern, sich zu ihren reinen und vollständigen Konsequenzen zu entwickeln. Und dies wird schließlich noch an einer Möglichkeit der Kunstausdeutung bemerklich, die an sich geeignet wäre, über die oben erörterte Schwierigkeit hinauszuführen, und die bei ihm an verschiedenen Stellen, aber nur in der Form der Andeutung auftritt. Wenn es die subjektive Bedeutung der Kunst ist, uns des Willens zu entheben und uns statt dessen in das Gebiet der intellektuell erfaßten Idee zu versetzen, so verschwindet damit nicht nur das Leiden, sondern auch das *Glück*, das nicht weniger als jenes in der Domäne des Willens wurzelt. Dieser Konsequenz entzieht sich Schopenhauer auch nicht: »weder Glück noch Jammer wird über jene Grenze mit hinüber genommen.« Aber nicht nur weiß er nicht mit Klarheit zu bezeichnen, was nun noch an subjektivem Werte der Kunst verbleibt, noch vermeidet er es, unzählige Male von den *Beglückungen* durch die Kunst zu sprechen. Es gibt tatsächlich einen Gefühlswert des ästhetischen Zustandes, der nicht Glück ist, aber auch nicht das bloße Befreitsein vom Leiden, sondern ein durchaus positiver und spezifischer, der sich zu dem eudämonistischen Gegensatzpaar ebenso indifferent verhält, wie Sittlichkeit es tut. Es ist freilich schwerer, den Eigenwert der ästhetischen Situation als den der ethischen zu deutlichem Bewußtsein zu bringen, denn der sittliche Wert erwächst in seiner Reinheit, trotzdem wir zugleich unglücklich sind, der ästhetische aber, trotzdem wir zugleich glücklich sind; und innere Bewegungen, die immerhin als Erhebungen, Begeistertheiten,

Lichtpunkte der Existenz auftreten, heben sich ersichtlich gegen den direkten Hintergrund des Leides schärfer und unverwechselbarer ab, als gegen den des Glücks. Dennoch darf die tatsächliche Zusammenwirkung der spezifisch *ästhetischen* Reaktion mit der eigentlichen *Beglückung* durch die Kunst und die Gleichheit in den psychologischen Obertönen beider die Gesamtheit ihres Wesens nicht verkennen lassen. Der Affekt gegenüber der Schönheit und der Kunst ist nicht weniger primär als der religiöse und deshalb so wenig wie dieser durch Auflösung in anderweitig vorkommende Bewußtseinswerte zu beschreiben; obgleich, da beide den ganzen Menschen in Erregung setzen, auch all die andern wesentlichen Bewegtheiten der Seele sich auf ihren Ruf einfinden: Aufschwung und Demut, Lust und Leid, Expansion und Zusammenraffung, Verschmelzung und Distanz gegenüber ihrem Gegenstande. Eben dies hat so oft verleitet, sie auf die Bejahung und die Verneinung, auf die Mischung und den Gegensatz dieser großen Potenzen des sonstigen Lebens zurückzuführen. Schopenhauer, der eine der wenigen ästhetischen Naturen unter den deutschen Philosophen war, hatte ersichtlich einen ganz sicheren Instinkt für die Ursprünglichkeit und Positivität des ästhetischen Zustandes. Seine Kunstphilosophie müßte ihrer inneren Konsequenz nach zu einer positiven Werterhöhung unserer Existenz innerhalb des ästhetischen Zustandes leiten, die im System des Lebens den Glückswerten gleichsam koordiniert, auch in der psychologischen Tatsächlichkeit oft mit ihnen verbunden, aber durchaus nicht von ihnen abhängig ist. Aber diese Spitze biegt er um, weil der Pessimismus nicht gestattet, daß das eigentliche Wertmoment irgendwelcher Lebenselemente anderswo läge als in der Erlösung vom Leiden. Unter allen Kunstlehren der großen Philosophen ist die Schopenhauersche sicher die interessanteste, eindringendste, mit den Tatsachen der Kunst und des Kunstgenusses vertrauteste; und daß gerade eine solche dem Kunstgenuß seine Positivität und Autonomie prinzipiell vorenthält, das offenbart die usurpatorische Energie des Pessimismus deutlicher und tiefer, als seine ganze Steigerung und Uebersteigerung auf seinem eigensten Gebiete, der Betonung der Glücks- und Unglückswerte des Lebens, es imstande war.

Ist der Kunst hier in ihrer definitiven subjektiven Bedeutung zu wenig gegeben, so erscheint mit der letzte objektive Wert, den Schopenhauer ihr zuspricht, als ein *Zuviel*. Aber dieses Zuviel wird die Tiefe seines Kunstgefühles nicht weniger erhellen, wie jenes Zuwenig die Tiefe seines Pessimismus. Seine definitive Meinung vom objektiven Wesen des Kunstwerks faßt er so zusammen: »Jedes Kunstwerk ist eigentlich bemüht, uns das Leben und die Dinge so zu zeigen, wie sie in Wahrheit sind – ist eine Antwort mehr auf die Frage: was ist das Leben?« Hiermit aber scheint allem bisherigen Sinn seiner Kunstauffassung völlig widersprochen. Denn gerade vom Leben sollte die Kunst *erlösen*, nur die Erscheinungsarten des Daseins in unserm Intellekt sollten sich in ihrer Wurzel und Gesetzlichkeit darstellen, aber gerade *nicht* die Wirklichkeit, nicht das, was das Leben *ist*; denn es *ist* Wille, ist das endlos enttäuschende Spiel, in dem an jeden Zweck ein neues Begehren, an jeden Ruhepunkt eine weiterhaftende Bewegung ansetzt. Von diesen aber reißt die Kunst sich und uns los und wiegt sich in dem farbigen Abglanz, in dem für sie nicht dies, daß er der Reflex des *Seins*, sondern daß er der *Reflex* des Seins ist, das Wesentliche ist. Daß nun auf einmal die Kunst das Wesen der Dinge, also *nicht* ihre Erscheinung offenbaren soll, daß sie die Antwort auf eine Frage sein soll, die die Oberfläche, das Gebiet ihrer Herrschaft, gerade durchbricht – das ist ein offenbarer Widerspruch in ihrer fundamentalsten Bedeutung, ein Ueberschreiten der Grenze, in deren Bewahrung dem Leben gegenüber bis jetzt ihr Sinn und Recht lag. Aber gerade in diesem Widerspruch – obgleich oder gerade weil Schopenhauer ihn nicht als solchen markiert – offenbart sich aufs tiefsinnigste die Verknotung logisch entgegengesetzter Werte und Forderungen, die die Kunst zuwege bringt. Sie drückt freilich das Aeußerlichste aus, die reine Oberflächenerscheinung, das sinnlich Unmittelbare – und zugleich das ewig Unaussprechliche, das letzte Geheimnis der Dinge, den innerlichsten Sinn des Daseins, für den alle Anschaulichkeit bloßes Symbol ist. Sie sucht den eigengesetzlichen Zusammenhang der Elemente in dem, was erscheint und was geschieht, ohne an die verborgenen Kräfte zu appellieren, die dieses Sichdarbietende, darunter oder daneben gelegen, hervorgetrieben haben und ohne die es in der wirklichen Welt, als Wirklichkeit, nicht bestehen könnte; sie sucht damit sozusagen den Sinn der *Erscheinung*. Aber in dieser Dimension schreitend senkt sie sich zugleich in die andere, in der der *Sinn* der Erscheinung liegt, das Wesen des Wesenlosen, die seelische oder transzendente Bedeutung, die alle Formen und Reize der Oberflächen nur als ihre Zeichensprache enthüllt. Diese Zweiheit der Funktion der Kunst trägt das eigentlich Erschütternde ihrer Wirkung, indem sie unsere Seele gleichsam von oben und von unten ergreift. Dennoch ist sie, genau angesehen, nur eine Ausdrucksart, mit der wir die nicht mit einem unmittelbaren Begriffe zu bezeichnende Einheit des künstlerischen Eindrucks analysieren. Es würde der Wesensbedeutung der Kunst völlig unangemessen sein, wollte man sie aus zwei Partialbedeutungen, deren jede ihren Wert aus einer von der andern unabhängigen Quelle bezieht, sozusagen mechanisch zusammensetzen, wäre die eine ein zu der andern noch glücklich hinzugewonnenes Plus. Wir empfinden vielmehr, daß das Kunstwerk, eine objektive Einheit darstellend, eine subjektive einheitliche Reaktion hervorruft, die aber nur erlebt, nicht mit einem entsprechend einheitlichen Begriffe beschrieben werden kann. So bleibt uns hier wie in vielen entsprechenden Fällen nichts übrig, als sie aus zwei einander entgegenlaufenden Sonderbestimmungen zu konstruieren. Und daß diese schließlich nichts anderes sind, als die jene einheitliche Resultante sozusagen nachträglich ausdrückenden Komponenten – dies wird durch die Wechselwirkung nahegelegt, die eine vertiefte Kunstauffassung zwischen ihnen erblickt.

Die vielleicht sonst nicht bezeichenbare Wurzel der Kunst überhaupt, die es rechtfertigt, daß so heterogene Dinge wie Schauspielkunst und Architektur, Plastik und Musik diesen *einen* Namen teilen, könnte gerade darin liegen, daß sonst unversöhnbare Gegensätze in ihr wechselwirkend zusammengeführt werden: sie soll das Allgemeine sein und beschränkt sich doch auf die in sich geschlossene Einzelerscheinung, die die Aeußerung einer durchaus individuellen, ja gerade in den höchsten Fällen schlechthin unvergleichlichen Seele ist; sie soll nichts sein als Form und Idee und ist doch Anschauung, die nur an materialer Wirklichkeit stattfinden kann; sie ist reine Intellektualität, die von allem An-Sich der Dinge losgerissene Ausgestaltung der Bewußtseinsformen und soll doch vom »Satz vom Grunde« frei sein, der das Grundgesetz dieser Formen ist. Und alles dies schießt wie in einen Brennpunkt in den zuletzt dargestellten *Widerspruch* zusammen; daß die Kunst uns zeigen soll, was das Leben ist – indem sie doch zugleich das Leben vor unserem Blick verschwinden läßt; daß ihr Zauber und ihr Glück darin liegen, daß sie uns in der Anschauung festhält, als wäre dies die ganze Welt, als gäbe es außer dem traumseligen Spiel der Erscheinungen keine dunkle, schwere, unauflösbare Wirklichkeit –, und daß doch gerade das Wirklichste der Wirklichkeit, das eigentliche tiefste Wesen von Dingen und Leben in ihr zu Worte kommen soll. Vom bloß logischen

Standpunkt aus würde solcher Widerstreit von Ansprüchen nun erst das Problem zu stellen scheinen; vielleicht aber gehört die Kunst zu denjenigen Gebilden, denen gegenüber die letzte uns gegönnte Erkenntnis die ist, daß wir das Problem, das sie stellen, in seiner Reinheit und der Unerlotbarkeit seiner Tiefe begreifen – gleichviel ob es mit Schopenhauers Absicht oder gegen sie geschah, daß seine Lehre von der Kunst in dieser ihrer Interpretation zu gipfeln scheint.

Zwischenerörterung:
Was *sehen* wir am Kunstwerk?

Angesichts der überwältigenden Tatsächlichkeit des natürlichen Lichtes ist das hier berührte Verhältnis des künstlerischen zu ihm vielleicht die tiefstgegründete Gelegenheit, in das Realismusproblem an seiner ganz entscheidenden Stelle einzutreten. Daß die auf das Licht gestellten Szenen bei Rembrandt in Hinsicht des Lichts mit sich abschließen, daß jede gleichsam ein sich selbst mit Licht speisender Kosmos ist, dies gerade entfernt sie am weitesten von dem Realismus, der im Kunstwerk die Spiegelung eines Stückes Wirklichkeit sieht; denn in jedem Stück Wirklichkeit ist das Licht ein Fragment oder Abkömmling des auch außerhalb seiner flutenden kosmischen Lichtes überhaupt. Gerade mit diesem Realismus ist die Theorie, daß die Kunst ein »Schein« ist, auf engste verwandt.

Der Schein ist der Schein von Etwas, und zwar ein solcher, der das Etwas repräsentiert, der die *Illusion* von dessen Realität ebenso erweckt, wie die Wirklichkeit die *wahre* Vorstellung eben dieser. Der Akzent, den die Scheintheorie auf die Irrealität des Kunstwerkes legt, ist selbst nur ein Schein: ihr gemäß wäre das Entscheidende für die Kunst, daß sie durch eine scheinhafte Darstellung eben dieselbe Anschauung psychologisch erzeugt, die sonst von der Realität ausgeht. Ich habe dies oben für das Porträt in Gegenhaltung gegen die Photographie und dann wieder für die Bewegung im Bilde abgewiesen. Allein der Bezirk der Frage geht über diese Einzelfälle weit hinaus, denn sie lautet in ihrer allgemeinen Fassung: was sehen wir eigentlich an einem Bilde, das irgend etwas »darstellt«? – und hier stehen wir recht eigentlich im Zentrum der kunstphilosophischen Probleme.

Auf einer berühmten Radierung seiner Mutter (angeblich von 1628) hat Rembrandt einen Pelzkragen angebracht, der ein wahres Wunder der Radierkunst ist: mit ein paar Dutzend minimaler, scheinbar regellos hingesetzter Strichelchen ist die einzigartige Stofflichkeit des Pelzwerks schlechthin überzeugend gegeben. Eine ganz kleine seiner Handzeichnungen stellt einen ländlichen, auf ein Gehölz zuführenden Weg dar. Hier ist die Streckung des eingezäunten Weges, die Entfernung bis zu dem Wäldchen, die Unermeßlichkeit des Luftraumes darüber mit unbegreiflich wenigen Strichen zur Anschauung gebracht, die Landschaft steht in völliger Festigkeit und Unzweideutigkeit da. Was liegt nun in diesen (natürlich beliebig ausgewählten) Fällen vor? Sehe ich mit dem inneren Auge einen wirklichen Pelzkragen und eine wirkliche Landschaft, etwa so, wie die Erinnerung mir solche Bilder, nachdem ich sie in empirischer Wirklichkeit erblickt habe, wieder vergegenwärtigt? Das Ziel des Kunstwerkes wäre dann eine von ihm irgendwie hervorgerufene innere Schauung von Wirklichkeit, und mit deren Erreichung wäre es selbst, in seiner Unmittelbarkeit, so belanglos wie die Brücke es ist, sobald sie ihre Funktion, überschritten zu werden, ausgeübt hat; so wäre tatsächlich das Kunstwerk ein »Schein«, erst von einer ihm jenseitigen Wirklichkeit Sinn, Wert, Substanz erhaltend, weil eine äußere Formgleichheit es mit dieser verbindet und ihm gewissermaßen das Recht zur seelischen Reproduktion der Wirklichkeit gibt. Ich stelle nun hier – wie früher bei einem spezielleren Anlaß – schlechtweg in Abrede, daß man beim Anblick jener Blätter sich einen »wirklichen« Pelzkragen oder Landweg »vorstellt«. Wie sollte denn diese wirkliche Landschaft aussehen? Hat sie, wie es einer solchen doch mindestens zukommt, grüne Vegetation und blauen Himmel? Ich kann, während ich die schwarz-weiße Zeichnung betrachte, absolut nichts dieser Art in meinem Bewußtsein finden; neben die Striche, die ich sinnlich sehe und zur Einheit zusammenfasse, stellt mir meine Phantasie nichts, was die Ausdehnung und Mannigfaltigkeit, die Farben und die Bewegtheit einer empirischen Landschaft hätte. Auch wüßte ich nicht, mit welchem Material das geschehen sollte; denn ich kenne keine genau gleiche Landschaft, so daß die Zeichnung den Dienst der Photographie einer solchen Szenerie leistete, und die Zusammenfügung aus einzelnen verstreuten Erinnerungsstücken ist eine Hypothese, die auch nur zu diskutieren ganz unsinnig wäre. Es kommt also das Objekt nicht einmal seelisch zustande, von dem die Zeichnung der bloße »Schein« wäre. Einen seltsamen Widerspruch begeht die Ästhetik, wenn sie im Kunstwerk ein Geschenk an uns, über unseren Wirklichkeitsbesitz hinaus, erblickt und zugleich voraussetzt, daß wir es von uns aus zur vollen Wirklichkeitsvorstellung ergänzen. Unmöglich kann das Schlagwort: Zeichnen ist Weglassen – die künstlerische Sprache als eine Art Telegrammstil erscheinen lassen, dessen Zusammengedrängtheiten wir ohne weiteres mit der Vollständigkeit des normalen Satzes ausstatten. Tatsächlich sehen wir an jenen Zeichnungen genau das, was auf dem Papier steht, und borgen ihm nicht, mit einer phantasiemäßigen Bedeutung des »Sehens«, noch ein substanzielles Plus aus einer anderen Ordnung der Dinge hinzu. Und wenn jenes tatsächliche Sehen doch einen anderen Gegenstand hat oder bildet, als eine Summe nebeneinanderstehender Striche, so ist dieses Andere oder dieses Mehr etwas dem unmittelbar Gesehenen Immanentes, eine bestimmte *Art*, das Dastehende zu sehen, eine funktionelle Beziehung von dessen Bestandstücken untereinander, niemals aber ein substanzielles Geschenk von Gnaden des Gedächtnisses. Wir sagen, daß wir hier einen Pelz, dort eine Landschaft »sehen« – und sicherlich ist dies mehr als eine sachlich unbegründete Ausdrucksübertragung. Ebenso zweifellos freilich können wir das nur auf Grund eines herangebrachten Wissens um diese Gegenstände – eines Wissens, das nun doch, wie im Widerspruch gegen das bisher Behauptete, aus anderweitig gemachten Wirklichkeitserfahrungen stammen muß. Diesen beiden, scheinbar einander entgegengesetzten Bedingungen also muß die Beantwortung der Frage: was sehen wir eigentlich am Kunstwerk? genugtun: sie muß einerseits das Kunstwerk als selbstgenugsames, keiner erborgten Ergänzung bedürftiges bestehen lassen, andrerseits aber begreiflich machen, wieso es zu dem, was wir in ihm zu »sehen« behaupten, doch nur durch Erfahrungen kommt, die aus der kunstfremden Sphäre der Wirklichkeit genommen sind.

Angesichts dieses Problems mache man sich klar, was wir denn an dem »realen« Gegenstande sehen. Sicherlich nicht das, was wir z. B. mit dem vollständigen Begriff eines Pelzkragens meinen. Im bloßen Sehen haben wir vielmehr einen farbigen Eindruck, der rein optisch und, bei Verzicht auf alle Tasterfahrungen, nicht dreidimensional-substanziell ist. Und daß er sich gegen die Umgebung als ein bestimmtes, in sich zusammenhängendes Etwas abhebt, ist auch nicht mit dem Hinsehen allein gegeben. Denn dieses zeigt nur das mannigfaltig gefärbte, in wechselndem Relief aufgebaute, dabei aber doch in sich kontinuierliche Oberflächenbild des ganzen jeweiligen Gesichtsfeldes. Der Pelzkragen, als eine für sich sinnvolle, von einem einheitlichen Begriff zusammengehaltene und ihn erfüllende Wesenheit, ist das Ergebnis von Herauslösungen und Synthesen, die von Berührungsgefühlen, Hantierungen, praktischen Zwecken, verstandesmäßigen Einordnungen, kurz von einer großen Menge seelischer Faktoren außer den optischen getragen werden. Wir *sehen* gar nicht, daß dies ein Pelzkragen ist, sondern wir haben einen optischen Eindruck, den wir auf Grund von Momenten ganz anderer Herkunft als Pelzkragen erfahren oder bezeichnen. Und nur wenn man unter dem »wirklichen« Pelzkragen jenen ganzen Komplex optischer *und* taktiler, substanzhafter, praktischer Momente versteht, kann man überhaupt den *gezeichneten* als einen »Schein« bezeichnen. Denn dann mag man ihm zutrauen, diese Gesamtvorstellung ebenso erwecken zu wollen, wie das tatsächlich dieses zugehörige Bild es tat; und dies müßte freilich Illusion heißen, weil nur an jenes andere Anschauungsbild, aber nicht an dieses, die Verbindungen sich ansetzen, die es in die Sphäre der Realität tragen. Innerhalb dieser Verbindungen und dieser Sphäre hat das optische Bild eine bestimmte Form. Sobald aber durch deren Anblick die Produktivität des Künstlers angeregt ist, geht aus ihr ein Gebilde hervor, für dessen Form diese Produktivität allein verantwortlich ist. Immerhin besitzt aus diesem Zusammenhang heraus diese Form mit jener eine Verwandtschaft, aber dies verhindert die innere Autonomie, die Eigenbestimmtheit des Wachstums der ersteren so wenig, wie ein Liebesgedicht darum weniger ein Erzeugnis der schlechthin selbständigen künstlerischen Keimkraft ist, weil es durch ein reales Liebeserlebnis ausgelöst ist und dessen Inhalt in seiner nun eigenen Form ausspricht, die mit der Form seines Erlebtwerdens in der Wirklichkeitssphäre gar nichts zu tun hat. Die *künstlerische* Vision und Ausgestaltung des Gebildes, das in jenen dreidimensionalen und praktischen Zusammenhängen ein »wirklicher« Pelzkragen ist, geht nach Ursprung, Form und Sinn genau so autochthon auf den künstlerischen Geist und seine schöpferischen Kategorien zurück, wie der dreidimensionale Pelzkragen auf all diejenigen genetischen und korrelativen Momente, auf die hin wir ihn einen »wirklichen« nennen.

Die Frage, welche Bedeutung der Inhalt oder Gegenstand des Kunstwerks für das Kunstwerk als solches hat, fordert, wie ich glaube, eine Antwort, die durch diese Festsetzung fundiert und verdeutlicht wird. Daß die Theorie des l'art pour l'art jede Bedeutung des Gegenstandes schlechthin in Abrede stellte – so daß der gemalte Kohlkopf und die gemalte Madonna als Kunstwerke a priori völlig gleichwertig seien –, war eine durchaus begreifliche Reaktion gegen eine Kunst, die sich zum Organ von anekdotischen, geschichtlichen, sentimentalen Mitteilungen machte oder die erhabenen und tiefen »Ideen« eine Bedeutsamkeit und einen Wert entlieh, um ein Bild damit auszuputzen. Wenn dem gegenüber das Schlagwort vom Kohlkopf und der Madonna aufkam, so war das Gerechtfertigte daran jedenfalls das Negative: es sei Unehrlichkeit und Verschiefung, dem Kunstwerk einen Reiz und eine Bedeutung zuzuschanzen, die aus anderen Wertprovinzen einfach herübergenommen, nicht durch Bearbeitung seines eigenen Bodens selbstverdient ist. Es ist derselbe unrechtmäßige Erwerb, wie wenn ein schlechter Dramatiker durch die Einführung großer historischer Persönlichkeiten seinem Stück ein Interesse sichert, das die Zuschauer schon aus ihren anderweitig erworbenen Geschichtskenntnissen heraus ins Theater mitbringen. Der Satz, daß der Gegenstand des Kunstwerks gleichgültig sei, hat den legitimen Sinn, daß Bedeutungen und Werte, die der Gegenstand innerhalb anderer, nicht-künstlerischer Ordnungen besitzt, dem künstlerischen Wert des Werkes nichts hinzutun dürfen und deshalb für ihn gleichgültig sind. Daß die Madonna in der kirchlichen Sphäre ein Gegenstand der Anbetung ist, geht das Kunstwerk als solches so wenig an, wie daß der Kohlkopf in der Sphäre der Praxis ein Gegenstand der Ernährung ist (wobei vorbehalten bleibt, daß die religiöse Empfindung jenseits ihrer psychologischen oder kirchlichen Realisierung zum Inhalt einer rein künstlerischen Gestaltung gewählt werden kann). Diese Gleichgültigkeit des Gegenstandes, die seinen außerhalb der Kunst gelegenen Sinn für diese betrifft, wird nun aber völlig unrichtig als eine Gleichgültigkeit gedeutet, die dem Gegenstand als reinem Inhalt des Kunstwerks zukommt, in der grenzsicheren Immanenz seiner künstlerischen Verwertung. Ihn auch in *diesem* Sinne für indifferent zu erklären, ist eine wirkliche Zerreißung der Einheit des Kunstwerks, die für kein in sie eingeschlossenes Element Gleichgültigkeit zuläßt. Es wäre doch auch sehr merkwürdig, wenn, während z. B. der Stoff des Dramas oder des Epos ein glücklich oder ein unglücklich gewählter, ein großer oder ein unbedeutender (rein seiner künstlerischen Dignität nach) sein kann, für die bildende Kunst diese Wertigkeit des Stoffes einfach versagen sollte. Diese scheinbar rein artistische Behauptung geht in Wirklichkeit auf eine naturalistische Undifferenziertheit zurück: man scheidet die Bedeutungen, die einen Gegenstand in der Kategorie der Realität bekleiden, nicht reinlich von den Funktionen, die er, zum Kunstwerk gebildet, ausübt, und lehnt die letzteren ab, weil man das Hineinspielen der ersteren zuläßt oder fürchtet. Die Madonna ist freilich nicht deshalb ein »würdigerer« Darstellungsgegenstand, weil sie angebetet, der Kohlkopf aber nur verspeist wird, sondern weil ihre Darstellung mehr Gelegenheit zur Entfaltung *rein künstlerischer* Qualitäten gibt. Würde etwa jemand die umgekehrte artistische Wertkonsequenz für diese Objekte behaupten und beweisen können, so wäre eben der Kohlkopf der würdigere Bildinhalt.

Dies scheint mir eine ganz klare Entscheidung, sobald man die Grundvoraussetzung annimmt, daß Wirklichkeit und Kunst zwei koordinierte Formungsmöglichkeiten für den identischen Inhalt sind. Die resultierenden Gebilde gehen einander nichts an, die Wertordnungen innerhalb der einen Kategorie fallen mit der der anderen gelegentlich zusammen, gelegentlich auseinander, und es ist deshalb ebenso schief, Bedeutungen und Gestaltungen eines Inhalts, insofern er wirklich ist, auf sein Bild als künstlerisch geformtes zu übertragen, wie es wäre, die Beziehungen und Werte des letzteren zu Besitztümern oder zu Kriterien seiner Wirklichkeit zu machen.

Diese wesenhafte Äquivalenz oder Parallelität des realen und des künstlerischen Gebildes leidet natürlich nicht darunter, daß für die Einzelherstellung des letzteren die Anschauung des ersteren empirisch-psychologische Bedingung ist und jener vorangehen muß. Es verhält sich damit ungefähr wie mit den Figuren der geometrischen Wissenschaft. Der mathematische Kreis als solcher hat mit den runden Dingen in der realen Welt nicht das Geringste zu tun, er gehört einer fundamental und völlig anderen Ordnung an und ist in der empirisch-physischen überhaupt nicht herzustellen. Dennoch würde, wenn nicht in der letzteren irgendwie runde Dinge zu beobachten wären, wahrscheinlich niemand auf die Idee des mathematischen Kreises gekommen sein. Dies gilt gleichmäßig für den Schöpfer wie für den Beschauer. Dieser würde den Strichkomplex nicht begreifen – wie jener ihn nicht schaffen –, wenn er niemals einen wirklichen Pelzkragen gesehen hätte. Allein solche sozusagen technische Unentbehrlichkeit dieser Vermittlung stiftet zwischen ihr und der durch sie erreichten Wesenskategorie nicht die geringste notwendige Verbindung: das Sprungbrett ist doch nicht das Sprungziel, das freilich ohne jenes nicht zu gewinnen ist. Hier liegt der tiefste Irrtum des Historismus und Psychologismus, der sich in der naturalistischen Kunsttheorie wiederholt. Alle diese geistigen Richtungen, auf die mannigfaltigsten Inhalte bezogen, zeigen eine formale Verwandtschaft darin, daß sie ein erreichtes Resultat, ein zustandegekommenes Sein oder Werk, eine verwirklichte Kategorie in ihrer eigenen Qualität und Wesenheit an die Qualitäten und Wesenheiten binden, die den Bedingungen und realisierenden Vermittelungen jener Erreichtheiten eigen sind. Daß es im Objektiven Inhalte oder Kategorien oder Welten gäbe, die nicht auseinander ableitbar sind, daß es im Subjektiven ein eigentlich schöpferisches Tun gäbe – das ist es, wogegen sich der letzte Sinn jener Theorien richtet. Für sie soll ein Sein oder ein Sinn, ein Wert oder eine Gestaltung durchaus nichts anderes sein, als was die Stationen, die das Werden durchgemacht hat, uns zu erkennen geben. Sie empfinden nicht, daß in jedem organischen und seelischen Werden ein zentraler, autonomer Trieb lebendig ist, mit dem die jedem Stadium vorangehenden Bedingungen und Ursachen gewissermaßen nur kooperieren; nicht von ihnen, sondern von jener inneren Entwicklung geht die eigentliche Zielbestimmung aus, und die letzteren aus einzelnen angebbaren Bedingungen zu konstruieren – eine Kultur aus den wirtschaftlichen Umständen, eine Idee aus Erfahrungen, ein Kunstwerk aus Natureindrücken – ist nicht sinnvoller, als die ausgebildete Körpergestalt aus den Nahrungsmitteln zu entwickeln, *ohne* die sie freilich nicht zustande gekommen wäre. Der *Weg*, auf dem wir zu den Gebilden der nicht-physischen Kategorien gelangen, hat mit dem Wesen des Zieles, das wir auf ihm gewinnen, so wenig zu tun, wie der Weg auf einen Berg mit der Aussicht von seinem Gipfel. Der Pelzkragen auf der Rembrandtschen Radierung ist nicht, wie eine Photographie es wäre, ein Oberflächenbild von demjenigen, den seine Mutter wirklich trug, sondern ist ein ebenso selbständiges, ebenso gleichsam aus eigener Wurzel gewachsenes Gebilde wie dieser, kein »Schein« einer Wirklichkeit, vielmehr der künstlerischen Welt und deren eigenen Kräften und Gesetzen angehörig und deshalb der Alternative: Wirklichkeit oder Schein – durchaus enthoben. Der Schein gehört noch der Wirklichkeit zu, wie der Schatten noch der Körperwelt, denn er ist nur durch sie; beide stehen, wenn auch gewissermaßen mit entgegengesetzten Vorzeichen, innerhalb derselben Ebene. Die Kunst aber lebt in einer anderen, mit jener sich nicht berührenden – gleichviel, ob der Künstler ebenso wie der Beschauer, um in sie zu gelangen, durch jene hindurchgehen muß. In dem Geschaffenen, das schließlich in unabhängiger Objektivität dasteht, sind die psychologischen Vorstadien und Bedingungen seines Geschaffenwerdens überwunden.

Weil die Kunst von dem tiefsten Punkt her, aus dem heraus sie überhaupt Kunst ist, mit Wirklichkeit nichts zu tun hat, die Frage nach ihrem Verhältnis zu dieser also prinzipiell falsch gestellt ist, wird die Gegensätzlichkeit in den Beantwortungen dieser Frage verständlich: gegenüber einer in sich widerspruchsvollen Frage kann das Ja ebenso wie das Nein wohl bis zur Widerlegung des Gegners, aber nicht bis zu positivem Beweise seiner selbst vordringen. Die Scheidung aber zwischen naturalistischer oder stilisierender (idealisierender, dekorativer, phantasiemäßiger) Kunst hat mit der hier behandelten: zwischen den Auffassungen der Kunst als Wirklichkeitsschein, Wirklichkeitsentnahme und als selbständigen Gebildes, schlechthin primärer Kategorie, von vornherein nichts gemein. Denn jene Frage betrifft nur die besonderen Gestaltungen *innerhalb* der Kunst, die unsere aber das Wesen der Kunst als ganzer; jene geht auf die morphologische Beziehung zwischen dem schließlich dastehenden Produkt und der den gleichen Inhalt tragenden Wirklichkeit, diese aber auf die Voraussetzung aller künstlerischen Erscheinungen überhaupt. –

Es liegt nahe, hier an das Grundmotiv der Platonischen Ideenlehre zu denken: das einzelne anschauliche Ding erschöpfe sein Wesen nicht in seiner einmaligen Realität, die Wirklichkeit sei sozusagen nicht ausreichend, um den Sinn der Dinge zu erzeugen und verständlich zu machen. Empirische Wirklichkeit sei vielmehr nur die flüchtige Form, in die sich die »Idee«, der wahre Gehalt, der wesentliche Sinn der Dinge kleidet. Nun mögen wir die metaphysischen Spekulationen Platos über die Ideen: daß ihnen eine substanzielle, ja die »eigentliche« Wirklichkeit zukäme, daß sie ein innerlich logisch zusammenhängendes Reich bilden – ohne weiteres ablehnen. Ihre tiefere Bedeutung, daß die Dinge einen von ihrer Wirklichkeit unabhängigen Sinn oder Inhalt haben, bleibt darum doch bestehen. Aber nun hätte Plato noch einen Schritt weitergehen können, zu der Erkenntnis, daß die empirische Wirklichkeit nicht die einzige Form ist, in der jener Sinn oder Inhalt der Dinge sich uns darstellt, daß er vielmehr auch in der Form der Kunst besteht. Der wirkliche Pelzkragen und der radierte Pelzkragen sind eine und dieselbe Wesenheit, auf zwei voneinander essenziell verschiedene und unabhängige Arten ausgedrückt. Kann man sich von der metaphysischen Belastetheit des Wortes freimachen, so ist es ganz legitim, zu sagen, daß die Idee des Pelzkragens von der Wirklichkeit und von der Kunst wie von zwei Sprachen ausgesprochen wird. Daß die erstere nun gleichsam unsere Muttersprache ist, daß wir die Seinsinhalte oder Ideen aus dieser, in der sie uns zuerst begegnen, in jene übersetzen müssen – diese seelisch-zeitliche Notwendigkeit ändert doch nichts an der Selbständigkeit und Fundamentalität jeder der beiden Sprachen; ändert nichts daran, daß jede den gleichen Inhalt mit *ihren* Vokabeln und nach *ihrer* Grammatik ausdrückt und diese Form nicht von der andern borgt – trotz jener psychologischen Anordnung, die angesichts der sachlichen Parallelität beider im letzten Grunde zufällig ist. Diese letztere ist das eigentliche Fundament, auf dem die paradoxe Theorie möglich wurde, daß nicht die Kunst die Natur nachbildet, sondern umgekehrt die Natur die Kunst. Das heißt, innerhalb jeder Epoche sähen die Menschen die Natur so, wie ihre Künstler es sie lehren. Wir erlebten unsere realen Schicksale in der Art und mit den Gefühlsreaktionen, die unsere Dichter uns vorempfunden hätten, wir erblickten im Anschaulichen die Farben und Formen, die unsere jeweiligen Maler uns suggerierten, und wären gegen andere innere Formungen der Anschauung völlig blind, usw. Ganz annehmbar oder nicht, jedenfalls ist diese Umkehrung des zeitlichen Verhältnisses zwischen Naturanschauung und Kunst ein zutreffendes Symbol dafür, daß keine Richtung dieses Verhältnisses innerlich notwendig ist, da jedes seiner Elemente für sich die autonome Aussprache eines ideellen Inhaltes ist, der uns freilich nur in der Form irgendeiner solchen Aussprache zugängig wird. Nicht in einem unmittelbaren Verhältnis zur Wirklichkeit erhebt sich die Kunst, nicht als eine Übertragung ihres Oberflächenscheines auf die Leinwand, sondern beide sind nur durch die Identität jenes Inhaltes verbunden, der an sich weder Natur noch Kunst ist. Darum treffen auch all die Ausdrücke für das Wesen der Kunst: sie sei Überwindung, Erlösung, Distanzierung, bewußte Selbsttäuschung – nicht ihr innereigenes Wesen. Denn dieses wäre so noch immer auf ihre Beziehung zum Wirklichen reduziert, auch wenn sie eine negative ist. Tatsächlich aber dient ihr diese Beziehung nur zum Gewinn des Inhalts, den sie, wenn sie ihn erst einmal der Wirklichkeitsform entrissen hat, zu einem ebenso wurzelhaft selbständigen Gebilde formt, wie jene es tut. Daß sie dann zu Erlösungen von der Wirklichkeit *dient*, ist etwas ebenso Sekundäres, wie daß ihre psychologische Genesis des Hinsehens auf die Wirklichkeit bedarf.

Damit ist nun endlich die Frage beantwortet: was sehen wir eigentlich in dem Kunstwerk, das eine gegebene Wirklichkeit darstellt? Es hat sich gezeigt, daß dieser letztere Ausdruck überhaupt nicht das wesenhafte, resultathafte Verhalten der Kunst bezeichnet, daß er vielmehr die psychologische Vorbedingtheit der Kunst, den für Schöpfer und Beschauer notwendigen Weg durch die Wirklichkeitsform der Inhalte hindurch für etwas Endgültiges ausgibt; infolge wovon dann nichts übrig bleibt, als das Kunstwerk für einen bloßen, von der Wirklichkeit abgeschöpften und sie psychologisch vertretenden Schein zu erklären. Die künstlerische Anschauung ist nicht dem Sachgehalt nach, sondern nur der psychologischen Bewußtseinsfolge nach ein Abgeleitetes, und sobald sie, produktiv und rezeptiv, gelungen ist, hat sie diese Bedingung ihres Werdens hinter sich gelassen. Neben den geistigen Energien, die die empirisch-reale Anschauung formen, stehen, in unabhängiger Äquivalenz, diejenigen, die das künstlerische Bild schaffen – dahingestellt, ob tiefere seelische oder metaphysische Schichten sie gemeinsam unterbauen. Ihr Inhalt ist, wo wir ihn mit dem gleichen Begriff bezeichnen, der identische, ohne daß er in der einen »wirklich«, in der andern nur abgespiegelt wäre und ohne daß er in transzendenter Selbständigkeit, wie die Platonischen Ideen im ὑπερουρανιος τοπος, zu bestehen brauchte. Was wir Wirklichkeit nennen, ist auch nur eine Kategorie, in die ein Inhalt geformt wird, so ein völlig einheitliches Gebilde ergebend. Auch die Kunst ist nichts anderes, und wenn wir den Rembrandtschen Pelzkragen sehen, so sehen wir tatsächlich nur diese Striche, die nicht einen anderswo gegebenen und sich assoziativ vorschiebenden Pelzkragen »darstellen«, sondern genau so ein Pelzkragen »sind«, wie die einzelnen Haare des von Rembrandts Mutter getragenen zusammen ein Pelzkragen »sind«. Nur muß man an dieses »Sein« nicht gleich seine praktisch-reale Bedeutung binden, sondern es in seinem reinen Sinne fassen, in dem die Sprache es auch von der Radierung gebraucht: dies ist ein Pelzkragen, oder: ist eine Landschaft. Hat man erst einmal die Verwechslung der Vorbedingungen und Durchgangsstadien des Schaffens und Aufnehmens mit dessen sachlichem und definitivem Sinn und Inhalt durchschaut, so ist es keine Paradoxe mehr, daß wir im Kunstwerk das absolut Andere und das absolut Selbe wie in der Wirklichkeit erblicken. Es *kann* die Wirklichkeit gar nicht in sich hineinnehmen, weil es ja schon die völlig geschlossene, nach ihren eigenen Gesetzen völlig selbstgenugsame, jede andere deshalb prinzipiell von sich ausschließende Anschauung eben desselben Inhalts ist, der als »Wirklichkeit« eine nicht mehr und nicht weniger selbstgenugsame Anschauung geworden ist.

Stefan George
Eine kunstphilosophische Betrachtung

Bescheide Dich, wenn nur im Schattenschleier
Mild schimmernd Du genossne Fülle schaust
Und durch die müden Lüfte ein Befreier,
Der Wind der Weiten, zärtlich um uns braust.

Und sieh, die Tage, die wie Wunden brannten
In unsrer Vorgeschichte, schwinden schnell,
Doch alle Dinge, die wir Blumen nannten,
Versammeln sich am toten Quell.

Stefan George, Das Jahr der Seele*

I

Wenn alles Erkennen der Dinge und unser selbst nichts Anderes giebt als den Schein und Schimmer ihrer geheimnißvollen Wirklichkeit, wenn das Bild von uns, das unser Bewußtsein zeigt, nur ein *Bild* unseres wahrsten, wirklichsten Seins ist, so scheint das tiefste Leben der Seele mit all seiner Unerkennbarkeit dennoch als *Gefühl* für uns zu leben; als wüchse dies ganz unmittelbar aus den Wurzeln unseres Wesens auf; als spräche in ihm die Seele selbst, während in allem anderen Bewußtsein nur das Echo ihrer Stimme anklingt. Wenn wir Liebe oder Haß, Zorn oder Demuth, Entzücken oder Verzweiflung fühlen: Das sind wir, Das ist unsere Wirklichkeit, die gleich zum Schatten ihrer selbst abblaßt, sobald der Verstand daraus ein Bild der Erkenntniß und Selbsterkenntniß formt. Und dennoch: diese tiefste Einheit des Gefühles läßt in ihm selbst noch einer Scheidelinie Raum, für deren Diesseits und Jenseits noch keine Bezeichnungen gefunden sind. Vielerlei Augenblicke nämlich, ja ganze Sze-

---

* Von Stefan George sind bisher die folgenden Gedichtcyklen erschienen: Hymnen (1890), Pilgerfahrten (1891), Algabal (1892), die Bücher der Hirten und Preisgedichte, der Sagen und Sänge und der Hängenden Gärten (1895), das Jahr der Seele (1897). Alle sind nur in ganz wenigen Exemplaren gedruckt und im Buchhandel kaum erhältlich. Die von George und seinen Anhängern seit einigen Jahren herausgegebene Zeitschrift »Blätter für die Kunst« ist zwar auch nur für einen geladenen Leserkreis gedruckt, doch sind einzelne Hefte hier und da käuflich.

nen und Akte des Lebens durchfühlen wir in einer eigenthümlich fremden Art, als einen reinen Gefühlsinhalt, in dem die Note des Nur-Persönlichen fehlt, als ein gleichsam objektives Erleben der selben inneren Erregungen, die uns sonst als unser Persönlichstes erschüttern, die unser eigenstes Sein bedeuten. Was so, in Begriffen gedacht, einen Widerspruch zu enthalten scheint: daß die innerlichste Energie unserer Seele, in der allein ihr ungebrochen subjektives Wesen lebt, in dem sie ganz nur sie selbst ist, doch ihren Inhalt auch in dieser Form entfaltet, »wie aus der Ferne« und als fühlte sie ein Ich, das über dem persönlichen ist, wenngleich es doch in ihm ist, – dieser Widerspruch ist dennoch eine psychologische Wirklichkeit; gerade in der tiefsten Schicht des Ich fühlen wir gewisse Gefühle so, als ob nicht *wir* sie fühlen, sondern als wäre das Ich nur das Sprachrohr einer viel breiteren Macht oder Nothwendigkeit.

Auf dieser zweiten Form des Fühlens ruht alle Kunst höheren Sinnes. Die ursprüngliche Leidenschaft des Gefühles, das Nur-Persönliche seiner Betonung, die ausschließende Giltigkeit für das eine Subjekt, muß es im Schaffenden wie im Genießenden des Kunstwerkes verlieren. Denn so sicher dessen Sinn und Recht überhaupt in Gefühlen liegt, aus denen es fließt und die aus ihm fließen, so gründet sich der Aufstieg von niederer und primitiver Kunst zu ihrer Reinheit und Höhe auf den Uebergang des unmittelbaren subjektiven Gefühles zu jenem objektiven, das den gleichen Inhalt aus der Impulsivität und Zugespitztheit jenes in Ruhe und breitere Giltigkeit überführt. Erotische Erregungen mögen unsere Aeußerungen zuerst zu Melodien gestaltet haben, aus kriegerischen Affekten mag die erste Rhythmisirung des Schrittes, aus religiösen die erste Erhebung und Stilisirung der Rede gequollen sein, aus den starken Eindrücken der Dinge die bildnerischen Versuche, in denen man gleichsam Herr über diese wurde, ihre Formen sich unterwarf. Und nun auf der anderen Seite: je unkultivirter der Hörer und Beschauer ist, desto unmittelbarere, sozusagen materiellere Affekte ruft das Kunstwerk in ihm hervor: der dargestellte Vorgang erregt ihn in genau der selben Weise, wie der wirkliche ihn erregen würde, sein Interesse gilt dem Inhalt, nicht der Kunstform des Werkes, weil eben sein Inhalt ja auch in der Wirklichkeit zu finden ist und die an diese geknüpften Gefühle unmittelbar erleben läßt. In der Musik fesselt ihn fast ausschließlich die Melodie, weil diese den subjektiven Stimmungsgehalt am Deutlichsten und Direktesten zum Ausdruck und Eindruck bringt. So unverächlich nun alles Dies ist, da solches unmittelbare, die ganze Subjektivität ergreifende Fühlen das Kräftereservoir auch aller späteren Gestaltungen bleibt, so liegt doch das Wesen der Kunst als solcher, Das, was die Kunst zur Kunst macht, in der Entwickelung von jenem hinweg: in der Entwickelung gleichsam vom subjektiven Ich zum objektiven, zu jener Schicht unseres Fühlens, in der es die geheimnißvolle Gewähr trägt, über die Zufälligkeit der momentanen Erregung hinaus zu gelten, ja, überhaupt einer Ordnung jenseits des nur persönlichen Ich anzugehören. Die Herausbildung solchen Fühlens wird sich am Ehesten an die Produktion und Rezeption innerhalb solcher Künste knüpfen, die in der festen äußeren Gegebenheit ihres Materials dem Ich eine Stütze bei der Objektivirung seiner tiefsten Inhalte gewähren: also bei den Künsten der Sichtbarkeit. Am Tiefsten in seine ursprüngliche Einheit und Impulsivität eingesenkt erscheint das Gefühl in der Musik, die sich, um Das bis zur Möglichkeit des Kunstwerdens auszugleichen, eine unvergleichlich strenge Gesetzlichkeit ihrer Formen ausgebildet hat, aber trotzdem noch immer die Kunst der persönlichsten Erschütterungen ist, rückhaltloser Erregtheit ungeschiedener Gefühle. Zwischen diesen Extremen bewegt sich die Lyrik, im Dichter wie im Genießenden bald mehr von dem unmittelbaren Impuls nur subjektiven Fühlens, bald von seiner objektiven Form getragen, durch die das Ich zum Spiegel einer überpersönlichen Nothwendigkeit wird, gleichsam sich selbst gegenüber reservirt ist, so daß seine Aeußerungen aus einem Stück der Natur zu einem Werk der Kunst werden können. Für die populäre Vorstellung ist die Lyrik noch ganz der Ausdruck des elementaren Fühlens; je ungebrochener und radikaler Dies im lyrischen Gedicht lebt und im Hörer mitschwingt, desto vollkommener scheint ihr Problem gelöst. Obgleich nun in Wirklichkeit die Lyrik aller großen Dichter sich mindestens auf dem Wege von dem primären, sozusagen naturalistischen Gefühl zu dem objektiven, von der Vergewaltigung durch den primitiven Impuls erlösten, befindet, so scheint mir, seit dem späteren Goethe, doch erst in der Lyrik Stefan Georges diese Fundamentirung auf das Ueber-Subjektive des Gefühles, dieses Sich-Zurückhalten von seinem unmittelbaren Anstürmen, zum unzweideutigen Prinzip der Kunst geworden. Keine Spur dabei jener Formalistik, die sich überhaupt auf kein Gefühl mehr beziehen, sondern von der Vollendung der nur äußerlichen Gestalt von Reim und Rhythmus leben will; vielmehr darum handelt es sich: fühlend über dem Gefühl zu stehen, an jener Grenzlinie innerhalb seiner sich anzubauen, die ich zu schildern versuchte und die die Provinz naturalistischer, ich möchte sagen: unartikulirter Gefühlsäußerungen von der Grundlage der *Kunst* scheidet.

Man kann es vielleicht auch so aussprechen: während sonst der Ausdruck und die Erregung des unmittelbaren, das ganze Ich beherrschenden Gefühles der Zweck der Lyrik zu sein pflegt, für den ihre Kunstform das Mittel ist, wird in dieser neuen Richtung das Gefühl zu einem Mittel für den Kunstzweck. Wie sonst der Lyrik die ganze Welt nur ein bloßes Mittel war, ein persönliches Fühlen auszudrücken und auszuleben, so tritt nun dieses in die selbe Kategorie mit jener, es wird eins der Materialien, der relativen Zufälligkeiten, an denen das Gesetz der Kunst seine Verwirklichungen findet, wie das Naturgesetz an der Zufälligkeit der materiellen Gestaltungen. Die Produktion erhebt sich hier ganz auf dem Boden jener zweiten Gefühlsprovinz, in deren Grenzen die bloße Ichheit hinweggeläutert ist, deren Inhalte wir als über den persönlichen Affekt hinaus giltig empfinden. Hier ist der andere Pol der lyrischen Entwickelungsreihe, deren einen das »Singen, wie der Vogel singt«, bezeichnet. Erhobene und trübe Stimmung, Liebe und Abwendung, das Gegenklingen der Seele gegen Landschaft und Menschen dürfen hier ihr natürliches Empfunden-Werden nicht bis in das Lied hinein fortsetzen, sondern das Kunst-Werden erfaßt die Gefühlsgrundlage selbst. Erst wenn das Gefühl alle Trübe, allen Drang, alle Unruhe seiner Erdgeborenheit hinter sich gelassen und sich in jene klare, weite, über-subjektive Form gekleidet hat, wenn es an sich selbst schon die Ausgeglichenheit, Durchgeistigung, Rhythmisirung, kurz die eben so sicher empfindbare wie unvollkommen beschreibbare Metempsychose zum Kunstwerk erfahren hat, wird es zum Worte zugelassen: man könnte denken, daß die Frauen auf Feuerbachs »Konzert« diese Strophen sängen. Die schöne Abgemessenheit innerer und äußerer Existenz, wie sie das Ideal der »Wanderjahre« bildet, hat hier die lyrische Seite des Lebens ergriffen. Das Bedürfniß nach künstlerischer Form der Dinge ist unter ihre Oberfläche, mit deren Gestaltung zum »schönen Schein« es sich sonst befriedigte, hinuntergestiegen und ist über den Gefühlsinhalt Herr geworden. Es scheint mir, als sei hier zum ersten Male die Lyrik ihrem Fundament nach in das Stadium des *l'art pour l'art* getreten und habe das des *l'art pour le sentiment* verlassen. Wenn die Entwickelung von der rein naturhaften, undifferenzirten Aeußerung des Affektes ausging, von der sich einzelne Elemente allmählich in objektiven Kunstausdruck umsetzten, so ist hier die Materie des Seelenlebens, immer mehr der ästhetischen Formung zuwachsend, nun völlig in die Kunstform aufgegangen.

Vom Standpunkt der alltäglichen Menschlichkeit – nicht nur der alltäglichen Menschen, sondern auch der alltäglichen Stunden der höheren Menschen – kann diese Abwendung von der ersten Wärme des Gefühles befremdend wirken; so lange unverstanden bleibt, daß der Gegensatz zu jener Wärme nicht Kälte ist, sondern die Alleinherrschaft des Kunstgefühles, das sich über diesen Unterschied der Gemüthstemperaturen überhaupt erhoben, sie zu seinem bloßen Material gemacht hat. Das Gefühl hat allerdings seine Jugend abgelegt, nicht, um alt, sondern, um zeitlos zu werden. Freilich kann es dann von jenem Standpunkt aus einen Zug von Grausamkeit zu bekommen scheinen. Dies tritt am Fühlbarsten in Georges Gedichtecyklus Algabal hervor. Algabal ist jener phantastisch ausschweifende Kaiser Elagabalus der römischen Decadence, den George zum Symbol einer nach Macht und Willkür völlig schrankenlosen Persönlichkeit wählt. Eine in jedem äußeren wie inneren Sinne nur ästhetische Lebensgestaltung sehen wir hier in absoluter Souverainetät über den Empfindungen Anderer und über den Mitteln zu ihrer Verwirklichung sich durchsetzen. Das wirkt freilich als Grausamkeit; so, wenn er seinen Bruder, dessen Rivalität ihn beunruhigt, töten läßt:

> »Hernieder steig ich eine Marmortreppe,
> Ein Leichnam ohne Haupt inmitten ruht, –
> Dort sickert meines theuren Bruders Blut –
> Ich raffe leise nur die Purpurschleppe.«

So, wenn er in ungeheurem Frevel die Vestalin sich vermählt:

> »Und zweifelnd, ob das neue Glück mir werde,
> Erfand ich nur den Quell der neuen Qual –
> Ich sandte sie zurück zu ihrem Herde:
> Sie hatte wie die Anderen ein Mal.«

So, wenn er dem schlafenden Liebespaar Gift einträufelt:

> »Ich will mir jener Stunden Lauf erzählen.
> Die Kinder unterm Feigenbaum entschlafen
> Nach unbedachtem seligem Vermählen.
> Mich kümmerten der kalten Väter Strafen.
>
> Wohl! Da ich Euch den starken Tropfen gönnte
> Aus meinem treuen Ringe, der mir diene,
> Wenn es bei einer Dämmerung mir schiene,
> Daß ich die Sterne nicht mehr schauen könnte.
>
> Begnadete! Da ich Euch gütig nahte
> Und kein Erwachen Euch ein Glück ermattet,
> Das nur der Traum so herrlich Euch gestattet,
> Als ich es jetzt aus Euren Zügen rathe.«

Dennoch ist hier und an ähnlichen Stellen des Werkes keineswegs die Lust am Leid anderer Menschen das poetische Motiv; vielmehr nur eine ästhetische Selbstherrlichkeit, die einfach jenseits der Frage nach Lust und Leid steht, wie man bei dem Pflücken einer Blume sich nicht kümmert, daß man damit fruchtbares organisches Leben zerstört. Denn auch sich selbst gegenüber fragt Algabal nicht nach Leiden; auch sich selbst bereitet er sie, wenn der harmonische Bau und der innere Idealismus seiner Lebensgestaltung es so mit sich bringt. Ich habe Das so ausführlich hervorgehoben, weil es in extremer – man könnte sagen: excentrischer – Art jenes Objektiv-Werden des Kunstgefühles zeigt, jene Lösung von allen subjektiv-natürlichen Gefühlsreflexen, um der Kunst willen.

Mit dieser Wendung ist die Herrschaft des Poeten über die Welt vollendet. Wie die Sittlichkeit ihre höchste und beherrschende Form da gewinnt, wo der Mensch sich selbst überwindet, Das heißt, sein Niederes und Instinktives dem Dienst praktischer Ideale unterwirft, und solche Herrschaft über sich selbst ihn triumphirend über die Gewalt aller Dinge hebt, so ist der Künstler absoluter Herrscher geworden, wenn er den Kreis, über den sein Wille zur Kunst herrscht, durch sein Eigenstes, durch das Subjektive und Impulsive des eigenen Ich, geschlossen hat. Nicht nur aus jenem Verflochtensein mit der Welt, das in den unmittelbaren Gefühlen liegt, ist er gerettet, sondern seine Kunst ist nun nicht mehr bloßer Erfolg, bloßes Ausströmen einer inneren, starken, ihrem Ursprunge nach aber kunstfremden Bewegung, sondern sie ist die erste und souveraine Macht geworden, die aus den Inhalten der Wirklichkeit, das Ich mit all seinen Ursprünglichkeiten eingeschlossen, sich gleichsam erst ihr Gefolge bestimmt. Da handelt es sich nun freilich nicht mehr um Erlösung von der Noth des Daseins, wenigstens nicht in dem Sinne, wie eine Kunst, die sich den unmittelbaren Gefühlserregungen zärtlicher anschmiegt, es vermag. Diese hier würde den Anspruch, die subjektiven Leiden und Unzulänglichkeiten des Lebens zu versöhnen, so zurückweisen wie ein edler Wein den Anspruch, den Durst zu löschen. Weil sie nicht aus den Leidenschaften geboren ist, wie die Kunst Michelangelos und Beethovens, wirkt sie auch auf sie nicht so vertiefend und dadurch erlösend zurück; sondern wie Giorgione und Bach steht sie von vorn herein im Hellen; und ihr Befreitsein und Befreien vom Dunkel ist nicht ein Aufstreben aus den heißen Tiefen erlösungsbedürftiger Leidenschaft, sondern ein Jenseits ihrer.

Damit ist freilich kein Prinzip in die Lyrik eingeführt, das vorher unerhört gewesen wäre, sondern nur das von je her in ihr wirksame Kunstmoment dem Naturmoment gegenüber zu unbedingterer Reinheit und Herrschaft geführt; womit jener kritische Punkt so vieler Entwickelungen erreicht ist, dem man nicht ansehen kann, sondern der erst durch seine Progenitur zu erweisen hat, ob er nur der Abschluß einer alten Reihe oder der Beginn einer neuen ist. Auch ist weder die Produktion Stefan Georges von Nachklängen jener subjektivistisch gefühlsmäßigen Dichtweise frei, noch ist überhaupt meine Deutung des Lebensprinzips der Lyrik Georges durch das Anführen von Einzelheiten zu belegen, so wenig wie der innerste Rhythmus eines Menschen, die Idee, zu deren Verwirklichung er allein bestimmt ist, von irgend einem einzelnen Thun vollständig umschrieben wird. Die Kraft vielmehr, die das Ganze trägt, kann auch nur aus dem Ganzen unzweideutig hervorleuchten.

II

Was bisher über die Dichtung Stefan Georges ausgemacht wurde und ihre subjektive Seite, die psychischen Energien ihrer Produktion und ihres Genossenwerdens, betraf, läßt sich aus ihrer Beschaffenheit auch in objektiver Wendung ablesen. Der Naturalismus hatte sich auf der pantheistischen Empfindung aufgebaut, daß der Sinn und die Bedeutsamkeit der Welt jedem beliebigen Ausschnitt ihrer gleichmäßig innewohne; das bloße Herausheben eines solchen, indem man ihn in die äußerlichen Grenzen einer Kunstform versetzte und gegen sein Vorher, Nachher und Daneben isolirte, schien so der Forderung der Dinge an das Kunstwerk, ihrem Werth und Geist die Zunge zu lösen, schon zu entsprechen. Nicht daß die Kunst ein *Bild* des Lebens sei, sondern ein Bild des *Lebens*, war dem Naturalismus ihre Seele. Wenn nun der Lyrik Georges selbst das Gefühlsleben und seine zartesten und intimsten Inhalte in unmittelbarem Ausdruck noch nicht die Kunst ausmachen, sondern erst ihren zu höherer Form zu gestaltenden Rohstoff, so ist damit der Gipfel des Anti-Naturalismus erreicht. Das Interesse wendet sich von dem Inhalt, den das Gedicht mittheilt, vollkommen ab und ausschließlich seiner künstlerischen Durchbildung zu. Daß der Eigenwerth des Stofflichen so herabgedrückt wird, ist ersichtlich die Ergänzung oder der objektive Ausdruck für jene ästhetische Gleichgiltigkeit gegen das unmittelbare Gefühl: denn der Inhalt ist es, der der Wirklichkeit und dem Kunstwerk gemeinsam ist, den beide, nur auf verschiedenen Stufen, wiederholen und der im Kunstwerk eben die selbe Gefühlskategorie anregt, zu der er, als Wirklichkeit geformt, spricht. Wo das primäre Gefühl also seine führende Bedeutung in der Kunst verliert, wird entsprechend die Materie des Kunstwerkes nicht mehr unmittelbar als Element seiner Wirkung zugelassen werden. Ich gestehe: mir ist erst durch die Kunst Stefan Georges klar geworden, wie viele Gedichte der Literatur es gar nicht nöthig hätten, gerade Gedichte zu sein, sondern ihren Reiz von ihrem Inhalt entlehnen, der auch in anderer als gereimter oder rhythmischer Form mit ungefähr gleichem Erfolge erzählt werden könnte. Damit soll der allgemeine Werth solcher Gedichte nicht herabgesetzt werden; vielmehr wird stets der Reiz davon bestehen und legitim sein, daß ein an sich mittheilenswerther Gedanke oder Vorgang sich in dem anmuthigen Gewand des Verses darbiete, wie wir ja auch eine Botschaft lieber durch einen schönen und liebenswürdigen Boten als durch einen von strenger und trockener Sachlichkeit überbracht haben wollen. Aber mit dem Kunstwerk als solchem hat die inhaltliche Bedeutsamkeit seiner Materie nichts zu thun, so wenig wie deren Unerfreulichkeit oder Anstößigkeit seine Würdigung als Kunstleistung beeinflussen dürfen. Bei den Gedichten Georges hat man den

Eindruck, daß ihr Inhalt durchaus in keiner anderen Form als in der poetischen gesagt werden kann; es wirkt also in ihnen kein der Kunstform gegenüber selbständiger Reiz ihres Stoffes mit. Selbst Gedichte wie die folgenden, die nicht einmal reine Stimmungsbilder sind, sondern immerhin doch noch irgend ein Geschehen zum Inhalt haben, lassen dieses Geschehen doch so sehr von der Form seines Kunstwerdens durchwachsen, daß es ohne diese bedeutungslos ist wie die Scherben einer Vase:

> Ich trat vor Dich mit einem Segensspruche
> Am Abend, wo für Dich die Kerzen brannten,
> Und reichte Dir auf einem sammtnen Tuche
> Die höchste meiner Gaben: den Demanten.
>
> Du aber weißt nichts von dem Opferbrauche,
> Von blanken Leuchtern mit erhobnen Aermen,
> Von Schalen, die mit wolkenreinem Rauche
> Der strengen Tempel Finsterniß erwärmen,
>
> Von Engeln, die sich in den Nischen sammeln
> Und sich bespiegeln am kristallnen Lüster,
> Von glühender und banger Bitte Stammeln,
> Von halben Seufzern, hingehaucht im Düster,
>
> Und nichts von Wünschen, die auf untern Sprossen
> Des festlichen Altars vernehmlich wimmern –
> Du faßtest fragend, kalt und unentschlossen
> Den Edelstein aus Gluthen, Thränen, Schimmern.

Und:

> Jahrestag.
> O Schwester, nimm den Krug aus grauem Thon,
> Begleite mich! Denn Du vergaßest nicht,
> Was wir in frommer Wiederholung pflegten.
> Heut sind es sieben Sommer, daß wirs hörten,
> Als wir am Brunnen schöpfend uns besprachen:
> Uns starb am selben Tag der Bräutigam.
> Wir wollen an der Quelle, wo zwei Pappeln

Mit einer Fichte auf den Wiesen stehn,
Im Krug aus grauem Thone Wasser holen.

In allen Künsten bedeutet die Befreiung von dem Beisatz stofflicher Reize eine Verfeinerung und Reinheit der ästhetischen Durchbildung. Der schlimmste Fall des Gegentheiles ist es, wenn Historienbilder und historische Dramen ihre Bedeutsamkeit und ihr Interesse ausschließlich den Gefühls- und Gedankenmassen verdanken, die etwa durch die Vorstellung Alexanders oder Konradins oder Luthers assoziativ erregt werden. Nicht anders steht es mit dem Genrebild, das durch die Darstellung eines an sich amusanten Vorganges seinen Erfolg gewinnt. Wenn der Inhalt eines Kunstwerkes auch in anderer als künstlerischer Form gegeben werden kann und auch in dieser als Reiz wirkt, so beweist Das, daß der Genuß des Kunstwerkes kein blos ästhetischer, daß sein Sieg mit Hilfstruppen von fremder Herkunft erkämpft ist. Die Forderung, daß der Reiz, den die Materie des Kunstwerkes jenseits seiner Kunstform besitzt, von ihm ausgeschlossen werde, ist dennoch nicht so einfach begründbar. Denn zunächst: so sicher kein Kunstwerk von diesem stofflichen Reiz allein leben kann, so unbedenklich scheint es, ihn seinen rein ästhetischen Qualitäten noch sozusagen als *opus superrogativum* hinzuzufügen. In der That zeigen schönste Gedichte Goethes einen Gehalt an Gedanken, die auch in anderer als der poetischen Form von der größten und reizvollsten Bedeutsamkeit wären, so daß die Gesammtwirkung des Gedichtes, unbeschadet seiner künstlerischen Vollendung, sich doch aus dieser und der selbständigen Bedeutung seines Stoffes zusammensetzt. Wenn man nun den Gedichten Georges gegenüber empfindet, daß ihr Inhalt durchaus nicht in irgend einer anderen als der poetischen Gestalt einen Reiz, ja nur Bestandfähigkeit bewahren könne und das Gedankliche in ihnen mit dem rein Artistischen steht und fällt, so scheint Das ihre Bedeutsamkeit doch mehr herab- als heraufzusetzen.

Allein es handelt sich hier nicht um ein allgemeines Werthurtheil über diese Lyrik, sondern um die Herausstellung der künstlerischen Tendenz, als deren entschiedenste und charakteristischste Darstellung sie merkwürdig ist. Gewiß: da die ästhetischen Werthe nicht die einzigen des Lebens überhaupt sind, sondern daneben noch intellektuelle, ethische, sinnliche, religiöse und viele andere bestehen, so wird ein Produkt, das an vielen von ihnen Theil hat, einen besonders hohen Gesammtwerth darstellen können. Allein jenseits davon liegt doch der besondere Reiz der Gebilde, die *eine* der Ideen aus unserem Werthsystem in reiner Abgelöstheit verkörpern. Und Dies eben erscheint mir als das Eigenartige und Bedeutsame an Stefan George: daß gerade Das, was am Gedicht reines poetisches Kunstwerk ist, mehr als irgendsonst das Ganze ausmacht, unter reinlicher Ausscheidung aller Nebeneffekte, die seinem Inhalt aus dessen sonstigen Beziehungen und Bedeutungen quellen könnten. Mit der größten Entschiedenheit tritt hier hervor: nicht irgend ein Inhalt soll in poetischer Form vorgetragen werden, sondern ein poetisches Kunstwerk soll geschaffen werden, für das der Inhalt keine andere Bedeutung hat als der Marmor für die Statue. Gewiß ist auch das vergeistigtste Kunstwerk nicht gegen sein Material gleichgiltig; was man in Marmor sagen kann, kann man nicht eben so gut in Bronze oder Fayence ausdrücken; es ist ein zum Glück überwundener ideologischer Irrthum, zu wähnen, Werth und Wesen des Kunstwerkes lägen in seiner »Idee« und verhielten sich ganz gleichgiltig dagegen, in welchem Material diese Idee verwirklicht würde. Allein Das bedeutet eben jene vollkommene Einheit von Form und Materie, die keinem von beiden anders als in der Richtung auf das andere hin zu wirken gestattet. Gewiß, wenn der Inhalt so restlos in seiner Kunstform aufgehen soll, daß von ihm kein Reiz, der jenseits dieser läge, auf das Ganze ausstrahle, so darf er der Form gegenüber nichts Aeußerliches sein, sondern beide müssen in und aus liebevoller Einheit erwachsen. Aus dieser Einheit Alles zu verbannen, was, obgleich an sich vielleicht wirksam und bedeutsam, doch nicht ihr, Daß heißt dem Kunstwerk als solchem, dient, erscheint mir als das ästhetische Grundmotiv dieser Lyrik. Und nicht nur der zusammenhängende Gang der Gedanken wird so ausschließend zum Träger des Kunstzweckes, sondern bis in die Worte hinein erstreckt sich dessen Alleinherrschaft. George besitzt die merkwürdige Fähigkeit, aus den vielfachen Bedeutungen eines Wortes keine einzige psychologisch anklingen zu lassen außer der, die gerade dieser einen Stimmung, diesem einen Bilde dient: aus dem Vielsinn der Worte borgt er keinen einzigen Reiz in das Kunstwerk hinein, der nicht allein aus dem Ganzen des Kunstwerkes herauskäme. Aus den einzelnen Worten sind durch Zusammenhang und Klang alle assoziativen Mitschwebungen ausgeschieden, die ihnen einen dem Kunstzweck des Gedichtes fremden Werth zufügen könnten. Auf diesen ist Alles so konzentrirt, daß alle nach anderen

Richtungen hingehenden Bedeutungsstrahlen verloschen sind. Nur die dem Centrum des Gedichtes zugewandte Seite ist durch das Bewußtsein beleuchtet, alles Andere ist dunkel, wie der Theil des Mondes, der der Sonne abgewandt ist. Dadurch erhalten diese Gedichte eine absolute Einheit des Gefühlstones, eine unvergleichliche Geschlossenheit der Stimmung. Man lese etwa das folgende Gedicht:

Ich weiß, Du trittst zu mir ins Haus
Wie Jemand, der, an Leid gewöhnt,
Nicht froh ist, wo zu Spiel und Schmaus
Die Saite zwischen Säulen dröhnt.

Hier schreitet man nicht laut, nicht oft,
Durchs Fenster dringt der Herbstgeruch.
Hier wird ein Trost Dem, der nicht hofft,
Und bangem Frager milder Spruch.

Beim Eintritt leis ein Händedruck,
Beim Weiterzug vom stillen Heim
Ein Kuß – und ein bescheidner Schmuck,
Als Gastgeschenk: ein zarter Reim.

Man bemerke nur, wie das Wort »Kuß« hier wirkt, das sonst so vielerlei, ganz außerhalb des Kunstzweckes liegende Associationen zu wekken pflegt, die, so unbewußt sie seien, mit diesem in unlauteren Wettbewerb treten und ihm einen illegitimen Reiz hinzufügen. Es ist, als wenn der äußere Wohlklang seiner Verse nichts Anderes wäre als die Erscheinung oder die Folge dieser inneren Harmonisirung, die in dem Hörer keinen anderen seelischen Ton anklingen läßt als den, der zu dem Grundton des Ganzen harmonisch ist, und ihm jede Brücke verweigert, aus der Einheit des Kunstwerkes zu abseits liegenden Attractionen seines Stoffes auszuschweifen. Oder auch umgekehrt mag es sich in Wirklichkeit verhalten: die unbeschreibliche Musik dieser Verse, ihr Fließen und Gleiten, das das Ohr niemals durch eine Rauheit, Stockung, Entgleisen aus der Tonart aufschreckt, die Verknüpftheit der Laute, deren jeder mit seinem Vorher und Nachher eine sinnlich nothwendige Klangeinheit bildet: Das ist wahrscheinlich das technische Mittel, das es George ermöglicht, alle Bedeutungen der Worte wie des Stoffes, die nicht genau dem Stimmungbild und dem einheitlichen Kunstzweck zugehören, von der psychologischen Mitwirkung auszuschließen.

Wenn nun mit Alledem gleichsam die Form dieser Lyrik beschrieben ist, so scheint ihre Bedeutung erst durch die des Kunstinhaltes nachzuweisen, der, nach Verbannung aller anderen Elemente, ihr Ein und Alles bildet. Allein diese Frage, die mit der nach der Schönheit und Größe des eigentlich dichterischen Talentes Stefan Georges zusammenfällt, geht nun vielmehr die Literaturgeschichte an, während es der Kunstphilosophie auf die eigenthümliche Bedeutsamkeit des ästhetischen Prinzips ankommt, weniger aber darauf, ob es sich mit einem an sich größeren oder geringeren Talent verwirklicht. Für so groß ich auch das rein poetische Genie Stefan Georges halte, so könnte man trotzdem einräumen, daß seine Bedeutung als Künstler über seiner spezifischen Bedeutung als Dichter steht. Wie bei manchen Personen die allgemein menschlichen Eigenschaften die Begabung und Kraft zur einzelnen Leistung überragen und auch an ihr das eigentlich Werthvolle ausmachen, so übertrifft bei ihm vielleicht Ausbildung und Vertiefung des allgemeinen Elementes Kunst die *differentia specifica*, die aus dem »Künstler überhaupt« den Dichter macht. Das Kunstwerk trägt von seinem Ursprung aus Interessen der Sinnlichkeit, der Religion, der Nachahmungsfreude, des Intellektes usw. einen ganzen Komplex von Inhalten und Wirkungen zu Lehen, die vielleicht in der Lyrik, wegen der Weitverzweigtheit ihrer Wurzeln, länger als in irgend einer anderen Kunst ungeschieden neben einander leben. Stefan George hat in der Gegenwart die prinzipielle Sonderung eingeleitet, die auch in dieser Kunst die *Kunst* zum Universalerben jenes Komplexes werden läßt.

Rodin

(mit einer Vorbemerkung über *Meunier*)

In die Zweiheit von Inhalt und Form zerlegt unser Blick jegliches Kulturwerk. Seine Einheit so zu spalten berechtigt uns die Unabhängigkeit, mit der bald das eine, bald das andre dieser Elemente von einer Entwicklung ergriffen wird, die das andre oder das eine ruhig auf seinem bisherigen Platze beläßt. Die Kunst, als ein Träger oder ein Spiegel der allgemeinen Kultur, offenbart dies, indem der Genius, der sie eine Stufe aufwärts führt, ihre überlieferten Formen zugängig für Inhalte zeigt, die sich jenen bis jetzt völlig zu entziehen schienen – oder, um Originalität des *Inhaltes* unbekümmert, eine Form, einen Stil schafft, der nur eine neue Ausdrucksmöglichkeit, aber nun für eine Unbegrenztheit von Inhalten bedeutet. Zwei Plastiker, beide mit der Neuheit ihres Werkes die Neuheit unsrer Zeit verkündend, bedeuten das Verschiedenste für unsre Kultur eben dadurch, daß von dem einen die Plastik einen neuen Inhalt, von dem andern eine neue stilistische Ausdrucksform gewinnt, jener sozusagen einen neuen Kulturgedanken, dieser das neue Kulturgefühl in seiner Kunst lebendig machte: Meunier und Rodin.

Es ist die große Tat Meuniers, den künstlerischen Anschauungswert der körperlichen Arbeit entdeckt zu haben. Millet und andre Maler des arbeitenden Volkes haben die Arbeit mehr in ihrer ethischen oder auch gefühlsmäßigen Bedeutung, also das, was sich eigentlich erst an sie *knüpft*, – nicht aber ihre unmittelbare Erscheinung zum künstlerischen Problem gemacht. Der äußeren Geschlossenheit und dem Ausdruck eines Einheitlich-Innerlichen, worin die plastische Menschengestaltung ihren Sinn findet, schien die Arbeitsgebärde völlig zu widersprechen. Denn die Arbeit, am Objekt geschehend, führe den Menschen aus sich heraus und zerbreche damit das plastische Insichruhen seiner Gestalt, sie verflechte ihn in die ihm doch widerstrebende Außenwelt und hindere so gerade seine Heraushebung zu der selbstgenugsamen Einheit des Kunstwerkes – eine zufällige Notdurft des Menschen, in tiefstem Gegensatz zu der Notwendigkeit und gleichzeitigen Freiheit, die der Kunst und dem Menschen in der Kunst zukäme. Darum hat die Plastik ihn wohl als den spielenden oder den sinnenden, den ruhenden, den leidenschaftlichen oder selbst den schlafenden gezeigt, niemals aber als den arbeitenden. Meunier aber sah, daß die Arbeit nicht unser Äußeres ist, sondern unsre *Tat*, die das Äußere gerade in das Innere hineinzieht und damit unsre Peripherie erweitert, ohne unserer Einheit Abbruch tun zu müssen. Das ist das Wunder der Arbeit: daß sie das Tun des Subjekts den Forderungen eines Stoffes untertan macht (denn sonst brauchten wir nicht zu arbeiten, sondern könnten träumen oder spielen), und zugleich damit den Stoff in die Sphäre des Subjekts hineinzieht. Die künstlerische Geschlossenheit von Meuniers Gestalten mit ihrem Heben und Ziehen, Wälzen und Rudern zeigt uns die Kräfte, die der arbeitende Mensch in die Materie hingibt, als wieder auf ihn zurückströmende. Die Arbeit macht den Körper zum Werkzeug; Meunier erfaßte es, daß mit ihr auch das Werkzeug zum Körper wird. Indem für Meunier die Arbeitsbewegung den Sinn der menschlichen Erscheinung auf eine in sich befriedigte, geschlossene Art ausdrückte, hat er den Arbeiter für das Reich der ästhetischen Werte entdeckt. Als frühere Repräsentanten dieser Vision kommen (mit den selbstverständlichen Modifikationen) vielleicht nur die Gestalten des Hermann und der Dorothea in Betracht, Existenzen ohne jeden pathetisch oder ästhetisch gesteigerten Lebensinhalt, in engem Kreise für die Arbeit und von ihr lebend – und nun ohne diesen Bezirk zu verlassen, in klassisch großem Stile dargestellt. Dies arbeitsam eingeschränkte Leben zeigt sich als der Ort künstlerisch wertvoller Linienführung, die beiden Menschen werden nicht aus dem Charakter solchen Lebens herausgehoben, sondern aus ihm selbst gebiert sich die Möglichkeit künstlerisch vollendeter Gestaltung. Entsprechend hat die soziale Bewegung des 19. Jahrhunderts den Arbeiter für das Reich der *ethischen* Werte entdeckt. Was ihn als *Arbeiter* dem Reich der Werte überhaupt fernzuhalten schien: daß es in der Arbeit nur auf ihren Ertrag, aber nicht auf das Subjekt ankäme – das hat erst diese Bewegung richtiggestellt, hat zum Bewußtsein gebracht, daß es auch auf den Arbeiter *ankommt*; und eben dies hat Meunier künstlerisch gewendet, wenn er, als der Erste, die Arbeitsgeste als eine jeder andern gleichwertige ästhetische Formgebung des Menschenkörpers behandelt. Freilich lag, schon vor einigen dreißig Jahren, dies Motiv den Bauernzeichnungen van Goghs zum Grunde und ist von ihm auch ganz prinzipiell ausgesprochen worden: er verlangt von dem Maler, daß er sich den Bauern eben *arbeitend* vorstelle – welchem Problem die Alten ausgewichen seien – und dann die Bewegung um dieser (Arbeits-)Bewegung willen male. Hierin ist noch ein andres Element von großer kulturphilosophischer Bedeutung enthalten. Die Arbeitsbewegung, deren ästhetischer Wert nun entdeckt war, ist nicht nur eine isolierte reine Anschaulichkeit, in diese Anschaulichkeit vielmehr ist untrennbar verflochten, daß ihr Träger die breite Masse der unteren sozialen Schicht ist. Mit diesem Cachet stellt Meunier seine Arbeiter dar: nicht als die individuell erlesenen Menschenexemplare, wie die Plastik sie sonst gesucht hat und die nun als arbeitende »gestellt« würden, wie sonst in andern Attitüden. Sondern hier ist in und mit der Anschaulichkeit fühlbar gemacht: dies ist einer aus einer Menge, keine persönlich betonte Existenz; nicht eigentlich ein »Vertreter« der Masse – dies wäre ein unanschaulich gedankenmäßiges und doch auch ein individuell hervorhebendes Moment –, sondern wirklich nur ein Gleicher von Vielen; es ist keine Reflexion darin, die diesen Einzelnen zur Allegorie des »Arbeiters überhaupt« macht, dieser Einzelne bleibt durchaus innerhalb der Schicht seines Genossen, in keinem Sinn ein »Besonderer«. Und gerade als ein solcher trägt er die ganze Erlesenheit der ästhetischen Vollendung an sich, jenen »besondern« Reiz, den man nur als aristokratisch zu bezeichnen gewohnt ist, der aber hier, rein anschaulich geworden, nicht mehr an den Unterschied des Einen gegen die Vielen gebunden ist. Hier ist für das ästhetische Gebiet das Wertverhältnis realisiert, das die Lebensphilosophie Maeterlincks für die Elemente der einzelnen Seele behauptet: daß unser Glück, unser Wert, unsre Größe nicht in dem Außergewöhnlichen, in den heroischen Aufschwüngen, in den prominenten Taten und Erlebnissen wohnen – sondern gerade in dem alltäglichen Dasein und jedem seiner gleichmäßigen, namenlosen Momente. Es ist das gleiche Motiv, das der Sozialdemokratie zugrunde liegt: das Wesentliche am Menschen sei das, was ihm mit allen andern gemeinsam ist, und deshalb sei ein Zustand möglich, in dem die subjektiven und objektiven Werte, die bis jetzt an den Unterschied, das Hinausragen, die besondere individuelle Begünstigtheit geknüpft scheinen, einem jeden gerade auf Grund der Gleichheit zugänglich seien. Indem Meunier zeigt: der Arbeiter braucht gar nichts andres zu sein und zu tun, als alle sind und tun, um den ästhetischen Höhenwert zu erreichen, da die Arbeit als solche diesen einschließt – fehlt ihm ganz das Agitatorische oder Sentimentale, das so vielen sonstigen künstlerischen Verherrlichungen des Arbeiters eigen ist. Denn alle diese besagen: *trotz* der Arbeit ist der Mensch so und so wertvoll und schön; er aber: einfach *wegen* der Arbeit ist es so. Noch einmal offenbart sich hier der tiefste Sinn und das ganz und gar Künstlerische seines Werkes – indem er den Menschen und die Arbeit nicht trennt, nicht an jenem einen Wert zeigt, den diese zu verschütten schien, sondern an ihr selbst, die sich durch die ganze Breite des arbeitenden Volkes gleichmäßig erstreckt, die ästhetische Vollendung entdeckt.

Aber es gehört vielleicht zu den tiefsten Bedingungen gerade dieser Koordination des neu entdeckten Inhaltes der Kunst, daß er ihn nicht in einem neuen Stile der Kunst darstellte: er hat nur bewiesen, daß der moderne Arbeiter ebenso künstlerisch anzusehen und zu stilisieren ist, wie ein griechischer Jüngling oder ein venezianischer Senator. So hat doch auch jene soziale Bewegung dem ethischen Empfinden nur einen neuen Inhalt gegeben: daß Gerechtigkeit, Mitempfinden, altruistische Interessiertheit sich auf die Arbeiterklasse als solche richtete, bedeutete eine ungeheure Erweiterung des moralischen Bewußtseins, aber keinen neuen Stil seiner; den gab erst Nietzsche. So hat Meunier ein neues Objekt gefunden, an dem das Leben künstlerisch wertvoll sein kann, aber er hat keine neue Form, kein neues Stilprinzip gefunden, in dem das Leben überhaupt künstlerisch gesehen werden kann. Dies fand erst Rodin, der der Plastik keine wesentlich neuen Inhalte gab, aber als der Erste einen Stil, mit dem sie die Haltung der modernen Seele dem Leben gegenüber ausdrückt. Ich zeichne, um dies zu begründen, mit einigen Strichen das Verhältnis, das die großen historischen Stile der Plastik zu der Lebensrichtung ihrer jeweiligen Gegenwart besaßen.

Die griechische Plastik, in ihren echten und klassischen Gestaltungen, ist dadurch bestimmt, daß die ganze Idealbildung des griechischen Geistes auf ein festes, geschlossenes, substantielles *Sein* ging, und daß sie dieses Sein als ein *geformtes* erfaßte, aufs entschiedenste betonend, daß die Form jenseits von Zeit und Bewegtheit stünde. Die Unruhe des Werdens, die Unbestimmtheit des Gleitens von Form zu Form, die Bewegung als das fortwährende Zerbrechen der festgefügten, in sich befriedigten Gestaltung – das war dem Griechen das Böse und Häßliche, vielleicht gerade, weil die Wirklichkeit des griechischen Lebens unruhig, zerrissen, unsicher genug war. So suchte denn die griechische Plastik, in ihrer besten Zeit, das Beharrende, die substantielle Form des Körpers, jenseits aller Sonderattitüden, die ihm durch die Bewegung des Körpers kommen, und seine anatomisch-physikalische Gestaltung, die eigentlich eine Abstraktion ist, weil in Wirklichkeit der Körper immer in irgendeiner einzelnen, individuellen Bewegung ist. Nur ein Minimum von Bewegung hatte in diesem Ideal der Antike Platz, weil jede Bewegung den Leib in der Ruhe seiner Festgefugtheit zu entstellen, ihn zu etwas Zufälligem und Vereinzeltem zu machen schien. Anderthalb Jahrtausende später hat dann die plastische Kunst der Gotik zum erstenmal den Körper zum Träger der Bewegtheit gemacht, hat die substantielle Sicherheit seiner Form aufgelöst. Sie entsprach damit der Leidenschaftlichkeit der religiösen Seele, die sich ihm, und zwar gerade seiner festen Materialität und selbstgenugsamen Geformtheit, eigentlich nicht zugehörig fühlte.

Der christliche Radikalismus erkannte nicht nur nicht den Wert, sondern sozusagen nicht einmal die Tatsache des Körpers an: eigentlich *ist* der Körper nicht, nur die Seele ist – wie in den gotischen Domen der Stein mit seiner Eigenbedeutung und Eigenschwere nicht existiert, sondern nur die sich selbst aufwärts tragende Kraft. Da nun die Plastik nur den Körper zur Verfügung hat, so entsteht damit ein Widerspruch, der sich in der gotischen Rücksichtslosigkeit auf die Körperform ausspricht, eben derselbe – daß der Körper nicht da ist und doch da ist –, dessen Konsequenz im Praktischen die Askese ist. All diese gedrückten und in die Länge gezogenen, verzerrten und ausgebogenen, verdrehten und disproportionierten Körper sind wie die plastisch gewordene Askese. Der Körper soll leisten, was er nicht leisten kann: der Träger der ins Transzendente strebenden, ja, im Transzendenten wohnenden Seele zu sein. Ein so ergreifend seelischer Ausdruck auch für uns in diesen Figuren wohnt: er kommt daher, daß ihre Seele eigentlich nicht mehr *ihre* Seele ist, sondern irgendwo jenseits ihrer ist, so daß der Körper mit den unmöglichsten Bemühungen versucht, ihr nachzukommen. Mit seinen Gesten drückte die Seele die Tatsache aus, daß sie sich nicht ausdrücken konnte, und indem er eigentlich nur dazu da war, damit die Seele sich von ihm entferne – entfernten seine Bewegungen ihn gleichsam von sich selbst.

Ghiberti erst und vor allem Donatello bringen beides zusammen. Die Bewegung ist jetzt ihrem Sinne und ihrer Tendenz nach in den Körper übergegangen, sie ist nicht mehr das Symbol einer Verneinung des Körpers, sondern die Seele, die sich in ihr ausspricht, ist durchaus die Seele des *Körpers*, der diese Bewegung trägt. Allein auch bei Donatello kommt die Zweiheit und Einheit der beiden Momente: der substantiell-plastischen Körperform und der passionellen Bewegtheit – noch nicht in der freistehenden Figur zum entschiedenen, starken Ausdruck, sondern nur im Relief, wo die Bewegung sich nach außen, in die Umgebung des Körpers hin, ausleben kann. Der Körper, als die dauernde Materialität in drei Dimensionen, ist noch nicht individuell und nicht gehalten genug, um die Bewegtheit – die Bewegtheit des Seelischen – in sich allein ausschwingen, in sich zurücklaufen zu lassen. Die Seele greift freilich nicht mehr, gleichsam an der Bewegung entlang, über den Körper hinaus ins Transzendente, aber sie ist noch nicht mit dem individuellen Sein gerade dieses Körpers ausschließlich und unverkennlich verbunden, man fühlt noch nicht die einheitliche Wurzel, die gerade diese organisch-plastische Gestaltung der Körpersubstanz und die momentane Bewegung als die Ausdrücke eines und desselben Seins aus sich hervorgehn läßt. So hat er den Lebenssinn der Renaissance zwar vorbereitet, aber auch nur *vorbereitet*. Denn wenn man – mit allen Vorbehalten solcher allgemeinen Schlagworte – als den Sinn der Renaissance bezeichnen kann, daß sie Natur und Geist, die das Christentum auseinandergerissen hatte, wieder als Einheit zu empfinden und zu leben suchte, so ist nun die besondere Ausgestaltung dieses Problems, die in dem Verhältnis der plastischen Körperform zur Bewegung liegt – denn jene ist mehr naturhaft, diese mehr geistig –, erst durch Michelangelo endgültig gelöst worden. Die Bewegtheit des Körpers, die Unendlichkeit eines ruhelosen Werdens, das seine Gestalten verkünden, ist hier zum Mittel geworden, die substantielle, plastische Form des Körpers zum vollkommensten Ausdruck zu bringen: und diese Form erscheint von sich aus in jedem Falle als der einzig angemessene Träger eben dieser Bewegung, dieses unvollendbaren Werdens. Dies ist die Tragik der Figuren Michelangelos: daß das Sein in das Werden hineingerissen ist, die Form in die unendliche Auflösung der Form. Künstlerisch ist der Konflikt gelöst, das antike Ideal und das der Bewegtheit haben ihr Gleichgewicht gefunden – freilich wird er dadurch menschlich und metaphysisch um so fühlbarer. Gegenüber den Körpern Michelangelos kommt einem gar nicht der Gedanke, daß sie sich auch anders bewegen könnten; und umgekehrt: der seelische Vorgang, sozusagen der Satz, den die Bewegung aussagt, kann kein andres Subjekt haben als eben diesen Körper. Trotz aller Gewalt, ja Gewalttätigkeit der Bewegung weist sie doch nirgends über die geschlossene Umrißlinie des Körpers hinaus. Er hat eben das, was dieser Körper seiner materialen Struktur nach, seiner Formung als ruhende Substanz nach ist, zugleich in der Sprache der Bewegung ausgedrückt.

Von hier aus gesehen, rückt nun bei Rodin der Akzent durchaus auf die Bewegtheit des Körpers: das Gleichgewicht zwischen dieser und der Körpersubstanz, das *er* gewinnt, ist auf einer andern Waage gemessen, auf einer, die erst bei einem viel größeren Maß von Bewegtheit einsteht. Die Voraussetzung oder der Grundton der erreichten Harmonie, der doch noch bei Michelangelo der »reine Körper«, die abstrakt-plastische Struktur war, ist bei Rodin die Bewegung. Sie ergreift bei ihm ganz neue Herrschaftsgebiete und Ausdrucksmittel. Er hat durch eine neue Biegsamkeit der Gelenke, ein neues Eigenleben und Vibrieren der Oberfläche, durch ein neues Fühlbarmachen der Berührungsstellen zweier Körper oder eines Körpers in sich, durch eine neue Ausnutzung des Lichts, durch eine neue Art, wie die Flächen aneinanderstoßen, sich bekämpfen oder zusammenfließen – dadurch hat er ein neues Maß von Bewegung in die Figur gebracht, das vollständiger, als es bisher möglich war, die innere Lebendigkeit des ganzen Menschen, mit allem Fühlen, Denken, Erleben anschaulich macht. Ebenso ist das Sichherausheben der Figur aus dem Stein, den Rodin oft noch Teile von ihr umfangen läßt, die unmittelbare Versinnlichung des *Werdens*, in dem jetzt der Sinn ihrer Darstellung liegt. Jede Figur ist auf einer Station eines unendlichen Weges erfaßt, durch die sie ohne Aufenthalt hindurchgeht – oft auf einer so frühen, daß sie nur in schwer erkennbaren Umrissen aus dem Block herausragt. Und hiermit besonders greift das Bewegungsprinzip aus dem Werk auf den Beschauer über. Es wird ein Äußerstes an »Anregung« gegeben, indem die Versagtheit der vollen Form die Eigentätigkeit des Betrachtenden aufs stärkste herausfordert. Läge irgend etwas Wahres in der Kunsttheorie: daß der Genießende den Schaffensprozeß in sich wiederholt – so könnte dieses nicht energischer geschehen, als indem die Phantasie das Unvollständige selbst zu vollenden hat und ihre produktive Bewegtheit zwischen das Werk und seinen Endeffekt in uns schiebt. Zweifellos ist die Bewegung dasjenige an uns, was dem *Ausdruck* am vollkommensten dient; denn keine andre Bestimmung unsres Seins ist dem Körper und der Seele gemeinsam, die Beweglichkeit ist gleichsam der Generalnenner für diese beiden, sonst einander unberührbaren Welten, die gleiche Form für das unvergleichbare *Leben* ihrer Inhalte. – In van Gogh sind dann die Elemente wieder ganz neu kombiniert. Er trägt in seine Bilder ein Leben, so ungestüm, vibrierend, fieberhaft, wie kein andrer Maler; und nun ist das Rätselhafte und Erschütternde, daß dies nicht (oder relativ selten) durch Darstellung und Erregung von *Bewegungs*vorstellungen geschieht. Äußerlich angesehen, ist in seinen meisten Landschaften und Stilleben eine einfache Zuständlichkeit, nicht wie bei Rodin, ein aufenthaltsloses Herkommen von irgendwoher und Gehen irgendwohin, und doch sind sie von einer haltlos stürmenden, Rodin noch überjagenden Unrast, deren Ursprung in dem ruhigen Dastehn ihres Gegenstandes eine der umheimlichsten künstlerischen Synthesen ist. Vielleicht hat gerade mit diesem immanenten Gegensatz – wie er, in freilich viel ausgeglichenerer Weise auch bei Michelangelo besteht – das Bewegtheitsgefühl seine äußerste, nicht mehr überbietbare Intensität erreicht.

Man kann die Bewegtheit der plastischen Figur, in ihrem Verhältnis zu deren beharrender Form, mit dem musikalischen Faktor der Lyrik und ihrem Verhältnis zu dem Gedankengehalte des Gedichtes vergleichen. Hier mag Goethes Lyrik jenes Gleichgewicht der Elemente zeigen, das der Plastik Michelangelos entspricht. Man möchte sagen, daß in seinen vollkommensten Gedichten oder in der Lyrik von Fausts Verklärung der Gedanke und der Klang deshalb eine so absolute Einheit bilden, weil jedes von beiden für sich auf seiner letzterreichbaren Höhe steht; der zeitlose gedankliche Inhalt und die Bewegung, in der er sich sinnlich gibt, sind hier aus einer so harmonischen Vollendung des Schöpfers herausgewachsen, daß auch im Geschaffenen ein jedes das andre bis zu seiner Grenze durchdringt, nichts leerlassend und nicht darüber hinausragend, keines das Erste und keines das Letzte. Dieselbe Entwicklung aber des modernen Geistes wie bei Rodin verratend, wird in der Lyrik Stefan Georges die Musik des Gedichts – nicht nur die äußerlich-sinnliche, sondern auch die innere – zum beherrschenden Ausgangspunkt. Nicht als ob der Inhalt darüber zu kurz kommen müßte; aber das Gedicht wirkt, als ob ihn die Musik, die rhythmisch-melodische Bewegtheit, von sich aus erwachsen ließe. So also scheint bei Rodin das Bewegungsmotiv das erste zu sein und die plastische Struktur materialen Trägers gewissermaßen zu kooptieren. Gewiß sucht Rodin die Impression, im Gegensatz zu dem mechanischen Naturalismus und zum Konventionalismus, aber – so paradox es in begrifflichem Ausdruck klingt – die Impression des Übermomentanen, die zeitlose

Impression; nicht die der einzelnen Seite oder des einzelnen Augen-blickes des Dinges, sondern des Dinges überhaupt; auch nicht nur die Impression des Auges, sondern des ganzen Menschen. Wie es die große Leistung Stefan Georges ist, dem lyrischen Ausdruck des subjektiven Erlebens eine monumentale Form gewonnen zu haben, so geht auch Rodin den Weg zu einer neuen Monumentalität – der des Werdens, der Bewegtheit, während sie bisher an das Sein, an die Substantialität des klassischen Ideals gebunden schien. Nichts andres als dies ist es, was er selbst einmal als ein Ziel seines Suchens aus-gesprochen hat: den »latenten Heroismus jeder natürlichen Bewe-gung«. Rodin erzählte, daß er oft ein Modell auffordere, vielfache, willkürlich wechselnde Stellungen einzunehmen; dann interessiere ihn plötzlich die Wendung oder Biegung irgendeines einzelnen Glie-des: eine bestimmte Drehung der Hüfte, ein gehobener Arm, der Winkel eines Gelenkes – und diesen Teil allein in seiner Bewegung halte er im Ton fest, ohne den übrigen Körper. Dann, oft nach langer Zeit, stehe die innere Anschauung eines ganzen Körpers in charak-teristischer Pose vor ihm, und er wisse dann sogleich mit Sicherheit, welche von den auf jene Weise entstandenen Studien diesem zuge-höre. Es hat also unzweifelhaft jene einzelne Gebärde, im Unbewuß-ten weiterwachsend, sich den zu ihr gehörigen Körper sozusagen er-zeugt, die Bewegung hat sich ihren Leib gebaut, das Leben seine Form. Deutlicher kann der Unterschied gegen die Antike nicht be-zeichnet werden, aber auch nicht gegen Michelangelo. Denn eine so vollkommene Einheit und Gleichgewicht der Elemente er er-reicht – so ist sein *Ausgangspunkt* doch das klassische Ideal, die Sub-stantialität und Geschlossenheit der anatomischen Form, die er nun erst mit der Glut und Impulsivität seines Fühlens in Fluß bringt, mit Bewegung durchdringt, bis beides sich ineinander restlos aufge-nommen hat. Auch nähert Michelangelo, indem er der Bewegung den Dauerwert, das zeitlos Bedeutsame zu geben sucht, sie wieder dem Stabilen. Bei aller verzehrenden Leidenschaft in seinen Bewe-gungen sind sie doch immer in einem relativen Ruhepunkt erfaßt, in einer Ausbalanciertheit, in der die Figur eine Weile verbleiben kann – dies ist *seine* Art, der Bewegung eine zeitlose Bedeutung zu geben. Darauf aber verzichten gerade die bedeutsamsten Gestalten Rodins, ihre Bewegungen sind wirklich die eines vorüberfliegenden Momentes. Aber in diesen ist der ganze Lebenssinn der Wesen so ge-sammelt, sie sind ihrem übermomentanen Sein so völlig verbunden, wie es sonst nur die substantielle, sich nicht ändernde Form der Körpererscheinung ist. Darum wirken ihre Gebärden einerseits vage – weil sie nicht, wie es dem Klassizismus naheliegt, mit zeitlosen *Begriffen* zu beschreiben und dadurch von der Kontinuität der Lebensbewegung abgeschnürt sind – andrerseits aber für das Gefühl, das ihre Strömung begleitet, völlig bestimmt und klar. Sie zeigen freilich nur einen Moment, aber dieser Moment ist das Ganze – das ganze Schicksal. Es ist keineswegs der »fruchtbare Moment«; diese Zuspitzung, dieses Haltmachen fehlt völlig; es ist ganz momentan, aber nicht so einzeln, wie der fruchtbare Moment – dessen Schwäche es war, die Momentaneität der Zeit durch eine bloße Verlängerung der Zeit, die man überblickte, zu überwinden. In dem fruchtbaren Moment liegt immer nur vieles, in der Rodinschen Geste liegt alles. Bis zu Rodin schien die Zeitlosigkeit für die Plastik nicht anders erreichbar, als daß man dem Objekt oder Inhalt des Werkes den Charakter der Ruhe, des Substanziellen, des Dauernden gab, man glaubte die Erhabenheit über zeitliches Entstehen und Vergehen nur durch oder als Beharrung in der Zeit gewinnen zu können. Rodin erst hat prinzipiell – Einzelerscheinungen waren natürlich vorangegangen – die künstlerische Zeitlosigkeit der reinen Bewegung entdeckt.

Wie nun bei Michelangelo die Koinzidenz der beiden Arten, auf die wir uns körperlich darstellen: des Seins und des Bewegens – auf ihren letzten Wurzelpunkt, auf die Seele hinweist, auf die Renaissanceseele, mit ihrem Ideal harmonischer Ausgeglichenheit aller Wesenselemente – gleichviel, in wie weitem Abstand von diesem Ideal die Sehnsucht seiner Gestalten sich fühlt – so ist die Seele, die bei Rodin den Brennpunkt des Körperlich-Sichtbaren bildet, eben die moderne Seele, die so viel labiler, in ihren Stimmungen und selbsterzeugten Schicksalen wechselnder und deshalb dem Bewegungselement verwandter ist, als die Seele des Renaissancemenschen. Das *transmutabile per tutte guise*, das Dante von sich aussagt, und das gewiß für die ganze italienische Renaissance gilt, ist mehr ein Hin- und Herpendeln zwischen verschieden gefärbten Seinszuständen, von denen aber jeder in sich substantiell und eindeutig ist: zwischen Melancholie und Rausch, Verzagtheit und Mut, Glaube und Unglaube – während die moderne *transmutabilità* ein kontinuierliches Gleiten ohne feste Ausschlagspole und Haltpunkte ist, weniger ein Wechseln zwischen dem Ja und dem Nein, als eine Gleichzeitigkeit von Ja und Nein.

Mit alledem hat nun Rodin den entscheidenden Schritt über den Klassizismus und eben damit über den Konventionalismus hinaus getan. Da wir weder die Seinseinfachheit der Antike besitzen noch die renaissancemäßige Harmonie des Lebensideales, die unbeschadet des schließlichen Gleichgewichtes aller Elemente von der antiken Norm ausgehen konnte – so ist das Beharren der klassischen Form in der Plastik eine klaffende Diskrepanz gegen das Lebensgefühl des gegenwärtigen Menschen und kann gar nicht vermeiden, ein Konventionalismus zu sein. Dieser, in der Plastik mehr als in irgendeiner Kunst der Gegenwart herrschend, drückt aus, daß sie die spezifisch unmoderne Kunst ist. Als Zertrümmerer der Konvention bietet sich zunächst der Naturalismus an. Allein schließlich ist er doch nur das Pendant des Konventionalismus. Beide empfangen die Norm ihrer Gestaltungen von außen, der eine schreibt den Natureindruck ab, der andere die Schablone; beide sind sie Abschreiber (was natürlich nur der extreme Grenzbegriff ist) gegenüber dem eigentlichen Schöpfer, für den die Natur nur Anregung und Material ist, um die Form, die sich in ihm bewegt, in die Welt hinein zu gestalten. Naturalismus und Konventionalismus sind nur die künstlerischen Reflexe der beiden Vergewaltigungen des neunzehnten Jahrhunderts: Natur und Geschichte. Beide drohten, die freie, sich selbst gehörende Persönlichkeit zu ersticken, die eine, weil ihr Mechanismus die Seele demselben blinden Zwang unterwarf wie den fallenden Stein und den sprießenden Halm, die andere, weil sie die Seele zu einem bloßen Schnittpunkt sozialer Fäden machte und ihre ganze Produktivität in ein Verwalten der Gattungserbschaft auflöste. Dem Individuum, so durch die überwältigenden Massen von Natur und Geschichte erdrückt, verblieb weder Eigenheit noch eigentliche Selbsttätigkeit, es wurde eine bloße Durchgangsstelle ihm äußerer Gewalten, und in der künstlerischen Produktion kam dies sozusagen am anderen Ende wieder heraus, indem die Unselbständigkeit des Naturalismus uns an die bloße Gegebenheit der Dinge fesselte, die Unselbständigkeit des Konventionalismus an das historisch Vorliegende und das gesellschaftlich Anerkannte; der eine an das, was ist, der andere an das, was war. Keiner von beiden gibt uns Freiheit und Notwendigkeit in dem Sinne, in dem wir beides im Kunstwerk suchen. Gegen die Konvention empören wir uns, weil sie keine wirkliche innere Notwendigkeit, sondern nur eine historische Zufälligkeit bedeutet, die uns nun dennoch als Gesetz zwingen will. Und die Natur ihrerseits, wie sie sich unmittelbar, unreflektiert bietet, ist einfache Wirklichkeit, die noch nicht in Freiheit und Notwendigkeit auseinandergegangen ist. Daß die Dinge naturhafterweise kommen »müssen«, wie sie kommen, daß das Naturgesetz sie »zwingt«, ist ein ebensolcher Anthropomorphismus und eine ungefähr ebenso leere Redensart, wie daß die Natur »immer wahrhaftig« wäre. Wie Wahrhaftigkeit nur da einen Sinn hat, wo die Lüge wenigstens als Möglichkeit in Frage kommt, so besteht aller Zwang, alles Müssen nur angesichts eines Widerstandes, einer sich entgegenstellenden Freiheit. Die Naturdinge *sind* schlechthin wie sie sind, und zu »müssen« scheinen sie nur, weil wir unser Gefühl von Andersseinkönnen, von Freiheit irgendwie in sie hineinlegen. Beides, Freiheit wie Notwendigkeit, sind Siege der Seele über das bloß Tatsächliche des Daseins; beide leben erst in *der* Gestaltung, deren Notwendigkeit in dem inneren Sinn und Sein des Schaffenden, in dem Lebensausdruck der geschaffenen Gestalt liegt – aber nicht in dem zufälligen Gesetz der Konvention noch in dem abstrakten »Gesetz« der Natur. Diese beiden, der Individualität äußeren Gesetzlichkeiten hat am vollkommensten Rembrandt durch die Inthronisierung des Individualitätswertes überwunden. Allerdings in einem so absoluten und zugespitzten Sinne eben dieses, daß die Menschen Rembrandts dessen entbehren, was man kosmisch nennen könnte. Auf ihren Gesichtern sind die Stationen dieses einen Lebensweges, von seinem Anfang an, abgelagert, und von diesem Komplex ihres inneren Erlebens werden sie überhaupt gebildet. Dagegen: die Verhängnisse, die Dunkelheiten und Seligkeiten dessen, was die einzelne Seele als das Metaphysische des Seins überhaupt, als der Grund der Dinge überhaupt umgibt – das klingt nicht aus diesen Menschen heraus. Der spezifisch-germanische Begriff der Individualität, der sie aus dem Einzigkeitspunkte des Einzelnen entwickelt und mit dem Rembrandt Freiheit und Notwendigkeit vereint, besteht bei Rodin nicht. Aber er führt die Lebenslinie seiner Gestalten in eine Richtung und eine Höhe, die man kosmisch nennen kann und mit der er sie nicht nur jenseits von Naturalismus und Konventionalismus, sondern sogar jenseits von Notwendigkeit und Freiheit der Person stellt. Freilich gehorcht auch hier die Seele in der Art, wie sie sich darstellt, keinem ihr von außen auferlegten Schema, freilich formt sie die Erscheinung und die Gesten des Körpers rein von innen her. Allein dieses Innere ist durchdrungen, überwältigt, beseeligt von einem Schicksal, das mehr ist als sie selbst, das zwar in ihrem irdischen Erleben in ihr ist, aber zugleich in einem metaphysischen Raume um sie ist. Man fühlt, daß die Stürme, die sie treiben, Schicksale der Welt überhaupt sind, während sie den Rembrandtschen Menschen ausschließlich aus der eignen Seele brechen und nur in der Richtung von deren eigner Entwicklung wehen. Darum haben alle Rembrandtschen Menschen, ein zitterndes, vom Leben zermahlenes Mütterchen oder ein kleiner armseliger Judenjunge, noch immer etwas im tiefsten Grunde Selbstsicheres, während Rodins Menschen aufgelöst sind – und zwar von etwas Gewaltigerem als dem bloß persönlichen Schicksal, vielmehr von einem Verhängnis des Daseins, das den Raum überhaupt und damit auch ihren eigenen erfüllt und damit ganz von selbst auch ihr Verhängnis geworden ist. Es ist bei Rodin die Liebe überhaupt, die Verzweiflung überhaupt, die Versenkung überhaupt, die als kosmische Dynamik dem Einzelnen zum Schicksal wird – nicht als Allgemeinbegriff, wie im Klassizismus, den die Gestalt allegorisierte, sondern als unmittelbares Leben, dessen Träger das Sein und dessen Pulsschlag dieses Individuum ist. – Wenn ich die Überwindung des Klassizismus durch Rodin an das Souveränwerden des Bewegungsmotivs gegenüber dem Seinsmotiv knüpfte, so weist die jetzige Überlegung noch auf eine tiefere Schicht, in der diese Verbindung sich vollzieht. Der Klassizismus mußte weichen, weil er, jetzt nur noch eine erstarrte Konvention, ebenso wie der Naturalismus weder die Freiheit noch die Notwendigkeit im künstlerischen Sinne gewährte. Die Zentrierung des Gebildes in der rein inneren Gesetzlichkeit der Individualität vereinigt beides, und so sind Rodins Gestalten »sich selbst ein Gesetz«, ihre Formgebung ist der absolut nachgiebige Ausdruck ihres Inneren. Indem dieses Innere aber, worauf ich hinwies, in einer kosmischen oder metaphysisch-seelischen Atmosphäre gleichsam chemisch gelöst ist, von ihr durchdrungen und sie durchdringend, ist es dem Bewegungsmotiv sehr viel mehr verpfändet als die germanisch-rembrandtische Form der Individualität. Diese, mit der festumrissenen Persönlichkeit, dem individuellen Gesetz dieses Einzigen abschließend, hat einen festeren, beharrenden, dem Fluktuieren entzogenen Kern oder Umfang. So radikal sich Rembrandt sonst allem Klassizismus entzieht – zu dem Seinsideal in seiner höchsten Verallgemeinerung hat sein Individualitätsideal noch nicht die letzte Brücke abgebrochen. Hier hat das Individuum als solches noch immer eine Substanz, die, wenn auch nicht mit Begriffen beschreibbar, als ein Grenzgesichertes, nur sich selbst Verhaftetes, in aller wogenden Dynamik des Lebens darinsteht. Dieser aber sind die Rodinschen Wesen von innen her ausgeliefert, sie sind bis zu ihrem tiefsten Kern vergewaltigt durch etwas, was man freilich so wenig als ein Äußeres bezeichnen kann, wie der Wind etwas Äußeres ist gegenüber dem Luftatom, das in ihm fortgerissen wird – da bewegte Luftatome eben ein »Wind« sind. Man könnte hierzu in gewissen modernen Vorstellungen über Substanz und Energie eine Analogie sehen. Was sich an der einzelnen Erscheinung als starr und stabil darbot, wird in Oszillationen, in immer restlosere Bewegtheiten aufgelöst; aber diese Bewegtheit des Einzelwesens selbst ist nur eine Formung oder ein Durchgangspunkt des einheitlichen kosmischen Energiequantums. Es reicht nicht aus, daß ein Wesen, irgendwie in sich geschlossen, in sich reine Bewegung sei: seine Grenze selbst muß sich lösen, damit jene innere Bewegung unmittelbar eine Welle der kosmischen Lebensflutung sei. Nun erst ist das Bewegungsmotiv absolut geworden, wo nicht mehr die Form der Individualität wie eine Membran eine rein in ihr sich abspielende Bewegung umgrenzt, sondern wo diese letzte Geschlossenheit fällt, um ihren Inhalt, selbst schon Bewegtheit, als *eine* mit der unendlichen Bewegtheit von Welt, Leben, Schicksal zu zeigen. –

Die hier fragliche Bewegtheit ist eine völlig andre als die im Barock oder in der japanischen Kunst. Im Barock ist die Bewegung nur dem äußerlichsten Anschein nach eine größere. Denn die Erscheinung hat den festen Punkt in sich – kantisch zu reden: das Ich der Apperzeption – verloren, das auch der leidenschaftlichsten Bewegung erst den Gegenwurf gibt, an dem sie ermessen werden kann, und das an der räumlichen Geschlossenheit des Umrisses anschaulich wird. Dieses Entgleiten des Ichpunktes ist für eine Zeit begreiflich, die den Persönlichkeitsbegriff der Renaissance verloren und den modernen, durch Kant und Goethe ausgebildeten, noch nicht gewonnen hatte; die entsprechend auch in dem theoretischen Weltbild den Mechanismus, das bloß kausale Fließen, das substanzlose und impersonal-gesetzliche Spiel der Naturkräfte zu ihrem Schibboleth machte. So sind viele Barockfiguren Konglomerate von Bewegungen, aber sozusagen nicht Bewegungen dieser *einen* bestimmten Person. In der japanischen Kunst – von der freilich hier die *Malerei* als Analogie heranzuziehen ist – bewegt sich überhaupt nicht der Körper, sondern nur die Linie des Körpers, der Zweck und Inhalt der Darstellung ist nicht der bewegte Körper um seiner selbst willen und aus sich heraus, sondern eine von dekorativen Gesichtspunkten aus bewegte Umrißlinie des Körpers. Erst wenn die Seele sich der Schwere des Körpers entgegensetzt, ihr Impuls seine Materialität nach aufwärts zieht, das bloß Naturhafte seines Bewegtwerdens ablenkt – kann sie in die Erscheinung treten; indem die japanische Kunst auf die Stoffsubstanz des Körpers verzichtet, findet die Seele nichts zum Beherrschen und Bewegen, was *ihre* Bewegtheit offenbarte.

Das Maß der inneren Bewegtheit ist bei Michelangelo gewiß kein kleineres als bei Rodin, aber sie ist eindeutiger, weniger problematisch, in *einer* Richtung höchster Intensität konzentriert; und diese Form verlangt zu ihrem Ausdruck kein so großes Maß äußerer Bewegung wie die vielspältige, vibrierende der modernen Seele, für die das einzelne Schicksal, das für Michelangelo ein definitives ist, vielmehr ein Durchgangspunkt einer aus dem Unbestimmten kommenden und ins Unbestimmte gehenden Wanderung ist, die die Wege ohne Ziele liebt und die Ziele ohne Wege. Die antike Plastik suchte sozusagen die Logik des Körpers, Rodin sucht seine Psychologie. Denn das Wesen der Moderne überhaupt ist Psychologismus, das Erleben und Deuten der Welt gemäß den Reaktionen unsres Inneren und eigentlich als einer Innenwelt, die Auflösung der festen Inhalte in das flüssige Element der Seele, aus der alle Substanz herausgeläutert ist, und deren Formen nur Formen von Bewegungen sind. Darum ist Musik, die bewegteste aller Künste, die eigentlich moderne Kunst; und darum war *die* Lyrik, die am meisten die Sehnsucht ihrer Zeit erfüllte, um ihre Musik aufgebaut. Darum ist die spezifisch moderne Errungenschaft der Malerei die Landschaft, die ein *état d'âme* ist, und deren Farbigkeits- und Ausschnittscharakter der festen logischen Struktur mehr entbehrt als der Körper und die figurale Komposition. Und innerhalb des Körpers bevorzugt die Moderne das Gesicht, die Antike den Leib, weil jenes den Menschen in dem Fluß seines inneren Lebens, dieser ihn mehr in seiner beharrenden Substanz zeigt. Aber diesen Charakter des Gesichts hat Rodin dem ganzen Leib verliehen; die Gesichter seiner Figuren sind oft wenig ausgeprägt und individuell, und alle seelische Bewegtheit, alle Kraftstrahlen der Seele und ihrer Leidenschaft, die sonst am Gesicht den Ort ihrer Äußerung fanden, werden in dem Sichbiegen und Sichstrecken des Leibes offenbar, in dem Zittern und Erschauern, das über seine Oberfläche rinnt, in den Erschütterungen, die sich von dem seelischen Zentrum aus in all das Krümmen oder Aufschnellen, in das Erdrücktwerden oder Fliegenwollen dieser Leiber umsetzen. Das Sein eines Wesens hat für das andre immer etwas Verschlossenes, in seinem tiefsten Grunde Unverständliches; seine Bewegung aber etwas, das zu uns hinkommt oder dem wir nachkommen können. Wo deshalb die *psychologische* Tendenz das Bild des ganzen Leibes formt, hält sie sich an seine Bewegung.

Diese Bewegtheitstendenz ist die tiefgründigste Beziehung der modernen Kunst überhaupt zum Realismus: die gestiegene Bewegtheit des wirklichen Lebens offenbart sich nicht nur in der gleichen der Kunst, sondern beides: der Stil des Lebens und der seiner Kunst, quellen aus der gleichen tiefen Wurzel. Die Kunst spiegelt nicht nur eine bewegtere Welt, sondern ihr Spiegel selbst ist beweglicher geworden. Vielleicht ist dieses Gefühl, daß seine Kunst unmittelbar ihrem Stile nach und nicht nur wegen der Objekte, an die sie gewiesen ist, den Sinn des gegenwärtigen wirklichen Lebens lebt – vielleicht ist dies der Grund, weshalb Rodin selbst sich als »naturaliste« bezeichnete. Hier liegt die Kulturbedeutung Rodins, der gegenüber der Naturalismus, wenn er nur die *Inhalte* der Dinge, wie sie sind, wiedergeben will, etwas ganz Äußerliches, Mechanisches ist. Der extreme Naturalismus perhorresziert den *Stil*, und sieht nicht, daß ein Stil, der den Sinn unsres Lebens unmittelbar selbst lebt, sehr viel tiefer wahr, wirklichkeitstreuer ist, als alle Nachahmung; er *hat* nicht nur Wahrheit, er *ist* Wahrheit.

Empfindet man aber als das durchgehende Ziel der Kunst die Erlösung von den Trubeln und Wirbeln des Lebens, die Ruhe und Versöhntheit jenseits seiner Bewegungen und Widersprüche, so mag man bedenken, daß die künstlerische Befreiung von einer Beunruhigung oder Unerträglichkeit des Lebens nicht nur durch die Flucht in ihr Gegenteil, sondern auch gerade durch die vollkommenste Stilisierung und gesteigertste Reinheit ihres eignen Inhaltes gelingt. Die Antike hebt uns über die Fieber und die problematischen Schwingungen unsrer Existenz, weil sie deren absolute Verneinung, die absolute Unberührtheit durch sie ist. Rodin erlöst uns, weil er gerade das vollkommenste Bild dieses in der Leidenschaft der Bewegtheit aufgehenden Lebens zeichnet; wie ein Franzose von ihm sagt: *c'est Michelange avec trois siècles de misère de plus.* Indem er uns unser tiefstes Leben noch einmal in der Sphäre der Kunst erleben läßt, erlöst er uns von eben dem, wie wir es in der Sphäre der Wirklichkeit erleben.

Das Christentum und die Kunst

Die geschichtlichen Fäden, die sich zwischen Religion und Kunst spinnen, sind unzählige Male verfolgt worden: wie die Kultzwecke das Götterbild entstehen ließen, wie sich aus der religiösen Feier und der Anrufung der Götter die poetischen Formen entwickelten, wie die Erhebungen und wie der Verfall der Religion die Kunst oft in gleichem, oft in völlig entgegengesetztem Sinn beeinflußten – alles dies ist zu begriffenen Tatsachen der Kulturgeschichte geworden. Allein die Motive, mit denen aus dem Wesen der *Sache* heraus das eine das andre anzieht oder abstößt, durch die all jene historischen Verknüpftheiten nur als die mehr oder weniger vollkommenen Verwirklichungen tieferer und prinzipieller Zusammenhänge erscheinen – diese Motive harren noch ihrer Klärung. –

In das räumliche Gleichnis von Nähe und Distanz müssen wir unzählige Male das Verhältnis seelischer Inhalte bannen, dessen innerliches Wesen diesem Symbol mit seiner äußeren Meßbarkeit schließlich ganz fremd ist. Auf seine Verständlichkeit dennoch rechnend, kann man die Gemeinsamkeit des religiösen und des künstlerischen Verhaltens so bezeichnen: daß das eine wie das andre seinen Gegenstand in eine Distanz, weit jenseits aller unmittelbaren Wirklichkeit hinausrückt – um ihn uns ganz nahe zu bringen, näher, als je eine unmittelbare Wirklichkeit ihn uns bringen kann. In dem Maß, in dem eine Religion wirklich ihrem reinen Begriff entspricht und nicht von andern Seelenprovinzen her mit allerhand Bedürftigkeiten und Beschränktheiten gemischt ist, drängt sie den Gott ins »Jenseits«, sein Abstand von allem Greifbaren und von der Welt unsrer Wirklichkeiten ist die absolute Steigerung jener »Distanz«, in der der hohe und überlegene *Mensch* alle ihm Nicht-gleichen hält. Aber der Gott, in dieser Distanz verbleibend, bleibt zugleich nicht in ihr, sondern als wäre jene nur ein Anlaufrückschritt, bemächtigt sich die Seele seiner als des Nächsten und Vertrautesten, bis zur mystischen Einswerdung mit ihm. Dieses Doppelverhältnis zu unserer Wirklichkeit wiederholt die Kunst. Sie ist das Andere des Lebens, die Erlösung von ihm durch seinen Gegensatz, in dem die reinen Formen der Dinge, gleichgültig gegen ihr subjektives Genossen- oder Nichtgenossen-Werden, jede Berührung durch unsere Wirklichkeit ablehnen. Aber indem die Inhalte des Seins und der Phantasie in diese Distanz rücken, kommen sie uns näher, als sie es in der Form der Wirklichkeit konnten. Während alle Dinge der realen Welt in unser Leben als Mittel und Material einbezogen werden können, ist das Kunstwerk schlechthin für sich. Aber all jene Wirklichkeiten behalten dabei eine letzte, tiefe Fremdheit gegen uns; und selbst zwischen unserer Seele und der des andern findet unsere Sehnsucht des Nehmens und des Gebens eine hoffnungslose Unüberbrückbarkeit. Das Kunstwerk allein kann ganz unser werden, in seine Form gegossen ist allein eine Seele uns ganz zugängig: indem es mehr für sich ist, als alles andere, ist es mehr für uns als alles andere. Von den Inhalten des Lebens als solchen pflegen wir zu empfinden, daß es irgend einer Bewegung des Daseins, irgend eines »Schicksals« bedurfte, um sie uns nahe zu bringen, daß sie durch ihr bloßes Dasein noch nicht zu uns gehören. Nur der Gott, an den wir glauben, und die Kunst, die wir genießen, sind von vornherein und bloß dadurch, daß sie da sind, für unsere Seele bestimmt. Und wenn auch die große Liebe sich solcher Vorbestimmtheit füreinander bewußt ist, die das zusammenführende Schicksal nur vollstrecken kann, so unterscheidet sie von jenen beiden ihr völlig individuelles Wesen: nur mit diesem einen Menschen und weil er gerade dieser eine ist, ist ihm die andere Seele rein von sich aus verbunden. Wenn aber der Gläubige schon durch seine Existenz sich mit seinem Gotte eins weiß, wenn der vom Kunstwerk Ergriffene dies wie seine eigne innere Notwendigkeit empfindet – so sind hier nicht mehr individuelle Besonderheiten am Werke, sondern jene tiefen Schichten, in denen der Mensch zwar sein ganzes Ich wirksam, dieses aber doch als den Träger einer überpersönlichen, seine Sondergestaltung hinter sich lassenden Gesetzlichkeit und Seinsbedeutung fühlt. Und dies erscheint mir als die tiefste Formgleichheit, aus der heraus die Religion allenthalben als der Vorläufer der Kunst, die Kunst allenthalben als die Erregerin religiöser Stimmung auftritt: daß nur diese beiden ein absolut für sich existierendes Sein zum innersten und wie selbstverständlichen, wie vorbestimmten Besitztum der Seele machen.

Diese prinzipielle Beziehung zwischen der Form des religiösen Lebens und der der Kunst realisiert sich in den verschiedenen Kulturen in sehr mannigfaltigen Arten. Es ist gewissermaßen ihre eigene Steigerung, durch die sie im Christentum manchmal in ihr Gegenteil umzuschlagen scheint. Sicher ist hier unter allen bekannten Religionen die Spannung zwischen der Entferntheit und der Nähe des Gottes die allerenergischste, aber auch die versöhnteste, weil hier eine Beziehung des *Herzens* zu dem Gotte besteht, die an der Unendlichkeit der metaphysischen Distanz gegen ihn ihre ganze siegende Kraft zeigt. Hiermit scheint das Bedürfnis mancher Seelen, einen Lebensinhalt sich ganz ferne zu rücken, um ihn dann ganz in sich einzuziehen, so völlig gedeckt, daß die Kunst in ihrer parallelen Leistung als überflüssig, ja als ein unzulässiger Wettbewerb erscheint. Daß das Christentum so oft die Kunst unmittelbar abgelehnt hat, ist weder immer asketische Verwerfung des Sinnenreizes, noch immer ästhetische Unkultur, sondern geht, neben manchen andern Motiven, auf diesen Instinkt zurück: daß die Seele der Kunst nicht mehr bedarf, weil sie alle Ausdehnung in das Reich jenseits des Gegebenen und alles Wiedereinbeziehen dieses in sie hinein – bereits besitzt.

Andrerseits bietet das Christentum ebenso durch die Personen und Geschehnisse seiner Tradition wie durch den körperlichen Ausdruck, zu dem die ihm eigenen Gemütsverfassungen drängen, Motive dar, die wie auf die Formgebungen der bildenden Kunst angelegt erscheinen. Die Demut, das Gebet, das innige Insichverzücktsein – alles dies bringt den Körper besonders gut in sich zusammen, hält die Extremitäten an den Rumpf und begünstigt damit die Geschlossenheit und anschauliche Einheit des Körpers. Selbst das Ausstrecken der Arme zum Gebet ist etwas völlig anderes als das Abspreizen, das die Konzentriertheit der Erscheinung auflöst. Denn entweder sind die Hände vereinigt, was eine sehr entschiedene Zusammengefaßtheit des Bildes ergibt, oder, selbst wenn sie sich breiten, streben sie einem ideellen Brennpunkt zu, in dem die Richtungen ihrer inneren Bewegtheit sich begegnen – wie man von parallelen Linien sagt, daß sie sich im »Unendlichen« treffen. Daß in aller guten Kunst der Körper in seinem ganzen Umriß streng zusammengehalten ist, gehört zu den Forderungen, mit denen der Reiz der bloßen Anschaulichkeit zum Sinnbild innerlich-seelischer Normen wird. Denn wir verlangen von dem Individuum, daß all seine Aeußerungen von einem Mittelpunkte her beherrscht und charakterisiert seien, und nicht anarchisch, ohne Beziehung auf die Einheit der Person, zerlaufen; so fordern wir von der plastischen Erscheinung des Menschen, daß seine Glieder jedem Impuls seiner zentralen Einheit absolut gehorsam erscheinen, keines dem durch das Ganze kreisenden Lebensstrome entzogen sei. Daß die Seele den Körper einheitlich durchdringt und ihn damit zum Träger der »Persönlichkeit« macht, wird vermittels jener Geschlossenheit des Umrisses, vermittels der gefühlten Beherrschtheit jedes Gliedes durch die Innervation vom Zentrum her in die sinnliche Anschauung erhoben. Was wir die »Beseeltheit« des Körpers nennen, ist nur ein anderer Ausdruck für die artistische Forderung seiner Zusammengehaltenheit. Die unbedingte Herrschaft der Seele, für die das Christentum lebt, drückt sich deshalb adäquat in all jenen Attitüden aus, die, dieser Forderung von sich aus genugtuend, schon in ihrer Wirklichkeit die Kunstform vorbereiten. Die besondere Bedeutung, die die Anschauungsform hier als Ausdruck des seelischen Zustandes gewinnt, liegt darin, daß diese Formen strenger Zusammengehaltenheit gerade von einer starken inneren Bewegtheit durchströmt werden – im Gegensatz etwa zu den Buddhagestalten der indischen und japanischen Plastik, in denen die künstlerische Geschlossenheit der Erscheinung eine ganz vollkommene ist, ohne daß die damit ausgedrückte Seelenhaftigkeit eine eigentlich bewegte wäre. Sie ist vielmehr die der absoluten Resignation, des Zurückziehens der Seele in das schlechthin Bewegungslose, das freilich die reine Einheit ist, weil das Leben hier jede Expansion verloren hat; jene für das Christentum charakteristischen Gesten aber verraten gerade eine weit ausgreifende Leidenschaft, die nun durchaus auf einen einzigen, innersten und entscheidenden Punkt hin orientiert ist.

Dies findet eine höchst wirkungsvolle Zuspitzung oder Besonderung in der Erscheinung der christlichen Mythologie, die der künstlerische Instinkt von Anfang an in ihrer formal künstlerischen Bedeutung erkannt hat: in der Maria mit dem Kinde. Jene Verknüpftheit aller Wesenselemente nach innen zu, jene konzentrierte Einheit des Lebens, von der ich sprach, ist am unmittelbarsten innerhalb der Weiblichkeit gegeben. Die Frau wird – ob überall und dauernd mit Recht, bleibe dahingestellt – als das undifferenziertere Wesen empfunden, als dasjenige, dessen Kräfte und Triebe enger und einheitlicher als beim Manne in sich gesammelt, solidarischer von *einem* Punkte aus erregbar sind. Dem entspricht es, daß von ihrer körperlichen Erscheinung, in der Natur und noch stärker in der Kunst, völlige Geschlossenheit und Zentripetalität erwartet wird, nicht die weit ausladende, sondern die zusammengehaltene Gebärde, die immer, wenn sie auch unmittelbar sich nach außen richtet, nach innen weist und mit allem, was sie hat, jedesmal den Kreis ihres Wesens schließt. Indem die Madonna nun mit dem Kinde verbunden ist, wird dies scheinbar aufgelöst, sie findet jetzt den Sinn ihrer Existenz in einem Wesen außerhalb ihrer. Daß dies dennoch ihre Einheit nicht zerstört, daß das Kind zwar ihr Nicht-Ich und doch ihr Ich ist, bedeutet das eigentliche Mysterium der Mütterlichkeit. Hier ist der Gegensatz des Fürsichseins und Für-einen-andern-seins überwunden, nicht im Sinne des Egoismus, der oft einen geliebten Menschen in sich einbezieht, sich um ihn erweitert, aber dabei immer Egoismus bleibt; sondern hier offenbart sich eine höhere Bedeutung des Lebens, die seiner Gesammeltheit nach innen erst durch diese Richtung auf seinen, zu *eigenem Sein* aufgewachsenen Sinn die volle Kraft und Weihe gibt. Indem durch die Konzentriertheit auf das Kind die Wesenseinheit der Mutter scheinbar durchbrochen ist, ist sie in Wirklichkeit erst ganz gewahrt. Diese seelische Struktur der Mütterlichkeit gibt den Darstellungen der Maria mit dem Kinde ihre höchste formale Aufgabe. Wo sie gelöst ist, da ist die Erscheinung der Frau, während sie *mit dem Kinde zusammen* die artistisch geschlossene Anschauung gewährt, doch *in sich* absolut einheitlich. Daß ein Wesen, indem es mit einem andern zu einer Einheit zusammengeht, darum kein bloßes Glied und Bruchstück ist, sondern gerade so zu seiner höchsten eigenen Geschlossenheit gelangt – dies ist hier für die ästhetische Anschauung völlig verwirklicht. Gerade durch die Eigenbedeutung des Jesuskindes, die das animalische Dazugehören des Kindes zur Mutter, als wäre es noch immer ein *pars viscerum*, ausschließt, gipfelt sich die Spannung zwischen beiden und das Problem, dem religiös-metaphysischen Verhältnis der Madonna zum Kinde eine Anschaulichkeit zu schaffen. Mit seiner Lösung begann die Kunst, ein völlig neues Reich von Formen auszubilden – von Formen, die die Darstellung eines Individuums gerade an seinem Verhältnis zu einem andern auf ihre höchste Eigenbedeutung zu bringen gestatteten. Dies ist die allgemeine Konfiguration der christlichen Mythologie, durch die sie sich von der antiken scheidet: daß jede Einzelperson in ihr in einer wesentlichen, ihre Bedeutung bestimmenden Beziehung zu anderen steht. Johannes ist um Jesu willen da – wie, auf anderen Stufen, Maria und wie die Engel –, Jesus ist für alle da, die Heiligen um der Gläubigen oder der Ungläubigen willen, die Kirche umschlingt die gesamten Stufen des christlichen Lebens in einem Organismus wechselwirkender Glieder. Ein

Netzwerk von gegenseitigen Relationen durchzieht hier den Bezirk heiliger Persönlichkeiten, aus ihrem tiefsten religiösen Wesen quellend oder es bestimmend, während die Beziehungen der klassischen Götter und Heroen entweder äußerlich-verwandtschaftlicher oder anekdotischer Art sind und die eigentlich religiöse Bedeutung der einzelnen wenig berühren. Daher ist für die christliche, religiöse Kunst die Malerei ebenso charakteristisch, wie für die antike die Plastik, weil jene die Darstellungsformen für die Relationen mehrerer Persönlichkeiten bietet, diese aber für die sich selbst genügende Einzelgestalt. –

Nicht weniger revolutionär, wie das Problem der Madonna innerhalb der artistischen Formenentwicklung wirkt, tritt das Problem des Kindes auf: ein kindlicher Körper, mit seiner quantitativen Geringfügigkeit, seiner Undifferenziertheit, seiner geringen Fähigkeit zu starkem und eindringlichem Ausdruck – soll dennoch *anschaulich* als das legitime Zentrum des Bildes, als die beherrschende, sinngebende Potenz innerhalb desselben auftreten. Es ist höchst interessant, die Mittel zu verfolgen, mit denen die Maler diesen Widerspruch überwinden. Botticelli gibt z. B. in dem herrlichen Berliner Tondo dem Kinde dadurch eine exzeptionelle Betonung, daß er es in die Horizontale legt, während alle andern Figuren des Bildes aufrecht stehn. Andrea del Sarto erreicht das gleiche in der großen Madonna der Uffizien, indem das Kind das einzige lebhaft bewegte Element unter lauter ruhig dastehenden Gestalten ist. In manchen Fällen ist es die Nacktheit des Kindes, die es vor den andern, bekleideten Gestalten sinnlich stark heraushebt. Michelangelo verwendet in dem Tribunabild ein mehr psychologisches als formales Mittel: er läßt fühlen, daß dieses Kind für diese Eltern die Hauptsache ist, wodurch es denn auf die natürlichste Weise zur Hauptsache des ganzen Bildes wird. Hier wie sonst häufig nötigt die auf das Kind hin orientierte Attitüde der andern Personen dem Beschauer den Rückschluß auf: da dieses kleine Wesen als das Zentrum seiner Umgebung situiert und verehrt ist, so muß es ja wohl die Superiorität besitzen, die solches rechtfertigt.

Dieser Schwierigkeit korrespondiert eine ähnliche, die an dem andern Pol der Lebensgeschichte Jesu auftaucht. Der gekreuzigte oder vom Kreuz genommene Christus scheint nicht die Kraft zu haben, mit der er als das bewegende Zentrum der lebhaften Erregungen um ihn herum wirken könnte. Der Leichnam, der anschaulich nur wie ein Stück Materie der bloßen Gravitation folgt, dem die Richtung des Geistes: nach oben, zur Besiegung der stofflichen Schwere – fehlt, macht die Superiorität nicht sinnlich begreifbar, die er dennoch ausüben soll. Die malerischen Mittel zur Ueberwindung dieses Widerspruchs ähneln denen des vorigen Problems. Vor allem wirkt auch hier die Nacktheit als ein akzentuierender Faktor; dann, daß dieser Körper gerade der einzig unbewegte unter lauter leidenschaftlich bewegten ist; endlich bringt auch hier seine als Tatsache vorgetragene Wirkung gerade durch den Gegensatz gegen ihre anschauliche Rechtfertigung ihre ungeheure Stärke um so schlagenderer Ueberzeugung. Daß so vermöge gewisser Imponderabilien die Christuserscheinung kann, was sie eigentlich nicht kann – das ist der malerische Ausdruck der tiefen Paradoxie des Christentums: daß der Seele das eigentlich Unmögliche zugemutet wird, dem irdischen Wesen der Gewinn der transzendenten Werte, dem Unvollkommenen die Vollkommenheit. Die Aufgabe wird so schwer gemacht, daß sie unlösbar scheint; indem sie nun dennoch gelöst wird, mindestens der Idee nach oder in der Erscheinung des »Heiligen«, tritt erst die unermeßliche Gewalt der Seele hervor. Es wird sozusagen das Stadium der »Möglichkeit« übersprungen; der absoluten Aufgabe des Christentums gegenüber befindet sich die Seele im Stande der Unmöglichkeit und doch im Stande der Erfüllung und Vollendung, das »Mittlertum« Christi drückt gewissermaßen den Ausfall der Instanz des »Könnens« aus, ein ideelles Zwischenglied tritt ein, um fühlbar zu machen, daß die Seele hier vollbringt, was sie nicht kann. Dieser fundamentale Zug des Christentums, den das *credo quia absurdum* nach der Seite der Intellektualität hin darstellt, hat die Kunst aufgenommen, indem sie Erscheinungen mit anschaulicher Ueberzeugungskraft Wirkungen ausüben läßt, zu denen sie gerade anschaulich nicht imstande zu sein scheinen.

In weniger absoluter, aber künstlerisch nicht weniger interessanter Weise ist es dem Christentum in der Kunst gelungen, die Gestalten der heiligen Geschichte der unvermeidlich scheinenden Alternative zwischen historisch-realer Treue und individuell-künstlerischer Phantasiemäßigkeit zu entrücken. An bedeutenden Persönlichkeiten der Vergangenheit, deren Vorstellung ebenso durch die Fülle weit ausgreifender Assoziationen wie durch die Zeitferne unvermeidlich eine gewisse Verschwommenheit zeigt – pflegt die malerische Darstellung erhebliche Schwierigkeiten zu finden. Wird uns von einer männlichen Figur im Kunstwerk gesagt, dies sei Phidias oder Plato oder Karl der Große, so wirkt dies oft bis zur Peinlichkeit oder bis zum Humor enttäuschend. Die Vielheit der Vorstellungen, die, mit unsicher begrenzter Latitüde um einen festen Kern schwingend, unser inneres Bild dieser Persönlichkeiten ausmachen, wird durch die konkrete Darstellung ungebührlich eingeengt, sie *kann* überhaupt, der festen Begrenztheit alles Anschaulichen wegen, der Forderung unserer Phantasie nicht genügen und ist dieser gegenüber gleichzeitig Verarmung und Vergewaltigung. Wo das historisch-wirkliche Porträt überliefert ist, fällt diese Schwierigkeit fort, weil die Ueberzeugung von der Wirklichkeit über jene unbestimmten Schwebungen des Vorstellens triumphiert oder sie in dieser nicht bezweifelbaren Anschauung zentrieren läßt. Die Kunst der christlichen Kirche hat nun diesen Dualismus wunderbar vermieden, indem sie für ihre Figuren durchgehende Typen schuf, die durch ihre Fixierung die Funktion der historischen Wahrheit haben: wir glauben nicht, daß jener Mann im Chiton, mit seiner ganz zufälligen Erscheinung, Phidias sei, oder jener mit den Reichsinsignien in der Hand Karl der Große; aber die Tradition der christlichen Kunst hat das Entsprechende dennoch erreicht: wir glauben – mit dem »Glauben«, der überhaupt in der ideellen Sphäre der Kunst in Frage kommt –, daß dieser Mann im blauen Gewand Christus ist, dieser an den Baum gebundene der hl. Sebastian, diese Frau mit der herabsinkenden Lyra die hl. Cäcilie. Aber die sozusagen nachträgliche Realität, die die kirchliche Tradition diesen Erscheinungen verschafft hat, ist nun weit und allgemein genug, um alle möglichen individuellen Ausgestaltungen, alle möglichen künstlerischen Nuancierungen und Stilisierungsverschiedenheiten zu gestatten. Es ist damit die ungeheuer bedeutsame Form des *Typus eines Individuums* geschaffen. Wenn sonst die singulär künstlerische Versinnlichung historischer Persönlichkeiten armselig, eng und überzeugungsschwach zu wirken pflegt, so wird dies hier durch die besondere Kombination überwunden: die religiöse Tradition hat den *Glauben* an jene Typen erzeugt und damit die real-historische Wahrheit des Gebildes ersetzt, mit dem die Darstellung sonst allein jenem Manko entgeht; aber weil es eben doch nicht Wissen, sondern Glauben ist, so ist hier eine unbegrenzte Freiheit für die individuelle künstlerische Schöpfung gelassen.

Mit alledem haben die seelischen Inhalte des Christentums die

Kunst zur Bildung neuer Formen veranlaßt: die Probleme der Komposition, des Umrisses, der Art, den Körper fühlbar zu machen, die Wichtigkeitsakzente zu verteilen – all diese formalen Probleme wurden jetzt in einer Weise dringlich, die dann auch für alle möglichen Vorwürfe jenseits des Religiösen ihre Fruchtbarkeit zeigte. Endlich aber hebe ich noch ein Beispiel aus den neuen *Inhalten* hervor, die der Kunst aus dem Christentum kamen und deren Ausdruck sie durch Mittel nicht rein formaler Art gewinnen mußte. Ich meine die Darstellung des *Leidens*, das erst seit dem Christentum einen in den letzten Tiefen gegründeten Anspruch auf anschaulich-künstlerische Darstellung erhebt. Die antike Kunst hat freilich Erscheinungen wie Niobe und Laokoon. Aber hier ist das Leiden ein äußerliches Schicksal, gerade der völlige Gegensatz zu jener tiefen Notwendigkeit, mit der das Christentum es zeigt: als die Frucht der Seele selbst oder als den Klang, den sie, die zu einem ewigen Schicksal berufene, im Zusammenschlag mit der Irdischkeit ergeben muß. Andererseits hat die Antike die Amazone und den Antinous. Allein der schmerzliche Affekt in diesen ist *Trauer*. Und Trauer ist Leiden über das Leiden, nicht mehr die primäre Schmerzlichkeit des Schicksals selbst, sondern deren Reflex in den gleichsam allgemeineren Schichten der Seele. Dadurch hat die Trauer schon als Wirklichkeitsvorgang eine innere Distanzierung, eine Gelöstheit von dem unmittelbaren Befangensein im Schicksal, durch die sie von sich aus zur Aufnahme in die Kunstform disponiert erscheint. Die Leistung der christlichen Kunst aber ist, daß sie für das ganz unmittelbare Leiden, das noch nicht zur Trauer umgeformt ist, die ästhetische Möglichkeit und bildnerische Gestaltung gefunden hat. Das Christentum hat viele Werte, die in den sonstigen Ordnungen des Lebens, und auch vielfach in anderen Religionen, bloß negativen Charakters sind, ins Positive gewandt. Der Verzicht auf die irdischen Güter und auf alles Leibliche ist hier nicht nur ein Akt der Befreiung, es sind damit nicht nur Hindernisse für die Seele in dem Aufsteigen zu ihrem ewigen Schicksal beseitigt, sondern schon an sich selbst ist dieser Verzicht etwas Wertvolles und ein Gut der Seele: zum mindesten ein Teil ihres Weges selbst, nicht nur das Abwerfen einer Bürde auf diesem Weg. Mit der sittlichen Hingabe und Selbstverleugnung ferner wird hier nicht nur ein objektives Moralgebot verwirklicht, dem die Selbstsucht entgegensteht, sondern sie ist unmittelbar eine Erhöhung der Seele, die Selbstverleugnung ist für sich schon eine Selbstgewinnung. Der Tod ist nicht nur eine Befreiung von der Last des Lebens, sondern das Opfer Christi zeigt den Tod als den Gipfel des Lebens selbst, als seine eigentliche Weihe und die gleichsam positiv ausgedehnte Stufe, die der Seele zwischen dem Diesseits und dem Jenseits bestimmt ist. Und so nun ist dem Christentum das Leiden keineswegs ein negativer Zustand, ein Passivum der Lebensbilanz – eine Interpretation, auf die hin andere Weltanschauungen es entweder wegdisputieren oder ihm gerade eine absolute, den ganzen Lebenswert mit dem Minuszeichen versehende Bedeutung geben. Sondern es ist ein integrierender Bestandteil des religiösen Lebens. Denn gerade, indem das Reich Gottes sich schon hier zu realisieren beginnt, muß es im Zusammenstoß mit den irdischen Ordnungen und Mächten das Leiden erzeugen: deshalb muß der *Gerechte* leiden, deshalb sind die Mühseligen und Beladenen zur Seligkeit bestimmt. So ist dem Christentum, im Gegensatz zu jenen griechischen Erscheinungen, das Leiden gerade ein solches, über das man nicht trauert, so wenig es seinen furchtbaren Ernst herabmindern will, ja darf. Durch diese Wendung ins Positive hat das Leiden den Charakter der *Depression* verloren, der es von der Kunst ausschließt. Wenn das Leiden nichts als eine Herabgesetztheit des Lebens ist, widerspricht es der Erhöhung des Lebens, die die Kunst ist – zwar nicht der Poesie, die durch das Nacheinander der Stimmungen und der Schicksale dem Leiden eine Versöhntheit und Entwicklung zu jeder Höhe und Fülle geben kann. Die bildende Kunst aber, die nur über einen einzigen Anschauungsmoment verfügt, kann ihren Widerspruch gegen das Leiden erst aufgeben, wenn das Leiden selbst jene Erhöhung zu einem positiven Lebensmomente erfahren hat. In der Passion Christi und den Qualen der Märtyrer wirkt der Schmerz nicht mehr als der feindliche Zerstörer des Lebens, sondern als eine Aufgipfelung zu einer durch nichts anderes ersetzlichen Intensität; jetzt wird das Leiden von einem Sinne durchgeistigt, der, seine Depression und seine Häßlichkeit aufhebend, es zu einem neuen Werte und Aufgabe macht. Das Christentum hat damit den ästhetischen Wert des Leidens entdeckt und hat seiner religiösen Bedeutung die Sprache der Anschaulichkeit verliehen. –

Soll mit all diesen Zusammenhängen die Religion die Kunst »angeregt« oder ihr neue Aufgaben gestellt haben – so ist dies doch nur auf eine tiefere Ueberlegung hin annehmbar. An und für sich haben Religion und Kunst nichts miteinander zu tun, ja sie können sich in ihrer Vollendung sozusagen nicht berühren, nicht ineinander übergreifen, weil eine jede schon für sich, in ihrer besonderen Sprache, das ganze Sein ausdrückt. Man kann die Welt religiös oder künstlerisch, man kann sie praktisch oder wissenschaftlich auffassen: es sind die gleichen Inhalte, die jedesmal unter einer andern Kategorie einen Kosmos von einheitlich-unvergleichbarem Charakter formen. Unsere Seele aber, mit ihren kurzlebigen Impulsen, ihrem fragmentarischen Können, vermag keine dieser Welten zu der Ganzheit, die sie ideell fordert, auszubilden, jede bleibt von den zufälligen Anregungen abhängig, die bald dieses, bald jenes Stück von ihr in uns aufwachsen lassen. Aber gerade, daß diese Weltbilder der selbstgenugsamen Abrundung ihres Sachgehaltes ermangeln, erzeugt tiefste Lebendigkeiten und seelische Zusammenhänge – denn es weist jedes darauf an, aus dem andern Impulse, Inhalte, Aufgaben zu schöpfen, die es bei lückenloser innerer Ausgebautheit in sich selbst finden würde. Indem die Religion, wie diese wenigen Beispiele zeigten, der Kunst solche Dienste leistet, offenbart die Kunst zwar, was ihrer jeweiligen Wirklichkeit an unbedingt eigenem Schöpfertum fehlt; aber eben damit gibt sie der Seele die Möglichkeit, mit der Ergänzung der einen Welt aus der andern sich selbst als den Einheitspunkt beider zu fühlen, als die Kraft, die einen dieser Ströme aus dem andern speisen kann, weil jeder für sich aus ihr entspringt.

Die ästhetische Quantität

Der enthusiastische Glaube an die Souveränität der Kunst und ihre unbegrenzte Spannweite hat ästhetische Richtungen, die einander aufs äußerste entgegengesetzt sind, doch zu einem gleichen Irrtum verführt. Der etwas abstrakte Idealismus, der in der Durchbildung und Zusammenfassung der räumlichen Form der Dinge das ausschließliche Kunstziel sieht, wie der Naturalismus, der die Dinge möglichst vollständig und mit unmittelbarer Lebendigkeit im Kunstwerk wiederholen will, – sie glauben beide, daß das Wesensprinzip der Kunst, die eigentümliche Tonart, in die sie das Sein transponiert, zu allen Inhalten dieses Seins das gleiche Verhältnis habe. Das heißt: es gäbe keinen Gegenstand, der sich ihr entzöge, sie könne grundsätzlich, soweit nicht zufällige Begleiterscheinungen es erschwerten, jegliches Ding in den Kreis ihrer Formungen ziehen und jegliches mit der gleichen, rein künstlerischen Bedeutsamkeit ausstatten. Gewiß ist dies eine unverlierbare Erweiterung und Vertiefung gegenüber dem eingerosteten Dogma, das nur »das Schöne« und »das Charakteristische« in die Kunst hineinlassen wollte – das heißt, Objekte, die uns in der *Wirklichkeit*, also nach ganz anderen Kriterien als denen des künstlerischen Bildens, wertvoll sind. Allein die Reaktion auf diese Enge schlug, wie gewöhnlich, in das entgegengesetzte Extrem aus. Die Meinung, daß der Rahmen der Kunst für das ganze Dasein Raum hätte, daß sie wie ein Spiegel jedes Bild in immer gleicher Umbildung wiedergäbe, übersieht, daß die Kunst und ihre Mittel historisch erwachsen sind, abhängig also von dem gegenwärtigen Stande der allgemeinen und künstlerischen Kultur, von zufälligen Anpassungen und technischen Entdeckungen, kurz, als etwas unvermeidlich Einseitiges, Sonderartiges, Rudimentäres, das zu der Einheit und gleichmäßigen Gesetzlichkeit der Natur nur ein zufälliges und an verschiedenen Punkten ganz verschiedenes Verhältnis haben kann. Jener artistische Pantheismus, für den jeder Gegenstand gleichmäßig der Kunst wertvoll und behandelbar ist, ist ein Größenwahn, der die Relativität und die endlose Entwickelungsnotwendigkeit aller Formen menschlichen Tuns zu der inneren Vollkommenheit und Notwendigkeit des objektiven Seins übersteigert: es gibt keine Gleichheit vor der Kunst, die der Gleichheit vor dem Naturgesetz entspräche.

Wo solche technisch-psychologischen Besonderheiten künstlerischer Formungen und Bedingungen die Kontinuität des Verhältnisses zwischen Natur und Kunst unterbrechen, liegen vielleicht für das Wesen der Kunst aufklärendere Punkte als da, wo sie als eine stetige Funktion der Wirklichkeit erscheinen möchte. Ein Punkt solcher Art soll hier aufgezeigt werden, indem ich die Verschiedenheiten des ästhetischen Eindruckes in ihrer Abhängigkeit von dem verschieden großen *Umfange* des Kunstwerkes betrachte. Denn die Dinge als Objekte der künstlerischen Darstellung – so werden wir sehen – fordern von sich aus gewisse Größenmaße, um ihren Sinn und ihre Bedeutsamkeit zu offenbaren; wenn diese Größenforderung mit der anderen, rein artistischen, die diese Formen innerhalb des Kunstwerkes und seiner Oekonomie stellen, bald zusammenfällt, bald weit von ihr abweicht, so ist insoweit erwiesen, daß die künstlerische Gestaltung, ihren inneren Gesetzen folgend, zu der Wirklichkeit ein ganz schwankendes und zufälliges Verhältnis hat.

Aus Gründen, auf die ich nachher komme, entstehen die größten Diskrepanzen dieser Art gegenüber der nicht organischen Natur. Daß es eigentlich keine künstlerisch ganz befriedigende Alpenlandschaft gibt, schiebe ich auf das Quantitätsmoment. Der anschauliche Reiz der Alpen wird wesentlich von ihrer ungeheuren Masse getragen, ihre Formbedeutung kommt erst in diesem Quantum zu einer ästhetischen Wirkung. Die Malerei kann aber vermittelst ihrer qualitativen Nuancierungen diese Quantitätsbedeutung bisher nicht zureichend wiedergeben; so wirken Alpenbilder in der Regel leer, zufällig, innerlich unberechtigt, weil in den begrenzten Größenmaßen, über die sie verfügen, sich der Formwert der Alpen nicht ausdrücken läßt. Der einzige große Alpenmaler, Segantini, hat die Berge in den Hintergrund gerückt oder stilisierte Formen gewählt oder durch Beleuchtung und Luft von der Forderung eines nur durch die Quantität erzielbaren Eindruckes ganz abgelenkt. So hat auch dieser größte die Schwierigkeit nicht gehoben, sondern sie nur anerkannt, indem er sie umgangen hat. Wo man das Problem durch ungewöhnlich großes Format zu lösen meinte, wie Calame in dem Monte Rosa (im Leipziger Museum), zeigt sich, daß die Form der Alpen viel zu leer ist, um im Kunstwerk mit seinem Anspruch auf konzentrierte Bedeutsamkeit der Form ertragen zu werden. Dazu kommt das folgende. Bei allem natürlich Gewachsenen empfinden wir, daß der Umfang genau so weit geht, wie die inneren Kräfte ihn getragen haben. Ein Baum hört von selbst auf, zu wachsen, wenn seine Wachstumsenergien, die innere Rechtfertigung seiner Größe, nachlassen. Wahrscheinlich durch komplizierte unbewußte Erfahrungen und Einfühlungen empfinden wir diese inneren Kräfte der Dinge sympathisch mit, und darum sind wir dem Organischen gegenüber einerseits immer mit dem Verhältnis von Größe und Form einverstanden, andererseits aber gelingt seine Umbildung in das Kunstwerk verhältnismäßig leicht, auch bei Aenderung des Umfanges; denn wo wir das innere Lebensprinzip eines Wesens erst einmal im Gefühl erfaßt haben, werden sich dem Künstler ohne weiteres diejenigen Aenderungen der Form ergeben, deren es bei Aenderung der Quantität bedarf, um jenen Lebenssinn des Ganzen im Eindruck ungeändert zu erhalten. Anders aber steht es unorganischen Formen, wie Gebirge es sind, gegenüber. Hier, wo die Gestalt kein von innen quellendes Leben ausdrückt, das uns bei der Umbildung leiten kann, können wir uns nur an die gegebene äußere Tatsache der Größe halten, von der abzuweichen ungerechtfertigt erscheint.

Indem wir in der Geistigkeit der Objekte eine Stufe höher steigen, begegnet das Quantitätsproblem: wie kommt es, daß kleine Modelle von Bauwerken fast gar keine ästhetische Wirkung üben, oder wenigstens eine solche, die der Wirkung des ihm völlig formgleichen Bauwerkes nicht entspricht? Wobei ich von Architekten absehe, deren geschulte Phantasie ihnen die volle Wirkung des ausgeführten Werkes dazu ergänzt, sodaß das Problem hier fortfällt. Als dessen Lösung aber erscheint mir, daß wir physio-psychologisch nicht imstande sind, die Schwereverhältnisse, das Lasten und Tragen, das Ausbiegen und Hochstreben, kurz das ganze vielgliedrige Spiel der dynamischen Vorgänge, das den wesentlichen ästhetischen Reiz der Baukunst ausmacht, – daß wir dieses nicht in so kleinen Abmessungen in uns nachbilden, nachfühlen können. Jede Architektur ist uns tot und sinnlos, die uns nicht *fühlen* macht, wie die Säule das Gebälk trägt, wie die Hälften des gothischen Spitzbogens oben ihre Kräfte zusammenschlagen lassen, wie das Gesims den Pfeiler belastet. Allein diese Einfühlungen entstehen immer erst oberhalb einer gewissen absoluten Größe ihrer Objekte. Unsere dazu wirksamen Organe sind zu grob, um die geringfügigen Druck- und Gegendruckrelationen des Halbmetermodells psychologisch zur Geltung zu bringen, diese erreichen die Schwelle der Nachempfindung nicht; denn Nachempfindung ist schließlich Empfindung und muß deshalb wie jede solche eine Bewußtseinsschwelle haben. Unsere Architektur hat offenbar genau diejenigen Quantitätsmaße, die uns nach unserer physisch-psychischen Struktur ein Maximum von Nachempfindung jener Dynamik gestatten. Sehr viel kleinere oder sehr viel größere – die also die *obere* Nachempfindungsschwelle überschreiten – können wir freilich noch anschauen und intellektuell konstatieren, daß sie die gleichen Formverhältnisse haben wie das ästhetisch Wirksame, – aber ästhetisch wirksam sind sie nicht mehr. Für einen Gott, dessen Empfinden nicht von Reizschwellen begrenzt ist, wäre in solchen Fällen das Quantum, in dem die Form sich darbietet, ganz gleichgültig, er würde an deren quantitative Verschiedenheiten nicht, wie wir es müssen, qualitative Verschiedenheiten seiner ästhetischen Reaktion knüpfen.

Diese Wandlung des ästhetischen Wertes durch den bloßen Umfangswechsel ungeänderter Formen zeigt einen neuen Typus von Motivierungen an einem Beispiel aus dem organischen, untermenschlichen Leben. Der ästhetische Widerstand gewisser Objekte richtet sich nicht nur gegen Vergrößerungen und Verkleinerungen, sondern grade gegen die Darstellung in natürlicher Größe. Pferde, zum Beispiel, sind in natürlicher Größe eigentlich nur auf Riesenbildern möglich, wo die Dimensionen des Ganzen sie wenigstens relativ herunterdrücken. Auf einem nicht ungewöhnlich großen Bild wirkt ein lebensgroßes Pferd ganz naturalistisch, aus der Sphäre des Kunstwerkes herausfallend. Dies wird, wie mir scheint, von einem besonderen der Motive begründet, die gewisse Objekte von vornherein vom Kunstwerden ausschließen. Da die Kunst jenseits der Wirklichkeit lebt und durch dieses Jenseits ihren ganzen Sinn und ihre Sonderrechte besitzt, so werden sich die Dinge in demselben Maße ihr entziehen, in dem das Interesse an ihrer Wirklichkeit assoziativ die Vorstellung beherrscht: das gilt von Interessen des täglichen Lebens, die wir fortwährend als vorhanden spüren, von merkwürdigen Erscheinungen und Zufällen, denen gegenüber man sich unvermeidlich fragt, ob es so etwas denn auch in Wirklichkeit gäbe, von historischen Ereignissen als solchen, in deren Vorstellung der Gedanke an ihre geschichtliche Wirklichkeit unvermeidlich dominiert, von dem ganzen Gebiet illegitimer Reize und unterirdischer Uneingeständlichkeiten der Seele. Alle diese treiben die Kategorie des Seins, als Frage, Wunsch, Wissen, in das Bewußtsein und entfernen sich damit aus der bloß ideellen Sphäre, die die Kunst umschreibt. Objekte wie Pferde sind offenbar mit dem praktischen Leben, das heißt mit demjenigen, das uns nur als Wirklichkeit und sonst garnicht interessiert, zu unmittelbar verflochten, als daß die Umbildung in die Kunstform psychologisch ganz über sie Herr werden könnte. Eher kann dies vermittels der Verkleinerung geschehen – nicht weil hier das Maß an und für sich wichtig wäre, sondern damit nicht die natürliche Größe mit ihren unvermeidlichen Wirklichkeitsassoziationen wirksam werde, und weil durch irgend eine Abänderung dieser die formende Macht des Geistes über die Wirklichkeit anschaulich wird. Diese Motivreihe wird noch von anderer Seite her vermehrt, sobald ein Reiter auf dem Pferde sitzt. Hier entsteht bei natürlicher Größe ein peinlicher Widerspruch der inneren Bedeutung von Tier und Mensch gegen ihre quantitative. So wenig die naive Formel, daß die innerliche Bedeutsamkeit ihr anschauliches Symbol an äußerer Größe fände, gegenüber der Komplikation der Erscheinungen irgendwie zureicht, so ist sie doch nicht schlechthin unanwendbar; die Größe des Pferdes und die Größe des Menschen drehen, wo durch den lebensgroßen Maßstab beides realistisch erscheint, das innerlich gerechtfertigte Verhältnis beider direkt um. Dies ändert sich unmittelbar mit einer Verkleinerung des Maßstabes. Denn bei dieser behält der Mensch doch seine volle Bedeutung, weil sie geistig und deshalb in dem kleineren Maßstab nicht weniger prägnant ausdrückbar ist, während die Bedeutung des Pferdes viel mehr an seine physische Größe und das, was diese ausdrückt, gebunden ist. Die Verkleinerung verschiebt also, bei absoluter Identität der Form, das künstlerische Verhältnis der Teile vollkommen. Dies scheint mir eines der bezeichnendsten Beispiele dafür, wie sehr die Elemente eines Kunstwerkes nicht nur durch ihre Relationen zueinander in das rechte Gleichgewicht kommen, sondern durch eine bestimmte absolute Größe des Ganzen, die jene Relationen erst ihre richtige Bedeutung gewinnen läßt. Es gehört zu den ästhetischen Wundern der Menschengestalt, daß sie durch fast unbegrenzte Vergrößerung oder Verkleinerung hindurch ihren ästhetischen Wert bewahren kann. Der Grund ist wohl, daß die Proportionen der menschlichen Gestalt für uns, deren Lebensgefühl mit ihnen solidarisch verbunden ist, eine überzeugende innere Notwendigkeit haben, die bei jedem Quantum ihres Sichdarbietens ungeändert bleibt. Dazu kommt, daß die menschliche Figur, in welcher Umgebung sie auch angeschaut werde, als die Norm empfunden wird, die über die Quanten und Proportionen ihrer Umgebung entscheidet. Sie selbst ist also innerhalb eines gegebenen Anschauungsbildes weder groß noch klein, da sie vielmehr dasjenige ist, woran sich Größe oder Kleinheit aller anderen Elemente erst mißt. Es scheint, daß auch im Anschaulichen der Mensch das Maß aller Dinge sei.

Wo es sich um das Verhältnis von Menschen untereinander handelt, taucht das Größenproblem freilich von neuem auf. So empfindet man manchmal bei Madonnen mit dem Kinde, daß die körperliche Kleinheit des Kindes in einem Widerspruch zu seiner centralen und beherrschenden Rolle in dem Sinne des Ganzen steht. Die kindliche Körperform ist wegen ihrer Undifferenziertheit von vornherein wenig geeignet, persönlich-geistige Superiorität auszudrücken, und seine quantitative Geringfügigkeit erscheint als ganz ungeeigneter Träger einer qualitativen Bedeutsamkeit. Diese Schwierigkeit völlig überwunden zu haben, ist eine unleugbar einzigartige Leistung der Sixtinischen Madonna. Denn *prinzipiell* gibt es freilich keine Grenze für die Macht des Künstlers, durch Modifikationen von Formen, Farbe und tausend Imponderabilien jede beliebige artistische und inhaltliche Bedeutsamkeit in jedem beliebigen Anschauungsquantum auszudrücken.

Im ganzen scheint es, als ob jede Form und überhaupt jedes künstlerisch verwertbare Element zwei ästhetische Schwellenwerte besäße, ein bestimmtes Quantum seiner Darstellung, oberhalb dessen es erst eine ästhetische Reaktion hervorruft, und oft auch eine obere Größenschwelle, nach deren Ueberschreiten der ästhetische Effekt wieder erlischt. Derartige Schwellenerscheinungen charakterisieren alle höheren Lebensgebiete. So gibt es eine Schwelle des Rechtsbewußtseins; nicht jede Tat, die moralisch und logisch unrecht ist, setzt unser Rechtsbewußtsein in Bewegung, zum Beispiel der Diebstahl einer Stecknadel. Das religiöse Bewußtsein läßt sich nicht durch jede minimale Schwierigkeit und Unversöhntheit des täglichen Lebens aufregen, wohl aber durch die formal und inhaltlich genau gleichen Ereignisse, sobald sie in mächtigen und überragenden Dimensionen auftreten. Das ökonomische Bewußtsein hat eine sehr deutliche Schwelle; die meisten Menschen machen mit relativer Leichtigkeit eine Reihe kleiner Ausgaben hintereinander, deren einzelne sie »nicht merken«, deren Summe aber, als einmalige Ausgabe ihnen zugemutet, ihr ökonomisches Bewußtsein sehr lebhaft aufrütteln würde. So haben manche Widersprüche und Unzulänglichkeiten von Personen und Situationen eine komische Wirkung, solange sie in geringfügigen oder flüchtigen Dimensionen auftreten; sobald sie aber, inhaltlich ungeändert bleibend, in großen Maßen und als dauernde Bestimmtheiten des Lebens erscheinen, überschreiten sie die tragische Schwelle und werden zu unversöhnlichen Beängstigungen und Zerstörungen. Die ästhetischen Schwellen der Gegenstände, oberhalb und unterhalb deren ihre künstlerische Verwertbarkeit liegt, rücken natürlich, je nach dem Formvermögen des Künstlers, zusammen oder auseinander. Andererseits müssen für den Standpunkt der Theorie mit wachsender Verfeinerung der ästhetischen Erkenntnis die Schwellenwerte sich einander immer mehr nähern, bis das vollendete Wissen der gegebenen künstlerischen Komposition gegenüber unzweideutig begreifen würde, daß sie ihre maximale ästhetische Wirkung nur innerhalb dieses einen bestimmten Größenmaßes tun kann.

Die bisherigen Untersuchungen über dieses Problem sind nicht viel weiter als bis zu der Feststellung gekommen, daß gewisse Modifikationen des ästhetischen Eindruckes auf das bloße Quantum, in dem die Formen sich darbieten, zurückzuführen wären. Allein damit scheint mir das Problem eigentlich nur gestellt, aber nicht gelöst. Nun müssen die psychologischen Mittelglieder erst aufgesucht werden, die diese Abhängigkeit vermitteln. Ich will dem Versuche, auf einzelne dieser Art hinzudeuten, noch zwei prinzipielle Gedanken hinzufügen. Der eine betrifft nicht das Quantum des Kunstwerkes selbst, sondern das der Gefühlserregungen, die von ihm ausgehen. Es ist ein sehr dilettantischer Standpunkt, die Bedeutsamkeit des Kunstwerkes dem Quantum der Gefühle proportional zu setzen, zu denen es uns aufregt. Vielmehr, das gefühlsmäßige Mitschwingen und Mitgerissenwerden, das Eintauchen in Lust und Tragik, das leidenschaftliche Oszillieren des subjektivsten Wesensgrundes muß nicht nur, um des ästhetischen Maximums willen, eine bestimmte Form innehalten in Bezug auf Tempo, rhythmischen Wechsel, Crescendo und Decrescendo, sondern auch das Quantum dieser Vorgänge darf eine gewisse Schwelle nicht überschreiten, wenn nicht statt des ästhetischen Wertes eine bloße ungeformte Gefühlserregung in uns dominieren und alles eigentlich Künstlerische überschwemmen soll. Am deutlichsten ist dies in der Literatur – obgleich keineswegs ausschließlich in ihr sichtbar. Die »Spannung«, die etwa ein Roman erregt, übertäubt oft genug den Genuß, ja die Beurteilung seiner künstlerischen Qualitäten; die Teilnahme des Gefühls an dem Inhalt der Vorgänge, die Stärke des inneren Miterlebens zerstört das ästhetische Bewußtsein, das immer eine Distanz und Reserve gegenüber dem Inhalt der Dinge fordert. Daß es sich aber dabei um eine Quantitätsfrage handelt, sieht man daraus: auch wenn der Inhalt des Kunstwerkes vollkommen bekannt ist, erzeugt die gelungene künstlerische Formung doch bei jedesmaliger Reproduktion noch ein Spannungs- und Teilnahmegefühl; allein jenem primären, realistischen gegenüber ist es schwach und wie aus der Ferne, selbst nur wie ein zarteres Abbild der unmittelbaren Erregungen, da es die Reaktion des Gefühls nicht mehr auf den realistisch empfundenen *Inhalt* des Kunstwerkes, sondern auf dessen Umformung in die Sphäre der Unwirklichkeit hinein darstellt; wie denn die Kunst uns sozusagen die Inhalte des Lebens ohne das Leben selbst bietet. Wo einer Erscheinung, einem Menschen oder einer Landschaft, einer Stimmung oder einem Schicksal der ganze Reichtum und die ganze Nuanciertheit der Gefühlsreaktionen antwortet, aber genau nur so stark, daß das bloße *Bild* dieser Dinge, in seinem Bildcharakter ungestört, Wärme und Leben erhält, da sind wir im Bezirk der Kunst. Die Gefühlsstärke hat eine untere und eine obere ästhetische Schwelle: jenseits der einen liegt die Teilnahmlosigkeit, jenseits der anderen die dem Inhalt, als Wirklichkeit empfunden, entsprechende Teilnahme, die dem Interesse an der künstlerischen Gestaltung als solcher keinen Platz läßt. Aber diese Herabgesetztheit der Gefühlsquantität hat nicht nur den negativen Sinn, dem ästhetischen Gefühl Raum zu geben, sondern diese besondere, ich möchte sagen, abstraktere Gefühlsstärke, der von der Qualität der konkreten Lebensgefühle nichts fehlt, ist selbst schon eine ästhetische Qualität. Wo sonst ursprüngliche Gefühlsintensitäten Herabsetzung erfahren, pflegen wir eine Lücke, ein Rudimentärwerden, ein Manko zu empfinden. Die Kunst allein weiß den ganzen Kosmos des Fühlens lückenlos zu bewahren, nur sein Maß so herabsetzend, daß wir begreifen, nicht dem Sein, sondern nur seinen Inhalten, nicht den Dingen, sondern nur dem Sinn ihrer Formen gegenüberzustehen.

Neben diesen innerlichsten Problemen aller Kunst stehe endlich eine Vermittelung des Quantitätswertes im alleräußerlichsten. Es scheint uns selbstverständlich, daß innerlich sehr bedeutsame Erscheinungen und Vorgänge eine erhebliche Bildgröße fordern, die an unwesentlichere und geistig weniger erfüllte zu wenden durchaus verfehlt wäre. Dies eigentlich schematische Verhältnis zwischen innerlich-sachlicher Bedeutung und räumlichem Umfang ist keineswegs ganz einfach begreiflich. Das Vermittelnde scheint mir zu sein, daß jede Bildgröße einen ganz bestimmten Teil unseres Sehfeldes beansprucht. Wenn ein Bild das Sehfeld nicht ganz oder nahezu ausfüllt, wenigstens den Bezirk des schärfsten Sehens, so wird unvermeidlich noch vieles, was in demselben Raum und bei derselben Blickrichtung noch in den Sehbezirk fällt, mitgesehen und verursacht eine psychologische Ablenkung und Herabsetzung der ausschließlichen Konzentration auf dieses Objekt – wie es mit einem bedeutenden, von reichen Assoziationen umgebenen Bildinhalt durchaus unverträglich, einem unerheblichen gegenüber aber sogar erfordert ist. Die Konkordanz zwischen Aeußerem und Innerem, die in jedem Kunstwerk das eine immer zum Symbol des anderen werden läßt, verlangt von dem Gegenstand, der durch seine unsinnliche Bedeutung, Weite und Tiefe das Bewußtsein erfüllt, daß er auch das sinnliche Bewußtsein ausfülle. Andererseits darf ein inhaltlich oder formal unbedeutsamer Gegenstand das Sehfeld nicht für sich allein beanspruchen, darf nicht alles andere daraus verdrängen, weil dies nicht weniger jene Symbolik, die das Grundwesen aller Kunst ist, zerstören würde.

Man kann als die letzte Formel aller Kunst und ihrer Beglückungen vielleicht dies aussprechen, daß sie Forderungen an die Dinge, deren jede unabhängig von der anderen entwickelt ist, sodaß die Wirklichkeit oft nur gleichsam die Wahl hat, welcher sie gehorchen will, – daß sie diesen mit einer Einheit und Gleichmäßigkeit zu genügen weiß, als gäbe es da nur eine einzige notwendige Bestimmtheit und Gesetzlichkeit der Dinge, wo die Wirklichkeit in reine Zufälligkeit, gleichgültige Fremdheit oder Widerstreit der Normen und Ansprüche auseinanderbricht. So verlangen wir vom Porträt, daß es den Sinn und Reiz der äußeren Erscheinung entwickele: in der Klarheit der Raumform, der ausgeglichenen Verteilung der Farbflecken, dem Spiele zwischen der Schwere und ihrer Aufhebung, zwischen Licht und Schatten, – und nun soll diese Deutung der Erscheinung nach rein artistisch-anschaulichen Forderungen zugleich die *Seele* der Persönlichkeit, ihr Unanschaulich-Innerliches restlos offenbaren! Was im Leben fremd auseinanderzuliegen pflegt: die bloß anschauliche Bedeutung der Erscheinung und ihre Rolle als Deuterin der Seele, zeigt das vollendete Kunstwerk in selbstverständlicher, ungebrochener Einheit, als umfaßte ein geheimes höheres Gesetz die Eigengesetzlichkeiten dieser Reihen – wie der klangliche Reiz des Verses und die Bedeutung seines Inhaltes jene Einheit eingehen, die der eigentliche Sinn und Geheimnis der Lyrik ist. Und so haben der Reiz des Zufalls und der der Notwendigkeit, die Unvergleichbarkeit des Individuums und die Gattungsmäßigkeit des Typus ihren logischen Gegensatz und ihre reale Getrenntheit im Kunstwerk überwunden, nicht in einem nachträglichen Verschmelzen, sondern wie in einem Jenseits des Gegensatzes überhaupt, als lebte das Kunstwerk in jener ursprünglichen Einheit, die sich noch nicht zu den Widersprüchen und Fremdheiten der geschichtlichen Wirklichkeit entwickelt hat. Und die gleiche Formel wird wohl auch das ästhetische Problem der Quantität des Kunstwerkes aussprechen. Aus den rein artistischen, der Anschaulichkeit der Dinge geltenden Bedingungen einerseits, aus unserer körperlich-seelischen Struktur andererseits entwickeln sich Anforderungen an die Quantität des Kunstwerkes; aus der inneren Bedeutung der Dinge, aus ihrem seelischen Sinn, aus nicht abzuweisenden Assoziationen ihres Inhaltes quellen andere, die aber mit jenen übereinzustimmen durch keine vorher bestimmte Harmonie gehalten sind. Wenn nun diese teils widersprechenden, teils nur zufällig zusammenstimmenden Ansprüche im Kunstwerk mit *einer* Lösung wie selbstverständlich und notwendig befriedigt sind, so ist auch dies ein Pulsschlag des Glückes der Kunst: daß sie uns wenigstens im *Bilde* des Daseins den einheitlichen Zusammenhang seiner Elemente gewährt, den die Wirklichkeit uns vorzuenthalten scheint, der aber ihrem tiefsten Grunde nun deshalb nicht fremd sein kann, weil schließlich das Bild des Daseins ein Stück des Daseins selbst ist.

Über die dritte Dimension in der Kunst

Das Interesse des Malers, vermöge des bloßen Oberflächenbildes, das er unmittelbar darbietet, die Anschauung auch der dritten Dimension zu erzeugen, ist keineswegs ein selbstverständliches Akzidens des Wesens seiner Kunst. Indem einerseits die Japaner, anderseits Aubrey Beardsley auf die dritte Dimension verzichten, ist erwiesen, daß auch ohne sie der gesteigertste Reiz sinnlicher Anschauung ebenso erreicht werden kann, wie die äußersten Pole seelischen Ausdrucks: die Frauen des Harunobu und des Utamaro, deren Seelen wie ihre Körper im Sommerwind schaukelnde Blüten scheinen, und die abgründigen Perversitäten und Satanismen des Beardsley. Weshalb also die dritte Dimension? Die größere Vollständigkeit, mit der sich der Bildeindruck dadurch dem Natureindruck nähert, kann nicht entscheidend sein. Denn die Umbildung von diesem zu jenem bedeutet in jedem Fall eine so umfassende Reduktion, der Zweck des Kunstwerks wird mit so viel einfacheren Mitteln erreicht als die Natur sie zum Zustandekommen des Realitätsbildes verwendet, daß ein bloßes hinzukommendes Wirklichkeitsmoment noch nicht ohne weiteres als künstlerischer Wert gelten kann; es muß sich als solcher vielmehr erst durch seine Qualität legitimieren.

Die ganz besondere Bedeutung der Tiefendimension der Körper gegenüber den beiden anderen muß sich ersichtlich daran knüpfen, daß sie überhaupt nicht optisch anschaulich ist. Ursprünglich überzeugt uns nur der Tastsinn, daß die Körper noch mehr sind als ihre zweidimensionale Oberfläche. Das Vollbild der Dinge, aus ihrer Sichtbarkeit und ihrer Tastbarkeit zusammengewachsen, wird durch die erstere reproduziert, so daß wir schließlich auch die dritte Dimension unmittelbar zu *sehen* meinen. Da indes der Wirklichkeit gegenüber das Tasten der Dinge fortwährend stattfindet und jenes assoziative Hineinwirken seines Inhaltes in das Gesichtsbild dadurch dauernd kontrolliert wird, mindestens prinzipiell kontrolliert werden kann – so ist die dritte Dimension innerhalb des optischen Wirklichkeitsbildes viel weniger an die bloße Anschauung geknüpft, als innerhalb des Gemäldes, in dem sie absolut keinen Anhaltspunkt außerhalb der rein optischen Vorgänge besitzt. Hierdurch erscheint die dritte Dimension als eine von dem gegebenen Bildeindruck prinzipiell geschiedene Welt, während ebendeshalb die Macht dieses Eindruckes, dennoch die dritte Dimension psychologisch einzuschließen, uns als eine umso größere vorkommen muß; sie wirkt wie eine geheimnisvolle Beschwörung, über ein Objekt mit einem Mittel Herr zu werden, dem jede unmittelbare Berührung dieses Objektes versagt ist. In diesem völligen Fernhalten jeder unmittelbaren Mitwirkung des Sinnes, auf dem die Vorstellung der dritten Dimension eigentlich allein ruht – und der doch gleichzeitigen Einbeziehung derselben in den Bildeindruck sehe ich einen wesentlichen Wirkungswert, eine Grenzbestimmtheit und zugleich Weite der künstlerischen Mittel gegenüber dem Natureindruck, die das Interesse an der dritten Dimension im Bilde begründen hilft.

Hiermit wird nun eine sehr einfache Tatsache wirksam, die von der fundamentalsten Bedeutung ist: daß jede Kunst prinzipiell nur auf je einen Sinn wirkt, während jedes »wirkliche« Objekt prinzipiell auf eine Mehrheit von Sinnen wirkt oder wirken kann. Denn dadurch eben entsteht »Wirklichkeit«: eine Gestalt, die wir sehen, durch die wir aber hindurchgreifen könnten, ohne daß sie ein Tastgefühl erweckte, wäre nicht wirklich, sondern ein Spuk, und ebenso ein Ding, das wir fühlten, ohne daß es im Zusammenschlage mit anderen ein Geräusch ergäbe, oder ein Laut, der von keinem sicht- und faßbaren Erreger ausgine. Der Punkt der Wirklichkeit ist derjenige, in dem eine Mehrzahl von Sinneseindrücken sich treffen, oder: der durch sie wie durch Koordinaten festgelegt wird. Dabei besteht aber das Eigentümliche: daß jeder Sinn eine qualitativ eigenartige Welt ausbildet, welche mit der des anderen nicht die geringste inhaltliche Berührung besitzt. Daß es *derselbe* Gegenstand ist, den ich sehe und den ich taste – dies ist eine Synthese von Forderungen oder Kategorien her, die ganz jenseits der Sinnesbilder selbst stehen. Innerhalb der Wirklichkeit entsteht der Gegenstand durch das gleichberechtigte Zusammen völlig selbständiger, gegeneinander fremder Bestimmtheiten. Durch den Gegensatz hierzu wird das Wesen des Kunstwerkes bestimmt. Wie viel verschiedene Sinne ihm auch ihre Erregungen assoziativ zu gute kommen lassen: dadurch, daß sein Gegenstand ausschließlich als Eindruck *eines* Sinnes zu stande kommt, gewinnt die ästhetische Anschauung eine innere Einheit, die ein Wirklichkeitsbild niemals gewähren kann; indem in dem Gewirr zuströmender Reproduktionen *ein* Sinn die autokratische Führung übernimmt, erhalten jene eine unvergleichliche Rangierung und Organisiertheit. Die Sinnesbestimmtheiten werden durch diese Hierarchie unter ihnen verhindert, daß der optische und die übrigen Eindrücke zu dem *realen* Menschen zusammengehen, den man tasten, hören, riechen kann. Daß ihm seine Geltungsart, seine Seinskategorie ausschließlich von *einem* Sinn kommt, das hält das Kunstwerk in der Sphäre der Irrealität fest, und läßt die dritte Dimension, die Domäne des eigentlichen »Sinnes der Realität«, des Tastsinnes, in ihm eine völlig andere Rolle spielen als in dem Wirklichkeitseindruck.

In der Plastik verhält sich dies nur scheinbar anders. Der Marmor ist freilich tastbar, aber *er* ist auch nicht das Kunstwerk, so wenig die ebenso tastbare Leinwand mit ihrem Farbenauftrag das Bild ist. Für die unkünstlerische Auffassung ist die Statue ein Mensch aus Marmor, wie der lebendige Mensch ein solcher aus Fleisch und Knochen ist, und insofern freilich ist sie *wirklich*, weil sie berührt werden kann, wie der letztere auch. Allein *der* Körper, der in Wahrheit der Gegenstand der Kunst ist, kann nicht getastet werden, genau so wenig wie der gemalte, weil auch er von dem greifbaren realen Materiale nur *dargestellt* ist, wie der gemalte von den nicht weniger greifbaren Farbenflecken. Die dritte Dimension geht als vom Tastsinn garantierte Realität des Gebildes das Kunstwerk gar nichts an, sondern tut dies nur so weit wie das Auge aus der bloßen *Ansicht* des plastischen Werkes zur Produktion, beziehungsweise Reproduktion der Tiefendimension angeregt wird. Auch das plastische Werk ist nur zum Sehen, nicht zum Anfühlen da, und da die dritte Dimension, als unmittelbare Bestimmtheit des Marmorstückes, nur getastet werden kann, so liegt sie insofern in einem ganz anderen Reich, als die *künstlerische* Bedeutung des Marmors, und in das Reich dieser Bedeutung tritt die dritte Dimension erst ein, wenn sie aus ihrem genuinen Tastbarkeitswert gleichsam *als Produkt des Augeneindrucks* wiedergeboren wird.

Damit ist die Rolle der *tactile values*, wie Berenson sie betont hat, keineswegs geleugnet. Nur scheint mir doch noch der Begründung bedürftig, wieso denn die Assoziation von Widerstandsgefühlen nebst ihren Modifikationen eine ästhetische, den spezifischen Kunstwert steigernde Bedeutung haben könne. Weshalb fügt es dem künstlerischen Reiz einer gemalten Säule, der sich doch an der Sichtbarkeit ihrer Form und Farbe zu erschöpfen scheint, etwas hinzu, wenn ihre Kälte und Härte psychologisch mit anklingen, oder dem gemalter Seide, wenn ihr Glanz noch das Gefühl des Stoffes, mit seiner Mischung aus Sprödigkeit und Weichheit, reproduziert? Ich glaube, daß dieses bloße Plus mitschwingender Vorstellungen nicht als solches schon ästhetische Bedeutsamkeit besitzt, daß diese vielmehr erst in der Umbildung gegeben ist, die die Tastbarkeiten als Kompetenzen rein optischer Eindrücke erfahren. Dies dürfte sich nicht anders als mit der Musik verhalten, die auch unzählige Reproduktionen aus allen Lebensgebieten in uns weckt, deren ganz einzigartiger Reiz und Tiefe nun aber darin besteht, daß jene sozusagen zu Musik geworden sind. Sie begleiten den Gang der Töne nicht mit der mechanischen, etwa nur dynamisch herabgesetzten, Inhaltsgleichheit ihres ursprünglichen Auftretens, sondern in einer spezifischen Umbildung und Umfärbung: sie müssen einer allotropischen Modifikation unterliegen, um sich dem musikalischen Eindruck als dessen Satelliten verbinden zu können, neben dem sie sonst fremd und einer anderen Ordnung der Dinge angehörend stehen müßten.

So würden die Reminiszenzen anderer Sinne nur als fremdartige Anhängsel von dem Bildeindruck mitgeschleppt werden, ohne dessen Sinn zu bereichern und zu vertiefen, wenn sie, gleichsam naturalistisch, nur ein Nocheinmal ihres früheren Inhaltes wären. Sie müssen vielmehr, um in die Einheit des Anschauungskunstwerkes einzugehen, ihre ursprüngliche Bedeutung, die mit dem Sinne dieses gar nichts zu tun hat, sozusagen selbst in einen Anschauungswert umsetzen, oder: ihr ursprüngliches, in ganz andere Reihen verflochtenes Sein so umformen, daß es mit dem optisch-artistischen Eindruck eine organische Einheit eingeht. Diese Expatriierung der Tastgefühle bei ihrer Einbeziehung in die Kunst psychologisch zu beschreiben, ist vorläufig ein bloßes Postulat. Jedenfalls aber wird man den Vorgang als eine *Qualitätsänderung* der Gesichtsvorstellung – ebenso wie, in einer anderen Schicht, der Tastvorstellung selbst – bezeichnen können. Aus der bloßen Assoziation läßt sich die artistische Bedeutung der *tactile values* schon deshalb nicht ableiten, weil dies eine bloße unorganische und unfruchtbare Quantitätsänderung des inneren Vorganges wäre. Wenn die Berührungen der Seide ihre Reproduktionen an die Anschauung des gemalten Stoffes weitergeben, so wird damit diese Anschauung rein als solche tiefer, lebendiger, ausgreifender. Goethe hat solche Umsetzung heterogener Sinnesempfindungen in optische Werte gekannt: »Und durchs *Auge* schleicht die *Kühle* sänftigend ins Herz hinein.« Das Objekt gibt dadurch dem *Auge* mehr; und zwar nicht so sehr der Wirklichkeit gegenüber, wo die verschiedenen Sinne je ihren Sonderwert bewahren, weil sie gleichmäßig zur Realität des Dinges zusammenwirken – als gegenüber dem Kunstwerk, das den Inhalt des Dinges auf den Generalnenner des *einen* Sinnes bringt. Und so wird es sich auch wohl mit der dritten Dimension verhalten, die das allen *tactile values* Gemeinsame repräsentiert. Neben Härte und Weichheit, Rauheit und Glätte, Zugespitztheit und Ebenmäßigkeit zeigen die berührten Flächen noch die allgemeine Qualität des Widerstandes überhaupt, welche der bloßen, auch dem Auge dargebotenen Oberfläche noch die dritte Dimension hinzufügt. Wenn diese nun in das reine Anschauungskunstwerk eintreten soll, so wird auch sie nicht bloß eine Dimension mehr sein, eine bloß numerische Hinzufügung zu dem schon vorhandenen Quantum von Dimensionen, sondern sie wird diesen Vorhandenen, über die das Kunstwerk nicht hinaus kann, eine neue *qualitative* Note verleihen. Die dritte Dimension wirkt in Malerei und Plastik nicht als reale Ausdehnung in die Tiefe, da ja das ewig Unanschauliche keinen Platz im Reiche der bloßen Anschauung finden kann, sondern als eine Bereicherung und Kräftigung der zweidimensionalen Bildinhalte; sie ist hier eine Nuance der Sichtbarkeit, in welche die, den ganzen Seinsinhalt organisierende Anschauungskraft des Künstlers die Erfahrungen und Assoziationen der Welten anderer Sinne umgeschmolzen hat. Schließlich fügt sich diese Transformierung des bloßen Mehr, das die dritte Dimension als solche den beiden anderen gegenüber darzubieten scheint, in den Sinn aller Kunst, in ihrem Verhältnis zur Naturwissenschaft, ein: während diese letztere alle Qualitäten auf Quantitätsausdrücke zu bringen, als ihrem Sinne nach quantitative darzustellen sucht, will umgekehrt die Kunst alles nur Quantitative des Daseins in seinem Sinne als Qualitätswert aufzeigen.

Die Lebensvergangenheit im Bilde

Gelingt es diesem Motiv, auch die spezifische Leistung Rembrandts, die Sichtbarmachung des Vergangenen in dem Gegenwartsbilde des Menschen, zu durchleuchten? Wir sahen: nach den Kantischen Voraussetzungen kommt die einfachste räumliche Gegenstandsanschauung schon durch Zusammenwirken der sinnlichen und der intellektuellen Funktion zustande, obgleich für die unmittelbare Bewußtseinsrealität der Gegenstand ganz sinnlich-einheitlich gegeben ist. Die späteren Untersuchungen haben dies mehr ins Empirische erweitert, indem sie die ergänzende Verwebung des bloß Erschlossenen, nicht Wahrgenommenen und selbst nicht Wahrnehmbaren in das scheinbar rein sinnliche Bild der Dinge zeigten. Es wurde der gleiche Aspekt nur gleichsam von der andern Seite genommen, wenn ich nun umgekehrt vermutete, daß die Doppelfunktion physischer Anschauung und seelischer Deutung gegenüber dem Menschen in Wirklichkeit und Kunst nur eine einzige ist: indem man das sinnliche Sehen vergeistigt, darf man das geistige Sehen versinnlichen; nur wegen gradueller Unterschiede und akzidenteller Verschiebungen erscheint es als paradox, daß wir die seelische Bedeutung einer Leiblichkeit in demselben Akt »sehen«, wie diese letztere. Dies aber selbst zugegeben, muß es noch viel paradoxer sein, wenn jetzt nicht nur das aktuelle seelische Sein, sondern die Vergangenheit, die sich zu diesem und seinem leiblichen Phänomen hinentwickelt hat, mit dem momentanen Anblick dieser Körperlichkeit gegeben sein soll. Dennoch, der berührte Zirkel: daß wir die »Gegenwart« der Erscheinung aus ihrer Vergangenheit verstehen, diese Vergangenheit aber doch nur jener allein dargebotenen Gegenwart entnehmen können, scheint mir nur unter dieser Bedingung lösbar, ja verständlich. Was überwunden werden muß, ist die nächstliegende platte Vorstellung: es sei ein Sinnlich-Gegenwärtiges gegeben, aus dem durch ein intellektuelles Verfahren die seelische Vergangenheit rekonstruiert, bzw. in das diese hineinprojiziert wird. Tatsächlich hat die Kunst spezifische (in Rembrandts Altersporträts nur besonders offenbar werdende) Mittel zur Verfügung, sich von dieser rationalistischen Notwendigkeit zu befreien. Freilich darf es nicht so gedacht werden – wozu vielleicht ein früherer vorläufiger Ausdruck verführen könnte –, als ob eine fixierte Ordnung einzelner Szenen oder Akte des Lebens, jeder für sich begrenzt und von andern durch einen jetzt als leer geltenden Zeitraum getrennt, von seinem jetzigen Phänomen her sichtbar würde. Sondern die ganze kontinuierliche Strömung des Lebens wird es, weil sie sich in dieses absatzlos ergießt. Vielleicht ist überhaupt dem Menschengebilde gegenüber die mathematisierende Vorstellung, daß wir jeweils einen im zeitlichen und physikalischen Sinne absolut aktuellen Zustand seiner erblicken, nicht zutreffend. Daß es in der Objektivität wissenschaftlicher Abstraktion nur punktuelle Gegenwart ist, mag sein und bleibe dahingestellt; als wirkliches Anschauungserlebnis ist uns das Phänomen eines Menschen ein den Moment irgendwie übergreifendes Ganzes, etwas jenseits des Gegensatzes von Gegenwart und Vergangenheit (vielleicht sogar von Zukunft) Stehendes. Wenn wir innerhalb des historischen Erkennens schon lange wissen, daß wir die Gegenwart nur aus der Vergangenheit begreifen, die Vergangenheit aber nur aus der erfahrenen Gegenwart heraus deuten können – so weist auch dieser Zirkel, dessen Elemente freilich von geringer begrifflicher Schärfe sind, auf eine Einheit des Verstehens hin, die durch unser unvermeidlich analytisches Verfahren in jene sich wechselwirkend tragenden Parteien zerlegt wird. Es ist bemerkenswert, wie die scharfe, antivitale Momentaneität des Bildes gelegentlich auch bei Rembrandt vorkommt; so zeigt z. B. Josephs Blutiger Rock (beim Earl of Derby) eine krasse Beschränktheit des ganzen Vorstellungskomplexes auf den schlechthin unausgedehnten – und eben deshalb wie erstarrt wirkenden – Moment. Aber dieses und vielleicht noch wenige verwandte Bilder fallen nun auch aus dem Wesen und der Einzigartigkeit der Rembrandtschen Kunst ganz heraus. Wo diese sich rein auswirkt – besonders in den späten Porträts – kommt grade jene spezifische *Lebens*charakteristik, für die es die Isolierung eines Momentes nicht gibt, zu ihrem unzweideutigen Rechte. Es kommt nicht darauf an, daß wir physikalisch ein in einmaliger Qualität gegebenes, unveränderliches Farbengebilde vor uns haben; die Frage ist ausschließlich, was es für uns, in uns, als unsere aktive Schauung bedeutet. Und wie für diese schon die Gespaltenheit zwischen der Körperlichkeit, als dem sinnlich Wahrgenommenen, und der Seele, als dem intellektuell Dazukonstruierten, fortfiel, so nun weiterhin die entsprechende zwischen Gegenwart und Vergangenheit. Die Rembrandtsche Menschendarstellung läßt uns jeweils eine Totalität des Lebens erschauen, trotzdem diese begrifflich und als äußerliche Realität in das Nacheinander von Vergangenheit und Gegenwart geformt ist. Wir sehen eben den ganzen Menschen und nicht einen Augenblick seiner, von dem wir dann erst auf frühere Augenblicke *schlössen*; denn das Leben *ist* unmittelbar gar nichts anderes, als die Gegenwart werdende Vergangenheit, und wo wir das Leben wirklich sehen, läßt uns ein bloßes Vorurteil behaupten, daß man nur den starren Punkt der Gegenwart sehe. Ob wir dieses Sehen des totalen Lebens erst allmählich erwerben, ob ihm gewisse Erfahrungen und Schlüsse psychologisch vorangegangen sind, ob es etwa immer unvollkommen, bloß annähernd bleibt, das ist prinzipiell ganz gleichgültig. Es war die entsprechende Wendung des Denkens, mit der Kant die scheinbare Notwendigkeit abwies, auf den Gegenstand der äußeren Wahrnehmung erst zu *schließen*. Da uns nur unsere Vorstellungen, also rein innerhalb unser selbst ablaufende Geschehnisse, gegeben sind, so schien es, als könnten wir auf die Außenwelt, die uns nie unmittelbar zugänglich ist, eben nur schließen: von der Wirkung in uns auf die Ursache außer uns. Demgegenüber zeigte Kant, daß auch die Außenwelt ausschließlich als unsere Vorstellung für uns bestände, daß deshalb zwischen ihr und der angeblich an sich selbst sicheren Innenwelt insoweit gar kein prinzipieller Unterschied herrscht, und jene mit ihrem Vorgestelltwerden ebenso sicher und ohne daß es eines Schlusses bedürfe, gegeben sei. Es schien mir nun zunächst annehmbar, daß es sich mit der Erkenntnis von Körper und Seele des andern Menschen, die den gleichen, nur umgekehrt laufenden Schluß zu erfordern scheint, analog verhält. Hier ist uns angeblich gerade die Anschauung des Körpers unmittelbar gegeben, und auf die mit ihm verbundene Seele müßten wir erst »schließen«. Vielleicht aber entstammt diese Scheidung nicht weniger als die von Kant kritisierte, einem rationalistischen Vorurteil; vielleicht nehmen wir den Menschen unmittelbar als eine Einheit wahr, in der Körper und Seele erkenntnistheoretisch äquivalent sind – mag auch empirisch die Erkenntnis der letzteren unsicherer, zweideutiger, lückenhafter sein. Und nicht anders mit dem entsprechenden Schluß: wenn nun auch schon die körperlich-seelische Existenz eines Menschen uns in einem prinzipiell unteilbaren Akt gegeben sei, so könne dieser jedenfalls nur die Gegenwärtigkeit eines Momentes enthalten, während das Vergangene, als nicht mehr vorhanden, uns nur durch einen auf das Gegenwärtige aufgebauten Schluß – von der Wirkung auf die Ursache – zugänglich wäre. Allein vielleicht verhält sich doch in dieser Hinsicht die Vergangenheit nicht anders zur Gegenwart, als die von uns vorgestellte Seele des Andern zu seinem Körper, oder als in dem Kantischen Fall die äußere Existenz der Dinge zu der Innerlichkeit des Vorstellens. Die »Gegenwart« eines Lebens ist überhaupt mit der Isoliertheit und Präzision ihres mathematischen Begriffes gar nicht festzustellen. Daß wir das Leben in seinem Hinübergreifen über jeden Zeit*punkt* und Querschnitt tatsächlich *sehen*, mag sich dadurch vermitteln, daß der Sehvorgang ja selbst ein Lebensvorgang ist. Man bedenkt diese Selbstverständlichkeit oft nicht hinreichend, weil wir den Inhalt dieses Vorgangs als feste »Bilder« denken und, diese gewissermaßen zurückverlegend, das Sehen als eine Abfolge eben solcher, jeweilig in sich geschlossener Bilder vorstellen. Das Sehen aber hat, als Vorgang des Lebens, an dessen allgemeinem Charakter teil: daß dafür die Scheidung von Vergangenheit, Gegenwart und Zukunft nicht so gilt, wie die grammatikalisch-logische Schärfe zu fordern scheint. Erst nachträgliche Grenzstriche bringen diese Alternative an die kontinuierliche Lebensströmung heran. Begründung und Ausführung dieses Lebensbegriffes gehören an einen andern Ort. Er sollte hier nur andeuten, daß das die Augenblicklichkeit überschreitende Sehen des Lebens auch von der Seite des Sehenden her kein Wunder zu sein braucht. Legt man jenen Begriff des Lebens zugrunde, so ist es wohl begreiflich, daß seine beiden Manifestationen: als Gesehenes und als Sehendes – die gleiche Freiheit von der bloß rationalen Fesselung an den Moment besitzen. Wo wir Leben wahrnehmen und nicht einen erstarrten Querschnitt, der nur einen *Inhalt*, aber nicht die Funktion des Lebens als solchen bietet, nehmen wir stets ein *Werden* wahr (sonst könnte es nicht Leben sein), nur wo die eigentümliche Fähigkeit in Funktion tritt: das Jetzt in der Kontinuität eines zu ihm sich streckenden Ablaufs anzuschauen, haben wir wirklich Leben *gesehen*. Wie *weit* freilich wir in diese Reihe hineinschauen, ein *wie großes* Stück von dem, was wir Vergangenheit nennen, als Einheit überblickt wird, ist ganz problematisch und wechselnd. Es ist die Kunst Rembrandts, solches Nacheinander, das, diese Form bewahrend, dennoch in uns *eine* Schauung ist, in eine gar nicht bestimmbare Weite verlaufen, oder genauer: aus ihr herkommen zu lassen. Nur darf man der Verleitung des Nacheinander-Begriffs nicht nachgeben: als ob einzelne, inhaltlich bestimmte Stationen gleichsam hintereinander aufgebaut wären. Denn damit wäre ja die Zeitlichkeit nur eine äußerliche Anordnungsform festumschriebener

Sachgehalte des Lebens, während es sich hier gerade um eine Werdensströmung handelt, in der die für sich seiende, bloß inhaltliche Bedeutung der einzelnen Momente (die für andere Kategorisierung unbestritten ist) schlechthin aufgelöst ist, darum handelt, daß jedes Gebilde als ein in der flutenden Rhythmik von Leben, Schicksal, Entwicklung, gewordenes oder werdendes erschaut wird: es ist sozusagen nicht diese jetzt erreichte Form, die Rembrandt vorträgt, sondern das gerade bis zu diesem Augenblick gelebte, von ihm her gesehene Gesamtleben. Kant, dessen geistige Direktive auf die Geformtheiten der Seinsinhalte, auf Logizität und Überindividualität geht und damit einen Gegenpol der Rembrandtschen bezeichnet, äußert einmal einen spekulativen Gedanken, der mit dieser Deutung des Schauens der Lebendigkeit dennoch irgendwie verwandt ist. Er spricht von dem Prozesse der Vervollkommnung, der nicht nur, wegen der Unzulänglichkeit unserer empirischen Sittlichkeit, die Unsterblichkeit fordert, sondern in dieser selbst sich für unsere Begriffe als ein endloser darstelle; dennoch mache er uns vor dem Auge Gottes der – transzendenten – Glückseligkeit würdig. Denn »der Unendliche, dem die Zeitbedingung Nichts ist, sieht in dieser für uns endlosen Reihe das Ganze der Angemessenheit mit dem moralischen Gesetze, und die Heiligkeit – – ist in einer einzigen intellektuellen Anschauung des Daseins vernünftiger Wesen ganz anzutreffen.« Die Art der Anschauung, die Kant hier voraussetzt, ist freilich eine überzeitliche und intellektuelle; aber sie übt ihre einheitliche, alles mannigfaltig Ausgedehnte überwindende Kraft an demselben Objekt wie die sinnlich künstlerische Anschauung Rembrandts: an dem zeitlichen, durch eine unendliche kontinuierliche Vielheit sich erstreckenden Leben. Wie das göttliche Auge, um eine Menschenseele als vollendete zu erblicken, nicht darauf wartet, daß ein fester Zustand restloser Vollkommenheit in einem bestimmten Zeitpunkt erreicht werde und nun beharre, wie vielmehr der abschlußlose Prozeß einer aufwärtssteigenden Existenz ihm das einheitliche Bild bietet, das für eine Menschenseele Vollkommenheit heißen kann: so erscheint bei Rembrandt, in seinen tiefsten Porträts, das Wesen dieser Menschen in einer Einheit, die nicht an einem endlich erreichten Entwicklungspunkt eintrifft, sondern die Ganzheit einer stetigen Entwicklung zusammenfaßt. Und diese Zusammenfassung ist nicht die eines abstrahierenden Begriffes, sondern die einer spezifischen Schauung, für die Begriffe so wenig adäquat sind, wie sie es für die von Kant vorausgesetzte göttliche Schauung einer ins Unendliche hinlebenden Seele sind. Denn wie die Scheidung zwischen dem seelisch-subjektiven Vorstellen und dem ihm äußerlich entsprechenden Objekt erst eine nachträgliche Abstraktion ist, während ursprünglich das einheitliche, inhaltsbestimmte, noch nicht in Subjektivität und Objektivität differenzierte Bild vorhanden ist – ähnlich ist überhaupt, wo wir Leben wahrnehmen, die absolute Scheidung eines hart isolierten Jetzt gegen ein ausgedehntes Vergangenes Sache einer intellektuellen Reflexion; in Wirklichkeit nehmen wir zunächst und unmittelbar eine zeitlich erstreckte, gar nicht in Momente auseinanderfallende Einheit wahr. Und wie diese Schauung hinsichtlich ihres Objekts weder sein punktuelles Jetzt noch seine ausgedehnte Vergangenheit, sondern die fließende Einheit beider ist, so ist sie in Hinsicht des Subjekts weder isolierte Sinnlichkeit noch isolierte Verstandeskonstruktion, sondern eine ganz einheitliche Funktion, die erst von andern Gesichtspunkten her in jene beiden differenziert wird.

Damit erst ist das Bewegungsproblem, von dem ich zuerst sprach, in die richtige Reihe gestellt. Es besteht zunächst jeder »dargestellten Bewegung« gegenüber die Frage, wieso der eine, starre, zeitlich unausgedehnte Moment, den das Bild bietet, eine zeitlich erstreckte Bewegung anschaulich machen kann. Dem geringen Künstler gelingt dies auch nicht, sondern die Figur erscheint in ihrer Attitüde wie festgefroren, und dasselbe ist auch bei der Momentaufnahme der Fall. Denn wo wirklich, von außen her, das absolut momentane Phänomen reproduziert ist, da gilt der Zenonische Beweis für die Unmöglichkeit des fliegenden Pfeiles: da der Pfeil in jedem gegebenen Augenblick in irgendeinem Ort ist, so ruht er, wie kurze Zeit auch immer, in diesem; da er also in einem beliebigen Augenblick ruht, so ruht er immer und kann sich überhaupt nicht bewegen. Der Trugschluß liegt hier darin, daß der Pfeil überhaupt an irgendeiner Stelle ruhen solle. Er tut das nur in der künstlichen und mechanischen Abstraktion des schlechten Künstlers und des Momentphotographen, in Wirklichkeit aber geht er durch jede Stelle hindurch und hält sich keine noch so kurze Zeit in ihr auf, d. h. die Bewegung ist eine besondere Art des Verhaltens, die nicht aus einzelnen Aufenthaltsmomenten zusammenzusetzen ist. Die wirkliche Bewegung eines Körpers zeigt ihn uns nicht in einzelnen Lagen, sondern in stetigem Hindurchgehen durch räumliche Bestimmtheiten, die, wenn er sich eben *nicht* bewegte, jeweils »Lagen« wären. Es ist also eine prinzipiell andere Art des Schauens, als sie von dem sozusagen mechanisch-atomistischen Standpunkt, für den es nur Momente und Gegenwärtigkeiten »gibt«, begriffen werden kann.

Man hat vom Barock gesagt, daß er – besonders in der Architektur, aber mit sinngemäßer Übertragung auch in den andern bildenden Künsten – an die Stelle des steinmäßig Kristallinischen, wie es das Formideal der Renaissance gewesen sei, das Organische eingeführt habe, ein Schwellen und Sich-Einziehen, ein Wogen und Vibrieren der Stoffe. Es ist ganz richtig, der Barock setzt für die stabile, abstrakte Form das Lebendige ein; aber doch nur die *mechanischen Bewegtheiten* eben dieses Lebendigen. Es ist die Zeit, in der die mechanistische Psychologie aufkam, auch in Spinoza, dem Widersacher Rembrandts. Gewiß wird die künstlerische Erscheinung jetzt durch seelische Innervationen bestimmt, gleichgültig gegen die Eigengesetze der Form und der Materie als solcher. Allein diese Innervationen laufen in den Charakter mechanischer Bewegung aus, in Schweben und Fallen, Pressen und Reißen, Dehnen und Schwingen – ganz anders als das wirklich und ganz Seelische der Bewegung bei Rembrandt. Daher auch das Schauspielerische barocker Gestalten, das innerlich nicht Glaubwürdige. Es erscheint mir deshalb überhaupt sehr bezeichnend, daß schlechte Historien- oder Genrebilder oft aussehen, als ob sie nicht ihren Gegenstand unmittelbar darstellten, sondern so, wie wenn er als »lebendes Bild« gestellt würde; d.h. der künstlerisch wesentliche Sinn eines Lebensvorganges soll sich in einem Moment erschöpfen, in dem die dem Vorgange wesentliche Zeitlichkeit aussetzt: er wird nicht in eine Überzeitlichkeit gestellt, sondern einfach in eine Unzeitlichkeit, nicht in eine andere Ordnung, sondern überhaupt in keine. Es ist wie wenn ein schlechter Schauspieler auf die »dankbaren« Momente hin spielt, zwischen denen die wirkliche, kontinuierliche Aktion gewissermaßen ausfällt, während der künstlerische Schauspieler diese zerstückelnden Pointierungen vermeidet und seine Darstellung in einer Stetigkeit hält, die eben in *jedem* Moment prinzipiell seine Ganzheit erblicken läßt. Zu solchem Schauen der zeitlichen Totalität veranlaßt uns die Bewegtheitsattitüde des vollkommenen Kunstwerkes. Freilich kann auch diese, wenn man jener äußerlichen Betrachtungsweise folgt, keine Bewegung zeigen, sondern nur einen starren Moment; allein der unleugbare Eindrucksunterschied gegen die entsprechende Haltung im schlechten Kunstwerk beweist, daß hier doch noch etwas anderes und mehr vorliegen muß. Nur glaube man nicht, daß es sich um Phantasievorstellungen bestimmter vorhergehender und bestimmter nachfolgender Zustände handle; dieser Glaube hätte wiederum die mechanistisch singularisierende Voraussetzung, und die Lebensbewegung wäre wiederum in einzelne, innerlichst unverbundene Inhaltsphänomene zerteilt.

Die Darstellung der Bewegtheit

Was bewegt sich denn überhaupt im Bilde? Da sich die gemalte Figur selbst doch nicht bewegt wie im Kinematographen, so kann es natürlich nur heißen, daß die Phantasie des Beschauers angeregt wird, sich die Bewegung zu und von dem dargestellten Moment zu ergänzen. Aber gerade gegen dieses scheinbar Selbstverständliche habe ich Bedenken. Prüfe ich mich genau, was mir denn innerlich beim Anblick des fliegenden Gottschöpfers in der Sixtina oder der zurücksinkenden Maria auf Grünewalds Kreuzigung bewußt wird, so finde ich nicht das geringste von Stadien vor und nach dem dargestellten Moment. Dies wäre auch ganz unmöglich, denn wie eine Gestalt von Michelangelo in einer andern als der von ihm selbst gezeigten Haltung aussehen würde, kann der Beschauer S. nicht konstruieren. Es wäre dann eine S.sche Gestalt, aber nicht mehr eine michelangeleske, es wäre also gar nicht ein Bewegungsmoment eben der Gestalt, um die es sich handelt. Vielmehr, in einer Art, die sich von der Wahrnehmung einer realen Bewegung wohl nur nach Intensität und Komprimiertheit unterscheidet, ist die malerische Geste unmittelbar mit Bewegtheit geladen. Es ist ihr, so paradox es klingt, immanent und nicht erst durch ein Vorher und Nachher ihr supponiert, daß sie eine Bewegungsgeste ist: Bewegtheit ist eine *Qualität* gewisser Anschauungen. Mag also Bewegung ihrem logisch-physischen Sinne nach eine Ausdehnung in der Zeit beanspruchen, mag andererseits unser Anschauen, gleichfalls nach seinem logischen Sinne, der sich freilich gleich als irrealer zeigen wird, sich gerade in jeweils unausgedehnten Momenten vollziehen – so würde sich auch dieser Widerspruch lösen, wenn die Bewegtheit auch dem einmaligen Bilde des Objekts einwohnen kann, wie Farbe, Ausdehnung und wie überhaupt seine Eigenschaften; nur daß *diese* Eigenschaft nicht so unmittelbar an der Oberfläche liegt wie andere, nicht so sinnlich einfach, greifbar und aufzeigbar ist. Der Künstler aber bringt sie auf ihren Höhepunkt, indem er sie an ein tatsächlich unbewegtes Bild zu binden weiß. Und erst wenn wir uns klarmachen, daß wir auch der Wirklichkeit gegenüber nicht die von der Momentphotographie festgehaltene Attitude »sehen«, sondern Bewegung als Kontinuität, was dadurch ermöglicht ist, daß, wie angedeutet, unser subjektives Leben selbst eine Lebenskontinuität ist und nicht ein Kompositum aus einzelnen Momenten, das ja überhaupt kein Prozeß und keine Aktivität wäre – so begreifen wir, daß das Kunstwerk viel mehr »Wahrheit« darbieten kann, als die Momentphotographie. Wir brauchen in diesem Falle gar nicht an die sogenannte »höhere Wahrheit« zu appellieren, die das Kunstwerk gegenüber der mechanischen Reproduktion beanspruche; ganz unmittelbar vielmehr und im ganz realistischen Sinne ist das Bild, dessen Eindruck durch irgendwelche Mittel eine kontinuierliche Bewegung in sich gesammelt hat, der Wirklichkeit (die hier doch nur die bewußte Wahrnehmung der Wirklichkeit bedeutet) näher als die Momentphotographie. Auch wird durch diese Gesammeltheit in einem Anschauungspunkt die Bewegung überhaupt erst zu einem ästhetischen Wert. Bedeutete sie innerhalb des Kunstwerks wirklich nichts anderes, als daß zu dem dargestellten Moment noch ein oder mehrere vorhergehende und nachfolgende durch Assoziation und Phantasie hinzutreten, so sehe ich nicht, welchen ästhetisch qualitativen Wert dieses bloße Mehr an Momenten zubringen sollte. Meines Erachtens verhält es sich hiermit ebenso wie mit der Bedeutung der dritten Dimension in der Malerei, deren Fühlbarmachung an dem dargestellten Körper als künstlerischer Wert gilt. Die dritte Dimension als Wirklichkeit ist schlechthin nur das Tastbare: empfänden wir nicht bei der Berührung der Körper einen Widerstand, so hätten wir eine nur zweidimensionale Welt. Die dritte Dimension wohnt in der Welt eines anderen Sinnes als die farbige Fläche des Bildes. Wird nun durch allerhand psychologisch wirksame Mittel zu dieser die dritte Dimension assoziativ hinzuentlehnt, so ist dies eine bloß numerische Vermehrung über das schon vorhandene Quantum von Dimensionen hinaus, ein Anhängsel an das Gegebene, das nur in der seelischen Reproduktion des Beschauers entsteht und an dem ich einen Wert als künstlerisches, von dem schöpferischen Geist selbst geformtes Element nicht erkennen kann. Soll die Fühlbarkeit der dritten Dimension einen solchen haben, so muß sie eine immanente Qualität des unmittelbar sichtbaren Kunstwerks selbst sein. In einer

Umsetzung, deren Wege noch nicht näher beschreiblich sind, wird die Tastbarkeit, in der die dritte Dimension als Realität allein besteht, zu einer neuen *qualitativen Note des rein optischen Bildes*, auf das der Leistungsbezirk des Malers ja doch beschränkt ist; durch die bloße, irgendwie erreichte *Assoziation* der dritten Dimension – bei der diese immer noch ihre *Realitäts*bedeutung behielte, – wird dieses Bild, als künstlerisches, gar nicht bereichert, sondern es erhielte nur ein Darlehen aus einer anderen Schicht, das sich ihm organisch, in seiner eigenen, nicht verbinden kann. Im Gegensatz zu den Täuschungskunststücken des Panoramas ist, was wir die Dreidimensionalität der Körper im malerischen Kunstwerk nennen, eine jetzt dem *Augen*eindruck zugekommene Bestimmtheit, eine Bereicherung und Deutung, Intensivierung und Reizerhöhtheit des Anschaulichen als solchen. Das zu diesem in Hinsicht des Raumes »Hinzugefügte« verhält sich also genau so wie das in Hinsicht der Zeit. Was sich assoziativ, von außerhalb des unmittelbar Angeschauten her, diesem anzugliedern schien: die Bewegungsstadien vorher und nachher, die dritte Dimension hinter der Fläche, enthüllt sich als eine besondere Qualifizierung dessen, worin das Kunstwerk wirklich besteht, des in Zeit und Raum sich rein in sich abschließenden Anschaulichen. Solche Qualifizierung des unmittelbar Sichtbaren bringt, wie gesagt, der Künstler zu ihrer größten Höhe und Reinheit. Sie ist, obgleich zeitlos eindrucksmäßig, nur mit Zeitbegriffen zu bezeichnen: wir empfinden den Augenblick der Bewegung als den Erfolg der Vergangenheit und die Potentialität des Zukünftigen; eine gleichsam an einem inneren Punkt gesammelte Kraft setzt sich in die Bewegung um. Je reiner und stärker aber die Bewegung erfaßt ist, desto weniger bedarf es für den Beschauer der intellektuellen und phantasiemäßigen Assoziationen, sondern ihre Bestimmtheiten liegen unmittelbar innerhalb der Anschauung, nicht außerhalb ihrer.

Ich untersuche hier also nicht, in welcher eigentümlichen Umsetzung und Ideellität der Künstler diesen seelischen Impuls innerlich nachbildet, der mit der Anschaulichkeit zu künstlerischer Einheit verbunden ist, in dem die Körperbewegung noch gesammelt ist und der sie aus sich entfaltet. Bei Rembrandt jedenfalls muß dies mit einer unerhörten Stärke und Richtungssicherheit geschehen sein; so daß der Augenblick, in dem die Geste (und, als Summe der Gesten, die »Haltung«) des Menschen gefaßt ist, wirklich die ganze Bewegung *ist*. Er macht anschaulich, daß diese ihrem inneren, impulsiven

Sinne nach eine Einheit ist, so daß, wenn man einen einzelnen Moment ihrer erfaßt, dieser ihre Ganzheit darstellt: ihr schon Vergangenes als seine Ursache und Zuleitung, ihr Künftiges als seine Wirkung und noch gespannte Energie. Ich sagte früher, daß ein Leben in jedem seiner Augenblicke dies ganze Leben ist: weil Leben nichts anderes als die kontinuierliche Entwicklung durch inhaltliche Entgegengesetztheiten hindurch ist, weil es nicht aus Stücken zusammengesetzt ist und seine Totalität deshalb nicht außerhalb des einzelnen Momentes besteht. Dies ist nun auch als das Wesen der einzelnen Bewegung aufgezeigt und macht deutlich, wieso jene Minima von Strichen, mit denen manche von Rembrandts Zeichnungen und Radierungen eine Bewegtheit andeuten, deren Ausdruckssinn vollgültig darstellen. Ist die Bewegung wirklich in ihrer ganzen Kraft, Richtung, undurchkreuzten Einheit innerlich erfaßt und künstlerisch durchlebt, so ist der geringste Teil ihrer Erscheinung eben schon die ganze, denn jeder Punkt enthält ihr bereits Abgelaufenes, weil es ihn bestimmte, und ihr noch Bevorstehendes, weil er es bestimmt – und diese beiden zeitlichen Determinationen sind in der einen, einmaligen Sichtbarkeit dieses Striches gesammelt, oder vielmehr: sie *sind* dieser Strich.

Aus eben dem Wesen des Lebens heraus, um dessentwillen der fest dastehende Strich als Bewegung anschaulich wird, ist in der fixierten Physiognomie der vollkommensten Rembrandtschen Porträts die Geschichte der Persönlichkeit sichtbar, sozusagen in *einem* Akt, als qualitative Bestimmtheit dieses einen Anblicks. Ich deutete vorhin den Unterschied gegen das Renaissanceporträt so, daß in ihm das Sein des Menschen, von Rembrandt aber sein Gewordensein gesucht wird; dort die Form, zu der es das Leben jeweils abschließend gebracht hat und die deshalb in zeitloser Selbstgenugsamkeit geschaut werden kann, hier das Leben selbst, vom Künstler in dem Augenblick gefaßt, in dem es seine Strömung, die Vergangenheit stetig in Gegenwart umsetzend, zu unmittelbarer Anschauung bringt; wodurch leicht klar wird, daß die Renaissancekunst, obgleich dem Leben gegenüber eine hohe Abstraktion, doch viel reiner optisch-sinnlich aufzunehmen ist, während die Rembrandtsche mehr den ganzen Menschen als Beschauer, das ganze Leben in seiner Funktion als wahrnehmendes voraussetzt. Jene vitale Analogie nun der einzelnen Bewegung mit der Porträtphysiognomie legt auch für die Genesis der letzteren einen analogen Ausdruck nahe. Das Entscheidende war dort, daß nicht das äußere Phänomen eines Bewegungsmomentes, sondern die innere, gesammelte Dynamik der Ausgangspunkt ist, daß die Darstellung sich, der realen Bewegung entsprechend, aber in künstlerisch-ideeller Umsetzung, aus dem seelischen Impuls entfaltet, der in unenträtselter Weise die Energie und Richtung der Körperaktion potenziell zu enthalten und aus sich zu entlassen scheint. So nun scheint – zugegeben, daß aller Ausdruck hier nur symbolisch ist – in jedem der großen Rembrandt-Porträts jeweilig ein Leben, mit dem die gesammelte Potentialität seiner Quelle sich in ein Werden verwirklicht, zu der sichtbaren Erscheinung hingeführt zu haben. Dies ist von *innen* her entwickelt.

Über die Karikatur

Der Mensch ist der geborene Grenzüberschreiter. Ein göttliches Wesen müßten wir uns als unfähig denken, über seine Grenzen hinauszugehen, weil Unendlichkeit eben keine hat; und unfähig dazu ist, aus dem entgegengesetzten Grunde, das tierische Wesen, das uns in seine ein für allemal gesetzten Schranken gebannt erscheint. Nur die Grenzen, in die wir den Menschen jeweils eingeschränkt sehen, glauben wir ins Unbestimmte erweiterbar und eigentlich bestimmt, in jedem Augenblick durchbrochen zu werden. Dies ist die eigentümliche Konstellation unseres Wesens: daß wir uns zwar begrenzt wissen, in unseren Eigenschaften und unserem Denken, in unserem positiven wie negativen Wert, in unserem Willen und unserer Kraft – zugleich aber fähig und aufgefordert, darüber hinauszusehen, hinauszugehen. Von diesem innersten Grundzuge wird unzähligemal die Art bestimmt, in der wir unsere Bilder von Menschen, Dingen, Ereignissen außer uns gestalten. Wir sind theoretisch überzeugt, daß all solches feste Umrisse hat, innerhalb deren jeder Teil gleiche Wirklichkeit und damit gleiches Recht besitzt. Allein sobald wir an das einzelne herantreten, konkrete Wesen an konkrete Gegenstände, sobald wir sie irgendwie in unser Leben aufnehmen, verschwindet die innere Gleichmäßigkeit der Bilder. Nun sind in einem jeden gewisse Elemente uns wichtig, andere gleichgültig, an einem haftet lange Aufmerksamkeit, anderes wird flüchtig übergangen; und alles Wissen darum, daß solche Beleuchtung und Beschattung nur der betrachtenden Seele entquillt, erspart es dem schließlichen Bilde nicht, in völliger Verschiebung seiner Elemente, jener prinzipiellen Gleichbetontheit gegenüber, dazustehen, gegliedert nach wesentlichem Mittelpunkt und mehr oder weniger verschwindenden Anhängseln. Schon dies Zurücktreten soundso vieler Teile bedeutet, daß die festgehaltenen und akzentuierten über Wert und Maß, das ihnen in der objektiven Ordnung der Dinge zukommt, hinausgetrieben werden: die innere Ungleichmäßigkeit unseres eigenen Lebens, Stärke und Schwäche der organischen Prozesse in uns, unsere Impulse und Empfindungen reflektieren sich in der objektiven Welt der Dinge, in der alles unter dem gleichen Gesetz der Notwendigkeit steht, unvermeidlich als Übertriebenheit gewisser Züge, als ein Zuviel, das die Umrisse des Ganzen einseitig verschiebt. Wir machen die Dinge zu

Grenzüberschreitern, wie wir selbst es sind. Unser Lebensvorgang führt in dem Augenblick einer eben erreichten Gestaltung schon über sie hinaus, treibt das objektive Gleichgewicht im Sein der Dinge zu der Übersteigerung eines Zuges, zu der einseitigen Verschiebung des einen oder des anderen Maßes. Ja, von einem innersten Gesetz unserer seelischen Bewegtheit her scheinen wir bestimmt, übertreibende Wesen zu sein. Jeder Weg des Fühlens wie des Wollens, den wir einschlagen, jeder Gedanke, mit dem wir eine Richtlinie durch den chaotischen Wirbel der Dinge legen, möchte, sich selbst überlassen, seine Richtung ins Unendliche fortsetzen; die menschliche Sehnsucht nach einem Absoluten drückt nichts als diese allgemeine Eigenschaft unserer Triebe, unserer Maximen, unserer Leidenschaften aus, von sich aus absolut zu werden, ja eigentlich etwas Absolutes zu sein. Sie dehnen sich nun dennoch nur bis zu einem endlichen Maß, nicht nur weil die Kraft schließlich hinter der Intention zurückbleibt, sondern weil sie sich gegenseitig hemmen. Da unser Geist die Fähigkeit hat, sich über sich selbst zu erheben, wissen wir wohl, daß unseren radikalsten Grundsätzen, den Antrieben und Gefühlen, die uns ganz erfüllen, gewissermaßen von ihrer Idee und der Natur der Dinge her ein begrenzendes Maß gesetzt ist. Allein ein jeder solcher Anstoß, des Bewußtseins einmal Herr geworden, will über dieses Maß hinaus ins Grenzenlose treiben, gleichsam einem Trägheitsgesetz folgend, und erst die Begegnung mit einem anders gerichteten dämmt ihn ein, oft erst nachdem er jene sachlich vernünftige Schranke längst überspült hat. Je »ungebildeter« der Mensch ist, d.h. je geringer die Zahl der Motive, Ideen, Interessiertheiten in ihm ist, desto ungehemmteren Raum findet die Ausbreitung der einzelnen, desto mehr wird er zum »Übertreiben« neigen; das stellen wir am Kinde, an den Naturvölkern, an den primitiveren Schichten aller Nationen ohne weiteres fest, ja auch an den Erscheinungen des Traumes, in dem wir eine kleine Hautverletzung als eine von glühendem Blei gebrannte Wunde empfinden und ein herunterfallendes Buch als einen Kanonenschuß hören.

Ist so das Übertreiben ein mit unserer seelischen Natur selbst gegebener Zug, so wird es doch auch mit Bewußtheit und Zweckmäßigkeit geübt: in der Karikatur. Freilich bedeutet sie nicht irgendeine beliebige Übertreibung – denn nicht jede solche ist schon Karikatur –, sondern mit ihr wird aus einem Wesen, das eine Vielheit von Zügen in sich ausbalanciert und durch ihre gegenseitige Begrenzung zu einer Einheit bringt, ein einzelner einseitig übertrieben. Denn hierdurch wird sie notwendig bedingt: daß die natürlichen Maße der Wirklichkeit für die Erscheinung noch fühlbar bleiben, daß die Einheit des Ganzen nicht einfach verloren geht, indem sie dennoch durchbrochen wird. Eine wirklich allseitige Übertreibung wäre keine Karikatur. Denn auch wo sie etwa darin besteht, daß die Körperlichkeit eines Menschen unter Wahrung aller Proportionen ins Riesenhafte vergrößert wird, so wirkt sie als Karikatur erst dann, wenn dabei seine seelische Persönlichkeit als in den gewöhnlichen Maßen verbleibend empfunden wird. Dann ist eben jene ganze Äußerlichkeit das eine Glied der Gesamtperson, dessen einseitige Übertreibung durch den Kontrast mit der irgendwie noch mitwirksamen Verhältnisrichtigkeit und Einheit die Komik oder Bitterkeit der Karikatur ergibt. Die Voraussetzung aller Karikatur ist das, was man die Einheit der Persönlichkeit nennt und was sich, in die Vielheit der Eigenschaften, der Bewegungen und der Erlebnisse auseinandergezogen, als deren bestimmte Proportion untereinander darstellt. Diese ist natürlich keine ein für allemal mathematisch festgelegte, sondern eine lebendig labile, in der jeder Ein- und Ausbuchtung eines Elementes die eines anderen entspricht, so daß durch das harmonische Wechselspiel ihrer Maße hindurch eben jene Einheit des Ganzen erzeugt und erhalten wird. Karikatur entsteht nun, wenn ein solches, irgendwie extremes Maß kein gleiches oder sonst aufwiegendes Maß anderer Elemente findet, sondern, um diese unbekümmert, zu einem Dauergebilde erstarrt und damit die ideell mitschwebende oder geforderte Einheit des Gesamtgebildes zerstört. Nicht das einzelne Unmaß an und für sich macht sie aus, sondern der Mangel jener Ausgleichung, in deren fortwährendem Zerstören und Wiederherstellen die Einheit der Gestalt und des Lebensprozesses sich vollzieht; sie entsteht als das Starr- und Definitivsein des Extremen, als das unversöhnt fixierte Verhältnis zwischen dem Teil und dem Ganzen. Dies ist es, was die Karikatur als eine Verzerrung empfinden läßt, als die Zerstörung der Form des Lebens als solchen. Die gutmütige oder humoristische Karikatur erfüllt den Begriff nicht ganz, sie bleibt auf halbem Wege stehen, in dem sie sozusagen nur momentan jenen Ausgleichungsprozeß versagen läßt, der aber, als Versprechen sich wiederherstellender Einheit, hinter der jetzigen Disproportionalität fühlbar bleibt. Das Furchtbare der eigentlichen Karikatur, wie sie bei Aristophanes und Cervantes, bei Daumier und Goya auftritt, ist gerade die Härte und Unversöhnlichkeit, mit der das Übermaß des Einzelzuges die Einheit des Ichs durchbricht, und diese Verzerrung als seine Dauerform, sozusagen als seine Normalität verkündet oder vielmehr sie dadurch erst zur Verzerrung macht.

Dies gerade unterscheidet die Karikatur von der künstlerischen Steigerung. Wenn der Dramatiker oder der Plastiker einen Charakterzug, einen Affekt mit solcher Intensität und Absolutheit zum Ausdruck bringt, wie die Erfahrung des Wirklichen sie nicht zeigt, so muß er eine allgemeine Existenzgröße der tragenden Persönlichkeit empfinden lassen, innerhalb deren selbst diese einseitige Höchststeigerung nichts Unproportioniertes ist, die ganze Atmosphäre des Kunstwerks muß jene »Exaggerierung« zeigen, von der Goethe behauptet, daß ohne sie die Wirklichkeit selten erzählenswert sei. Hier liegt eine tiefe Bedeutung dessen, was man Stilisierung nennt: daß das dargestellte Leben als Ganzheit zu denjenigen Dimensionen umgebildet werde, in die die »Exaggerierung« des einzelnen, jetzt thematischen Zuges sich einstellen kann, ohne die harmonische Einheit, die charakterologische Durchgängigkeit der Gesamterscheinung zu durchbrechen. Wo dies dennoch geschieht, wenn also etwa in Molières »Geizigem« eine überlebensgroße Leidenschaft in ein in aller sonstigen Hinsicht klein und gewöhnlich bleibendes Leben hineingesetzt wird, entsteht sogleich eine Karikatur; während das Riesenmaß von Richards III. Verbrechertum keinen Hauch von ihr spüren läßt, weil er mit alledem doch eine große Persönlichkeit ist, in deren Umfang die Übersteigerung auch einer einseitigen Gerichtetheit angemessenen Raum findet. Freilich braucht auch eine Unangemessenheit solchen Verhältnisses nicht immer als Karikatur zu wirken: daß irgendeine in das Übermaß gewachsene Eigenschaft, guter oder schlimmer Art, oder eine gigantische Leidenschaft an einem im übrigen klein-empirischen Menschen besteht, der ihr nicht gewachsen ist, ist oft genug ein *tragisches* Phänomen. Aber doch nur, wenn dieser beschränkte Umriß des Gesamtdaseins durch die übersteigerte Einseitigkeit gesprengt wird oder gesprengt zu werden droht. Wenn der Mensch an einem einzelnen Punkt gleichsam sich selbst überschreitet, dies aber als einen Anspruch an seine Ganzheit empfindet, ihre Grenzen hinauszurücken, bis dieser Überschwang, dieses Jetzt-noch-Zuviel sich in sie einorganisieren kann – und wenn nun dieser Anspruch nicht erfüllt wird, jene Grenzen zwar durchrissen, aber nicht erweitert werden und das eine Übergroße im Verhältnis zur Gesamtpersönlichkeit ein »Übertriebenes« bleibt – so ist statt der Karikatur die Tragik da.

Hier zeigt sich eine Skala großer menschheitlicher Kategorien. Wo einseitige Überschreitung typisch menschlicher Grenzen in einer Grundkraft des Individuums wurzelt, die dessen Gesamtsein – mindestens seinem Sinne, wenn auch nicht seiner Wirklichkeit nach – zu entsprechenden Dimensionen erweitert und das fortwährende Durchbrechen seines eben noch bestehenden Umfanges zur Formel seiner Lebensharmonie macht – da sprechen wir von dem schlechthin großen Menschen. Eigentliche Übertreibung aber besteht schon, wo die Persönlichkeit dem Übermaß einer ihrer Seiten nachwachsen möchte und an der Uneinlösbarkeit dieser Forderung zerbricht, wo ihre Grenzen zu jener harmonischen Erweiterung zu spröde sind, nicht aber zu hart, um sie überhaupt abzuweisen. Damit ist ein tragischer Typus gegeben. Wo wir endlich das Zuviel an ein allgemeines Zuwenig angesetzt finden oder an ein Durchschnittsmaß, das nun unvermeidlich als ein Zuwenig erscheint und gewissermaßen, um jene Ausschreitung sorglos, in seiner kleinen Umschränktheit beharrt – ist der Mensch zur Karikatur geworden.

Ich habe diese Karikatur des Seins nicht von der gewollten, der bildmäßigen oder literarischen, geschieden. Und wirklich sind sie im tieferen Sinne Eines. Denn wo die Darstellung den Menschen in so vereinseitigte Übertriebenheit führt, ist der gemeinte Sinn davon doch: Eigentlich bist du so in Wirklichkeit, wie du hier in gewollter Unwirklichkeit erscheinst. Nur wo der Wille des Karikaturisten nicht als Willkür empfunden wird, nur wo die Unform, die er schafft, sich dem innerlich geschauten Umriß des Karikierten in notwendiger Symbolik anschmiegt, so irreal sie, äußerlich genommen, sei – nur da ist die Karikatur »treffend«; die künstlerische Karikatur überzeugt nur da, wo auch das Sein schon Karikatur ist – wovon sollte sie sonst überzeugen?

Hier wirkt ein Zug, der manche Unzulänglichkeiten unseres Erkennens zweckmäßig ausgleicht, so sehr er gerade dem Wahrheitszwecke des Erkennens feindlich scheint. Sehr oft verbirgt uns mangelnde Blickschärfe eine Seite, eine Eigenschaft einer Erscheinung, indem sie sie ununterschieden in das Gesamtbild mischt, oder sie von einem anderen, breit hervorragenden Zuge überdecken läßt. Solches Versteckte nun nehmen wir nachträglich wahr, wenn es sich innerhalb einer verwandten Erscheinung mit gesteigertem Umfang und Nachdruck offenbart. Dies stellt unseren Blick so bewußt auf die ganze Art, auf den Begriff dieses Übersehenen ein, daß es sich uns nun auch an jenen geringen Maßen offenbart. So verstehen wir manchmal einen Menschen, wenn eine an einem Geschwister stark hervortretende Eigenschaft uns merken läßt, daß sie an jenem, geringfügiger und versteckter, vorhanden ist und sein Wesen erst begreiflich macht. Dem nun entspricht die Leistung der gewollten Karikatur: sie ist wie das Vergrößerungsglas, das uns sichtbar macht, was zu sehen das unbewaffnete Auge nicht zureicht, was sich aber manchmal auch diesem bietet, wenn die Vergrößerung uns erst gezeigt hat, daß und wo es zu suchen ist. So ist die willentlich hergestellte Karikatur sozusagen eine Karikatur zweiten Grades: sie übertreibt noch einmal die Übertreibung, die im Sein ihres Gegenstandes vorhanden ist und die sie auf diese Weise erst ganz sichtbar macht. Durch diesen Zweck ist ihrem Unmaß ein Maß gesetzt – als literarisches oder anschauliches Bild darf sie nicht die Linie überschreiten, mit der sie die reale Übertriebenheit, das Karikatur-Sein des Getroffenen in das Bewußtsein des Aufnehmenden einzeichnet. Darum kann die Übertreibung selbst übertrieben werden, und wo wir eine Karikatur als »maßlos« empfinden – obgleich sie doch ihrer Natur nach ein Unmaß bedeutet – liegt dies nicht an der Größe an und für sich, zu der sie die Einseitigkeit ihres Inhalts steigert, sondern daran, daß diese Größe jetzt über den zu erreichenden Zweck überhängt und daß die psychologische Proportion zwischen der karikaturhaften Disproportionalität des Originals und der Disproportionalität der Karikatur verfehlt ist.

Sehen wir von hier auf den Beginn dieser Zeilen zurück, so gilt zwar die einzelne Karikatur immer einer individuellen Erscheinung; aber daß es überhaupt Karikatur gibt, ist die Karikatur jenes Grundzuges unserer menschlichen Natur: daß wir Grenzüberschreiter sind. In dieser Form lebt der Instinkt für die Gefahr, an deren Rand der Geist mit dem fortwährenden Überschreiten seiner fortwährend gesetzten Grenzen entlanggeht. Während die konkrete Karikatur sich als die Aus- und Einprägung des schon in sich karikierten Originals darbietet, verschiebt sie sich als Kategorie jenseits jedes Einzelobjekts dahin, daß sie durch Übertreibung den uns fortwährend drohenden Fall in einseitige Übertreibung fühlen läßt. Das Organische ist doch – und darin liegt sein eigentliches Geheimnis – »geprägte Form, die lebend sich entwickelt«.

Wie kann das einmal »Geprägte« sich noch weiter »entwickeln«, was will Prägung überhaupt besagen, wenn sie nicht irgendeine Zeit lang beharrt, sondern nie stillhaltender Wandel ist? Dies ist, begriffen oder nicht, das Urphänomen, dessen höchste menschlich-geistige Art ich als unser ewig grenzüberschreitendes Wesen bezeichne. In jedem Augenblick scheint irgendeine Form, irgendein Inhalt in uns sich festzuprägen, schon aber brechen in ihm innere Kräfte hindurch und über ihn hinaus, zerstören, was uns eben erst schlüssig gefugt schien, erzeugen eine Erschütterung und Ungleichmäßigkeit, über der nur die organische Ausgleichung durch Nachwachsen und Anpassen des Ganzen als mögliche Lösung des Widerspruches schwebt. Sobald einmal diese Ausgleichung versagt, statisch oder funktionell, sobald solches Ausschweifen und Über-die-Grenzen-Treten sich isoliert verfestigt, ist die reale Karikatur gegeben. Wenn nun ein Wille das karikierte Gebilde hinstellt, so ist damit nur die Gefahr des Zuviel, die die Lebensatmosphäre eines zwischen Entwickelung und Festgeprägtheit lebenden Wesens bildet, in die bewußte Pointiertheit eines neuen Zuviel gerückt: indem das Übertreiben diese geistgeschaffene Form über alle Realität erhebt, offenbart gerade diese Übertreibung, als Prinzip gefaßt, wie tief sie in dem metaphysischen Grunde unserer Natur wurzelt.

[Definition des Expressionismus und Futurismus, Auszug aus *Der Krieg und die geistigen Entscheidungen*]

Als gegen Ende des vorigen Jahrhunderts der künstlerische Naturalismus sich ausbreitete, war dies ein Zeichen, daß die von der Klassik her herrschenden Kunstformen das zur Äußerung drängende Leben nicht mehr in sich aufnehmen konnten. Es kam die Hoffnung auf, in dem unmittelbaren, möglichst durch keine menschliche Intention hindurchgegangenen Bilde der gegebenen Wirklichkeiten dieses Leben unterbringen zu können. Allein der Naturalismus hat den entscheidenden Bedürfnissen gegenüber ebenso versagt, wie es doch wohl auch der jetzige Expressionismus tut, der das unmittelbare Gegenstandsbild durch den seelischen Vorgang und seine ebenso unmittelbare Äußerung ersetzt. Indem sich die innere Bewegtheit in eine äußere Schöpfung fortsetzt, sozusagen ohne Rücksicht auf deren eigene Form und auf objektive, für sie gültige Normen, glaubte man dem Leben endlich die ihm ganz angemessene, durch keine ihm äußere Form gefälschte Aussprache zu gewinnen. Allein es scheint nun einmal das Wesen des inneren Lebens zu sein, daß es seinen Ausdruck immer nur in Formen findet, die eine Gesetzlichkeit, einen Sinn, eine Festigkeit in sich selbst haben, in einer gewissen Abgelöstheit und Selbständigkeit gegenüber der seelischen Dynamik, die sie schuf. Das schöpferische Leben erzeugt dauernd etwas, was nicht selbst wieder Leben ist, etwas, woran es sich irgendwie totläuft, etwas, was ihm einen eigenen Rechtsanspruch entgegensetzt. Es kann sich nicht aussprechen, es sei denn in Formen, die etwas für sich, unabhängig von ihm, sind und bedeuten. Dieser Widerspruch ist die eigentliche und durchgehende Tragödie der Kultur. Was dem Genius und den begnadeten Epochen gelingt, ist, daß der Schöpfung durch das von innen quellende Leben eine glücklich harmonische Form wird, die mindestens eine Zeitlang das Leben in sich bewahrt und zu keiner, ihm gleichsam feindseligen Selbständigkeit erstarrt. In den allermeisten Fällen indes ist solcher Widerspruch unvermeidlich, und wo die Äußerung des Lebens, um ihn doch zu vermeiden, sich sozusagen in formfreier Nacktheit bieten will, kommt überhaupt nichts eigentlich Verständliches heraus, sondern ein unartikuliertes Sprechen, aber kein Aussprechen, an Stelle des freilich Widerspruchsvollen und fremd Verhärteten einer Einheitsform schließlich doch nur ein Chaos atomisierter Formstücke. Zu dieser extremen Konsequenz unserer künstlerischen Lage ist der Futurismus vorgedrungen: leidenschaftliches Sichaussprechenwollen eines Lebens, das in den überlieferten Formen nicht mehr unterkommt, neue noch nicht gefunden hat, und deshalb in der Verneinung der Form – oder in einer fast tendenziös abstrusen – seine reine Möglichkeit finden will – ein Widerspruch gegen das Wesen des Schöpfertums, begangen, um dem anderen in ihm gelegenen Widerspruch zu entgehen. Nirgends vielleicht zeigt sich stärker als in manchen Erscheinungen des Futurismus, daß dem Leben wieder einmal die Formen, die es sich zu Wohnstätten gebaut hatte, zum Gefängnis geworden sind.

Vom Realismus in der Kunst

Daß das Werk der bildenden Kunst seinen »Gegenstand« außer sich hat, mit dessen Formen und Farben es übereinstimmen kann, – dies hat dem Denk- und Sprachgebrauch Gelegenheit gegeben, jedes Werk dieses Gebietes vor die Frage nach seiner Naturwahrheit zu stellen und es je nach dem Maße jener Uebereinstimmung als mehr oder weniger »realistisch« oder »naturalistisch« zu bezeichnen. Gegenüber der durchgehenden und entscheidenden Charakterisierung, die man damit gewonnen zu haben meint, muß es zunächst auffallen, daß es Künste gibt, die die Frage ihrer Naturwahrheit in diesem Sinne überhaupt nicht zu erheben gestatten. Denn wenn gerade die tiefste künstlerische Tendenz, noch jenseits aller Einzelfragen von Technik, Gegenstand, persönlicher Auffassungsweise, durch den Begriff des Realismus oder seines Gegenteils bezeichnet werden soll, so wäre es doch sehr merkwürdig, daß eine Kunst wie die Musik, die in ihrer Sprache die ganze Welt ausdrückt, oder wie die Tanzkunst, die doch zu den Künsten der Anschaulichkeit gehört, in sich keinen Raum gewährten, das Prinzip des Realismus zu bejahen oder auch nur zu verneinen. Wir würden schwerlich gerade die wesentlichste und allgemeinste Frage der bildenden Kunst an diesen Begriff knüpfen, wenn wir mit ihm nicht, mindestens instinktiv, an ein Grundproblem aller Kunst überhaupt zu rühren meinten.

Von diesem Postulat aus dem Realismus einen zutreffenderen Inhalt zu geben, als »Uebereinstimmung mit dem äußeren Objekt«, hilft uns vielleicht die große Wendung, die die Erklärung der geistigen Tatsachen und ihres Verhältnisses zu den äußeren Objekten seit Kant genommen hat. Kant selbst exemplifiziert diese Wendung durch die Tat des Kopernikus, der, als die Drehung des Sternenheeres um den Zuschauer zu Widersprüchen führte, es umgekehrt versuchte: indem er den Zuschauer sich drehen und die Sterne in Ruhe ließe. So seien gewisse, alle Erfahrung beherrschenden Erkenntnisse nicht aus den Objekten herzuleiten, sondern aus den Formen und Bedingungen des erkennenden Geistes, in dem sich diese Erfahrungen als seine Vorstellungen erzeugen. Durch solche Wendung zum Subjekt scheint es möglich, auch den Begriff des Realismus in seiner tieferen Bedeutung zu erfassen.

Wenn uns die Dinge: Raumgestaltungen und Farben, Bewegungen und Schicksale, das Aeußere und das Innere des Lebens, in der Form der Wirklichkeit begegnen, so knüpfen sich gewisse Eindrücke und Gefühlsfolgen an sie, deren besonderer Ton uns sagt: hier ist Wirklichkeit – ein Ton, der nicht den reinen Inhalten und Qualitäten der beeindruckenden Dinge entspringt, sondern dem Umstand, daß sie eben wirklich sind. Mir scheint nun, daß Kunstwerke in eben dem Maße »realistisch« sind, in dem die subjektiven Eindrücke und Reaktionen überhaupt, die sie auslösen, jenen gleichen, mit denen wir auf die Wirklichkeit der Dinge antworten, wobei – was das Wesentliche und Entscheidende ist – eine äußerliche *Gleichheit* zwischen den Dingen und dem Kunstwerk keineswegs erforderlich ist. Vielmehr kann das Kunstwerk den gleichen Erfolg mit ganz anderen Mitteln, mit einem ganz anderen Inhalt herbeiführen. Es liegt nur am nächsten, diese Gleichheit der psychologischen Wirkung durch möglichst genaue Nachahmung der Dinge der wirklichen Welt zu erzielen; allein es kann auch auf andere Weise, durch Umwege und Uebertragungen, durch Symbole und Analogien geschehen. Darum kann tatsächlich auch Musik realistisch wirken, indem sie dieselben Vorstellungen und Gefühle erregt wie die Unmittelbarkeit des Lebens. Es ist ganz irrig, einen Realismus der Musik etwa in den vorkommenden Nachahmungen natürlicher Laute oder auch in den Annäherungen an dieses Prinzip, wie die Programmusik sie gelegentlich gesucht hat, zu erblicken. Ganz fern von solchen Naivitäten ist die Musik imstande, erotische Erregungen, religiöse Aufschwünge, Heiterkeiten und Depressionen in spezifisch ähnlicher Weise, mit dem gleichen psychologischen Cachet hervorzurufen, wie es der Erfolg realer Erscheinungen und Erlebnisse ist. Ein Tanz, der von erotischen Motiven getragen wird, mag Vorgänge dieses Gebietes mit der größten Unverhülltheit nachahmen – so kann es sehr wohl in einer Weise geschehen, die all dieses als bloßes Bild erscheinen läßt und alle sexuelle Erregung fernhält. Es kann aber ein Tanz solche unmittelbare Nachahmung völlig vermeiden und dennoch durch eine bestimmte Rhythmik, durch eine Gelöstheit und Hingegebenheit der Bewegungen, durch die Imponderabilien der von ihm ausströmenden Stimmung einen erotischen Aufregungszustand im Beschauer hervorrufen, der trotz aller Freiheit von Nachahmung einer objektiven Realität, dennoch deren subjektive Wirkung enthält. Eine solche Darbietung wird allgemein als naturalistisch oder realistisch bezeichnet werden, und unbefangene Gemüter pflegen in ähnlichen Fällen erstaunt zu sein, wenn man ihnen klarmacht, daß sie ja gar nichts »Anstößiges« gesehen haben. Der Realismus ist ein viel weiteres Prinzip, als daß es von der äußerlichen Nachahmung der Wirklichkeitsinhalte gedeckt werden könnte. Diese ist nur eines der Mittel, deren er sich bedienen kann, und die Beschränktheit des realistischen Dogmas in der Kunst pflegt darin zu liegen, daß dieses bloße Mittel zum Selbstzweck übersteigert wird. Der Naturalismus großen Stiles hat seinen Reichtum und seine Bedeutung immer darin gezeigt, daß er die subjektiven Wirkungen des Natureindrucks durch andere Mittel, als der Natureindruck selbst, zu erzeugen wußte. Ja, es scheint, als ob der Reiz und die Bedeutungsintensität des Kunstwerkes in demselben Maße stiege, in dem das von ihm unmittelbar vor Augen Gestellte eine Distanz und Selbständigkeit gegenüber dem natürlich-wirklichen Objekt besitzt und dennoch den gleichen psychologischen Erfolg wie dieses zu erzeugen weiß. Manche Porträts z. B. der großen französischen Naturalisten lassen uns die volle körperliche Atmosphäre des Modells empfinden, wir atmen sozusagen die Luft ihrer Wirklichkeit. Dies aber ist nicht Sache der bloßen Anschaulichkeit, und kann es nicht sein. Niemals nehmen wir an den Erscheinungen, zu deren Bildung unsere Sinne angeregt werden, ihre Wirklichkeit wahr; zu den Farben und Formen vielmehr, die die Erscheinung mit der Halluzination und der irgendwie zuwege gebrachten Vorspiegelung ununterscheidbar teilen kann, tritt der Gedanke oder das Gefühl: dies sei eben nicht nur ein Formen- und Farbenspiel, sondern es sei Wirklichkeit – als eine neue Tönung hinzu, gleichsam als ein neuer Aggregatzustand; mit der reinen Sichtbarkeit des Inhalts, wie sie auch den ganzen Stoff des Bildes ausmacht, ist dieser Wirklichkeitsakzent noch nicht gegeben, sondern erst die besonderen Kunstmittel des Realismus rufen ihn hervor, oder vielmehr nicht ihn in seiner objektiven Bedeutung (das tut die Wachsfigur und das Panorama), sondern die weiteren inneren Reaktionen, die die sichtbaren Qualitäten der Dinge dann begleiten, wenn der Wirklichkeitston auf ihnen ruht. Man könnte sogar sagen, die Wirklichkeit als solche sei etwas Metaphysisches: die Sinne können sie uns nicht geben, sondern umgekehrt ist sie etwas, was wir den Sinnen geben, eine Beziehung des Geistes zu dem unaussprechlichen Geheimnis des Seins, keine besondere, anschauliche Eigenschaft der Dinge, sondern eine Bedeutung, die über die Summe ihrer Eigenschaften kommt. Dies ist der tiefste Grund, weshalb die Kunst mit der Wirklichkeit als solcher nichts zu schaffen hat: weil sie Sache der Sinne ist, weil sie nur mit den anschaulichen Inhalten der Dinge rechnen und wirken kann, nicht aber mit dem, was von anderen Kategorien her ihr hinzugefügt wird, oder was sie metaphysisch durchdringt. Nicht weil die Wirklichkeit etwas zu »Niedriges«, der Kunst Unwürdiges wäre, sondern weil sie etwas Abstraktes ist und jenseits der Oberfläche der Dinge liegt, ist sie der Kunst fremd, die vielmehr nur die *Qualitäten* der Wirklichkeit, nur Formen und Farben zu neuen Gebilden zusammenfügt.

Nun liegt allerdings dem Realismus, soweit er wirklich Kunst ist, das Bestreben fern, dem Bewußtsein die Wirklichkeit der Anschauungen, die er vorführt, zu suggerieren. Aber indem er die Wirklichkeit selbst sozusagen überspringt, liegt ihm doch an dem Hervorbringen derjenigen inneren Zustände und Impulse, Gefühle und Assoziationen, die sich sekundär an das Wirklichsein der Dinge knüpfen und durch deren bloß inhaltliche Qualitäten, durch die Gestaltung ihrer bloßen Erscheinung unmittelbar nicht erzielt wird. Der Reiz etwa irgend einer Farbigkeit in der gegebenen Welt liegt doch nicht ganz in dem rein optischen Spiele des koloristischen Eindrucks, sondern es klingt – man mag dieses Klingen unbewußt nennen oder es, nicht herauslösbar, die übrigen Reize der Erscheinung durchwachsen lassen – das Glück mit, daß die Welt es zu einem solchen Dasein gebracht hat; wir sind nicht nur von dem Inhalt solcher Erscheinungen hingerissen, sondern auch davon, daß sie wirklich ist, daß wir sie als eine Realität, gleich unserer eigenen Realität, erleben. Dieses Gefühl also übermittelt uns das naturalistische Kunstwerk, es gibt uns nicht nur die Qualitäten der Wirklichkeit ohne die Wirklichkeit selbst, sondern auch das Glück der Wirklichkeit ohne die Wirklichkeit. Aehnlich liegt es mit den Reizen des erotischen Gebietes. Der unkünstlerische Naturalismus führt etwa die Details einer erotischen Szene so vor, daß er uns mitten in ihre Wirklichkeit versetzt; der feinere wird das verschmähen, er wird durch die bloße Stimmung der Farbigkeit und des Linienrhythmus alle die Reflexe aus den tieferen Schichten der Seele herausholen, die sich freilich ursprünglich nur an die Wirklichkeit des erotischen Lebens knüpfen, jetzt aber, gleichsam freischwebend, die bloße Anschaulichkeit der Gestaltung umgeben, ohne noch der Vorstellung einer substantiellen Realität zu bedürfen. Ebenso verhält es sich mit den sympathischen oder antipathischen Reaktionen auf eine menschliche Erscheinung. Die Züge eines Gesichtes mögen uns in ihrer formalen Beschaffenheit gefallen oder mißfallen; allein das spezifische Gefühl, das wir Sympathie oder Antipathie nennen, knüpft sich nicht an dies bloß Bildhaft-Anschauliche, sondern an das Bewußtsein, daß dieser Mensch lebt, daß er als Realität da ist und als solche auf unsere eigene Realität wirkt. Der höhere Realismus nun mag auf die photographie- oder wachsfigurenhafte Realitätsvorstellung seines Modells verzichten, auf den plumpen Effekt der »erschreckenden Wahrheit« und darauf, daß das Bild »aus dem Rahmen zu springen scheint«; aber jene Obertöne von Sympathie und Antipathie, obgleich ihrem Ursprung und Wesen nach an die Realitätsvorstellung gebunden, pflegen, nun unter Ausschaltung dieser, den Eindruck realistischer Porträts sehr entschieden zu begleiten. Ein Porträt von Rembrandt, so scharf charakterisiert es sei, ruft selten gerade diese Effekte in erheblicher Höhe hervor; es ist, als ob es uns den gesamten Bau eines physisch-psychischen Seins so lückenlos anzuschauen zwänge, daß für jene mehr subjektiven Stimmungsreaktionen kein Raum in uns bleibt. Dagegen empfinden wir einem Porträt von Renoir, noch mehr einem von Liebermann gegenüber sehr energisch, daß uns der dargestellte Mensch sympathisch oder unsympathisch ist – in deutlichem Unterschiede dagegen, ob wir gegen das Bild als Kunstwerk das eine oder das andere Gefühl richten. Es ist sehr merkwürdig, daß gerade diejenige Kunsttendenz, die sich der reinsten Objektivität, der leidenschaftslosesten Sachlichkeit rühmt, derartig persönlichen Gefühlsreflexen viel eher Gelegenheit und Anregung gibt, als die scheinbar viel subjektivere Darstellungsweise Rembrandts. Dem realistischen Kunstwerk ist es eben eigen, auch da, wo es keineswegs durch rohe Illusion mit der Wirklichkeitsform seiner Inhalte zu konkurrieren trachtet, dennoch die *sekundären psychologischen Reaktionen* hervorzurufen, die gerade nur aus der Wirklichkeit dieser Inhalte ihren Ursprung ziehen. Daß die naturalistischen Künstler die Dinge abzuschreiben meinen, »wie sie wirklich sind« – während sie doch nur das hinschreiben, was die subjektiven Gefühlsfolgen ihres wirklichen Seins hervorzurufen geeignet ist –, darf an dieser Deutung nicht irremachen; wissen wir doch, daß sogar viele Künstler der souveränsten Stilisierung, der nachweislich freiesten Umbildung des Gegebenen oft überzeugt sind, ganz getreu nur der Wirklichkeit nachzugehen. Denn auch dies wird jene Wendung erklären helfen, die das Bild des Objekts aus den Anschauungsgesetzen des Subjekts ableitet: wenn der Künstler das macht, was er sieht, so ist die tiefere Grundlage dafür, daß er von vornherein die Dinge so sieht, wie er sie machen kann. In dem Verhältnis des Künstlers zu den Dingen sind Rezeptivität und Aktivität, die bei den anderen Menschen getrennt verlaufen, eines und dasselbe, sein Sehen ist unmittelbar produktiv: dieselbe Richtung seiner Natur, die seine Schöpfungen in einer bestimmten Weise gestaltet, hat auch seine Art des Sehens wachsen lassen. Unter Vorbehalt also von allerhand Unvollkommenheiten und von Mischungen der künstlerischen mit der gewöhnlichen Anschauungsweise wird gerade der Künstler der stärksten Individualität und der unzweideutigsten Talentrichtung dann am treuesten dem Erscheinungsbild nachzugehen meinen, wenn er am entschiedensten seiner Individualität folgt.

So wenig also zu leugnen ist, daß der Sinn des höheren Realismus durchaus nicht in der Erregung von Wirklichkeitsvorstellungen, sondern der tieferen psychologischen *Erfolge* der Wirklichkeitsvorstellung liegt, obgleich er demnach in der Wahl seiner Mittel ganz frei ist und durch die mannigfaltigsten Auffassungen, Formungen, Techniken von der Tatsache Gebrauch macht, daß die gleiche psychologische Wirkung durch die verschiedensten Ursachen erreichbar ist; so wird er doch im allgemeinen das Material und die Synthesen vorziehen, die sich auch in der Form empirischer Wirklichkeit darbieten. Es liegt am nächsten, die eigentümlichen seelischen Wirkungen, die das Sein der Dinge ausübt, durch das Bild derjenigen Gestaltungen zu erreichen, in denen ihre Realität erfahrungsgemäß auftritt.

Bei all diesem Ausschalten des unmittelbaren Wirklichkeitseindrucks, bei all dieser Sublimierung des Kunstzweckes zu den Antworten, die die tieferen Schichten der Seele auf die Tatsache des Seins geben, bleibt es unleugbar, daß das naturalistische Kunstwerk seine wirkende Bedeutung von etwas her bezieht, was nicht Kunst ist. Die besonderen Vorstellungen, Anregungen, Gefühle, die sich an eine Erscheinung knüpfen, wenn wir sie als eine wirkliche empfinden oder wissen, stehen doch zu den Wirkungen der Kunst als Kunst in einem ganz zufälligen Verhältnis. Die Kunst nimmt zwar die Gestalten des Seins auf, aber das Sein der Gestaltungen läßt sie draußen, sowohl in seinem unmittelbaren Empfundenwerden wie in seiner metaphysischen Bedeutung. Wenn also der Realismus seine Wirkungen aus denjenigen aufbaut, die gerade dem Sein der Dinge, nicht aber ihrer reinen, von ihrer Wirklichkeitsform abgelösten Erscheinung entsprechen, so wird er damit der Kunst als solcher nicht weniger untreu, als er es der »idealisierenden« Kunst vorwirft. Diesen Vorwurf erhebt er mit Recht. Ein Kunstwerk, das seine zentrale, das Ganze bestimmende und dem Ganzen seinen Wert gebende Bedeutung in einer »Idee« jenseits seiner Erscheinung hat, in einer Idee, die ihren Sinn und Wert für sich und unabhängig von dieser Erscheinung besitzt – macht die Kunst gleichfalls einerseits zu einem bloßen Mittel, um mit ihr Gefühle und Impulse zu erzielen, die nach einem Punkte außerhalb der Kunst gravitieren; es macht andererseits die Idee zum Mittel für den Wert und Eindruck des Kunstwerkes, fügt ihm also einen sozusagen nicht selbstverdienten Reiz hinzu, in den groben Fällen etwa aus historischen Reminiszenzen, in den feineren aus idealen Werten, religiösen oder ethischen, metaphysischen oder gemütsmäßigen. Der Realismus und dieser Idealismus gehen beide gleich weit, nur nach verschiedenen Dimensionen, über die Selbständigkeit und Geschlossenheit der Kunst als Kunst hinaus. Die bildende Kunst hat eben durchaus keine andere Domäne als die Erscheinung, als dasjenige, was man den qualitativen Inhalt der anschaulichen Welt nennen könnte. Das Sein der Erscheinung, das gleichsam unterhalb ihrer Oberfläche liegt, ist ebenso ein Jenseits der Kunst, wie die Ideen es sind, die entsprechend oberhalb der Erscheinung liegen. In beiden Fällen lebt sie auf Borg, ihr Ort ist weder die Realität noch die Idealität der Dinge, weder deren Sein, noch deren Zugehörigkeit zu den idealen Ordnungen der Sittlichkeit oder der Erkenntnis, der sozialen oder der religiösen Werte – sondern ein Drittes: sozusagen die Dinge selbst in der Reinheit ihrer Erscheinung, in dem Reiz und der Bedeutung dieser selbst und in völliger Unabhängigkeit von der Tatsache ihres Seins und von ihrer Einbeziehung in Reihen, für welche die Erscheinung nur eine Zufälligkeit und ein nie ganz zulänglicher Ausdruck sein kann.

Damit ist nicht etwa das bestechende Dogma gemeint: der »Gegenstand« sei für das Kunstwerk und seine Bedeutung als solches vollkommen gleichgültig, ein Kohlkopf sei ein ebenso würdiges und ebensolcher Erhabenheit der Kunst raumgebendes Objekt für sie wie eine Madonna. Hieran ist nur dies richtig: daß die Bedeutung der Madonna als Gegenstand des Kultus für die künstlerische Darstellung allerdings ebenso gleichgültig ist wie die Bedeutung des Kohlkopfes als Nahrungsmittel. Wenn der Gegenstand eines Kunstwerkes außerdem in Ordnungen steht, die mit der Kunst als Kunst nichts zu tun haben, so kann sein Platz in solchen Reihen und die Bedeutung, die er von diesem Platze zu Lehen trägt, dem künstlerischen Werte seiner Darstellung nichts zu- und nichts abtun; nur durch psychologische Assoziationen, die das innerlich Unverbundene äußerlich aneinanderbringen, kann hier eine unreinliche Vermischung stattfinden. Der Vorrang der Madonna als malerischen Vorwurfes vor dem Kohlkopf liegt tatsächlich nur darin, daß sie weitere und tiefere Möglichkeiten für die Realisierung *rein malerischer* Werte gibt, als dieser. Auf das Prinzip, das diesen Unterschied begründet, führt die eigentümliche Erfahrungstatsache, daß ein Madonnenbild – zufällige Ablenkungen ausgenommen – eine um so stärkere religiöse Wirkung auslöst, ein je besseres *rein malerisches* Kunstwerk es ist. Da nun der religiöse Zweck ganz außerhalb des Kunstwerkes liegt und seine Vollendung nicht bewirkt haben kann – denn er ist auch bei sehr schlechten Künstlern sehr intensiv vorhanden –, so muß das rein artistische Problem der Madonna, ohne über sein Gebiet hinauszugreifen, dennoch eine Beziehung zu ihrem religiösen Sinne einschließen. Das aber ist nur so zu denken, daß die Erscheinung rein von sich aus diejenigen Eindruckswerte, Stimmungen, Gedankenreihen auslöst, die den anderen Ordnungen, von völlig anderen Voraussetzungen aus, einwohnen. Wenn die seelischen Reaktionen, die das Madonnenbild durch seine malerische Vollendung erreicht, denen verwandt sind, die die religiöse Vorstellung der Madonna umgeben, so ist das für die künstlerische Frage freilich so gleichgültig, wie es für den Eindruck eines Porträts ist, daß die lebendige Wirklichkeit seines Modells einen diesem ähnlichen erzeugt. Allein daß nun einmal die Möglichkeit und, zum Zweck der rein artistischen Vollendung, auch die Forderung gegeben ist, das Anschauungsbild der Madonna zu einer derartigen Fülle und Tiefe der seelischen Bedeutung zu entwickeln, das gibt der Madonna, als künstlerischem Objekt, eine Bedeutsamkeit und einen Reichtum malerischer Aufgaben und Effekte, wie sie eben der Kohlkopf nicht besitzt. Daß die Gestaltung, die wir Madonna nennen, nur auf Grund ihrer religiösen Genesis und Geschichte zu diesen Ansprüchen und Wirksamkeiten ihrer Erscheinung gekommen ist, ist hierfür ganz ohne Belang. Sie bestehen nun einmal, und bestehen als rein künstlerische. Sie müssen prinzipiell genau geschieden werden, sowohl von den daneben bestehenden historischen Assoziationen wie von den aktuellen religiösen Empfindungen, die dem Madonnenbild noch eine weitere, nicht künstlerisch erzeugte Weihe und Eindruckskraft hinzufügen. Daraus aber, daß innerhalb der Domäne malerischer Impressionen ein Kunstwerk Bedeutungen besitzen kann, die den religiösen, einer ganz anderen Sphäre zugehörigen analog sind; indem die künstlerische Vollendung diese aus sich hervorgehen läßt und gleichsam über sie wieder zu sich selbst zurückkehrt – wird begreiflich, daß das künstlerisch vollkommenere Madonnenbild auch dem religiös-kultlichen Zwecke besser dient als das malerisch unvollkommenere. Daß es dies tut, gibt ihm freilich künstlerisch keinen Vorzug vor dem gemalten Kohlkopf, allein es ist wenigstens das Symbol und der Hinweis dafür, daß die Madonna, auch als Aufgebot reiner Kunstmittel, sehr viel reicheren und tieferen Kombinationen, sehr viel erschütternderen Effekten Raum gibt als der Kohlkopf. Hier liegt die Verwechslung, die der unkünstlerische Mensch immer begehen wird: er wird die in einem Kunstwerk lebende Idee immer in ihrer Bedeutung als *Idee*, als dasjenige, was sie auch außerhalb des Kunstwerkes ist und wert ist, empfinden. Indem er dies nun dem Kunstwerk gutschreibt und es so in eine ihm ganz heterogene Ordnung hinüberreichen läßt, stattet er die Madonna, bloß weil sie Madonna heißt, mit einer dem Kunstwerk fremden Würde aus und wird, nach anderer Seite hin, die Darstellung etwa einer erotischen Szene anstößig finden, bloß weil ihr Inhalt, wenn er *außerhalb* des Kunstwerkes, in der Sphäre der Wirklichkeit, erfahren würde, als unanständig gälte. Ja, dies noch steigernd, erscheint ihm sogar das Aktbild als unziemlich, bei dem doch nicht einmal der Inhalt, auch als realer gedacht, unanständig ist; hier wirkt sogar schon der Gedanke, daß die Realität indiskreten Blicken preisgegeben sein könnte, und erst die Unziemlichkeit dieser Tatsache, die also nach allen Seiten hin aus dem Kunstwerk herausgerückt ist, wird in dieses als seine eigene Unziemlichkeit hineingetragen. Tatsächlich ist es die völlig eigene Sprache des Kunstwerkes, in der es die »Idee« der Madonna ausdrückt; sie ist hier eben nur die Idee *dieses Kunstwerkes*, ganz gleichgültig dagegen, was diese Idee etwa bedeutet, wenn sie noch innerhalb anderer Ordnungen Existenz gewinnt. Nur daß das Bild für die meisten Menschen nur durch die Erfüllung der Ansprüche dieser anderen Ordnung zu beweisen pflegt, daß es die ihm und nur ihm eigene Formung der Idee, die nur ihm einwohnende Forderung erfüllt hat. Und ebenso nun verhält es sich endlich mit der Realitätsform des Bildinhaltes. So wenig wie das, was die Bildidee noch außerhalb des Bildes ist, in dieses hineinwirken darf, so wenig darf dies das *Sein* des Bildinhaltes, das dieser noch außerhalb des Bildes besitzt. Dennoch besteht auch hier in den meisten – nicht in allen – Fällen die Vorstellung zu Recht, daß die Synthesen und Wirksamkeiten, die die Bildinhalte innerhalb der Wirklichkeit finden, ein Kriterium auch für die rein artistische Vollendung ihrer Bildform ausmachen. Es ist z. B. die Funktion des Porträts, uns von der Einheit, d. h. dem notwendigen Zusammenhang der Züge eines Gesichts zu überzeugen. Diesen Zusammenhang besitzt freilich irgendwie schon die natürliche Gegebenheit des Gesichtes, wenngleich nicht immer in ebenso überzeugender Weise, schon weil die Realität des Menschen unzählige Assoziationen weckt und ihn in unzählige Reihen einstellt, die mit der reinen Anschauung seiner nichts zu tun haben, aber sich für den Betrachtenden fortwährend in diese Anschauung mischen. Das Porträt abstrahiert also, insoweit es nicht in die Täuschung und Selbsttäuschung des Naturalismus verfällt, durchaus von dem Sein des Dargestellten und gestaltet allein das Anschaulich-Darstellbare an ihm, gestaltet es aber in einer Weise, die von dem vorgefundenen Sein vorgebildet ist; es ruht auf der Voraussetzung, daß die Formung, die es dem bloßen Anschauungsinhalt gibt, und zwar rein von den künstlerischen Forderungen her, denjenigen Zusammenhang und Sinn spiegelt und deutet, den diese Erscheinung in der Form und durch die Kräfte des wirklichen Seins besitzt; weshalb denn – von gewissen, durch besondere Problemstellungen und Verschiebungen bedingten Ausnahmen abgesehen – das malerisch bessere Porträt auch das im tiefsten Sinne ähnlichere sein wird. Nur daß jenes Sein mit dem, was ihm als Sein spezifisch ist, so wenig in die Kunstwirkung hineinragen darf, wie die Idee des Bildes mit dem, was ihr als Idee an eigentümlicher Bedeutung und Wirkung zukommt. Insofern der Realismus auf jene Seinswirkung nicht verzichtet, wird er damit der eigentlich künstlerischen Intention nicht weniger untreu als der Idealismus. Wenn es von der realistischen Partei mit besonderer Entrüstung zurückgewiesen wird, daß die Kunst »etwas soll« – so gilt dies selbstverständlich nicht von den Forderungen und Idealen, die der Kunst selbst wesentlich sind: gewiß *soll* das Kunstwerk etwas, nämlich so vollkommen wie möglich sein. Es gilt aber mit vollem Recht von den Zwecksetzungen, die man der Kunst von außerhalb ihrer aufdrängen will, moralischen oder vergnüglichen, patriotischen oder religiösen. Wenn sich aber der Realismus gegen solche fremden Gesetzgebungen, die die Kunst zu einem bloßen Mittel herabsetzen, wehrt, so vergesse er nicht, daß er, die Wirklichkeit als Wirklichkeit durch das Kunstwerk hindurchwirken lassend – in grober Unmittelbarkeit oder mit jenen feineren, seelisch-sekundären Reaktionen –, den genau gleichen Fehler begeht. Er dient der *Idee* »Realität« ebenso, wie jene der Idee Religion oder Versittlichung oder Vaterland. Auch er setzt die Kunst zu einem Mittel für die Realitätswirkung herab – für eine Wirkung also, die ihren Wert nicht aus dem Kunstwerk, sondern aus jenseits ihrer gelegenen Ordnungen und Bedeutsamkeiten bezieht.

Zum Problem des Naturalismus

Begriff und Ausübung des modernen Naturalismus kam in den 60er und 70er Jahren des 19. Jahrhunderts auf und interpretierte uns seinen tiefsten Sinn dadurch, daß in den gleichen Kreisen und mit der gleichen Intention das Schlagwort l'art pour l'art entstand. Dieses ist ein Kampfwort, gerichtet gegen die Kunst, die sich als *Mittel* zur Vorführung einer Anekdote, einer Sentimentalität, einer Tendenz, einer literarischen Idee darbot: die Kunst sei ihr eigner Endzweck, sie habe innere Gesetze, und nur diesen, aber nicht irgendeinem ihr äußeren Gesetz hätten ihre Formungen zu gehorchen. Dieses Prinzip werde dadurch nicht eingeschränkt, daß die Kunst als *ganze* noch einmal von metaphysischen oder vitalen Mächten oder Ideen umgriffen, ja unterbaut werde; nur dürften diese nicht in ihre Eigengesetzlichkeit eingreifen, nicht dem einzelnen Werk eine Richtung oktroyieren, die es, dieser Gesetzlichkeit allein überlassen, nicht nehmen würde. Wie Gott nicht mit einem partikularen Wollen in die Einzelheiten des Lebens eingreife, so dürfe kein Einzelinteresse des flutenden realen Lebens in die Eigengesetzlichkeit der Kunst eingreifen. – Aber wenn nun die Kunst nicht durch die Bedeutungen und Beziehungen, die ihr Inhalt außerhalb der Kunst selbst besaß, bestimmt werden sollte – irgendwelchen Inhalt mußten ihre Formen doch haben. (Für den Dekorativismus und Expressionismus ist das doch auch die Frage; was hat denn die Musik für einen »Inhalt«? Und ist sie nicht die Kunst κατ᾿ ἐξοχήν?) Und da dieser Inhalt nun durch keinerlei »Idee« geliefert werden darf, so kann er nur in dem liegen, was wir »sehen«, oder auch in anderen Künsten in dem, was »geschieht«. Der real vorliegende Gegenstand, durch den der jeweiligen Kunst zugeordneten Sinn unmittelbar ergreifbar, ist das einzige, was als Inhalt der Kunst bleibt, wenn sie von der Dirigierung durch all das befreit wird, was ihre Formen bisher von ihrer reinen Autonomie abgelenkt hatte. Hier liegt der Ursprung des modernen Naturalismus: die Beschränkung der Kunst auf denjenigen Inhalt, der ihr allein übrig bleibt, wenn man ihr allen, aus nicht bloß künstlerischen Quellen fließenden Inhalt abschneidet. Freilich ist auch der »gegebne« Weltstoff nicht durch die Kunst erzeugt; allein er scheint, da er durch keine menschliche Intention bestimmt, präjudiziert ist, sich nun ganz widerstandslos der Formung durch die reinen Kunstnormen zu fügen.

Hier zeigt sich die Wirkung der naturwissenschaftlich-mechanistischen Weltanschauung: die Wirklichkeit als solche ist indifferent, ideenfrei. Frühere Anschauungen hatten metaphysische, religiöse, ja – Griechen und Renaissance – ästhetische Werte unmittelbar im Dasein als solchem erblickt. Ist aber das Dasein an und für sich von der Idee aus gesehen eine formlose Masse, entbehrt es jeder Gliederung durch Akzentverschiedenheiten des Wertes und der Bedeutung, so ist es der Formung durch die Kunst völlig nachgiebig, so kann die Kunst, indem sie es als Stoff aufnimmt, rein bei sich selbst bleiben. Der Naturalismus hat diese Voraussetzung auch sogleich praktisch erwiesen, indem er sich zu Vorwürfen Gegenstände des banalsten Lebens wählte, an denen anderweitige Werte nicht so leicht oder überhaupt nicht fühlbar werden. Je gleichgültiger der Gegenstand war, je mehr bloß naturhafte, an sich unbetonte Wirklichkeit, desto ersichtlicher war es, daß die Kunst, die ihn aufnahm, eben nur den Kunstwert und keinen anderen an ihm zum Ausdruck brachte. In ihren tieferen sachlichen Zusammenhängen ist also die naturalistische Tendenz nichts als die auf dem Boden der modernen Weltanschauung geeignetste Auswirkung des l'art pour l'art-Prinzips. Es kommt nicht aus dem Interesse an der Natur, sondern an der *Kunst*.

Nun ist die Frage: was tut die Kunst mit dieser Wirklichkeit? Ahmt sie sie nach, so daß wir ihr Bild noch einmal haben, wie das Panorama und die Wachsfigur? Das ist schon dem Bilde, dem Drama gegenüber ersichtlich unsinnig, an Architektur, Tanz, Musik kann die Frage überhaupt nicht herangebracht werden. Da wir nun aber einen gewissen Anspruch des Naturalismus empfinden, ein Prinzip der Kunst überhaupt zu sein (gleichviel ob wir ihm dies Recht in einer höheren Instanz wieder absprechen) so müssen wir als seinen Sinn etwas aufsuchen, was ihn auch auf diese Künste irgendwie anwendbar macht.

Was die äußere Wirklichkeit für das Kunstwerk überhaupt bedeuten kann, läßt sich nur von der einfachen fundamentalen Tatsache her ermessen, daß das Kunstwerk eine *Schöpfertat* ist. Es ist ein Geschehen, ein aus den Produktionskräften der künstlerischen Seele quellender Prozeß, dessen Ergebnis und Niederschlag das Werk bildet. (Goethe spricht von seinen »Lebensspuren«, »die man, damit das Kind einen Namen habe, Werke nennt«.) Jeder Gegenstand, jede Gegebenheit hat also – diese Selbstverständlichkeit muß hier ausgesprochen werden – zu dem Kunstwerk überhaupt kein unmittelbares Verhältnis; sondern nur durch die Bedeutung, die dem schöpferischen, aus der rein inneren Quelle hervorbrechenden Prozeß von dorther kommt, kann ein Verhältnis zwischen der Wirklichkeit und dem Kunstwerk entstehen. Auch der realistischste Künstler ist also nicht der »Storchschnabel«, der mechanisch eine Wirklichkeit in sein Werk überträgt, sondern er wird nur durch die beobachtete Wirklichkeit *funktionell* in besonderem Maße beeinflußt, wie andere Künstler etwa von einer literarischen oder religiösen Idee, die sie auch nicht tale quale in ihr Werk überpflanzen konnten, sondern von der auch nur ihr Schöpfungsprozeß einen Einfluß erfuhr. Dieser Einfluß war nichts Substantielles, sondern bedeutete eine Art, auf die jener Prozeß nun ablief, meist nur eine Modifikation des fließenden inneren Geschehens; und erst von diesem aus sind die Spuren solcher Einflüsse in dem auskristallisierten Werke zu suchen. Der Künstler setzt doch nicht ein Stück Realität in sein Werk ein wie der Goldschmied einen von anderwärts bezognen Edelstein in einen Ring einsetzt. Diese substantialistische Vorstellung, dem naiven erkenntnistheoretischen Realismus entsprechend, muß gänzlich korrigiert werden. Der Maler ist kein Transportmittel zwischen Wirklichkeit und Leinwand. Auch für den naturalistischen Künstler hat die Wirklichkeit nur insofern Bedeutung, als unter den vielen, seinen Schaffensprozeß beeinflussenden Momenten die Beobachtung der Wirklichkeit besonders stark wirksam ist. Die Wirklichkeit löst sich, vom Künstler aufgenommen, vollständig in Dynamik auf, sie ist kein in die Strömung seines Schaffens hineingeworfener und von ihr nur weitergetragener Fremdkörper, sondern innerhalb dieser Strömung eine wirksame Energie, grade etwa wie seine allgemeine Lebensstimmung, wie die Färbung seines Milieus, wie sein Stilgefühl usf.

Es ist nun keine Frage, daß viele Künstler, die wir keineswegs als Naturalisten bezeichnen, die Wirklichkeit genau so beobachtet und in sich aufgenommen haben wie die Naturalisten. Die Wirklichkeitseindrücke sind in dem Produktionsprozeß von Michelangelo und Rembrandt vielleicht von ebenso tiefer und entscheidender Bedeutung gewesen wie in dem von Manet und Liebermann. Wenn dennoch die fertigen Werke sich in Hinsicht des Verhältnisses zur unmittelbaren Erscheinung sehr erheblich unterscheiden, so beweist das nur, daß *Ursache und Wirkung keineswegs formgleich zu sein brauchen*; das ist es, was die Theorie des Naturalismus immer übersieht. Dasselbe verursachende Element, in verschiedene Geschehensreihen eingesetzt, kann zu sehr verschiednen schließlichen Erscheinungen führen. Je nach den übrigen mitwirkenden Momenten, vor allem: je nach der eignen, spontan schöpferischen, von sich aus formbestimmenden Wesensart des Künstlers wird das Produkt äußerlich, dem Phänomen nach, dem als Ursache wirkenden Naturbild mehr oder weniger ähnlich sein. Nur der niedere, d.h. der nicht schöpferische Künstler überträgt die Naturbeobachtung Teil für Teil in sein Werk; für den wirklich produktiven ist alles, was er aufnimmt, nur *Nahrung für das innere schöpferische Leben*, das in dem Werke Dauerform gewinnt, wie ein Nebenfluß, der in dem Augenblick seines Einströmens nicht nur seine Wasser mit denen des Hauptflusses ununterscheidbar mischt, sondern auch seine Eigenexistenz völlig verliert, um die des letztern anzunehmen. Nun kann die innere Struktur dieses Schöpfungsprozesses es mit sich bringen, daß sein Resultat eine objektiv aufzeigbare morphologische Ähnlichkeit mit den in ihn eingegangnen Beobachtungselementen besitzt. Aber nicht, weil diese es fordern, wird das Bild auf solche Weise naturalistisch, sondern weil der Schöpfungsprozeß dies, seinen *eignen* Gesetzen nach mit sich bringt und diese eignen inneren Gesetze solche Anähnlichung von Element und Produkt erzeugen.

Aus dem Gefühl heraus, daß die Wirklichkeit, bloß weil sie da ist, das Kunstwerk doch nicht bestimmen könne, hat man dem Naturalismus noch den Begriff des Impressionismus zu- oder entgegengesetzt – jener die objektive Ähnlichkeit zwischen Gegenstand und Kunstbild anstrebend, dieser die Wiedergabe des subjektiven Eindrucks vom Gegenstand. So bedeutsam dieser Unterschied für den dargestellten Inhalt ist, so ist er für die prinzipielle Frage des Naturalismus doch nicht entscheidend. Denn 1. ist auch das »objektive« Bild der Dinge durch die Art des subjektiven Sehens bestimmt, und 2. besteht auch dem subjektiven Eindruck gegenüber die naturalistische Frage, ob er, der zunächst auch nur ein dynamisches Element des künstlerischen Schöpfungsprozesses ist, in Unverändertheit als dessen Resultat wiedererstehen soll oder nicht. Der Impressionismus, zuerst allerdings die starre Substanz der angeblichen Objektivität und Gegebenheit auflösend, macht nun doch das Eindrucksbild zu etwas Festem, das als solches in das Kunstwerk zu übertragen wäre.

Wenn die Seele nichts Feineres, Differenzierteres, künstlerisch-formal Vollkommeneres zu geben hat als die Naturdinge, wenn sie umgekehrt diesen gegenüber sich als primitiver, unharmonischer, fragmentarischer zeigt – so weiß ich nicht, welchen Vorzug die expressionistische Kunst gegenüber der naturalistischen haben soll. Schließlich *ist* das dastehende Raumkunstwerk nicht die Seele, sie kann sich in der Unmittelbarkeit ihres Lebens ja *doch* nicht zeigen (auch wäre ja eben davon der Wert noch diskutabel), es kommt schließlich auf dies Dastehende und seine Bedeutung nach ideell künstlerischen Normen an. Werden diese reicher und vollkommener auf expressionistische als auf impressionistische oder naturalistische Art erfüllt – gut! Aber *an sich* hat jene noch keinen Vorteil; sie ist zunächst noch ein seelischer Naturalismus, dessen künstlerischer Wert problematisch ist. Und wollte man sagen: dann ist es nicht Kunst, auf den Namen und die Kategorie kommt es ja nicht an, es ist überhaupt ein Wertvolles – dann hätte jedenfalls die Kunst als solche noch Platz daneben.

Der eigentliche Kern der naturalistischen Frage liegt tiefer. Die Gegebenheit, das an sich nicht zu Ändernde, das Unmittelbare oder Primäre, kurz was in diesem Zusammenhange Natur heißt und was das naturalistische Kunstwerk als solches ohne Umbildung wiedergeben will, *braucht keineswegs das äußere Objekt zu sein.* Die entscheidende Frage liegt vielmehr darin: ob das schöpferische Individuum, dasjenige, was es in sich als Trieb, Eindruck, Leben, kurz als Natürlich-Unmittelbares vorfindet, zur alleinigen Quelle des Werkes werden läßt – wobei der Gegenstand des Werkes sein mag was er will – nicht modifiziert oder abgelenkt durch ein vom Individuum unabhängiges Formgesetz; oder ob der innere Vorgang, indem er in das Werk ausströmt, durch ein solches übersubjektives, ideell bestehendes Gestaltungsgesetz geführt wird? Der naturalistische Künstler als solcher setzt seine innere Tatsächlichkeit, seine Lebensbewegtheit sozusagen gradlinig in das Werk fort, dieses ist ein Weiterschwingen jener, er entlastet sich von ihr auf diese Weise, der Wert seines Werkes liegt – für ihn wie für den Beschauer – darin, daß *seine* Wirklichkeit, *seine* Natur, die Wirklichkeit, die als gespannte Energie in ihm ist, sich entladen hat, daß sie sich in das Kunstwerk hineingegeben hat, das nun als ihre Wirkung dasteht und diese innere Lebendigkeit irgendwie in sich trägt und so wirklich ein Stück seiner eignen Wirklichkeit ist. Naturalismus bedeutet, daß sich im Kunstwerk etwas *Gegebnes* wiederfindet, das nicht im künstlerischen Prozeß erzeugt ist und das für das Kunstwerk wesentlich und bestimmend ist. Der prinzipielle Gegensatz dazu, für den wir keinen entsprechend sicheren Ausdruck haben (Stil – Form – Ideenkunst) liegt vor, wenn das Kunstwerk sich seiner Form und Bedeutung nach von seinen Zeugungskräften gelöst hat, wenn es nach einem Gesetz gestaltet ist, das nur für das Kunstwerk als solches – als wäre es vom Himmel gefallen – gilt, wenn es nur als Erfolg und Verkörperung der künstlerischen Logik, nicht aber des psychologischen Lebens des Künstlers dasteht. Wir stehen hier vor einem Knotenpunkt allen Kunstverständnisses und die hier zusammenlaufenden Fäden müssen von ihrem isolierten Ursprung her deutlich werden, gerade weil die einzelne Kunsterscheinung sie wohl immer in Verknotung zeigt.

Die Fortsetzung des inneren Zustandes in ein äußeres Sein, rein als solche angesehn, fragt nicht darnach wie dies äußere Ergebnis aussieht. Wer schreit, weil er einen Schmerz fühlt, dem ist es gleichgültig wie dieser Schrei klingt, wer in der Leidenschaft eine zornige oder gierige Geste ausführt, interessiert sich nicht für deren sichtbare Gestaltung, ja wer einen Gedanken oder Affekt mitteilen, sich durch seine Äußerung Andern verständlich machen will, dem ist Form und Aussehen dieser Äußerung als einer für sich betrachteten Tatsache gleichgültig, wenn sie nur ihren unanschaulichen Mitteilungszweck erfüllt. Zweifellos ist dies die Intention mancher Kunstwerke. Genau genommen das Singen wie der Vogel singt. Darum ist Impressionismus nicht der ganz zutreffende Ausdruck für diese Gerichtetheit – obgleich der erste Schritt zur wichtigen Erkenntnis der Lösung von der mechanischen Objekt-Gleichheit. Die Konsequenz zieht der moderne Expressionismus, dessen tieferer Sinn doch wohl ist, daß die seelische Bewegtheit sich in die Hand, die den Pinsel hält, fortsetzt und das entstehende Bild nichts anderes ist als die Zeichen, die jene Bewegungen auf der Leinwand hinterlassen, ganz gleichgültig ob diese Zeichen außerhalb dieser reinen auf sie hinführenden Kausalfolge noch irgend einen Sinn oder Bedeutung zeigen. Es ist eine bloße Inkonsequenz oder Zufälligkeit, wenn expressionistische Bilder noch etwas »vorstellen« sollen. Expressionismus ist in diesen Zusammenhängen nicht Rückschlag gegen den Naturalismus, nicht seine Aufhebung sondern seine – ihn vielleicht auflösende – Vollendung.

Exkurs über Subjektivismus und Objektivismus im Kunstwerk: Als Voraussetzung ist festzuhalten, daß der Unterschied zwischen Subjektivismus und Objektivismus in der Kunst ein ganz fließender ist, oder

daß in jedem Kunstwerk eine Mischung beider stattfindet, in der Ob-
jektivismus und Subjektivismus nur Bezeichnungen a potiori sind. Dies
vorausgesetzt scheint mir das Verhältnis von Subjektivismus und Objek-
tivismus des Kunstwerks in das allgemeine von Kausalität und Teleo-
logie aufzugehn. Wo wir empfinden, daß ein aus der Lebensbewegtheit
des Schöpfers herkommender Impuls sich gleichsam in die Bewegung
seiner Hand fortgesetzt hat, wo eine innerste Zuständlichkeit oder ein
inneres Geschehen sich in dem schöpferischen Tun auslebt oder erlöst,
wo also die künstlerische Aktivität aus subjektiven Vorgängen im Künst-
ler, die ihren zureichenden Grund bilden, ersteht – da sprechen wir
von Subjektivismus. Wo wir aber umgekehrt fühlen, daß das Hinstellen
des Werkes, damit es eben als solches da sei, den Künstler motiviert
habe, wo der Zweck: die Verwirklichung der Vision, – die Tätigkeit her-
vorzulocken scheint, derart, daß es sozusagen nur auf das Resultat an-
kommt, in dem der Prozeß, die funktionellen Ursachen seiner Schöp-
fung verschwinden und gleichgültig geworden sind – da wird man
von Objektivismus der Kunstübung sprechen können. Wo nun eine sehr
entschiedene Annäherung an eine gegebne äußere Wirklichkeit vorliegt,
wird die Präsumption nicht dafür sprechen, daß ein rein aus dem In-
nern hervorbrechender Trieb die Gestaltung habe entstehen und sich
in dieser bestimmten Weise habe formen lassen. Natürlich ist diese
glücklichste aller Harmonien nicht unmöglich und Goethe ist ihr voll-
kommenster Repräsentant. Anderseits aber kann auch ein Kunstwerk,
das überhaupt kein reales Gegenbild hat oder das mit diesem völlig
phantastisch verfährt, durchaus objektivisch gemeint sein. Denn nicht
das O b j e k t außerhalb der Kunst bestimmt diesen Begriff, sondern
die in dem Kunstwerk selbst innerlich fühlbare Tendenz: ob es selbst
als Objekt gewertet wird, das um seiner selbst willen da sein soll, so
daß dieses selbständige von dem Schaffensprozeß gelöste Dasein den
Zweck seines Geschaffenwerdens bildet – oder ob das Subjekt nur sein
eignes Leben ausleben will, wofür dann sein Talent Richtung und Aus-
laß gibt. Darum und nicht wegen mangelnder Übereinstimmung mit
einem »Objekt« scheinen gewisse Werke, die wir eben subjektivische
nennen, auf ihren Schöpfer, sein Sein, seine Leidenschaften und Schick-
sale zurückzuweisen. Wo diese rückwärtige Verbindung aber nicht be-
steht, wo das Werk nicht nur seiner Form nach, sondern, für unsere
Nachfühlung, auch seinem Existenzsinn nach geschlossen für sich be-
steht, hat es objektivischen Charakter; was sich ersichtlich dadurch nicht
ändert, daß seine spezifischen Qualitäten es der Sonderart eines be-

stimmten Künstlers unzweideutig zuweisen. Es liegt auf der Hand, daß die stilistisch formale Geschlossenheit eines Werkes der überzeugendste Träger dieses Selbstzweck-Charakters seiner sein wird.

Der Impressionismus nun ist eine unmittelbare, aber deshalb roh-mechanische Synthese von Subjektivität und Objektivität, indem für ihn der rein subjektive Eindruck zum Objekt wird, um dessen unveränderte Nachbildung es sich handelt. Er stellt sich in gleichzeitigen Gegensatz zum naturalistischen Objektivismus wie zum freibildenden Subjektivismus, indem er richtig erkennt, daß keine dieser einseitigen Tendenzen der eigentlichen, synthetischen Aufgabe der Kunst gerecht wird. Allein so, daß man das Subjekt einfach zum Objekt macht, sind sie nicht zu überwinden. Die Aufgabe des Künstlers, das ideell Vorhandene, das vor ihm als das nur zu Findende, zu Realisierende steht, liegt in einem dritten: diejenige vollkommenste Kunstwerdung des Objekts, die grade durch dieses individuelle Subjekt möglich ist. (Aufsatz über die Philosophie des Schauspielers.) Weder das Objekt, wie es für sich ist, noch das Subjekt, wie es aus sich ist, noch die unmittelbare Reaktion des Subjekts auf das Objekt ist mit der idealen Forderung, mit dem objektiven Geist des Kunstwerks als solchen identisch. Alles dies bleibt in irgendeinem Sinne Naturalismus. Es steht vielmehr über dem künstlerischen Subjekt eine durch seine eignen Qualitäten bestimmte Forderung, wie grade er grade dieses Objekt zu gestalten habe. Weder das natürliche Sein des Subjekts noch das des Objekts kommt hier in Frage, vielmehr eine Übertragung dessen, was der Impressionismus auf naturalistischem Wege sucht, in das Reich künstlerisch ideeller Vorgezeichnetheit.

Für manche Fälle wird dieser Naturalismus, der nach der Natur des *Subjekts* so heißt, der Erscheinung nach mit dem Naturalismus, der Nachbildung des Objekts ist, zusammenfallen. Wo nämlich der unmittelbare Eindruck einer Wirklichkeit die künstlerische Erregung mit sich bringt, wo der Künstler ganz in diesem Eindruck aufgeht und seine ganze produktive Stimmung nur dessen Gefäß ist – da wird die sich daran schließende Ausdrucksbewegung, wie durch mimicry in denselben Formen verlaufen. Analogie dazu im Aufnehmen von Musik. Eine erregende Musik mag uns manchmal zu leidenschaftlichen Gesten veranlassen, manchmal zu irgendwelchen Aktionen anspornen, wie den Soldaten in der Schlacht, also die Erregungen, die ihr Eindruck in uns lebendig macht in Richtungen verlaufen lassen, die morphologisch mit ihr nicht das Geringste zu tun haben.

Manchmal aber auch bewegt sie uns, ihren Takt a tempo mit dem Fuß zu klopfen oder sie mitzusingen – ein reiner Expressionismus, eine subjektiv naturalistische Äußerung, die genau in den Formen oder auch: mit dem Inhalt ihrer Veranlassung verläuft. Ob in den Kunstproduktionen etwas eigentlicher Naturalismus ist, hängt von der bloßen Kausalität, von der Bestimmtheit durch den gegebenen terminus a quo ab, und ob etwas objektiv Naturalistisches daraus entsteht, ist nur zufällig; ein morphologisch von der Objektivität der äußeren Ursache ganz abweichendes Ergebnis würde nicht weniger naturalistisch sein. Kein Zufall, daß die naturalistische Kunst in denselben Jahrzehnten dominierte, wie der Psychologismus. Nun war dies aber zugleich die Epoche des Fanatismus für naturwissenschaftliche Exaktheit, deren Ideal auf alle möglichen, eigentlich ganz anderen Idealen zugehörige Gebiete übertragen wurde. Dies verblendete gegen die tiefste Motivierung des Naturalismus: das dynamische Fortsetzen der inneren künstlerischen Umständlichkeit, die einseitige Triebhaftigkeit, mit der hier nur das Leben sich nach außen ergießt, und weil es eben ein künstlerisches Leben ist, irgendwie zum Gebilde wird. Indem nun das innere Leben der Künstler sich von den literarischen Ideen und dem Konventionalismus, der die Kunst des 19. Jahrhunderts bis dahin beherrscht hatte, abwandte und sich mit Leidenschaft an den Bildern der *Dinge* nährte, und indem es, seinen Äußerungsimpulsen folgsam, diese Bilder der Dinge gleichsam am anderen Ende wieder von sich gab, so richtete sich das Bewußtsein eben mit einer gewissen ängstlichen Exaktheit auf dieses Resultat und erklärte, daß das objektive Ähnlichkeitsverhältnis zwischen ihm und der Wirklichkeit das Neue und Wesentliche wäre. Tatsächlich ist das Wesentliche des naturalistischen Prinzips, daß die künstlerische Äußerung mehr einem Kausalprozeß als einem teleologischen Prozeß entstammt. Für die tatsächliche Kunstleistung kommt freilich noch ein andres bestimmendes Moment hinzu, das sich später ergeben und die Paradoxie dieser Behauptung lösen wird.

Es wird aber jedenfalls aus ihr klar, daß der Naturalismus auch in andren als in den Künsten, die einer »Nachahmung« möglichen Raum geben, dominieren kann, also auch in der Lyrik, der Musik, dem Tanz, ja der Architektur. Es kann z. B. ein Tanz, der äußerlich sogar in rein ornamentaler oder konventioneller Form verlaufen mag, von einer erotischen Hingerissenheit durchglüht sein, einer nicht künstlerisch geformten, sondern psychisch unmittelbaren, die sich in lauter Imponderabilien ausdrückt und sich vielleicht auf den Beschauer überträgt. Dabei braucht der Tanz nicht etwa die Nachahmung verfänglicher Situationen darzubieten, keinerlei *sichtbaren*, objektiven Naturalismus des Erotischen, es ist nur das Weiterschwingen der naturhaften inneren Tatsächlichkeit in die Erscheinung hinein. Wie es aussieht, ist im extremen Fall dem Tänzer fast gleichgültig, daher es dann manchmal durchaus geziemend, manchmal durchaus ungeziemend aussehen mag. Ähnliches in der Musik wird namentlich der, der auf dem Klavier fantasieren kann, manchmal erfahren. Eine Erregtheit, leidvoller, freudiger, oder überhaupt nur gegenstandlos leidenschaftlicher Art drängt sich unmittelbar durch die Finger und wird zu der Bewegung, wie sich eine physikalische Energie in eine neue Form umsetzt. Wie es klingt, darauf kommt es einem nicht an und darum wird man nicht gern Zuhörer dabei haben. Insoweit dies Moment in der Musik wirkt (alleinbestimmend wird es ja kaum sein) ist sie naturalistisch, nicht durch die kindische Nachahmung von Naturlauten, die gelegentlich vorkommt. In der Architektur ist dieses sich Fortsetzen der inneren Wirklichkeit, das gegen die Eigengesetzlichkeit der erscheinenden Form indifferent ist, dem Wesen des Materials nach, schwer nachzuweisen; aber es klingt auch hier an. Als der Jugendstil auch in die Baukunst eindrang, und die Logik der hergebrachten Formen erschütterte, entstanden fantastische Bauten, die besonders in den Ornamenten wirken, als ob sie nur das Auslodern eines Stimmungsimpulses wären und auf die selbständige Bedeutung des dann Dastehenden gar keine Rücksicht nähmen. Am entschiedensten endlich ist der subjektive Naturalismus in der Schauspielkunst. Die Theorie über diese geht zwei Wege: der eine macht damit ernst, daß der Schauspieler ausschließlich der Vollstrecker der dichterischen Gestalt und der in ihr objektivierten Absichten ihres Schöpfers ist. Ganz erreichbar oder nicht, jedenfalls liege in der reinen Verlebendigung des literarisch-dramatischen Gebildes das Ideal, und das Maß der Annäherung an dieses bestimme das Vollendungsmaß der schauspielerischen Leistung. Deren individuelle Besonderung und Färbung sei ein künstlerisches Adiaphoron, ein notwendiges Übel oder auch ein außerhalb der künstlerischen Wertskala gelegener Reiz. Aber eben in diese Individualität verlegt das andre Extrem den ganzen Sinn der Schauspielkunst. Indem hier der Mensch in seiner aktuellen Ganzheit die Leistung nicht nur trägt, sondern – einzig in allen Künsten – sozusagen die Leistung *ist*, dokumentiere sich *die*

Persönlichkeit des Schauspielers unzweideutig als die Substanz seiner Kunst; *sie* sei das dauernde und interessierende in allem Wechsel und allen Wertunterschieden seiner Rollen. Jenes antiindividuelle Ideal, mit dem die dichterische Figur den Schauspieler sozusagen verschluckt, um sich in all ihrer Objektivität und Fixiertheit ein Leben zu verschaffen – dieses Ideal sei ein literarisches, aber kein schauspielerisches. Die Leistung des Schauspielers, insoweit sie etwas andres sei, als Deklamation plus einer Reihe lebender Bilder, habe ihre Bedeutung als Offenbarung einer genialen, durch ihren Rhythmus, ihr Temperament, ihre körperlich-seelische Eigenart interessanten Persönlichkeit und das schauspielerische Talent sei nichts andres, als die Möglichkeit, dies Naturell an einer dichterischen Figur gleichsam zu objektivieren, für Andere sichtbar und verständlich zu machen. Wie es für den ersten Standpunkt prinzipiell gleichgültig ist, *wer* die Rolle spielt, wenn sie nur adäquat dargestellt wird, so für den letzteren, welche Rolle der Künstler spielt, wenn *er* sie nur spielt. Hier ist das eine, dort das andere der ruhende Pol in der Flucht der Erscheinungen.

Nun darf man freilich sagen: was in einem so rein kausalen, sozusagen nur physiologischen Prozeß entsteht – wie ein Schrei oder, wie wenn man aus nervöser Ursache Brotkügelchen knetet – ist nicht Kunst, sondern eben Natur. Das ist richtig. Darum ist exklusiv naturalistische Kunst auch ein nie ganz realisierter Begriff, sondern bedeutet nur gewisse Elemente und Teilstimmungen innerhalb des künstlerischen Prozesses. Ganz klar aber kann dies Verhältnis erst werden, wenn nun sein Gegenteil betrachtet wird: das Werk, das (im Eindruck) von der naturhaften Genesis gelöst und nach einer selbständigen, nur für das Kunstprodukt als solches geltenden Norm gestaltet ist.

Gewiß ist jedes Kunstwerk aus seelischen Kräften hervorgegangen und auf seelische Wirkungen hin orientiert; gewiß trägt es auch bis in seine letzte Faser hinein, im Maße seiner Größe noch das Cachet einer seelischen Persönlichkeit, sei es eines Individuums oder eines Volkes. Dennoch ist es Kunst in dem Maße, indem es in sich Gesetzen gehorcht, Ideen realisiert (künstlerische natürlich, nicht literarische oder moralische), deren Wert und Gültigkeit gegen die Kräfte, durch die es in einem bestimmten Leitmoment verwirklicht ist, absolut indifferent sind. Kunst hat weder mit Psychologie, noch mit Metaphysik zu tun, sondern nur mit Kunst – obgleich sie sowohl von dem seelischen Leben des Menschen wie von dem metaphysischen Sinn und Zusammenhang des Weltganzen umgriffen und getragen wird. Das Entscheidende für das Wesen des Kunstwerkes ist, daß es jenseits aller Verflechtungen der Wirklichkeit, sowohl der physischen wie der seelisch-geschichtlichen steht. Natürlich kann man es auch als innerhalb dieser Verflechtungen stehend betrachten. Ein Bild, wie eine Symphonie kann man nach der Optik wie der Akustik ihrer Elemente in physikalischer und physiologischer Hinsicht bis ins Letzte analysieren und synthetisieren; aber insoweit steht es in einer Reihe mit einer Naturerscheinung oder einem Nährmittel. Und man kann es – wenigstens angeblich – aus geschichtlichen Bedingungen, den Tendenzen und dem Standard seiner Gegenwart, der psychologischen Struktur seines Schöpfers herleiten; aber insoweit unterscheidet es sich nicht von einer wissenschaftlichen oder religiösen Idee oder von der Erfindung des Fahrrads. Wo es verknüpft wird mit einem Vorher und Nachher, zusammengesetzt aus Elementen, die außerhalb seiner und in anderen Ordnungen bestanden, – kurz die ganzen naturwissenschaftlichen, historischen, psychologischen Herleitungen des Kunstwerks – lassen vielleicht zwar dies Stück Realität vor uns erstehen, aber daß es ein *Kunstwerk* ist, nach seinem inneren sachlichen Wesen unterschieden von allen anderen Gebilden – das geht aus diesen Verknüpfungen *niemals* hervor. Denn grade, daß es den Verknüpfungen, die seine äußerlich-historische Realität in die endlos weiterrollenden Reihen andrer und aller Realitäten einstellen, enthoben ist, daß es eine nur für sich bestehende, absolut selbstgenügsame Einheit ist, das macht sein Wesen als Kunstwerk aus. Hier ist noch stärkere Exklusivität als bei Erkenntnis und Religion. Gewiß ist, was eine Wahrheit ist, auch nicht aus ihrer genetischen Verknüpfung zu begreifen, die sie mit jedem Irrtum teilt, sondern nur aus dem zeitlosen Begriff der Wahrheit; gewiß ist Religion nur nach ihren äußerlichen Hüllen, nicht aber ihrem Wesen, das diese Hüllen zu Religion macht, historisch zu verstehen. Dennoch haben die einzelnen Gebilde dieser Kategorien nicht dieselbe Geschlossenheit und Selbstgenügsamkeit wie das einzelne Kunstwerk. Jede Erkenntnis steht in einem inneren Konnex mit einer unendlichen Reihe andrer ebenso zeitloser Erkenntnisse begründet und begründend. Und Religion ist nicht denkbar außerhalb eines religiösen Lebens, in das ihre zeitlosen Inhalte in einer mit nichts andrem vergleichbaren Weise verwebt sind. Das Kunstwerk aber hat alle Fäden nach außen hin abgeschnitten und nach innen zu einer undurchbrechlichen Form zusammengeknüpft, es ist »seelig in ihm selbst«. Alle seelischen Werte und Ereignisse, die darin investiert sind, haben die Form ihrer ursprünglichen Bewegtheit verlassen und eine in sich schwebende, vom Begriff der Kunst allein her bestimmte angenommen. Kein Kunstwerk ist als Kunstwerk aus seiner Zeit oder aus der Psychologie seines Schöpfers heraus zu rechtfertigen: ausschließlich aus den Forderungen der Kunst, die sehr mannigfaltig und zu verschiednen Zeiten sehr entgegengesetzte sein mögen, aber in jedem Augenblick ihres Bestands in der Ebene der überzeitlichen, rein sachlichen idealen Bedeutung liegen. Gewiß kann man ein Kunstwerk als einen Pulsschlag des ins Unendliche weiterflutenden, aus unendlich vielen und heterogenen Quellen genährten Lebens der Menschheit ansehen; betrachtet man es aber als Kunstwerk, so ist es sozusagen vom Himmel gefallen, gänzlich in seine eignen Grenzen eingeschlossen und seine Fäden ausschließlich zu artistischen, die Kunstform bestimmenden Begriffen spinnend, aber nicht zu irgendwelchen, insoweit sie in der Ebene der Realität liegen. In dieser Krassheit muß zunächst das vital-unmittelbare Wesen des naturalistischen Kunstwerks und sein Wesen als Kunstwerk einander entgegengesetzt werden.

Hieraus ergibt sich als höchst wichtige, unbedingt festzuhaltende Konsequenz, daß zwischen dem seelischen Trieb oder Zustand, der sich in eine Äußerung oder ein Gebilde als seine natürliche Weiterwirkung fortsetzt – und dem Kunstwerk als einer Erscheinung objektiv-artistischer Normen nach einer idealen Logik sich selbsttragender Formen ein rein zufälliges Verhältnis oder, wenn man will, überhaupt kein Verhältnis besteht. Beides steht unter völlig verschiedenen Wesensbegriffen: das eine ein Werden, eine Bewegtheit, in die realen Weltbewegtheiten kausal verflochten, das andre ein statisches im eignen Raum definitiv abgegrenztes Phänomen, ohne Bedingtheit und ohne Folgen, eine Welt für sich, die aber nicht unter der Kategorie der Realität, sondern der reinen, seinsfreien Inhalte steht. Erst wenn dies unerbittlich klar ist, läßt sich der Begriff des schöpferischen Künstlers bestimmen: als desjenigen, dessen naturhaft, impulsiv, dynamisch herausdrängende Kräfte von sich aus sich in einem Gebilde äußern, das jenen objektiv-idealen, gegen alles Genetische gleichgültigen, rein artistisch-zeitlosen Forderungen entspricht – als hätten diese sich mit Werdekraft geladen und von sich aus das Gebilde geschaffen, das doch tatsächlich aus einer ganz anderen, der historisch-seelisch-dynamischen Reihe stammt. Dies ist die allgemeine Formel des Genies. Hat man von diesem z. B. in intellektueller Hinsicht gesagt, es wisse, was es nicht gelernt hat, so bedeutet das doch: daß der seelisch-kausale, von innen her ablaufende Prozeß solche Inhalte erzeugt, die mit dem logisch-objektiven Verhalten der Dinge übereinstimmen, gleichsam als ob sie von den überindividuellen, überzeitlichen Normen der Wahrheit her erzeugt seien . . . . Genie als Natur.

Damit beantwortet sich die Frage, die sich angesichts des festgestellten Wesens des Kunstwerks erheben mußte: wieso denn ein naturalistisches, d. h. ein rein von dem terminus a quo, der bloßen Entladung naturhaft gegebener Energien herkommendes Werk überhaupt ein *Kunst*werk sein könne? Das Genie ist eben dasjenige, was singt wie der Vogel singt, damit aber nicht Naturlaute, sondern ein Kunstwerk produziert. . . . . wie es doch eine, ja die Grundvoraussetzung aller Kunst ist: daß, wenn die Dinge so dargestellt werden wie sie dem Künstler erscheinen, eben damit ihr eigenes, tiefstes Wesen zur Darstellung kommt.

Man könnte zuerst daraufhin jeden genialen Schöpfer als einen Naturalisten im subjektiven Sinn bezeichnen. Dies ist natürlich zwecklos, aber es macht doch klar, worauf jeder vorurteilslose Kunstbeobachter von selbst kommen muß: daß das ganze Gerede von naturalistischen Prinzipien und ihrem Gegenteil völlig leer ist; jedem großen Kunstwerk gegenüber erscheint diese Partei- und Begriffsfrage hinfällig und gar nicht aufzuwerfen. Je nach dem Blickpunkt, von dem her man sieht, kann man jedes Kunstwerk entweder als Naturalismus oder als Anti-Naturalismus bezeichnen. Die Ursache ist Natur, die Wirkung ist der Natur enthoben. Was es dagegen wirklich gibt, ist der Unterschied von Kunst und Unkunst: d. h. ob das Werk ausschließlich künstlerischen Normen entspricht, oder ob in ihm andre Strömungen mächtig werden; die außerkünstlerisch-sensuelle, die anekdotische, die moralisierende, die auf den Publikumseffekt gehende etc. Und innerhalb der wirklichen Kunst gibt es gute und schlechte. Naturalismus kann, insoweit es sich um wirkliche, insbesondere um große Kunst handelt, immer nur ein relatives Hervortreten, ein stärkeres Fühlbarwerden jenes kausalen Momentes im Kunstwerk gegenüber seiner Zeitlosigkeit bedeuten, eine Akzentuierung der Richtung, aus der es kommt, gegenüber der fertigen, von allem »Ursprung« gelösten, in seinem Eigenwert schwebenden Gestalt; wobei es prinzipiell gleichgültig ist, ob diese Ursprungsrichtung von der in ihren Impulsen lebenden Seele im engeren Sinn, oder von den Dingen zu kommen scheint, deren Eindruck auf diese Seele sich in ihrem natürlichen Hindrängen auf Äußerung in das Werk fortsetzt.

Eben diese Bedeutung des Naturalismus, die an Stelle der mechanischen Inhaltsgleichheit mit dem Objekt die lebendige subjektive Funktion setzt – ist auch von der Seite des Beschauers her zu beobachten. Die Wirklichkeit als ein theoretisch Festgestelltes geht die Kunst überhaupt nichts an, sondern die Wissenschaft und eventuell die Praxis; für die Kunst können nur jene sekundären Reflexe der Wirklichkeit, die wir, logisch ziemlich unbestimmt, aber für uns jetzt ausreichend, Gefühle nennen, in Betracht kommen. Während es nach Kants Bemerkung am Inhalt eines Dinges logisch gar nichts ändert, ob er real ist oder ob sein Inhalt nur als ideeller gedacht wird (da andernfalls nicht eben dieser Inhalt, sondern etwas anderes real sein würde), so gilt dies für die Gefühlsbedeutung des Dinges keineswegs. Die Bewegtheit, die uns von irgend einer Wirklichkeit kommt, ist nicht nur dem Inhalte zu danken; sondern daß wir eben diesen als wirklich wissen oder, jenseits des eigentlichen Wissens, die eigentümliche Seinsbeziehung zu ihm haben, die sich zwischen unserer Wirklichkeit und einer anderen *Wirklichkeit* spannt – das gibt unserer Gefühlsreaktion einen ganz bestimmten Ton, den die Vorstellung der bloßen Qualitäten nicht hätte, das ist gleichsam das Pedal zu den Tönen, die dieser bloße Inhalt unserem Gefühlsvermögen entlockt. Ferner gleiten, da jede Wirklichkeit in den nach allen Dimensionen erstreckten Reihen aller andern Wirklichkeiten steht, auch ihre Wirkungen auf uns kontinuierlich in andere über. Darin liegt ein wesentlicher Unterschied der Kunstwirkung gegen alle Realitätswirkung, da jene an die Geschlossenheit des Kunstwerks gebunden ist. Realitäten haben zu einander offene Türen.

Nun scheint mir also Kunst, die man naturalistisch oder realistisch nennt, dadurch charakterisiert, daß sie im Beschauer diejenigen Gefühlswirkungen, die sich an die Realität von Dingen und Leben knüpfen, auslösen, aber – so weit es wirklich sich um *Kunst* handelt – mit anderen Mitteln als die Wirklichkeit selbst es tut. Die gemeinen Effekte, die unmittelbar an die Wirklichkeit herangehen und insoweit auch Wirklichkeitsgefühle provozieren, kommen dabei nicht in Betracht: das Panorama, die Wachsfigur, die »erschreckende Ähnlichkeit«, daß »das Bild aus dem Rahmen zu springen scheint«, das

Kokettieren mit dem Beschauer. Hier sind die Effekte der Wirklichkeit mit den Mitteln der Wirklichkeit erreicht. Der Reiz der großen naturalistischen Kunst ist, daß sie all dies verschmähend, den Duft uns fühlen läßt, der um die Dinge ist, weil sie wirklich sind, aber mit den spezifischen Mitteln der wirklichkeitsfremden *Kunst*. Die Wirklichkeit, die sie meint, ist etwas Qualitatives, nicht eine, die Inhalte unverändert lassende Kategorie. Hier ist die gefühlshafte Bedeutung der Wirklichkeit ganz ohne die Wirklichkeit selbst in die Kunst hineingenommen. Eine Gestalt wie die »Lisa« von Renoir oder eine Szene wie Manets Erschießung Maximilians sind gewiß in äußerstem Maße rein artistisch intentioniert, so sehr, daß sogar die psychologischen Ausdruckswerte so gut wie ganz ausgefallen sind; und doch ist in ihrem Eindruck etwas von der eigentümlichen Spannung und Erregung, die uns nur die Atmosphäre der Wirklichkeit als solche bereitet. Nicht daß wir – wie man die Kunst so oft mißversteht – durch die Medien dieser Bilder innerlich die Realität schauen, die ihnen als Vorbilder zugrunde liegt. Dies ist die Aufgabe der Photographie, die kein Selbstzweck ist, sondern nur das photographierte Ding vertreten soll und es um so besser vertritt, je weniger sie selbst noch gesehen wird. Das Kunstwerk aber ist kein Mittel, nicht dazu da, daß man es überspringe, sondern bei ihm als einem Definitivum bleibe, nicht daß es zur Welt hinleite, sondern daß die Welt hineingeleitet werde. Auf die Frage, wie die wirkliche Lisa aussah, gibt das Bild keine Antwort, weil die Frage gar nicht daran zu stellen ist; aber das rein Bildhafte und Ideelle, als das sie vor uns steht, ruft doch, unter Ausschaltung der Wirklichkeit diese eigentümliche Reaktion in uns hervor, die sonst nur dem Lebendigen und Wirklichen gelingt.

Ich erwähne hier nur eine Einzelheit solcher sekundären Wirklichkeitsreaktionen. Zu den Realitätsgefühlen dem Menschen gegenüber gehören in besonderem Maße diejenigen, die wir Sympathie und Antipathie nennen. Also schön oder häßlich, bedeutend oder nichtssagend, erfreulich oder gleichgültig erscheint uns das Äußere eines Menschen auch, wenn wir es eben als bloße Oberfläche, als erscheinende Form vorstellen; sympathisch aber oder antipathisch ist es uns, sobald wir die Inhalte seiner Erscheinung als Wirklichkeit fühlen, sobald seine Realität auf uns wirkt. Dies gehört in die Kategorie: daß unser empirischer, rein anschaulicher Eindruck eines Menschen stark beeinflußt wird durch die Antizipation dessen, was er für uns bedeuten würde, wenn er eine praktische Beziehung zu uns hätte. Deshalb liegt diese Alternative dem Eindruck gewisser Porträttypen ganz fern, dem antiken Porträt, im ganzen auch dem Renaissance- ja dem Rembrandtporträt. Hier ist die Distanz zu weit, als daß jener Duft der Wirklichkeit noch zu uns dränge. Dabei kann uns das Bild als *solches* sympathisch oder unsympathisch sein, das ist eine andere Frage. Gegenüber einem Porträt von Liebermann oder Corinth aber haben wir diese Gefühle sehr entschieden, und zwar sehr entschieden in Hinsicht der dargestellten Persönlichkeit. Nicht der realen, *hinter* dem Bild stehenden; das wäre unkünstlerisch. Es bleibt immer die *Idee* dieses Menschen, die uns hier in der Kunstform mit denselben Empfindungen affiziert, wie sie es sonst nur in der Realitätsform tut. Aber die Realitätsbedeutung, dieses sonst nur an Wirklichkeiten geknüpfte, psychologische Verhalten ist hier der Kunstform delegiert, in das Bild des Menschen ist hier die Kraft eingegangen, einen sonst nur seiner Wirklichkeit vorbehaltenen Affekt in uns auszulösen. Ähnlich die sinnliche Wirkung von Attitüden. Eine Aktphotographie wirkt derart, weil die Realität, die sie vor die Fantasie stellt, dies tut, und die Photographie die psychologische Brücke zur Wirklichkeit ist; und ebenso tun gewisse, im rohen Sinne realistische Bilder. Nun gibt es zunächst Aktbilder, denen dies Element absolut fehlt, die antiken, die der Frührenaissance, besonders Botticellis. Andere aber, in denen es, obgleich eigentlich nur der Wirkung der Realitäten vorbehalten, dennoch enthalten ist, nun aber ganz in den artistischen Komplex eingegangen, nun unter den Gefühlen rangierend, die dem Kunstwerk rein als solchem, nicht einer dazu ergänzten Wirklichkeit, zukommen. Es hat diese Wirkung als *künstlerisches* Element aufgenommen. Insofern wird man diese Bilder im höheren Sinne naturalistisch nennen müssen, was sofort einleuchtet, wenn man eine Danae Tizians mit einem Akt Botticellis oder Signorellis vergleicht. Daß solche – oder anders auszudrückende – Gefühlswirkungen der Realität sich am ehesten an Werke knüpfen werden, die sich auch objektiv nahe dem Eindruck von Wirklichkeiten halten, ist sicher – aber das Entscheidende ist dies nicht. Es kann vielmehr der *subjektive* Erfolg, der das mehr oder weniger artistisch gewordene Gefühl von Wirklichkeiten in die Kunst hineinträgt, auch durch andre Mittel erreicht werden (Beardsley!). Ja der Naturalismus großen Stils hat seine Größe immer darin gezeigt, daß er diese sekundären oder Gefühlswirkungen von Wirklichkeit mit anderen Mitteln als die Wirklichkeit selbst es tut, erreicht. Und auch Musik und Tanz werden die gleiche Erscheinung zeigen können.

Das also scheinen mir die beiden Bedeutungen zu sein, in denen der Begriff des Naturalismus mit Recht auf die Kunst anwendbar ist; in die beiden Richtungen vom Künstler her und zum Beschauer hin löst sich der Irrbegriff einer objektiven Naturabschrift auf, der ein Erfolg des modernen Intellektualismus ist. Daß das Impulsive, Naturhafte, dasjenige im Künstler, das sich nur äußern will, das Werk *dominiert*, statt der aus der artistischen Objektivität kommenden Gestaltung, daß man dies durch das rein Artistische hindurch fühlt – und daß der Gefühlsertrag für den Beschauer die Wirklichkeitsgefühle, wenn auch mit künstlerischen Mitteln erreicht, einschließt – das sind die Arten, auf die dem Autor die Realität im Kunstwerk wirklich lebendig werden kann, und für die die objektive Naturalistik des Werkes nur Folge oder Mittel oder Durchgangspunkt, aber kein artistisch wesenhafter Endwert sein kann.

Die Theoretiker des Naturalismus berufen sich dauernd auf die rastlosen Naturstudien der großen Künstler und ihre Äußerungen, daß die Natur allein ihre Lehrmeisterin sei usw. Der eigentliche Beweispunkt ist darin gänzlich verschoben. Die Kunst ist Formung von Weltinhalten, die wir auch in der Form der Wirklichkeit haben. Wenn von ihren Gebilden Gesetzmäßigkeit, Ausschluß der Willkür, Objektivität gefordert wird, so hat dies durchaus nicht die Einsinnigkeit des Wirklichkeitsbildes, da jeder Künstler der gleichen Wirklichkeit ein andres Kunstgebilde entnimmt. Jene Forderungen beziehen sich nicht auf die Relation des Kunstgebildes zur Wirklichkeit seiner Inhalte; sie beziehen sich darauf, daß die künstlerische Persönlichkeit zu diesen Inhalten ein ideell festgelegtes Verhältnis hat, ein ideell vorgezeichnetes Optimum: wie grade diese Schöpferkraft diese Inhalte zu gestalten habe. Hier ist ein ganz objektiv Gefordertes, das weder das Gesetz der Person ist, noch das Gesetz der für sich allein betrachteten Inhalte, wie sie in der uns sonst zugänglichen Form der Wirklichkeit gegeben sind – sondern ein Drittes, das diese beiden irgendwie in sich enthält, obgleich es nicht aus ihnen gemischt, sondern eine autonome Einheit ist. Der technische oder psychologische Weg zu ihrer Gewinnung aber ist die Kenntnis der Inhalte, und zwar naturgemäß in der Form, in der sie sich am ersten und eindringlichsten bieten, in der Form der Wirklichkeit. Was Lionardo und Michelangelo, Velasquez und Rembrandt zu unablässigem Naturstudium trieb, war sicher nicht das Interesse an der *Wirklichkeit* dessen, was sie sahen und das ihnen den Stoff für ihr Schöpfertum lieferte, das immer ein Schöpfertum der Form ist. Durch jene prästabilierte Harmonie, die das eigentliche Wunder der Kunst ist und die durchaus der Größe des Genies proportional ist, konnten sie das Innerlichste, Eigenste, Schöpferische ihres Genies um so ungehemmter und energischer entfalten, je tiefer sie in die Eigenstruktur der Dinge eindrangen – also grade die Wirklichkeit nahmen sie den Dingen, indem sie sie zum Inhalt der Kunst machten.

Sehen wir hier noch einmal auf den banalen Begriff des Realismus zurück, der – wenn auch vielleicht nur in seiner Theorie – von der Wirklichkeit hypnotisiert ist, bloß weil sie wirklich ist, so wird er damit der Kunst als solcher nicht weniger untreu als er es der »idealisierenden« Kunst vorwirft. Diesen Vorwurf erhebt er mit Recht. Ein Kunstwerk, das seine zentrale, das Ganze bestimmende und dem Ganzen seinen Wert gebende Bedeutung in einer »Idee« jenseits seiner Erscheinung hat, in einer Idee, die ihren Sinn und Wert für sich und unabhängig von dieser Erscheinung besitzt – macht die Kunst gleichfalls einerseits zu einem bloßen Mittel, um mit ihr Gefühle und Impulse zu erzielen, die nach einem Punkt außerhalb der Kunst gravitieren; es macht andererseits die Idee zum Mittel für den Wert und Eindruck des Kunstwerks, fügt ihm also einen sozusagen nicht selbstverdienten Reiz hinzu, in den groben Fällen etwa aus historischen Reminiszenzen, in den feineren aus idealen Werten, religiösen oder ethischen, metaphysischen oder gemütsmäßigen. Der Realismus und dieser Idealismus gehen beide gleich weit, nur nach verschiedenen Dimensionen über die Selbständigkeit und Geschlossenheit der Kunst als Kunst hinaus. Die bildende Kunst hat eben durchaus keine andere Domäne als die Erscheinung als dasjenige, was man den qualitativen Inhalt der anschaulichen Welt nennen könnte. Das Sein der Erscheinung, das gleichsam unterhalb ihrer Oberfläche liegt, ist ebenso ein Jenseits der Kunst, wie die Ideen es sind, die entsprechend oberhalb der Erscheinung liegen. In beiden Fällen lebt sie auf Borg, ihr Ort ist weder die Realität noch die Idealität der Dinge, weder deren Sein, noch deren Zugehörigkeit zu den idealen Ordnungen der Sittlichkeit oder der Erkenntnis, der sozialen oder religiösen Werte – sondern ein Drittes: die sozusagen reinen, von der Fesselung an die Wirklichkeitsform gelösten Weltinhalte, nun in derjenigen Formung, die das Verhältnis zwischen ihnen und einem schöpferischen Geist ihnen auferlegt. Wenn es von der realistischen Partei mit besonderer Entrüstung zurückgewiesen wird, daß die Kunst »etwas soll« – so gilt dies selbstverständlich nicht von den Forderungen und Idealen, die der Kunst selbst wesentlich sind: gewiß *soll* das Kunstwerk etwas, nämlich so vollkommen wie möglich sein. Es gilt aber mit vollem Recht von den Zwecksetzungen, die man der Kunst von außerhalb ihrer aufdrängen will, moralischen oder vergnüglichen, patriotischen oder religiösen. Wenn sich aber der Realismus gegen solche fremden Gesetzgebungen, die die Kunst zu einem bloßen Mittel herabsetzen, wehrt, so vergesse er nicht, daß er, die Wirklichkeit als Wirklichkeit durch das Kunstwerk hindurchwirken lassend – in grober Unmittelbarkeit oder mit jenen feineren, seelisch-sekundären Reaktionen –, den genau gleichen Fehler begeht. Er dient der *Idee* »Realität« ebenso wie jene der Idee Religion oder Versittlichung oder Vaterland. Auch er setzt die Kunst zu einem Mittel für die Realitätsentwicklung herab – für eine Wirkung also, die ihren Wert nicht aus dem Kunstwerk, sondern aus jenseits ihrer gelegenen Ordnungen und Bedeutsamkeiten bezieht.

Erst wenn begriffen wird, daß die Kunst jenes Dritte – jenseits ebenso der Wirklichkeit wie der subjektiven Willkür – bedeutet, und dieses dadurch erreicht, daß der subjektiv-naturalistische Impuls des Künstlers, seine Freiheit, dasjenige erzeugt, was nach den objektiven Forderungen der Kunst notwendig ist – erst dann mag uns eine Ahnung aufgehen, wieso an dem großen Kunstwerk auch die beiden anderen großen Gegensätze, die sonst unser Weltverhältnis unter sich aufteilen: Freiheit und Notwendigkeit ihre Gegensätzlichkeit verlieren.

Der Naturalismus hat den Wahrheitsbegriff nicht nur mechanistisch eng gefaßt, sondern ihn auch falsch gerichtet, indem er die künstlerische Wahrheit in die Übereinstimmung mit einem dem Kunstwerk äußeren Objekt verlegte. Allein daß er überhaupt ein Wahrheitsideal an die Kunst heranbrachte, ist ein unverlierbarer Gewinn. Das läßt auch gegenüber dem absolut Unnaturalistischen jetzt vor allem die Frage der Wahrheit oder Verlogenheit stellen. Denn Lüge ist nicht das objektiv sondern das subjektiv Unrichtige.

Wahrheit des Kunstwerks: adäquater Ausdruck eines Seins (der Seele des Künstlers) nicht des Inhalts im Verhältnis zu einem Äußeren.

Die Wahrheit des Kunstwerks ist nichts anderes als die Wahrhaftigkeit des Künstlers: daß er die innere Schauung, die er als Künstler hat, nach außen gestaltet, ohne sie durch Einflüsse aus anderen Sphären abbiegen zu lassen. Wenn religiöses Dogma oder das Gefallen des Publikums oder historische Tradition ihn bestimmen, so markiert sich das an Unstimmigkeiten und Zufälligkeiten in dem objektiven Befund des Werkes, die wir als dessen Unwahrheit bezeichnen.

Theoretische Wahrheit ist Übereinstimmung aller Elemente, d. h. ihr harmonisches Zusammenkommen zu der Einheit unseres denkenden Ichs. Ebenso ist künstlerische Wahrheit das Übereinstimmen aller Teile des Werkes, durch das fühlbar gemacht wird, daß sie alle aus einer künstlerischen Seele hervorgegangen sind. Deshalb ist jede Stilunreinheit, jedes Hernehmen der Elemente des Werkes aus verschiedenen Empfindungsreihen eine Unwahrheit, weil wir fühlen, daß dies nicht aus *einer* seelischen Wurzel, und also nicht aus einer seelischen *Wurzel* erwachsen ist.

Eben dasselbe Landschaftsbild, das den Maler zu seiner anschaulichen Wiedergabe anregt, bewegt den Dichter zu einem Gedicht, den Musiker zu einer Komposition. Das eine hat so wenig objektive Wahrheit wie das andere.

Intellektualismus: Verwechslung der theoretischen mit der künstlerischen Wahrheit – ein Hauptmotiv des Naturalismus.

Fiedlers Theorie von dem Nachbilden des Produktionsprozesses durch den Beschauer ist ein in die Kunstsphäre selbst übertragener Naturalismus. Immer derselbe in tausend Formen versteckte Grundirrtum, daß Original und Nachbildung mechanisch »ähnlich« sein müssen, daß Ursache und Wirkung sich formal gleichen müssen. Analogie: die scheinbare psychologische Gleichheit zwischen dem historisch Verstehenden und dem verstandenen Objekt, damit es zu einem Verstehen käme. Verstehen ist nicht Nachbilden, obgleich irgend eine Parallelität des Seins freilich zum Verstehen gehört.

Gerade die Freude an der »Natur« der Eindrücke ist die mittelbare: Nachtigallenschlag, Blumen, Bergformen verlieren, wenn sie nachgeahmt sind und die Nachahmung als solche erkannt ist (Berge durch Wolken) jeden Reiz. Hier gehört also außer dem formell ästhetischen Reiz noch etwas dazu, um das zwar die Natur reicher ist als die Kunst, das aber dieser dafür nicht genommen werden kann. Am Naturprodukt fühlen wir die Genesis, wir leiten es in direkter Linie zurück auf das allgemeine Sein, dem auch wir entsprungen sind. Die Nachahmung, die auf ganz anderem Wege zu demselben Erscheinungs-Resultat gelangt ist, macht uns völlig unsicher, es fehlt die Basis, zu der wir uns durchfühlen könnten, es schwebt in der Luft, wir suchen unwillkürlich auch ihm gegenüber nach dem Ursprung in der Reihe, deren Blüte er bildet, und wissen nicht, nach welcher Richtung wir suchen sollen, allenfalls finden wir eine, die unseren gewohnten Vorstellungen dieser Dinge ganz heterogen und im Verhältnis zu ihm ganz sinnlos ist. Dem Kunstwerk gegenüber aber stellen wir diese Frage nicht, es schwebt zwar gleichfalls in der Luft, aber das ist auch sein Ort. Es hat keine Basis außerhalb seiner, aber es braucht seinem Wesen nach auch keine, ja es darf gar keine, die außerhalb seiner Erscheinung liegt, haben.

Wenn die Kunst im Reiche der bloßen *Inhalte* des Daseins wohnt, ganz jenseits der Frage nach ihrer Existenz oder Nicht-Existenz – so muß sie dieselben so auswählen und darstellen, daß diese Frage auch wirklich psychologisch nicht auftaucht. Dadurch sind gewisse Inhalte mehr oder weniger von vornherein ausgeschlossen: sexuelle Vorstellungen, Interessen des ganz täglichen Lebens, sehr merkwürdige Zufälle, historische Ereignisse als solche lassen durch unvermeidliche Assoziationen und innere Vermittlungen die Kategorie der Realität lebendig werden. Bei dem bloßen Inhalt der Vorstellungen dieser Art taucht der Wunsch, die Frage, das Wissen ihrer Realität psychologisch auf, d.h. die Beziehung ihrer zu noch anderen Sinnen (der Wirklichkeit oder Möglichkeit nach) als zu dem einen, zu dem das Kunstwerk als solches spricht.

Verhältnis des Naturalismus zur Individualisierung, der Stilisierung zur Verallgemeinerung.

Damit daß die Komödie nur Typen zeichnet, macht sie ihren Realismus künstlerisch möglich.

Die Renaissance will nicht Illusionismus im Gegensatz zum Trecento, sondern sie führt nur immer mehr Elemente aus der Wirklichkeit in die spezifische Kunstwelt hinein. Ganz ohne solche war doch auch das Trecento nicht ausgekommen. Aber sie wirkten in ihm allerdings schon an sich gänzlich wirklichkeitsfremd, weil zu viele Bestandteile, die der Wirklichkeit korrespondierten, fehlten und erst die *Zusammenwirkung* solcher den Wirklichkeitseindruck erzeugen können. Daher entsteht, wo die Kunst sich überhaupt *vieler* Wirklichkeitselemente bemächtigt, für den ungebildeten Beschauer leicht die Vorstellung des Realismus. Je mehr Wirklichkeitselemente in die Kunst hineinkommen, desto größer wird ihre Aufgabe, sie zu der besonderen autonomen Kunstwelt zu gestalten. Dies der Grund, weshalb mit steigender Bereicherung der Kunstprobleme die Bilder, die den Eindruck wirklich reiner Kunst gewähren, immer seltner werden. Wogegen die sich von selbst ergebende Distanz von der Wirklichkeit in der frühesten Kunst bewirkt, daß auch die Werke minderer Künstler uns in die Kunstsphäre versetzen. Später wächst die Gefahr des Illusionismus. Daher Flucht ins Ornamentale. Dafür die Vertiefung und Verbreiterung der Kunstsphären, *wenn* sie innegehalten ist, ganz unermeßlich gerade *durch* die scheinbare Nähe des Wirklichen.

Das Ausschalten der Räumlichkeit oder überhaupt das prinzipielle Abstrahieren von Wirklichkeitselementen ist ein bloß mechanisches, äußeres Mittel, um das Fürsichsein und die Eigengesetzlichkeit der Kunst zu markieren. Sie ist größer, wenn sie alles jenes aufnimmt, ohne dieses zu verlieren, wenn sie sich den Feind dienstbar gemacht hat.

Wie überhaupt der größere Mensch der ist, der den Dingen ihr Recht läßt oder gibt und trotzdem oder ebendamit zu der vollen Entwickelung seiner selbst kommt. (Goethe).

Plastische Gruppen meist völlig zerrissen, weil durch ihre Lücken die wirkliche Welt hineindrängt. Nur Michelangelo und Rodin schließen ihre Gruppen so, daß dies nicht geschieht.

Eine plastische Gruppe hat etwas Realistisches. Relation der Figuren bedeutet Realität. Die Gestalten mögen ideal sein; die Verhältnisse zwischen ihnen können auch zwischen realen bestehen. Deshalb ist die Gruppe um so künstlerischer je geschlossener sie ist, weil sich die Figuren dann nicht in dieser Relation gegenübertreten; sie sind nicht selbständig genug, um sich gegenseitig Realität zu gewähren.

Denn das Wesen der plastischen Figur ist die absolute Einsamkeit in ihrem Raum. Sobald die Gruppe die Einsamkeit aufhebt, wird das Kunstprinzip der Plastik bedroht.

Gewiß hat uns die Unzulänglichkeit und rasche Erschöpftheit des Naturalismus wieder einer abstrakten, stilisierten Kunst in die Arme getrieben. Allein ganz innerlich fühlen wir uns doch auch mit ihr nicht völlig befriedigt. Die wirkliche neue Kunst wird ein Drittes sein. Die Ahnung hiervon in Rodin. Wiederum der Dualismus von Psychologie und Logik. Bezeichnet man den Naturalismus als subjektivisch (Impressionismus, Naturalismus des Künstlers), den Stilismus als objektivisch, so kann man das Problem auch als Objektivierung des Subjekts ausdrücken.

Beim Künstler setzt sich das Erlebnis –, aber nicht das einzelne oder äußere, dessen es gar nicht bedarf, sondern die Lebensrhythmik und Dynamik als solche –, unmittelbar in schaffende bildende Innervation um. Dies seine tiefe Fremdheit gegen die theoretische Natur, bei der das Erlebnis innerlich bleibt und keine Gestaltung sondern nur Gedanken auslöst; aber auch die Fremdheit gegen die praktische Natur, bei der nicht das Erlebnis, sondern die Forderung oder der rein aus dem Handlungszentrum hervorbrechende Trieb die Innervation auslöst.

Sobald solche Äußerung absolut unmittelbar ist, ist sie noch nicht Kunst. – Expressionismus. Das Kunstwerk wirkt, als wäre es vom terminus ad quem bestimmt. Beim Künstler ist die Kausalität Teleologie oder umgekehrt.

In dem Maß, in dem Kausalität überwiegt, ist es Naturalismus, weil Natur.

Gerade der am tiefsten schöpferische Mensch sieht die Inhalte seiner inneren Vorgänge sich gegenüber, so daß er sie, die die andern nur leben, gerade so *erfährt*, wie ein äußerlich Beobachtetes; vielleicht ist dies beim Dramatiker am stärksten, da er Entwicklungsreihen, die ausschließlich von der Keimungskraft seines Geistes hervorgetrieben werden, als Schicksale, Charaktere, Äußerungen selbständiger Persönlichkeiten vor sich sieht. Man kann durchaus sagen: Shakespeare habe die Hamletgestalt *erfahren*, gerade wie er die innere Entwickelung seines eigenen Lebens erfahren hat. Dies ist der vollkommenste

Gegensatz zu dem sekundären Talent, dem Pseudodichter, der nur Beobachtungen an Personen außerhalb seiner zusammensetzt, und weil diese von sich aus niemals ein einheitliches und kontinuierliches Persönlichkeitsbild geben, nun grade aus seiner Subjektivität als solcher die Verbindungen und zusammenhaltenden Motive hereintragen muß. Hier ist eine Inkohärenz des Objektiven und des Subjektiven, die jedes in scharfer Sonderung fühlen läßt. Deshalb erscheint der nicht im gleichen Sinne schöpferische, sondern nur naturalistisch beobachtende Dichter an vielen Punkten bedeutend subjektiver als jener, bei dem der Schaffensprozeß von vornherein und ganz und gar als innere Erfahrung abläuft und die subjektive Produktion eine innere Schauung ist.

Es ist mir gar kein Zweifel, daß die Quelle, aus der der Schaffende die erforderliche Erkenntnis schöpft, Erfahrung ist – aber wiederum keine äußere aus fragmentarischen Beobachtungen gesammelte, sondern Erfahrung seiner selbst: d.h. in ihm selbst entwickelt sich aus einer ursprünglichen Vision, aus einem in ihm selbst liegenden, nun befruchteten Keim Moment für Moment die Gestalt. – Diese autogene Erfahrung ist nicht etwa »innere Erfahrung«, da solche immer als Erfahrung von der eignen Person verstanden wird. Das Subjekt der Inhalte ist hier immer »Ich«. In dem Genie aber entsteht das Gebilde, das ein anderes Subjekt hat.

Auch das Kunstwerk wird wie die Wahrheit »gefunden«, als ideell Vorgezeichnetes nachgezeichnet. Ebenso subjektiv, im Empfangenden. Wenn wir ein Kunstwerk völlig verstehen, wenn es völlig ergreift und erfüllt, so ist es, als ob es eine Stelle in uns ausfüllte, die genau auf diese Ausfüllung gewartet hat. Auch in uns ist es wie die Verwirklichung von etwas, was von je als positive bestimmte Möglichkeit in uns war. ἀνάμνησις.

Das ist das eigentlich *Göttliche* der Kunst: daß sich das Ich an einer objektiven Wirklichkeit ausdrücke, an etwas, das ganz für sich besteht, in seiner Existenz gelöst von seinem Schöpfer, wie man von Gott sagt, daß er zwar die Welt geschaffen und mit ihren Qualitäten und Kräften ausgestattet, dann aber sie völlig den Gesetzen, die nun die ihrigen sind, überlassen hat. Der praktische Mensch dagegen gibt entweder den bestehenden Dingen neue Formen, schafft also nicht neue Totalitäten – oder wenn er dies tut wie der Erfinder, der Staatsmann, hat das Geschaffene seinen Sinn immer in seiner weiter wirkenden Zweckbeziehung, nicht in seinem selbstgenugsamen Sein.

Herbst am Rhein

[23. 1. 1897]

I.

Der Heurige wird gar zu schlecht gerathen!
Die Sonne that mit ihrer Wärme rar
Und will ihn jetzt im Uebereifer braten.
Zu spät! Ein Herz, das schon erkaltet war,
Ist nicht mehr ganz durchdringbar späten Gluthen.
Ein guter Herbst ist noch kein gutes Jahr.
So mochte manche Sonne sich verbluten,
Um gutzumachen, was sie sonst versäumt.
Was frommt verdorrter Saat ein Ueberfluthen?
Zu spät! Welch' Wort! Von Trauerrand umsäumt,
Den Tod uns meldend ungeborner Freuden!
Ein Loos, dem wild sich meine Seele bäumt.
Nur dieses nicht! Ist mir's bestimmt, zu leiden,
Nun, so enthalte mir das Schicksal vor,
Was ich an Seligkeit geträumt uns beiden.
Nur führ' es an das schon geschloss'ne Thor
Nicht heut, was uns besel'gen konnt' vor Tagen,
Und halt' des Glückes Fratze uns nicht vor.
Wohl kann ich schweigend eher Wunden tragen,
Als unter dieses Schicksals Hohn mich ducken,
Denn teuflischer als gänzliches Versagen
Ist des: »Zu spät!« bedauernd Achselzucken.

II.

Ein psychologisch Abenteuer hatt' ich.
Zwar, Abenteuer – ich! daß Gott erbarm'!
Und hab' Psychologie auch herzlich satt ich –
Eint beides sich, so hat es seinen *Charme*.
Von Eltville ging nach Schlangenbad ich heut,
Ach Gott, nur einen Paletot am Arm.

Und wie die Landschaft schönen Rückblick beut,
Seh' ich ein Mädchen, fünfzig Schritt wohl ferne,
Die sich auf gleichem Weg des gleichen freut.
Nach der Toilette konnte gut und gerne
Sie eine Bürgermeisterstochter sein.
Ihr Antlitz abgewandt – verhüllte Sterne!
Ich stehe noch und blicke nach dem Rhein –
Sie dreht sich um, will weiter und bleibt stehen,
Es war ihr doch wohl peinlich, so allein!
Sie wollte nicht an mir vorübergeh'n.
Sonst wär' ich wohl entgegen ihr gegangen,
Heut mußte ich voll Mitleid weg mich dreh'n.
(Die Ehe bessert uns!) Ihr Herzensbangen
War mir empfindbar auf die fünfzig Schritt.
Ihr Gang schien ganz von meinem abzuhangen.
Zög'r' ich – sie zögert auch. Auf einmal schnitt
Den Weg ein and'rer. Ritterlich gesonnen
Bog ich hinein; mich dauert', was sie litt.
Und wie sie schnell nun freies Feld gewonnen,
Schien sie, als Kreuzweg und Gefahr vorbei,
Sich lässig gehend am Erfolg zu sonnen.
Ich hatte knappe Zeit; drum, einerlei,
Nur schnell vorbei! Nieder den Blick geschlagen,
Als ob nur Luft zu meiner Linken sei.
Aus Schonung that ich's, kann ich ehrlich sagen,
Doch dieses rücksichtvolle Seitwärtssehn,
Das konnt' das gute Seelchen nicht vertragen:
Fast neben mir sah ich sie plötzlich gehn.
Denn wenn's auch ehrbar war, mich zu vermeiden –
Daß ich sie mied, das schien ihr wen'ger schön.
Mich aber ärgert' das. Nach allen Seiten
Wandt' ich die Blicke in die Landschaft hin,
Nur nicht nach ihr: Begegnet' wer uns beiden,
Der glaubte wohl, daß ich ihr Liebster bin,
Den sie gekränkt und trachtet zu erweichen
Und der sich abgekehrt in trotz'gem Sinn.
Dann, als ihr Weg sein Ende mocht' erreichen –
Oder ihr Langmuth – merkt' ich sie verschwinden,
Grad' als ich im Begriff war, ihr zu weichen,

Gerührt, solch 'ne Natur hier zu ergründen,
So problematisch, wie ich nie in Städten
Von zwanzigtausend Seelen hofft' zu finden.
Nur kann als Forscher ich's nicht ganz vertreten,
Daß so die Kenntniß doch mir nicht bescheert war
– Dieweil die Winde ihre Spur verwehten –
Eh' es den Kopf zu dreh'n der Mühe werth war.

III.

Nach Rüdesheim fuhr ich von Bingerbrück,
»Im kleinen Schiff« setzt' ich nach Rheinstein über,
Und schickte dann den Fährmann gleich zurück.
Und hatte ihm gesagt, wenn ich »holüber«
Ihm winken würde, sollt' er wieder kommen.
Denn völlig einsam weilte ich dort lieber.
Und als 'gen Lorch das Abendroth entglommen,
Gab ich das Zeichen ihm mit meinem Tuche,
Und pünktlich kam das Schiffchen angeschwommen. –
Das eben ist ein Wort von Kains Fluche:
Reich ruft, Arm kommt! Unausgelöschte Zeilen,
Schmachvolle, aus dem großen Schuldenbuche!
Doch eh' wir mit der Selbstverdammung eilen –
Ob nicht auch wir, die man die Freien schätzt,
Nur harrend des »Holüber« hier verweilen?
Stets liegt am *andern* Strande grade jetzt
Die Last, die wir zum Hafen führen müssen
Und oft zur Klippe noch zu guter Letzt.
Und ob wir uns von Noth getrieben wissen,
Ob »nur« von Pflicht – es ist ein fremdes Gut,
Um das wir durch den Sturm die Segel hissen.
Doch bleibt uns eins: Wenn einstens Kraft und Muth,
Mit Well' und Wind zu ringen, uns entsinken –
Gehorsam kommt ein Kahn durch dunkle Fluth
Zu uns heran, wenn wir »Holüber« winken.

Nur eine Brücke

[13. 3. 1901]

Im Herbst, auf ödem Wege, regengrau verhangen,
Sah ich zuerst Dich gehen, still in eigner Schönheit.
Dein Fuss verlangte wohl nach grünen Blumenwiesen
Und Dein Gewand nach leicht bewegter Winde Spiel
Und auch Dein Ohr nach still durchsonntem Sommerschweigen.
Wie eine grosse Frage nach der Dinge Schönheit
Gingst Du durch eine Welt, die keine Antwort gab
Und wie in's Leere fiel Dein Schritt und Blick und Athem.
Es war ein Abgrund zwischen allem Sein und Dir,
So brückenlos, – wie Ja und Nein es von einander sind,
Dass Sehnsucht selbst nicht weiss, wohin die Arme strecken.
Und wie Du mich erblicktest, der ich traurig ging
Und liebend – und Dich ein Erröthen überkam,
Der warmen Welle, die Dir auf zum Herzen stieg,
Abglanz und Scham – ich wusst' es, ach, so gut und tief:
Es war doch nur, dass plötzlich Dich die Hoffnung regte,
Ich sei vielleicht die Brücke – nur die Brücke.

Georg Simmel an Paul Ernst

Brief vom 14. Januar 1910
DLA Marbach, Nachlaß Ernst

westend 14 I 10

lieber freund,

ich danke ihnen sehr herzlich für ihren brief. ich fühle sehr wohl die zartheit, mit der sie meiner besorgniss vorbeugen, ich könnte durch meine auseinandersetzung sie gekränkt oder mir entfremdet haben. aber eine solche besorgniss bestand in wirklichkeit garnicht. dass eine erklärung dieser art, auch wenn sie das wesentlichste u. persönlichste in einer immerhin antagonistischen weise zum gegenstand hat, anders gedeutet werden könnte, denn als erweis der wärmsten freundschaftlichen teilnahme – das ist mir garnicht beigefallen. ein solcher briefwechsel ist doch grade nur bei der sicherheit gegenseitiger liebevoller gesinnung möglich. da nun die erklärung, zu der diese mich veranlasst hat, geschehen ist, so möchte ich sachlich nicht weiter darauf eingehen, ausser mit zwei kurzen bemerkungen. das *wort*: naturalismus, das ihnen offenbar schief u. unzutreffend erscheint, gebe ich gern preis. um parteischlagworte, die auf den individuellen fall nie ganz passen, wollen wir nicht streiten. ich *meinte* damit aber etwas durchaus reales: die richtung ihrer früheren produktion, nicht grade an diese produkte gebunden, sondern gleichsam in ihrer ideellen verlängerung u. entwicklungsmöglichkeit. – u. dann noch etwas persönliches. dass meine kunstauffassung auf das ideal »der ruhe u. des gleichgewichts« führen müsse (schopenhauer), ist ein rein tatsächlicher irrtum von ihnen. denn nicht die antike u. die renaissance sind mir das tiefste u. subjektiv wertvollste in der kunst, sondern die gotik u. rembrandt – also grade das gegenteil der schopenhauerschen ideale.

also genug davon u. nur noch einen herzlichen händedruck u. alle guten wünsche u. grüsse. immer ihr

Simmel

ihren brief] nicht überliefert.

meine auseinandersetzung] Siehe Simmel an Ernst vom 1. 1. 1910.

ideal »der ruhe u. des gleichgewichts« ... (schopenhauer)] kein Zitat, sondern eine Formel, auf die Schopenhauers ästhetisch-ethische Ideale gebracht werden können, siehe Simmel: Schopenhauer und Nietzsche, v. Kap. ›Schopenhauer. Die Metaphysik der Kunst‹ – über ›Ruhe‹ (GSG 10, 298 ff.), dies in Interpretation von Schopenhauer: Die Welt als Wille und Vorstellung, 1. Bd., 3. Buch § 38.

[Aphorismen, Auszüge
aus *Postume Veröffentlichungen*]

Ich halte es für durchaus bedauerlich, daß der moderne Mensch seiner Lektüre gegenüber (man könnte vielleicht sagen: allen Kunstwerken gegenüber) den *kritischen* Standpunkt als den selbstverständlich ersten und oft einzigen einnimmt. Man sollte von einem Buch dankbar aufnehmen, was uns fördert, und an dem andern einfach vorübergehen. Auf den Stuhl des Richters sollte man sich nur setzen, wenn es aus Gründen, die außerhalb des unmittelbaren Verhältnisses von Buch und Leser liegen, nötig ist. Warum muß man durchaus immer ein »Urteil« haben? – was, da Urteilen keine leichte Sache ist, vor allen Dingen zu absprechenden, negierenden Urteilen führt, die jedenfalls die leichteren sind. Im übrigen hängt unser ganzer Zug zum Kritisieren mit der der Gegenwart gewohnten mechanischen Anschauungsweise zusammen, für die ein Ganzes nur eine Zusammensetzung aus einzelnen Teilen ist. Denn er pflegt sich auf *Einzelheiten* zu richten, die Einwände gegen diese werden zum Urteil über das Ganze; die Voraussetzung der gewöhnlichen Kritik ist die allem *künstlerischen* Wesen durchaus entgegengesetzte: daß das Ganze aus für sich beurteilbaren Teilen zusammengesetzt sei.

Kunst und Religion haben das Gemeinsame, daß sie ihren Gegenstand in die größte Distanz rücken, um ihn in die größte Nähe zu ziehen.

Der Künstler kann, was der Logiker nicht vermag: einen Begriff an Umfang erweitern, ohne daß er an Inhalt verliert.

Die Musik hat etwas Inselhaftes, Unfruchtbares, weder objektiv noch subjektiv führt ein Weg von ihr in die Welt und das Leben; man ist ganz in ihr oder ganz außer ihr. Sie wirkt nicht in das Leben hinein – aber doch hat das Leben in sie hineingewirkt. Die Welt nimmt sie nicht mehr auf, weil sie die Welt schon aufgenommen hat.

Die Musik und die Liebe sind die einzigen Leistungen der Menschheit, die man nicht im absoluten Sinne als Versuche mit untauglichen Mitteln bezeichnen müßte.

Die Kunst ist unser Dank an Welt und Leben. Nachdem beide die sinnlichen und geistigen Auffassungsformen unseres Bewußtseins geschaffen haben, danken wir es ihnen, indem wir nun mit deren Hilfe noch einmal eine Welt und ein Leben erschaffen.

Jenseits der Schönheit
[10. 4. 1897]

»Heut haben es doch nur die leicht, die es sich schwer werden lassen. Das ist freilich keine Kunst, alles Mögliche zu erreichen, wenn man sich mühen und abrackern will, wer es sich aber leicht machen will, hat es ganz entsetzlich schwer. Früher war es wohl bequem, geistreich zu sein und andächtige Ohren zu gewinnen. Denn so viel Denken und Erfahrung, so viel Ueberzeugungen und Werthungen hatte unser Geschlecht bis vor ein paar Jahrhunderten aufgehäuft, daß man nur ohne viel Wahl das Gegentheil von allem Unbezweifelten zu behaupten brauchte, um so vielen Ruhm zu ernten, so vielen Geist zugesprochen zu erhalten, wie man wollte. Damals begann das große Schlachten. Nur bewaffnet mit dem großen Negationszeichen, verneinte man alles, was alle bejahten, und bejahte, was alle verneinten. Die Sonne dreht sich nicht um die Erde, wie es jedermann sieht – nein, die Sonne liegt muckstill und die Erde spaziert um sie herum; die Kultur, an der Jahrtausende gebaut haben, ist nicht etwa das Beste an der Menschenwelt – nein, die längst überwund'ne Natur ist das Wahre und wir müssen zu ihr zurück, statt vorwärts zu schreiten; das Leben ist nicht lebenswerth, wie es doch scheinen müßte, da die Majorität der Menschen keine Selbstmörder werden – nein, es ist ein großer Bankrottirmechanismus, in dem alles Glück nur eine optische Täuschung ist; die Moral ist nicht das Gute und Vernünftige – nein, die Immoralisten sind die besten Menschen. Und so ging es lustig fort, man brauchte von dem ungeheuren Vorrath von Behauptungen, an denen die Menschen hingen, nur eine vorzunehmen und zu behaupten, daß es nicht so, sondern grade umgekehrt wäre – und man war ein gemachter Mann. Aber dies goldene Zeitalter ist vorüber, der Vorrath ist erschöpft, es gibt nichts mehr, wovon nicht schon das Gegentheil behauptet wäre. Ja, wir haben es schwer, Geist zu haben.«

So reflektirte unser Freund, gebeugten Herzens. Gar zu gern hätte er in irgend einer Ecke noch eine kleine Unbezweifeltheit entdeckt, irgend so eine recht sonnenhelle Wahrheit, die unbekümmert und ihrer Sicherheit sicher ihres Weges ging. Ueber die wollte er dann aus dem Hinterhalt herfallen und sie meuchlings auf den Kopf stellen und behaupten, *so* stünde sie richtig. Aber daß die Wahrheit nicht das Wahre wäre, hatte ihm schon längst einer vor der Nase weggedacht, auch daß das Gute eigentlich das Schlechte wäre, war schon behauptet worden. – Halt! Steht da nicht ein noch nicht entthrontes Ideal, ein noch nicht um- und umgewertheter Werth? Die *Schönheit*?! Zwar gibt es Männer, die sich nur in häßliche Frauen verlieben – aus einem heimlichen Stolz, so eine Sehnsucht und ein Genießen für sich zu haben, an dem so leicht Niemand theilnähme, das so leicht Keiner begriffe; zwar gibt es Maler, die nur Häßliches malen, weil ein tiefer Zweifel an den Dingen und ihrer Ergreifbarkeit sie gefaßt hat und nur noch das Leid der Mißtöne, die schmerzliche Vergewaltigung durch die Brutalität des Häßlichen sie von einer Wirklichkeit wirklich überzeugen kann – wie erschlaffte Nerven nur noch in Schmerzen ihre Wollust finden, weil nur diese sie davor retten, in der furchtbarsten Isolirung: in einer unempfundnen Welt – zu leben. Aber auf wie barocken Schnörkelwegen auch das Häßliche in das Schöne hineinwachse – daß das Schöne nicht Werth und Würde habe, das hat noch Keiner behauptet; so bunt und verworren die Ladung auch ist, die mit dieser Flagge gedeckt wird – sie selbst hat Niemand herabzureißen gewagt, ein unbesiegtes Feldzeichen.

Aber wie? Wenn das eines der großen Irrsale und Irrlichter der Menschheit wäre, daß sie im Schönen die Seligkeit, die Erlösung, den Lohn des Daseins zu finden meinte? Ein Sirenengesang, der zu nie erlangter Befriedigung lockt und dem unsre Ohren sich nur hingeben, damit aller andre Ton und Reiz des Lebens daneben flach und falsch klingt? Jahrtausende lang hat eine Generation der andern das Schönheitsideal und den Glauben daran übergeben und jede hat es auf ihre Weise gepflegt und sich immer fester daran gewurzelt, bis schließlich ein ungeheurer Durst nach Schönheit, die Erbschaft so langer Entwicklung, der Seele angeboren wird, das Geschenk der Gattung, das sie jedem in die Wiege legt – als stünden die Danaer zu Pathen. Denn darum ist ja das Leben so dunkel und schaal, so arm und verzerrt, weil über ihm das Ideal der Schönheit steht, strahlend und fleckenlos, ein Meer von Glanz überall hingießend, wo Seele ist und wo die Dinge nicht sind. Wie sollen sie denn hell und leuchtend bleiben, gemessen an dem Licht unsrer Schönheitsträume? Ach, die Schönheit kennt kein Kompromiß, sie ist die unbarmherzige Waage, auf der unser Leben Tag für Tag gewogen und zu leicht befunden wird. Mit den halben Wahrheiten haben wir uns abgefunden, resignirt, daß alles Wissen Stückwerk ist und daß die letzte Wahrheit der Dinge sich nur in einem göttlichen Auge spiegeln kann – ja, mit dem stillen Trost, daß eben dies Nicht-Wissen der große Segen der Menschheit ist und daß nichts so sehr die Weisheit der Vorsehung beweist, als unsre Nicht-Weisheit. In der unvollkommnen Moral sind wir erst recht eingewohnt und denken garnicht im Ernste daran, auszuziehen – nicht nur, weil die halbe Moral so oft gleich dem ganzen Glück ist, sondern weil an dem nie rastenden Kampf des Besten in uns mit dem Schlechtesten in uns ein unendlich viel höherer Werth und Bedeutsamkeit des Lebens haftet, als an der kühlen, von aller Versuchung gelösten Unverführbarkeit des Heiligen. Soviel wie diese aber läßt das Ideal der Schönheit sich nicht abhandeln. Es trägt in sich das geheime Versprechen voller Erreichbarkeit und zieht damit einen Wechsel auf die Wirklichkeit, den diese doch niemals honorirt, nicht strömt es, wie jene andern, den milden Trost aus, daß das menschliche Wesen seine letzte Erfüllung und Ganzheit nicht ertragen würde, eine Semele in Zeus' Armen – nein, wir *könnten* sie ganz und restlos genießen, unsre Sinne sind weit genug, unser Sinn tief genug. So fordert Schönheit sich *ganz* von den Dingen und damit zerstört sie die stille Genügsamkeit halber Befriedigungen. Und ist es nicht auch wirklich, als ob immer nur ein Geringes fehlte, damit die Dinge schön seien, *ein* Hauch und Schimmer nur noch, *ein* erlösendes Wort, ein letztes Sich-Aufraffen und Aufgipfeln, als stünde die Schönheit ganz dicht hinter den Dingen, und sie und wir brauchten nur zuzugreifen – und so schärft sich die Qual des Entbehrens durch die täuschende Nähe und Lockung des Glücks.

Ein Teufel muß die Schönheit erfunden haben, damit sie uns das Leben verleide. O sanftes, trautes, lebenverschönerndes Ideal der Häßlichkeit! Mit wie inniger Befriedigung würde unser Auge die Welt empfangen, mit wie ungestörten Harmonieen würde sie unser Ohr erfüllen, wenn wir sie an der Sehnsucht nach vollendeter Häßlichkeit, statt an der nach vollendeter Schönheit messen wollten! Da gäbe es zwischen Ideal und Wirklichkeit keine Dissonanz mehr, an der wir uns die Ohren wund zu hören hätten, da läsen wir zwischen den Zeilen der Welt keine unerfüllten Forderungen mehr, da sähen wir die natürliche Entwicklung der Menschen und der Dinge sich ruhig und stetig ihrem Ideale nähern, sicher, daß das heut noch nicht Erreichte morgen gelungen sein wird. Ein stiller, gesättigter Friede wird über die Welt kommen, wenn sie nicht mehr nach dem irren Traume der Schönheit, sondern nach der klaren Unbedingtheit des Häßlichen die Erscheinungen schätzen, nicht mehr in widerhaarigem Trotz von ihnen verlangen wird, was sie doch nicht gewähren, sondern sich zu ihrem unzweideutigen Sinne bekehren wird. Dann erst, wenn wir uns nicht mehr durch die freche Forderung der Schönheit die Dinge verleiden, sondern unsre Ideale gefügig so erbauen, daß die Wirklichkeit darin Platz hat, wenn unsre inneren Wallfahrten dem Allerheiligsten des Häßlichen, dem Allerhäßlichsten des Heiligen gelten werden – dann wird die Welt uns wirklich gehören und wir werden des Schauspiels genießen, daß nicht mehr die Wirklichkeit hinter dem Ideale, sondern manchmal sogar das Ideal hinter der Wirklichkeit zurückbleibt – – –

Erst wenn das Ideal der Häßlichkeit uns zur Norm und Maaß aller Dinge geworden ist, die Plattheit statt der Tiefe, die Dürre statt der Fülle, der Mißklang statt des Wohlklangs – erst dann wird die unversöhnliche Tragik der Schönheitsforderung Platz gemacht haben der organischen Anpassung der Seelen an ihre Welt und es wird Freude auf Erden sein und den Menschen ein Wohlgefallen – – –

Tief ergriffen von der Weihe des neuen Evangeliums und in drängender Begierde, dessen erster Blutzeuge zu werden, erhob sich unser Freund und trat vor den Spiegel.

III. Lebensphilosophie –
Artistik als Realisierung des
individuellen Gesetzes

[Tragödie als ästhetische Setzung, Auszug aus *Lebensanschauung*]

Daß in allem, was wir unser Schicksal nennen, dem Günstigen wie dem Zerstörenden, ein Etwas nicht nur von unserem Verstande unbegriffen, sondern auch von unserer Lebensintention zwar aufgenommen, aber doch nicht bis ins Letzte assimiliert ist – das entspricht, nach der ganzen Struktur des Schicksals, dem unheimlichen Gefühl, daß das ganz Notwendige unseres Lebens doch noch irgendwie ein Zufälliges sei. Das volle Gegenteil und die Überwindung davon bietet nur die Form der Kunst: in der Tragödie. Denn diese läßt uns fühlen, daß das Zufällige gerade bis in seinen tiefsten Grund hinein ein Notwendiges ist. Gewiß geht der tragische Held an der Reibung zwischen irgendwelchen ihm äußeren Gegebenheiten und seiner eigenen Lebensintention zugrunde; allein daß dies geschieht, ist eben in dieser letzteren selbst ganz fundamental vorgezeichnet – sonst wäre sein Untergang nichts Tragisches, sondern nur etwas Trauriges. In der Aufhebung jener Unheimlichkeit des Zufälligen im Notwendigen – und zwar nicht nach einer vorgeblichen »sittlichen Weltordnung« Notwendigen, sondern nach dem Lebens-Apriori des Subjektes – liegt das »Versöhnende« der Tragödie; sie ist insofern immer »Schicksals«tragödie. Denn die Bedeutung des Schicksalsbegriffes: daß das bloß Ereignishafte der Objektivität sich in das Sinnhafte einer individuellen Lebensgerichtetheit wandele oder als solches enthülle, – stellt *sie* in einer Reinheit dar, zu der es unser empirisches Schicksal nicht bringt, weil sein Ereigniselement hier auf sein selbständig kausales, sinnfremdes Wesen nie *ganz* verzichtet.

Vom Tode in der Kunst
Nach einem Vortrag

Wenn in diesen Monaten Jünglinge von uns Abschied nahmen, an denen der Glanz des Lebens unverlöschlich schien und sein Reichtum unerschöpflich, und dann die Nachricht kam: »Gefallen«, so galt unsere Erschütterung nicht nur dem Verlust so vieler Gegenwart und Zukunft. Irgend etwas von dem *metaphysischen Grauen* mischte sich dazu, das entsteht, wenn das Logisch-Widerspruchsvolle, für unmöglich Gehaltene, plötzlich als ein dennoch Wirkliches vor uns steht. Daß wir diesen Menschen, der so ganz und gar Leben war, als Toten denken sollten, schien sozusagen eine unvollziehbare Forderung, wie wenn das Licht zugleich das Dunkel wäre.

Aber wir wissen doch: auch dieser mußte einmal sterben; woher das Entsetzen darüber, daß es ein paar Jahre früher geschah? Die Vorstellung ist doch allgemein, daß auch sonst der Tod als ein dunkles Verhängnis über uns schwebt, um uns an irgend einer Stelle wie ein lauernder Feind zu überfallen. Jetzt, wo dieser »Parzenschnitt« doch nur in seiner wirklichen Kraßheit anschaulich wird, da wird durch jenen zerreißenden inneren Widerspruch, jenes Entsetzen, das wir noch neben dem Kummer, dem Schmerz um das Verlorene empfinden, ein Tieferes aufgedeckt: daß das, was jetzt geschieht, zwar jener oberflächlich alltäglichen Vorstellung vom Tode scheinbar entspricht, so aufgefaßt aber unserem tieferen Wissen von ihm widerstreitet. Vielleicht wissen wir irgendwie, daß dem Leben innerlich und immer der Tod verbunden ist, und wo ein äußerlich gewalttätiges, jugendliches Sterben einen unversöhnlich absoluten Gegensatz zwischen Leben und Tod beweisen möchte, da stehen wir vor dem Grauen des Unbegreiflichen, weil damit jenem sozusagen organischen Wissen um ihr Zusammengehören, so selten es formuliert sein mag, widersprochen scheint.

Ich will ganz vorbehaltlos aussprechen: die Einsicht in die Bedeutung des Todes hängt durchaus daran, daß man die Parzen-Vorstellung abtue: als wäre in einem bestimmten Zeitmoment der Lebensfaden, der sich bis dahin als Leben und ausschließlich als Leben fortspann, »abgeschnitten«; als wäre es zwar dem Leben bestimmt, an irgend einem Punkte seiner Bahn dem Tode zu begegnen, aber erst in diesem Augenblick überhaupt in Berührung mit ihm zu kommen. Statt dieser Vorstellung scheint es mir ganz zweifellos, daß der Tod von vornherein dem Leben *einwohnt*. Zwar gelangt er zu makroskopischer Sichtbarkeit, sozusagen zur Alleinherrschaft erst in jenem einen Augenblick. Aber das Leben würde von der Geburt an und in jedem seiner Momente und Querschnitte ein anderes sein, wenn wir nicht stürben. Nicht wie eine Möglichkeit, die irgendwann einmal Wirklichkeit wird, steht der Tod zum Leben, sondern unser Leben wird zu dem, als was wir es kennen, überhaupt nur dadurch geformt, daß wir wachsend oder verwelkend, auf der Sonnenhöhe des Lebens wie in den Schatten seiner Niederungen, immer solche sind, *die sterben werden*. Freilich sterben wir erst in der Zukunft, aber daß wir es tun, ist kein bloßes »Schicksal«, das Sterbenwerden ist nicht einfach eine Vorwegnahme, eine ideelle Verschattung unserer letzten Stunde – obgleich wir es sprachlich freilich nur als Zukunft, das heißt als ein nicht Wirkliches zu benennen pflegen, weil es erst in jener Stunde für unsere Praxis wichtig wird, – sondern es ist eine innere Immer-Wirklichkeit jeder Gegenwart, ist Färbung und Formung des Lebens, ohne die das Leben, das wir haben, unausdenkbar verwandelt wäre. Der Tod ist eine Beschaffenheit des organischen Daseins, wie es eine von je mitgebrachte Beschaffenheit, eine Funktion des Samens ist, die wir so ausdrücken, daß er einst eine Frucht bringen wird.

Diese Art, den Tod zu empfinden, als ein in allem Lebendigen Enthaltenes, wird in dem Bilde des Menschen, wie *Rembrandt* es faßt, nachdrücklicher und herrschender fühlbar, als bei irgend einem anderen Künstler. Nicht in einem elegischen oder pathetisch betonten Sinne. Denn dieser entsteht, wo der Tod als eine, dem Leben wie von außen drohende Vergewaltigung erscheint, als ein Schicksal, das an irgend einer Stelle unseres Lebensweges auf uns gewartet hat, unvermeidlich zwar der Tatsache nach, aber nicht aus der Idee des Lebens heraus notwendig, sondern ihr sogar widersprechend. Wird so der Tod vorgestellt als eine dem Leben unverbundene Macht über dies Leben selbst, so bekommt er das Grausige, Beklagensmäßige, gegen das man entweder heroisch rebelliert, oder dem man sich lyrisch unterwirft, oder mit dem man innerlich nichts zu tun hat – wie dies allenthalben in den »Totentänzen« dargestellt wird; das im seelischen Sinne Aeußerliche dieser Auffassung des Todes symbolisiert sich treffend damit, daß hier der Tod auch als ein räumlich außerhalb seines Opfers stehendes Wesen sichtbar wird.

Anders aber, wenn der Tod unmittelbar mit und in dem Leben als ein Element dieses selbst empfunden wird. Nun sind wir nicht mehr vom Tode »bedroht« wie von einem von fernher auf uns zukommenden Feind oder auch – Freund, sondern der Tod ist von vornherein ein *character indelebilis* des Lebens. Darum ist hier auch sozusagen gar nicht viel von ihm her zu machen, er ist eben von unseren ersten Tagen in uns, nicht als eine abstrakte Möglichkeit, die sich irgendwann einmal verwirklichen wird, sondern als das einfache konkrete Sosein unseres Lebens, wenngleich seine Form und gleichsam sein Maß sehr wechselnde sind und erst im letzten Augenblick keine Täuschung mehr zulassen. Wir sind nicht »dem Tode verfallen«, all solches kann nur aufkommen, wo das funktionelle und immanente Element des Todes zu etwas Substantiellem und zu einer selbständigen Sondergestalt hypostasiert wird –, sondern von vornherein wäre unser Leben und sein gesamtes Phänomen gänzlich anders, wäre es nicht von dem durchwaltet, was wir nach seinem Definitivum den Tod nennen – was eben die tiefsten Rembrandtporträts zu verkünden scheinen. Dies und die darin liegende Einzigkeit seiner Kunst zu begreifen, bedarf es eines Blickes auf sein Verhältnis zur Klassik.

Man kann wohl schon auf einen ziemlich allgemeinen Eindruck von der klassischen und von der Rembrandtschen Kunst hin sagen, daß jene auf die gewissermaßen abstrakten Formen geht, die das Leben an seiner Oberfläche ablagert und festwerden läßt, diese aber auf das Leben in seiner Unmittelbarkeit. Die *griechische Kunst* will nicht vom Leben fort, nicht von ihm erlösen, wie vielleicht die ägyptisch-hieratische und die altostasiatische Kunst. Aber darum ist doch nicht die jeweilige Einreihigkeit und Individualität, in der es zeitlich verfließt, ihr Absehen, sondern die diesem Fluß mindestens scheinbar enthobene Struktur, in der das Leben sich, festgeworden, nach außen hin ausspricht; sie sucht deshalb die Gesetzlichkeit, mit der die Elemente seines Phänomens zusammenhängen, und die, eben als Gesetzlichkeit, aller Zeit und aller Individualität enthoben ist und nicht, wie bei Rembrandt, von der inneren, unsichtbaren und, wenn man will, formlosen Lebendigkeit in jedem Augenblick gespeist, aber auch zerbrochen und wieder aufgebaut wird. Von der allgemeinen Gesetzlichkeit der Form trägt in der klassischen Kunst das einzelne Gebilde seine Bedeutung zu Lehen, und daher stammt das *Repräsentative*, in gewissem Maße Schauspielerische, das der griechischen Kunst, ja vielleicht dem griechischen Leben anhaftet: das Individuum ist hier nicht schlechthin es selbst, sondern es repräsentiert ein Allgemeines, wie die Rolle ein Ideelles, Allgemeines ist, die dem einzelnen Schauspieler Sinn und Inhalt seines Daseins gibt.

Dies: ein Ueberindividuelles zu vertreten und damit den Wert der Individualität zu erschöpfen, – gibt der griechischen Erscheinung ihre Würde und ihren Stolz, aber auch die Angewiesenheit auf das Gesehen- und Anerkanntwerden, und von daher verknüpft sich das Allgemeinheitsprinzip mit jener Richtung auf das nach Außen hin Gebildete, auf dasjenige Kunstphänomen des Lebens, das dessen Bewegtheit in ein festes Gebilde gerinnen läßt. Zu höchst hat *Plato* dies abstrakt ausgedrückt, indem die Dinge ihm nichts sind, als die Repräsentanten der Idee, nicht von sich aus bedeutungsvoll, sondern insofern sie ein Allgemeines in die Form sichtbarer Wirklichkeit überführen. Für Plato ist das Einzelding der Schauspieler der Idee, es spielt die Rolle, die ihm und unzähligen anderen Individualitäten ideell vorgeschrieben ist, und, wie der Schauspieler als solcher, ist es ein Etwas nur von diesem allgemeinen Auftrag her.

Hier also, ich wiederhole es, liegt die tiefe Beziehung zwischen der klassischen Abwendung von der reinen Individualität und der Hinwendung zu der selbstgenugsamen, eigengesetzlichen *äußeren Form* des Lebens, die seine unsichtbare, nicht in festen Strukturen ergreifbare innerliche Strömung verschweigt. Rembrandt aber hat in seine vollkommensten Porträts die flutende, jede Form von innen her überflutende Bewegung des vollen Lebens selbst hineingezaubert. Und nun erst, zu jener Deutung des Todes zurücksehend, kommt dies zu seinem ganzen Sinn. Jene Porträts enthalten das Leben in seiner weitesten Bedeutung, in der es auch den Tod einschließt. Alles, was bloß Leben ist, derart, daß es den Tod aus sich entfremdet hat, ist Leben in einem engeren Sinne, ist gewissermaßen eine Abstraktion. Bei vielen italienischen Porträts hat man den Eindruck, daß diesen Menschen der Tod in Form eines Dolchstoßes kommen würde, – bei den Rembrandtschen, als würde er die stetige Weiterentwicklung dieser fließenden Lebensganzheit sein, wie der Strom, indem er in das Meer mündet, doch nicht durch ein neues Element vergewaltigt wird, sondern nur seinem natürlichen, von je bestehenden Fall folgt.

Rubenssche Menschen haben scheinbar ein viel volleres, ungehemmteres, elementarer mächtiges Leben als die Rembrandtschen; aber um den Preis, eben jene Abstraktion aus dem Leben darzustellen, die man gewinnt, wenn man aus dem Leben den Tod wegläßt. Rembrandts Menschen haben das Dämmernde, Gedämpfte, in ein Dunkel hinein Fragende, das eben in seiner deutlichsten, schließlich einmal allein herrschenden Erscheinung Tod heißt, und um gerade so viel weniger Leben scheinen sie, oberflächlich angesehen, zu enthalten; in Wirklichkeit enthalten sie gerade dadurch das *ganze* Leben. Dies gilt zwar hauptsächlich von seinen späten Porträts, aber doch nicht ganz ausschließlich. Sieht man das Dresdener Selbstporträt mit Saskia genau an, so erscheint seine schattenlose Lebensfreude ein wenig künstlich, als wäre sie zwar für jetzt an die Oberfläche seines Wesens getreten, in dessen Tiefe aber mit schwereren, sich aus der Ferne herstreckenden Unentrinnbarkeiten verwachsen. Fast erschreckend deutlich wird dies, wenn man das lachende Selbstporträt der Carstanjenschen Sammlung (34 Jahre nach jenem) daneben betrachtet. Hier ist das Lachen unverkennbar etwas rein Momentanes, sozusagen als zufällige Kombination aus Lebenselementen zustande gekommen, deren jedes für sich völlig anders gestimmt ist, das Ganze wie vom Tode durchzogen und auf ihn hin orientiert. Und nun besteht zwischen beiden die unheimlichste Aehnlichkeit: das Grinsen des Greises erscheint nur als die Weiterentwicklung jener jugendlichen Fröhlichkeit, und als wäre das Todeselement im Leben, das sich in dieser auf die tiefsten, unsichtbaren Schichten zurückgezogen hat, nun bis an die Oberfläche gedrungen.

Ganz allgemein hat der Gedanke des Todes ein bemerkenswertes Verhältnis zur künstlerischen Darstellung des Menschen. Weil das Porträt nicht nur Jahrhunderte oder Jahrtausende leben kann, sondern weil es seinem Inhalt, als einem künstlerischen, *Zeitlosigkeit* verleiht, wird an ihm die Spannung fühlbar: daß es eben doch ein vergängliches Wesen ist, das es darstellt. An dem bewegten Leben, das auch den Betrachter in seine Strömung mitreißt, mag uns der mit ihm verwachsene Tod völlig entschwinden, schon weil er fast durchgehends – ob mit Recht, bleibe vorläufig dahingestellt – als das immer Gleiche und Generelle gilt; dieses aber schaltet das gewöhnliche Bewußtsein aus, um sich an die Wichtigkeit der Unterschiede des Lebens zu heften. Wo aber das Gebilde diese unmittelbare Bewegtheit verliert, die uns gewissermaßen über den Tod täuscht und ihn zu dementieren scheint, da wird er bei genauerem Hinempfinden sichtbar. Wenigstens scheint mir dies einer der wesentlichsten Eindrucksunterschiede des realen und des künstlerisch nachgestalteten

Menschengebildes zu sein: daß an diesem, weil es in der Sphäre jenseits des verfließenden Lebens steht, der Tod gerade durch den Gegensatz zu dieser Sphäre irgendwie spürbar wird; gerade in die Porträtgestalt erscheint mir, freilich in verschiedensten Deutlichkeiten, der Tod, das Ephemere unseres Lebens, die *Vergänglichkeitsbestimmung*, so eingewebt, daß es nicht herausgelöst werden kann, ohne das Ganze zu zerstören.

Aber innerhalb dieses Allgemeinen treten große Unterschiede auseinander. Die ganze Tiefe des Gegensatzes zwischen der Zeitlichkeit des sterblichen Wesens und der Zeitlosigkeit seiner Kunstformung herauszuarbeiten, war nicht Sache der klassischen Kunst. Sie suchte ihn vielmehr zu überbrücken, zu vereinheitlichen, indem sie ihren Gegenstand in seiner ganzen Beschaffenheit und Bedeutung in die Sphäre der Zeitlosigkeit hob. Sie erreichte das dadurch, daß sie ihn *typisierte*. Nur das Individuum stirbt, der Typus nicht. Indem sie sich von jenem entfernte und diesen darstellte, verminderte sie die Spannung zwischen der Kunstform als solcher und ihrem jeweiligen Inhalt, stellte sie die Idee der Zeitlosigkeit über beide. Sie hat die Gegenstände als künstlerisches Material auf diejenige Schicht oder diejenige Bedeutung reduziert, in der sie wie von selbst und widerstandslos in den allgemeinen Stil eingingen, auf dasjenige, was von vornherein und schon an ihnen selbst als zeitlos gelten kann: also ihren Typus, ihr abstrakt – wenn auch nicht mit Begriffen – ausdrückbares generelles Wesen. Der Gegenstand selbst mußte nach dem, was man an ihm selbst sah und was man von ihm in die Kunstschöpfung hineinnahm, in der Nähe des Stiles verbleiben, der diese bestimmte. Die künstlerische Zeitlosigkeit hielt sich an das ihr zunächst assimilierbare Objekt, an das Unsterbliche an der menschlichen Erscheinung; welches eben die Gattung, der Typus einer jeden ist, das, was an ihr dem Tode fremd ist.

Nichts kann diesen Zusammenhang besser beweisen, als daß er mit umgekehrtem Vorzeichen ganz ebenso besteht. Jene Fühlbarkeit des Todes in den größten Rembrandtporträts entspricht dem Maße, in dem sie die absolute Individualität der Person als ihren Gegenstand aufnehmen. Und dies ist von innen her begreiflich. Der Typus, sagte ich, stirbt nicht, aber das *Individuum* stirbt. Und je individueller also der Mensch ist, desto »sterblicher« ist er, denn das Einzige ist eben unvertretbar und sein Verschwinden ist deshalb um so definitiver, je mehr es einzig ist. Jene Organismen, bei denen das

Einzelwesen sich einfach durch Teilung in zwei Wesen fortpflanzt und damit restlos verschwindet, sind sicher die niederste Stufe der Individualisierung; und gerade auf sie hat man den Begriff des Todes für unanwendbar erklärt, weil ihr Verschwinden keine Leiche zurückläßt. Das absolute Aufgehen in der Gattungsfortsetzung, das beim Einzelwesen nicht einmal eine Leiche gönnt, verneint den Tod. Wer sein Wesen auf die Form beschränkt oder, wenn man will, zu ihr erweitert hätte, in der er mit seinem Typus, mit dem Allgemeinbegriff seiner Gattung Eines ist, der wäre im tieferen Sinne in aller Zeit und über der Zeit. Wer aber einzig ist, wessen Form mit ihm vergeht, der allein stirbt sozusagen definitiv: in der Tiefe der Individualität als solcher ist das Verhängnis des Todes verankert.

Darüber aber erhebt sich eine neue Problematik, sobald die Individualität zum Gegenstande der Kunst wird, von der sie nun doch Unsterblichkeit und Unzeitlichkeit zu Lehen trägt. Die so entstehende Spannung blieb der klassischen Kunst erspart, weil sie ja den Typus, der von sich aus diese Eigenschaften besitzt, zum Gegenstand hatte, künstlerische Intention und Gegenstand also insoweit in eine und dieselbe Richtung wiesen. Etwas Fragwürdiges und irgendwie *Widerspruchsvolles* (so tief sinnvoll dieser Widerspruch auch sei) haftet deshalb an aller auf die Individualität hin pointierten künstlerischen Darstellung: so haben alle sehr individuellen Porträts einen leiseren oder deutlicheren tragischen Zug, so sind alle tragischen Helden Shakespeares scharfe Individualitäten, während alle seine Lustspielfiguren Typen sind; so hat die italienische Kunst, weil sie typisiert, etwas Heiteres, die germanische, mit ihrer individualistischen Leidenschaft, oft etwas Zerrissenes; jenes eigentümlich Unabgeschlossene gegenüber der Abgerundetheit des Klassischen, das ins Unendliche Weiterstrebende der germanischen Kunst, als würde man von jeder endlichen und beruhigenden Lösung immer weiter einem erst zu Gewinnenden oder niemals zu Gewinnenden zugetrieben, – dies speist sich vielleicht aus der Unversöhnlichkeit der Individualität, in die der Tod eingewebt ist, mit der Kunst, die rein als Kunst über dem Tode steht. Das Leben aber erzeugt sich nur in der Form von Individuen, und darum spannt sich an ihnen der Gegensatz von Leben und Tod am gewaltsamsten: das individuellste Wesen stirbt am gründlichsten, weil es am gründlichsten lebt. Der äußersten Hochführung der Individualitätsidee, von der ich in der lyrischen Kunst weiß, unterbaut sich gerade die Deutung des Todes, die ihn allem

Leben, das wir kennen, als einen unablöslich bestimmenden Faktor einwohnen läßt. Sie steht bei *Rilke*:

> O Herr, gib jedem seinen eignen Tod,
> Das Sterben, das aus jenem Leben geht,
> Darin er Liebe hatte, Sinn und Not.

Hier verneint sich, wenn auch in idealer Vision, die Allgemeinheit des Todes. Eben damit aber wird er unmittelbar in das Leben selbst eingesenkt. Denn so lange der Tod außerhalb des Lebens steht, so lange er – in dem dafür bezeichnenden räumlichen Symbol – der Knochenmann ist, der plötzlich an uns herantritt, ist er natürlich für alle Wesen einer und derselbe. Zugleich mit seinem Gegenüber-vom-Leben verliert er seine Immergleichheit und Allgemeinheit, in dem Maße, in dem er individuell wird, in dem »jeder seinen *eignen* Tod« stirbt, ist er dem Leben als Leben verhaftet und damit dessen Wirklichkeitsform, der Individualität.

Eines der tiefsten typischen Verhältnisse unseres Weltbildes macht sich hier geltend. Viele unserer wesentlichen Daseinsbestimmungen ordnen sich zu Gegensatzpaaren, sodaß der eine Begriff seinen Sinn erst an der Korrelation mit dem anderen findet: das Gute und das Böse, das Männliche und das Weibliche, das Verdienst und die Schuld, der Fortschritt und der Stillstand und unzähliges andere. Die Relativität des einen findet Grenze und Form an der des anderen. Nun aber werden oftmals diese beiden Relativitäten noch einmal umfaßt von einem *absoluten Sinne*, den eine von beiden erwirbt. Gewiß schließt Gutes und Böses in beider relativem Sinne sich gegenseitig aus; vielleicht aber ist das Dasein in einem absoluten göttlichen Sinn schlechthin gut, und dieses Gute birgt in sich das relativ Gute wie das relativ Böse. Gewiß bekämpfen sich unversöhnlich der geistige Fortschritt und der geistige Stillstand; vielleicht aber ist der Weltprozeß des Geistes ein absolutes Fortschreiten, in dem das empirisch so bezeichnete etwas Relatives ist und in das auch das, was wir Stillstand nennen, sich als ein Modus des Fortschreitens einordnet. Und so vielleicht sind Leben und Tod, insofern sie einander logisch und physisch auszuschließen scheinen, doch nur relative Gegensätze, umgriffen vom Leben in seinem absoluten Sinne, der das gegenseitige Sichbegrenzen und Sichbedingen von Leben und Tod unterbaut und übergreift.

Und von diesem zu höchst erreichten Punkte fällt vielleicht ein versöhnenderes Licht auf jenes Grauen des Soldatentodes. In dem Krieger, der sich in Freiheit opfert, d.h. aus der letzten Tiefe seines individuellen Willens heraus, lebt in eben dieser Tiefe noch ein anderes Individuum: die große Individualität des Volkes, eine Allgemeinheit also, die sich nicht der Individualität entgegensetzt, sondern mit ihr Eines ist. Sicherer als je wissen wir jetzt, wie jedes einzelne ihrer Glieder sie unmittelbar enthält, so daß dessen Tod um ihretwillen doch der Tod aus seiner eigenen Freiheit heraus ist; an den Jünglingen, die sich singend dem Feind entgegenwerfen, weil ihnen Leben und Tod *ein* Rausch des *Lebens* ist, erfahren wir, wie der kleine Sinn des Lebens und der kleine Sinn des Todes ihren Gegensatz und sein Grauen in den großen Sinn des Lebens aufheben.

Gesetzmäßigkeit im Kunstwerk

Es ist dem Menschen nicht gegeben, aus der einfachen Wirklichkeit seiner Natur, aus seinen triebmäßig entfalteten Kräften heraus zu leben; zu schmal fühlt er die Basis seiner Existenz, zu dunkel und zufällig sein Verhältnis zur Welt, zu voll von Widersprüchen die Elemente des eigenen Innern. Er kann nicht ohne den Halt leben, den Gesetze, oberhalb und in dieser Wirklichkeit erschaut, ihm bieten. Gesetze in dem doppelten Sinn: daß sie der Wirklichkeit ihr Verhalten bestimmen, Naturgesetze, die eine innere Klammer der Elemente, eine Gewähr für Begreiflichkeit und Berechenbarkeit bedeuten und das unausweichliche Schema der Verläufe; und andere, die diesen Verläufen als Normen, als Gesolltes, wenn auch vielleicht niemals rein Verwirklichtes, gegenüberstehen; die einen die reale Notwendigkeit, die anderen die ideale aussprechend. Auch das Kunstwerk, als ein Erzeugnis natürlicher Kräfte angesehen, steht uns unter jener Naturgesetzlichkeit alles Wirklichen. Aber nicht nur sie entspricht nicht dem eigentümlichen Gefühl von Notwendigkeit, mit der das Kunstwerk uns trifft. Sondern auch nicht ohne weiteres erschöpft die andere, die ideale, dieses Gefühl; so einfach es in seinem unmittelbaren Gefühltwerden ist – vor der Forderung des Begriffenwerdens zweigt es sich in Elemente auseinander, deren Eigenart, deren Verwebungen in sich, deren Verhältnis zu anderen großen Gestaltungen des Geistes ich zu deuten versuchen will.

Die ideale Notwendigkeit enthält das, was wir als die Idee, als die innerlich aufsteigende Vision des Künstlers vorzustellen pflegen, die das fertige Kunstwerk in größerer oder geringerer Vollkommenheit nach außen hin offenbart; oder auch eine Norm, die ihm unmittelbar gilt, wie es unabhängig von der Absicht des Künstlers dasteht, und an der wir seinen Wert wie seine Mängel messen; auf sie hin sagen wir: es ist so oder es ist nicht so, wie es seinem Problem nach sein sollte. Hier nun zeigt sich ein höchst merkwürdiges Wesen des Kunstwerks, mit dem es sich von fast all den Gebilden unterscheidet, denen wir die Lösung einer Aufgabe, Erfüllung einer Norm, Verwirklichung eines Ideals abverlangen. An all diese nämlich – mit einer uns später wichtigen Ausnahme – tritt das Problem oder der Anspruch in irgendeinem Sinne von außen heran, als ein Allgemeines oder wenigstens Allgemeineres, dem durch dies besondere Werk oder Tun genügt werden soll. Die ganz prinzipielle Forderung der Heiligkeit schwebt über dem Menschen, der ihr nun durch seine personale Sittlichkeit, seine spezielle Religiosität mehr oder weniger genugtut; jede technische Aufgabe bezieht sich auf ein allgemein bezeichnetes Ergebnis, das auf vielerlei einzelne Arten gewonnen werden kann; jede Erkenntnis ist die Antwort auf eine Frage, die zuvor bestanden hat und sich an beliebig viele Individuen wendet, gleichviel ob eines von diesen die Antwort und in welchen besonderen Formen es sie findet. Dem Kunstwerk aber ist es eigen, daß es sich sein Problem selber stellt, daß dieses nur ihm selbst, wie es als schon fertiges dasteht, zu entnehmen ist – abgesehen natürlich von technischen Anforderungen innerhalb seiner, die vor ihm bestehen mögen, aber auch zu der eigentlichen Bedeutung des Werkes als Kunst erst hinzukommen. Es ist eine ganz irrige Uebertragung von den verstandesmäßig geleiteten Lebensbezirken her, wenn man das Problem des Kunstwerks als eine irgendwie allgemeine Frage oder Aufgabe ansieht, die nun von diesem einzelnen mit seiner Besonderheit, seinen Vorzügen und seinen Mängeln gelöst wird. Hat Shakespeare etwa mit Romeo und Julia das ideale Liebespaar zeichnen wollen, Giorgione mit der Dresdener Venus eine schöne Frau darstellen, Beethoven mit dem Schlußsatz der Neunten Symphonie den abstrakten Jubel ausdrücken? All diese vielmehr haben genau nur das gegeben und geben wollen, was in seiner individuellen Einzigkeit dasteht und wenn es etwa nicht ganz geworden wäre, was der Schöpfer wollte, so ist die unerfüllte Forderung nicht eine allgemeine, sondern die größere Vollkommenheit, Eigenheit, Vertiefung gerade dieser individuellen unvertretbaren Gestaltung. Nur eine nachträgliche Reflexion, viel mehr literarischen als künstlerischen Wesens, kann jene Allgemeinbegriffe darüber stellen und damit die Ursprünglichkeit und Selbstgenugsamkeit der künstlerischen Vision, ihr causa-sui-Sein, abschwächen; nur auf *deren* allmähliches Deutlichwerden, Sichgliedern, Durcharbeiten geht die innerlich schaffende Entwicklung, was ein ganz anderer Prozeß ist als der vom Allgemeinen zum Besonderen vorschreitende. Ja, deshalb eigentlich auch ein anderer als derjenige Weg von einem vorbestehenden Problem zur Lösung, den der Gelehrte, der Techniker, der nach Zwecken handelnde Mensch geht. Nur die großen philosophischen Deutungen des Daseins sind sicher ihren Schöpfern als solche ungebrochene Anschauungen aufgestiegen, die dann erst, von der logischen Form ergriffen, in Frage und Antwort zerlegt wurden; hier liegt vielleicht der tiefste Unterschied des schöpferischen Denkers und Forschers von dem nur gelehrten Arbeiter.

Das Problem erwächst erst mit dem Kunstwerk selbst, für den Beschauer erst aus ihm, aus seiner unmittelbaren Anschauung heraus. So gehört das Kunstwerk zu jenem Typus seltener Darbietungen des Lebens, die für Befriedigung eines Bedürfnisses bestimmt sind, das sie selbst erst in dem Augenblick wecken, wo ihr Dasein es befriedigt. Die Wirklichkeit in uns und außer uns läßt uns ihren Drang, zur Kunst erlöst zu werden, erst zugleich mit irgendwelcher Vollbringung dieser Erlösung wissen. Ein ganz vollkommenes Seitenstück bietet vielleicht nur die Liebe und zwar merkwürdigerweise sowohl manchmal auf ihrer sinnlichsten wie auf ihrer vergeistigtsten Stufe. Wenn sie Erfüllung eines Sehnens ist, so fühlen wir dies erst in dem Momente der Erfüllung selbst – freilich nur in den erlesenen Fällen, mit denen sie zu den Dingen gehört, die man nicht ahnen kann, bevor man sie erlebt. Daß sie aber dennoch, wie das Kunstwerk, im Zeichen eines befriedigten Bedürfnisses, einer beantworteten Frage, einer erfüllten Forderung steht, das gibt beiden ihre Geschlossenheit, ihre Seligkeit an sich selbst. Alles, was einfaches Geschenk des Glücks ist, was nicht einen ideell vorbestehenden Rahmen ausfüllt, ist in die Vielheit des Geschehenden, bedingt und bedingend, verwebt. Erst wo Bedürfnis und Forderung die Gabe umschwebt und wo jene *aus dieser selbst* uns zuwachsen, wo aus ihrer Wirklichkeit ihre Notwendigkeit kommt, schließt sie den Kreis in sich selbst, unbedürftig der Verknüpfung mit einem Außerhalb, nur sie den Durst in demselben Akte erregend, in dem nur sie ihn stillt und stillen kann.

Dies ist, wie ich schon andeutete eine sehr eigenartige Tatsache. Vor uns steht ein Gebilde, wie »vom Himmel gefallen«, die Absicht seines Schöpfers ist uns nicht mitgeteilt, wir bringen auch keine Idee oder Forderung mit, die sich gerade auf dieses bestimmte Werk bezöge und vor der es sich als befriedigendes oder ungenügendes zeigte. Vielmehr, vor dieser einfachen Wirklichkeit des Werkes, die uns nur sich selbst bietet und jedes Kriterium von außerhalb her ablehnt – und aus ihr allein entsteigt uns ein Anspruch daran, ein idealer Maßstab, der uns das Werk für gelungen oder mißlungen erklären läßt! Keine vorher gekannten, anerkannten Werte dürfen prinzipiell dies bestimmen. An ganz Einzelnem mögen wir »Fehler« gegen allgemeine Regeln nachweisen – aber keineswegs müssen solche die Größe des Werkes als ganzen vernichten, von der sie vielmehr umgriffen und gleichsam aufgelöst werden können. Wie oft doch wirkte auf uns ein Kunstwerk überzeugend und beglückend, das selbst allen zentralen, sonst gültigen Normen, aller bisher unausweichlichen Gesetzlichkeit aufs krasseste widersprach! Gewiß ist dieses ideale, maßgebende Gebilde, von der Realität des Kunstwerks mit der Realität des aufnehmenden Geistes gezeugt, keine bestimmt gezeichnete, neben das Werk zu stellende, normierende Anschauung. Wir können und dürfen, wenn es uns unbefriedigt läßt, gar nicht sagen, wie positiv anders es nun hätte sein sollen; nur im Negationsgefühl, daß es *so* jedenfalls *nicht* recht ist, offenbart sich die wirksame Anwesenheit eines solchen Kriteriums. Viel entschiedener aber in dem Falle des vollen Genügens, des vollen Beseligtseins durch ein Kunstwerk. Hier empfinden wir, daß die Schuld an eine Idee voll bezahlt ist, ein *Versprechen* ganz eingelöst, das *Gesetz* erfüllt. Und dennoch muß dieses Ideal, Versprechen, Gesetz etwas anderes sein, als die Tatsächlichkeit des dastehenden Werkes selbst, die jetzt mit ihm freilich übereinstimmt, aber doch auch von ihm abweichen *könnte*, da sonst die Uebereinstimmung uns nicht beglückte, ja Voraussetzung und Material für jene überhaupt fehlte! Allerunterwertigste Werke freilich entfalten nicht einmal ein solches ideales Kriterium ihrer selbst und die Sprache bezeichnet sie deshalb zutreffend als »unter der Kritik« stehend. Hier offenbart sich die Schwierigkeit des allzu leicht Hingesagten, daß ein Gebilde »sich selbst Gesetz« wäre; nur aus letzten Entscheidungen heraus kann sie gelöst werden.

Ich glaube den Weg dahin von der praktisch-ethischen Grundfrage her zu finden. Fast alle Morallehren, zuhöchst die Kantische, stellen ein allgemeines Gesetz auf, das der Einzelne als Bedingung seines sittlichen Wertes und unabhängig von seiner besonderen Individualität zu erfüllen hätte. Das Motiv ist dabei, daß die Individualität als eine gegebene Wirklichkeit erscheint, aus der das Sollen, eine ideale, nach Wirklichkeit oder Nicht-Wirklichkeit nicht fragende Forderung, unmöglich stammen könne; indem sie über dem Wirklichen als dessen Norm stünde, müsse sie deshalb ein Ueberindividuelles, ein Allgemeines sein. Damit aber wird jenes fragliche Tun der Verflechtung, Kontinuität, Strömung des ganzen organischen Lebenszusammenhanges, der nur ein individueller sein kann, enthoben. Nur die isolierten *Inhalte* des Tuns lassen sich durch allgemeine Begriffe, gegen das Individuum gleichgültige Gesetze erfassen. Nur ihrem abstrakten Begriffe nach ordnet sich die Tat einem allgemeinen Gesetze unter, aber als Welle einer einheitlichen fließenden Lebensganzheit kann sie ihr Gesolltwerden, ihre sittliche Bedeutung nicht daraus ziehen. Soll etwas meine Pflicht sein, so ist es eben *meine* Pflicht; ihre Inhalte mögen noch so selbstlose oder religiöse, vernunftmäßige oder soziale sein, – nur wenn mein individuelles Leben sie als *sein* Sollen, als das was ihm als ganzem obliegt, aus sich entwickelt, können sie als sittlicher Anspruch von letzter Innerlichkeit gelten. Damit das aber möglich sei, muß jene verhängnisvolle Verbindung zerschnitten werden, an der die Moralphilosophie und vielfach, vielleicht davon abhängig, die Kunstphilosophie unbefangen und, wie mir scheint, nicht gerade auf Grund besonderer Blickschärfe festhält: daß alle Forderung, auf Verwirklichung von Werten gerichtet, sich oberhalb alles Individuellen, in die *Allgemeinheit* eines Gesetzes zu stellen habe, da die Individualität eine bloße Tatsache sei, von der man sozusagen abwarten müsse, was sie darbiete. Dies aber scheint mir ein Grundirrtum. Vielmehr, über jeder besonderen menschlichen Existenz oder in ihr steht, wie mit unsichtbaren Linien vorgezeichnet, ein Ideal ihrer, ein So-Sein-Sollen. Die Norm, deren Befolgung ihr sittlichen Rang erwirbt und, auch unbefolgt, allein erwerben würde, ist mit ihrer Beschaffenheit genau so gegeben, wie ihr tatsächliches Leben gegeben ist. Nur die einheitliche individuelle Ganzheit meines Lebens kann bestimmen, wie ich mich zu verhalten habe. Das Entscheidende ist hier, daß der Mensch wie er ist, zugleich das Gesetz enthält, wie er sein soll, daß sein Leben allenthalben von einem idealen und fordernden Bilde seiner selbst begleitet wird, das aus seinem individuellen Wesen genau so entspringt, genau so dadurch bestimmt wird, wie die vielleicht davon ganz abweichende Wirklichkeit dieses Lebens. Jede tiefere Moral beurteilt nur und immer den ganzen Menschen insoweit er die Tat vollbracht hat, nicht die Tat als allgemeinen Begriff, insofern sie von diesem, im übrigen gleichgültigen Menschen vollbracht ist. Wenn wir einen Menschen ansehen, so wissen wir nicht nur wie er ist, sondern zugleich wie er seinem Wesensgesetz nach sein sollte – freilich dunkel, fragmentarisch, irrend genug, aber irgendwie sehen wir es und sind sicher, daß ein göttliches Auge seine Individualität in beiden Formen lückenlos erblicken würde. Darum, daß die sittliche Gesetzmäßigkeit für uns ein *individuelles Gesetz* bedeutet, steht sie nicht weniger streng und souverän, als ein allgemeines und äußeres Gesetz es könnte, über der Wirklichkeit des individuellen Subjekts, deren Werte und Mängel sich an jenem messen.

Hierin sehe ich eine geistige Form von der ungeheuersten Bedeutung für das gegebene und das zu gestaltende Bild der Menschen und der menschlichen Dinge. Ueber der Wirklichkeit des Menschen, seines Tuns, seines Werkes, schwebt, wie aus der gleichen Wurzel in überragendere Höhe getrieben, das Bild dessen, was all dieses sein soll; ein Gesetz, durch Befolgtheit oder Nicht-Befolgtheit nicht in seiner Verbindlichkeit betroffen, wird der tatsächlichen Erscheinung nicht nur von außen, einem wie idealen und vergeistigten Außen auch immer, auferlegt, sondern ersteht als eine Funktion ihres gelebten Lebens selbst. Sehen wir nun, daß das Kunstwerk, jede Normierung durch eine vorbestehende dogmatische Regel ablehnend, seine Freiheit gegen jede Forderung außerhalb seines eigenen Wollens behauptend, sich dennoch einer idealen Notwendigkeit gegenübersieht: so zu sein und so nicht zu sein – so hat die ethische Analogie dieses Rätsel vielleicht nicht gelöst, aber doch als einem durchgehenden Typus unseres geistigen Verhaltens zugehörig erkannt, der in seiner Tiefe überhaupt nicht durchleuchtet, sondern nur als eine letzte Tatsache anerkannt werden kann. Diese Beurteilung vollzieht der Beschauer nicht etwa als subjektives Gefallen oder Mißfallen; obgleich mit diesem oft gemischt, hat sie doch den ganz anderen Ton: von einer objektiven Norm, einem als Gesetz wirkenden Ideal der Sache selbst her, so schwankend, unbewußt, unbeweisbar sie auch sein mag. Wie dies der Gegensatz zwischen aller politisch-juristischen Gesetzgebung und der sittlichen ist: daß jene etwas Allgemeines und Aeußerliches von den Menschen fordert, diese aber – ihn selbst, wie er als der gesollte, ideelle, über seine Wirklichkeit, und nur über *seine*, hinauswächst, so scheidet dies auch alle im weitesten Sinne technischen Ansprüche an das Kunstwerk von den nur rein künstlerischen: wo immer eine Normierung, die ihren Ursprung und ihre Legitimation außerhalb eben dieses Kunstwerks hat, daran herangebracht wird, ist sie schließlich technischer Natur oder überhaupt außerkünstlerischer: literarischer, ethischer, religiöser Art; das wirklich nur künstlerische Kriterium ist ein *individuelles Gesetz*, das aus der Kunstleistung selbst aufsteigt und als ausschließlich ihr eigene ideale Notwendigkeit sie zu beurteilen dient. Der Anspruch der Kunst als solcher: nur aus sich selbst, als Kunst, nicht von einem Außerhalb her, verstanden und beurteilt zu werden, kanalisiert sich hier auf das einzelne Kunstwerk hin.

In dieser Notwendigkeit aber liegt ein weiteres Problem verborgen. Welchen Sinn kann es eigentlich haben, daß nach einem künstlerischen Gesetz ein Werk »anders« hätte sein sollen, als es tatsächlich ist, daß es eine andere Notwendigkeit als die seiner Wirklichkeit hat? Der Sprachgebrauch führt uns allzuleicht darüber hinweg, daß ein verändertes Gebilde ja gar nicht als »dasselbe«, das nur »anders geworden« wäre, dasteht, sondern ein anderes. Schneide ich von einem Dreieck eine Spitze durch eine Gerade ab, so sehe ich ein Viereck, aber nicht ein Dreieck, das verändert wäre, färbe ich einen weißen Gegenstand schwarz, so ist nicht ein veränderter weißer, sondern ein schwarzer Gegenstand da – die Substanz aber, die unter diesem Farbwechsel beharrt, ist überhaupt nicht geändert, sondern einfach identisch geblieben. Dies gilt für alles Unorganische. Seine Phasen sind entweder schlechthin gleich oder schlechthin nicht gleich, und wo es aus mehreren Elementen besteht, bedeutet Veränderung nicht, daß ein Kern zwar beharrt, aber doch »sich« geändert hätte, sondern die volle Identität gewisser Elemente und die volle Ungleichheit anderer. Nur die organischen Wesen verhalten sich nicht so. Das Lebendige ist das Gebilde, das »anders« sein könnte und in dem doch »derselbe« Träger, dasselbe Ich lebt. Darum ist es – von dem letzten ethisch-metaphysischen Kriterium her, jenseits des praktischen Phänomens – ganz sinnlos, von der einzelnen, ihrem Inhalt nach für sich betrachteten Tat, sittlich zu verlangen, daß sie »anders« hätte geschehen sollen; dann wäre es eben eine andere und nicht dieselbe, die doch anders wäre. Nur wenn wir sie nicht mehr als isolierte und deshalb dem mechanischen Gesichtspunkt unterstehende ansehen, vielmehr als Pulsschlag der einheitlichen kontinuierlichen Lebensströmung, kann man so sprechen. Denn dann hieße es, daß der ganze Mensch ein anderer sein sollte – und das kann er und eben nur *er*, ohne seine Identität mit sich selbst zu verlieren, und dann wäre freilich nicht die eine, sondern die andere Tat vollbracht worden, und da in beiden der ganze Mensch lebt, wäre nun der Ausdruck, die Tat hätte anders sein sollen, gerechtfertigt. Und wiederum ist es die Analogie mit diesem Wesen des Lebendigen, die uns die Schwierigkeit dem Kunstwerk gegenüber, daß es gemäß seinem idealen Gesetz »anders« sein sollte, auflösen hilft. Dem ganz schlechten leblosen Kunstwerk gegenüber fordern wir das nicht. Wir verwerfen es ganz und gar, ihm ist durch Aenderung nicht aufzuhelfen. Wo aber ein Werk, durch wieviele Mängel auch immer hindurch, von einem wirklichen Leben durchseelt ist, da entsteigt ihm, gerade wie der Gegebenheit eines Menschen selbst, jenes eigentümliche ideale Gebilde, aus dem Unbewußten heraus wirksam: das Gesetz eben dieses individuellen Werkes, das uns von diesem, sobald es ein vollendetes ist, sagen läßt, es hätte seine Idee voll realisiert; und in anderen Fällen, es sei nicht ganz das, was es zu werden bestimmt sei. Hier besteht dieser Begriff des Anders-Seins, Anders-gewünscht-Werdens zurechte, als die nur an organischen Gebilden erlebbare *Einheit* von Gleichheit und Ungleichheit; denn mit jener Idee des Werkes beharrt in ihm ein Identisches und doch Variables; dieses Gleichnis des Lebendigen hebt den Widerspruch auf, daß etwas ein anderes sei und sein soll und doch dasselbe ist. Die geheimnisvolle Fähigkeit des Organismus, in der Veränderung zu beharren, überträgt sich auf das Werk des Menschen und am vollkommensten auf das Kunstwerk, weil dies seine Lebendigkeit am vollkommensten in sich aufnimmt, und gibt diesem Recht und Pflicht, die ideale Gesetzmäßigkeit über sich zu entfalten und sich ihrer Norm unterzuordnen.

Wie nun verhält sich diese Gesetzmäßigkeit zu der anderen, die dem Kunstwerk als Wirklichkeit aus den Zusammenhängen der wirklichen Welt, durch Naturgesetze geleitet, zukommt? Das so Notwendige bezeichneten frühere Jahrhunderte als das Zufällige. Denn seine Notwendigkeit heißt: Abhängig-Sein von einer gegebenen Bedingung, an die es nach einem bestimmten Gesetz von Ursache und Wirkung geknüpft ist. Wo diese Bedingung nicht gegeben ist, tritt auch ihr Erfolg nicht ein, dieser ist also *nicht* unbedingt notwendig, nicht aus sich selbst, sondern aus etwas anderem, das da sein oder nicht da sein kann; im Letzten also ist er zufällig. Dies ist die natürliche, nur relative Notwendigkeit jedes Stückes Wirklichkeit, auch des Kunstwerks – aber eben doch nur insoweit es als Naturgegebenheit, in der räumlichen und dynamischen Verflechtung alles Daseins, angesehen wird. Sein Wesenssinn als Kunstwerk wird davon nicht angerührt; denn dieser, als bloßer Anschauungsinhalt, ist ein *geistiges* Gebilde, ist dasjenige an dem Stück Marmor oder der farbigen Leinwand, was im Gedächtnis der Menschen weiterbestehen kann, auch wenn seine physische Wirklichkeit längst zerstört ist (es kann vergessen werden, aber nicht vernichtet) – damit beweisend, daß auch, solange diese Wirklichkeit besteht, eben das untastbar, aber auch unantastbar Geistige an ihm das Kunstwerk als solches ausmacht, nicht aber das, was entstehen und vergehen kann. Nur über diesem letzteren aber steht das Naturgesetz, von dem das Kunstwerk also nicht berührt wird. Nun hat man aber in den Zeiten der theologischen Spekulation über jene kausale Notwendigkeit hinaus, die also im Grunde eine zufällige ist, eine andere, eine absolute Art des Notwendigseins gesucht, da mindestens dem göttlichen Wesen eine solche zukomme. Und man fand sie in der Formulierung: die Existenz Gottes sei deshalb notwendig, weil seine Nicht-Existenz einen Widerspruch gegen *seinen eigenen Begriff* bedeuten würde; man könne ihn nur als das allervollkommenste, gleichsam alles Dasein in sich bergende Wesen denken. Nun aber sei ein existierendes Wesen doch vollkommener, enthalte mehr Realität in sich, als ein nicht existierendes. Gott müsse also aus logischer, begrifflicher Notwendigkeit heraus existieren, wie man etwa einen Gegenstand, den man als einen körperlichen denke, nicht als unräumlich vorstellen könne, ohne einen unausdenkbaren Widerspruch zu begehen. Lassen wir nun die Triftigkeit dieses »Beweises für die Existenz Gottes« dahingestellt, so zeichnet er jedenfalls die Form vor, in der sich eine nicht kausale Notwendigkeit auch des Kunstwerks darstellt. Seine Existenz freilich ist nur so relativ notwendig, wie die aller physischen Dinge unter Naturgesetzen, aber sein So-Sein ist nach seiner aus ihm selbst herausfühlbaren Idee, seinem Problem, seiner Norm, wie wir sahen, notwendig, nicht äußerlich, auf etwas anderes hin, wie alles kausal bestimmte Physische, sondern von innen her, durch sich selbst. Es liegt in seinem eigenen Begriff, daß es – seine Vollendung vorausgesetzt – gerade so sein muß, – wie es in jenem Begriff Gottes liegt, daß er existieren muß. Und dies Gefühl, daß es nur von sich selbst, nur von seinem selbstgestellten Problem abhängig ist, oder: daß aus ihm selbst das Problem hervorleuchtet, infolgedessen es, *wenn es* einmal da ist, eben nur so, eben nur diese Lösung sein soll oder kann – das erfassen wir als seine Notwendigkeit, d. h. als seine Unabhängigkeit von allem, was nicht es selbst ist.

Alles dies gilt ersichtlich nur in dem Maße, in dem es sein Problem, das für uns aus ihm selbst aufsteigt und sich gewissermaßen vor das Werk selbst stellt, auch wirklich gelöst hat. Sobald das angedeutete Verhältnis eintritt: daß zwar sein Problem aus ihm fühlbar, dieses aber nicht nach allen Seiten hin mit ihm gelöst ist, Problem und Werk also irgendwie auseinanderfallen – so fehlt die volle Notwendigkeit, und es ist, nach diesen inadäquaten Seiten hin, zufällig. Denn nun sind diese Seiten nicht aus ihm selbst, wie es in der Form des Problems vorbesteht, sondern aus irgendwelchen anderen Wurzeln oder Motiven erwachsen. Als Realitäten oder psychologisch bleiben sie naturgesetzlich notwendig, künstlerisch sind sie es nicht mehr, weil das Kunstwerk, insoweit sie an ihm bestehen, nicht causa sui ist. –

Angesichts der Möglichkeit, daß dem Problem oder der Idee des Kunstwerks seine verschiedenen Teile oder Seiten in verschiedenem, oft ganz entgegengesetztem Maße entsprechen, müssen wir uns jene als eine Einheit denken, der das wirkliche Kunstwerk mit einer Vielheit von Faktoren gegenübersteht. Diese Vielheit seiner Wirklichkeit von Farben, Tönen, Worten, Formen muß also für sich in einer bestimmten Weise organisiert sein, um jene Einheit zum Ausdruck zu bringen, d.h. also, um die Notwendigkeit, wie sie ideellerweise aus dem Verhältnis der Elemente quillt, auch anschaulich, unmittelbar fühlbar zu machen. An der Mannigfaltigkeit der Teile, in die das Kunstwerk ausgedehnt ist, realisiert sich die Notwendigkeit als *Gesetzmäßigkeit, die einer dem anderen auferlegt.* Wir empfinden, daß, wenn der eine Teil einmal in seiner bestimmten Weise gesetzt ist, der andere gleichfalls nur in einer bestimmten Weise und keiner anderen dastehen dürfte. Dazu bedarf es eben gewisser, diese Relation normierender *Gesetze,* etwa: Gleichheit und Symmetrie der Teile, Entgegengesetztheit und gegenseitige Ergänzung, durchgängiger Rhythmus, Spannung und Lösung, Steigerung und Senkung, Einheit des Größenmaßes, Beharren oder angemessener Wechsel der Stimmung – kurz alle möglichen psychologischen und sachlichen Verbindungsnormen, die an die eine Teilgestaltung die Erwartung einer anderen knüpfen, werden hier wirksam werden. Es gehört dazu freilich der irgendwie gewonnene oder antizipierte Eindruck des Ganzen; ist dieser aber einmal da, so können wir das Verhältnis irgend eines zuerst ins Auge gefaßten Teiles zu einem anderen nur so ausdrücken, daß dieser zweite *notwendig* so und so ist, weil der erste *tatsächlich* so und so ist. Nun aber ist es das Wesen des Kunstwerks, daß dies ein wechselseitiges Verhältnis ist, d.h. daß das vorher *abgeleitete* Notwendige jetzt als das *primäre* angeschaut wird, welches seinerseits das vorher nur Tatsächliche zum Notwendigen macht. Dies gilt nicht nur für die Künste der Anschauung. Auch das zweite Reimwort fordert das erste, wie das erste das zweite forderte, die späteren Töne der Melodie die früheren genau so wie umgekehrt. Da nun jedes beliebige Element des Kunstwerks als das erste, und ebenso jedes als das zweite, von jenem gesetzmäßig geforderte, angesehen werden kann, so hat dadurch das *Ganze* den Charakter der Notwendigkeit. Dies ist, was man den inneren Rahmen des Kunstwerks nennen könnte. Es ist die andere mögliche Form von Notwendigkeit, die dem Werke durch kein äußeres Gesetz, sondern ausschließlich aus ihm selber heraus auferlegt ist. Aus der Verschlingung beider erwächst uns dem großen Kunstwerk gegenüber das Gefühl, der Zufälligkeit des Lebens entronnen und in einem Reiche der Gesetzmäßigkeit zu sein – in einem, das zugleich das Reich der Freiheit ist. Denn wenn, wie ich zuerst sagte, es uns nicht gegeben ist, gleichsam im leeren Raum festen Fuß zu fassen, sondern unsere Realität durch jene ideelle Notwendigkeit, die wir Gesetz nennen, ihre Elemente verklammern und ihrer rastlosen Flutung die Sicherheit, daß es so richtig ist, gewinnen muß – so wird diese Notwendigkeit zur Freiheit, wenn das Gesetz über uns und das Gesetz in uns nicht ein fremd Hergekommenes ist, sondern der Sinn, den es diesem Dasein gibt, schon von vornherein in diesem Dasein lebt – als wären das Problem unserer Existenz und seine mehr oder weniger vollkommene Lösung doch nur von zwei verschiedenen Distanzen her aufgenommene Bilder eines und desselben Inhalts. Und an diesem höchst erreichten Punkte darf man den Gedanken wagen, daß unsere Wirklichkeit und unser Gesetz – in dessen beiden Formen: des Ideals und der notwendigen Wechselwirkung unserer Elemente – nur zwei verschiedene Ausdrücke, ein zweifaches Sich-Ausleben einer tieferen Einheit sind, die wir unser *Wesen* nennen mögen; als wären dies die beiden Gestalten, in denen ein Tiefstes, unmittelbar nicht Auszusagendes uns bewußt wird, nicht getroffen von der Spaltung in das, was wir sind und das, was wir sein sollen, in die gegebene Summe unserer Lebenselemente und die Einheit, zu der das Gesetz ihrer Wechselwirkung sie verwebt. Vielleicht ist das Erschütterndste am Kunstwerk, daß wir an ihm ein Symbol dieses letzten Geheimnisses unser selbst besitzen: ein objektives Gebilde, dessen Wirklichkeit Idee und Gesetz, – dessen Idee und Gesetz Wirklichkeit ist, und, weil es vom Menschen selbst geschaffen ist, ein Pfand dafür, daß jenes beides, Spaltung zugleich und Sicherung gegen die Spaltung, ein Auseinanderzweigen aus unserer wortlosen Wesenstiefe ist.

Michelangelo

Im Fundament unseres seelischen Wesens scheint ein Dualismus zu wohnen, der uns die Welt, deren Bild in unsere Seele fällt, nicht als Einheit begreifen läßt, sondern sie unaufhörlich in Gegensatzpaare zerlegt. In die so gespaltene Welt wiederum unser eigenes Dasein einordnend, setzen wir gleichsam nach rückwärts in das Bild unser selbst jenen Spalt fort und schauen uns als Wesen an, die einerseits Natur, andrerseits Geist sind; deren Seele ihr Sein von ihrem Schicksal unterscheidet; in deren Sichtbarkeit eine feste und lastende Substanz mit der fließenden, spielenden oder nach oben strebenden Bewegung streitet; deren Individualität sich abhebt gegen ein Allgemeines, das bald ihren Kern zu bilden, bald als ihre Idee über ihnen zu stehen scheint. Gewisse Epochen der Kunst machen durch die unbefangene Selbstverständlichkeit, mit der sie sich an der einen Seite dieser Gegensätze anbauen, die Spaltung zwischen ihnen unfühlbar. Die klassische griechische Plastik empfindet den Menschen ganz und gar naturhaft, und was er an geistigem Leben ausdrückt, geht abstandslos in die Existenz dieses Stückes Natur ein; sie stellt nur seine Substanz in der plastisch-anatomischen und zugleich typischen Formung seiner Oberfläche dar und gewährt der von innen herausbrechenden Bewegtheit als dem Entstellenden und Individualistisch-Zufälligen nur den begrenztesten Platz. Dann kommt in der hellenistischen Epoche das Schicksal in seiner Spannung gegen das ruhende Sein des Menschen zu künstlerischem Ausdruck; gewalttätiges Handeln und Leiden ergreift die Gestalten und macht den Abgrund sichtbar, der zwischen unserem Sein und der Unbegreiflichkeit unseres Schicksals eingefügt ist. All diesen Zweiheiten unseres Wesens gibt nun das Christentum ein innerstes und metaphysisches Bewußtsein und eine Entscheidung, wie sie nur auf dem Grunde ihrer radikalen Spannung geschehen kann. Die leidenschaftliche Aufwärtsbewegung der Seele läßt jetzt unsere äußere Substanzialität und ihre Form als ein Gleichgültiges unter sich, dem Geiste wird die Natur feindlich und vernichtenswert, das ewige Schicksal der Menschen löst gewissermaßen ihr Sein in sich auf: was wir von uns aus sind, steht in einer weiten, vergessenen Ferne gegenüber unserem Schicksal der Gnade oder der Verwerfung. In der gotischen Kunst besiegelt sich diese Entscheidung des Dualismus. Sei es in ihrer nordischen

Form, die in dem Aufrecken, der Überschlankheit, dem unnatürlichen Biegen und Drehen die Form des Leibes zum bloßen Symbol der Flucht in eine übersinnliche Höhe macht, die die natürliche Substanz zugunsten des Geistes auflösen möchte; sei es in der italienischen Formgebung des Trecento. Hier hat der Dualismus nicht mehr die Gestalt jenes immer noch qualvollen Ringens, dessen Sieger seinen Sieg nicht recht anschaulich realisieren kann; sondern die Erscheinung steht in einer feierlich innerlichen Geistigkeit, von vornherein unberührt von aller bloßen Natur, aller festen Substanz, in einer Vollendung jenseits des Lebens und seiner Entgegengesetztheiten. Die entwickelte Renaissance scheint den Akzent auf die andere Seite zu rücken, auf die Natur, auf die Körperhaftigkeit, die ihre Ausdrucksform durch ihre eigenen organischen Kräfte gewinnt, auf die feste Selbstgenugsamkeit der Existenz. Ihre letzte Tendenz aber geht auf ein Höheres: den Dualismus grundsätzlich zu überwinden. Freilich auf dem Boden eines naturhaften Daseins und deshalb in völligem Gegensatz zu der religiösen Vollendetheit des Trecento. Aber ein Naturbegriff schwebt ihr vor – wie er erst in Spinoza seinen bewußten Ausdruck finden sollte –, der die Körperlichkeit und den Geist, die substanzielle Form und die Bewegung, das Sein und das Schicksal in eine unmittelbare Einheit zusammenschaute, zusammenlebte.

Dies gelingt nun zunächst in der Form des Porträts. Denn die Individualität ist das körperlich-seelische Gebilde, das den Gegensatz von Körper und Seele als *Gegensatz* am vollständigsten hinter sich läßt. Indem die Seele diesem *bestimmten*, unvertauschbaren Körper zugehört, der Körper dieser *bestimmten*, unverwechselbaren Seele, sind sie nicht nur aneinander, sondern ineinander gebunden, erhebt sich über sie die Individualität als die höhere, in dem einen wie in dem anderen sich auswirkende Einheit, der in sich geschlossene und zwar durch die Besonderheit seiner Person in sich geschlossene Mensch. Seine körperlichen und seine seelischen Elemente, seine Existenz und sein Schicksal mögen, aus dieser Lebens- und Wesenseinheit gelöst, zu Besonderheiten verselbständigt, fremd und dualistisch nebeneinander stehen. Aber als das fundamentale Leben dieses einen konkreten Menschen, dessen Einheitlich-Einziges sie nur auf verschiedene Weise ausdrücken, gibt es keine Zweiheit und Zwistigkeit zwischen ihnen. Die leidenschaftliche Akzentuierung der Individualität im Quattrocento und seine Entwicklung des Porträts, das gar nicht persönlich und charakteristisch genug sein konnte, ruhen auf diesem tieferen Grunde: daß das körperliche und das seelische Element unseres Wesens aus ihrem christlichen Dualismus und einseitigen Rangordnung wieder zu einem Gleichgewicht strebten, und dieses zunächst in der Tatsache der Individualität fanden, als der Einheit, die die Form des einen wie des anderen bestimmt und ihre Zusammengehörigkeit gewährleistet. Allein dieser Porträtkunst gelingt das, mit wenigen Ausnahmen, nicht an der Darstellung des ganzen Körpers, sondern nur des Kopfes, der freilich schon in seiner Naturgegebenheit die Beseelung der substanziellen Form oder, umgekehrt, die materielle Sichtbarkeit des Geistes unverkennbar darbietet. Und nicht nur darum löst das individuelle Porträt jenes durch unser Wesen aufgegebene Problem nicht ganz und gar, sondern auch weil selbst die gelungene Lösung sozusagen nur für den einzelnen Fall gilt. Die Versöhnung ist nicht aus der Tiefe der Gegensätze selbst heraus gewonnen, der Dualismus ist nicht durch seine eigenen Kräfte zu einer notwendigen Einheit gelangt, sondern nur von Fall zu Fall, die glückliche Chance einer nicht wiederholbaren Individualität bindet seine Seiten jedesmal von neuem zusammen. Zugleich näher oder ferner wiederum steht Botticelli der Einheit jener Elemente, denen das Christentum auseinanderliegende Heimaten angewiesen hatte. Hier zuerst scheint der unbekleidete Körper ebenso wie das Gesicht völlig in die Färbung und Rhythmik der seelischen Stimmung einzugehen, in der eine tiefe Erregtheit und eine lähmende Zagheit sich wunderlich mischen. Sieht man indes genau zu, so ist der Riß zwischen dem Leib und dem Geist, zwischen unserem Sein und unserem Schicksal, der uns aus der Gotik entgegenstarrte, keineswegs überwunden. Die Seele ist zwar von ihrem Flug ins Transzendente in den Körper zurückgekehrt, aber sie hat eine nun gegenstandslose, in einem nirgends gelegenen Zwischenreich tastende Sehnsucht mitgebracht, eine nach innen schlagende – als Melancholie, als Erstarrung in dem elegischen Moment, weil die Seele ihre Heimat auch hier nicht findet. Mit so schmiegsamer Symbolik die Körper Botticellis das Wesen und die Bewegungen der Seelen aussprechen – jenes himmlisch sichere Wegziel ist zwar verloren, aber keine irdisch feste Leib- und Bodenständigkeit dafür gewonnen, und im tiefsten Grunde bleibt die Seele in wegloser, unheilbarer Ferne vom Irdischen und der Substantialität aller Erscheinung.

Mit einem Schlage aber und den künstlerischen Ausdruck unseres Wesens ohne Rest in Einheit umfassend, bietet sich die Lösung all dieser allgemein seelischen und christlich historischen Entzweitheiten, sobald die sixtinische Decke, die Stücke des Julius-Denkmals, die Mediceergräber dastehen. Das Gleichgewicht und die Anschauungseinheit der ungeheuersten Lebensgegensätze ist gewonnen. Michelangelo hat eine neue Welt geschaffen, mit Wesen bevölkert, für die das, was bisher nur in Relation stand, gelegentlich aneinander, gelegentlich auseinander rückte, von vornherein *ein* Leben ist; und als wäre ein bisher unerhörtes Maß von *Kraft* in ihnen, in deren Strömungseinheit alle Elemente hineingerissen werden, ohne ihr mit einem Sonderdasein widerstehen zu können. Vor allem ist es, als ob das seelische und das körperliche Wesen des Menschen nach ihrer langen Trennung, die die Transzendenz der Seele ihnen auferlegt hatte, sich wieder als Einheit erkennten. Denkt man daneben an die schönsten Gestalten Signorellis, so haben sie eine der Seele schließlich doch fremde Wesenheit und Schönheit und eine eigene Provenienz, mit der sie den Körper nur wie ein Werkzeug der Seele zur Verfügung stellen. Jene Körper Michelangelos aber sind von dem seelisch Innerlichen so absolut durchdrungen, daß schon dieser Ausdruck des Durchdrungenseins noch zu viel Dualistisches enthält. Daß man hier überhaupt von einer noch zu überwindenden Zweiheit redet, erscheint als etwas ganz Vorläufiges und Unzutreffendes. Die Stimmung und Leidenschaft der Seelen ist *unmittelbar* die Form und Bewegtheit, ja man möchte sagen: die Masse dieser Körper. Der geheimnisvolle Punkt ist erreicht, von dem aus Körper und Seele nur als zwei verschiedene Worte für eine und dieselbe menschliche Wesenheit gelten können, deren Kern durch diese Spaltung seines Benanntwerdens gar nicht getroffen wird. Und diese Einheit liegt doch nicht so weit von den Elementen selbst ab, wie die Individualität, mit der dem Quattrocento ihre Versöhnung partiell gelang, sondern viel umwegloser, durch das in ihnen pulsierende Leben überhaupt, ist das Außereinander von Körper und Seele überwunden. An die Stelle jener individualistischen Zuspitzung der Erscheinung setzte er die klassische, überindividuelle, auf das Typische gehende Stilisierung. Während man den Eindruck Rembrandtscher Gestalten vielleicht so ausdrücken kann, als habe sich in jeder das Schicksal der Menschheit überhaupt zu einer unvergleichlichen, auf den inneren Einzigkeitspunkt gestellten Existenz zugespitzt, ja vielleicht verengert – erscheint in jenen Figuren Michelangelos umgekehrt ein höchst persönliches, aus dem eigensten Verhängnis heraus lebendes Dasein zu einem allgemeinsten, durch die Menschheit als ganze hinwebenden Lose verbreitert. Die vollste, sich tief nach innen einbohrende und grenzenlos nach außen überströmende Leidenschaft spricht sich in einer ruhigen, klassisch typisierenden Formgebung aus. Vielleicht, daß ein so explosiv passioneller, von so maßlosen Spannungen durchzogener Geist wie Michelangelo dieser objektiven, in gewissem Sinne äußerlicheren Formgebung bedurfte, um überhaupt zu gestaltender Produktivität zu gelangen. Rembrandts Innerlichkeit war offenbar lange nicht so gewaltsam, titanisch, lange nicht so darauf angewiesen, die äußersten Lebenspole, die immer wieder auseinanderbrechen wollen, mit so übermenschlicher Kraft in eins zu bringen. Darum konnte er subjektivischer in seiner Formgebung sein, brauchte keiner so stark zusammenzwingenden und überpersönlichen Stilisierung. Aber der tiefere, mehr als psychologische Grund jenes verallgemeinernden, alle individualisierende Pointiertheit übergehenden Formsehens ist, daß in den Gestalten Michelangelos zuerst eine gefühlte oder metaphysische Wirklichkeit *des Lebens als solchen* zum Ausdruck kommt – des Lebens, das sich zwar zu mancherlei Bedeutungen, Stadien, Schicksalen entwickelt, aber eine letzte, mit Worten nicht beschreibbare Einheit besitzt, in der der Gegensatz von Seele und Leib so untergegangen ist, wie der der individuellen Sonderexistenzen und Sonderattitüden. Es ist immer das in Körper und Seele gleichmäßig strömende Leben, mit den Extasen und Müdigkeiten, den Leidenschaften und Geschicken, die ihm als Leben, als dessen innerer Rhythmus und Verhängnis eigen sind.

Diese Zusammengefaßtheit aller dualistischen Elemente in eine bis dahin nie anschaulich gewordene Einheit des Lebens – denn die Einheitlichkeit der Antike war mehr eine naive Undifferenziertheit, sie hatte keine so tief bewußten und weit auseinander gerissenen Gegensätze zu versöhnen – drückt sich weiterhin an dem Verhältnis zwischen Form und Bewegtheit der Gestalten aus. Damit, wie ein Wesen sich bewegt, offenbart es das jeweilige seelische Geschehen in ihm, während die Form seiner Substanz ein Naturgegebenes ist, das der Wechsel der psychischen Impulse schon vorfindet. Die Fremdheit, die die christliche Auffassung zwischen Körper und Seele gesetzt hatte, spiegelt sich deshalb in der Zufälligkeit, die in der Kunst vor Michelangelo zwischen der anatomischen Struktur gerade dieses Körpers und der von ihm ausgeführten Bewegung bestand. Selbst gegenüber den Gestalten Ghibertis, Donatellos, Signorellis empfinden wir nicht, daß diese bestimmte Bewegung gerade den so und so geformten Körper fordert, oder daß dieser Körper notwendig gerade diese Bewegung als die sozusagen für ihn entscheidende aus sich hervorbrächte. Erst an den Menschen Michelangelos besteht diese Einheit, die aus der gegebenen Formung des Körpers die eben jetzt sich vollziehende Geste als seine anschaulich logische Konsequenz entwickelt, oder die für diese Bewegung gar keinen anderen Träger als diesen so gestalteten Leib denken läßt. Geformtheit und Bewegtheit des Körpers erscheinen nun als die sozusagen nachträglich von uns vollzogenen Zerlegungen des einen ungeteilten, von *einem* inneren Gesetz bestimmten Lebens.

Aus dieser Aufhebung aller gegenseitigen Fremdheit und Zufälligkeit der Wesenselemente entsteht das Gefühl einer in sich vollkommenen Existenz dieser Gestalten. Was man an ihnen von je als das Titanische, empirischen Bedingtheiten und Relationen Enthobene empfunden hat, ist nicht nur die Übergewalt ihrer Kräfte, sondern jene Geschlossenheit des innerlich-äußeren Wesens, deren Mangel das spezifisch *Fragmentarische* unserer Existenz ausmacht. Denn dieses ist nicht einfach an der Unzulänglichkeit unserer Kraft gelegen, sondern auch daran, daß die Seiten unseres Wesens keine Einheit geben, daß die eine gewissermaßen der anderen die Grenze setzt: Körper und Seele, Festgegebenes und Werdendes in uns, Sein und Geschick stehen irgendwie gegeneinander, bringen sich gegenseitig aus dem Gleichgewicht. Sobald wir einmal fühlen, daß durch alle diese Kanäle wirklich *ein* Leben flutet, so braucht dieses gar kein besonders starkes oder objektiv fehlerloses zu sein – es gibt uns doch ein Bewußtsein von Vollkommenheit und entlastet uns von dem peinlichen Halb- und Halbtum der gewöhnlichen Tagesexistenz. Diese, ich möchte sagen, formale Vollkommenheit haben alle Menschen Michelangelos, trotz der doppelten Tragik, mit der sich uns später gerade das Fragmentarische des Lebens als das Verhängnis von Michelangelos innerstem Bewußtsein herausstellen wird. In der jetzt fraglichen Richtung jedenfalls ist der realisierte Sinn seiner Gestalten immer das Leben in seiner Ganzheit und aus seinem einheitlichen Zentrum heraus, und dargestellt in einem völligen Gleichgewicht der Gegensätze, in die die empirischen Zufälle und die Dogmen es etwa sonst zerreißen. So hoch erhebt sich diese Einheit des Lebens über seine Polarität, daß für die Gestalten Michelangelos sogar der

Geschlechtsgegensatz versinkt. So wenig die männlichen und weiblichen Charaktere in der äußeren Erscheinung etwa ineinander verschwimmen (was in der Geschichte der Kunst aus sehr verschiedenartigen Motiven heraus geschehen ist), so dringt ihr Gegensatz doch nicht in den letzten Kern, in die letzte Seinstendenz dieser Wesen; hier vielmehr herrscht nur das Menschliche als solches, die Geschlossenheit der Menschheitsidee und ihres Lebens, die erst wie in einer oberen Schicht das Gegensatzphänomen von Mann und Weib trägt. Die ungeheure physische und charakterologische Mächtigkeit der Gestalten der Sixtina und der Mediceerkapelle geben doch den Männern nicht jenes spezifisch Maskuline, mit dem die italienische wie die nordische Renaissance so oft die männlichen Typen ausstattet; und sie nimmt den gleichgestalteten Frauen nicht die Weiblichkeit. So wenig also diese Wesen geschlechtslos sind, so reicht doch das Differentielle, Einseitige, wenn man will: Unvollkommene der Geschlechterteilung – da sie erst zusammen »den Menschen« darstellen – nicht in jenes Zentrum hinein, aus dem diesen wie allen Relationen das absolute Leben strömt.

Solche Vollkommenheit der Existenz, die über alle gegenseitige Einschränkung ihrer Seiten hinaus ist, ist aber noch keineswegs Seligkeit; ja sie kann deren äußerstes Gegenteil als den Inhalt ihrer Form tragen. Die erste Andeutung davon liegt in der ungeheuren Einsamkeit, die Michelangelos Gestalten wie eine fühlbare und undurchdringliche Sphäre umgibt. Hier besteht ein tiefster Zusammenhang mit der Kunstform der Plastik als solcher – die den Charakter der Einsamkeit trägt, viel mehr als etwa die Malerei. Die Grenzen der Welt, in denen die plastische Gestalt lebt, ihr idealer Raum, sind nichts weiter und nichts anderes als die Grenzen ihres Körpers selbst, außerhalb dieser ist keine Welt mehr, mit der sie zu tun hätte. Indem der gemalte Mensch innerhalb eines umgebenden Raumes steht, ist er in einer Welt, die auch noch für andere Platz hat, in die der Beschauer sich hineindenken kann, so daß er gewissermaßen dem Menschen nahe ist. Der Mensch der Plastik und sein Beschauer aber können nie von derselben Luft umfangen sein, es ist gar kein Raum da, in dem die Phantasie sich neben jenen stellen könnte. Darum ist alle Plastik, die mit dem Beschauer kokettiert, so besonders widerwärtig und aus ihrer Kunstidee herausfallend, viel schlimmer noch als die analoge Malerei. Daß die Gestalten der Sixtina trotz ihrer Zusammengehörigkeit in einer Idee und in der dekorativen Einheit des Raumes so unendlich einsam wirken, als lebte jede in einer Welt, die nur von ihr allein ausgefüllt wird, das ist, artistisch angesehen, der Erfolg ihres *plastischen* Wesens. Es sind keineswegs etwa »gemalte Skulpturen«, als wären sie als Skulpturen konzipiert und diese sozusagen nachträglich abgemalt. Sondern sie sind durchaus nur als Gemälde gedacht, aber als solche haben sie von vornherein das eigentümliche Lebensgefühl der Skulptur; sie sind vielleicht die einzigen Erscheinungen in der Geschichte der Kunst, die völlig im Stil und den Formgesetzen ihrer Kunst bleiben und doch völlig aus dem Geiste einer anderen Kunst heraus empfunden sind. Vielleicht ist die Plastik diejenige Kunst, die ein in sich vollendetes, im Gleichgewicht aller seiner Momente stehendes Dasein auszudrücken am meisten geeignet ist. Sieht man von der Musik ab, deren eigentümliche Absolutheit und Abstraktheit ihr überhaupt eine Ausnahmestellung unter den Künsten gibt, so sind alle anderen mehr als die Plastik in die Bewegtheit der Dinge verflochten, sie sind sozusagen mitteilsamer, sind weniger porenlos gegen die Welt außerhalb ihrer abgeschlossen. Aber indem das plastische Werk die unbedürftige, fertiggewordene, in sich ausbalancierte Existenz in ihrer reinsten Darstellung bieten kann, wird es eben darum von der Einsamkeit wie von einem kühlen, durch kein Schicksal zu lichtenden Schatten umgeben. Natürlich ist diese Einsamkeit des plastischen Werkes etwas ganz anderes als die Einsamkeit der dargestellten Wesen – gerade wie die Schönheit eines darstellenden Kunstwerkes nicht die Schönheit des dargestellten Gegenstandes involviert. Allein für die Kunst Michelangelos besteht dieser Gegensatz nicht. Seine Gestalten erzählen nicht wie ein Porträt oder ein Historienbild von einem Sein außerhalb ihrer; sondern wie in der Sphäre des Erkennens der Inhalt eines Begriffes gültig und bedeutsam ist, gleichviel, ob ihm jetzt oder hier ein seiender Gegenstand korrespondiere oder nicht, so sind diese Skulpturen Gestaltungen des Lebens, die ganz jenseits der Frage nach Sein oder Nichtsein in anderen Sphären der Existenz stehen. Ganz unmittelbar, nicht erst durch ein ihnen jenseitiges Dasein legitimiert, *sind* sie, was sie *darstellen*, und ahmen nicht etwas nach, was außerhalb dieser Nachahmung vielleicht anders charakterisiert sein könnte; was ihnen als Kunstwerk zukommt, kommt ihnen ganz und gar zu. Nicht von irgendeiner Realität, die der Notte entspräche, kann man die Sterbensmüdigkeit aussagen, der auch die unwahrscheinlichste, gequälteste Lage recht ist, wenn sie nur schlafen kann – so wenig wie man es von dem Stück Stein aussagen kann; sondern – wenn der etwas verschlissene und allzu handlich gewordene Ausdruck gestattet ist – die »Idee« eines bestimmten Lebens nach Sinn, Stimmung, Schicksal ist hier genau so anschaulich geworden, wie sie es in einem anderen Modus und unter anderen Kategorien auch als Gestalt eines lebenden Menschen werden kann. Von jenen anschaulich ideellen Figuren in ihrer vollen Unmittelbarkeit und Selbständigkeit gilt der Eindruck jener unendlichen Einsamkeit und sie bringen damit den Zug des tiefen, eigentlich schon tragisch gefärbten Ernstes auf seinen Höhepunkt, der im Wesen der Plastik überhaupt begründet ist und den sie mit der Musik teilt. Denn beiden ist, ich deutete dies an, die allen anderen Künsten überlegene Geschlossenheit eigen, die Unmöglichkeit, ihren Raum mit irgend anderen Existenzen zu teilen, ein Mit-sich-Alleinsein, das bei Michelangelo sich in der absoluten inneren Balance aller Elemente vollendet und dessen unvermeidlich melancholischen Gefühlsreflex Franz Schubert einmal in der erstaunten Frage ausdrückte: »Kennen Sie eigentlich heitere Musik? Ich nicht.« Es ist nur auf den ersten Blick eine Paradoxe, diese Frage auf die Plastik übertragen zu wollen. Die Gestalten Michelangelos, wie sie die vollendetsten der Plastik sind, enthüllen ihren düsteren, schweren Ernst zunächst als die Vollendung einer rein formal künstlerischen Bedingtheit der Plastik als solcher.

So ist im allgemeinsten darauf hingezeigt, daß jene Ausgleichung der Wesenselemente, die vor Michelangelo mehr oder weniger beziehungs- und gleichgewichtslos bestanden hatten – noch keineswegs eine sozusagen subjektive Perfektion, eine Seligkeit an dem von allem Menschlich-Fragmentarischen unberührten Vollkommensein ausdrückt. Am fühlbarsten wird dies an der Synthese eines Antagonismus, die sich an den Gestalten Michelangelos gewaltiger und bedeutsamer vollzieht als irgendwo sonst in der Kunst. Es handelt sich jetzt um die physikalische, den Körper niederziehende Schwere und den Bewegungsimpuls, der von der Seele her der Schwere entgegenwirkt. Jede Bewegung unserer Glieder zeigt in jedem Augenblicke den jeweiligen Stand des Kampfes zwischen diesen Parteien. Die willensmäßigen Energien bestimmen unsere Glieder nach ganz anderen Normen, in ganz anderer Dynamik als die physikalischen, und unser Leib ist der Kampfplatz, auf dem beide sich treffen, sich ablenken oder sich zu Kompromissen nötigen. Vielleicht ist dies das einfachste Symbol unserer dauernden Lebensform: diese bestimmt sich durch den Druck, den Dinge und Verhältnisse, Natur und Gesellschaft auf uns ausüben, und die Gegenbewegungen unserer Freiheit, die diesen Druck entweder aufheben oder sich von ihm vergewaltigen lassen, ihn bekämpfen oder ihm ausweichen. An diesem Entgegenstehenden, feindlich Lastenden findet die Seele freilich die einzige Möglichkeit, sich zu bewähren, zu schaffen, in Wirksamkeit zu treten. Sie würde, ihrer Freiheit unbeschränkt folgend, sich im Unendlichen verlieren, ins Leere fallen, wie der Meißelschlag des Bildhauers, wenn ihm nicht der Marmor eine harte Selbständigkeit entgegenstellte. Es ist vielleicht die tiefstgelegene Komplikation unseres Lebens, daß dasjenige, was seine Spontaneität einschränkt und sein freies Emporstreben niederdrückt, doch zugleich die Bedingung ist, unter der allein dieses Tun und Streben zu einer sichtbaren Äußerung, einem formenden Schaffen gelangen kann. Wie diese beiden Elemente sich in das Leben teilen, welches Übergewicht oder Gleichgewicht zwischen ihnen herrscht, wie weit sie sich spannen oder zu welcher Einheit sie sich verweben – das entscheidet über den Stil der einzelnen Erscheinungen und der Totalitäten von Leben wie von Kunst. In den Gestalten Michelangelos nun setzen sich die herabziehende Schwerkraft und die nach oben strebenden seelischen Energien mit feindseliger Härte gegeneinander ab, als die aus unversöhnlicher Distanz gegeneinander stehenden Parteien des Lebens – und durchdringen sich zugleich im Kampfe, halten sich die Waage, erzeugen eine Erscheinung von so unerhörter Einheit, wie die Spannung der von ihr zusammengeschlossenen Gegensätze unerhört ist. Seine Figuren sind meistens sitzende oder liegende – in unmittelbarem Widerspruch zu den Leidenschaftlichkeiten ihrer Seele. Aber mit der Zusammengehaltenheit, man möchte sagen Komprimiertheit von Attitüde und Umriß bringen sie das Widerspiel, die innere Gespanntheit ihrer Lebensprinzipien und die siegend-besiegte Macht eines jeden zu gewaltigerem Ausdruck, als irgendeine ausflackernde Gebärde es könnte. Wir fühlen, wie die Masse der Materie diese Gestalten in ein namenloses Dunkel hinabziehen will, gerade wie auch den Säulen an Michelangelos Architekturen manchmal von der lastenden Mauer die Möglichkeit des Emporstrebens und Aufatmens genommen scheint. Gegen diese Wucht, die wie das Schicksal selbst und als dessen Symbol auf seinen Gestalten oder richtiger in ihnen lastet, strebt nun aber eine ebenso große Kraft an, eine leidenschaftliche, aus dem Innersten der Seele ausbrechende Sehnsucht nach

Freiheit, Glück, Erlösung. Wie aber allenthalben der negative Faktor dem positiven überlegen zu sein pflegt und dem Endresultat *seinen* Charakter mitteilt, so bleibt als Gesamteindruck jener Gestalten die unheilbare Schwermut zurück, ein Gefangensein in der Lastung niederziehender Schwere, eines Kampfes ohne Aussicht auf Sieg. Dennoch sind die Elemente von Schicksal und Freiheit, wie sie sich anschaulich als die Schwere und die ihr entgegenstrebende seelische Innervation verkörpern, hier näher, einheitlicher, zu entschiedenerer Äquivalenz zusammengerückt, als in irgendeiner anderen Kunst. Freilich wirkt in der Antike die Schwere und die Spontaneität zu einer völlig beruhigten, nirgends einen einseitigen Ausschlag gestattenden Erscheinung zusammen. Aber ihre Einheit ist hier sozusagen von vornherein vorhanden, zu einer Spannung der Gegensätzlichkeit kommt es überhaupt nicht, das Zusammenwirken der Gegenrichtungen ist ein Friede ohne vorhergegangenen Kampf und deshalb ohne besonderes, auf ihn zugespitztes Bewußtsein. Im Barock andrerseits verschieben sich die Elemente in wechselnde Übergewichte. Er gibt einerseits eine dumpfe Massigkeit und eine materielle Schwere, der sich keine formgebende Bewegung von innen her entgegensetzt, eine Befangenheit im Stoffquantum, das nur noch erdwärts hin wirkt. Und dann wieder eine affektvolle Bewegtheit, die nach den physischen Bedingtheiten und Hemmungen nicht mehr fragt, als gäbe es nur noch die Leidenschaft von Wille und Kraft, die sich den gesetzmäßigen Zusammenhängen des Körpers und der Dinge entrissen hat. Die tödlich gegeneinander stehenden Richtungen, die bei Michelangelo von einer unerhört starken Lebenseinheit zusammengezwungen waren, fielen im Barock auseinander, und nun zwar in der Macht und Unbedingtheit, die gerade Michelangelo ihnen gegeben hatte und geben mußte, damit die gigantische Lösung ein gigantisches Problem vorfände.

In den Figuren der Decke und noch mehr denen der Gräber und in den Sklaven ergreift die Schwere die aufwärts strebende Energie selbst, sie dringt zu dem tiefsten Sitz der ihr entgegengesetzten, sie aufhebenden Impulse und läßt diese schon von Anfang an nicht frei; wogegen dann wieder die lastende Masse, die fühlbare Schwere in ihrem Innersten von jenem geistigen, um Freiheit und Helle kämpfenden Impulse getroffen und durchseelt ist. Das, was sich befreien will, und das, was die Befreiung hindert, fällt absolut in einen Punkt zusammen, in den Indifferenzpunkt der Kräfte, in dem dann freilich die Erscheinung manchmal wie paralysiert steht, wie erstarrt in dem großen Augenblick, in dem die entscheidenden Lebensmächte sich in ihr gegenseitig aufheben; ein von seiner innerlichsten Einheit her tragisches Leben hat sich in jenen Dualismus auseinandergelegt und wächst wieder aus ihm auf. Vielleicht nur noch in manchen ägyptischen Skulpturen findet diese Kompaktheit und Erdschwere der Steinmasse eine Analogie. Aber ihnen fehlt die gleichzeitige Belebtheit des Steines durch die entgegengesetzt strebenden Impulse. Er ist nicht in dem Gravitationsakt selbst in die Richtung der Seele gerissen; sein Inneres bleibt vielmehr bloß Stein, bloß naturhafte, in den Kampf der Weltprinzipien noch nicht hineingezogene, noch nicht zur Form gedrängte Schwere. Indem ihm Form, Leben, Seele von außen angefügt wird, berühren sich die Gegensätze sozusagen räumlich, ohne innerlich zu einer Einheit – sei es der Balance, sei es des Kampfes, sei es wie bei Michelangelo von beidem zugleich – zu gelangen. Es ist nicht ein Drängen zur Einheit, das nicht befriedigt wird – während die wirkliche Einheit der Prinzipien bei Michelangelo Befriedigung in der Unbefriedigtheit und Unbefriedigtheit in der Befriedigung offenbart –, sondern es ist die dumpfe, noch unlebendige Spannung, bevor es zu einem Drängen kommt. Dies gibt den ägyptischen Statuen eine Gelähmtheit im Dualismus, manchmal etwas unendlich Trauriges, im Gegensatz zu der Tragik in den Gestalten Michelangelos. Denn Tragik liegt ja wohl da vor, wo Bedrängnis oder Vernichtung einer Lebensenergie durch ein Feindseliges sich nicht an ein zufälliges oder äußerliches Aneinandergeraten der beiden Potenzen knüpft; sondern wo dieses Schicksal, der einen durch die andere bereitet, dennoch in jener schon als ein unvermeidliches präformiert ist. Die Einheitsform dieser Wesen ist der Kampf. Die unvollendeten Figuren Michelangelos (aber keineswegs *nur* sie) steigen wie mühsam und kämpfend aus dem Marmorblock heraus – der äußerste Gegensatz etwa zu dem Bilde, dem anschaulichen und dem symbolischen, der aus dem Meere heraussteigenden Aphrodite. Hier entläßt die Natur freudig die Schönheit, das beseelte Dasein aus sich, weil sie in ihm ihr eigenes Gesetz erkennt und sich nicht in dem höheren Gebilde verliert. Bei Michelangelo aber scheint der Stein seine eigene abwärts gerichtete Natur, seine schwere Formlosigkeit eifersüchtig zu bewahren und gibt seinen Konflikt mit dem höheren Gebilde nicht auf, das er doch hergeben muß. Das eben Formulierte: daß die besondere Art, auf die die Gegensätze hier zur künstlerischen Einheit gelangen, der Kampf ist – bezeichnet eine Kategorie, in deren metaphysischer Tiefe sich einige der für das Geistesleben epochalsten Geister zusammengefunden haben. Es scheint, als ob Heraklit eben dies gemeint hätte, als er das Weltsein als die Relation und Einheit von Gegensätzen begriff und zugleich den Streit für das schöpferische und formende Prinzip erklärte. Es muß ihn dabei das Gefühl geleitet haben, Kampf bedeute nicht nur, daß der eine gegen den anderen und der andere gegen den einen kämpft, also nicht nur eine Summierung zweier Parteien, von denen jede für sich in bestimmter Weise bewegt ist, sondern es sei eine in sich ganz einheitliche Kategorie, von der die Zweiheit Inhalt oder Erscheinung ist, wie man etwa von einem Pendelschlag spricht, der die beiden einander entgegengesetzten Bewegungen einschließt. In dem Außereinander und Gegeneinander der Parteien lebt ein einheitliches Geschehen, die Tatsache, daß das Leben die Einheit des Mannigfaltigen ist, kann sich nicht stärker, intensiver, tragischer ausdrücken, als indem die Einheit nicht friedliche Kooperation von Elementen, sondern ihr Kampf und ihr gegenseitiges Sich-aufheben-Wollen ist. Diese Einheit des Lebens, erst an solcher Gewalttätigkeit seiner Spannung ganz fühlbar, gestaltet sich metaphysisch, wenn für Heraklit die Welt als Ganzes das Ineinsfallen der Gegensätze und das Erzeugnis des Streites ist, sie spricht sich durch Michelangelo formal künstlerisch aus, wenn er die Gegensätze der aufwärtsstrebenden Seele und der niederwärts ziehenden Schwere in ein Bild von unvergleichbarer anschaulicher Geschlossenheit zwingt: so daß die Körperschwere selbst sich als ein in die *Seele* dringendes oder vielmehr in ihr selbst entspringendes Moment, aber zugleich der Konflikt zwischen Seele und Leib als ein Kampf der entgegengesetzten Intentionen des *Körpers* offenbart.

Damit haben die Gestalten Michelangelos jene existenziale Vollendung erreicht, die man von jeher an ihnen empfunden hat, andrerseits ist sozusagen die Aufgabe der Kunst überhaupt damit gelöst. Was in der natürlichen wie in der geschichtlichen Wirklichkeit auseinanderbricht, fremd nebeneinander steht, sich gegenseitig zu Fragmenten verstümmelt, ist hier in der Form der Kunst in ein höheres Leben vereinheitlicht. Aber dennoch – und damit wendet sich die Erscheinung Michelangelos zu einem, gegen alles bisherige neuen Problem, zu ihrem eigentlichen *Problem* – zeigen diese Gestalten eine furchtbare Unerlöstheit: es bleibt der Eindruck, daß all ihr Sieg über irdisch individuelle Bedürftigkeit, alle titanische Vollkommenheit, alles Eingesammelt-Haben jeglicher Kraft und Bestrebung des Daseins – eine Sehnsucht zurückgelassen hat, deren Erfüllung in jene geschlossene Daseinseinheit nicht einbezogen ist. Die Deutung dieser Tatsache geht auf das entscheidende Motiv nicht nur für den Charakter der Gestalten Michelangelos, sondern auch seines künstlerischen Gestaltungsprozesses und schließlich seines Lebens selbst.

Das Schicksal nun, von dem hier die Rede ist, erhebt sich aus dem *Renaissancecharakter* seines Werkes. Die Richtung des Lebenswillens und der Sehnsucht seiner Gestalten verläuft durchaus innerhalb der Ebene des Irdischen; in ihr werden sie von einem ungeheuren Bedürfnis nach Erlösung bedrängt, nach einem Nachlassen des Druckes, nach einem Nicht-mehr-Kämpfen – einem Bedürfnis, dessen Intensität durch die gigantischen Maße ihres Seins bestimmt ist. Die Vollendung ihres Seins ist kein Widerspruch gegen dieses Begehren nach einem Volleren, Glückseligeren, Freieren: es gehört zu dem nicht leicht Ermeßlichen ihrer Existenz, daß ihre Sehnsucht als ein Teil ihres Seins in dieses eingeschlossen ist, wie ihr Sein in ihre Sehnsucht. Aber wie dieses Sein durchaus ein irdisches ist, genährt von den Kraftquellen aus allen weltlichen Dimensionen, so gilt ihr Sehnen freilich einem Absoluten, Unendlichen, Unerreichbaren – aber unmittelbar und eigentlich keinem Transzendenten; es ist ein irdisch Mögliches, wenn auch nie Wirkliches, auf das sie innerlich blicken, eine Vollendung, die keine religiöse, sondern die ihres eigenen gegebenen Seins ist, eine Erlösung, die von keinem Gotte kommt und ihrer Gerichtetheit nach nicht von ihm kommen kann, sondern die ein Schicksal aus den Mächten des Lebens ist. In jenem innersten Sinne, in dem die Sehnsucht der Wesen ihr Sein bildet, sind diese Gestalten zwar überempirisch, aber nicht überirdisch. Die religiöse Sehnsucht, wie das Christentum sie erweckt und die Gotik sie gestaltet hatte, ist wie durch eine Achsendrehung in die Richtung des Irdischen, des seinem Sinne nach Erlebbaren, obgleich nie Erlebten gefallen; sie hat die ganze Leidenschaft, das ganze Ungenügen an allem wirklich Gegebenen, die ganze Absolutheit eines »Dahin, Dahin« mitgebracht – hat in die Welt mitgebracht, was aus und in der Beziehung auf die Überwelt entstanden war. Der unendliche Verlauf irdischer Linien trat an die Stelle der Linienrichtung in das Überirdische, die, wenn man genau hinsieht, gar nicht in demselben Maße unendlich ist, sondern, wann immer es sei, an ihr Ziel und

Definitivum gelangen kann. Es ist die tiefste Bezauberung durch das Religiöse, daß sein Gegenstand ein Unendliches ist, das schließlich doch durch eine endliche Bemühung und am Abschluß eines endlichen Weges, sei es am jüngsten Tage, gewonnen wird. Transponiert sich aber das religiöse Gefühl: der Rhythmus, die Intensität, das Verhältnis des einzelnen Momentes zum Ganzen des Daseins, wie die Transzendenz des Christentums es ausgebildet hatte – in das Irdische hinein, so kehrt jenes Verhältnis sich um: dem Geiste schwebt jetzt ein Ziel vor, das seinem Wesen nach endlich ist, aber nun ist es, indem es jene Bestimmungen in sich aufgenommen hat, ein Unerreichbares, ein ideelles Ziel, das zwar der Sehnsucht ihre Richtung vorschreibt, sie aber innerhalb jedes Endlich-Ausdenkbaren zu keinem Abschluß führt. Es hat sich ein Widerspruch zwischen der Form des begehrenden und strebenden Lebens und seinem Inhalt aufgetan, der Inhalt, den jene jetzt aufnehmen soll, ist ihr nicht innerlich adäquat, da sie sich an einem ganz anderen gebildet hat. Die christliche, gotische Sehnsucht braucht den Himmel, und, sich in die irdische, die Renaissancedimension verlegend, muß sie einem Unfindbaren nachglühen oder nachstarren. Die Religion zeigt dem Menschen das ersehnte Unendliche in einer endlichen Weite, während hier ein ersehntes Endliches in unendliche Weite rückt – der verhängnisvolle logische Ausdruck dafür, daß ein Mensch mit einer religiösen, dem Unendlichen, Absoluten zugewandten Seele in das Leben und den Stil einer Zeit hineingeboren wurde, die ihre Ideale vom Himmel auf die Erde zurückgeführt und ihre letzten Befriedigungen in der künstlerischen Formung des bloß Natürlichen gefunden hatte. Seine Gestalten scheinen an Größe, Kraft, Ausgeglichenheit aller menschlichen Energien den Punkt der Vollendetheit erreicht zu haben. Es geht auf ihrem Wege nicht weiter, auf dem sie sich dennoch zu einem Weitesten fortgetrieben fühlen. Solange der Mensch noch irdisch unvollkommen ist, mag er ins Unbestimmte hinein streben und hoffen; was aber bleibt dem, den eine für ganz andere Dimensionen bestimmte Sehnsucht erfüllt, wenn er in der ihm allein gegebenen irdischen an ihr Ende gelangt ist, das er nun doch nicht als wirklichen Abschluß fühlt – was anderes als ein hoffnungsloses Hinaussehen ins Leere? Vollkommen zu sein und zugleich unselig – damit ziehen diese Gestalten den Schluß aus ihren beiden Prämissen.

Es gibt ein Werk Michelangelos, für das alle bisherigen Bestimmungen nicht gelten, in dem weder der Dualismus der Lebensrichtungen in seiner künstlerisch formalen Aufhebung fühlbar ist, noch der hoffnungslosere zwischen dem im Anschaulichen beschlossenen Gebilde und der Forderung und Begehrung des Unendlichen. In der Pietà Rondanini ist die Gewaltsamkeit, die Gegenbewegung, das Ringen ganz verschwunden, es ist sozusagen kein Stoff mehr da, gegen den die Seele sich zu wehren hätte. Der Leib hat den Kampf um seinen Eigenwert aufgegeben, die Erscheinungen sind wie körperlos. Damit hat Michelangelo das Lebensprinzip seiner Kunst verleugnet; aber wenn dies Prinzip ihn in jene fürchterliche Unerlöstheit, jene Spannung zwischen einer transzendenten Leidenschaft und ihrer körperhaften und notwendig inadäquaten Ausdrucksform verstrickte, so ist hier die Verneinung des Renaissanceprinzips dennoch nicht zur Schlichtung dieses Widerstreits geworden. Die Erlösung nämlich bleibt eine rein negative, nirwanaähnliche; der Kampf ist aufgegeben, ohne Sieg und ohne Schlichtung. Die Seele, hier von der Körperschwere befreit, hat den Siegeslauf ins Transzendente nicht angetreten, sondern ist an dessen Schwelle zusammengebrochen. Es ist das verräterischste und tragischste Werk Michelangelos, es ist das Siegel unter seine Unfähigkeit, auf dem Wege des künstlerischen, in der sinnlichen Anschauung zentrierten Schaffens zur Erlösung zu gelangen.

Dies ist das letzte, erschütternde Verhängnis seines Lebens, wie seine späten Gedichte es verkünden: daß er seine ganze Kraft, die ganze lange Mühe seines Daseins an ein Schaffen gesetzt hat, das sein endgültiges Bedürfen, seine tiefsten Notwendigkeiten nicht erfüllt hat, nicht erfüllen konnte, weil es in einer anderen Ebene verläuft, als in der die Gegenstände dieses Sehnens liegen.

> Die Lügen dieser Welt beraubten mich
> Der Zeit, gegeben um auf Gott zu schauen. –
>
> – – – – –
>
> Nicht Malen und nicht Meißeln stillt die Seele,
> Sie sucht die Liebe Gottes, die am Kreuze
> Die Arme breitet, uns darein zu schließen. –
>
> – – – – –
>
> Dem, der da lebt, kann das, was sterben wird,
> Die Sehnsucht nicht befrieden.

Es ist kein Zweifel: das tiefste, furchtbarste Erlebnis war für ihn dies, daß er schließlich in seinem Werke die ewigen Werte nicht mehr erblickte; daß er sah, sein Weg war in einer Richtung gelaufen, die ihn zu dem, was nottat, überhaupt nicht hinführen konnte. Die Konfessionen seiner Gedichte zeigen von vornherein, daß in der Kunst, die er schafft, und in der Schönheit, die er anbetet, ein Übersinnliches ist, aus dem für ihn der Wert beider fließt. Er spricht einmal von der beglückenden Schönheit des in der Kunst dargestellten Menschen; hätten aber die Unbilden der Zeit das Werk zerstört, so

– – taucht zeitlos erste Schönheit wieder auf
Und führt die eitle Lust in höhere Reiche.

Und nun war es offenbar die große Krisis seines Lebens, daß er den absoluten Wert, die über alle Anschauung hinausliegende Idee ursprünglich in der Anschauung der Kunst und der Schönheit vollgültig vertreten fand – und im Alter einsah, daß all jenes in einem Reiche liegt, zu dem es an der Hand dieser keinen Aufstieg gibt. Sein tiefstes metaphysisches Leiden war, daß dasjenige, wodurch uns das Absolute, Vollkommene, Unendliche allein offenbar wird: die Erscheinung und ihr Reiz – uns dieses zugleich verhüllt, uns zu ihm zu führen verspricht und uns von ihm wegführt. Und diese Erkenntnis wurde eben zur Krisis und zum erschütterndsten Leiden, weil sein Herz und seine künstlerisch sinnliche Passion darum nicht weniger gewaltsam und unablösbar an diesem Erscheinenden und seinem Reize haften blieben. Er sagt sich den Trost vor, den er schließlich doch im Tiefsten nicht glaubt: es könne doch keine Sünde sein, die Schönheit zu lieben, da Gott ja auch sie gemacht hätte – –.

Es ist begreiflich, daß diese Seele von der Kunst und von der Liebe beherrscht wurde; denn in dieser nicht weniger als in jener glauben wir mit dem Irdischen ein Mehr-als-Irdisches zu besitzen:

Was ich in deiner Schönheit lese, liebe,
Bleibt einer Erdenseele fern und fremd:
Wer es erschauen will, der muß erst sterben.

Es war die Schicksalsformel seiner Seele, die ganze Fülle des Unendlichen der ganzen Fülle des Endlichen abzufordern: Kunst und Liebe sind die beiden Mittel, die die Menschheit der Erfüllung dieser Sehnsucht bietet und für die das Genie und die Leidenschaft Michelangelos geboren ist – so daß er ihnen beiden verfallen bleibt, auch als er sie längst als untauglich für jene Schicksalsforderung erkannt hat. In diesem Verhältnis gipfelt sich das Gefühl auf, das seine ganze Existenz begleitet zu haben scheint: daß diese Existenz ein Fragment ist, daß ihre Stücke nicht zu einer Einheit zusammengehen. Vielleicht erklärt dies den ungeheuren Eindruck der Vittoria Colonna. Hier trat ihm vielleicht zum ersten Male der sozusagen formal in sich vollkommene Mensch gegenüber, der erste, der gar nicht Fragment und Dissonanz war; offenbar ein äußerster Fall der typischen Empfindung, die sehr vollkommene Frauen oft gerade in starken und hervorragenden Männern auslösen. Es ist gar nicht diese und jene einzelne Vollkommenheit, an die ihre Verehrung sich knüpft, sondern die Einheit und Ganzheit der Existenz, der gegenüber der Mann sein Leben als ein bloßes Bruchstück, als einen Komplex nicht fertig gewordener Elemente fühlt – gleichviel ob jedes von diesen jenes Ganze an Kraft und Bedeutung übertreffe. Als Michelangelo sie kennen lernte, war er ein alter Mann, so daß er wußte, er würde das Unvollendete seiner Existenz, das gegenseitige Sichhemmen und Abbruchtun seiner Wesensseiten nicht mehr aus eigener Kraft zur Geschlossenheit und Abrundung führen. Daher die maßlose Erschütterung beim Anblick einer Existenz, in der das Fragment keinen Platz hatte und die er deshalb in der Form des Lebens – die ihm, als dem ganz tiefen und von dem Renaissanceideal erfüllten Menschen, dessen eigentlichen Wert bedeutete – sich so unbedingt überlegen fühlte, daß ihm der Gedanke gar nicht kam, er habe doch in der Einzelheit seiner Leistungen auch etwas dagegen einzusetzen. Daher seine demütige Bescheidenheit ihr gegenüber. In die Schicht, in der ihre Vollkommenheit lag, ragte eben die einzelne Leistung als solche, wie gewaltig sie auch sei, ihrem Begriffe nach gar nicht hinein. Hier offenbart sich seine Liebe nicht als ein einzelnes, andern koordiniertes Erlebnis, sondern als die Konsequenz und Erfüllung eines Gesamtschicksals.

Und damit löst sich ein eigentümliches Problem, das sich gerade an den erotischen Zug seines Bildes knüpft. Seine Gedichte lassen durch ihre Zahl, ihren Ton und viele unmittelbare Äußerungen nicht den geringsten Zweifel, daß sein Leben fortwährend erotisch bewegt war, und zwar in der leidenschaftlichsten Weise. Oft genug bringen seine Gedichte dieses Liebesleben in symbolische Verbindung mit seiner Kunst. Und nun ist das ganz Merkwürdige: daß diese Kunst weder inhaltlich, noch stimmungsgemäß irgendein Zeichen dieser Erotik trägt. Bei allen anderen erotisch gestimmten Künstlern vibriert dieser Ton unverkennbar in ihren Gestaltungen, bei Giorgione wie bei Rubens, bei Tizian wie bei Rodin. Nichts davon bei Michelangelo. Das, was seine Gestalten zu sagen und zu leben scheinen, ebenso wie die stilistische Atmosphäre, in die die Stimmung des Schöpfers sie taucht, enthält keinen Laut dieses wie überhaupt irgendeines einzelnen Affektes. Sie stehen unter dem Druck eines allgemeinen Schicksals, in dem alle inhaltlich angebbaren Elemente aufgelöst sind. Es lastet auf ihnen und es erschüttert sie das Leben als Ganzes, das Leben als Schicksal überhaupt, das über uns allen, um uns alle liegt und nur im Verlauf der Tage sich zu Erlebnissen, Affekten, Suchen und Fliehen vereinzelt. Aus all solchen Sondergestaltungen, in denen die Tatsache des Schicksals überhaupt konkret wird, tritt der Mensch Michelangelos zurück, er offenbart diese Tatsache in ihren Eigenschwingungen, gelöst von all den Erscheinungsweisen, zu denen das Dies und Das der Welt sie veranlaßt. Aber es ist nicht die Abstraktion des Menschen der klassischen Plastik, der, von wenigen Andeutungen (besonders an griechischen Jünglingsköpfen) abgesehen, sich jenseits des Schicksals stellt. Die griechischen Idealfiguren – vor der Zeit des Hellenismus – mögen »lebendig« genug sein, aber das Leben als solches ist ihnen nicht Verhängnis, wie für die Figuren der Sixtinischen Decke und der Mediceergräber. Von hier aus nun fällt auch über seine Liebesgedichte ein Licht, das ihre Fremdheit gegen den Charakter seiner Kunst mindert. So subjektiv, zugespitzt, als unmittelbar persönliches Erlebnis die erotische Leidenschaft ihn bewegt, so ist es doch das *Schicksalsmoment* der Liebe, in dessen Herrschergewalt all ihre Fulgurationen zentrieren. Der spezifische Inhalt der Erotik ragt nicht in seine Werke hinein; aber die Tatsache des Schicksals, auf das die Liebe zurückgeführt oder zu dem sie erweitert wird, ist der Generalnenner seines Erlebens, seiner Gedichte und seiner Kunst. Nur in einigen Bildern von Hodler ist diese Empfindung wieder mächtig: die Liebe ist nicht bloß der Affekt, der auf räumlich-zeitliche Punkte beschränkt wäre, sondern sie ist eine Luft, die wir atmen und der wir nicht entfliehen können, ein metaphysisches Schicksal, das dumpf und brennend, lastend und bohrend über der Menschheit und dem Menschen liegt. Sie ergreift uns wie die Drehung der Erde, die uns mit sich herumwirbelt, ein Los, das nicht nur den Menschen, als der Summe von Individuen, zum individuellen Schicksal wird, sondern das uns wie eine objektive, durch die Welt hindurch waltende Kraft erfaßt. Daß das Einzelschicksal ein mit dem Leben überhaupt Gegebenes ist, daß der Rhythmus des Lebens das Wesentliche und Entscheidende der individuellen Lose ist, und daß jener Rhythmus ein Schweres, unentfliehbar Lastendes, jedem Atemzuge Beigemischtes ist, – das ist das Gemeinsame seiner Liebesgedichte und seiner Skulpturen. Es ist nicht das anthropomorphe Aufblasen des eigenen Loses zum Weltfatum, sondern das geniale metaphysische Fühlen des Weltwesens, aus dem ihm das eigene fließt und deutbar wird. Seine Gestalten drücken dasselbe Letzte an menschlicher Größe aus, wie seine innere Attitüde zum Leben: daß das Schicksal von Welt und Leben überhaupt den Kern und Sinn des persönlichen Geschickes bildet, und daß, von der anderen Seite gesehen, dies Persönliche nicht nach seinem ganz subjektiven Reflex, nach den verfließenden Zuständen von Lust und Leid gilt, sondern nach seiner überpersönlichen Bedeutung, nach seinem Wert als ein objektives Sein. Wenn deshalb seine späteren Gedichte von dem ewigen Verderben sprechen, das ihn erwartet, so zittert darin nicht etwa Angst vor den Leiden in der Hölle, sondern die rein innere Qual: ein solcher zu sein, der die Hölle verdient. Sie ist nur der Ausdruck für die Unzulänglichkeit seines Seins und Sichverhaltens, – absolut unterschieden von dem Zu-Kreuze-Kriechen der Schwachen. Die Hölle ist hier nicht ein von außen drohendes Geschick, sondern die logische, kontinuierliche Entwicklung der irdischen Beschaffenheit. Das schlechthin Transzendente, den Richtungen der irdischen Geschicke schlechthin Entzogene von Himmel und Hölle, wie es etwa Fra Angelico empfunden hat, lag ihm ganz fern. Auch hier offenbart sich sein ganzes Renaissancetum: an das irdisch-persönliche Dasein wird die absolute Forderung gestellt, die objektiven Werte erfüllen sich mit subjektivem Leben, – aber eben damit wird dieses der zufälligen Subjektivität der egozentrischen Zuständlichkeit enthoben. Es ist der Personalismus, den Nietzsche gelehrt hat und der ihm eine so tiefe Beziehung zum Renaissance-Ideal gab; gewiß kommt es auf das Ich und schließlich nur auf das Ich an, aber nicht auf dessen Lust- und Leidempfindungen, die sozusagen das Weltsein nichts angehen, sondern auf den objektiven Sinn seiner Existenz. Daß er in seinem irdischen, von seiner Freiheit geformten und umgrenzten Leben unvollkommen, fragmentarisch, dem Ideal untreu ist – das ist die Qual Michelangelos, und die religiös-dogmatische Vorstellung der Höllenstrafe ist nur deren zeitgeschichtlich bestimmte Projizierung. In den Qualen, von denen er sich im Jenseits erwartet glaubt, versinnlicht sich nur, daß er einem transzendenten, absoluten Ideal nach den Bedingungen seiner Zeit und Persönlichkeit nur mit den Mitteln und in der Linie eines erdhaften Daseins zustrebte und über die Brückenlosigkeit des Abgrunds zwischen beiden erschauerte.

Ich erwähnte schon den Charakter der Tragik, den die Gestalten Michelangelos zeigen, und der nun hier seine ganze Tiefe an seinem Gesamtleben wiederholt. Tragik schien uns zu bedeuten, daß dasjenige, was gegen den Willen und das Leben, als deren Widerspruch und Zerstörung gerichtet ist, dennoch aus dem Letzten und Tiefsten des Willens und des Lebens selbst wächst – im Unterschied gegen das bloß Traurige, in dem die gleiche Zerstörung aus einem gegen den innersten Lebenssinn des zerstörten Subjekts zufälligen Verhängnis gekommen ist. Daß die Vernichtung aus demselben Wurzelgrunde stammt, aus dem das Vernichtete in seinem Sinn und seinem Wert gewachsen ist, macht das Tragische aus und darum ist Michelangelo die ganz und gar tragische Persönlichkeit. Was sein Leben, das auf das künstlerisch Anschauliche, Irdisch-Schöne gerichtet war, zum Scheitern brachte, war die transzendente Sehnsucht, vor der jene Richtungsnotwendigkeit zerbrach; aber diese Sehnsucht war nicht weniger notwendig; sie stammte aus dem tiefsten Fundamente seiner Natur, und darum konnte er jener inneren Vernichtung so wenig entrinnen, wie er sich von sich selbst abtun konnte. Ihm und seinen Gestalten tritt die »andere« Welt entgegen, unbegreiflich fern, Unerfüllbares fordernd, fast mit der drohenden und schreckhaften Gebärde des Christus auf dem jüngsten Gericht, das vernichtende Schicksal ihres Lebenswillens. Aber sie sind von vornherein mit diesem Problem und Bedürfnis eines Absoluten, eines allen irdischen Maßstäben entzogenen Daseins geschlagen. Wie ihrer Sehnsucht nach dem Aufwärts das Verhängnis ihrer lastenden, herabziehenden Materialität innewohnt, so haftet an ihrem irdisch erstreckten, irdisch selbstbefriedigten Dasein von seiner Wurzel her die Sehnsucht nach einer unendlichen Erstreckung, einer absoluten Befriedigung, durch dieses ganze Dasein hin unlösbar mit ihm verflochten, die Absicht seines tiefsten Willens: die Erfüllung ihres Seins ist die Vernichtung ihres Seins. Die Kräfte und die Rhythmik, die Dimensionen, die Formen und die Gesetze, in denen, mit denen seine Existenz und sein Schaffen in der irdischen Ebene allein sich vollenden konnten, waren selbst und zugleich bestimmt, diese Ebene zu überschreiten, in ihr sich gerade nicht vollenden zu können, und so, sich zurückwendend, jenes von ihnen selbst bestimmte Leben zu dementieren. Niemals ist bei einem Menschen größter Leistungen, soweit wir von solchen wissen, das Gegnerische, Vernichtende, Entwertende ihres Daseins so unmittelbar und unabwendbar aus diesem Dasein selbst und seinen wesenhaftesten, lebensreichsten Richtungen herausgewachsen, a priori mit ihnen verbunden gewesen, ja sie selbst *gewesen*. Das Titanische seiner Natur zeigt sich vielleicht noch mehr als an seinen Werken daran, daß ihm diese Werke schließlich nichts waren, gegenüber der Aufgabe, die er seiner Seele gestellt fühlte.

Die Idee, zu deren Märtyrer Michelangelo wurde, scheint zu den unendlichen Problemen der Menschheit zu gehören: die erlösende Vollendung des Lebens im Leben selbst zu finden, das Absolute in die Form des Endlichen zu gestalten. In den verschiedensten Abwandlungen und Anklängen begleitet sie das Goethesche Leben, anhebend von dem hoffnungssicheren Ausruf des Achtunddreißigjährigen: »Wie unendlich wird die Welt, wenn man sich nur einmal recht ans Endliche halten mag!« – bis zu der mystischen, gleichsam am anderen Ende beginnenden Forderung des Neunundsiebzigjährigen, daß die Unsterblichkeit als Bewährungsmöglichkeit unserer irdischen, aber im Irdischen nicht ausgelebten Kräfte notwendig sei. Faust verlangt mit der größten Leidenschaft vom Leben, daß der absolute Anspruch sich in ihm selbst realisiere: »Er stehe fest und sehe hier sich um! – Was braucht er in die Ewigkeit zu schweifen? – Im Weiterschreiten find' er Qual und Glück.« Und doch – ein paar Seiten später muß er im Himmel von neuem anfangen, er muß »belehrt« werden, da der neue Tag ihn blendet, die ewige Liebe muß von oben an ihm teilnehmen, um ihn zu erlösen! Bei Nietzsche der gleiche Verlauf der letzten Sehnsucht: die Leidenschaft nach einem Absoluten und Unendlichen, realisiert innerhalb eines realistischen Verbleibens im Irdischen; so erwächst ihm das Vornehmheitsideal als die Erfüllung jeder äußersten Forderung durch biologische Züchtung, so die ewige Wiederkunft und der Übermensch, Ideen, die das Unendliche, das Hinausgehen über jeden real erreichbaren Punkt dem Ablauf irdischer Geschehnisse abgewinnen wollen – bis schließlich dennoch mit dem Dionysostraum eine halb transzendente Mystik die Fäden aufnimmt, die sich innerhalb des Endlichen nicht wollen bis zu den Unendlichkeitswerten spannen lassen. Niemand hatte soviel getan wie Michelangelo, um in der irdisch anschaulichen Form der Kunst das Leben in sich zu schließen, es mit sich fertig werden zu lassen, indem er nicht nur aus dem Körper und der Seele, die bis dahin am Himmel hing, eine noch nie gewonnene Einheit der Anschaulichkeit schuf, sondern alle Diskrepanzen des Erlebens, alle Tragödien zwischen seinem Oben und seinem Unten in der einzigartigen Bewegtheit seiner Gestalten, in dem Kampf ihrer Energien zum geschlossenen Ausdruck brachte. Aber indem er so die Möglichkeit, das Leben auf dem Wege der Kunst zu Einheit und Geschlossenheit zu führen, zu Ende gestaltete, wurde ihm furchtbar klar, daß an diesen Grenzen nicht das Ende lag. Es scheint das bisherige Schicksal der Menschen zu sein, daß man in der Ebene des Lebens gerade am weitesten vorgeschritten sein muß, um zu sehen, daß man in ihr wohl an ihre, aber nicht an unsere Grenze gelangen kann. Vielleicht ist es der Menschheit beschieden, einmal das Reich zu finden, in dem ihre Endlichkeit und Bedürftigkeit sich zum Absoluten und Vollkommenen erlöst, ohne sich dazu in das andere Reich der jenseitigen Realitäten, der schließlich doch dogmatischen Offenbarungen versetzen zu müssen. Alle, die wie Michelangelo die Werte und Unendlichkeiten dieses zweiten Reiches zu gewinnen trachten, ohne das erste zu verlassen, wollen den Dualismus in eine Synthese zusammendenken, zusammenzwingen; aber sie bleiben eigentlich bei der bloßen Forderung stehen, daß das eine Reich die Gewährungen des anderen hergeben soll, ohne zu einer neuen Einheit, jenseits jener Gegensätze, zu gelangen. Wie den Gestalten Michelangelos, so ist es seinem Leben zur letzten und entscheidenden Tragödie geworden, daß die Menschheit noch das dritte Reich nicht gefunden hat.

Einheit der Weltelemente
[Auszug aus *Goethe*]

Von dem unmittelbaren Phänomen der Dinge, wie es der sinnlichen Anschauung gegeben ist, geht unser Geist nach zwei Richtungen weiter. Er zerlegt einmal diese Gegebenheit in Elemente, die sich als die gleichen an noch so fremden und gegensätzlichen Gesamterscheinungen finden. Indem er die Gesetzlichkeiten in Wesen, Bewegungen und Verbindungsarten dieser Elemente erforscht, lernt er, aus ihnen – die entweder überhaupt nicht unmittelbar oder wenigstens nicht isoliert wahrzunehmen sind – die Gesamterscheinungen wieder zusammenzusetzen und sie so zu »begreifen«. Auf der andern Seite aber faßt er diese noch einmal zu höheren Gesamtheiten zusammen, die in noch prinzipiellerer Weise als jene Elemente sich der Ebene der Erscheinungen entheben und in spekulativer Weise die Begriffe der Dinge zu höchsten Einheiten steigern: sei es zu »Ideen«, sei es zu einem metaphysischen Bilde des Seinsganzen. Mag man im ganzen jene Richtung als die des »Naturforschers«, diese als die des »Naturphilosophen« bezeichnen – so schreibt Goethe 1798, er habe sich diesen beiden gegenüber »in meiner Qualität als Natur*schauer* wieder aufs neue bestätigt gefunden«, und bezeichnet schon in dem vorhergehenden Jahre sehr scharf sein Verhältnis zu jenen beiden Erkenntniswegen. »Für uns, die wir doch eigentlich zu Künstlern geboren sind, bleiben doch immer die Spekulation sowie das Studium der elementaren Naturlehre (d.h. Physik und Chemie) falsche Tendenzen.« Die positive Ergänzung zu diesen Ablehnungen gibt, zwei Jahre zuvor, eine Äußerung zu A. v. Humboldt: »Da Ihre Beobachtungen vom *Element*, die meinigen von der *Gestalt* ausgehen«, usw.

In der größten Einfachheit und Entschiedenheit ist damit das Prinzip festgelegt, mit dem Goethe sein Verständnis der gesamten Natur aufbaut und das sich als ein völlig selbständiges neben jene, in traditionellem Sinne wissenschaftlichen Methoden stellt. Man kann es als das im eminenten Sinne »synthetische« bezeichnen. Auf der einen Seite steht die Erkenntnis der »Elemente«, die physikalisch-chemische Wissenschaft, die prinzipiell im Gebiet der reinen Erscheinung verharrt, Erscheinung durch Erscheinung erklärt; denn »Naturgesetze« ebenso wie »Energien« sind hier nichts als die Formeln für die zwischen den Erscheinungen bestehenden Verknüpfungen, und auch die letzten Elemente der Analyse, mag man sie als Atome oder anders bezeichnen, stehen prinzipiell – wenn auch für unsere Sinne nicht realisierbar – innerhalb des Wahrnehmungsgebietes. Auf der andern Seite erhebt sich die »Idee«, die eben prinzipiell *nicht* Erscheinung ist, sondern diese nur als Abfall, Schattenbild, subjektives Phänomen zuläßt oder sie als *Erscheinung* überhaupt aufhebt, indem die sinnlich gegebene Gestalt sozusagen gar keine solche ist, sondern auch ihrerseits in der logisch sich entwickelnden Idee besteht. Diesen polaren Tendenzen gegenüber ist für die Goethesche Synthese die Gestalt als solche die unmittelbare Offenbarung der Idee. Alles was man mit dem Begriff dieser meint: Sinn, Wert, Bedeutung, Absolutheit, Geist, Übereinzelheit – bildet für ihn nicht mit der sinnlichen Gestaltung jenen Dualismus, dessen verschiedene Seiten die auf die »Elemente« gehende Naturwissenschaft und die auf »Ideen« gehende Spekulation ergriffen haben. Insoweit die Gestalt sichtbar gegeben ist, hat sie die volle, von keiner nicht sichtbaren Instanz erst zu entlehnende Realität; ebensoweit aber ist für den richtig eingestellten Blick all jenes Ideelle in ihr sichtbar. »Vom Absoluten im theoretischen Sinne«, so spricht er dies erschöpfend aus, »wag' ich nicht zu reden; behaupten aber darf ich: daß, wer es *in der Erscheinung* anerkannt und immer im Auge behalten hat, sehr großen Gewinn davon erfahren wird.« Und nichts andres meint er mit dem mehr symbolischen Satz: »Ich glaube einen Gott. Das ist ein schönes und löbliches Wort; aber Gott anerkennen, wie und wo er sich *offenbare*, das ist eigentlich die Seligkeit auf Erden.«

Hiermit ist die Grundformel der künstlerischen Weltanschauung ausgesprochen. Es ist zu leicht mißverständlich, wenn man den Künstler als den »Sinnenmenschen« charakterisiert, als den, der »mit den Sinnen lebt« – denn es macht das Entscheidende nicht kenntlich: was denn beim Künstler über das Passivistische, nur Hinnehmende und Genießende dazukäme, welches die Sprachkonvention als »Sinnlichkeit« versteht. Dies Entscheidende ist doch wohl, daß der Künstler eben nicht nur mit den Sinnen wahrnimmt, nicht nur ein Gefäß für jenes passive Aufnehmen und Erleben ist, sondern daß sein Wahrnehmen sogleich oder vielmehr zugleich schöpferisch ist. Das aktiv bildende Element, das vielleicht in jedem Anschauungsakte überhaupt vorhanden ist, gewinnt bei dem Künstler eine Fülle, eine Wirksamkeit, eine Freiheit, von der durchdrungen seine »Sinnlichkeit« beinahe zum Gegenteil von dem wird, was man beim Durchschnittsmenschen unter ihr versteht. Sein Schöpfertum nun ist Gestalten von Weltelementen *nach einer Idee* (und ist dies auch in der naturalistischen Kunst, die sich darüber nur zu täuschen pflegt, weil sie unter Idee immer nur eine außerkünstlerische oder wenigstens außerhalb des jeweiligen Kunstbezirks gelegene vorstellt, der Maler z. B. eine literarische, der Dichter eine moralische usw.). Da sich aber dies Schöpfertum untrennbar mit den Akten seines Anschauens und Erlebens entfaltet, *des* Anschauens und Erlebens, das Objekte, Wirklichkeiten feststellt und in sich einzieht – so ist der Künstler unvermeidlich überzeugt, *daß er die Idee anschaut*! Es ist eine allbekannte Tatsache, daß fast alle bildenden Künstler (bei den Dichtern liegt es nur komplizierter, aber nicht prinzipiell anders) genau die »Natur« wiederzugeben, nur das zu machen meinen, was sie »sehen« – auch wo sie für jedes andere Auge aufs freieste mit der Naturvorlage umgehen, die sichtbare Wirklichkeit aufs selbstherrlichste stilisieren; auch die reine Fantasiekunst scheint die Schauung durch eine innere Sinnlichkeit vorauszusetzen, die dem Künstler nicht weniger Gegebenes und Bindendes ist, als die sogenannte äußere Sinnlichkeit. Goethe hat nur mit der souveränen Intellektualität, die ihm immer über sich selbst Rechenschaft gab, ausgedrückt, was der Künstler als solcher tut: daß er »die Idee mit Augen sieht«. Daß die Idee in der unmittelbaren Realität der Dinge wohnt und wahrnehmbar ist, ist nichts andres als der objektivierende Ausdruck für die Produktivität des Künstlers, dessen Anschauen schon ein Gestalten ist. Schaute er nur in der gewöhnlichen Bedeutung der Sinnlichkeit an, so wäre er nicht produktiv, sondern rezeptiv (»das *Anschauen*«, sagt Goethe, »ist von dem *Ansehen* sehr zu unterscheiden«). Indem er nun tatsächlich produziert, d. h. aus der Idee heraus produziert, dabei aber doch Sinnlich-Wirkliches vor Augen hat und eben solches schafft – so ist es eben seine, bewußte oder bloß tatsächlich wirksame, Voraussetzung, daß das Sinnlich-Wirkliche, die »Gestalt«, als solche die unmittelbare Verkündigung und Sichtbarkeit der Idee sei. Dies formgebende, geistige, schöpferische Sehen war Goethe im höchsten Maße eigen und kam ihm vielleicht gerade darum zu besonderem Bewußtsein, weil er kein bildender Künstler war, so daß der innere Akt nicht wieder in ein sinnliches Bild mündete. Man mag seine Attitüde als intellektuelle Anschauung bezeichnen, das Wort im Ge-

gensinne zu der zeitgenössischen Philosophie verstanden. Denn was der philosophische Idealismus, insbesondere Schelling, so benennt, hieße besser: anschauende Intellektualität. Hier handelt es sich darum, daß der Denker seinen Gegenstand ohne sinnliche Vermittlung, also nicht in der durch die subjektive Besonderheit der Sinne bestimmten Erscheinung, ergreife. Das Anschauen in sinnlicher Bedeutung soll hier also gerade übersprungen werden, der Geist soll leisten, was sonst nur die Sinne leisten: sich der Wirklichkeit des Seins und So-Seins zu versichern. Während also der Intellekt hier sinnliche Funktion hat, besitzt beim Künstler die Sinnlichkeit intellektuelle Funktion, und dies macht seine Begabung aus; der Philosoph sieht das Ideelle, weil er es weiß, der Künstler weiß es, weil er es sieht. Insbesondere sein Verhältnis zu allem Rationalismus (nicht als einer Theorie, sondern als einer, diese weit übergreifenden Wesensbeschaffenheit) muß mit so scharfer Umkehrung bezeichnet werden: für den Rationalisten ist die Vernunft ein Instinkt, für Goethe ist sein Instinkt eine Vernunft.

Von etwas weiterer Peripherie her ausgedrückt, liegt das Ziel alles Wissens um die Welt da, wo – um Goethesche Terminologie zu gebrauchen – »Denkkraft« und »Anschauen« zusammengefallen sind; in dem Maße, in dem sie auseinander- oder gegeneinanderstehen, besteht Schwierigkeit, Ungelöstes, Widerspruch; deshalb führt in das ganz Definitive seiner Weltanschauung der Satz: »Alle Versuche, die Probleme der Natur zu lösen, sind eigentlich nur Konflikte der Denkkraft mit dem Anschauen.« Insoweit also ihm eine Lösung zu gelingen schien, lag sie an jenem Punkt der Vereinheitlichung beider: an dem künstlerischen, da, wo das Rezeptive der Anschauung die Idee, die Forderung der »Denkkraft«, unmittelbar ergriff. Dies ist das Apriori des Künstlers: die Sichtbarkeit der »Idee« in der »Gestalt«; und dies ist Anfang und Ende der Goetheschen Weltanschauung.

Es muß freilich mit Sorgfalt festgehalten werden, was Goethe unter »Gestalt« versteht – dasjenige nämlich, was der reine, im genauen Sinne *unvermittelte* Eindruck der Sinnlichkeit gibt. Darum ist das, was er die elementare Naturlehre nennt, die Erkenntnis der entweder nicht mehr wahrzunehmenden oder nur künstlich zu isolierenden Elemente des Seins, hier ausgeschlossen, obgleich diese prinzipiell gleichfalls in der Ebene der sinnlichen Wahrnehmung liegen. Damit aber scheint in die Substanz oder das Fundament des Goetheschen

Weltbildes etwas Zufälliges zu kommen. Denn welche Maße, welche Formen, welche Genauigkeitsgrenzen gerade unsere unbewaffneten Sinne dem Dasein entnehmen und zu Bildern gestalten – das scheint zu diesem Dasein selbst ein rein zufälliges, durch dieses Dasein selbst keineswegs prinzipiell determiniertes Verhältnis zu haben. Durch welche Fügung sollte gerade das auf diese Weise Gewonnene die Substanz der Wahrheit, der Träger der Idee sein, während die durch künstlich verschärfte Sinne gewonnenen Bilder, dem Seinsganzen jedenfalls nicht nach zufälligeren oder subjektiveren Prinzipien entlehnt, *nicht* »Gestalt«, *nicht* Offenbarungen der Idee wären? Aber gerade hierin kommt Goethes letzte Überzeugung von der Weltstellung des Menschen zu Worte. Daß die rein naturhafte physisch-psychische Ausstattung des Menschen ihm diejenigen Bilder des Daseins liefert, die für ihn die richtigen sind, die *seine* Welt zu bilden haben, denen er den ideellen Gehalt der Wirklichkeit entnimmt – das ist keine teleologisch auf das Beste oder auf die Lebenserhaltung des Menschen zielende Einrichtung, sondern eine Folge oder eine Seite der *Einheit* des natürlichen Kosmos. Innerhalb und vermöge ihrer steht jedes Wesen an einer ihm zugewiesenen Stelle und ist für sie ausgerüstet; ob zu seinem »Nutzen« oder nicht, ob zu einem irgendwo realisierten Wert oder Unwert – das kommt jetzt nicht in Frage. So sehr seine Anschauungen vom Künstlertum her bestimmt werden, so geschieht dies doch in dessen so weitem Sinne, daß er sich nicht einmal in künstlerischer Hinsicht eine Teleologie der Naturbetrachtung gestattet, da auch so die große Einheit des Ganzen partikularistisch gestört wäre; er sagt deshalb an einer Stelle, die gerade die Bedeutung seiner Naturkenntnis für seine Dichtung herausstellen will: »Ich habe niemals die Natur poetischer Zwecke wegen betrachtet.« Man könnte es etwa in seinem Sinne die *Geordnetheit* des Daseins nennen (die Natur läßt »Geordnetes gedeihen«), die dessen letzter, sich selbst genügender, in keinen definitiveren Wert erst ausstrahlender Sinn ist. Hat die Natur dem Menschen die Sinne gegeben, die er an sich vorfindet, so ordnet er sich eben mit diesen und ihrem normalen, durch sie selbst vorgezeichneten Gebrauche in die Einheit des Ganzen ein. Wesen, die das Einheitsgebot des Ganzen mit andrer Organisation erfüllen, mögen andres und anders anschauen; aber auch sie hätten sich, gerade wie der Mensch, mit den gesunden Funktionen eben dieser Organisation zu bescheiden – was nicht den Verzicht auf ein besseres Wissen, das man ersehnen könnte, bedeutet, da gerade nur das der jeweiligen Wesensart entsprechende Anschauungsbild diesen Wesen den Zugang zu der kosmischen Realität öffnete; hinüber- oder heruntergreifend verfehlt es die Stelle, an der es zum Ganzen, zum Sein außerhalb seiner in Relation steht. Die unmittelbare Anschauung, von der naturgegebenen Sinnlichkeit allein und rein bestimmt, liefert uns »Gestalten« – was weder die konkrete Analytik der Elementarwissenschaften, noch die abstrakte Synthetik der Spekulation tut. Diese beiden müssen ihm nicht nur als irreführend, sondern – das gleiche von der andern Seite gesehen – als ὕβρις erscheinen, als unfromm, weil jene Einheit des Weltseins bedrohend, in der sich jedes Wesen nur durch Ausübung der ihm *natürlichen* Fähigkeiten erhalten kann. Er schreibt: »Wie sehr mich die Howardsche Wolkenbestimmung angezogen, wie sehr mir die Formung des Formlosen, ein gesetzlicher Gestaltenwechsel des Unbegrenzten erwünscht sein mußte, folgt aus meinem ganzen Bestreben in Wissenschaft und Kunst.« Hier also beglückt ihn offenbar jene Gesetzlichkeit, die an der unmittelbaren, sinnlichen, totalen Gestalt aufgezeigt wurde, die entdeckte Norm des unzerlegt dargebotenen Naturbildes, die kein Zurückgehen auf die unsinnlichen Elemente forderte. Ich lasse dahingestellt, ob man nicht selbst unter Anerkennung dieses Apriori unsren natürlichen Fähigkeiten einen weiteren Umfang zusprechen und die Schaffung sogenannter künstlicher Sinnesschärfungen zu ihnen rechnen könnte. Goethe hat nun einmal die Grenze an der »Gestalt« gesetzt – an die Stelle also, auf die sich das *künstlerische* Interesse richtet. Indem dies für ihn bedeutet, daß sich, allem Kleineren und allem Größeren gegenüber, gerade hier die Anschaulichkeit der »Idee« bietet, war gewissermaßen der Beweis geliefert, daß sich in dem Unmittelbaren der sinnlichen Gegebenheit – in der sich ihm freilich die natürliche Totalität des Menschen äußerte – die Wahrheit und der Sinn des objektiven Daseins überhaupt erschloß. – Mit wahrhaft genialer Synthetik ist an den Punkt, wo diese Forderungen sich treffen, der Begriff des »Urphänomens« gesetzt. Denn mit ihm ist, was man als Gesetz, Sinn, Absolutes der Daseinsformen bezeichnen muß, innerhalb der Ebene der Erscheinungen selbst aufgezeigt. Das Urphänomen – so die Entstehung der Farben aus Hell und Dunkel, die rhythmische Zu- und Abnahme der Anziehungskraft der Erde als Ursache des Witterungswechsels, die Entwicklung der Pflanzenorgane aus der Blattform, der Typus der Wirbeltiere – ist der reinste, schlechthin typische Fall einer

Relation, einer Kombination, einer Entwicklung des natürlichen Daseins, und insofern einerseits etwas andres als das gewöhnliche Phänomen, das diese Grundform in trübenden Mischungen und Ablenkungen zu zeigen pflegt, andrerseits aber doch eben Erscheinung, wenn auch nur in geistiger Schauung gegeben, gelegentlich aber doch »irgendwo dem aufmerksamen Beobachter nackt vor die Augen gestellt«. Wir stellen gewöhnlich das allgemeine Gesetz der Dinge als irgendwie außerhalb der Dinge gelegen vor: teils objektiv, indem seine zeit- und raumlose Gültigkeit es von dem Zufall seiner materialen Verwirklichung in Zeit und Raum unabhängig macht, teils subjektiv, indem es ausschließlich Sache des Denkens ist und unsren sinnlichen Energien, die immer nur das Einzelne, niemals das Allgemeine wahrnehmen können, sich nicht darstellt. Diese Getrenntheit will der Begriff des Urphänomens überwinden: es ist das zeitlose Gesetz selbst in zeitlicher Anschauung, das unmittelbar in Einzelform sich offenbarende Allgemeine. Weil dies besteht, kann er sagen: »Das Höchste wäre, zu begreifen, daß alles Faktische schon Theorie ist. Die Bläue des Himmels offenbart uns das Grundgesetz der Chromatik. Man suche nur nichts hinter den Phänomenen; sie selbst sind die Lehre.« Die Grundintention des Goetheschen Geistes vollzieht damit eine sehr merkwürdige Wendung des Erkenntnisproblems. Während aller Realismus sonst von der *theoretischen Erkenntnis* als dem Ersten und Unmittelbaren ausgeht und ihr die Fähigkeit zuspricht, das objektive Dasein aufzunehmen, abzubilden, getreu auszudrücken, wird der Fußpunkt hier wirklich im Objekt selbst genommen; das Ineinander-Aufgegangensein zwischen ihm und dem Erkenntnisgedanken ist keine erkenntnistheoretische, sondern eine metaphysische Tatsache. Nicht in dem Spinozistischen Sinne, als wären das äußere Ding und sein theoretisches Äquivalent zwei Seiten oder Qualitäten eines einheitlichen Absoluten; denn hier haben beide Momente einen abstrakten, unsinnlichen Charakter, während für Goethe die sinnliche Gestalt schon, in unmittelbarer Einheit, geistiger Erkenntnisinhalt *ist*. Diesen letzteren für sich stellt unsre an Kant orientierte Denkgewohnheit stets voran und gewinnt erst von ihm aus ein entweder einheitliches oder diskrepantes Verhältnis zu den Dingen; darum ist es uns schwer, uns in die Goethesche Attitüde hineinzudenken, für die nicht das Erkennen, sondern der Weltzusammenhang das Erste und Letzte ist. Dieser lebt unmittelbar an den Phänomenen und alles »Erkenntnisvermögen« eines jeweiligen

Subjekts ist ihm so an- und eingepaßt, daß es keinen Inhalt für sich jenseits der ihm gegebenen Erscheinungen suchen kann; sondern indem es das Phänomen aufnimmt, das in der Sinnlichkeit, d. h. in der unmittelbaren Relation von Subjekt und Objekt entsteht, hat es alles, was für uns Wahrheit, Theorie, Gesetz, Idee sein kann. Mit unsern gewöhnlichen erkenntnistheoretischen Voraussetzungen und Kategorien ist dies nicht zu deuten, sondern es fordert, um begriffen (gleichviel, ob dann gebilligt oder verworfen) zu werden, eine von jenen völlig abweichende Grundposition. Daß die erfahrene Gestalt, das sinnliche Phänomen, wenn nur in seiner Reinheit und Ursprünglichkeit, zuhöchst als Urphänomen erfaßt, an und mit sich selbst schon das ideelle Gesetz, die Form des Begreifens und Erkennens darbietet – das ist selbst ein Urphänomen, über das innerhalb dieser Weltanschauung nicht hinausgefragt werden kann. Die Schwierigkeit, diese Ineinsbildung von Sinnlichem und Intellektuellem wirklich von innen her zu verstehen, hat Goethe gerade durch die Selbstverständlichkeit gesteigert, mit der er sie empfand; so daß er den gleichen Ausdruck für jeden Teil dieser Synthese ohne weiteres in dem gewöhnlichen Sinne und in seinem besonderen, prägnanten gebrauchte. »Was uns so sehr irre macht«, sagt er einmal, »wenn wir die Idee in der Erscheinung anerkennen sollen, ist, daß sie oft und gewöhnlich den Sinnen widerspricht. – Die Metamorphose der Pflanzen widerspricht unsern Sinnen.« Für den allgemeinen Sprachgebrauch ist doch die Erscheinung dasjenige, was innerhalb und vermittels der Sinne besteht; daß also in der *Erscheinung* etwas gesehen werden soll, was den *Sinnen* widerspricht, erscheint ganz unsinnig. Und gerade die Metamorphose der Pflanzen verteidigte er gegen Schiller, der sie in das Ideenreich verweisen wollte, als das mit Augen Sichtbare. Begreiflich ist alles dies nur dadurch, daß ihm, als dem Künstler, die Sinnlichkeit eben von vornherein mehr war, als sie dem Sprachgebrauch ist, daß in ihr das intellektuelle Vermögen wirkte, daß er mit den »Augen des Geistes« »anschaute«. Den Sinnen in jener gewöhnlichen Bedeutung widerspricht das Ideelle, es muß und soll ihnen widersprechen, weil es auf die Seinstotalität geht und jene Sinnlichkeit ein ganz partielles, sozusagen künstlich isoliertes Vermögen ist, das also auch nur eine Einseitigkeit und Abgestücktheit des Wirklichen erfassen kann. Wo der *ganze Mensch* anschaut, jenseits der Goethe so verhaßten Getrenntheit der »oberen und unteren Seelenvermögen«, da fällt der Widerspruch fort und die volle Wirklichkeit, d. h.

die in der Erscheinung offenbarte Idee wird mit den Sinnen erschaut, die jetzt nur der Kanal für die ungeteilte Lebensströmung sind.

Daß auf diese Weise jene Harmonie von Bewußtsein und Sein erreicht wird, ist Gegenstück und Ergänzung des früher dargestellten Grundmotivs des Erkennens: daß der Träger der Wahrheit an der »wahren« Vorstellung im tiefsten Grunde nicht der Inhalt in seiner ideellen Abstraktheit und logischen Verantwortung ist, sondern die Rolle, die diese Vorstellung als Lebensmoment, als Prozeß, als tatsächliche Relation zwischen Mensch und Welt spielt. Hier stehen wir an einer äußersten Grenze der Goetheschen Prinzipienbildung, die deshalb so schwer darstellbar ist, weil er gerade diese letzten Dinge nur fragmentarisch, oft nur andeutend ausgesprochen hat und in Sonderfärbung durch den jeweiligen Gegenstand, die jeweilige Stimmung, die die Äußerung hervorriefen. Es handelt sich schließlich immer um das große Motiv, das man, etwas verschwimmend und unzähliger Modifikationen bedürftig, als die Identität von Wirklichkeit und Wert bezeichnen muß – »der Begriff vom Dasein und der Vollkommenheit ist ein und eben derselbe«, heißt es in einer kleinen Studie aus der Mitte seiner dreißiger Jahre. Auch der theoretische Wert hat seine letzte, prinzipielle Begründung nicht in den logisch-sachlichen Verhältnissen der sozusagen freischwebenden Inhalte, die ein abstraktes Wahrheitsrecht unabhängig von aller seelischen – ebenso wie physischen – Verwirklichung einschlössen; sondern gerade aus der Wirklichkeit ihres Vorgestelltwerdens und aus dem realen Verhältnis von Einheitlichkeit und Förderlichkeit zwischen dem Subjekt und der Welt, das sich durch sie ausdrückt oder herstellt, entsteht ihr Wahrheitswert, oder vielmehr, das *ist* ihr Wahrheitswert, bzw. sein Gegenteil. Wie es also auf der Seite des subjektiven Vorstellens eine Wirklichkeit ist, die unmittelbar auch Wahrheitswert ist – so sind auf der Seite des Objekts die Phänomene selbst »die Lehre«. Nur das Reine, das Urphänomen an ihnen braucht unverworren angeschaut zu werden, damit sie die Wahrheit selbst seien. Wie es im Subjekt der Lebens*prozeß* ist, der seine Inhalte erzeugt und ihnen ausschließlich aus *seiner* Kraft, Geordnetheit, Weltrelation heraus auch ihre theoretische Bedeutung gibt, die sie aus keiner bloß ideellen, lebensfreien Norm ziehen könnten – so schafft der rastlose Prozeß des Daseins, jene kontinuierliche Dynamik, die sich sogar als »ewige Mobilität aller (organischen) Formen« äußert, die einzelnen als Daseinsinhalte dastehenden Phänomene. Darum ist das Gesetz, die Idee, die dem abstrahierenden Verstande gewissermaßen jenseits dieser zu stehen und sie in das zufällige Dasein zu entlassen scheint, *in* ihnen, *an* ihnen selbst sichtbar. Jedes Ding ist nur ein Pulsschlag des Welt-*prozesses*, und offenbart deshalb, richtig beschaut, dessen Totalität von Wirklichkeit und Wert, Sinnenbild und Idee.

Dies hat die wichtige Folge: wenn in der richtig aufgefaßten, die Wahrheit bedeutenden Sinneserscheinung oder Gestalt die Idee wohnt und anschaulich ist – so ist also diejenige Erscheinung nicht wahr, sondern muß ein Trugbild sein, in der die Idee nicht aufzeigbar ist, die deren Forderungen nicht genügt! Ist Wirklichkeit und Wert im metaphysischen Grunde eines, so kann Wirklichkeit nicht sein, wo nicht Wert ist. Der Realismus des Goetheschen Weltbildes, auf den er so entschiednen Ton legt, die strenge Treue gegenüber dem gegebenen Objekt, die er fordert, ist also dem »Idealismus«, der Sichtbarkeit oder, in metaphysischem Bilde, der Wirksamkeit der Idee so wenig entgegengesetzt, daß vielmehr die herauserkannte Idee uns erst sicher macht, die objektive Wahrheit der Erscheinung ergriffen zu haben.

Entwicklung [Auszug aus *Goethe*]

Ich glaube, von jeder Idolatrie für ihn frei zu sein; es mag stärkere, tiefere, anbetungswürdigere Existenzen und Leistungen gegeben haben, als die seinige. Aber in jenem ist er, dem Grade nach, einzig: ich weiß von keinem Menschen, der den Nachlebenden mit dem, was doch schließlich nur als seine einzelnen Lebensäußerungen dasteht, die Anschauung einer so hoch über all dies Einzelne erhabenen Einheit seines Seins überhaupt hinterlassen hätte.

Sucht man nun das diesem Höchsten und nur als Anschauung Erfaßbaren Nächstgelegene, eben noch Beschreibbare auf, so begegnet man vielleicht einem noch Allgemeineren, die Persönlichkeit noch mehr nach ihrer Form Charakterisierenden, als dem Künstlertum. Es erscheint als das vollkommenste Leben, wenn man nur aus dem geistigen Detumeszenztrieb heraus, aus dem Bedürfnis, das subjektive Leben zu äußern, existiert und sicher ist, damit das objektiv Wertvolle zu schaffen, das vor den bloß auf die Inhalte gehenden Kriterien bestehen kann. Ich habe es oft ausgesprochen, daß ich hierin die durchgehende Formel des Goetheschen Lebens sehe, und wenn diese letzten Seiten zeigten, daß er in der Jugend den subjektiven Prozeß, im Alter die objektiven Inhalte dominieren ließ, so waren das doch nur Akzentverschiebungen und Entwicklungsstadien innerhalb jener Gesamtrelation seines Lebens zum Weltsein. Die innerpersönlichen Faktoren nun, deren Verhältnis diese Eudämonie seiner Existenz trugen, kann man bezeichnen als: das Maß der Gesamtkraft der Natur und die Talente. Wie sich beides sonst am Menschen findet, scheint es in erheblichem Maße von einander unabhängig zu sein. Wie viele sind in Unfruchtbarkeit, in ein Mißverhältnis gerade zu dem ihnen äußeren Dasein gefallen, ja, sind zugrunde gegangen, weil ihre Kraft nicht für ihre Talente oder ihre Talente nicht für ihre Kraft ausgereicht haben! oder weil ihre Begabungen so angeordnet waren, daß die Kraft sich in ihnen unwirksam verzehrte, oder daß sie sich in einer Reihenfolge entwickelten, die der allmäligen Entfaltung der Kraft nicht entsprach! Die Maschine hat mehr Dampf, als ihre Konstruktion vertragen kann, oder diese ist auf eine größere Leistung angelegt, als zu der ihr Dampf zureicht. Aber von allen glücklichen Harmonien, die man dem Goetheschen Wesen zugesprochen hat, liegt hier vielleicht die tiefste, die sozusagen von ihm selbst aus entscheidende. Gewiß hat auch seine Kraft sich hier und da in »falsche Tendenzen« verrannt, hat einen Auslaß da gesucht, wo das Talent ihr keinen hinreichend breiten Kanal bot. Sieht man aber genau hin, so waren das immer nur Anlaufrückschritte, nach denen sich das Gleichgewicht zwischen Kraft und Talent um so vollkommener herstellte – jene dem subjektiv aus sich herauslebenden Leben entsprechend, dieses das Mittel, durch das dieses Leben dem Dasein außerhalb seiner und den objektiven Normen gemäß verlaufen kann. Damit also wurde die Harmonie seiner inneren Struktur zum Träger jener Harmonie ihrer selbst mit allem Objektiven. Diese formale Grundsubstanz seines Lebens sahen wir nun sich in den Stilgegensätzen zwischen Jugend und Alter entfalten, wie sie so radikal unter den großen uns bekannten Menschen sich vielleicht nur bei Friedrich d. Gr. spannen – abgesehen von den (unter besonderen Bedingungen stehenden) religiösen Innenrevolutionen, bei denen man aber nicht recht von einer Entwicklung zwischen den Polen, sondern von Umspringen von einem zum andern sprechen kann. Hieran zeigt sich nun die weitere große Gleichgewichtsform seines Lebens: in dessen Bilde ist dasjenige Maß von Beharrendem, Gleichbleibendem, zu fühlen, das den Eindruck des sich Wandelnden, lebendig sich Umgestaltenden auf ein Maximum bringt – und dasjenige Maß von Wechsel, auf Grund dessen das Einheitlich-Durchhaltende zu seiner größten Eindrucksstärke gelangt. Indem jede dieser Vitalformen ihren Gegensatz und sich an ihrem Gegensatz aufs vollkommenste entfaltete, realisiert sich der spezifisch *organische* Charakter dieses Daseins, da uns der Organismus doch als das Wesen erscheint, das, im Unterschied gegen allen Mechanismus, den Fluß unaufhörlichen Wandels mit einem beharrend identischen, nur mit dem Wesen selbst zerstörbaren Selbstsein in Eins faßt. An Friedrich d. Gr. ist dieser durchhaltende Faden, der sich in Jugend und Alter zu so anders aussehenden Geweben verspinnt, viel weniger zu fühlen. Nun muß man freilich auch bei Goethe nicht nach einem durch Jugend und Alter hindurch konservierten *Inhalt* von Leben und Geist suchen; wäre dieser auch zu finden (etwa in dem Künstlertum oder der pantheistischen Tendenz), so würde er doch nicht das hier Entscheidende sein. Ein beharrender Inhalt ist als solcher immer etwas Starres, ganz genau gesehen ist er nicht *dasjenige* Bleibende, das dem *Leben* den Dienst leistet, seine Wandlungen zusammenzuhalten; viel enger vielmehr ist jenes Bleibende diesen Veränderungen verbunden, als ein begrifflich fixierbarer Inhalt es könnte. Es ist vielmehr ein Funktionelles oder ein *Gesetz*, das nur von und in Veränderungen existiert oder – bildlich gesprochen – ein Anstoß, der die individuelle Existenz von Anfang bis Ende trägt und sie als der reine und gleiche durch alle ihre Richtungen und Windungen hindurchträgt. Für Goethes Überzeugung selbst lebt der Charakter des Menschen nur an seinen Handlungen: »die Quelle«, sagt er in bezug darauf, »kann nur gedacht werden, insofern sie fließt«; und: »die Geschichte des Menschen ist sein Charakter«. Mit alledem sei nur ausgedrückt, daß die Einheit und Permanenz in den Entwicklungswandlungen des Lebens, davon das Goethesche vielleicht das anschaulichste Beispiel ist, nichts irgendwie *außerhalb* dieser Wandlungen Stehendes ist; vielleicht ist sogar der Gegensatz des Bleibenden und des Sich-Verändernden nur eine nachträgliche Zerlegung, durch die wir die an sich unbegreifliche Tatsache des Lebens in unsere Auffassung überführen. Für die Art nun, wie sehr entgegengesetzte Entwicklungsmomente die durchhaltende, geformte Einheit in sich tragen, gibt Goethe einen, gerade in bezug auf sich selbst höchst bedeutsamen Hinweis. Es gehört nämlich zu seinen großen Geistesmotiven, daß das Leben in jedem Augenblick, an jeder seiner Entwicklungsstellen ein in sich vollkommenes, selbständig und nicht erst als Vorbereitung auf ein Endstadium oder als Vollendung eines vorangegangenen wertvolles wäre oder jedenfalls sein kann. »Der Mensch wird in seinen verschiedenen Lebensstufen wohl ein anderer, aber er kann nicht sagen, daß er ein besserer werde.« Dann beschreibt er die Anforderungen, die ein Schriftsteller auf *allen* Stufen seines Schaffens erfüllen soll und fährt fort: »Dann wird sein Geschriebenes, wenn es auf der Stufe recht war, wo es entstanden, auch ferner recht bleiben, der Autor mag sich auch später entwickeln und verändern wie er wolle.« Im Tiefsten diesem Motiv zugehörig ist die Bemerkung, das Werk eines großen Künstlers sei in jedem Stadium seines Vollendetwerdens ein Fertiges.

Diese Selbstgenügsamkeit jedes Lebensmomentes, als welche sich die Fundamentalwertigkeit des Lebens überhaupt ausspricht, liegt nicht nur in der Unabhängigkeit von der Zukunft, sondern auch in der von der Vergangenheit. Ich verweise auf die wunderbare Äußerung von der »Erinnerung«, die er »nicht statuiert«, weil das Leben dauernde Entwicklung und Höherbildung wäre und sich nicht an ein Starres, als vergangen Gegebenes binden könne, sondern dies nur als dynamische Wirkung in die dadurch erhöhte Gegenwart aufnehmen dürfe. Er ist 82 Jahre alt, als er sagt: »Da ich immer vorwärts strebe, so vergesse ich, was ich geschrieben habe, wo ich dann sehr bald in den Fall komme, meine Sachen als etwas durchaus Fremdes anzusehen.« Seine tiefe Abneigung gegen alle teleologische Betrachtung muß damit zusammenhängen: seiner Überzeugtheit von dem in sich zulänglichen Sinn jedes Existenzmomentes widersprach es, daß irgend ein solcher erst von einem über ihn hinausliegenden Endzweck seine Bedeutung entlehnen sollte. Wenn man will, kann man auch die pantheistische Tendenz, für die jedem Daseinsstück die Totalität des Daseins überhaupt innewohnt, keines also über sich hinaus kann und hinaus braucht, hier auf den Zeitverlauf des Lebens übertragen sehen. Jede Lebensperiode enthält die Ganzheit des Lebens in sich, nur jedesmal in anderer Form, und es liegt kein Grund vor, ihre Bedeutung aus einer Relation zu einem Vorher oder Nachher zu schöpfen; jede also hat ihre eigene Möglichkeit der Schönheit und Vollendung, der jeder anderen unvergleichbar, aber als Schönheit und Vollendung gleich. Dies ist die Art, wie er von der Kategorie des Wertes aus und von der unmittelbaren Wertempfindung seines Lebens her, die Unaufhörlichkeit der Wandlung und die schroffe Entgegengesetztheit der Lebensperioden mit einem durch sie alle hindurchgelebten Einen und Gleichen zusammenfühlen konnte.

Weil aber jede dieser Perioden – wenigstens der Idee und Annäherung nach – in sich vollendet war, darum hat er sich auch wirklich ausgelebt. War es der große Zauber dieses Lebens, seine rastlose Entwicklung mit eben dieser Vollendung und Selbstgenugsamkeit seiner Abschnitte zu vereinen, so hatte nun auch das Greisenalter seine Perfektion in sich. Es war nicht, wie bei vielen andern, nur der Abschluß der Vergangenheit, der nur von dieser sozusagen formalen Würde und im übrigen nur von dem Inhalte dessen, was war, getragen war und seinen Sinn bezog, wie die abendlichen Wolken noch von der Sonne, die versunken ist, mit ihren Farben gekrönt werden. Sondern seine Bedeutung verdankte es sich allein, unvergleichbar mit allem Früheren, mit dem es dennoch durch eine kontinuierliche Entwicklung verbunden war. Aber eben um dieser geschlossenen Positivität willen wies es auch nicht auf ein überirdisches Weitergehen hin, sondern es war dem Hier verhaftet, wie die ganze Goethesche Existenz, und nur soweit in ein Transzendentes hinüberreichend, wie diese ganze Existenz an jedem ihrer Punkte es war. Dagegen scheint sich natürlich sofort die Äußerung zu Eckermann zu wenden, die Natur sei verpflichtet, ihm eine weitere Existenzform anzuweisen, wenn die jetzige seinen Kräften nicht mehr aushielte. Ich sehe hier von seinem Unsterblichkeitsglauben überhaupt ab, dessen spekulative Mystik mit den Entwicklungsstadien des empirischen Lebens nichts zu tun hat. Nur die Begründung aus der unausgelebten Kraft, den unausgeschöpften Möglichkeiten geht uns an. Und ich kann nicht leugnen, daß ich hier an eine Selbsttäuschung Goethes glaube – eine Unbeweisbarkeit natürlich, die sich nur auf einen aus vielen Imponderabilien unkontrollierbar erwachsenen »Eindruck« gründet. Der Reichtum seiner Natur gab seiner Gesamtkraft nur außerordentlich viele Ausformungsmöglichkeiten und weil er jeweils nur eine von ihnen ergreifen konnte, in die dann auch seine ganze Kraft ging, so blieben alle die statt dieser möglichen natürlich unrealisiert – und im Gefühl davon meinte er, daß er auch zu all diesen die *Kraft* gehabt hätte. Weil er allerdings Töpfe *oder* Schüsseln machen konnte, schien es ihm, er hätte Töpfe *und* Schüsseln machen können. Ich glaube vielmehr, daß er seine Kraft wirklich zu Ende gelebt hat; und das ist kein Manko, sondern gehört gerade zu den Wundern seiner Existenz; er gehörte zu denen, die wirklich zu Ende kamen und keinen Rest hinterließen. Hier kommt ersichtlich dasjenige zu seiner letzten Formulierung, was ich vorhin über die Harmonie zwischen seiner Kraft und seinen Talenten sagte: nicht nur haben sich seine Talente in seiner Kraft ohne Rückstand entfaltet, sondern auch seine Kraft hat sich in seinen Talenten erschöpft. Soweit wir überhaupt in solchen Dingen urteilen dürfen, sind nur abstrakte Möglichkeiten seines Wesens unrealisiert geblieben (was sozusagen nur ein logischer, aber kein vitaler oder metaphysischer Ausfall ist), seine konkreten Möglichkeiten aber hat er ausgeschöpft und brauchte ihretwegen nicht »in die Ewigkeit zu schweifen«.

All diese in seiner »Idee« angelegten und näher zu ihr, als irgend sonst, anschaubar gewordenen Vollendungen kann man nun endlich als die der reinen, durch keinen speziellen Inhalt differenzierten Menschlichkeit überhaupt ansprechen. Wir empfinden seine Entwicklung als die typisch menschliche – »auf deinem Grabstein wird man lesen: Das ist fürwahr ein Mensch gewesen«, in gesteigerteren Maßen und klarerer Form zeichnet sich an ihm, in und unter all seinen Unvergleichlichkeiten, die Linie, der eigentlich jeder folgen würde, wenn er sozusagen seinem Menschentum rein überlassen wäre. Auch daß er in vielem ein Kind seiner Zeit war und historisch überwunden ist, gehört dazu: denn der Mensch als solcher ist ein historisches Wesen, und sein allen andern Wesen gegenüber Einziges ist, daß er zugleich ein Träger des Überhistorischen in der Form der Seelenhaftigkeit ist. Gewiß ist Unklarheit und Mißbrauch genug an den Begriff des »Allgemein-Menschlichen« gebunden worden. Es ist auch vergebens, ihn analytisch aus den Individuen heraus abstrahieren zu wollen. Er geht vielmehr auf eine noch wenig untersuchte und auch hier nicht näher zu untersuchende, praktisch aber fortwährend ausgeübte Fähigkeit unsres Geistes zurück: in einer vorliegenden, insbesondere seelischen Erscheinung unmittelbar zu unterscheiden, was ihr rein Individuelles und was ihr Typisches, aus ihrer Art oder Gattung ihr Zukommendes ist; durch einen intellektuellen Instinkt oder durch die Wirksamkeit einer Kategorie spüren wir an gewissen Seiten einer menschlichen Erscheinung ein Schwergewicht, ein breiteres Hinausgreifen über dies einmalige Vorkommen, das wir als das Allgemein-Menschliche bezeichnen und mit dem wir ein dauerndes Besitztum oder Entwicklungsgesetz der Gattung Mensch, einen zentralen Nerv, der ihr Leben trägt, meinen. Und dies ist nun das unsäglich Tröstende und Erhebende der Erscheinung Goethe: daß einer der größten und exzeptionellsten Menschen aller Zeiten genau den Weg dieses Allgemein-Menschlichen gegangen ist. In seiner Entwicklung ist nichts von dem sozusagen Monströsen, qualitativ Einsamen, mit nichts in Parallele zu Stellenden, das der Weg des großen Genies so oft zeigt, mit ihm hat das schlechthin Normale erwiesen, daß es die Dimensionen des ganz Großen ausfüllen kann, das ganz Allgemeine, daß es, ohne sich selbst zu verlassen, zu einer Erscheinung von höchster Individualität werden kann. Alles untergeistige Wesen steht jenseits der Frage von Wert und Recht, es *ist* schlechthin. Höhe aber und Bedrängnis des Menschen preßt sich in die Formel zusammen, daß er sein Sein rechtfertigen muß. Er glaubt das dadurch vollbracht, daß er, über das Allgemeine der menschlichen Existenz überhaupt hinaus einen einzelnen Inhalt ihrer zu einer Vollendung bringt, die sich an einer sachlichen, nur für diesen Inhalt geltenden Skala mißt: einen intellektuellen oder religiösen, einen dynamischen oder gefühlshaften, einen praktischen oder künstlerischen. Goethe aber hat – das höchste Beispiel einer unendlichen Annäherungsreihe – in der Summe und Einheit seiner Leistungen, in deren Verhältnis zu seinem Leben, in dem Rhythmus, der Tönung, der Entwicklungsperiodik dieses Lebens, das allgemein und absolut *Menschliche* jenseits oder über all jenen einzelnen Perfektionen nicht nur als Wert gefordert, sondern als Wert gelebt: er ist die große Rechtfertigung des bloßen Menschentums *aus sich selbst heraus*. Er bezeichnet einmal als den Sinn aller seiner *Schriften* »den Triumph des Rein-Menschlichen«; es ist der Gesamtsinn seiner *Existenz* gewesen.

IV. Anhang

»Jenseits der Schönheit«
Simmels Ästhetik – originärer Eklektizismus?
Nachwort von Ingo Meyer

Simmel-Rezeption erscheint momentan dreifaltig; der soziologische Klassiker ist fest installiert; in der Philosophie, die Simmel stets als ureigenste Domäne erachtete (GSG 22: 342),[1] findet er nicht statt,[2] und in den ästhetischen Disziplinen lassen sich nur punktuelle Zugriffe aufweisen, kein einheitliches Bild. Die Spezialisten kennen natürlich die Rodin-Essays und das *Rembrandt*-Buch oder wissen von seiner Landschafts-Ästhetik,[3] auch im Rahmen der Beschäftigung mit Benjamin, George, Lukács oder von Hofmannsthal kann der Name begegnen, generell aber ist Matthias Christen zuzustimmen, der Simmel als »Kellerkind« der Literaturwissenschaft identifiziert.[4]

---

1 Belege aus der Georg Simmel-Gesamtausgabe, hg. v. Otthein Rammstedt, Frankfurt/M. 1989 ff., als »GSG« mit Bandangabe und Seitenzahl fortan im laufenden Text. Die Seitenzahlen in eckigen Klammern verweisen auf die Belegstellen in vorliegender Auswahlausgabe.

2 Dies mag am Mangel griffiger Thesen oder Schlagwörter liegen, wie schon Klaus Christian Köhnke, *Der junge Simmel in Theoriebeziehungen und sozialen Bewegungen*, Frankfurt/M. 1996, 14, mutmaßt. Ausnahmen in der philosophischen Wertschätzung sind Hans Blumenberg, »Geld oder Leben. Eine metaphorologische Studie zur Konsistenz der Philosophie Georg Simmels«, in: *Ästhetik und Soziologie um die Jahrhundertwende: Georg Simmel*, hg. v. Hannes Böhringer u. Karlfried Günder, Frankfurt/M. 1976, 121-134, hier 130, für den die *Philosophie des Geldes* zu den wenigen postnietzscheanisch-originären Entwürfen zählt, und Michael Theunissen, »Die Gegenwart des Todes im Leben«, in: Ders., *Negative Theologie der Zeit*, Frankfurt/M. 1991, 197-217, hier 213 ff., für den Simmel »als einziger in der Moderne«, a.a.O., 215, der Todesproblematik nicht über Begriffsstrategien ausweicht.

3 Z.B., in einem phänomenologischen Ansatz, Manfred Smuda, »Natur als ästhetischer Gegenstand. Zur Konstitution von Landschaft«, in: *Landschaft*, hg. v. dems., Frankfurt/M. 1986, 44-69, hier 54.

4 Matthias Christen, »Essayistik und Modernität. Literarische Theoriebildung in Georg Simmels ›Philosophischer Kultur‹«, in: *DVjS* 66 (1992): 129-159, hier 131. Nur einige weiterführende Titel: Gert Mattenklott, »Der mythische Leib. Physiognomisches Denken bei Nietzsche, Simmel und Kassner«, in: *Mythos und Moderne. Begriff und Bild einer* Rekonstruktion, hg. v. Karl Heinz Bohrer, Frankfurt/M. 1983, 138-156; Lorenz Jäger, »Zwischen Soziologie und Mythos. Hofmannsthals Begegnung mit Werner Sombart, Georg Simmel und Walter Benjamin«, in: *Hugo von*

Simmel und die Ästhetik: Zunächst war es für einen (wenngleich außerordentlichen, bis 1914 unbesoldeten) Universitätsphilosophen seit den heroischen Jahren des deutschen Idealismus durchaus üblich, auch »Ästhetik zu lesen« bzw. ihr einen systematischen Platz anzuweisen, so daß Jean Paul schon 1804 beklagen konnte: »Von nichs wimmelt unsere Zeit so sehr als von Ästhetikern.«[5] Die eigentliche Inflation zumeist völlig kunstferner Entwürfe jedoch beginnt im Vormärz, kaum ein Junghegelianer mochte darauf verzichten, auch eine Ästhetik vorzulegen, und gerade zu Simmels Zeiten sind die »Grundlegungen«, »Einführungen«, »Vorschulen« und »systematischen Abrisse« von heute längst vergessenen Autoren Legion.

Damit ist bereits die entscheidende Differenz Simmels zur Tradition benannt. Zwar heißt es noch in der Vorlesung zur Philosophie der Kunst vom Wintersemester 1913/1914: »Es handelt sich hier nicht um Ästhetik, sondern um Philosophie der Kunst. Ästhetik nimmt die Kunst hin, analysiert sie, philologisch, historisch, technisch. Ihr Gegenstand sind die Inhalte der Kunst. Philosophie aber will das Wesen der Kunst aus den Kategorien begreifen, die weltenformend sind. Ästhetik fragt nicht über die Kunst hinaus. Philosophie stellt die Kunst in den Zusammenhang eines Weltbildes« (in GSG 21), doch werden schon zu Simmels Zeiten die Grenzen durchlässiger. Zu betonen ist, daß sein Nachdenken über ästhetische Gegenstände Kunsttheorie *in actu*, tatsächlich einem Sich-Einlassen auf die Phänomene geschuldet ist und nichts weniger als kunstphilosophische Exekution im Gesamtsystem gemäß dem am Reißbrett deduzierten Ort darstellt. Simmel kündigt früh an, eine Philosophie der Kunst geben zu wollen, reiche nur die Zeit,[6] doch erst der *Rembrandt* von 1916 versucht, eine Art Resümee zu ziehen – und auch hier ist sie am konkreten Material entwickelt.

Dieser Mangel an Systematizität, der in der Soziologie mit wenig

---

Hofmannsthal. Freundschaften und Begegnungen mit deutschen Zeitgenossen, hg. v. Ursula Renner u. G. Bärbel Schmid, Würzburg 1991, 95-107; Stefan Breuer, *Ästhetischer Fundamentalismus. Stefan George und der deutsche Antimodernismus*, Darmstadt 1995, 169ff.; kritisch, aber uninformiert: Gérard Raulet, »Die Ruinen im ästhetischen Diskurs der Moderne«, in: *Ruinen des Denkens – Denken in Ruinen*, hg. v. Norbert Bolz u. Willem van Reijen, Frankfurt/M. 1996, 179-214, hier 181f.

5 Jean Paul, »Vorschule der Ästhetik«, in: Ders., *Werke*, hg. v. Norbert Miller, München 1959ff., Bd. 5, 7-456, hier 22.

6 Brief an Heinrich Rickert v. 8. Mai 1905, GSG 22: 512.

Recht zu den traditionellen Vorwürfen zählt,[7] in Simmels Ästhetik ist er nicht zu leugnen. Dies macht umfassendere Deutungsansätze naturgemäß schwierig – *daß* die Ästhetik im Simmelschen Denken eine nicht unerhebliche Rolle spielt, ist seit langem bekannt, doch divergieren die Interpretationen dieses Interesses beträchtlich. Sibylle Hübner-Funk faßte Simmels »praktisch wie theoretisch ästhetische Einstellung zur Welt« einst neomarxistisch als »Ausdruck seines schichtspezifischen Entfremdungsgefühls«[8] und legte, wohl angesichts dieser offenkundig unzureichenden Lesart, einen Neuansatz vor, der ästhetische Prämissen der Vergesellschaftung als auch der soziologischen Theoriebildung betont;[9] Hannes Böhringer sah bei Simmel ein Ästhetischwerden der Theorie im Sinne Adornos;[10] Klaus Lichtblau gar eine dezidiert ästhetische Epistemologie,[11] zuletzt noch ein konsequentes Ausbuchstabieren ästhetisch imprägnierter sozialer Alltagsphänomene.[12]

In letzter Zeit wurde häufiger betont, daß sich Simmel soziologischen Sachverhalten zunächst ästhetisch nähert, die »Vorrede« aus der *Philosophie des Geldes* (GSG 6: 12 f.), die Ausdeutung der »Senkblei«-Metapher (GSG 6: 719; GSG 7: 120; GSG 15: 311 u. ö.) und ge-

---

7 Wie man »ohne Systematik« die vielhundertseitigen Monographien *Philosophie des Geldes* und *Soziologie* überhaupt konzipieren kann, haben sich Vertreter dieser Position, die spätestens seit Siegfried Kracauer (»Georg Simmel. Ein Beitrag zur geistigen Deutung unserer Zeit« [1919], in: Ders., *Werke*, hg. v. Ingrid Belke u. Inka Mülder-Bach, Frankfurt/M. 2004ff.: Bd. 9.2: *Frühe Schriften aus dem Nachlaß*, 139-280, hier 149) und Max Weber (»Georg Simmel als Soziologe und Theoretiker der Geldwirtschaft«, in: *Simmel Newsletter* 1 [1991]: 9-12, hier: 9 f.) tradiert wird und zuletzt von David P. Frisby (*Sociological Impressionism. A Reassessment of Georg Simmel's Social Theory*, London 1981, 69; 81; 100 f.) auf breiter Ebene lanciert wurde, offenbar nie gefragt.

8 Sibylle Hübner-Funk, »Ästhetizismus und Soziologie bei Georg Simmel«, in: *Ästhetik und Soziologie um die Jahrhundertwende*, a.a.O., 44-70, hier 51.

9 Sibylle Hübner-Funk, »Die ästhetische Konstituierung gesellschaftlicher Erkenntnis am Beispiel der ›Philosophie des Geldes‹«, in: *Georg Simmel und die Moderne. Neue Interpretationen und Materialien*, hg. v. Hans-Jürgen Dahme u. Otthein Rammstedt, Frankfurt/M. 1984, 183-201.

10 Hannes Böhringer, »Die ›Philosophie des Geldes‹ als ästhetische Theorie. Stichworte zur Aktualität Georg Simmels für die moderne bildende Kunst«, in: *Georg Simmel und die Moderne*, a.a.O., 178-182.

11 Klaus Lichtblau, »Ästhetische Konzeptionen im Werk Georg Simmels«, in: *Simmel Newsletter* 1 (1991): 22-35, hier: 29 f.

12 Klaus Lichtblau, »Einleitung«, in: Georg Simmel, *Soziologische Ästhetik*, hg. u. eingel. v. Klaus Lichtblau, Bodenheim 1998, 7-33, hier: 13.

nerell sein Essayismus, dessen Grenzgängertum zwischen Wissenschaft und schöngeistigem Räsonnement z.B. Max Weber Unbehagen bereitete,[13] sind mittlerweile als ästhetische Konfiguration anerkannt und hinlänglich expliziert worden.[14] Dissertationen jüngeren Datums, die Simmels Nachdenken über die Kunst in den Griff zu bekommen versuchen, behandeln das Thema oftmals nur ausschnitthaft. Felicitas Dörrs Versuch, die Relevanz der Kunst für Simmels Kulturanalyse aufzuzeigen, bleibt auf halber Strecke stehen;[15] Barbara Aulinger versieht ihre kühne These, daß Simmels »ästhetische« Betrachtung des Sozialen »von der Kunstgeschichte überhaupt das methodologische Gerüst übernahm«,[16] mit dem allerdings richtigen Hinweis, daß Simmel eine strikte Trennung von Wissenschaft und Kunst nicht akzeptieren wollte.[17] Dieser Umstand (übrigens romantischen Ursprungs) schafft des öfteren Verwirrung, deshalb: Weder hat Simmel statt Wissenschaft Kunstwerke geschaffen, »ästhetische« Konstruktionsprinzipien des Essays für oder wider, noch wäre er je dem Gedanken verfallen, zugunsten ästhetisch wirksamer Effekte auf Diskursivität zu verzichten. Kunstwerke argumentieren nicht, sondern genauer wäre zu sagen: Nicht in der Konstruktion, wohl aber in der Funktion als Erkenntnismedium war es Simmel um Analogien, wechselseitige Kompensationen und funktionale Äquivalenzen zu tun, wie zu zeigen sein wird – und wie Ute Faath, die einen ersten aktuellen Versuch der Gesamtdeutung von Simmels Kunstphilosophie unternimmt, treffender betont.[18]

13 Weber, a.a.O.

14 Dazu Christen, a.a.O.; Hannes Böhringer, »Das Pathos der Differenzierung. Der philosophische Essay bei Georg Simmel«, in: *Merkur* 39 (1985): 298-308; Ottheim Rammstedt, »Georg Simmels ›Henkel-Literatur‹. Eine Annäherung an den Essayisten«, Ms. Wien 2004; Ingo Meyer, »Benjamin, Adorno und im Hintergrund der Dritte. Transformationen des Simmelschen Fragmentierungsgedankens: Mode, Allegorie und der ›Essay als Form‹«, in: *Simmel Studies* 15 (2005): 63-113.

15 Felicitas Dörr, *Die Kunst als Gegenstand der Kulturanalyse im Werk Georg Simmels*, Berlin 1993. Weder vermag Dörr den Stellenwert der Kunst für Simmel zu ermitteln, noch ist »das« kulturtheoretische Hauptwerk, die *Philosophie des Geldes*, in die Analyse miteinbezogen. Vgl. auch die Rezension von Hans Peter Thurn, in: *KZfSS* 48 (1996): 177-178.

16 Barbara Aulinger, *Die Gesellschaft als Kunstwerk. Fiktion und Methode bei Georg Simmel*, Wien 1999, 16.

17 A. a. O., 49ff.

18 Ute Faath, *Mehr-als-Kunst. Zur Kunstphilosophie Georg Simmels*, Würzburg 1997, 20.

Bei Simmel Einflüsse jenseits des Offenkundigen dingfest zu machen fällt schon deshalb schwer, weil Simmel »so gut wie nie zitiert«.[19] Er hört als Student bei Herman Grimm[20] und dem altväterlichen Hegel-Kenner Adolf Lasson, beginnt als Neokantianer, um sich in späteren Jahren immer weiter von Kant zu entfernen; Schopenhauers Ästhetik (GSG 2: 323) war ihm spätestens seit der Pessimismus-Debatte vertraut (GSG 2: 18).

Hegel scheint Simmel ernsthaft erst relativ spät rezipiert zu haben;[21] zeugt die *Philosophie des Geldes* von nur oberflächlicher Kenntnis (GSG 6: 124; 675), die aus jedem Lehrbuch geringer Exzellenz stammen könnte, deuten ihn die *Hauptprobleme der Philosophie* von 1910 dann recht eindringlich als Prozeßtheoretiker »voller Originalität und Tiefe« (GSG 14: 67). Passagen aber wie: »Dieses Über-sich-selbst-Weiterdrängen, Sich-aus-sich-selbst-Heraussetzen [des Lebens, I. M.] wird gewissermaßen rückläufig; nachdem es den Weg über die äußere und ideelle Objektivität gewonnen hat, kehrt das Leben in sich selbst zurück, mit Besitztümern und Reaktionen, die zwar nur ihm gelten, die es aber nur mit diesem Hindurchgehn durch das Andere erreichen oder erzeugen konnte« (GSG 15: 503), paraphrasieren ja nichts anderes als Hegels Konzept der Entäußerung als Arbeit des Geistes auf seinen Stationen des Selbstbewußtseins, von Geschichte und Gesellschaft, Kunst, Religion und Philosophie – um in sich selbst zurückzukehren. Auch Simmels »erste« Deutung der Tragödie (in GSG 21) erinnert an Hegels berühmte Definition des Tragischen als Kollision.[22] Noch unscheinbare Passagen wie:

19 Hans-Jürgen Dahme u. Otthein Rammstedt, »Einleitung«, in: Simmel, *Schriften zur Soziologie. Eine Auswahl*, hg. v. dens., Frankfurt/M. 1983, 7-34, hier 14.

20 Köhnke, a.a.O., 36. Aulinger, a.a.O., 102 ff., erkennt in Grimms Werken Ansätze einer Kunstsoziologie avant la lettre. Auch Köhnke, a.a.O., 41, bezeichnet Grimms Einfluß als hoch.

21 Simmel plante, einen Essay über Hegel zu schreiben, wozu es nicht kam. Vgl. den Brief an Rickert v. 17. Juni 1906, GSG 22: 546. Eine originelle, aber etwas luftig gestrickte Annäherung, die die Ästhetik zudem unberücksichtigt läßt, bei Petra Christian, *Einheit und Zwiespalt. Zum hegelianisierenden Denken in der Philosophie und Soziologie Georg Simmels*, Berlin 1978.

22 Hegel, *Vorlesungen über die Ästhetik* I, in: Ders., *Werke*, hg. v. Eva Moldenhauer u. Karl Markus Michel, Frankfurt/M. 1986, Bd. 13, 267 f.; 287; *Vorlesungen über die Ästhetik* III, a.a.O., Bd. 15, 485 ff.

»Was die Kunst leistet, ist konsequenterweise dies, daß sie die Idee an einer Materialität, in einer Sondergestalt ausdrückt, die ihr noch einen gewissen Widerstand entgegensetzen, an denen das, was nicht Idee ist, nicht ganz verschwunden ist« (GSG 8: 98 [188]), sind eindeutig hegelianisch inspiriert, paraphrasieren sie doch Hegels Diktum, der »Geist arbeitet sich nur so lange in den Gegenständen herum, solange noch ein Geheimes, Nichtoffenbares darin ist.«[23]

Schelling hat Simmel offenbar besonders wenig geschätzt. Das *System des transscendentalen Idealismus* endet bekanntlich mit einer Apotheose der Kunst als »das einzige wahre und ewige Organon zugleich und Document der Philosophie«, daher ist sie »dem Philosophen das Höchste, weil sie ihm das Allerheiligste gleichsam öffnet, [...] was in der Natur und Geschichte gesondert ist, und was im Leben und Handeln ebenso wie im Denken ewig sich fliehen muß«.[24] Die unvordenkliche Trennung intellektueller und ästhetischer Anschauung im Ich kann auch der Philosoph nicht synthetisieren, ohne wieder im Begriff zu terminieren, also Differenz, nicht Identität zu setzen. Dies gelingt allein der ästhetischen Anschauung, die in der Kunst als »objektiv gewordene intelectuelle«[25] firmiert.

Ohne hier die Begriffskaskaden des deutschen Idealismus weiter verfolgen zu können: Die berühmte »intellektuelle Anschauung« wird von Simmel als irreführender Begriff kritisiert (GSG 15: 64 [381f.]), und es hat den Anschein, daß er gerade in Schellings allgegenwärtiger »Construction« und »Deduktion« der Kunst selbst, ihrer Formen und Stoffe, bar fast jedes empirischen Gehalts, die Erbsünde aller *Philosophie der Kunst*[26] gewahrte. Das Identitätssystem wird nur kritisch erwähnt (GSG 16: 306), eine letzte Einlassung zu Schelling in der Endfassung der *Lebensanschauung* gar wieder getilgt (GSG 16: 469f.). Gleichwohl ist, wie zu zeigen ist, eine nicht unerhebliche

---

23 Hegel, a.a.O., Bd. 14: *Vorlesungen über die Ästhetik* II, 234.

24 Schelling, *System des transscendentalen Idealismus* (1800), in: Ders., *Werke. Historisch-kritische Ausgabe*, Bd. 9/1, hg. v. Harald Korten u. Paul Ziche, Stuttgart 2005, 328.

25 A. a. O., 325.

26 Vgl. die 1859 aus dem Nachlaß edierte »Philosophie der Kunst« (1802/03), in: Schelling, *Ausgewählte Schriften*, hg. v. Manfred Frank, Frankfurt/M. 1985, Bd. 2, 181-565. Klassisch dazu Peter Szondi, »Schellings Gattungspoetik«, in: Ders., *Poetik und Geschichtsphilosophie* II. *Von der normativen zur spekulativen Gattungspoetik. Schellings Gattungspoetik*, hg. v. Wolfgang Fietkau, Frankfurt/M. 1974, 185-307, hier 189.

Nähe Simmels zu Schelling zu verzeichnen – wie zur Romantik über-haupt. An ihr hat Simmel weniger die eigentliche Literatur interes-siert – nach den Namen etwa von Arnims, Brentanos, von Eichen-dorffs sucht man vergebens, doch ist ihm Hölderlin, vermutlich durch Georges Vermittlung, offenbar gut vertraut (GSG 7: 21) – als vielmehr deren rückhaltloses Denken der Individualität (GSG 20: 256). Der Einfluß der romantischen Ästhetik müßte im einzelnen rekonstruiert werden; auch zu Friedrich Schlegel scheint Simmel erst spät Zugang gefunden zu haben (GSG 16: 145; 147). Dennoch ist Ro-mantik-Rezeption allenthalben mit Händen zu greifen, etwa wenn der Kunst überhaupt »ein Gefühl von Freiheit« innewohnt, »in ihrem Prozeß wie in ihrem Ergebnis« (ebd.: 271).[27] Schleiermachers be-rühmte *Reden über die Religion an die Gebildeten unter ihren Veräch-tern* von 1799 sind Simmel zweifellos geläufig (GSG 14: 380), in den *Hauptproblemen der Philosophie* und der *Lebensanschauung* referiert er dessen Individualitätsbegriff (ebd.: 59; GSG 16: 145f.), aber ob er die – ohnehin fragwürdig edierte – Ausgabe der *Ästhetik* von 1842[28] gekannt hat, ist ungewiß.

Der Umstand hingegen, daß Nietzsches Ästhetik bei Simmel, soweit ich sehe, nirgends produktiv anverwandelt wurde,[29] muß ver-wundern, war Simmel doch aufmerksamer Beobachter der zeitgenös-sisch avancierteren künstlerischen Entwicklungen, die ohne Nietz-sche »im Rücken« so nicht hätten auftreten können. Obwohl Simmel ein rein artistischer Begriff der Kunstproduktion keineswegs fremd, sondern sympathisch ist (GSG 8: 92; GSG 16: 267), ist ihm Nietzsche doch von Anbeginn wesentlich kulturkritischer Diagnostiker und Moralist geblieben (GSG 7: 58). Adorno betont Simmels Unbehagen,

27 Schleiermacher, *Ästhetik*, hg. v. Rudolf Odebrecht, Berlin 1931, 5: »das Schöne [als] freie menschliche Production«; ders., *Hermeneutik und Kritik*, hg. u. eingel. v. Manfred Frank, Frankfurt/M. 1977, 405: »Dichtkunst [...] als freie Produktion der Sprache«.

28 Schleiermacher, *Vorlesungen über die Ästhetik*, hg. v. Carl Lommatzsch, Berlin 1842.

29 Klaus Lichtblaus noch immer wichtiger Aufsatz »Das ›Pathos der Distanz‹«. Präli-minarien zur Nietzsche-Rezeption bei Georg Simmel«, in: *Georg Simmel und die Moderne*, a.a.O., 231–281, hier 259, spricht sehr zu Recht von einer »recht undog-matischen Nietzsche-Rezeption« Simmels. Seine »ästhetische Distanzierungs-weise« (a.a.O., 232) als soziologische Betrachtungsform aber benötigt keinen Nietzsche.

sich allzutief aufs Inkommensurable einzulassen,[30] Werner Weisbach bedauert Simmels unverzügliche Ordnung der ästhetischen Erfahrung in Begriffen,[31] und es wird deutlich werden, daß Simmel der dionysische Rausch, das »Zerbrechen des principii individuationis aus dem innersten Grunde des Menschen, ja der Natur«,[32] das »uns immer von Neuem wieder das spielende Aufbauen und Zertrümmern der Individualwelt als den Ausfluss einer Urlust offenbart«,[33] vom Temperament her nicht geheuer war; als Medium oder gar Kernfunktion der Kunst spielt er bei ihm keine Rolle.

Von den zeitgenössischen Konzeptionen schien Simmel wenig angetan. Vischer etwa, an Hegel anschließend und ihn beträchtlich erweiternd, verwirft zwar in seiner »Kritik meiner Ästhetik« von 1866 die ontologisierende Bestimmung des Kunst*werks*, hält aber am Schönen unbeirrt fest[34] – und verfährt damit exakt komplementär zu Simmel. Fechners ehrgeizige Neuauflage einer empirisch-antiphilosophischen Ästhetik »von unten«[35] wird Simmel wohl als an seinen Fragen vorbeiführend empfunden haben, Diltheys Erlebnisästhetik gilt ihm nur als verfeinerte Milieutheorie, weil mechanistisch auf ein Reiz-Reaktions-Schema bauend (GSG 15: 26f.). Eduard von Hartmanns philiströse *Philosophie des Schönen*, die sich, eklektisch zwar, noch ganz in der hegelianisch-idealistischen Tradition befindet: »Das Schöne ist das Scheinen der Idee«,[36] dürfte Simmel wohl mit Achselzucken begegnet sein. Hier ist – ebenso hegelianisch, doch vergröbernd – das Symbol als »Notbehelf eines kindlich lallenden oder greisenhaft stammelnden Unvermögens«[37] vornehmlich archaischer Epochen, das Ideal im Material auszuprägen, nacherzählt; sind

---

30 Theodor W. Adorno, »Henkel, Krug und frühe Erfahrung« (1965), in: Ders., Noten zur Literatur, hg. v. Rolf Tiedemann, Frankfurt/M. 1981, 556-566, hier: 561.

31 Vgl. seinen Beitrag in *Buch des Dankes an Georg Simmel. Briefe, Erinnerungen, Bibliographie. Zu seinem Geburtstag am 1. März 1958*, hg. v. Kurt Gassen u. Michael Landmann, Berlin 1958, 202-206, hier 203.

32 Nietzsche, »Die Geburt der Tragödie aus dem Geiste der Musik«, in: Ders., *Kritische Studienausgabe*, hg. v. Giorgio Colli u. Massimo Montinari, München 1980, Bd. 1, 9-156, hier 28.

33 A. a. O., 153.

34 Friedrich Theodor Vischer, »Kritik meiner Ästhetik«, in: Ders., *Kritische Gänge*, hg. v. Robert Vischer, München ²1920ff., Bd. IV, 222-419, hier 224.

35 Gustav Theodor Fechner, *Vorschule der Ästhetik*, 2 Bde., Leipzig 1876.

36 Eduard von Hartmann, *Philosophie des Schönen* (1887), Berlin ²1924, 445.

37 A. a. O., 190.

Philosophie, Religion und Kunst als Formen des absoluten Geistes definiert[38] und ästhetische Erfahrung als perfektibles Herausschälen der unbewußten Idee definiert, für die das Ästhetische letztlich nur ein Medium bleibt.[39]

Volkelts noch heute imponierendes System, das »das« Ästhetische viersträngig auffaßt als »strenge teleologische Einheit«[40] von (in aktueller Terminologie) ästhetischer Einstellung, Anschauung, Gegenstandskonstitution und Gehaltserschließung,[41] mag Simmel, ebenso wie die erschütternd triviale Lippsche Einfühlungsästhetik,[42] »gesichtet« haben, verdeckte Invektiven wie »Teleologie ist eine Vitalkategorie, keine künstlerische« (GSG 16: 277), könnten erste Fingerzeige für die Rekonstruktion liefern. Aber auch hier bleibt der Sinn der Kunst durchaus klassizistisch die Verherrlichung des Wahren, Schönen, Guten: In »Harmonie von Ernst und Schein«, dem zugleich »das Gepräge des Leichten, Schwebenden, Spielenden« eignet, »fühlen [wir] uns gefüllt und zugleich leicht geworden, mit der Wesensgesetzlichkeit der Geisteswelt in Zusammenhang und zugleich losgelöst und frei, innerlich ergriffen und doch beschaulich«.[43]

Ob Simmel Peripheres und heute Vergessenes wahrgenommen hat, wie Jonas Cohns wertpsychologische Ästhetik, die das Kunstwerk als von der Kulturarbeit abgelöste, »lebendige Form«[44] denkt, oder den damals einflußreichen Philosophen und Spieltheoretiker Karl Groos, der ähnlich meinte von innerer Wahrnehmung sprechen zu dürfen,[45] bleibt vorerst spekulativ. Sicher ist nur, daß Simmel mehr gelesen hatte, als er in späteren Jahren nicht ohne Koketterie konzedieren mochte,[46] Aulinger etwa zeigt, daß Simmel vergleichsweise breite

38 A. a. O., 443.

39 A. a.O, 111f.

40 Johannes Volkelt, *System der Ästhetik* (1905-14), 3 Bde., München [2]1925-27, Bd. 1: *Grundlegung der Ästhetik*, 297.

41 A. a. O., 421ff.; 298ff.; 383ff.; 498ff.

42 Dort die Annahme, daß produzierende »Persönlichkeit« »mitfühlend erlebt« werde und Schönes ein »Gefühl der positiven Lebensbestätigung« erbringe. Theodor Lipps, *Ästhetik. Psychologie des Schönen und der Kunst*, Bd. 1: *Grundlegung der Ästhetik*, Hamburg/Leipzig 1903, 132; 140.

43 Volkelt, a.a.O., 550.

44 Jonas Cohn, *Allgemeine Ästhetik*, Leipzig 1901, 243ff.

45 Karl Groos, *Einleitung in die Ästhetik*, Gießen 1892, 84ff.

46 Simmel beteuerte ständig, daß er »nicht mehr lese«, im *Buch des Dankes*, a.a.O., passim, von vielen Beiträgern bezeugt.

Kenntnis kunsthistorischer Autoren wie Adolf von Hildebrand, Alois Riegl, Konrad Fiedler, August Schmarsow etc. besaß,[47] die dann in Simmels Ausführungen etwa zur »dritten Dimension in der Kunst« (GSG 8: 9-14 [258-262]) dingfest zu machen seien. Zwar gilt Simmels berühmtes Zitat: »Denn das Wesen der Moderne überhaupt ist Psychologismus, das Erleben und Deuten der Welt gemäß den Reaktionen unsres Inneren und eigentlich als einer Innenwelt, die Auflösung der festen Inhalte in das flüssige Element der Seele, aus der alle Substanz herausgeläutert ist, und deren Formen nur Formen von Bewegungen sind« (GSG 14: 346 [235]), doch distanziert er sich deutlich von der zeitgenössisch dominanten psychologisierenden Ästhetik mit ihrem Dogma der inneren Wahrnehmung bzw. überkommen-idealistischen »Anschauung«, die erst Theodor A. Meyer und Husserl mit ihren Hinweisen, daß es sich bei der ästhetischen Erfahrung zumeist um Imaginationen, *Vorstellungen*, handele, relativierten.[48]

Neben diesem »Pflichtprogramm« ist Simmels konstantes Interesse an der Literatur zu betonen, was für einen Philosophieprofessor des Kaiserreichs nicht selbstverständlich war – von Husserl oder Rickert z.B. wird man es nicht erwarten dürfen. Die intime Kenntnis Goethes, des gern emblematisch evozierten, doch zumeist ungelesenen Autors deutschen Bildungsbürgertums, muß nicht im einzelnen belegt werden, die lange Reihe seiner ihm gewidmeten Publikationen spricht für sich. Schiller ist vornehmlich über seine ästhetischen Schriften präsent. Natürlich auch Shakespeare, Dante, doch bemerkenswerter sind mir Fundstellen wie Tolstois *Anna Karenina*, die ungenau aus dem Gedächtnis zitiert wird (GSG 16: 370), und die Kenntnis Lermontows (ebd.: 410), der – selten treffend – im Rahmen des »individuellen Gesetzes« Erwähnung findet. Sodann ist die Vertrautheit mit dem europäischen Symbolismus und Ästhetizismus hervorzuheben; natürlich Rilke (GSG 15: 410), den Simmel freilich keineswegs schätzte, und Verlaine (ebd.: 446). Von Oscar Wilde gar übernimmt Simmel das Theorem, »die Kunst komme nicht aus der Wirklichkeit, sondern die Wirklichkeit komme aus der Kunst« (in

47 Aulinger, a.a.O., 112ff.; 122ff.
48 Theodor A. Meyer, *Das Stilgesetz der Poesie* (1901), Vorw. v. Wolfgang Iser, Frankfurt/M. 1990, 28ff.; 59; 62; 72; Husserl, »Phantasie, Bildbewußtsein, Erinnerung« (1904/05), in: *Husserliana* XXIII, hg. v. Eduard Marbach, Den Haag 1980, 1-108, hier 24; 31; 52; 54.

GSG 21). Wer Wilde kennt, kennt auch Beardsley (GSG 15: 479; GSG 20: 239 [311]); über Böcklin verfaßt Simmel einen frühen Aufsatz (GSG 5: 96-104), an van Gogh hat ihn das rückhaltlose Setzen auf Expressivität zuungunsten jeder Naturtreue fasziniert (GSG 14: 337 [227]) – und Simmel war Beiträger der Zeitschrift *Jugend*, die dem Stil seinen Namen gab. Typisch gerade für einen Vertreter assimilierter jüdischer Intelligenz wie Simmel aber ist das kühle Verhältnis zu Heinrich Heine, immerhin der neben Goethe bedeutendste deutsche Dichter des 19. Jahrhunderts, er begegnet uns so gut wie nie (GSG 16: 94) – dessen Ironie, Leichtigkeit überhaupt, scheint's, opponierte nicht nur Simmels hohem Begriff von Kunst und Kultur.[49]

Simmels *Wirkung* hingegen ist eine »erstaunliche, wenn auch vielfach anonyme«.[50] Rilke und von Hofmannsthal waren aufmerksame Leser Simmels, Benjamin und Adorno verdanken ihm mehr, als ihnen lieb war. Die eigentlichen Schüler (und späteren Renegaten) Lukács, Bloch und Kracauer sind bekannt; in der k. u.k-Monarchie scheinen Musil, Hermann Broch und Egon Friedell – »Kultur ist Reichtum an Problemen«[51] – wenigstens streckenweise arg simmelverdächtig, noch Trotzki[52] zählte zu seinen Lesern. Die schönste Episode aber bietet Wilhelm Worringer, der aufgrund eines »Simmel-Erlebnisses« in Paris, bei dem er den Meister nur von Ferne sah, nicht sprach,[53] zu seiner genialen Dissertation angeregt wurde – die dann auf Simmels Dichotomie der heute etwas anrüchigen germanisch-schöpferischen (Abstraktion) vs. romanisch-gestalterischen (Einfüh-

---

49 Friedrich Gundolf fährt dann eine direkte Attacke in seiner Rede von Heine als dem »verhängnisvolle[n] Erleichterer« deutschen Dichtens, indem er Karl Kraus' These von 1911 ziemlich dreist plagiiert. Vgl. Gundolf, *George*, Berlin 1920, 11. Auch der »Kraus-Schüler« Egon Friedell, *Kulturgeschichte der Neuzeit. Die Krisis der europäischen Seele von der schwarzen Pest bis zum Ersten Weltkrieg* (1927ff.), München 1989, 1099f., kann sich nicht dazu durchringen, Heine als einen der Großen anzuerkennen.

50 Jürgen Habermas, »Georg Simmel über Philosophie und Kultur. Nachwort zu einer Sammlung von Essays« (1983), in: Ders., *Texte und Kontexte*, Frankfurt/M. 1991, 157-169, hier: 161.

51 Friedell, a.a.O., 174. Zum Vergleich GSG 16: 206.

52 Trotzki, »Zwei Wiener Ausstellungen im Jahre 1911«, in: Ders., *Literatur und Revolution*, München 1972, 417-427, hier: 418f.

53 Worringer, »Vorwort zur Neuausgabe 1948«, in: Ders., *Abstraktion und Einfühlung. Ein Beitrag zur Stilpsychologie* (1908), München 1996, 7-14, hier 9f.

lung) Kunstform zurückwirkt (GSG 13: 313-320; GSG 15: 397; 510). So gerät Simmel in seinem ästhetisierenden Denken zwar nicht, wie Nietzsche, zur »Drehscheibe«[54] der modernen Philosophie, wohl aber zu einem ihrer zentralen Umschlagplätze.

Ästhetik der Lebenswelt

Ungefähr seit der Postmoderne wird eine Expansion des ästhetischen Gegenstandsbereichs auch theoretisch registriert: »Design, Mode, Körpertechniken, Medien, Natur – all dies gehört nun auch dazu.«[55] Bei Simmel längst. Theoretiker einer lebensweltlichen Ästhetik wie Wolfgang Welsch oder Gernot Böhme[56] haben in Simmel ihren ungenannten Vorläufer, wengleich er kein Anhänger von »Umweltdesign« und dem unentfremdeten Leben im Stile des Monte Verità war, wie Habermas nahelegt.[57] Soweit ich sehe, ist Simmel tatsächlich der erste moderne Theoretiker, der diesseits frühromantischer und avantgardistischer Utopien einer Verschmelzung von Kunst und Leben darüber nachdenkt, was es bedeuten kann, daß wir unsere Lebenswelt bis hinab zu banalsten Gegenständen ästhetisch aufladen und auch ohne Stilisierung unseres Handelns nicht auskommen.[58] Vischer rehabilitiert zwar ausführlich das von Hegel exkludierte Naturschöne als Unmittelbar-Objektives,[59] das in der »Hinausweisung« auf Phantasie und Kunst seine Bestimung finde, weiß aber noch nichts von lebensweltlicher Ästhetik; das »Wesen« etwa der Architektur, naheliegendstes Beispiel schon der klassischen Theoriebildung, ist ihm lediglich das »messende Sehen« als »bestimmende Art

54 Habermas, *Der philosophische Diskurs der Moderne. Zwölf Vorlesungen*, Frankfurt/ M. 1985, 104.

55 Joachim Küpper u. Christoph Menke, »Einleitung«, in: *Dimensionen ästhetischer Erfahrung*, hg. v. dens., Frankfurt/M. 2003, 7-15, hier 9.

56 Wolfgang Welsch, *Grenzgänge der Ästhetik*, Stuttgart 1996; Gernot Böhme, *Aisthetik. Vorlesungen über Ästhetik als allgemeine Wahrnehmungslehre*, München 2001.

57 Habermas, »Georg Simmel über Philosophie und Kultur«, a.a.O., 168.

58 Ähnlich Aulinger, a.a.O., 151. Ausgenommen sind natürlich die punktuellen Beobachtungen der »Flaneursästhetik« von Mercier, Heine, Baudelaire etc. sowie die Sitten- und Modekritik im Rahmen »rechter Lebensführung«, etwa Knigges.

59 Friedrich Theodor Vischer, *Ästhetik oder Wissenschaft des Schönen*, 6 Bde., hg. v. Robert Vischer, München ²1922, Bd. II, S. 9.

der Phantasie«[60] – von Gestaltung des öffentlichen Raumes oder gar Herrschaftsrepräsentanz kein Wort. Volkelt dann weist auf das »Kunstgewerbe« hin, allein: »In dieses Vielerlei Übersicht und Ordnung hineinzubringen, hat in unserem Zusammenhang keinen Zweck.«[61]

Simmels früher Essay »Soziologische Aesthetik« von 1896 (GSG 5: 197-214 [141-156]) wurde zuletzt von Lichtblau als programmatisch wohl etwas überschätzt,[62] bietet gleichwohl bereits eine Fülle von Einzelbeobachtungen. En passant wird die später bei Benjamin zu Ehren gelangende Schockästhetik angerissen (ebd.: 212 [154]) und der kühne Gedanke gewagt, daß sich noch der »nivellierende«, als kunstfern verrufene Sozialismus nicht zuletzt aus ästhetischen Impulsen speise, intendiere er doch: »Daß die Gesellschaft als Ganzes ein Kunstwerk werde« (ebd.: 204 [147]). Erstmals wird zudem das Grundtheorem entwickelt, wonach die Kunst uns die Dinge nah und fern zugleich bringe, »Beseeltheit« und »Entfernung« stifte (ebd.: 209 [151f.]; vgl. GSG 6: 658f.). Die Forschung referiert zumeist nur die These von der ästhetischen Distanzierung; Kunst aber ist für Simmel – worüber noch zu sprechen ist – auch ganz wesentlich Welterschließungskunst. Als soziologischer Ertrag wird hier der Zusammenhang zwischen der zeitgenössischen Präferenz fürs Fragmentarisch-Aphoristische, für bloß andeutende Kunststile und dem sozialen Trend zur individuellen Stilisierung, ja »»Berührungsangst«« (GSG 5: 211 [153]) erfaßt, um zur Diagnose der späteren *Philosophie des Geldes* zu gelangen: Moderne ist soziale Distanznahme und kulturelle Sublimierung (ebd.: 211f. [155]).

Auch ein so überaus gehaltvoller Essay wie derjenige über die Mode (GSG 14: 186-218 [79-106]) war nicht nur zu Simmels Zeit ein Novum, sondern sucht auch heute noch seinesgleichen.[63] Neben einer Fülle von Einzelbeobachtungen fällt nicht nur das berühmte Zitat über den Modenarren – »wenn hohe Kragen Mode sind, trägt er

60 A. a. O., Bd. III, 209.
61 Volkelt, a.a.O., Bd. III: *Kunstphilosophie und Metaphysik*, 405.
62 Lichtblau, »Einleitung«, a.a.O., 13.
63 Die vorherigen Reflexionen der Mode waren dezidiert modernitätskritisch, etwa Vischers »Vernünftige Gedanken über die jetzige Mode« (1859); ders., »Wieder einmal über die Mode« (1878), beide in: Ders., *Kritische Gänge*, a.a.O., Bd. V, 339-419; Rudolf von Ihering, *Der Zweck im Recht*, Bd. II, Leipzig ²1886, 238. René König, *Menschheit auf dem Laufsteg. Die Mode im Zivilisationsprozeß*, München 1985, schließt als Durkheimianer nicht an Simmel an.

sie bis zu den Ohren« (ebd.: 200 [90]) –, sondern die Mode wird als Nullsummenspiel, Dauer des Wechsels in strikter sozialer Immanenz begriffen, die Integration *als* Differenzierung ermögliche (ebd.: 199 [90]).

Simmel bleibt zeitlebens ein aufmerksamer Beobachter von Zusammenhängen lebensweltlicher Ästhetik. Die kurzfristige Manie des Tangotanzens im Berliner Januar 1914 wird auf die neuartige Möglichkeit subjektiv-erotischer Expression, die vorher offenbar zu kurz kam, zurückgeführt (in GSG 21 [107]), und er wünscht sich für das Berliner Theater wahrhaft »dramatischen Stil« jenseits von Naturalismus und öder Klassikerpflege von Schiller, Corneille und Gozzi (GSG 22: 608 [108]). Und schon der frühe »soziologische Ästhetiker« vermutet, daß die moderne Kunstausstellung nicht so sehr eine Folge der Musealisierungstendenz des Historismus sei als vielmehr als Antidot fortschreitender Ausdifferenzierung fungiere (GSG 17: 243 [10]). Ausstellungen jedoch können nur räumlich das inhaltlich Divergente verdichten (ebd.: 244 [11]), mit der Folge, daß sehr bald die Grenzen des Konsumierbaren überschritten werden (ebd.: 247 [13]). Wer wollte angesichts der zunehmend monumentaleren Retrospektiven besonders des letzten Jahrzehnts, für deren angemessene Würdigung man mehrere Tage benötigte, die Triftigkeit dieser vor über hundert Jahren erbrachten Diagnose bestreiten? – Eine Dekade später wird Simmel spekulieren, ob in der Moderne nicht allein noch das Kunstwerk »die geschlossenste Einheit« (GSG 6: 629 [139]) zu setzen vermag.[64]

Diesem breitgefächerten Interesse, das quasi nebenher eine Neuformulierung etwa der Landschaft als Phänomen ästhetisch-intentionaler, ikonischer Qualität unterbringt,[65] ist kein Gegenstand zu trivial – oder zu naheliegend, etwa wenn Simmel die »ästhetische Bedeutung des Gesichts« (GSG 7: 36-42 [72-77]) analysiert und dabei die keineswegs selbstverständliche Position Norbert Elias' vorwegnimmt, nach der das Gesicht (nicht etwa: der Geruch!) sozioevo-

---

64 Die mittlerweile selbst konventionell gewordenen Strategien der historischen Avantgarden wie Integration des Publikums in die Inszenierung oder Vertauschung der Zuschauer- und Darstellerrollen, das Werk als Produkt von – z.T. gar anonymer – Teamarbeit, Fluxusbewegung etc., konnte sich offenbar selbst Simmel nicht vorstellen.

65 Smuda, a.a.O., 54.

lutionär unser Individualitätsindikator schlechthin geworden sei.[66] Noch in den späten Jahren führt dieses Interesse zu gehaltvollen Essays wie der »Philosophie des Schauspielers«, die kühn Nachahmung zugunsten kreativistischer Aktion verabschiedet (GSG 20 [113]) und Goffmans Rollentheorie mit wenigen Strichen skizziert (ebd.: 203f. [120f.]).[67]

Es sind besonders diese punktuellen Trouvaillen, die den Reiz von Simmels Reflexionen zur lebensweltlichen Ästhetik ausmachen. Ob er versucht, den längst klischeehaften florentinischen und venezianischen Veduten neue Aspekte abzugewinnen (GSG 8: 69-73; 258-263 [29-33; 24-28]) – was ihm im Falle Roms nicht gelingt (GSG 5: 301-310) –, ob er an der Ruine einer »Steigerung und Erfüllung der Gegenwartsform der Vergangenheit« (GSG 14: 294 [40]) inne wird, anschaulicher Mitte zwischen Natur und Kultur (ebd.: 289 [36]), ob er den Sinn des Schmucks im Sich-Auszeichnen *für* andere entdeckt (GSG 11: 415 [18]), im »Strahl des Edelsteins [...] das Aufblitzen des Blickes, den das Auge auf ihn richtet«, erkennt und darin seine »soziale Bedeutung« (ebd.: 419 [21]) symbolisiert findet oder die Qualität von Sozialkontakten nach Maßgabe unserer Sinnesorgane differenziert und in eins damit die Mikrosoziologie begründet (ebd.: 722-742 [53-71]): Es ist stets eine überraschende Perspektive auf alltäglich Vertrautes, das in Simmels Ausdeutung Evidenz heischt und damit nicht nur dem Anspruch ästhetischer Reflexion gerecht wird, sondern auch dem Schlagwort von der Soziologie als der Lehre des zweiten Blicks.

Simmels soziologische Ästhetik wird als spezifisch reduktive Form, die Kunstrezeption als Herrschaftsmedium in der Bourdieuschen Theorie kulturell vermittelter Reproduktion sozialer Ungleichheit denkt, weitergeführt;[68] die ästhetische Soziologie jedoch, ausgehend von ästhetischer Erfahrung und fortschreitend zur Theoriebildung,

---

66 Norbert Elias, *Die Gesellschaft der Individuen*, hg. v. Michael Schröter, Frankfurt/ M. 1989, 253; 259.

67 Erving Goffman, *Wir alle spielen Theater. Die Selbstdarstellung im Alltag* (1959), übers. v. Peter Weber-Schäfer, Vorw. v. Ralf Dahrendorf, München 1983.

68 Und dies, obwohl Bourdieu so stark von Webers »hartem« ökonomistischen Ansatz geprägt ist. Seine Theorie der Kunst*produktion* hingegen gelangt nirgendwo über den obsoleten ideologiekritischen Ansatz, wonach das Kunstwerk seine Konstitutionsbedingungen verschleiere – und der Soziologe sie aufdecke –, hinaus. Vgl. Pierre Bourdieu, *Die Regeln der Kunst. Genese und Struktur des literarischen Feldes*, übers. v. Bernd Schwibs u. Achim Russer, Frankfurt/M. 1999, 67; 427ff.

hat, abgesehen von Adornos Miniaturen in den *Minima Moralia*, keine Nachfolge gefunden.[69]

Kritik, Programmatik, Einzelinterpretation: Auf dem Weg zur Werk- und Wirkungsästhetik

Simmel ist von jeher der geniale Anreger und Stichwortgeber, etwa wenn an unerwartetem Ort Definitionen des zeitgenössischen Expressionismus und Futurismus gebracht werden, die die dürren Lexikonartikel bei weitem übertreffen (GSG 16: 41f. [282f.]). Oder wenn er in »Das Christentum und die Kunst« nicht, wie zu erwarten wäre, über die Gediegenheit des Stoffs und mittelalterliche Ikonologie räsoniert, sondern sich »phänomenologisch« interessiert zeigt an kompositorisch-gestischen Problemen dessen, was Aby Warburg ein Jahr zuvor noch eher tastend als »Pathosformel«[70] beschreibt (GSG 8: 264-275 [72-77]). Ebenso findet sich in äußerster Verkürzung die Extraktionstheorie der Wahrnehmung von James J. Gibson,[71] die dann auf Gombrich erheblichen Einfluß ausübte,[72] wenn es schlicht heißt: »Sehen ist Weglassen« (GSG 16: 270). Auch wird die zum Grundbestand der Literaturwissenschaft zählende analytische Kategorie des »lyrischen Ich« (GSG 7: 31f.; 331f.) antizipiert, allerdings erst von Simmels langjähriger Freundin Margarete Susman (d. i. Margarete von Bendemann) auf den Begriff gebracht,[73] gleichfalls wird das Gehlen-Ritter-Marquardsche Kompensationstheorem als »ästhetische Erlösung« benannt (GSG 5: 202 [145])[74] und Wolf-

69 Dazu – ohne Simmels, wohl aber Bourdieus Erwähnung – Sighard Neckel, »Die Verwilderung der Selbstbehauptung. Adornos Soziologie: Veralten der Theorie – Erneuerung der Zeitdiagnose«, in: *Dialektik der Freiheit. Frankfurter Adorno-Konferenz 2003*, hg. v. Axel Honneth, Frankfurt/M. 2005, 188-204.

70 Aby Warburg, »Dürer und die italienische Antike« (1906), in: Ders., *Ausgewählte Schriften und Würdigungen*, hg. v. Dieter Wuttke, Baden-Baden ³1992, 125-130, hier 126.

71 James J. Gibson, *The Ecological Approach to Visual Perception*, Boston 1979, 147; 238ff.

72 Ernst H. Gombrich, *Kunst und Illusion. Zur Psychologie der bildlichen Darstellung* (1960), übers. v. Lisbeth Gombrich, Berlin ⁶2002, IX; 185; 277f.

73 Margarete Susman, *Das Wesen der modernen deutschen Lyrik*, Stuttgart 1910, 16f.

74 Z.B. Odo Marquard, »Kunst als Antifiktion. Versuch über den Weg der Wirklichkeit ins Fiktive«, in: Ders., *Aesthetica und Anaesthetica. Philosophische Überlegun-*

gang Isers »impliziter Leser« anhand des im Bilde »nicht dargestellten Dritten« (GSG 15: 391f.) als »ideelle[r] Zuschauer (ebd.) vorbereitet.[75] Die kühnste Einlassung aber scheint mir: »Was wir Wirklichkeit nennen, ist auch nur eine Kategorie« (ebd.: 500), insofern hier Nelson Goodmans Konzept mehrerer gleichberechtigter Repräsentationen von – Realität? gedacht wird.[76]

Gelegentlich aber verrät sich doch Simmels bildungsbürgerliche Herkunft[77] in ästhetischen Belangen, wenn er anläßlich zweier seiner Kronzeugen für vollendete Kunst die Formel des klassisch-romantischen Symbols[78] variiert – Rodins Stil »*hat* nicht nur Wahrheit, er *ist* Wahrheit« (GSG 14: 347 [236]) und über Michelangelos Figuren heißt es analog: »Ganz unmittelbar [...] *sind* sie, was sie *darstellen*« (ebd.: 312 [363]).

Simmels »materiale« Studien werden von einigen wenigen Texten zur Auseinandersetzung mit traditionellen theoretischen Positionen begleitet. »Schopenhauers Aesthetik und die moderne Kunstauffassung« von 1906 trägt Züge einer Selbstverständigung, gilt der argumentative Ehrgeiz hier doch der Herauslösung des Ästhetischen aus dem starren Korsett pessimistischer Intention. Simmel betont hier, sehr zu Recht, den »Eigenwert der ästhetischen Situation« (GSG 8: 104 [193]), mit dem die deutsche Philosophie traditionell Schwierigkeiten habe, und findet, Programme aktueller ästhetisch-»phänomena-

gen, Paderborn 1989, 82-99; ders., »Krise der Erwartung – Stunde der Erfahrung. Zur ästhetischen Kompensation des modernen Erfahrungsverlustes«, in: Ders., *Skepsis und Zustimmung. Philosophische Studien*, Stuttgart 1994, 70-92.

75 »Der implizite Leser meint den im Text vorgezeichneten Aktcharakter des Lesens«, vgl. Iser, *Der implizite Leser. Kommunikationsformen des Romans von Bunyan bis Beckett*, München 1972, 8f. Konzise ausgeführt dann in ders., *Der Akt des Lesens. Theorie ästhetischer Wirkung* (1976), München ²1984, 175ff.

76 Nelson Goodman, *Weisen der Welterzeugung*, übers. v. Max Looser, Frankfurt/M. 1984, ebenso ders., *Sprachen der Kunst. Entwurf einer Symboltheorie*, übers. v. Bernd Philippi, Frankfurt/M. 1995, 125ff.

77 Habermas, »Georg Simmel über Philosophie und Kultur«, a.a.O., 161.

78 Der Einfachheit halber »Goethe-Symbol« genannt, obwohl es einen breiten Konsens vertritt. In den »Maximen und Reflexionen«, 749-752, lautet die Kernpassage bekanntlich: »Das ist die wahre Symbolik, wo das Besondere das Allgemeinere repräsentiert, nicht als Traum und Schatten, sondern als lebendig-augenblickliche Offenbarung des Unerforschlichen.« Goethe, *Werke* (Hamburger Ausgabe), hg. v. Erich Trunz, München 1988, Bd. 12, 471.

listischer« Positionen etwa Karl Heinz Bohrers[79] oder Martin Seels[80] vorbereitend, zu einer ersten bündigen Definition der Künste: Sie suchten den »Sinn der *Erscheinung*« und den *Sinn* der Erscheinung« (ebd.: 106 [195]). Zentrale Intention der Simmelschen Ästhetik aber ist ein starker Werk- und Wirkungsbegriff. Ihr Kennzeichen ist, daß sie zwar »kantianisch« die Wirkung, ästhetische Erfahrung emphatisiert, doch zugleich am starken »hegelianischen« Werkbegriff festhält, ja ihn forciert. Dies muß kein Widerspruch sein, zieht aber einige Probleme nach sich.

Exemplarisch deutlich wird Simmels Stoßrichtung am frühesten Essay zu Stefan Georges Lyrik, die sich ihm nicht im »Erlebnis« erschloß, sondern erarbeitet werden mußte,[81] greifbar. Noch recht ungedeckt bewegt sich Simmel hier auf ein Intensitätskonzept zu, das nicht mehr dem Referat von Inhalten dienen soll, sondern wesentlich Effekt bleibt, »als wäre das Ich nur das Sprachrohr einer viel breiteren Macht oder Nothwendigkeit« (GSG 5: 288 [209]). Ebenso wird schon der starke Werkbegriff konturiert, sei es doch Aufgabe der Kunst, »über die Zufälligkeit der momentanen Erregung hinaus zu gelten, ja, überhaupt einer Ordnung jenseits des nur persönlichen Ich anzugehören« (ebd.: 289 [210]). Diese Art von Formulierung begegnet von nun an permanent. Bei George aber, so Simmel, finde sich erstmals reine Stilisierung, schlackenlose *Kunst*, denn dies »Kunst-Werden erfaßt die Gefühlsgrundlage selbst« (ebd.: 291 [211]).

Ähnlich, doch weiter ausgreifend, argumentiert Simmel im Rodin-Aufsatz der *Philosophischen Kultur*, der hier als eines der wichtigsten Dokumente zu Simmels Ästhetik nicht fehlen darf (GSG 14: 330-348 [221-236]). Vor dem Hintergrund einer dichotomischen Typologie antiker und moderner Skulptur, die in eine weitreichende Kulturdiagnostik der Moderne mündet, ist der Akzent auf Bewegung gelegt. Rodin sei das Kunststück gelungen, im schlechthin immobilen Material Bewegung zu versinnfälligen, »die Bewegung hat sich ihren Leib gebaut, das Leben seine Form« (ebd.: 339 [229]). So wird »ein Äußerstes an ›Anregung‹ gegeben« (ebd.: 337 [227]), und Simmel formuliert analog paradox zu Rodins Formbannung der Bewegung, hier sei erstmals »zeitlose Impression«, eine »Impression des Übermomen-

---

79 Immer noch essentiell: Karl Heinz Bohrer, *Plötzlichkeit. Zum Augenblick ästhetischen Scheins*, Frankfurt/M. 1981.

80 Martin Seel, *Ästhetik des Erscheinens*, München 2000.

81 So Simmel im Brief an Friedrich Wolters v. 4. Februar 1913, GSG 23: 163ff.

tanen« (ebd.: 339 [228]) verwirklicht – was sofort für einen allgemeinen Befund exploriert wird: »Die Kunst spiegelt nicht nur eine bewegtere Welt, sondern ihr Spiegel selbst ist beweglicher geworden« (ebd.: 347 [236]). Im *Rembrandt* nimmt Simmel einige Jahre später das Problem wieder auf und findet anläßlich der in der Kunstgeschichte erst seit kurzem virulenten Frage, wie Bilder Zeit, Bewegung fassen können und *ihre* Perzeption temporal eigentlich zu begreifen sei,[82] zu einer Antwort, die aus der Husserlschen Wahrnehmungsphänomenologie stammen könnte: Bewegung im Bilde ist semantisches Surplus (GSG 15: 360; 362 [270f.; 272]), und unsere »Schauung« ist prozessual, »Werdensströmung«, nicht Identifikation festkonturierter semantischer Aussagen (ebd.: 355f. [266]). Kunst gibt »Gefühl«, nicht propositionale Gehalte; es ist nicht ihr Modus, sondern ihre Essenz. Auch deshalb, steht zu vermuten, hat sich Simmel auf Lyrik und bildende Kunst kapriziert. Die Prosa, wie artifiziell auch immer, gibt ja basal noch immer Referenz, Inhalt, *Story*, jedoch: »Wenn der Inhalt eines Kunstwerkes auch in anderer als künstlerischer Form gegeben werden kann [...], so beweist Das, daß der Genuß des Kunstwerkes kein blos ästhetischer, daß sein Sieg mit Hilfstruppen von fremder Herkunft erkämpft ist« (GSG 5: 297 [217]). So fällt auf, daß Simmel der Musik, die für ihn etwas »Inselhaftes« (GSG 20: 266 [327]), modern: nicht Anschlußfähiges hatte, keinen selbständigen Text gewidmet hat. Rudolf Pannwitz und Margarete Susman erinnern ein sehr inniges, aber auch äußerst verschlossenes Verhältnis zur Musik,[83] weshalb zu vermuten steht, daß Simmel aus Pietätsgründen über sie geschwiegen hat. Er findet im Realismus-Aufsatz zum glücklichen Begriff der »Bedeutungsintensität« von Kunstwerken (GSG 8: 406 [286]). Damit ist freilich eine Schwierigkeit verbunden: Worin, wenn nicht in explizierbaren Gehalten, besteht nun das semantische Surplus, der ästhetische »Sinn« (GSG 15: 309) der Kunst – und nur der Kunst? Der bloße Hinweis auf Inkommensurabilität wird nicht ausreichen. Simmel lanciert – mit Fragezeichen – dafür im *Rembrandt* den heiklen, in romantischer Tradition stehenden Begriff der »Totalwahrnehmung«, der einer »Totalexistenz« (ebd.: 329)

---

82 Gottfried Boehm, »Bild und Zeit«, in: *Das Phänomen Zeit in Kunst und Wissenschaft*, hg. v. Hannelore Paflik, Weinheim 1987, 1-23.

83 Vgl. die Beiträge v. Pannwitz u. Susman, in: *Buch des Dankes*, a.a.O., 230-240, hier 236, bzw. 278-291, hier 280.

korrespondiere und seither in der Forschung für Irritationen sorgt,[84] denn man denkt spontan an die durch Schelling bekannt gewordene »intellektuelle Anschauung«, die Simmel aber, wie oben erwähnt, ablehnt. Manfred Frank zeigte längst, wie dieser Begriff bei Schelling den vorprädikativen Seinsgrund des Selbstbewußtseins indiziert, nicht eine ästhetisch-mystische »Schau«.[85] Von daher ist wohl Schleiermachers Religionsdefinition Simmels Auffassung der Funktion von Kunst verwandter: »Ihr Wesen ist weder Denken noch Handeln, sondern Anschauung und Gefühl. Anschauen will sie das Universum, in seinen eigenen Darstellungen und Handlungen will sie es andächtig belauschen.«[86] Dazu lege man das vielleicht schönste, erzromantische Zitat Simmels zur Kunst: »Alle Kunst verändert die Blickweite, in die wir uns ursprünglich und natürlich zu der Wirklichkeit stellen. Sie bringt sie uns einerseits näher, zu ihrem eigentlichen und innersten Sinn setzt sie uns in ein unmittelbareres Verhältnis, hinter der kühlen Fremdheit der Außenwelt verrät sie uns die Beseeltheit des Seins, durch die es uns verwandt und verständlich ist. Daneben aber stiftet jede Kunst eine Entfernung von der Unmittelbarkeit der Dinge, sie läßt die Konkretheit der Reize zurücktreten und spannt einen Schleier zwischen uns und sie, gleich dem feinen bläulichen Duft, der sich um ferne Berge legt« (GSG 6: 658f.).[87] Simmel beginnt damit auch – soweit ich sehe, als einer der ersten – zu fragen: Wie zeigt sich die Realität, wenn es Kunst gibt?, eine der originelleren Einsichten aus Luhmanns *Kunst der Gesellschaft.*[88]

Gleichwie, schon im *Goethe* spekuliert Simmel, ob »Erkennen ein Totalverhalten des Menschen« sei, »eine Lebensfunktion« (GSG 15: 50), doch es bleibt bei diesen offenen Problemen. Simmel war kein Frege, und das Konzept des Nichtpropositionalen[89] stand ihm noch nicht zur Verfügung. Es sei nur angemerkt, daß sich aktuelle ästheti-

84 Faath, a.a.O., 165ff.

85 Manfred Frank, *Eine Einführung in Schellings Philosophie*, Frankfurt/M. 1985, 41ff.

86 Schleiermacher, *Über die Religion. Rede an die Gebildeten unter ihren Verächtern* (1799), Nachw. v. Carl Heinz Ratschow, Stuttgart 1969, 35.

87 Hinweise auf Schopenhauers »Schleier der Maja«, den die Kunst lüfte, um den letzten Grund der Dinge zu enthüllen, oder Shelleys *Defence of Poetry* und sein »Sonnet« (Lift not the painted veil)« von 1818 mögen hier ausreichen.

88 Niklas Luhmann, *Die Kunst der Gesellschaft*, Frankfurt/M. 1995, 231.

89 Wolfgang Wieland, *Plato und die Formen des Wissens*, Göttingen 1982, 224ff.

sche[90] und kognitionsbiologische[91] Ansätze in ähnliche Schwierigkeiten manövrieren. Wolfram Hogrebe legte jüngst eine Dreiertypologie des Verstehens vor, wonach Semantik satzförmige Aussagen, Hermeneutik Vermutungen und Mantik Anmutungen explziere[92] – Simmels Kunst, so viel wäre klar, rangierte zwischen Mantik und Hermeneutik. Ob damit tückischerweise ein geduldig wartender Hegel, der in *seiner* Trias des absoluten Geistes der Kunst die unterste Stufe anwies, unter der Hand wiedereingeführt ist, wäre abzuwägen.

Meidet Simmel in der Soziologie von Anbeginn jedes Denken in der Organismus-Metapher, so wird es in seiner Ästhetik geradezu forciert. Die traditionelle idealistische Ästhetik namentlich Hegels verpflichtete Kunst auf Wahrheit; Wahrheit als Geschehen zwar hat seit ihm einen Zeitkern, aber braucht einen identifizierbaren Ort, an dem sie erscheint; sie kann nicht ortlos-»medial« gefaßt werden. Gelegentlich wurde nahegelegt, Simmels konkrete Analysen von Kunst und Künstlerpersönlichkeit stünden noch in der Tradition der »idealistischen Autonomieästhetik«.[93] Das Werk als »selbstgenugsame Einheit« (GSG 16: 267), »Welt für sich« (GSG 7: 262 [169]), gar als »mit Licht gespeister Kosmos« (GSG 15: 492 [198]), »»seelig in ihm selbst'« (GSG 20: 233 [307]) – dies sind Wendungen, die in der Tat im Klassizismus und Idealismus tradiert werden. Simmels eigentliches Interesse gilt werkästhetisch nur partiell dem kreativen Prozeß, wie ihn der Schwerpunkt des *Goethe* ausmacht, auch nicht einer werkbezogenen Analyse wie im *Rembrandt*, sondern dem Ablösungsprozeß des Artefakts von der Wirklichkeit als *Verdichtung*, »autonome Kunstwendung eines ursprünglichen Verhaltens des menschlichen Lebens« (GSG 20: 212 [129]), denn: »Ein Kunstwerk entsteht, indem die frag-

---

90 Etwa Karl Heinz Bohrer, »Intensität ist kein Gefühl. Nietzsche kontra Wagner als Lehrbeispiel«, in: *Merkur* 34 (1984): 138-144.

91 Gemeint ist natürlich Humberto R. Maturana, »Kognition«, in: *Der Diskurs des Radikalen Konstruktivismus*, hg. v. Siegfried J. Schmidt, Frankfurt/M. 1987, 89-118.

92 Wolfram Hogrebe, »Hermes und Apoll«, in: Ders., *Echo des Nichtwissens*, Berlin 2006, 23-35, hier 34.

93 Lichtblau, »Ästhetische Konzeptionen im Werk Georg Simmels«, a.a.O., 23. Habermas, »Georg Simmel über Philosophie und Kultur«, a.a.O., 161. Konträr dazu Faath, a.a.O., 13, die bündig befindet: »Seine Kritik galt dem Klassizismus. Seine Ästhetik versucht, idealistische Konzepte zu überwinden.«

mentarischen Inhalte des Daseins zu einer gegenseitigen Beziehung gebracht werden, in der sie ihren Sinn und ihre Notwendigkeit aneinander finden, sodaß eine Einheit und innere Befriedigtheit an ihnen aufleuchtet, die die Wirklichkeit nie gewährt« (GSG 7: 262 [169]). Das Kunstwerk *objektiviert*, »entfremdet« positiv und genügt so seiner Funktion als Brennglas. Wie aus bloß Existierendem Kultur, ja Kunst wird, ist das eigentliche Faszinosum Simmelscher Ästhetik; wie das »uns im letzten Grunde unverständliche Sein der Dinge den inneren Bewegungen der Seele völlig nachgiebig geworden ist« (GSG 7: 97). So ist hervorzuheben, daß Simmel auch das m. W. in bisher keiner Ästhetik erwähnte »zu perfekte Kunstwerk« kennt, das uns keinen Zugang gewährt, unproduktiv verstummen läßt (GSG 15: 418), Simmel also eine Hermetik der Überperfektion notiert.[94] Es verwundert wenig, daß Adorno mit dieser Cupierung jeder Dialektik nichts mehr anzufangen wußte.[95]

Zumal, weil für Simmel Kunst zwar Ausdrucksinstanz ist, allerdings eine durchaus ahistorische. Simmel befindet streng über die »beiden Vergewaltigungen des neunzehnten Jahrhunderts: Natur und Geschichte« (GSG 7: 95). »Kein Kunstwerk ist als Kunstwerk aus seiner Zeit oder aus der Psychologie seines Schöpfers heraus zu rechtfertigen: ausschließlich aus den Forderungen der Kunst« (GSG 20: 233 [307]). Dies hängt mit Simmels eigenwilliger Idee eines metatemporalen »dritten Reiches« der Kulturideen und -Inhalte (GSG 14: 94) zusammen, das auch den ontologischen Status des Kunstwerks tangiert – einmal gesetzt, »kann [es] vergessen werden, aber nicht vernichtet« (GSG 13: 390 [352]).

Kunstwerke als Kraftzentren intensiver Sinnbildung, abgelöst und nicht mehr »von dieser Welt«; man sieht, mit Klassizismus, der ja ein Seinskontinuum zwischen Werk und Wirklichkeit annahm, hat das nicht mehr viel zu tun. Wohl aber mit einer massiven Metaphysik der Kunst, wie bereitwillig konzediert wird (GSG 20: 212 [129]). Nicht zuletzt deshalb fragt Simmel auch, warum überhaupt Kunst ist (GSG 15: 415 f.; GSG 20: 213; 240 [129; 313]) – ein Problem, das später auch Heidegger, der ganz ähnlich vom »reine[n] Insich-

---

94 Und den Reiz des Mißlingens, den Umstand, daß frühe Phasen, Skizzen eines »Meisterwerks« interessanter sein können als das »Meisterwerk« selbst, GSG 15: 419.

95 Adorno, »Henkel«, a.a.O., 559.

stehen des Werkes«[96] spricht, umtreiben wird.[97] Tatsächlich sind Romantik und Existenzialismus in Simmels Funktionsbestimmungen letztlich nicht mehr zu separieren, Kunst »drückt freilich das Aeußerste aus, die reine Oberflächenerscheinung, das sinnlich Unmittelbare – und zugleich das ewig Unaussprechliche, das letzte Geheimnis der Dinge, den innerlichsten Sinn des Daseins, für den alle Anschaulichkeit bloßes Symbol ist« (GSG 8: 106 [195]). Kunst, dies scheint Simmels frühes (GSG 8: 105 [195]) und auch letztes Wort, expliziert das Sein (GSG 20: 242 [315]), und zwar insofern es durch die »Seele des Künstlers« (ebd.) gegangen sei:[98] »Das ist das eigentlich Göttliche der Kunst: daß sich das Ich an einer objektiven Wirklichkeit ausdrücke, an etwas, das ganz für sich besteht, in seiner Existenz gelöst von seinem Schöpfer, wie man von Gott sagt, daß er zwar die Welt geschaffen und mit ihren Qualitäten und Kräften ausgestattet, dann aber sie völlig den Gesetzen, die nun die ihrigen sind, überlassen hat« (GSG 20: 248 [319]). Kunst ist als reine, vollgültige Objektivation ein absolutes Allgemeines (GSG 15: 428), gleichsam »meta-objektiv«.

Man sieht, allzu fern ist dies von Heideggers ungleich einflußreicherer Position tatsächlich nicht, obwohl letzterer den Ereignischarakter des Werks[99] als »Geschehnis der Wahrheit«[100] stärker akzentuiert, Simmel aber auf Schließung und den Akt des Setzens abstellt. Dies ist seine Variante der »ästhetischen Wahrheit« als Geltendes.

Eine der bemerkenswerteren Leistungen Simmels in aestheticis ist fraglos die mutige Verabschiedung zweier Hauptkategorien der abendländischen Reflexion über die Kunst: des Schönen und der Mimesis. Schon in der lebenslangen Beschäftigung mit Kant, die in den letzten

96 Heidegger, *Der Ursprung des Kunstwerks*, eingel. v. Hans-Georg Gadamer, Stuttgart 1960, 35.

97 A. a. O., 66f.

98 »Seele« bezeichnet bei Simmel (und dem jungen Lukács) alles, was als subjektiv-kreativistische Potenz zu fassen wäre: Phantasie und Intuition – nicht mehr die Totalität von »Kulturleistungen«, wie noch bei Simmels Lehrer Moritz Lazarus. Ich glaube nicht, daß man Meister Eckhart, den Simmel sehr schätzte, bemühen muß. So aber Susman in *Buch des Dankes*, a.a.O., 284.

99 Heidegger, a.a.O., 91. Gadamer, *Wahrheit und Methode. Einführung in die philosophische Hermeneutik*, Tübingen ³1972, 229, überliefert Heideggers Wertschätzung des späten Simmel.

100 Heidegger, a.a.O., 33.

Jahren zu einer scharfen Ablehnung (besonders der Ethik) führt,[101] distanziert sich Simmel vom unter Fachkollegen noch unverdrossen aufrechterhaltenen Paradigma der *schönen Kunst*. »Kant und die moderne Ästhetik« von 1903 weist neben der Kerneinsicht, daß »unmittelbare[s] Gefallen« oder gar Schönheit keineswegs ein generelles Merkmal des Ästhetischen sei (GSG 7: 262 [169]), wohl aber eine verdichtende Ordnungsleistung (ebd.), auch auf das Kuriosum hin, daß der völlig amusische kritische Philosoph »Reflexionen über die letzten Fragen des ästhetischen Genusses, die das Beste des modernen ästhetischen Bewußtseins vorwegnehmen«, niederzulegen wußte (ebd.: 255 [163]). Dennoch hätte Simmel, der Kants Versuch, das subjektive Empfinden an ein Allgemeines anzubinden, bewunderte (ebd.: 271 [177 f.]), Rüdiger Bubners vor mittlerweile gut drei Jahrzehnten ausgegebene Parole »Zurück zu Kants Wirkungsästhetik!«[102] gewiß nicht unterschrieben, denn die reflektierende Urteilskraft bzw. das Schillersche »Spiel« (ebd.: 267 [173 f.]) wird, soweit ich sehe, künftig nicht mehr affirmativ zitiert. Außerdem ist Simmel nicht nur in Belangen der Kunst empirisch erfahren genug, um zu wissen, daß der Großteil dessen, was Denken genannt wird, mit Rationalität auch nicht das Geringste zu tun hat; läge offen, was in unserem Kopf tatsächlich vorgeht, brächte man uns »ins Irrenhaus« (GSG 11: 387). Die kantianische Bestimmung ästhetischer Erfahrung als das, was »uns etwas zu denken gibt, was in keine enge Verstandeskategorie fällt«,[103] muß Simmel daher, ähnlich wie die durchgehend rationalistische Renaissance-Ästhetik (GSG 15: 326) als heillos unterkomplex gegolten haben: Kants Bedeutung, so schließt der Essay, verdanke sich vielmehr der Leistung, der Frage nach dem Ästhetischen überhaupt eine modern-diskutable Problemform anersonnen zu haben.

Auf der Ebene materialer Studien muß wohl die Beschäftigung mit Rodin, dessen Werk Simmel der deutschen Rezeption erst öffnete, für das Denken des »Nicht-mehr-Schönen«, das mit klassizistisch-idealistischen Positionen nicht zu fassen ist,[104] verantwortlich ge-

101 Vgl. die Briefe an Margarete v. Bendemann v. 16. Oktober 1912 u. an Georg Misch v. 6. Januar 1913, GSG 23, 122 bzw. 156.
102 Rüdiger Bubner, »Über einige Bedingungen gegenwärtiger Ästhetik« (1973), in: Ders., *Ästhetische Erfahrung*, Frankfurt/M. 1989, 9-51, hier 31; 34 ff.
103 Bubner, »Moderne Ersatzfunktionen des Ästhetischen«, a.a.O., 99-120, hier 118.
104 Aus der Tradition Hegels führt kein Weg zur modernen Kunst. Dies aber die seit Jahrzehnten hartnäckig vertretene These Dieter Henrichs, vgl. ders., »Kunst und

macht werden; auch dieses ist romantischen Ursprungs und terminiert im *Rembrandt* in der Attacke gegen das klassische Schönheitsideal schlechthin (GSG 15: 413ff.). Friedrich Schlegel bereits hielt den Leitbegriff des *Interessanten*, »subjektive ästhetische Kraft«,[105] der Erfassung moderner Kunst für adäquater, Baudelaire markiert bekanntlich die intrikate Sollbruchstelle einer Transformation des, vorsichtig gesagt, Nicht-mehr-Schönen in das modern-potente Artefakt. Damit ist nicht behauptet, daß die Moderne dem Schönen generell abgeschworen hätte – nur taugt es unstrittig nicht als Leitbegriff ästhetischer Reflexion. Zum Vergleich: Zur selben Zeit unternimmt Rosenkranz noch einen hegelianischen Vermittlungsversuch, der das Häßliche nur als Durchgangsstation auf dem Weg zur Konstitution des schönen Ideals zuläßt, »denn das Häßliche ist nur, insofern das Schöne ist, das seine positive Voraussetzung ist. Wäre das Schöne nicht, so wäre das Häßliche gar nicht, denn es existiert nur als die Negation desselben«.[106]

Der späte Simmel negiert in immer radikaleren Formulierungen ebenso die Mimesis und ihre Synonyme wie Abbildung oder Widerspiegelung. Sie hat noch nie etwas erklärt; auch wenn längst bekannt ist, daß der Begriff ursprünglich den rituellen Tanz mythischer Darstellung bezeichnete,[107] bedarf die Mimesis doch eines Minimums an Gegenstandadäquanz, vulgo: Ähnlichkeitsbeziehung, und impliziert die Situierung von Kunst und Wirklichkeit auf gleicher ontologischer Augenhöhe (das eigentliche Ärgernis).[108] Bei Simmel aber erzeugt nicht Adäquanz oder bloß formale Richtigkeit Realismus,

Kunstphilosophie der Gegenwart (Überlegungen mit Rücksicht auf Hegel)«, in: *Immanente Ästhetik – ästhetische Reflexion. Lyrik als Paradigma der Moderne* (Poetik und Hermeneutik 2), hg. v. Wolfgang Iser, München 1966, 11-32; ders., *Fixpunkte. Abhandlungen und Essays zur Theorie der Kunst*, Frankfurt/M. 2003.

105 Friedrich Schlegel, »Über das Studium der griechischen Poesie« (1795-97), in: Ders., *Kritische Schriften und Fragmente. Studienausgabe*, hg. v. Ernst Behler u. Hans Eichner, Paderborn 1988, Bd. 1, 62-136, hier 63; 66; 126.

106 Karl Rosenkranz, *Ästhetik des Häßlichen* (1853), hg. v. Dieter Kliche, Leipzig 1990, 14.

107 Hermann Koller, *Die Mimesis in der Antike. Nachahmung, Darstellung, Ausdruck*, Bern 1954, 116; 118; 125ff.; 210.

108 Nach wie vor hilfreich: Hans Blumenberg, »›Nachahmung der Natur.‹ Zur Vorgeschichte der Idee des schöpferischen Menschen« (1967), in: Ders., *Wirklichkeiten, in denen wir leben*, Stuttgart 1981, 55-103.

sondern, wie bereits erwähnt, das Maß an »Bedeutungsintensität«, das diese Darstellungen in uns hervorrufen, »wobei [...] eine äußerliche Gleichheit zwischen den Dingen und dem Kunstwerk keineswegs erforderlich ist« (GSG 8: 405 [285]). Dies ist um so bemerkenswerter, als sich Simmels einstiger Schüler Lukács nach seiner marxistischen Wende noch in den fünfziger und sechziger Jahren des vergangenen Jahrhunderts ohne großen Erfolg mühte, in einer monumentalen, doch unvollendeten materialistischen Ästhetik die Gesetze der Widerspiegelung »endgültig« zu erkunden,[109] und erst in den letzten Dekaden der ungleich vielversprechendere Weg einer »semantischen Ästhetik« jenseits der Verkürzungen analytischer Philosophie gewiesen wurde.[110] Simmel bereitet auch diesen Weg vor, der ihn, wie in »Zum Problem des Naturalismus«, zur zunächst frappierenden Einsicht führt, daß l'art pour l'art und Naturalismus sich gerade nicht dichotomisch verhalten, sondern in der Beliebigkeit ihrer Objektwahl gleichursprünglich (GSG 20: 221 (296)).

Das bedeutet aber das Ende jeder Form von Referenzästhetik. Kunst, auch bildende, sei niemals aus der Realität abzuleiten, heißt es im *Rembrandt* (GSG 15: 415 f.). Letztlich steuert Simmel damit auf die ontologische These zu, daß Kunst und Wirklichkeit zwei differente Seinsweisen seien (GSG 8: 407 [286 f.]), die er, wenig überraschend, nur im Leben/Werk Goethes zur völligen Synthese gebracht sieht (GSG 15: 107) und ansonsten eher leichtnimmt: Kunst als autonome Setzung »wäre reiner als die Erfahrungswelt selbst, da diese immer metaphysischer Voraussetzungen, Begründungen, Zwischenglieder bedarf; so weiß sie nichts von dem Sein, das nie einem unserer Sinne, sondern nur einem unaussagbaren metaphysischen Fühlen zugängig ist« (GSG 7: 258 [166]). Deshalb heißt es in der »Philosophie des Schauspielers«: »Wirklichkeit ist etwas Metaphysisches, Unsinnliches, darum gehört sie nicht in die Kunst, die sich im Sinnlichen hält«, und gar: »Das Sein hat auf der Bühne nichts zu suchen« (GSG 20: 193 [112]). Damit handelt sich Simmel erneut, doch auf einer anderen Ebene, das handfeste Problem ein, wie denn Kunst überhaupt – intuitiv, hermeneutisch, historisch-deduktiv, semiotisch usw. – erfahrbar ist, schließt für ihn das Kunst-Ästhetische doch jede

---

109 Georg Lukács, *Werke* Bd. 11/12: *Die Eigenart des Ästhetischen* 1/2, Neuwied 1963.
110 Wolfram Hogrebe, »Semantische Ästhetik«, in: *Zeitschrift für philosophische Forschung* 34 (1980): 18-37.

Kompatibilität mit Alltagssinn aus, »der uns als einzige Brücke zur Realität gilt« (GSG 7: 259 [167]).

Im Rahmen dieser Existenzialisierung der Kunst muß auch ein Regreß genannt werden. Dem subtilen Hermeneutiker Simmel, den Kracauer mit der romantischen Metapher der »Windharfe«[111] vergleicht, wird »das Problem Verstehen« – zunehmend unproblematisch. Von einer Rezeptionstheorie, wie sie in der ersten Fassung der *Probleme der Geschichtsphilosophie* von 1892, die die arbiträre Konstruktivität des projektiven Gegenstandes betont und Hermeneutik in Vorwegnahme der sozialphänomenologischen und systemtheoretischen Alterego-Problematik als eine Art Kohärenz-Implementierung beschreibt (GSG 2: 307; 321f.), oder gar einer polykontexturalen Kunsttheorie, die ihren Gegenstand in verschiedene Perspektiven auflöst,[112] nimmt der späte Simmel deutlich Abstand. Zwar findet sich noch der Gadamer antizipierende Gedanke, wonach »wir innerhalb des historischen Erkennens schon lange wissen, daß wir die Gegenwart nur aus der Vergangenheit, die Vergangenheit aber nur aus der erfahrenen Gegenwart heraus deuten können« (GSG 15: 352), den Simmel höchstwahrscheinlich *nicht* beim eigentlichen Urheber Heine gelesen hatte,[113] doch für den späten Simmel war Verstehen »ein Urphänomen« (GSG 14: 435), damit theoretisch nicht mehr diskutabel oder, vorsichtiger, methodisch nicht regulierbar. »Das Du und das Verstehen ist eben dasselbe, gleichsam einmal als Substanz und einmal als Funktion ausgedrückt«, heißt es im *Wesen des historischen Verstehens* (GSG 15: 162), und dies ist nichts anderes als die Paraphrase von Diltheys Präsenzunterstellung: »Das Verstehen ist ein Wiederfinden des Ich im Du«,[114] die der Anti-Hermeneutiker Gehlen als »horrenden Satz« bezeichnete.[115] Sehr zu Recht, denn dies wird man nach den Säurebädern von Dekonstruktion und Systemtheorie so nicht mehr

111 Kracauer, a.a.O., 177.
112 Gerhard Plumpe u. Niels Werber, »Umwelten der Literatur«, in: *Beobachtungen der Literatur. Aspekte einer polykontexturalen Literaturwissenschaft*, hg. v. dens., Opladen 195, 9-33, hier 20.
113 Die Gadamersche »Horizontverschmelzung«. Gadamer, a.a.O., 289. Vgl. Heine, *Sämtliche Schriften*, hg. v. Klaus Briegleb, München 1968ff., Bd. 3, 167.
114 Dilthey, *Der Aufbau der geschichtlichen Welt in den Geisteswissenschaften*, hg. v. Manfred Riedel, Frankfurt/M. 1979, 235.
115 Arnold Gehlen, *Urmensch und Spätkultur. Philosophische Ergebnisse und Aussagen* (1956), hg. v. Karl-Siegbert Rehberg, Frankfurt/M. ⁶2004, 131.

unterschreiben wollen, womit gesagt ist, daß Hermeneutik bereits von Simmel, nicht erst von Heidegger und Gadamer als Existenzial gedacht[116] – und theoretisch unergiebig wird.

Die vormodernen Züge in Simmels Räsonnement sollen daher nicht verschwiegen werden. Auch bei Simmel hat die Existenzialisierung der Kunst den Preis, daß die Ansätze zu modernen Theoremen wie Relativismus, Konstruktivität des Artefakts, Ironie und Subjektivierung zunehmend aus dem Blick geraten. So findet sich zwar, namentlich im *Goethe*, eine breit ausgeführte Erschließung künstlerischer Individualität, doch eigentlich nirgendwo, nicht nur nicht in den großen Monographien, eine Würdigung modern-eigensinniger Subjektivität, die primär aus egoistisch-hedonistischen Gründen schafft; weder als »selbsttrunkenste« à la Heinrich Heine[117] noch gar in Richtung einer Kunst als »Delirium an Virtuosität«, wie sie etwa Dalí ins Feld führt.[118]

Ebenso spielt Ironie, weder als Wertschätzung eines Stilzuges oder als intellektuelle Attitüde noch als eigenes Darstellungsprinzip, bei Simmel eine Rolle – dafür war es Simmel mit der Kunst zu ernst. Bei ihm selbst überwiegt stilistisch unstrittig das Abwägende, bedächtig Hinleitende, oftmals zunächst metaphysische Dichotomien Konstruierende, bei Habermas als »Umständlichkeit«,[119] bei Adorno als Stil des »Silbergriffels«[120] moniert. Die einzige Ausnahme ist »Jenseits der Schönheit« (GSG 17: 353-356 [329-332]), der titelgebende Text dieser Auswahl, der implizit fragt, was wäre, gäbe es keine Kunst.

Es wird deutlich, daß Simmels Kunstphilosophie aporetisch endet. Simmel aber, dies sei hier erinnert, ist einer der ganz wenigen Philosophen, die Antinomien stehen lassen können,[121] nirgendwo ist das greifbarer als in seiner Auffassung, es sei »ein ganz philiströses Vorurteil, daß alle Konflikte und Probleme dazu da sind, gelöst zu werden«

---

116 Selten klar: Heidegger, *Gesamtausgabe* Bd. 63: *Ontologie der Faktizität* (1923), hg. v. Käte Bröcker-Oltmanns, Frankfurt/M. 1988, 15; Gadamer, a.a.O., 277; 279.

117 Heine, a.a.O., Bd. 3, 72.

118 So wiederholt Dalí, in Max Gérard, *Dalí. Biographischer Essay* (1967), Frankfurt/M. 1987, unpag. [15]; [112].

119 Habermas, »Georg Simmel über Philosophie und Kultur«, a.a.O., 160.

120 Adorno, »Henkel«, a.a.O., 561.

121 Henning Ritter, Diskussionsbeitrag, in: *Ästhetik und Soziologie um die Jahrhundertwende*, a.a.O., 16.

(GSG 16: 206). Daß er beide Traditionslinien einer starken Werk-
und Wirkungsästhetik in einer Metaphysik der Kunst zusammenzu-
bringen trachtet, wiegt vergleichsweise gering, teilt man eine Position
gegenwärtiger Philosophie, der jede gelungene Zeichenverwendung
oder propositionale Setzung ohne metaphysische Implikationen unmöglich dünkt, jede Aussage auch Aussage über die Erkennbarkeit
der Welt ist.[122] Für nachvollziehbare Theoriebildung ist es allerdings
problematisch, daß sich für Simmel das Kunst*werk* einer letzten Deutung sperrt, es »nicht von dieser Welt« sei; erst recht, wenn im Gegensatz zu Hegels geschichtlicher Typenlehre die Historizität der Kunst
für irrelevant erklärt wird, also eine wesentliche Zugriffsmöglichkeit
verwehrt ist.

Neoklassizismus oder Ästhetizismus, so war zu zeigen, tangieren
nur die Oberfläche von Simmels Kunstphilosophie. Verwandter ist
ihm die Tradition der romantischen Maximalprogramme. Kunst erst,
was abschließend noch zu erläutern ist, macht den Menschen zum
Menschen und wird deshalb – hier die Rückbindung an die soziologische Diagnose – in der Moderne als Antidot zur Ausdifferenzierung der »Wertsphären« immer wichtiger: Stets soll Kunst etwas
leisten, was immer schwerer fällt, verdichtende, exemplarische Anschauung von Lebenszusammenhängen und -Erfahrungen geben.
Das »Mehr-als-Kunst, das jede große Kunst zeigt« (ebd.: 285), gerät
Simmel gar zum »Andere[n] des Lebens« (ebd.: 284), in dem es aller-
erst anschaulich wird – als gesteigertes Sein. Kunst, so befindet der
Rembrandt schließlich, ermögliche »eine der tiefsten Symbolisierungen der Lebensstruktur durch die Kunst« (GSG 15: 514), und hier
muß genau betont werden, um zu sehen, daß kein Rückfall in die
Mimesis vorliegt; *Symbolisierung* von *Struktur*, Versinnlichung des
Abstraktesten. »Versöhnung« ist damit in der Tat nicht mehr inten-
diert,[123] dafür sorgt allein schon die »Tragödie der Kultur«,[124] sondern Grundlegenderes.

122 Wolfram Hogrebe, »Mantik und Hermeneutik. Eine Skizze«, in: *Zeichen und In-
    terpretation*, hg. v. Josef Simon, Frankfurt/M. 1994, 142-157, hier: 152.
123 Faath, a.a.O., 14.
124 »»Dialektik ohne Versöhnung‹« war denn auch Landmanns Begriffsvorschlag für
    Simmels Spätphilosophie, »Einleitung des Herausgebers«, in: Simmel, *Das indivi-
    duelle Gesetz. Philosophische Exkurse*, hg. v. Michael Landmann, Frankfurt/M.
    1968, 7-29, hier 16. Ein »close reading« des Tragödientheorems bei Gerhard
    Ehrl, »Wie ›tragisch‹ ist Simmels ›Tragödie der Kultur‹?«, in: *Simmel Studies* 15
    (2005): 3-37.

Lebensphilosophie – Artistik als Realisierung
des individuellen Gesetzes

Gerade nach den *linguistic* und *iconic turns* der letzten Jahrzehnte wird der heutige Leser dem Lebensbegriff mit Befremden begegnen bzw. sich genötigt sehen, Übersetzungsleistungen zu erbringen. Da seine Intentionen zudem von der darauffolgenden, ebenfalls längst verblaßten Existenzphilosophie »fast vollständig [...] aufgesogen wurde[n]«,[125] darf daran erinnert werden, daß er primär Überbietungsbegriff war, zentral ausgerichtet gegen die beiden Götzen des »langen« 19. Jahrhunderts: Vernunft und Geschichte. Die Rolle von Nietzsches Imperativen »Nur soweit die Historie dem Leben dient, wollen wir ihr dienen« und »Nur aus der höchsten Kraft der Gegenwart dürft ihr das Vergangene deuten«[126] liegt auf der Hand, allerdings ist auch Bergson als zentraler Anreger zu nennen.[127] Ebenso muß an Diltheys Kritik der historischen Vernunft erinnert werden.[128]

Unbefangen hantieren läßt sich mit den so vagen wie zugleich totalisierenden Begriffen des Lebens, der Seele und der Form nicht mehr. Bereits Adorno beklagt Simmels späteren Ansatz mit seinem »dürftigen Skelett invarianter Grundbegriffe wie Form und Leben«;[129] wie erinnerlich, ist dann für Habermas neben der Substitution der Vernunftkritik qua Ästhetik, so der Vorwurf an Nietzsche, die Lebensphilosophie der zweite Sündenfall im *Philosophischen Diskurs der Moderne*.[130] Außerdem lanciert Simmel Komposita wie die damals durchaus gängige[131] »Lebensform« (GSG 16: 37; 271) und

---

125 Herbert Schnädelbach, *Philosophie in Deutschland 1831-1933*, Frankfurt/M. 1983, 172.

126 Nietzsche, a.a.O., Bd. 1, 245; 293f.

127 Klassisch dazu: Peter Gorsen, *Zur Phänomenologie des Bewußtseinsstromes. Bergson, Dilthey, Husserl, Simmel und die lebensphilosophischen Antinomien*, Bonn 1966, 171ff. Eine neue Aufarbeitung bei Gregor Fitzi, *Henri Bergson und Georg Simmel: Ein Dialog zwischen Leben und Krieg. Die persönliche Beziehung und der wissenschaftliche Austausch zweier Intellektueller im deutsch-französischen Kontext vor dem Ersten Weltkrieg*, Diss. Bielefeld 1999, 159ff.; 291ff.

128 Vgl. die Ultrakurzkritik an Hegels »geistimmanenter« Geschichtskonstruktion in Dilthey, a.a.O., 336f., an Kants ahistorisch-»reiner« Vernunft, a.a.O., 347.

129 Adorno, »Henkel«, a.a.O., 561.

130 Habermas, *Der philosophische Diskurs der Moderne*, a.a.O., 170, mit expliziter Nennung Simmels.

131 Etwa bei Cohn, a.a.O., 242.

»Lebenswelt« (GSG 15: 160), deren womöglich unterirdische Verbindungen zu Wittgensteins und Husserls ungleich berühmteren Setzungen noch völlig unerschlossen sind, wodurch die Sache demgemäß nicht einfacher wird. Simmels Lebensbegriff harrt noch einer konzisen Erhellung – wenn es denn überhaupt ein *Begriff* im emphatischen Sinne ist. Fungiert »Leben« wirklich, wenig überzeugend, als Letztinstanz allen Seins, mithin als Substanz-Begriff, oder doch nur als *Metapher* eines wesenlosen Bewegungsprinzips, für das Simmel die – weitere – Metapher des »Strömens« vielfach variiert und das sich, so die Vermutung schon des ehemaligen Schülers Kracauer, permanent selbst relativiert?[132] Ute Faath bietet die These an: »Zielsetzung Simmels ist eine Integration des Seins in das Werden und des Werdens in das Sein. Das Leben stellt den metaphysischen Begriff, der diese Vorstellungskomplexe auf sich vereinen kann.«[133] Nur: Wo bleibt dann die Form? Hat sie ein Sein? Zuweilen nämlich scheint Simmel darauf hinauszuwollen, daß Formgebung das Wesen des Lebens sei (GSG 16: 341). Andererseits führt er im *Rembrandt* noch »das dunkle substanzielle Sein« ein (GSG 15: 385), das Leben und Form, die ihm beide opponierten (ebd.: 384), in »unserer wortlosen Wesenstiefe« (GSG 13: 394 [355]) fundiere. Dies erinnert von Ferne erneut an Schelling, der, sehr im Gegensatz zur Hegelschen restlosen Selbsttransparenz des Geistes, ein Unvordenklich-Nichtsemantisches stehenläßt.[134] In Simmels *Lebensanschauung* ist der Substanzbegriff dann wieder fallengelassen. Jeder, der hier näheren Aufschluß wünscht, wird um die Lektüre der großen Monographien nicht herumkommen. Solange über die Kontur der Lebensphilosophie generell nicht entschieden ist, kann man sich vielleicht mit Herbert Schnädelbach auf den kleinsten allgemeinen Nenner einigen, wonach »›Leben‹ ein kultureller Kampfbegriff und eine Parole [war], die den Aufbruch zu neuen Ufern signalisieren soll[te]«.[135] Ein Zeit-

132 Kracauer, a.a.O., 238.
133 Faath, a.a.O., 215.
134 So erkläre ich mir das Interesse aktueller Philosophie, namentlich Manfred Franks und Wolfram Hogrebes, an Schellings erratischen Entwürfen. Vgl. Frank, *Der unendliche Mangel an Sein. Schellings Hegelkritik und die Anfänge der Marxschen Dialektik*, München ²1992, 216 ff.; Hogrebe, *Prädikation und Genesis. Metaphysik als Fundamentalheuristik im Ausgang von Schellings ›Die Weltalter‹*, Frankfurt/M. 1989; ders., »Schellingiana«, in: Ders., *Écho*, a.a.O., 275-341, hier 286; 308; 337 f.
135 Schnädelbach, a.a.O., 172.

genosse als Kronzeuge: »Das philosophische Denken der Gegenwart dürstet und hungert nach dem Leben. Es will die Rückkehr zur Steigerung der Lebensfreude, zur Kunst usw.«[136] »Leben« also sollte nicht überschätzt werden; ich halte seine explikate Potenz für recht gering.

Ähnlich unübersichtlich ist die Lage beim Formbegriff. Je nach Kontext indiziert er bei Simmel einmal eine logische Kategorie der Limitionalität oder »Bändigung« (GSG 16: 351f.), andererseits konkrete Artefakte bzw. Sedimentationen von »Kulturarbeit« (GSG 14: 419), die seit der Übertragung des Kulturbegriffs auf den gesamtgesellschaftlichen Prozeß in der *Philosophie des Geldes* Resultate der Kulturdynamik markieren. Simmel aber ist ebensosehr Ahnherr des brauchbaren kunsthistorisch-literaturwissenschaftlichen Formbegriffs wie des fragwürdigen metaphysischen. So kann einerseits ein gelungenes Kunstwerk eine Form, *Station* des Lebens zu einem bestimmten Zeitpunkt sein (GSG 16: 183), andererseits ist die Leben-Form-Dichotomie metaphysisches Prinzip schlechthin (ebd.: 185; 352) – und natürlich gibt es noch »unzähliges anderes« (GSG 11: 27), nämlich, in der *Soziologie*, die *Formen der Vergesellschaftung.*

Wenig Probleme hingegen bereitet das »individuelle Gesetz«, das den Relativismus der *Socialen Differenzierung* von 1890, der Individualität als Korrelationseffekt fortschreitender Ausdifferenzierung begreift (GSG 2: 169ff.), wieder einzieht und den Gedanken einer substantiellen Individualität umkreist (GSG 16: 360; 367). Schon die *Einleitung in die Moralwissenschaft* formuliert Skepsis gegenüber der Tragfähigkeit traditionell normativer Ethik (GSG 3: 10), die *Lebensanschauung* gar spricht von der »anarchische[n] Hilfslosigkeit« der kantianischen Pflichtethik »gegenüber den logisch nicht zu schematisierenden Lebensmomenten, ja dem Lebensganzen« (GSG 16: 384). Man hat Nietzsche als Inspirationsquelle genannt,[137] Simmel erwähnt ihn selbst (ebd.: 358; 421), ganz sicher war es nicht Stefan Georges Beispiel der Lebensführung.[138] Vielmehr scheint Schleierma-

136 Dilthey, a.a.O., 333.

137 Dahme u. Rammstedt, »Einleitung«, a.a.O., 19; Michael Landmann, »Georg Simmel und Stefan George«, in: *Georg Simmel und die Moderne*, a.a.O., 147-173, hier 150.

138 Landmann, a.a.O., 151, wiederholt von Köhnke, a.a.O., 501ff.; jüngst erneut vorgebracht von Thomas Karlauf, *Stefan George. Die Entdeckung des Charismas*, München 2007, 237.

chers Ethik die zentrale Anregung gewesen zu sein,[139] doch findet sich trotz ihrer Erwähnung (ebd.: 416) die Kernpassage nicht in der *Lebensanschauung*, sondern in den *Grundfragen der Soziologie*. Für Schleiermacher sei »die sittliche Aufgabe gerade die, daß jeder die Menschheit auf eine besondere Weise darstelle. Gewiß ist jeder einzelne ein ›Kompendium‹ der ganzen Menschheit, ja, noch weitergehend, eine Synthese der Kräfte, die das Universum bilden, aber ein jeder formt dieses allen gemeinsame Material zu einer völlig einzigen Gestalt, und auch hier wie bei der früheren Anschauung ist die Wirklichkeit zugleich die Vorzeichnung des Sollens: nicht nur als schon Seiender ist der Mensch unvergleichlich, in einen nur von ihm erfüllten Rahmen gestellt, sondern, von anderer Seite gesehen, ist die Verwirklichung dieser Unvergleichbarkeit, das Ausfüllen dieses Rahmens, seine sittliche Aufgabe, jede ist berufen, sein eigenes, nur ihm eigenes Urbild zu verwirklichen« (ebd.: 145 f.).

Bei Licht besehen, behauptet das individuelle Gesetz nichts anderes, weshalb ich es nicht für Simmels bedeutendsten Gedanken halten kann. Unter Rekurs auf das schon früh entwickelte Theorem vom »Fragmentcharakter unseres Lebens« (ebd.: 243) läßt sich das Problem gleichsam spiegeln. »Unsere praktische Existenz«, heißt es in der *Philosophie des Geldes*, kann nie mehr sein, als »die Teilverwirklichung einer Ganzheit« (GSG 6: 624), und die große *Soziologie* bringt die Sentenz: »Wir alle sind Fragmente, nicht nur des allgemeinen Menschen, sondern auch unserer selbst« (GSG 11: 49). In Anbetracht der Tatsache, daß wir es »in Wirklichkeit selten [mit einem] bis zur Vollkommenheit durchgeführte[n] Verfahren« (ebd.) zu tun haben, lautet der Imperativ des individuellen Gesetzes demnach, salopp formuliert: Mach aus dir, was in dir angelegt ist. Bei Simmel klingt das dann so: »Das jeweilige Sollen ist eine Funktion des totalen Lebens der individuellen Persönlichkeit« (GSG 16: 390).

Das individuelle Gesetz ist hier nur thematisch, weil es Simmel an Künstlerpersönlichkeiten expliziert hat; ebenso wäre es an Politikern, Wissenschaftlern und Religionsstiftern bzw. bedeutenden Theologen (Luther!) zu demonstrieren. Wenig überraschend, ist ihm Goethe das Beispiel einer vollgültigen Realisierung des individuellen Gesetzes, einer Kongruenz von Werk und Leben (GSG 15: 107), wie sie »der Weg des großen Genies so oft zeigt, mit ihm hat das schlechthin Nor-

---

139 »Schleiermacher klingt hier an«, meint schon Landmann, »Einleitung des Herausgebers«, a.a.O., hier 10.

male erwiesen, daß es die Dimensionen des ganz Großen ausfüllen kann« (ebd.: 270 [394]).

Interessanter erscheint mir das Beispiel des Michelangelo-Essays, in dem sich die erstaunliche Beobachtung findet, daß »allenthalben« Negativität das letzte Wort behält (GSG 14: 315 [366]). Zwar erreicht seine Kunst die »existenziale Vollendung« (ebd.: 318 [368]), sein Genie aber entspringt der gleichen Quelle wie sein ungebändigtes erotisches und religiöses Begehren, das in der Kunst *keine* Form mehr findet – das »macht das Tragische aus und darum ist Michelangelo die ganz und gar tragische Persönlichkeit« (ebd.: 327 [376]).

Das Problem liegt auf der Hand: Dem späten Simmel tendiert Ästhetik zur Ethik, einem neuerdings wieder kontrovers diskutierten Konnex,[140] und es wäre zu erwägen, ob der Reichtum seiner Einzelbefunde nicht doch wieder, in bester deutsch-idealistischer Tradition, unter die Kuratel der Ethik gezwungen wird.

Doch noch der lebensphilosophische Simmel hat Bemerkenswertes zur Ästhetik mitzuteilen; so kenne ich, obwohl der Begriff gar nicht fällt, keine erhellendere Herleitung der Gründe für Goethes Konzeption des Symbols, als die relevante Passage aus Simmels Monographie, weshalb sie hier gebracht wird (GSG 15: 61-71 [379-388]; so revidiert Simmel in der *Lebensanschauung* en passant seine vormalige, konventionell an Hegels Kollision anschließende Definiton der Tragödie, die uns jetzt qua ästhetischer Setzung des »unheimlichen Gefühl[s]« enthebt, »daß das ganz Notwendige unseres Lebens doch noch irgendwie ein Zufälliges sei« (GSG 16: 323 [335]), sie zeige, daß das schlechthin Unkalkulierbare »Lebens-Apriori des Subjektes« sei (ebd.). Das Leben selbst, so teilt Simmel implizit mit, ist blinder Vitalprozeß, ohne Anschauung, ohne Begriff. Mit der Kunst als Formgebung aber »ist in die Dimension gewiesen, in die das Leben transzendiert, wenn es nicht nur Mehr-Leben, sondern Mehr-als-Leben ist. Überall ist dies der Fall, wo wir uns schöpferisch nennen« (ebd.: 231).

Und nun nähert man sich der ästhetisch gewichteten Pointe von Lebensphilosophie und individuellem Gesetz. Ausgehend von der bis heute gültigen romantischen Prämisse, daß jedes Werk nur nach

---

140 Vgl. die diametralen Positionen von Karl Heinz Bohrer, »Ethik und Ästhetik. Nicht Polarität, sondern Differenz«, in: Ders., *Die Grenzen des Ästhetischen*, München 1998, 160-170, sowie Martin Seel, *Ethisch-ästhetische Studien*, Frankfurt/M. 1996.

seinem eigenen Anspruch zu beurteilen sei, gerät Simmel im Analogieschluß das Kunstwerk *als solches* zur exemplarischen Realisierung des individuellen Gesetzes (GSG 13: 387f. [350f.]). Daher vermittelt uns seine ästhetische Erfahrung »das Gefühl, der Zufälligkeit des Lebens entronnen und in einem Reiche der Gesetzmäßigkeit zu sein – in einem, das zugleich das Reich der Freiheit ist« (ebd.: 393 [355]). Von hier aus erhellt auch, warum Simmel mit der Ästhetik Nietzsches nichts anfangen konnte: Diametrales wird vertreten. Große Kunst zeigt uns nicht den brüchigen Urgrund unseres Seins – diese Einsicht ist nach Simmels Diagnose einer Moderne als Beschleunigung, Fragmentarisierung und Entsubstantialisierung (GSG 6: 675; 691; 696ff.) jederzeit zu haben –, sondern sorgt für unsere »Erdung«.[141] Jetzt auch wird klar, warum Simmel die Kultur »ein fast religiös gefaßter Begriff« war;[142] sie ist kein Fetisch eines verblasen-affirmativen Bildungsbürgertums, wie Adorno argwöhnt, dem sie nach Auschwitz nur noch »Deckel überm Unrat« scheint.[143] Diese Erfahrung eines Versagens jeder Kultur blieb Simmel erspart. Für ihn macht die Kunst erst den Menschen heimisch; sie ist das Antidot der metaphysischen Welturangst – höhere Ansprüche an sie sind schwerlich gestellt worden.

Zur Textauswahl

Simmels 150. Geburtstag am 1. März 2008 und der sich nähernde Abschluß der *Georg Simmel-Gesamtausgabe* lassen es günstig erscheinen, auch auf den Ästhetiker mittels eines Auswahlbandes aufmerksam zu machen, zumal eine zeitgemäße Anthologie seit langem Desiderat ist. Einerseits soll hier Neugierde erweckt, andererseits Wesentliches in kompakter Form vorgelegt werden. Schwerpunktmäßig vertreten sind die Ästhetik der Lebenswelt und die programmatischen Texte bzw. Einzeluntersuchungen. Aus den o. a. Gründen ist der Abschnitt zur Lebensphilosophie knapp gehalten. Äußert sich Simmel mehrfach über dasselbe Thema, wie z.B. anläßlich Rodins und Georges,

---

141 Heidegger, *Ursprung*, a.a.O., 45, wird vom Werk als »Herstellen der Erde«, »Aufstellen der Welt« sprechen.

142 Susman in *Buch des Dankes*, a.a.O., 288.

143 Adorno, »Henkel«, a.a.O., 358f., 561. Ders., *Negative Dialektik* (1966), Frankfurt/M. 1975, 361.

ist der m.E. gehaltvollste Text abgedruckt. Eingedenk aber der »prompten Fähigkeit und Bereitschaft, über alles und jedes zu philosophieren«[144], werden Simmels weniger inspirierte Arbeiten z.B. zum Stil, zum Porträt, zum Rahmen oder Henkel, die allesamt aus Trivialitäten nicht herausfinden und daher von Adorno zu Recht inkriminiert wurden, nicht aufgenommen. Ebenfalls ausgeschlossen sind Essays zu zwar partiell ästhetischen Themen, die jedoch eines konkreten Artefaktes entbehren, also etwa die Arbeiten über die Mahlzeit (GSG 12: 140-147), die Koketterie (ebd.: 37-50) oder der berühmte Text über die »Großstädte und das Geistesleben« (GSG 7: 116-131), die z.B. Lichtblaus anders gewichtete Edition versammelt – und natürlich auch in den relevanten Bänden der GSG mühelos aufgefunden werden können. Beigegeben sind der vorliegenden Ausgabe auch zwei Gedichte Simmels, die zum Ende des 19. Jahrhunderts in der *Jugend* erschienen (GSG 17: 349-351; 404 [321-324]). Nicht, daß man sie für bedeutende Lyrik halten müßte, doch sind sie keineswegs dilettantisch und sollen lediglich eine weitere Facette von Simmels ästhetischem Interesse dokumentieren.

Was von Simmels durchaus eklektischen Gedanken zur Ästhetik und Kunstphilosophie zu retten ist; ob der phänomenale Reichtum der Einzelbeobachtungen, die originären und anregenden Einsichten das streckenweise Unzeitgemäße aufwiegen – der Leser möge entscheiden.

---

144 Adorno, »Henkel«, a.a.O., 561.

Nachweise

Die Nachweise folgen der Anordnung dieses Bandes und beziehen sich auf den Abdruck in der auf 24 Bände angelegten *Georg Simmel-Gesamtausgabe* (GSG), herausgegeben von Otthein Rammstedt, Frankfurt/M.: Suhrkamp, 1989ff. (»E« = Erstveröffentlichungsort).

I. Ästhetik der Lebenswelt

Über Kunstausstellungen – GSG 17, 242-250. (E: *Unsere Zeit. Deutsche Revue der Gegenwart* 2/II [1890]: 474-480).

Exkurs über den Schmuck – GSG 11, 414-421 (aus: *Soziologie. Untersuchungen über die Formen der Vergesellschaftung*, Leipzig 1908).

Venedig – GSG 8, 258-263 (E: *Der Kunstwart* 20 [1907]: 299-303).

Florenz – GSG 8, 69-74 (E: *Der Tag*, Nr. 111, 2. März 1906 Erster Teil: Illustrierte Zeitung, Berlin).

Die Ruine – GSG 14, 287-295 (aus: *Philosophische Kultur. Gesammelte Essais*, Leipzig 1911).

Philosophie der Landschaft – GSG 12, 471-482 (E: *Die Güldenkammer. Eine bremische Monatsschrift* 3 [1913]: 635-644).

Exkurs über die Soziologie der Sinne – GSG 11, 722-742 (aus: *Soziologie. Untersuchungen über die Formen der Vergesellschaftung*, Leipzig 1908).

Die ästhetische Bedeutung des Gesichts – GSG 7, 36-42 (E: *Der Lotse. Hamburgische Wochenschrift für deutsche Kultur* 1/2 [1901]: 280-284).

Die Mode – GSG 14, 186-218 (aus: *Philosophische Kultur. Gesammelte Essais*, Leipzig 1911).

Über die Tango-Manie in Berlin Anfang 1914 – GSG 21, in Vorb. (aus einer Kollegnachschrift »Philosophie der Kunst« vom Wintersemester 1913/14).

Georg Simmel an Paul Ernst, Brief vom 14. März 1908 – GSG 22, 608-610.

Zur Philosophie des Schauspielers – GSG 20, 192-219 (E: Georg Simmel, *Fragmente und Aufsätze aus dem Nachlaß und Veröffentlichungen der letzten Jahre*, hg. v. Gertrud Kantorowicz, München 1923, 229-267).

II. Kritik, Programmatik, Einzelinterpretation: Auf dem Weg zur Werk- und Wirkungsästhetik

[Kunstproduktion/Rezeption als Negation der Arbeitsteilung] – GSG 6, 628-630 (aus: *Philosophie des Geldes*, Leipzig 1900).

Soziologische Aesthetik – GSG 5, 197-214 (E: *Die Zukunft* 17 [1896]: 204-216).

L'art pour l'art – GSG 13, 9-15 (E: *Der Tag*, Nr. 5, 4. Januar 1914, Ausgabe A, Morgenausgabe, Illustrierter Teil, Nr. 3, Berlin).

Kant und die moderne Aesthetik – GSG 7, 255-272 (E: *Der Zeitgeist*. Beiblatt zum *Berliner Tageblatt*, 12. u. 19. Oktober 1903).

Schopenhauers Aesthetik und die moderne Kunstauffassung – GSG 8, 87-107 (E: *Frankfurter Zeitung und Handelsblatt [Neue Frankfurter Zeitung]*, Nr. 237, 1. Morgenblatt vom 28. August 1906, Feuilleton, 1-3; Nr. 238, 1. Morgenblatt vom 29. August 1906, Feuilleton, 1-2, Berlin).

Zwischenerörterung: Was *sehen* wir am Kunstwerk? – GSG 15, 492-501 (aus: *Rembrandt. Ein kunstphilosophischer Versuch*, Leipzig 1916).

Stefan George. Eine kunstphilosophische Betrachtung – GSG 5, 287-300 (E: *Die Zukunft* 22 [1898]: 386-396).

Rodin (mit einer Vorbemerkung über Meunier) – GSG 14, 330-348 (aus: *Philosophische Kultur. Gesammelte Essais*, Leipzig 1911).

Das Christentum und die Kunst – GSG 8, 264-275 (E: *Der Morgen. Wochenschrift für deutsche Kultur*, 1. Jg., Nr. 8 vom 2. August 1907, 234-243).

Die ästhetische Quantität – GSG 7, 190-200 (E: *Zeitschrift für pädagogische Psychologie, Pathologie und Hygiene* 5/3 [1903]: 208-212).

Über die dritte Dimension in der Kunst – GSG 8, 9-14 (E: *Zeitschrift für Ästhetik und allgemeine Kunstwissenschaft* 1/1 [1906]: 65-69).

Die Lebensvergangenheit im Bilde; Die Darstellung der Bewegtheit – GSG 15, 351-364 (aus: *Rembrandt. Ein kunstphilosophischer Versuch*, Leipzig 1916).

Über die Karikatur – GSG 13, 244-251 (E: *Der Tag*, Nr. 105, 27. Februar 1917, Ausgabe A, Morgenausgabe, Illustrierter Teil, Nr. 48, Berlin).

[Definition des Expressionismus und Futurismus] – GSG 16, 41-42 (aus: *Der Krieg und die geistigen Entscheidungen. Reden und Aufsätze*, München/Leipzig 1917).

Vom Realismus in der Kunst – GSG 8, 404-415 (E: *Der Morgen. Wochenschrift für deutsche Kultur*, 2. Jg., Nr. 31 vom 31. Juli 1908, 992-998).

Zum Problem des Naturalismus – GSG 20, 220-248 (aus: *Fragmente und Aufsätze aus dem Nachlaß und Veröffentlichungen der letzten Jahre*, hg. v. Gertrud Kantorowicz, München 1923, 267-304).

Gedicht »Herbst am Rhein« vom 23. Januar 1897 – GSG 17, 349-351 (aus: *Jugend. Münchner Illustrierte Wochenschrift für Kunst und Leben* 2/1 [1897]: 54).

Gedicht »Nur eine Brücke« vom 13. März 1901 – GSG 17, 404 (aus: *Jugend. Münchner Illustrierte Wochenschrift für Kunst und Leben* 6/1 [1901]: 200).

Georg Simmel an Paul Ernst, Brief vom 14. Januar 1910 – GSG 22, 773-774.

[Aphorismen] – GSG 20, 265 f.; 281 f. (aus: *Fragmente und Aufsätze aus dem Nachlaß und Veröffentlichungen der letzten Jahre*, hg. v. Gertrud Kantorowicz, München 1923, 8 f., 28) Jenseits der Schönheit – GSG 17, 353-356 (aus: *Jugend. Münchner Illustrierte Wochenschrift für Kunst und Leben* 2/1 [1897]: 234-235).

III. Lebensphilosophie – Artistik als Realisierung
des individuellen Gesetzes

[Tragödie als ästhetische Setzung] – GSG 16, 323-324 (aus: *Lebensanschauung. Vier metaphysische Kapitel*, München/Leipzig 1918).

Vom Tode in der Kunst. Nach einem Vortrag – GSG 13, 123-132 (E: *Frankfurter Zeitung*, Jg. 59, Nr. 92, 2. April 1915, Erstes Morgenblatt, 1-3).

Gesetzmäßigkeit im Kunstwerk – GSG 13, 382-394 (E: *Logos* VII [1917/18]: 213-223).

Michelangelo – GSG 14, 304-329 (aus: *Philosophische Kultur. Gesammelte Essais*, Leipzig 1911).

Einheit der Weltelemente – GSG 15, 61-71 (gekürztes Exzerpt aus: *Goethe*, Leipzig 1913 [1912]).

Entwicklung – GSG 15, 264-270 (gekürztes Exzerpt aus: *Goethe*, Leipzig 1913 [1912]).

Georg Simmel
im Suhrkamp Verlag

Gesamtausgabe in 24 Bänden. Herausgegeben von Otthein
Rammstedt. Die Bände sind auch einzeln lieferbar.
Bereits erschienen:
- Band 1: Das Wesen der Materie nach Kant's Physischer
  Monadologie. Abhandlungen 1882-1884. Rezensionen
  1883-1901. Herausgegeben von Klaus Christian Köhnke.
  Gebunden und stw 801. 527 Seiten
- Band 2: Aufsätze 1887 bis 1890. Über sociale Differenzie-
  rung (1890). Die Probleme der Geschichtsphilosophie
  (1892). Herausgegeben von Heinz-Jürgen Dahme.
  Gebunden und stw 802. 434 Seiten
- Band 3: Einleitung in die Moralwissenschaft. Eine Kritik
  der ethischen Grundbegriffe. Erster Band. Herausgegeben
  von Klaus Christian Köhnke. Gebunden und stw 803. 461 Seiten
- Band 4: Einleitung in die Moralwissenschaft. Eine Kritik
  der ethischen Grundbegriffe. Zweiter Band. Herausgegeben
  von Klaus Christian Köhnke. Gebunden und stw 804. 427 Seiten
- Band 5: Aufsätze und Abhandlungen 1894-1900. Herausge-
  geben von Heinz-Jürgen Dahme und David P. Frisby.
  Gebunden und stw 805. 690 Seiten
- Band 6: Philosophie des Geldes. Herausgegeben von David
  P. Frisby und Klaus Christian Köhnke.
  Gebunden und stw 806. 787 Seiten
- Band 7: Aufsätze und Abhandlungen 1901-1908, Band I.
  Herausgegeben von Rüdiger Kramme, Angela Rammstedt
  und Otthein Rammstedt. Gebunden und stw 807. 382 Seiten
- Band 8: Aufsätze und Abhandlungen 1901-1908, Band II.
  Herausgegeben von Alessandro Cavalli und Volkhard
  Krech. Gebunden und stw 808. 463 Seiten
- Band 9: Kant. Die Probleme der Geschichtsphilosophie
  (1905/1907). Herausgegeben von Guy Oakes und Kurt
  Röttgers. Gebunden und stw 809. 485 Seiten

- Band 10: Philosophie der Mode (1905). Die Religion (1906/1912). Kant und Goethe (1906/1916). Schopenhauer und Nietzsche (1907). Herausgegeben von Michael Behr, Volkhard Krech und Gert Schmidt. stw 810. 497 Seiten
- Band 11: Soziologie. Untersuchungen über die Formen der Vergesellschaftung. Herausgegeben von Otthein Rammstedt. stw 811. 1051 Seiten
- Band 12: Aufsätze und Abhandlungen 1909-1918, Band I. Herausgegeben von Rüdiger Kramme und Angela Rammstedt. 586 Seiten. Gebunden. stw 812. 592 Seiten
- Band 13: Aufsätze und Abhandlungen 1909-1918, Band II. Herausgegeben von Klaus Latzel. Gebunden und stw 813. 431 Seiten
- Band 14: Hauptprobleme der Philosophie. Philosophische Kultur. Herausgegeben von Rüdiger Kramme und Otthein Rammstedt. Gebunden und stw 814. 530 Seiten
- Band 15: Goethe. Deutschlands innere Wandlung. Das Problem der historischen Zeit. Rembrandt. Herausgegeben von Uta Kösser, Hans-Martin Kruckis, Otthein Rammstedt. Gebunden und stw 815. 678 Seiten
- Band 16: Der Krieg und die geistigen Entscheidungen. Grundfragen der Soziologie. Vom Wesen des historischen Verstehens. Der Konflikt der modernen Kultur. Lebensanschauung. Herausgegeben von Gregor Fitzi und Otthein Rammstedt. Gebunden und stw 816. 516 Seiten
- Band 17: Miszellen, Glossen, Stellungnahmen, Umfrageantworten, Leserbriefe, Diskussionsbeiträge 1889-1918. Anonyme und pseudonyme Veröffentlichungen 1888-1920. Bearbeitet und herausgegeben von Klaus Christian Köhnke unter Mitarbeit von Cornelia Jaenichen und Erwin Schullerus. Gebunden und stw 817. 626 Seiten
- Band 18: Englischsprachige Veröffentlichungen 1893-1910. Herausgegeben von David P. Frisby. 548 Seiten. Gebunden
- Band 19: Französisch- und italienischsprachige Veröffentlichungen. Mélanges de philosophie relativiste. Herausgege-

ben von Christian Papilloud, Angela Rammstedt und Patrick Watier. Gebunden und stw 819. 464 Seiten
- Band 20: Postume Veröffentlichungen, Ungedrucktes, Schulpädagogik. Herausgegeben von Torge Karlsruhen und Otthein Rammstedt. Gebunden und stw 820 Seiten. 628 Seiten
- Band 22: Briefe 1880-1911. Herausgegeben von Klaus Christian Köhnke. Gebunden und stw 822. 1094 Seiten
- Band 23: Briefe 1912-1918. Jugendbriefe. Herausgegeben von Otthein und Angela Rammstedt. Gebunden und stw 823. 1200 Seiten

Individualismus der modernen Zeit und andere soziologische Abhandlungen. Herausgegeben und mit einem Nachwort von Otthein Rammstedt. stw 1873. 400 Seiten

Jenseits der Schönheit. Schriften zur Ästhetik und Kunstphilosophie. Herausgegeben und mit einem Nachwort von Ingo Meyer. stw 1874. 430 Seiten

Zu Georg Simmel

Georg Simmel und die Moderne. Neue Interpretationen und Materialien. Herausgegeben von Heinz-Jürgen Dahme und Otthein Rammstedt. Mit Beiträgen von David P. Frisby, Lewis A. Coser, Birgitta Nedelmann, Bruno Accarino, Michael Landmann, Kurt H. Wolff, Hannes Böhringer, Sibylle Hübner-Funk, Heinz-Jürgen Dahme, Klaus Lichtblau, Peter-Ernst Schnabel, Donald N. Levine, Klaus Christian Köhnke, Heinz-Jürgen Dahme und Otthein Rammstedt. stw 469. 486 Seiten

Georg Simmels ›Philosophie des Geldes‹. Aufsätze und Materialien. Herausgegeben von Otthein Rammstedt unter Mitwirkung von Christian Papilloud, Natàlia Cantó i Milà und Cécile Rol. stw 1584. 350 Seiten

NF 137/3/3.06

Theoretische Texte zu Kunst und Ästhetik
im Suhrkamp Verlag
Eine Auswahl

Rudolf Arnheim
- Film als Kunst. Mit einem Nachwort von Karl Prümm und zeitgenössischen Rezensionen. stw 1553. 336 Seiten
- Rundfunk als Hörkunst. Mit einem Nachwort von Helmut H. Diederichs und zeitgenössischen Rezensionen. stw 1554. 224 Seiten
- Die Seele in der Silberschicht. Medientheoretische Texte. Photographie – Film – Rundfunk. Mit einem Nachwort von Helmut H. Diederichs und zeitgenössischen Rezensionen. stw 1654. 434 Seiten

Mieke Bal. Kulturanalyse. Herausgegeben von Thomas Fechner-Smarsly und Sonja Neef. Übersetzt von Joachim Schulte. Mit zahlreichen Abbildungen. 372 Seiten. Gebunden

Béla Balázs
- Der Geist des Films. Mit einem Nachwort von Hanno Loewy. stw 1537. 237 Seiten
- Der sichtbare Mensch. Mit einem Nachwort von Helmut H. Diederichs. stw 1536. 177 Seiten

Wolfgang Beilenhoff (Hg.). Poetika Kino. stw 1733. 465 Seiten

Walter Benjamin. Medienästhetische Schriften. Mit einem Nachwort von Detlev Schöttker. stw 1601. 443 Seiten

Hans Blumenberg. Ästhetische und metaphorologische Schriften. Herausgegeben von Anselm Haverkamp. stw 1513. 462 Seiten

Pierre Bourdieu. Die Regeln der Kunst. Genese und Struktur des literarischen Feldes. Übersetzt von Bernd Schwibs und Achim Russer. stw 1539. 552 Seiten

Peter Bürger
- Das Altern der Moderne. Schriften zur bildenden Kunst. stw 1548. 218 Seiten
- Theorie der Avantgarde. Mit einem Vorwort zur zweiten Auflage. es 727. 147 Seiten

Arthur C. Danto. Die Verklärung des Gewöhnlichen. Eine Philosophie der Kunst. Übersetzt von Max Looser. stw 957. 321 Seiten

Gilles Deleuze
- Das Bewegungsbild-Bild. Kino I. Übersetzt von Ulrich Christians und Ulrike Bokelmann. stw 1288. 332 Seiten
- Das Zeit-Bild. Kino 2. Übersetzt von Klaus Englert. stw 1289. 454 Seiten

John Dewey
- Erfahrung, Erkenntnis und Wert. Herausgegeben und übersetzt von Martin Suhr. stw 1647. 480 Seiten
- Kunst als Erfahrung. Übersetzt von Christa Velten, Gerhard vom Hofe und Dieter Sulzer. stw 703. 411 Seiten

Georges Duby. Die Zeit der Kathedralen. Kunst und Gesellschaft 980-1420. Übersetzt von Grete Osterwald. Mit Abbildungen. stw 1011. 561 Seiten

Umberto Eco. Das offene Kunstwerk. Übersetzt von Günter Memmert. stw 222. 442 Seiten

Christine Eichel. Vom Ermatten der Avantgarde zur Vernetzung der Künste. Perspektiven einer interdisziplinären Ästhetik im Spätwerk Theodor W. Adornos. 340 Seiten. Gebunden

Sergej Eisenstein. Jenseits der Einstellung. stw 1766. 455 Seiten

Michel Foucault. Schriften zur Literatur. Übersetzt von Michael Bischoff, Hans-Dieter Gondek und Hermann Kocyba. Auswahl und Nachwort von Martin Stingelein. stw 1675. 416 Seiten

Foucault und die Künste. Herausgegeben im Auftrag des Zentrums für Kunst- und Medientechnologie von Peter Gente. stw 1667. 338 Seiten

Manfred Frank. Einführung in die frühromantische Ästhetik. Vorlesungen. es 1563. 466 Seiten

Josef Früchtl
- Ästhetische Erfahrung und moralisches Urteil. Eine Rehabilitierung. 519 Seiten. Gebunden
- Das unverschämte Ich. Eine Heldengeschichte der Moderne. stw 1693. 422 Seiten

Josef Früchtl/Jörg Zimmermann (Hg.). Ästhetik der Inszenierung. es 2196. 300 Seiten

Alexander García Düttmann. Kunstende. Drei ästhetische Studien. 168 Seiten. Broschiert

Peter Geimer (Hg.). Ordnungen der Sichtbarkeit. Fotografie in Wissenschaft, Kunst und Technologie. stw 1538. 448 Seiten

Peter Gendolla/Thomas Kamphusmann (Hg.). Die Künste des Zufalls. stw 1432. 304 Seiten

Peter Gendolla/Norbert M. Schmitz/Irmela Schneider/
Peter M. Spangenberg (Hg.). Formen interaktiver Medien-
kunst. stw 1544. 428 Seiten

Gérard Genette
- Mimologiken. Eine Reise nach Kratylien. Übersetzt von
  Michael von Killisch-Horn. stw 1511. 516 Seiten
- Palimpseste. Die Literatur auf zweiter Stufe. Aesthetica.
  Übersetzt von Wolfram Bayer und Dieter Hornig.
  es 1683. 535 Seiten
- Paratexte. Das Buch zum Beiwerk des Buches. Übersetzt
  von Dieter Hornig. stw 1510. 408 Seiten

Eva Geulen. Das Ende der Kunst. Lesarten eines Gerüchts
nach Hegel. stw 1577. 208 Seiten

Carlo Ginzburg. Das Schwert und die Glühbirne. Picassos
›Guernica‹. Übersetzt von Reinhard Kaiser. Mit Abbildungen.
es 2103. 108 Seiten

Luca Giuliani. Bildnis und Botschaft. Hermeneutische Untersuchungen zur Bildniskunst der römischen Republik.
Leinen und kartoniert. 335 Seiten

Ernst H. Gombrich/Julian Hochberg/Max Black. Kunst,
Wahrnehmung, Wirklichkeit. Übersetzt von Max Looser.
es 860. 156 Seiten

Nelson Goodman. Sprachen der Kunst. Entwurf einer Symboltheorie. Übersetzt von Bernd Philippi. stw 1304. 254 Seiten

Nelson Goodman/Catherine Z. Elgin. Revisionen. Philosophie und andere Künste und Wissenschaften. Übersetzt von
Bernd Philippi. Mit Abbildungen. 225 Seiten. Gebunden

Götz Großklaus. Medien-Bilder. Inszenierungen der Sichtbarkeit. es 2319. 249 Seiten

Boris Groys/Michael Hagemeister (Hg.). Die neue Menschheit. Biopolitische Utopien in Russland zu Beginn des 20. Jahrhunderts. stw 1763. 640 Seiten

Boris Groys/Aage Hausen-Löve (Hg.). Am Nullpunkt. Positionen der russischen Avantgarde. stw 1764. 550 Seiten

G. W. F. Hegel. Philosophie der Kunst. Vorlesung von 1826. Herausgegeben von Annemarie Gethmann-Siefert, Jeong-Im Kwon und Karsten Berr. stw 1722. 298 Seiten

Dieter Henrich. Fixpunkte. Aufsätze und Essays zur Theorie der Kunst. stw 1610. 302 Seiten

Dieter Henrich/Wolfgang Iser (Hg.). Theorien der Kunst. stw 1012. 637 Seiten

Max Imdahl. Gesammelte Schriften. Drei Bände. Auch einzeln lieferbar.
- Band 1: Zur Kunst der Moderne. Herausgegeben und eingeleitet von Angeli Janhsen-Vukićević. Mit zahlreichen Abbildungen. 562 Seiten. Leinen
- Band 2: Zur Kunst der Tradition. Herausgegeben und eingeleitet von Gundolf Winter. Mit zahlreichen Abbildungen. 503 Seiten. Leinen
- Band 3: Reflexion – Theorie – Methode. Herausgegeben und eingeleitet von Gottfried Boehm. Mit einem Beitrag von Hans Robert Jauß. Mit zahlreichen Abbildungen. 732 Seiten. Leinen

Wolfgang Iser. Das Fiktive und das Imaginäre. Perspektiven literarischer Anthropologie. stw 1101. 522 Seiten

Hans Robert Jauß. Ästhetische Erfahrung und literarische Hermeneutik. 877 Seiten. Gebunden

Andrea Kern. Schöne Lust. Eine Theorie der ästhetischen Erfahrung nach Kant. stw 1474. 336 Seiten

Andrea Kern/Ruth Sonderegger (Hg.). Falsche Gegensätze. Zeitgenössische Positionen zur philosophischen Ästhetik. stw 1576. 345 Seiten

Franz Koppe (Hg.). Perspektiven der Kunstphilosophie. Texte und Diskussionen. stw 951. 412 Seiten

Ernst Kris/Otto Kurz. Die Legende vom Künstler. Ein geschichtlicher Versuch. stw 1202. 188 Seiten

Richard Kuhns. Psychoanalytische Theorie der Kunst. Übersetzt von Klaus Laermann. 195 Seiten. Kartoniert

Claude Lévi-Strauss. Sehen, Hören, Lesen. Übersetzt von Hans-Horst Henschen. stw 1661. 184 Seiten

Paul de Man. Die Ideologie des Ästhetischen. Herausgegeben von Christoph Menke. Übersetzt von Jürgen Blasius. es 1682. 300 Seiten

Christoph Menke
- Die Souveränität der Kunst. Ästhetische Erfahrung nach Adorno und Derrida. stw 958. 311 Seiten
- Die Gegenwart der Tragödie. stw 1649. 300 Seiten

Dieter Mersch. Ereignis und Aura. Untersuchungen zu einer »performativen Ästhetik«. es 2219. 312 Seiten